発達障害事典

日本LD学会編

丸善出版

刊行にあたって

　一般社団法人日本 LD 学会は，学習障害（LD）に関する学術研究を行う学会として，1992 年に設立されました．その後，学術研究の深まりや時代のニーズ等とも関連し，注意欠陥多動性障害（ADHD），高機能自閉症（HFA）等，のいわゆる知的障害のない発達障害の全般をカバーする学際的な学会として成長していきました．学会員 300 ～ 400 名ほどだった発足当初から，2000 ～ 01 年頃には 1000 名ほどに達し，2016 年 4 月の時点で 9000 名近くに達しました．今やこの学問領域における我が国最大規模の学術学会に成長しました．現在，非常に活気のある魅力溢れる学術学会となっています．年に 1 度の年次大会では，参加者が 4000 名規模となってきています．

　そのような力強い躍進を続ける本学会の総力を結集して，この度，丸善出版から『発達障害事典』を刊行する運びとなりましたこと，とても嬉しく思います．そしてまた，これは，この間の本学会のこのような成長と期待と影響力を振り返れば，関連する分野の事典を刊行するということは，本学会が世に果たすべき重要な責務の一つであるとも考えます．

　さて，発達障害に関する研究は非常に学際的です．しかも，それぞれの学術研究は日進月歩の様相で，さらに，障害に係る種々の法的整備も着実に充実の方向に向かっています．また，この分野は，国連をはじめ，諸外国における取り組みとも，密接な関係を持ちつつ発展してきています．

　そこで，本事典では，近年，特に 21 世紀になって以降，学術研究や社会において，大きな関心や注目を呼んでいる発達障害について，特に知的障害のない発達障害に焦点を当てて，およそ全ての分野を遍くカバーし，理論的な事項から実践的・応用的な事項まで，各項目を我が国の第一線で活躍する第一人者の方々に執筆いただきました．そして，各項目を，見開き 2 ページで解説する「中項目主義」のスタイルを確実にとることにしました．いわゆる，単行本のような一つの事項を何ページにも渡って解説するような，読みもの風にはせず，その一方で，事項の簡略的な説明のみに留まるのでもない「中項目主義」にこだわりました．発達障害の分野において，このような「中項目主義」による事典が残念ながら日本には存在しませんでした．また，各項目には，必要に応じて，図表や写真，などの図版を積極的に取り込み，分かりやすさも目指しています．さらに，類似した項目間を行き来して参照（文中に参照項目を明記）できるような工夫もしました．

　読者は，まずは，発達障害に係る基礎的な学術研究に携わる方々，教育，心理，医療，福祉，労働，司法，行政など，さまざまな分野で活躍する専門職等の方々，

そして，まさにこれから発達障害について本格的に学ぼうとする学生・院生を想定しています．また，発達障害に係る研究は，近年一層裾野を広げつつあり，これまで予想もつかなかった学術研究分野との関係や連携の芽が出始めていることから，例えば，ほとんど関係がないと思われるような，文学，経済学，建築学や，人工知能学など，学問分野を問わず本書が活用され，新たな学際領域の創設への貢献も密かに期待しています．

さらに，発達障害について，正しい知識と情報を広く一般の皆様方にも届けたいという思いから，一般の方々にも広く手に取っていただけるよう工夫しました．発達障害に係る学術研究の現時点での到達点を駆使して作り上げられた本書であるからこそ，読書層の多様な広がりと共に，どのような読者にも安心して手にとっていただけるものと自負しております．

最後になりましたが，本事典は，正に一般社団法人日本 LD 学会の設立以降の活動の総力を結集したものです．本事典の刊行が，我が国における，発達障害に係る学術研究の一層の成熟・発展，研究成果を活用する実践活動の広がりと深まり，そして確かな理解と啓発につながることを切に願っています．

2016 年 9 月

『発達障害事典』編集委員長
一般社団法人日本 LD 学会理事長
柘 植 雅 義

※現在は障害名が変わってきている時期にあたり，統一された用語で本事典をまとめることはできなかった．例えば，従来の自閉症に対して，現在は自閉症スペクトラム障害，自閉スペクトラム症などの用語が使われるようになってきている．領域，歴史的背景，執筆者の立場および考え方によって使用する障害名が異なっていることもあるが，本事典ではあえて統一していない．

■編集委員一覧 （五十音順）

編集委員長
柘 植 雅 義　筑波大学人間系教授

編集幹事長
緒 方 明 子　明治学院大学心理学部教授

編集幹事
梅 永 雄 二　早稲田大学教育学部教授
大 塚　　 玲　静岡大学教育学部教授
小 野 次 朗　和歌山県発達障害者支援センター顧問
熊 谷 恵 子　筑波大学人間系教授
佐 藤 克 敏　京都教育大学教育学部教授
里 見 恵 子　大阪府立大学地域保健学域准教授

編集委員
井 澤 信 三　兵庫教育大学大学院特別支援教育専攻教授
岡 崎 慎 治　筑波大学人間系准教授
岡 田　　 智　北海道大学大学院教育学研究院准教授
熊 上　　 崇　立教大学コミュニティ福祉学部助教
関　　 あゆみ　北海道大学大学院教育学研究院准教授
高 橋 知 音　信州大学学術研究院教育学系教授
中 山　　 健　福岡教育大学教育学部教授
二 宮 信 一　北海道教育大学教育学部教授
野 口 和 人　東北大学大学院教育学研究科教授
松 本 恵美子　関西国際大学教育学部准教授
武 藏 博 文　香川大学教育学部教授
若 宮 英 司　藍野大学医療保健学部教授
涌 井　　 恵　独立行政法人国立特別支援教育総合研究所情報・支援部主任研究員

■執筆者一覧 (五十音順)

相澤　仁	大分大学福祉健康科学部
相澤　雅文	京都教育大学特別支援教育臨床実践センター
赤塚　めぐみ	常葉大学保育学部
秋元　有子	白百合女子大学発達臨床センター
阿部　利彦	星槎大学大学院教育学研究科
有川　宏幸	新潟大学教育学部
飯島　知子	静岡県磐田市立豊田北部小学校LD等通級指導教室
井口　修一	独立行政法人高齢・障害・求職者雇用支援機構東京障害者職業センター
池田　浩之	兵庫教育大学大学院人間発達教育専攻
井澤　信三	兵庫教育大学大学院特別支援教育専攻
石井　喜代香	神戸総合医療専門学校言語聴覚士科
石隈　利紀	東京成徳大学応用心理学部
石川　由美子	宇都宮大学教育学部
石坂　郁代	北里大学医療衛生学部
石橋　由紀子	兵庫教育大学大学院特別支援教育専攻
伊藤　一美	星槎大学大学院教育学研究科
井上　とも子	鳴門教育大学大学院特別支援教育専攻
今中　博章	福山市立大学教育学部
岩井　和之	福井県済生会病院小児科
岩永　竜一郎	長崎大学大学院医歯薬学総合研究科
植木田　潤	宮城教育大学教育学部
上野　一彦	東京学芸大学名誉教授
内山　登紀夫	大正大学心理社会学部
内山　仁志	国際医療福祉大学保健医療学部
宇野　彰	筑波大学人間系
宇野　宏幸	兵庫教育大学大学院特別支援教育専攻
宇野　里砂	武庫川女子大学文学部
梅田　真理	宮城学院女子大学教育学部
梅永　雄二	早稲田大学教育学部
衛藤　裕司	大分大学教育福祉科学部
大江　由香	八王子少年鑑別所鑑別部門
大城　政之	沖縄県立島尻特別支援学校校長
大谷　みどり	島根大学教育学部
大塚　玲	静岡大学教育学部
大伴　潔	東京学芸大学教育実践研究支援センター
大庭　重治	上越教育大学大学院学校教育研究科
大南　英明	全国特別支援教育推進連盟理事長
岡崎　慎治	筑波大学人間系
岡田　智	北海道大学大学院教育学研究院
緒方　明子	明治学院大学心理学部
岡野　範子	おかの社会福祉士事務所代表
岡村　章司	兵庫教育大学大学院特別支援教育専攻
岡本　邦広	福井県立嶺南東特別支援学校
奥村　智人	大阪医科大学LDセンター
小倉　加恵子	社会医療法人大道会森之宮病院小児神経科

v

執筆者一覧

尾崎 朱	宝塚市教育委員会事務局管理部
落合 俊郎	学校法人西大和学園大和大学教育学部
小野 次朗	和歌山県発達障害者支援センター顧問
小野 尚香	畿央大学教育学部
海津 亜希子	独立行政法人国立特別支援教育総合研究所インクルーシブ教育推進センター
柏木 充	市立ひらかた病院小児科
片岡 美華	鹿児島大学教育学部
加藤 哲文	上越教育大学大学院学校教育研究科
金森 克浩	独立行政法人国立特別支援教育総合研究所情報・支援部
金森 裕治	大阪教育大学教育学部
加納 昌枝	札幌YMCA英語・コミュニケーション専門学校
川崎 聡大	東北大学大学院教育学研究科
河村 暁	発達ルームそら
菊地 一文	青森県教育庁学校教育課
菊地 信二	北海道幕別高等学校
金 泰子	大阪医科大学付属病院小児科
熊谷 恵子	筑波大学人間系
熊上 崇	立教大学コミュニティ福祉学部
熊﨑 博一	金沢大学子どものこころの発達研究センター特任准教授
雲井 未歓	鹿児島大学教育学部
军司 敦子	横浜国立大学教育人間科学部
小池 敏英	東京学芸大学特別支援科学講座
河野 俊寛	金沢星稜大学人間科学部
郷間 英世	京都教育大学教育学部
小枝 達也	国立成育医療研究センターこころの診療部
小島 道生	筑波大学人間系
古田島 恵津子	新潟大学大学院教育学研究科
小谷 裕実	花園大学社会福祉学部
後藤 隆章	常葉大学教育学部
小貫 悟	明星大学人文学部
小林 繁一	静岡県立こども病院発達小児科
小林 潤一郎	明治学院大学心理学部
小林 宏明	金沢大学人間社会研究域
小林 マヤ	上智大学国際言語情報研究所
小林 倫代	独立行政法人国立特別支援教育総合研究所研修事業部
是永 かな子	高知大学教育研究部
近藤 武夫	東京大学先端科学技術研究センター
齋藤 朝子	NPO法人発達障害児応援団NPOばく
坂井 聡	香川大学教育学部
酒井 均	筑紫女学園大学人間科学部
笹森 洋樹	独立行政法人国立特別支援教育総合研究所発達障害教育情報センター長
佐藤 克敏	京都教育大学教育学部
佐藤 美幸	京都教育大学教育学部
里見 恵子	大阪府立大学地域保健学域教育福祉学類
真城 知己	千葉大学教育学部
志賀 利一	独立行政法人国立重度知的障害者総合施設のぞみの園研究部
島田 博祐	明星大学教育学部
霜田 浩信	群馬大学教育学部

執筆者一覧

洲鎌 倫子	公益社団法人発達協会王子クリニック副院長	
鈴木 瑞哉	独立行政法人高齢・障害・求職者雇用支援機構総務部	
関 あゆみ	北海道大学大学院教育学研究院	
大六 一志	元筑波大学人間系	
髙木 一江	横浜市中部地域療育センター	
髙橋 麻衣子	東京大学先端科学技術研究センター	
高橋 眞琴	鳴門教育大学大学院特別支援教育専攻	
篁 倫子	お茶の水女子大学基幹研究院	
高山 恵子	NPO法人えじそんくらぶ代表	
竹田 契一	大阪医科大学LDセンター	
武富 博文	国立特別支援教育総合研究所情報・支援部	
立花 良之	国立成育医療研究センターこころの診療部	
立脇 洋介	大学入試センター研究開発部	
田中 枝緒	南芦屋浜病院言語外来	
田中 健太郎	厚生労働省社会・援護局総務課	
田中 哲	東京都立小児総合医療センター副院長	
田中 康雄	こころとそだちのクリニックむすびめ院長	
田中 裕一	文部科学省初等中等教育局	
田中 容子	東京都三鷹市教育委員会教育支援担当課	
玉木 宗久	独立行政法人国立特別支援教育総合研究所情報・支援部	
丹葉 寛之	藍野大学医療保健学部	
月森 久江	東京都杉並区立済美教育センター	
柘植 雅義	筑波大学人間系	
東條 裕志	NPO法人全国LD親の会	
道城 裕貴	神戸学院大学人文学部	
鳥居 深雪	神戸大学大学院人間発達環境学研究科	
中井 昭夫	兵庫県立リハビリテーション中央病院子どもの睡眠と発達医療センター	
中村 みほ	愛知県心身障害者コロニー発達障害研究所機能発達学部	
中山 健	福岡教育大学教育学部	
中山 清司	NPO法人自閉症eサービス理事長	
西岡 有香	大阪医科大学LDセンター	
西村 優紀美	富山大学保健管理センター	
仁田原 康利	国立成育医療研究センターこころの診療部	
二宮 信一	北海道教育大学教育学部	
丹羽 登	関西学院大学教育学部	
納富 恵子	福岡教育大学大学院教育学研究科	
野口 和人	東北大学大学院教育学研究科	
野呂 文行	筑波大学人間系	
橋本 美恵	ひょうご発達障害者支援センター	
服部 健治	別海町立上西春別小学校	
花熊 曉	愛媛大学教育学部	
原 惠子	上智大学大学院言語科学研究科	
原 仁	社会福祉法人青い鳥小児療育相談センター	
春原 則子	目白大学保健医療学部	
バーンズ亀山静子	早稲田大学大学院教職研究科非常勤講師	
樋口 一宗	兵庫教育大学大学院学校教育研究科	

執筆者一覧

肥後 祥治	鹿児島大学教育学系	
日詰 正文	厚生労働省社会・援護局	
尾藤 祥子	藍野大学医療保健学部	
平林 伸一	長野県立こども病院神経小児科	
広瀬 宏之	横須賀市療育相談センター	
藤井 茂樹	びわこ学院大学教育福祉学部	
藤野 博	東京学芸大学特別支援科学講座	
藤本 裕人	独立行政法人国立特別支援教育総合研究所	
干川 隆	熊本大学教育学部	
星野 崇啓	さいたま子どものこころクリニック	
細川 美由紀	茨城大学教育学部	
松為 信雄	文京学院大学人間学部客員教授	
松浦 智子	神戸市総合療育センター児童発達支援センターまるやま学園	
松浦 直己	三重大学教育学部	
松岡 勝彦	山口大学教育学部	
松野 良彦	大阪府教育委員会事務局教育振興室	
松村 暢隆	関西大学文学部	
松本 恵美子	関西国際大学教育学部特任准教授	
三浦 朋子	清恵会病院堺清恵会LDセンター	
水林 依子	大阪市城東区保健福祉センター	
三橋 美典	福井大学教育学部特命教授	
三森 睦子	星槎教育研究所	
宮尾 益知	どんぐり発達クリニック	
三宅 幹子	岡山大学大学院教育学研究科	
宮崎 雅仁	医療法人社団仁愛会三好医院	
宮本 信也	筑波大学人間系	
武藏 博文	香川大学教育学部	
村井 敏宏	平群町立平群小学校ことばの教室	
村中 智彦	上越教育大学大学院学校教育研究科	
村山 光子	明星学苑法人本部企画部	
室橋 春光	天使大学看護栄養学部	
望月 葉子	独立行政法人高齢・障害・求職者雇用支援機構障害者職業総合センター	
森 健治	徳島大学医歯薬学研究部	
柳生 一自	北海道大学大学院医学研究科	
藪内 道子	須磨神愛福祉会離宮ハイツ	
山岡 修	NPO法人全国LD親の会顧問	
山下 公司	北海道札幌市立南月寒小学校	
山下 光	愛媛大学教育学部	
山下 裕史朗	久留米大学医学部	
山田 充	堺市立日置荘小学校通級指導教室	
山本 朗	和歌山大学保健センター	
湯阪 加奈子	すま障害者地域生活支援センター	
横山 勝	東京家庭裁判所少年調査官室	
米山 直樹	関西学院大学文学部	
若宮 英司	藍野大学医療保健学部	
涌井 恵	独立行政法人国立特別支援教育総合研究所情報・支援部	
和田 薫	関西学院大学教育学部	

目　　次

（※見出し語五十音索引は目次の後にあります）

0. 導　　入 （編集担当：柘植雅義・緒方明子）

発達障害 ──────── 2
学習障害（LD）──── 4
ADHD（注意欠陥多動性障害）── 6
自閉症／自閉スペクトラム症 ── 8
コミュニケーション症群／コミュニケーション障害群 ── 10
知的障害 ──────── 12
行動障害 ──────── 14

1. 基　　礎 （編集担当：里見恵子・岡田智・中山健）

LD/ADHD 心理的疑似体験プログラム ── 18
SKAIP──LD の判断と診断のためのスクリーニングキット ── 20
個人間差と個人内差 ──── 22
CHC 理論と知能 ────── 24
PASS 理論 ────────── 26
同時処理と継次処理 ──── 28
前頭葉機能と発達障害 ── 30
聞く，話すしくみ ────── 32
読み書き障害にかかわる用語の整理 ── 34
読み書きと脳局在 ────── 36
読む，書くしくみ ────── 38
読みと音韻認識 ──────── 40
二重障害仮説 ────────── 42
逐次読みの原因 ──────── 44
仮名と漢字の特性 ────── 46
日本語と英語におけるディスレクシアの違い ── 48
言語発達と読み書き ──── 50
書字障害 ──────────── 52
視機能・視覚認知と学習 ── 54
「計算する」における困難 ── 56
「推論する」における困難 ── 58
実行機能，報酬系と ADHD ── 60
応用行動分析学の基礎理論 ── 62
社会性の発達と起源 ──── 64
心の理論 ──────────── 66
ASD の弱い中枢性統合 ── 68
言語学的四側面 ──────── 70
コミュニケーションにおける語用論障害 ── 72
談話能力と要約 ──────── 74
日本 LD 学会 ──────── 76
特別支援教育士 ──────── 78

2. 教育 （編集担当：大塚玲・野口和人・武藏博文・涌井恵）

- 特別支援教育 — 82
- 文部科学省による発達障害に対する施策の変遷——特別支援教育開始まで — 84
- 教員養成と教員免許状 — 86
- 校内委員会 — 88
- 特別支援教育コーディネーター — 90
- 専門家チーム会議と巡回相談 — 92
- 特別支援連携協議会 — 94
- 特別支援教育支援員の活用 — 96
- スクールカウンセラーの活用 — 98
- スクールソーシャルワーカーの活用 — 100
- 特別支援学校のセンター的機能 — 102
- 個別の指導計画 — 104
- 個別の教育支援計画 — 106
- 相談支援ファイル — 108
- インクルーシブ教育システム — 110
- 合理的配慮と基礎的環境整備 — 112
- テスト・アコモデーション — 114
- 大学入試における配慮 — 116
- 教育におけるICT利用 — 118
- 特別支援教育におけるICTの活用 — 120
- デジタル教科書 — 122
- 教材・教具 — 124
- 教育のユニバーサルデザイン — 126
- 協同学習 — 128
- 教育課程 — 130
- 就学支援のしくみ — 132
- 交流および共同学習 — 134
- 障害理解教育 — 136
- 幼稚園・保育園・認定こども園での支援 — 138
- 小学校での支援 — 140
- 中学校での支援 — 142
- 高等学校での支援 — 144
- 大学での支援 — 146
- 幼児ことばの教室 — 148
- 通級による指導 — 150
- LDへの通級による指導の実際 — 152
- ADHDへの通級による指導の実際 — 154
- 自閉症への通級による指導の実際 — 156
- 言語障害への通級による指導の実際 — 158
- 特別支援教室 — 160
- 自閉症・情緒障害特別支援学級 — 162
- 高等特別支援学校 — 164
- フリースクール — 166
- 学力検査（学力調査） — 168
- 学習困難 — 170
- 才能教育 — 172
- 学校での気づき — 174
- RTI — 176
- ひらがなの読み指導 — 178
- ひらがなの書字指導 — 180
- 漢字の読み指導 — 182
- 漢字の書字指導 — 184
- 英語の読み書きの指導 — 186
- 読解の指導 — 188
- 言語コミュニケーションの指導 — 190
- 計算・図形の指導 — 192
- 文章題の指導 — 194
- ソーシャルスキルトレーニング — 196
- ライフスキルトレーニング — 198
- 機能的アセスメント — 200
- トークンエコノミー — 202
- アンガーマネジメント — 204

スクールワイド／クラスワイドな支援 ——— 206	きょうだいへの支援 ——— 210
不器用さの指導 ——— 208	保護者への支援 ——— 212

3. 心　　理（編集担当：佐藤克敏・井澤信三・岡崎慎治）

認知機能の発達 ——— 216	感情理解・表情認知 ——— 274
認知機能のアセスメント ——— 218	高校生・大学生とメンタルヘルス ——— 276
読み書きのアセスメント ——— 220	保護者の障害受容過程 ——— 278
数概念と計算の発達 ——— 222	虐待と発達障害 ——— 280
文章理解と指導 ——— 224	発達障害と不登校・いじめ ——— 282
文章産出と指導 ——— 226	ペアレントトレーニング ——— 284
記憶の促進要因 ——— 228	チームアプローチ ——— 286
ワーキングメモリーと学業 ——— 230	コンサルテーション ——— 288
メタ認知と発達障害 ——— 232	アセスメント ——— 290
応用行動分析の諸技法 ——— 234	テストバッテリーの組み方 ——— 292
強化と弱化 ——— 236	スタティックアセスメントとダイナミックアセスメント ——— 294
般化，転移，維持 ——— 238	積極的行動支援 ——— 296
観察学習の活用法 ——— 240	機能的アセスメントと環境アセスメント ——— 298
学習性無力感に至る課題 ——— 242	セルフマネジメント ——— 300
刺激等価性理論に基づいた学習 ——— 244	問題行動への対応 ——— 302
コミュニケーションの発達 ——— 246	競合行動バイパスモデルと代替行動 ——— 304
言語発達とアセスメント ——— 248	認知行動療法（ACT含む） ——— 306
機能と言語行動 ——— 250	遊戯療法 ——— 308
構音の発達と指導 ——— 252	単一事例研究法 ——— 310
吃音の生起要因と指導 ——— 254	質問紙調査法 ——— 312
インリアル・アプローチによるコミュニケーション指導 ——— 256	実験計画法 ——— 314
模倣と言語発達 ——— 258	観察法 ——— 316
障害受容と自己理解 ——— 260	インタビュー法 ——— 318
自己概念と自尊感情 ——— 262	質的研究の分析法 ——— 320
セルフエフィカシーと学習の関連 ——— 264	量的研究の分析法 ——— 322
小集団指導と仲間媒介介入法 ——— 266	心理検査 ——— 324
発達障害へのパーソナリティテストの活用 ——— 268	研究倫理 ——— 326
動機づけの向上 ——— 270	
情動の処理過程 ——— 272	

4. 医療 (編集担当：小野次朗・関あゆみ・若宮英司)

- 中枢神経系 — 330
- 末梢神経と筋肉 — 332
- 神経系機能の発達 — 334
- 神経伝達物質 — 336
- 微細神経学徴候 — 338
- 遺伝 — 340
- 脳波/聴性脳幹反応 — 342
- 脳画像検査 — 344
- 脳機能画像検査 — 346
- 染色体検査 — 348
- ICD/DSM — 350
- 神経発達症群/神経発達障害群 — 352
- 知的能力障害 — 354
- 語音障害 — 356
- 言語症/言語障害 — 358
- 発達性協調運動症/発達性協調運動障害 — 360
- チック症 — 362
- 統合失調症 — 364
- うつ病（大うつ病性障害）— 366
- 不安症/不安障害 — 368
- 選択性緘黙 — 370
- 強迫症/強迫性障害 — 372
- 反応性アタッチメント障害 — 374
- 心的外傷後ストレス障害 — 376
- 反抗挑発症・素行症 — 378
- 睡眠障害 — 380
- 摂食障害 — 382
- 心身症 — 384
- てんかん — 386
- 脳性麻痺 — 388
- 染色体異常症 — 390
- 神経変性疾患 — 392
- 脳炎・髄膜炎 — 394
- 脳外傷・高次脳機能障害 — 396
- 低出生体重児・周産期障害 — 398
- 虐待 — 400
- 起立性調節障害 — 402
- 後天性脳機能障害 — 404
- 視覚障害 — 406
- 視機能・視覚認知障害 — 408
- 聴覚障害 — 410
- 認知障害を起こすその他の神経疾患など — 412
- 物質依存 — 414
- 行動の依存 — 416
- 薬物使用の一般的な考え方 — 418
- ADHDの治療薬 — 420
- 向精神薬 — 422
- 作業療法 — 424
- 言語聴覚療法 — 426
- 理学療法 — 428
- 乳幼児健康診査 — 430
- 5歳児健診の試み — 432
- 医療間連携 — 434
- 医療と教育の連携 — 436
- 学校保健安全法 — 438

5. 福祉 (編集担当：熊谷恵子・松本恵美子)

- 児童相談所 — 442
- 家庭児童相談室 — 444
- 知的障害者更生相談所 — 446
- 相談支援事業所 — 448

発達障害者支援センター ―― 450
児童発達支援センター ―― 452
地域活動支援センター ―― 454
計画相談支援・障害児相談支援 ―― 456
特別児童扶養手当 ―― 458
障害年金 ―― 460
障害者手帳 ―― 462
障害児保育 ―― 464
放課後等デイサービス ―― 466

6. 成人生活 (編集担当：梅永雄二・高橋知音・二宮信一)

大学における発達障害学生の
　キャリア教育 ―― 470
大学におけるアスペルガー症候群学
　生の支援 ―― 472
生活の質 ―― 474
高齢になった発達障害者 ―― 476
社会参加 ―― 478
成人期の自己理解 ―― 480
生活自立支援 ―― 482
自己決定支援 ―― 484
自立の検討 ―― 486
余暇活動の充実 ―― 488
カミングアウト支援 ―― 490
二次的な問題／ひきこもり／
　ニート ―― 492
社会生活を支える制度や相談
　機関 ―― 494
地域づくり ―― 496
地域に根ざしたリハビリテー
　ション（CBR） ―― 498
支援技術 ―― 500
国際生活機能分類（ICF） ―― 502
成人の発達障害と虐待 ―― 504
親の会 ―― 506
当事者の会 ―― 508
ユニバーサルデザイン ―― 510
症状妥当性 ―― 512
TEACCHプログラム ―― 514
成人生活における余暇 ―― 516
成人生活におけるマナーや
　ルール ―― 518
成人生活におけるライフスキル ―― 520

7. 労働 (編集担当：梅永雄二・高橋知音・二宮信一)

定時制・通信制高校における課題と
　支援 ―― 524
職業リハビリテーション ―― 526
職業カウンセリング ―― 528
職業アセスメント ―― 530
援助つき就労 ―― 532
職場定着指導 ―― 534
就労支援機関 ―― 536
発達障害者の就労支援 ―― 538
職業準備性のピラミッド ―― 540

8. 司法 (編集担当：熊谷恵子・熊上崇)

少年法 ―― 544
少年鑑別所・少年院 ―― 546

保護観察——————548
発達障害と触法行為（治療と
　　指導）——————550
児童自立支援施設——————552
後見・保佐・補助——————554
自閉症スペクトラム障害（ASD）と触
　　法行為——————556

LDと触法行為——————558
発達障害と触法行為：海外に
　　おける縦断的研究——————560
発達障害と触法行為：海外におけ
　　る予防，教育プログラム研究
　　——————562
地域生活定着支援センター——————564

付録 （編集担当：柘植雅義・緒方明子）

1：法令・条約
発達障害者支援法——————568
学校教育法——————570
障害者総合支援法——————572
障害者の雇用促進等に関する法律
　　——————574
障害者差別解消法——————576
国連障害者権利条約——————578

2：国際
アメリカにおける発達障害——————580
イギリスにおける発達障害——————582
韓国における発達障害の現状——————584
オーストラリアにおける発達障害——————586
スウェーデン・フィンランド・
　　ノルウェーの特別教育——————588
シンガポールにおける発達障害——————590

見出し語五十音索引——————XV
事項索引——————592
人名索引——————612

見出し語五十音索引

■アルファベット■

ACT　306
ADHD（注意欠陥多動性障害）　6
ADHDの治療薬　420
ADHDへの通級による指導の実際　154
ASDと触法行為　556
ASDの弱い中枢性統合　68

CBR　498
CHC理論と知能　24

DSM　350

ICD/DSM　350
ICF　502
ICT　118, 220

LD　4
LD/ADHD心理的疑似体験プログラム　18
LDと触法行為　558
LDへの通級による指導の実際　152

PASS理論　26

RTI　176

SKAIP　20

TEACCHプログラム　514

■あ行■

アスペルガー症候群学生の支援（大学）　472
アセスメント　290
アセスメント（言語発達）　248
アセスメント（認知機能）　218
アセスメント（読み書き）　220
アメリカにおける発達障害　580
アンガーマネジメント　204

イギリスにおける発達障害　582
維持　238
いじめ　282
遺伝　340
医療間連携　434
医療と教育の連携　436
インクルーシブ教育システム　110
インタビュー法　318
インリアル・アプローチによるコミュニケーション指導　256

うつ病（大うつ病性障害）　366

英語の読み書きの指導　186
援助つき就労　532

応用行動分析学の基礎理論　62
応用行動分析の諸技法　234
オーストラリアにおける発達障害　586
親の会　506
音韻認識　40

■か行■

書くしくみ　38
学習（視機能・視覚認知）　54
学習（セルフエフィカシー）　264
学習困難　170
学習障害（LD）　4
学習性無力感に至る課題　242
学力検査（学力調査）　168
数概念と計算の発達　222
学校教育法　570
学校での気づき　174
学校保健安全法　438
家庭児童相談室　444
仮名と漢字の特性　46
カミングアウト支援　490
環境アセスメント　298
韓国における発達障害の現状　584
観察学習の活用法　240

観察法　316
漢字の書字指導　184
漢字の特性　46
漢字の読み指導　182
感情理解・表情認知　274

記憶の促進要因　228
聞く，話すしくみ　32
基礎的環境整備　112
吃音の生起要因と指導　254
機能的アセスメントと環境アセスメント　298
機能的アセスメント　200
機能と言語行動　250
虐待［医療］　400
虐待［成人生活］　504
虐待と発達障害［心理］　280
キャリア教育（大学）　470
教育課程　130
教育支援計画（個別）　106
教育におけるICT利用　118
教育のユニバーサルデザイン　126
教員養成と教員免許状　86
強化と弱化　236
競合行動バイパスモデルと代替行動　304
教材・教具　124
きょうだいへの支援　210
協同学習　128
共同学習　134
強迫症/強迫性障害　372
起立性調節障害　402

クラスワイドな支援　206

計画相談支援・障害児相談支援　456
計算・図形の指導　192
「計算する」における困難　56
計算の発達　222
継次処理　28
研究倫理　326
言語学的四側面　70
言語行動（機能）　250
言語コミュニケーションの指導　190
言語障害への通級による指導の実際　158
言語症/言語障害　358
言語聴覚療法　426
言語発達（模倣）　258

言語発達とアセスメント　248
言語発達と読み書き　50

構音の発達と指導　252
後見・保佐・補助　554
高校生・大学生とメンタルヘルス　276
高次脳機能障害　396
向精神薬　422
後天性脳機能障害　404
高等学校での支援　144
行動障害　14
高等特別支援学校　164
行動の依存　416
校内委員会　88
合理的配慮と基礎的環境整備　112
交流および共同学習　134
高齢になった発達障害者　476
語音障害　356
国際生活機能分類（ICF）　502
国連障害者権利条約　578
心の理論　66
5歳児健診の試み　432
個人間差と個人内差　22
個別の教育支援計画　106
個別の指導計画　104
コミュニケーション指導（インリアル・アプローチ）　256
コミュニケーション症群/コミュニケーション障害群　10
コミュニケーションにおける語用論障害　72
コミュニケーションの発達　246
語用論障害　72
コンサルテーション　288

■さ行

才能教育　172
作業療法　424

支援技術　500
視覚障害　406
視機能・視覚認知障害　408
視機能・視覚認知と学習　54
刺激等価性理論に基づいた学習　244
自己概念と自尊感情　262
自己決定支援　484
自己理解　260

自己理解（成人期）480
自尊感情 262
実験計画法 314
実行機能，報酬系とADHD 60
質的研究の分析法 320
質問紙調査法 312
指導計画（個別）104
児童自立支援施設 552
児童相談所 442
児童発達支援センター 452
自閉症／自閉スペクトラム症 8
自閉症・情緒障害特別支援学級 162
自閉症スペクトラム障害（ASD）と触法行為 556
自閉症への通級による指導の実際 156
社会参加 478
社会生活を支える制度や相談機関 494
社会性の発達と起源 64
弱化 236
就学支援のしくみ 132
就労支援 538
就労支援機関 536
巡回相談 92
障害児相談支援 456
障害児保育 464
障害者差別解消法 576
障害者総合支援法 572
障害者手帳 462
障害者の雇用の促進等に関する法律 574
障害受容過程（保護者）278
障害受容と自己理解 260
障害年金 460
障害理解教育 136
小学校での支援 140
小集団指導と仲間媒介介入法 266
症状妥当性 512
情動の処理過程 272
少年鑑別所・少年院 546
少年法 544
職業アセスメント 530
職業カウンセリング 528
職業準備性のピラミッド 540
職業リハビリテーション 526
職場定着指導 534
触法行為（LD）558
触法行為（海外における縦断的研究）560

触法行為（海外における予防，教育プログラム）562
触法行為（自閉症スペクトラム障害）556
触法行為（治療と指導）550
書字指導（漢字）184
書字指導（ひらがな）180
書字障害 52
自立の検討 486
シンガポールにおける発達障害 590
神経系機能の発達 334
神経伝達物質 336
神経発達症群／神経発達障害群 352
神経変性疾患 392
心身症 384
心的外傷後ストレス障害 376
心理検査 324

髄膜炎 394
睡眠障害 380
「推論する」における困難 58
スウェーデン・フィンランド・ノルウェーの特別教育 588
スクールカウンセラーの活用 98
スクールソーシャルワーカーの活用 100
スクールワイド／クラスワイドな支援 206
スタティックアセスメントとダイナミックアセスメント 294

生活自立支援 482
生活の質 474
成人期の自己理解 480
成人生活におけるマナーやルール 518
成人生活における余暇 516
成人生活におけるライフスキル 520
成人の発達障害と虐待 504
積極的行動支援 296
摂食障害 382
セルフエフィカシーと学習の関連 264
セルフマネジメント 300
染色体異常症 390
染色体検査 348
選択性緘黙 370
前頭葉機能と発達障害 30
専門家チーム会議と巡回相談 92

相談支援事業所 448

相談支援ファイル　108
素行症　378
ソーシャルスキルトレーニング　196

■た行

大うつ病性障害（うつ病）　366
大学での支援　146
大学におけるアスペルガー症候群学生の支援　472
大学における発達障害学生のキャリア教育　470
大学入試における配慮　116
代替行動　304
ダイナミックアセスメント　294
単一事例研究法　310
談話能力と要約　74

地域活動支援センター　454
地域生活定着支援センター　564
地域づくり　496
地域に根ざしたリハビリテーション（CBR）　498
逐次読みの原因　44
チック症　362
知的障害　12
知的障害者更生相談所　446
知的能力障害　354
チームアプローチ　286
注意欠陥多動性障害　6
中学校での支援　142
中枢神経系　330
聴覚障害　410
聴性脳幹反応　342

通級による指導　150

定時制・通信制高校における課題と支援　524
低出生体重児・周産期障害　398
ディスレクシア（日本語・英語）　48
デジタル教科書　122
テスト・アコモデーション　114
テストバッテリーの組み方　292
転移　238
てんかん　386

動機づけの向上　270
統合失調症　364
当事者の会　508

同時処理と継次処理　28
特別支援学校のセンター的機能　102
特別支援教育　82
特別支援教育コーディネーター　90
特別支援教育士　78
特別支援教育支援員の活用　96
特別支援教育におけるICTの活用　120
特別支援教室　160
特別支援連携協議会　94
特別児童扶養手当　458
トークンエコノミー　202
読解の指導　188

■な行

仲間媒介入法　266

二次的な問題／ひきこもり／ニート　492
二重障害仮説　42
ニート　492
日本LD学会　76
日本語と英語におけるディスレクシアの違い　48
乳幼児健康診査　430
認知機能のアセスメント　218
認知機能の発達　216
認知行動療法（ACT含む）　306
認知障害を起こすその他の神経疾患など　412
認定こども園での支援　138

脳炎・髄膜炎　394
脳外傷・高次脳機能障害　396
脳画像検査　344
脳機能画像検査　346
脳局在　36
脳性麻痺　388
脳波検査／聴性脳幹反応　342
ノルウェーの特別教育　588

■は行

パーソナリティテストの活用　268
発達障害　2
発達障害者支援センター　450
発達障害者支援法　568
発達障害者の就労支援　538
発達障害と触法行為（治療と指導）　550
発達障害と触法行為：海外における縦断的研究　560

発達障害と触法行為：海外における予防，教育プログラム　562
発達障害と不登校・いじめ　282
発達障害へのパーソナリティテストの活用　268
発達性協調運動症／発達性協調運動障害　360
話すしくみ　32
般化，転移，維持　238
反抗挑発症・素行症　378
反応性アタッチメント障害　374

ひきこもり　492
微細神経学徴候　338
表情認知（感情理解）　274
ひらがなの書字指導　180
ひらがなの読み指導　178

不安症／不安障害　368
フィンランドの特別教育　588
不器用さの指導　208
物質依存　414
不登校　282
フリースクール　166
文章産出と指導　226
文章題の指導　194
文章理解と指導　224

ペアレントトレーニング　284

保育園での支援　138
放課後等デイサービス　466
報酬系とADHD　60
保護観察　548
保護者の障害受容過程　278
保護者への支援　212
保佐・補助　554

■ま行

末梢神経と筋肉　332

メタ認知と発達障害　232

メンタルヘルス（高校生・大学生）　276
模倣と言語発達　258
問題行動への対応　302
文部科学省による発達障害に対する施策の変遷　84

■や行

薬物使用の一般的な考え方　418

遊戯療法　308
ユニバーサルデザイン　126，510

幼児ことばの教室　148
幼稚園・保育園・認定こども園での支援　138
要約　74
余暇［成人生活］　516
余暇活動の充実　488
読み書き（言語発達）　50
読み書き障害にかかわる用語の整理　34
読み書きと脳局在　36
読み書きのアセスメント　220
読み書きの指導（英語）　186
読み指導（漢字）　182
読み指導（ひらがな）　178
読みと音韻認識　40
読む，書くしくみ　38

■ら行

ライフスキル　520
ライフスキルトレーニング　198

理学療法　428
リハビリテーション　498
量的研究の分析法　322

■わ

ワーキングメモリーと学業　230

0. 導 入

　この発達障害事典で扱う事項の中でも，特に基礎的な内容で，全編を通して他の事項の基盤となるようなテーマを集約した．
　発達障害，学習障害（LD），注意欠陥多動性障害（ADHD），自閉症，さらに，コミュニケーション症群，知的障害，行動障害での障害である．
　本事典を利用して発達障害の理解を深めていく際の，導入として活用してほしい．なお，これらの項目は，全般的な概説となっている．それぞれの障害に関連する個別の詳細な事項については，この「0. 導入」以降の，各章において取り上げているので，参照してほしい．　　　　　　　　　　［柘植雅義・緒方明子］

発達障害

　発達障害は種々の関連する障害の総称であり，統一された定義は現時点では存在しない．英訳は，その意味によって，developmental disabilities（日本LD学会編[1]），developmental disorder などが使われる．また，世界保健機関WHOによるICD-10では「心理的発達の障害」（Disorder of psychological development），アメリカ精神医学会によるDSM-5では「神経発達症」（Neurodevelopmental Disorder）というカテゴリーで，関連障害をまとめて総称している（「ICD/DSM」参照）．このように，診断基準も含め個々の障害に関する研究が研究途上であること，そのグルーピングの仕方の模索の最中であることから，その総称も変遷する．

●**対象・範囲**　基本的には，学習障害，注意欠陥多動性障害，自閉症，その他類似する障害のほか，知的障害（精神遅滞）などを含める場合もある（「学習障害（LD）」「ADHD（注意欠陥多動性障害）」「自閉症/自閉スペクトラム症」「コミュニケーション症/コミュニケーション障害群」「知的障害」参照）．また，研究や実践などにおいて，「知的障害のない発達障害」という表記で，発達障害の範囲を限定的にとらえることもみられる（本事典では「刊行にあたって」で述べたように「知的障害のない発達障害」を扱う）．

●**特性・状態**　発達障害は，広く，何らかの発達の偏りや遅れなどが通常低年齢から見られ，日常生活や社会生活で制限を受ける者ととらえることができる．

●**出現率**　近年，発達障害に関するさまざまな疫学調査が国内外で実施されてきている．対象児や対象地域，調査方法などはさまざまで，結果も異なる．また，国際的にみても特徴的な調査として，日本の文部科学省は，全国の小中学校の通常学級の教員を対象に教室でのつまずきに基づく質問紙調査を2回行っている．それによると，発達障害の可能性のある児童生徒の割合は，6.3％（2003），6.5％（2012）となっている．2012年公表の調査では，知的発達に遅れはないものの学習面または行動面で著しい困難を示すとされた児童生徒の割合が6.5％であり，その内訳は，学習面で著しい困難を示す場合が4.5％，「不注意」または「多動性-衝動性」の問題を著しく示す場合が3.1％，「対人関係やこだわり等」の問題を著しく示す場合が1.1％であった．さらに，出生時やそれ以降から長期にわたって追跡調査するコホート研究も国内外で行われてきている．日本では現在，環境省が10万人規模の大規模なプロジェクト「子どもの健康と環境に関する全国調査（エコチル調査）」に取り組んでいる．

●**歴史**　発達障害の歴史は，まさに発達障害とは何かを探る歴史，といってもよ

いだろう．そして，現在も，その直中にある．公に発達障害を扱ったのは，アメリカで 1970 年に制定された法律 PL91-517（Developmental Disabilities Service and Construction Act）からといわれている[1]．また，1987 年には，DSM-Ⅲ-R に「発達障害」（Developmental Disorders）の概念が導入された．その後，先に述べたように，その総称はいろいろ変化してきている（「ICD/DSM」参照）．

●**支援の法的根拠**　発達障害に関する法令は現在では多岐にわたる．包括的な法令と，各領域に個別の関連法令に区別することもできる．包括的なものとしては，発達障害者支援法がある．そのほか，教育や福祉などの領域法令の中で個別にも使われている．この法令では，発達障害を，「自閉症，アスペルガー症候群（障害），その他の広汎性発達障害，学習障害，注意欠陥多動性障害，その他これに類する脳機能の障害」と定義している．行政施策上，知的障害はすでに支援する法律があることから，本定義から除外された（「発達障害者支援法」参照）．

●**各領域での取り組み**
　教育：就学前から，学校，大学にわたり，学習内容のつまずきの把握と対応，行動問題の把握と対応，通級による指導，授業改善，支援体制整備（「2. 教育」参照）．
　心理：心理検査や各種チェックリストを含む包括的アセスメントや，それに基づく支援計画の作成，支援の実施と評価など（「3. 心理」参照）．
　医療：構成する障害ごとの診断，診断に基づく治療，薬物療法．1 歳半検診，2 歳児検診，就学時健康診断など，早期発見早期支援（「4. 医療」参照）．
　福祉：制度の変更（総合福祉），障害者手帳制度，早期発見・早期支援，通所，発達障害者支援センター，ペアレントトレーニング事業（「5. 福祉」参照）．
　労働：職業リハビリテーション，障害者雇用，障害者雇用率などの変遷，支援付き雇用，特例子会社制度，ジョブコーチ制度（「6. 成人生活」「7. 労働」参照）．
　司法：発達障害のある人の司法と配慮（「8. 司法」参照）．

●**関連の学術学会**　現在，発達障害に関する学術学会は多数存在し，またさまざまな学問領域にわたる学際的な様相を呈している．日本 LD 学会，日本自閉症スペクトラム学会，日本発達障害学会，日本特殊教育学会，日本発達心理学会，日本児童精神神経学会，日本小児精神神経学会，日本職業リハビリテーション学会，ほか多数（「日本 LD 学会」参照）．

●**関連の親の会**　全国 LD 親の会，えじそんくらぶ（ADHD），日本自閉症協会，アスペルデの会，EDGE（ディスレクシア）など，全国的な規模のものから，各地域などでの活動を行うものまで多数存在し，理解啓発や調査，提言などを行っている（「親の会」参照）．

[柘植雅義]

📖 **参考文献**
[1] 日本 LD 学会編『LD・ADHD 等関連用語集（第 3 版）』日本文化科学社，2011
[2] 特別支援教育士資格認定協会編『特別支援教育の理論と実践（第 2 版）』金剛出版，2012

学習障害（LD）

　知的発達に遅れはないものの，読み書きを中心とした学習につまずきを示す者がいる．小・中学校，高校では教科の学習につまずき，大学でもレポートを書くことや講義を聞き取ることに困難さがある．就労した後も，説明書が読めない，会議の議事録をまとめることができないなどの特性がみられることがある．しかし，知的能力には問題がないので，語いが豊富だったり，豊かな発想力をもっていたりするために，それらの優れた面により困難な部分が隠されてしまい，子どもが抱えている困難さに周囲の大人が気づかないことがある．そして，それが二次障害へとつながることもある．

●**歴史**　学習障害（learning disabilities：LD）という用語は，1963年に脳損傷や視知覚の障害のある子どもの保護者の集会がアメリカ合衆国のシカゴで開催された際，S.カークが講演の中で初めて使用した．この会は，既存の障害カテゴリーには当てはまらないが，さまざまな困難さのために学校での学習につまずいてしまう子どもたちの保護者の集まりであった．保護者が全国的な組織をつくり，学校での適切な対応を求めていくための集会であった．このときにカークがつくったといわれる「学習障害」という語は，それまでは語盲，シュトラウス症候群，脳機能不全などといわれていたさまざまな学習上の困難さを示す多様な状態に代わるものとなった．

●**定義**　1963年以降，学習障害を定義するための試みが続けられたが，本来多様な状態を総称するためにつくられた用語であったため，学習障害の状態を明確に定義づけることができず，アメリカ合衆国では1970年代に38の異なる定義が報告されている．その後，障害者教育法（Individuals with Disabilities Education Act：IDEA）が制定され，その中で学習障害は次のように定義された――「音声言語または書字言語の理解と使用にかかわる基本的な心理過程の複数の領域で障害があり，その結果，聞く・考える・話す・読む・書く・スペリング・計算することに困難さを生じるものである」．この定義の中で，視覚障害，聴覚障害，運動障害，知的障害，情緒障害に起因する学習上の問題や，環境・文化・経済的に不利な状況にあるために生じる学習上の問題は除外されている．現在，全米で48の州とワシントン特別区がこの定義を採用している．

　日本では，文部科学省における調査研究協力者会議の検討が重ねられ，1999年に次のような定義がまとめられた．

　「学習障害とは，基本的には全般的な知的発達に遅れはないが，聞く，話す，読む，書く，計算する又は推論する能力のうち特定のものの習得と使用に著しい困難を

示すさまざまな状態を指すものである．学習障害は，その原因として，中枢神経系に何らかの機能障害があると推定されるが，視覚障害，聴覚障害，知的障害，情緒障害などの障害や，環境的な要因が直接の原因となるものではない．」

学習障害かどうかを判断する基準は以下の4点である．これらのポイントから総合的に判断することが求められている．

①知的能力の評価：全般的な知能の遅れがないことの確認や，認知能力のアンバランスがあるかどうかを確認する．知的発達の遅れの程度や社会適応能力を考え合わせて，知的障害としての教育的対応が適切か，学習障害としての教育的対応が適切かを判断する．

②国語などの基礎的能力の評価：聞く・話す・読む・書く・計算する・推論するなどの基礎的学習能力に著しいアンバランスがあるかどうかを確認する．小学校中学年以降になると，当初は，例えば読むことだけが著しく困難だったとしても，他の教科全体に遅れが生じる可能性があるので慎重なアセスメントが必要である．

③医学的な側面：中枢神経系に機能障害があると推定されるかどうか．必要に応じて医学的評価を受ける．

④他の障害や環境的要因が直接的原因でないことの判断：生育歴，療育・教育歴，家族からの情報などを総合して，他の障害や環境的な要因が学習困難の直接の原因ではないことを確認する．

● DSM-5の診断基準　アメリカ精神医学会が2013年に出版したDSM-5においては，限局性学習障害（specific learning disorder：SLD）という名称で記載されている．下位区分として読みの障害（単語読みの正確さ，読む速度，流暢さ，文章理解などで評価），書き表現の障害（スペリング，文法，句読点，文章や文章構成の正確さなどで評価），算数の障害（計算の正確さ，数学的思考などで評価）がある．また，援助や配慮の必要程度による重症度分類もある．

●学習面で著しい困難を示す児童生徒の割合　アメリカ合衆国の2011年の調査では，公教育を受けている児童生徒のうち，学習障害として教育的対応を受けている児童生徒の割合は約5％であり，特殊教育の対象の中で最も大きな割合を占めていた．日本では，2012年に公表された調査結果によると，通常の学級に在籍し，知的発達に遅れはないものの学習面または行動面で著しい困難を示すとされた児童生徒の割合は6.5％であり，そのうち「学習面で著しい困難を示す」と担任教員が回答した割合は調査対象者の4.5％であった．　　　　　　　［緒方明子］

📖 参考文献

[1] C. ターキントン・J. R. ハリス，竹田契一・小野次朗他監訳『LD・学習障害事典』明石書店，2006

[2] National Center for Learning Disabilitiesisabilities, *The State of Learning Disabilities. Facts, Trends and Emerging Issues Third Edition*, 2014
〈https://www.ndd.org/wp-content/uploads/2014/11/2014-State-of-LD.pdf〉

ADHD（注意欠陥多動性障害）

　注意欠陥多動性障害（attention-deficit/hyperactivity disorder：ADHD）とは，不注意と多動性，衝動性を主症状とする発達障害である．気が散りやすく，集中力を持続させることができない，忘れっぽいなどの不注意な行動，じっとしていられない，もじもじ・そわそわ，おしゃべりがすぎるなどの多動な行動，待てない，我慢ができないなどの衝動的な行動が幼児期からさまざまな場面で認められる．このような子どもに対して，わが国の児童精神科や小児科の医師は，アメリカ精神医学会の『精神疾患の診断・統計マニュアル第5版』（DSM-5）[1]に基づいて診断を行う．DSM-5では注意欠如・多動症という診断名が用いられる．

　ADHDは，子どもの約5%，成人の約2.5%にみられ，男女比は小児期で2：1，成人期では1.61：1で男性に多い．女性は男性よりも主に不注意の特徴を示す傾向があるといわれている[1]．

　ADHDは，遺伝要因と環境要因が相互に影響しあって発現する．両親のどちらかがADHDの場合，その子どもがADHDである割合は約60%であったとする報告もあり，ADHDの遺伝率はかなり高い．そうした遺伝リスクに，胎児期に母親から受ける薬物やアルコール，喫煙などの環境要因が加わると，発症リスクがさらに高まる．

●ADHDの併存障害　ADHDの子どもは，その行動特性のため幼児期より親から厳しく叱られたり，仲間から非難や拒絶されたりする経験を多く積み重ねている．そのため自尊心が傷つき，自己評価が著しく低下していることが多い．一方で，自分を受け入れてくれない周りの人に対して，怒りや不信感を抱くようになる．そうした怒りが外に向かって表現されるのが外在化障害とよばれる二次障害である．この場合，ADHDは反抗挑戦性障害から素行障害に，さらにその一部が反社会性パーソナリティ障害に展開する．こうした外在化障害の展開を「破壊性行動障害（DBD）マーチ」とよぶ[2]．それに対して，怒りや葛藤が自己を傷つける方向に向かうのが内在化障害である．抑うつや不安，あるいは周囲の期待に添わないという受動攻撃的な反抗が生じ，これ

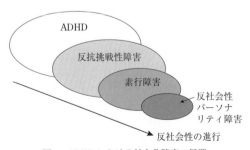

図1　ADHDにおける外在化障害の展開
［出典：齊藤万比古編『発達障害が引き起こす二次障害へのケアとサポート』p.65, 2009を一部改変］

らがさらに悪化すると依存性パーソナリティ障害や回避性パーソナリティ障害，境界性パーソナリティ障害などに展開していく．

● **ADHD に対する治療や学校での支援**　ADHD は，できるだけ早い段階で適切な診断を受け，医療機関と連携しながら家庭や幼稚園・学校

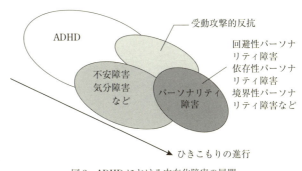

図2　ADHD における内在化障害の展開
［出典：齊藤万比古編『発達障害が引き起こす二次障害へのケアとサポート』p. 67, 2009 より一部改変］

などで適切な対応をとることが望まれる．ADHD に対する基本的な治療目標は，ADHD による不利益を軽減し，情緒的な安定を図り，二次障害を予防することになる．治療は薬物療法と心理社会的治療からなる．

薬物療法はこれまで多くの検討がなされ，ADHD の治療法としてその有効性や安全性が確認されている．わが国で ADHD の保険適用薬として使用されているのは，メチルフェニデート塩酸塩（商品名「コンサータ」）とアトモキセチン塩酸塩（商品名「ストラテラ」）の2種類であり，いずれも ADHD 患者の7〜8割に効果が認められている．

心理社会的治療には，通級による指導などで実施されるソーシャルスキルトレーニングや感情コントロール訓練，自己管理テクニックなどに加え，家庭や学校，教室における環境調整も含まれる．環境調整には家庭や教室などの物理的な環境の調整だけでなく，ADHD の子どもを取り巻く人たち，保護者や教師，そして同級生による適切な対応も含まれる．

学級担任として ADHD の子どもの行動問題に対処する方法として応用行動分析がよく使われる．例えば，目標とする適切な行動に対してシールやスタンプなどを用いて，それが一定の数集まれば何らかの報酬と交換できるトークンエコノミーも応用行動分析に基づく手続きである．保護者を対象としたペアレントトレーニングも応用行動分析に基づいており，子どもをほめることで適応行動を増やし，不適切な行動を減らしていき，それによって親子関係を安定化し，親の子育てのストレスを軽減することを目的に行われる． ［大塚　玲］

📖 **参考文献**
[1] American Psychiatric Association, 日本精神神経学会　日本語版用語監修，高橋三郎・大野裕監訳『DSM-5 精神疾患の診断・統計マニュアル』医学書院，2014
[2] 齊藤万比古編『発達障害が引き起こす二次障害へのケアとサポート』学研，2009

自閉症 / 自閉スペクトラム症

　自閉症という用語が最初に用いられたのは，アメリカの児童精神科医であるL. カナーの論文である．カナーは，いくつかの特徴的な行動を示した11人の子どもたちについて「情緒的接触の自閉的障害」と題して報告し，翌年の論文で「早期幼児自閉症」と命名した．このほかに「小児自閉症」「カナー型自閉症」ともよばれる．

　また，アスペルガー症候群は，この症例を報告したH. アスペルガーというオーストリアの小児科医の名前から名付けられた診断名である．アスペルガーは1944年に「小児期の自閉的精神病質」というタイトルでカナーの症例と似たような4人の子どもについての論文を報告したが，これはカナーの自閉症に関する論文発表とほぼ同時期であった．

●**自閉症の定義**　当初，自閉症は精神障害に分類されていたが，1980年のDSM-Ⅲ（精神疾患の診断・統計マニュアル Diagnostic and Statistical Manual of Mental Disorders 3rd edition）で広汎性発達障害というカテゴリーで発達障害に組み込まれた．

　その後多くの学者・医者が自閉症の定義に関して議論を重ね，DSMの基準とWHO（世界保健機関）の国際疾病分類（International Classification of Diseases：ICD）による基準が引用されることが多い．ICDは2016年現在改訂第10版が出版されている．自閉症の名称も「小児自閉症」とされている．3歳以前に現れる発達の異常あるいは障害であり，そして相互的社会的関係，コミュニケーション，限局性の反復的な行動の3つの領域すべてに特徴的な異常によって定義される広汎性発達障害をさす．この障害は女児に比べ男児に3倍ないし4倍多く出現するという．

　アスペルガーが「小児期の自閉的精神病質」の症例を発表した時期は第二次世界大戦中であり，英語によるカナーの論文に比べドイツ語で書かれたアスペルガーの論文は一般には広がらなかった．このアスペルガーの論文が話題になるようになったのは1981年にイギリスの児童精神科医L. ウィングがアスペルガーの業績を紹介してからのことである．

●**ウィングが提唱したアスペルガー症候群**　ウィングは，カナー型の自閉症とは診断されていないが，「社会性」「コミュニケーション」「想像力」の「三つ組」の障害のある子どもたちがいることに気づき，この三つ組の障害をもっていながら自閉症と診断されない子どもたちの一部はアスペルガーの報告したケースに似ていることから，アスペルガー症候群という診断が適切であると考えた．

上記のアスペルガー症候群について，ICDでは「疾病分類学上の妥当性がまだ不明な障害であり，関心と活動の範囲が限局的で常同的反復的であるとともに，自閉症と同様のタイプの相互的な社会的関係の質的障害によって特徴づけられる．この障害は言語あるいは認知的発達において遅滞がみられないという点で自閉症とは異なる．多くのものは全体的知能は正常であるが，著しく不器用であることがふつうである．この病態は男児に多く出現する」とされている．
　ウィングはこの自閉症とアスペルガー症候群は連続体であると考え，自閉症スペクトルを提唱した（表1）．

●**自閉スペクトラム症**　2013年，DSMの最新版の第5版が出版され，ASD（Autism Spectrum Disorder）として分類された．日本語訳は自閉スペクトラム症/自閉症スペクトラム障害となっている．

●**教育の場**　知的障害を伴うASDの場合は，知的障害特別支援学校，小学校・中学校の特別支援学級で学ぶことが多いが，知的に高いASDは通常の小学校・中学校・高等学校から大学，大学院に進学する者もいる．
　しかしながら，対人関係やコミュニケーション問題から就職がうまくいかない，あるいは就職しても定着できずに離職する者が多いことが報告されている[1]．

表1　乳幼児期のASDの特徴

- まったく話し言葉がないか，あってもオウム返しになることが多い
- 視線を合わせることができない
- 扇風機や換気扇などのぐるぐる回るものに固執する
- 急な変化に対応できず，かんしゃくを起こすことがある
- 感覚過敏，あるいは感覚鈍麻で，身体接触を嫌がることがある
- 友達と一緒にごっこ遊びなどをするのが困難
- 身体を前後に揺するロッキングや手をひらひらさせるフラッピングなどの行動をとることがある
- おもちゃを本来の形で使用せず，奇妙な扱い方をする

[梅永雄二]

参考文献
[1] 梅永雄二『大人のアスペルガーがわかる—他人の気持ちを想像できない人たち』朝日新書，2015

コミュニケーション症群／
コミュニケーション障害群

　DSM-5 の神経発達症群の下位カテゴリーの1つである（表1）．コミュニケーション症群は，ことばの発達の問題を中心とするものである．

表1　神経発達症群の下位カテゴリー

1. 知的能力症／知的発達障害
2. コミュニケーション症群／コミュニケーション障害群
3. 自閉スペクトラム症／広汎性発達障害
4. 注意欠如・多動症／注意欠陥・多動性障害
5. 限局性学習症／限局性学習障害
6. 運動症群／運動障害群
7. チック症群／チック障害群
8. 他の神経発達症群／他の神経発達障害

［出典：日本精神神経学会（日本語版用語監修），高橋三郎・大野裕監訳『DSM-5 精神疾患の診断・統計マニュアル』pp.46-47．医学書院．2014］

　コミュニケーション症群は，言語症（language disorder），語音症（speech sound disorder），小児期発症流暢症／吃音（childhood-onset fluency disorder/stuttering），社会的（語用論的）コミュニケーション症（social (pragmatic) communication disorder）の四つの下位分類に分かれている．

●言語症／言語障害　DSM-Ⅳでは表出性言語障害と受容-表出混合性言語障害に分けられていたもので，DSM-5 では，この二つの障害を言語症として統一したものである．言語症の中心となる特徴は，語彙，構文および話法の理解または産出の欠陥による言語の習得および使用の障害である．実際には，話しことばの遅れから始まり，語彙が増えにくく，構文の誤りがあり短く単純である．そのために話す能力，つまり重要な情報を含めて話すことや順序だてて話すことにも制限を受ける．言語障害領域で言語発達を阻害する要因がないにもかかわらず言語発達が遅れている子どもに対し，特異的言語発達障害（specific language Impairment：SLI）という用語が使われているがこれに相当するものである．言語症は限局性学習症（読み書き，算数），注意欠如・多動症，自閉スペクトラム症，および発達性協調運動症などの他の神経発達症と強く関連している．

●語音症／語音障害　会話の中で音声を発達的に期待される適切さで用いることができず，その産出，使用，表現，構成に問題がみられるものをいう．一般的には発達性構音障害とよばれているものである．具体例をあげると，たいこ（taiko）をかいこ（kaiko）と言い誤る，さくら（sakura）をしゃくら（ςakura）というように音の置換や歪みが生じている状態である．「たいこ」を「かいこ」と発音するのは，子音 t と子音 k が誤って学習されたことによる．そもそも幼児期には

必ずしも発音がうまくできないこともあるが，語音症の子どもでは通常の発達の範囲を越えて発音がうまくできない状態である．

●**小児期発症流暢症害／吃音**　小児期に発症する話しことばを流暢に話せずことばが出なかったり，どもったりする発話障害のことをいう．非流暢は以下の三つのうちどれか一つ以上にみられる．

・連発：音の繰り返し　　例「お，お，おかあさん」
・伸発：音の引き伸ばし　例「おかーーさん」
・難発：ことばを引き出せずに間があく　例「……おかあさん」

●**社会的（語用論的）コミュニケーション症（障害）**　DSM の改定に伴い新設された新たな概念である．社会的（語用論的）コミュニケーション障害の診断基準の概要を表2に示すが，診断基準の内容は自閉スペクトラム症にみられるコミュニケーションと対人交流行動の問題のみを示す状態である．これまで非定型自閉症，特定不能の広汎性発達障害と分類されたものに該当する．社会的（語用論的）コミュニケーション障害は，自閉スペクトラム症を除外項目としている．

語用論の障害は会話の中で特徴が際立つ．会話のルールがわからず，話し手と聞き手の役割を交替できず一方的に話したり，会話への参加のタイミングがわからず参加できなかったりする．聞き手を見て話すことや，聞いていることを頷いて示すなどの非言語コミュニケーションにも弱さがあるため，聞いていないと誤解されることも多い．さらに，直接的な表現であれば理解できても，冗談や比喩などの間接的な表現の意味や発話の意図（真意）がわからず字義通りに解釈するなどのために，会話がすれ違ったり，会話が成り立ちにくくなる．

表2　社会的(語用論的)コミュニケーション症(障害)の診断基準概要

A. 言語的および非言語的コミュニケーションの社会的使用における持続的な困難さ．以下のうちすべてによって明らかになる．
　(1)社会的な目的でコミュニケーションを用いることの欠陥
　(2)状況や聞き手に合わせてコミュニケーションを変える能力の障害
　(3)会話や話術のルールに従うことの困難さ
　(4)明示されていないことや字義通りでなかったり曖昧であったりする言葉の意味を理解することの困難さ
B. 効果的コミュニケーション，社会参加，社会的関係，学業成績，職業的遂行能力において1つまたは複数に支障をきたしている．
C. 症状は，発達早期に出現している．
D. 神経疾患，言語能力の低さ，自閉スペクトラム症，知的発達症，全般的発達遅延，および他の精神疾患では説明されない．

［出典：日本精神神経学会（日本語版用語監修），髙橋三郎・大野裕監訳『DSM-5 精神疾患の診断・統計マニュアル』pp.46-47，医学書院，2014］

［里見恵子］

📖 **参考文献**
[1]　宮本信也「DSM-5 における発達障害」LD 研究，24(1)，52-60，2015

知的障害

　知的障害は知的機能と適応行動機能の療法の遅れや困難さによって特徴づけられる障害である．近年では，知的障害のある人を固定化した状態像としてではなく，支援の質や量などとの関係で理解する傾向が強い．

●**DSM-5における知的障害の診断基準**　DSM-5では，知的障害に対して，知的能力障害（知的発達症／知的発達障害）という用語を用いている．DSM-5では，「知的能力障害（知的発達症）は，発達期に発症し，概念的，社会的，および実用的な領域における知的機能と適応機能両方の欠陥を含む障害である」と記されている．また，知的機能については，臨床的評価と標準化された個別式知能検査の両方を用いて確かめられることが述べられており，医師の臨床的所見を加えることが強調された．加えて，個別式知能検査によるIQは，±5の幅をもたせて診断すべきであること，障害の重さについても，概念的領域，社会的領域，実用的領域の三つの領域から適応能力についての所見で総合的に診断することが示されている．

●**アメリカ知的・発達障害協会における定義**　アメリカ知的・発達障害協会（American Association on Intellectual and Developmental Disabilities：AAIDD）により，2010年に出版された第11版の定義では，「知的障害は，知的機能と適応行動（概念的，社会的および実用的な適応スキルによって表される）の双方の明らかな制約によって特徴づけられる能力障害である．この障害は18歳までに生じる」となっており，基本的にはDSM-5と同様の内容で定義付けられている．しかしながら，「今ある機能の制約は，その人と同年齢の仲間や文化に典型的な地域社会の状況の中で考慮されなければならない」「個人の中には，制約と強さが共存していることが多い」「長期にわたる適切な個別支援によって，知的障害がある人の生活機能は全般的に改善するであろう」などの定義の運用の前提につ

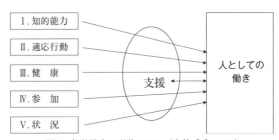

図1　知的障害の理論モデル（文献［1］，p.15）

いて言及されており，知的障害の捉え方としてDSM-5より社会・環境的な側面が強調されている．

また，AAIDDは，知的障害に関する多次元的な理論モデルの図を示している（図1）．このモデルは，五つの次元（知的能力，適応行動，健康，参加，状況）のそれぞれが，支援を通して個人の人としての働きに影響し，同時に人としての働きは支援との相互作用によってもたらされることを示しており，支援という環境的な要因によって知的障害の状態像が異なることを述べたものとなっている．

●**特別支援学校・特別支援学級の対象となる知的障害者の障害の程度**　日本の特別支援教育における知的障害の考え方は，AAIDDの第9版における定義の影響を受けている．2002年4月には学校教育法施行令が改正され，特別支援学校の対象となる知的障害者の程度を，「一　知的発達の遅滞があり，他人との意思疎通が困難で日常生活を営むのに頻繁に援助を必要とする程度のもの」「二　知的発達の遅滞の程度が前号に掲げる程度に達しないもののうち，社会生活への適応が著しく困難なもの」とした．また，2013年の初等中等教育局長通知では，特別支援学級の対象となる知的障害者の程度を，「知的発達の遅滞があり，他人との意思疎通に軽度の困難があり日常生活を営むのに一部援助が必要で，社会生活への適応が困難である程度のもの」と位置付けた．このような記述は，知的障害を「支援の程度」によって判断しようとするものであり，DSM-5やAAIDDの知的障害の考え方と共通するものである．

●**知的障害に対する配慮**　一般に知的能力に制約があることによって生じる困難や特性には，①習得した知識や技術が偏ったり，断片的になりやすい．②習得した知識や技術が実際の生活には応用されにくい．③抽象的な指導内容よりは，実際的・具体的な内容が習得されやすい．といったことがあげられる．このような知的能力の制約に対して，教育の分野では，生活に結びついた実際的で具体的な活動を，実際的な状況下で指導したり，多様な生活経験を通して，生活の質が高まるようにしたりすることを心がけて指導が行われる．また，成功経験を多くし，自発的・自主的活動を促すことも重要となる．そのため，知的障害のある人が理解でき，実行することが可能な手だてを設定した中で活動し，経験しながら学習させることが重要となる．

［佐藤克敏］

参考文献
[1] AAIDD，金子 健他共訳『知的障害─定義，分類および支援体系（第11版）』日本発達障害福祉連盟，2012
[2] 日本精神神経学会（日本語版用語監修），髙橋三郎・大野 裕監訳『DSM-5 精神疾患の診断・統計マニュアル』医学書院，2014
[3] 文部科学省「教育支援資料」，2013〈http://www.mext.go.jp/a_menu/shotou/tokubetu/material/1340250.htm〉

行動障害

　「行動障害」が示す意味は広い．行動障害（behavior disorders）とは，社会生活および人間関係や心身の健康に問題を引き起こす継続する逸脱行動（不適応行動）であり，行動障害により「主観的な不利益（苦痛）」を受けたり「客観的な迷惑（他人の不利益）」が発生する．神経発達症群（NDD：発達障害と同義）における行動障害を考える場合，基本的には小児期から思春期・青年期が対象であり，それらの年齢を中心に述べる．

●**行動障害の分類**　大きく二つに分けることができる．①本人の意志とは無関係に起こるタイプ．この場合，精神疾患・意識障害・てんかん発作・睡眠障害の一部などで認められるもので，本人の意識としての意志とはほとんど無関係に起こり，多くの場合，本人は周囲の状況を意識できていない．②本人の意志と関係して起こるタイプ．発達障害児者で認められる行動障害はこちらのタイプであり，本人は周囲の状況をおおむね理解できていて，本人の意志である程度コントロールできる．さらに②のタイプでは，原因疾患と関連性が強いと考えられる行動障害と，周囲の状況や対応に起因する二次障害と判断される行動障害がある．本項では，②のタイプの行動障害について概説する．

●**原因疾患と関連性が強い場合**　医学の領域で，知的発達の遅れの原因が明らかな小児神経疾患とよばれる場合であり，小児に認められる．いくつか例をあげる．プラダー・ウィリー症候群は，新生児期の筋緊張低下と小児期の知的障害・肥満が主症状の疾患であるが，小児期から思春期にかけての強迫的な摂食行動や反抗的で乱暴な行動も，疾患そのものと関連性が高い．知的障害を伴う女児に認められるレット症候群の場合，胸の前で両手を合わせる手もみ行動が特徴的であり，これもまた疾患特異性が示されており診断に直結する場合もある．

　また DSM-5 の分類にある，強迫症および関連症群や異食症を含む食行動障害および摂食障害群にあたる事例においては，行動障害そのものが症状の中核を形成している．

●**二次障害としての行動障害**　発達障害にともなって認められる行動障害が，発達障害の中核症状ではなく周囲の状況や対応との関係により左右される，二次障害としての症状であることが少なくないことが明らかにされてきている．例えば，自閉スペクトラム症（ASD）児者に出現する自傷行為やかんしゃくなどが二次的な症状であって，ASDそのものの中核症状でないことは認められてきている．一方で，眼前で手のひらをヒラヒラさせる衒奇的行動は中核症状であり，同一事例で中核症状と二次的な症状としての行動障害が混在することも事実である．

また，原因が明らかではない，知的発達の遅れを示す子どもたちにおいては，行動障害の多くの場合が二次的なものであると考えられている．

●**行動障害が連鎖する注意欠如・多動症（ADHD）**　ADHDは不注意と多動性衝動性を主症状とするNDDの一つである．もちろん多動あるいは衝動的な行動は中核的な行動上の症状ではあるが，適切な環境や指導が与えられない場合，反抗挑発症（ODD，または反抗挑戦性障害）や素行症（CD，または素行障害）などの，秩序破壊的・衝動制御・素行症群へと進展する可能性があることが知られている．さらに，反社会性パーソナリティ障害へと進むこともある．DSM-5によれば，ODDおよびCDは，それぞれ不注意と多動性-衝動性が混合して存在するADHDの約半数および1/4で併発すると述べられている．DSM-Ⅳにおいて，ADHD・反抗挑戦性障害・素行障害（行為障害）は破壊的行動障害として一つのカテゴリーにまとめられていたが，DSM-5ではADHDはこのカテゴリーから外れて，ASDや限局性学習症（学習障害と同義）などとともに，神経発達症群（NDD）にまとめられた．

ODDやCDについては，ADHDの二次障害としてとらえられる場合と，そうではなくて初めからODDやCDの症状を中核症状として示す事例もあるため注意が必要である．いずれの場合に分類されるかによって，指導方法は異なる．

発達障害の二次的な症状としての行動障害への対処方法としては，医療的対応，環境の整備そして生活全体の検討などの方法がある．また行動療法や認知行動療法なども含まれる．

●**強度行動障害とは**　医学的診断名ではなく，日本独自の行政上の概念である．1988年の報告で，「他害（噛みつき，頭突き，など）や，間接的他害（睡眠の乱れ，同一性の保持，例えば場所・プログラム・人へのこだわり，多動，うなり，飛び出し，器物損壊など）や自傷行為などが，通常考えられない頻度と形式で出現し，その養育環境では著しく処遇の困難なものをいい，行動的に定義される群である．その中には医学的には，自閉症児（者）などが含まれるものの，必ずしも医学による診断から定義される群ではない．主として，本人に対する総合的な療育の必要性を背景として成立した概念である」と定義されている．二次障害としての行動障害の中でも程度が強い場合を指す．強度行動障害の程度の判定にあたっては，強度行動障害判定基準表あるいは行動援護基準表などが用いられ，客観的に判断する試みがなされている．

[小野次朗]

📖 参考文献
[1] 国立特別支援教育総合研究所「第3章 発達障害に関連のある行動障害について」
〈http://www.nise.go.jp/kenshuka/josa/kankobutsu/pub_b/b-208/b-208_03.pdf〉
[2] 日本精神神経学会（日本語版用語監修），髙橋三郎・大野　裕監訳『DSM-5 精神疾患の診断・統計マニュアル』医学書院，2014

1. 基　礎

　本章では，学習障害（LD），注意欠陥多動性障害/注意欠如・多動症（ADHD），自閉スペクトラム症（ASD）を理解するための基礎理論を紹介することで，発達障害のそれぞれの障害を適切に理解し，根拠に基づく指導方法を構築し，適切な支援をするために必要な脳科学，心理学，教育学，言語学などの最新の知見を紹介するものである．

　まず，子どもの実態や知能を理解するためのCHC理論や個人内差と個人間差，継次処理と同時処理やPASS理論などの基礎理論などを取り上げている．

　LDについては，ディスレクシア研究を中心に，読み，書き，計算，推論などの障害を理解するための基礎的な項目をあげ，教育編で取り上げる指導方法につながるようにしている．また，ADHDについては，実行機能と報酬系との関係など脳科学の知見を紹介している．ASDについては，中核となる社会性の障害と関係する語用論の障害，社会性の発達の起源，心の理論研究の変遷と実行機能障害との関連を取り上げている．

　これら基礎編で取り上げた項目が，後続する教育，医療，心理，福祉，労働，成人生活，司法で取り上げる内容を理解するために役立つことを期待するものである．

［里見恵子・岡田 智・中山 健］

LD/ADHD 心理的疑似体験プログラム

　日本LD学会では，2000年にLD/ADHD等心理的疑似体験プログラム試行版，2007年に新版を作成し，2016年に特別支援教育士資格認定協会とともに第3版を作成した．

●**心理的疑似体験プログラムの目的**　このプログラムは，LDやADHDなどの困難さを追体験するものではない．LDやADHD児の主に学校場面で感じるストレスや苛立ち，自信のなさなどの感情やストレスを心理的に疑似体験することで，子どもの立場に立った支援を考えることをねらいとしている．

　大きな目的は以下の2点である．①LDやADHDなど発達障害のある子どもが，主に学校場面で経験していると思われる困難さを想定した心理的疑似体験を通して，それに伴う心理的負荷やストレスについて理解する．②教師や保護者などがこのプログラムを体験することを通して，子どもの思いを理解し，それぞれの立場でどのように接すればよいかを具体的に考える．

●**プログラム実施にあたって**　プログラムは，使用についての研修（特別支援教育士資格認定協会主催の研修会など）を受けた講師が進行と解説を行う．小グループにおけるディスカッションも重要になるため，参加者6～7名で1グループ，全体で6～8グループ，計40名程度に対し講師1名程度で実施するのが望ましい．

　参加者に心理的負荷がかかることを事前に話しておくことが重要である．また，課題に取り組む際に「できないこと」を体験するので，自身にもLDやADHDなどの困難さがあるのではと感じる参加者もいる場合もある．講師は，そういった可能性についても，理解したうえで実施することが求められる．

●**プログラムの内容と構成**　このプログラムでは，LDやADHDなど発達障害のある子どもの抱える困難さのうち，「読む」「書く」「計算する」「聞く」「話す」「不器用」の6領域を扱っている．各領域に複数のワークがあり，子どもの困難さを多面的に理解できるような構成となっている．

　各ワークでは子どもの困難さに即した内容の課題に取り組み，うまくいかないことへの不安や焦り，苛立ちといった心理的疑似体験を行う．その後，参加者が自分の体験したことをもとに，グループディスカッションを行う．そこでは，困難さの背景要因や講師（支援者）の働き掛けが適切であっ

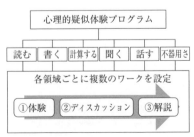

図1　心理的疑似体験プログラムの構成
［出典：文献［1］をもとに一部改変］

たかを討議し，困難さをもつ子どもの具体的支援について検討を行う．講師は適宜討議を調整・促進することと，困難さの背景要因や具体的支援などについて解説を行うことを役割とする（図1）．

それぞれのワークごとの具体的困難さについては表1のとおりである．

ワークは，学校での具体的場面を意識した内容となっている．例えば，「読む」のワーク③「読んでも理解できない①」では，音読はできるが内容が理解できない状況を設定し課題を行う．参加者には，ワーキングメモリーの中でも音韻ループが阻害される体験をさせ，それを通して，読むことの困難さを体験し，音読できていたとしても内容理解までは至らない子どもがいることを知り，そういった子どもへの配慮事項をグループで検討する．必要に応じて，講師はワーキングメモリーについての解説などを行う．なお，解説については，参考文献［2］を参考にしてほしい．

表1　各領域のワーク

領域	ワーク
読　む	①「文字を読めない」
	②「言葉の区切りがわからない」
	③「読んでも理解できない①」
	④「読んでも理解できない②」
書　く	①「図や文字を正しく書き写せない」
	②「読めないために書くのに時間がかかる」
	③「板書の書き写しが難しい」
計算する	①「正しく筆算ができない」
	②「計算ができない（計算の手順が理解できない）」
聞　く	①「刺激が多い場面での指示理解」
	②「たくさんの指示を聞いて覚えられない」
	③「話は聞いているが理解できない」
話　す	①「説明している内容を相手にうまく伝えられない」
	②「適切な言葉がすぐに出てこない」
	③「知っているが上手に説明できない」
不器用さ	①「上手に書けない」
	②「うまく視写できない」

●**心理的疑似体験プログラムに期待すること**　LD/ADHD等発達障害を理解するうえでは，知識として特性などを理解するだけでは，当事者でない限りその困難さを実感することは難しい．認知の偏りや特性などを理解することで，LD/ADHD等発達障害のある子どもが日々どのように困っているのか理解することができる．このことが，その子に応じた支援が始まることにつながる．ステレオタイプに理解するのではなく，子どもそれぞれの困難さをみつめ，「困っているかもしれない」と支援者が理解できるよう，このプログラムをぜひ活用していただきたい．

［山下公司］

📖 **参考文献**
［1］ 日本LD学会特別支援教育資格認定協会編『LD・ADHD等の心理的プログラム第3版』（PC用プログラム），2016
［2］ 日本LD学会編『LD・ADHD等関連用語集(第3版)』日本文化科学社，2011

SKAIP──LDの判断と診断のためのスクリーニングキット

　SKAIP（Screening Kit for Academic Intervention Program）は，LDを発展的な定義・解釈として「leavnig diftevences（学び方のちがい）」と捉え，さまざまな学習の困難を包括的にアセスメントするための検査キットである．日本語名は「LDの判断と指導のためのスクリーニングキット」である．SKAIPの開発は，日本LD学会によってすすめられており，検定実施や採点をコンピュータ上で行うCBT（computer based testing）を活用した検査も含まれる．この開発プロジェクトは，文部科学省の助成を受けて，2013年度から日本LD学会の開発研究チームが開発を始めた．2014年度には，文部科学省の「障害のある児童生徒の学習上の支援機器等教材開発事業」という新しい事業領域に引き継がれ，2016年度まで開発が行われる．また，その後の検証・改良については日本LD学会が継承し，データの保存やプログラムの改良などを視野に入れ，クラウドを利用したデータ管理が可能となる．検査実施および分析・解釈は専門的トレーニングを受けた教師を想定している．

● **SKAIPの特徴**　SKAIPでは，検査および採点・集計の行程を一部の検査を除きコンピュータ上で行うCBTを最大限に活用している．これにより，検査実施は自動化され，音声や視覚情報の提示が正確に制御でき課題提示の開始・終了のタイミングを精密に管理することが可能となり，検査の精度が高まる．また，タッチパネルによる反応では，児童が鉛筆を使う負担を減らすことができ，反応時間を正確に測定することも可能である．採点作業は一部の検査を除き結果出力が自動化されているため，検査者の負担も軽減され効率的に評価を行うことが可能である．

● **SKAIPアセスメントの内容**　SKAIPは子どもの「認知機能の弱さ」「特異な学習困難」「実際の学習場面でのつまずき」について実態を把握したうえで，個別の指導計画の策定や個々の特性に応じた適切な合理的配慮につなげるアセスメントである．対象は小学1〜6年生の児童で，ステップⅠ〜Ⅲの三段階で構成されている．表1にSKAIPの構成と概要を示す．

● **SKAIP活用の際の留意点**　SKAIPは，学習のつまずきの原因を認知機能との関連で検討することができる自動化，効率化が図られた先進的な検査であるといえる．しかし，検査実施・結果出力が容易であるため，検査時の子どもの観察がおろそかになる可能性も危惧される．また，ステップⅢでカバーできる部分があるものの，採点・集計作業が合理化されているため，間違いの傾向や回答の特性を読み取る機会が少ない．さらに，このような合理化されたシステムにより，そ

表1　SKAIPの構成と概要

	目　的	方　法
ステップⅠ	発達の概要をとらえることを目的とし，大まかな支援の方向性および専門家への紹介の必要性を判断する．	iPad上で，普段子どもと関わっている教師が質問にチェックをする．結果は「音声言語理解」「音韻意識・コーディング」「言語表現」「視覚認知・数量概念」「微細運動・書字」「視機能」の6つの因子について，児童の状態がアプリ上で示される．
ステップⅡ	「認知機能の弱さ」や「特異な学習困難」について，短時間で正確に把握する．	読字，書字，計算，音韻意識，視覚認知に関する子どもへの直接検査．iPad上で選択肢を選ぶ形式，iPadから流れる音声を指定の用紙に書き取る，iPadに提示された単語を写す，iPad上にペンを用いて図形を描く，提示された聴覚刺激を指示された通りに口頭で反応するなどの形式がある． 結果については，標準データとの比較により，児童の学習のつまずきの原因と考えられる認知の状態についての判断がアプリ上でアウトプットされる．
ステップⅢ	読み，書き，算数について領域別に特異なエラーを抽出分析し，「実際の学習場面でのつまずき」を把握することを目的とする．この結果，ステップⅠ，Ⅱで得られた結果を総合し，所見の作成と具体的な個別の指導計画への指針への提案をする．	一般的な学習課題で行われる子どもへの直接検査．読みと書きでは，iPad上に検査実施のためのガイドが表示される．読みでは学年に応じた課題文の音読と読解問題について，書きでは作文課題を実施して文字，単語，文レベルの綴りや文法や構成について，それぞれの誤りの分析し，アプリ上のチェック項目に入力すると，つまずきの原因や確認すべき視点が出力される．算数はiPad上で基本検査（数概念と計算領域）と補助検査（量と測定，図形，数量関係）について検査を実施し，自動的に採点から結果まで出力される．

れだけに頼り，熟慮なく安易な支援法選択につながる可能性も否定できない．

　児童の個別の指導計画をたて実際の指導に活かすためには，さまざまな情報を俯瞰し，検査結果の解釈を包括的に行われなければならない．SKAIPはその一助にはなるがすべてではなく，本検査を活用する指導者の専門的な知識とスキルアップが重要であることはいうまでもない．SKAIPだけに頼らず，さまざまな学習に関わる検査の実施と解釈の知識やスキルがあること，子どもの発達と認知，脳機能について理解すること，子どもの行動を適切に観察できることが専門家に求められる．今後は，SKAIP活用の中心的存在となるであろう特別支援教育士（S. E. N. S）を含め，発達障害に関わるさまざまな専門家の検査実施・解釈に関するスキルアップが必要である．

［奥村智人・西岡有香］

📖 参考文献

[1] 奥村智人, 大会企画シンポ「ステップⅠ教師への質問紙・ステップⅡ基礎学習スキル課題［読字・書字・計算］」LD研究, 25(2), 2016
[2] 小笠原哲史, 大会企画シンポ「ステップⅢ［読み・書き・計算］」LD研究, 25(2), 2016

個人間差と個人内差

　発達障害のある子どもや成人を支援するとき，認知能力の水準と特徴の把握が重要な鍵を握る．特に個人の認知能力の特徴(強い能力・弱い能力のプロフィール)を理解することにより，強い情報処理や学習の様式に合わせた指導・援助が実施できるからである．認知能力の把握は，ウェクスラー式知能検査（例：WISC-IV，WAIS-III）やKABC-II，DN-CASなど，標準化された個別式知能検査によって測定することができる．ウェクスラー検査など知能検査の改訂は加速されており，CHC理論，カウフマンの情報処理理論（同時処理-継次処理），PASS理論など知能に関する理論の活用により認知能力を多方面から測定することが可能になってきている．

●**個人間差**　ウェクスラー式知能検査など標準化された検査などでは，平均値（100），標準偏差（15）を基盤とした標準得点で受験者の能力の相対的位置を示すことができる．標準得点は，そのレベルで記述的に分類されている．例えばWISC-IVのIQの場合，平均値のまわりの標準得点"90-109"は「平均」と分類され，理論的にはその対象年齢の約50％が位置する．IQ"90-109"が「平均の上」，"80-89"が「平均の下」，"70-79"が「低い」，"69以下"が「非常に低い」と分類される．発達障害のある子どもの個別指導計画において指導を行う場や方法を検討する際，子どもの知的水準の把握は重要である．WISC-IIIでは全検査IQの"69以下"を「精神遅滞」と分類していた．WISC-IVで「非常に低い」と呼び方を変えたのは，IQの値が非常に低いことだけで知的障害という分類の十分な証拠にはならないことを示すためである．ここで留意したいのは，IQ（標準得点）は「点」ではなく「範囲」で示すことである．例えば 90±8のように，年齢群ごとで統計的に示された「90％の信頼区間」を±としてつける．

●**個人内差**　個人内差には，個人の知的能力と学力の差異，知的能力間の差異，学力間の差異などがある．個人の知的能力や発達状況の「偏り」，特に個人内での強い能力-弱い能力（知能のプロフィール）を分析することが，指導・援助の方法や教材を検討する際に有用である．差異（ディスクレパンシー）は，標準化された知能検査などの尺度得点の間に有意な差があるかどうか，また同じ尺度間の下位検査の平均の値と有意な差をもつ下位検査があるかどうかで調べる．

　LDの定義において，伝統的に知的能力と学力の差異が一つの基準となってきた．KABC-IIでは，「認知総合尺度」と「習得総合尺度」間の間に有意な差異があるかどうかで知的能力と学力の差異を調べる．アメリカ合衆国では，LDの定義において，IQと個別学力検査の標準得点の差（ディスクレパンシー）に依存

しすぎたという反省から，2004年の障害者教育改善法（IDEA）において，ディスクレパンシーの基準のほかに，学習課題を用いたエビデンスに基づく（科学的な）応答プロセス（RTIアプローチ：指導に対する子どもの反応をみるアプローチ）などによってLDの判断ができるとした．しかしながら，知能検査で測定されるさまざま認知能力の差は，子どもの得意な学習様式を把握し，指導方法を工夫するのに役立つことは確かである．

●個人間差と個人内差の解釈の実際（WISC-IVの場合）
・ステップⅠ─全体的な知能の発達レベル（個人間差）：WISC-IVでは全検査IQが，子どもの全体的な知能レベルを示す．これらの得点は最も信頼できる得点であり，最初に検討される．全検査IQや認知処理過程尺度標準得点は，一般知能gを表している．子どもの知能レベルが，平均であるか，平均より上であるか下であるか（個人間差）などについて，おおよその判断をする．したがって，これらの得点は，子どもの知的障害の有無を判断する一つの目安となる．
・ステップⅡ─知能の発達における特徴（個人間差と個人内差）：WISC-IVでは，4つの指標得点（言語理解，知覚推理，ワーキングメモリー，処理速度）から，子どもの知的発達の特徴（個人間差）が理解できる．さらに指標得点間の差（個人内差）について解釈する．例えば，子どもの言語理解指標が知覚推理指標より有意水準15％で高い場合，子どもの「事実や思考内容，概念などを言語で理解したり表現したりする能力」は「視知覚により得た情報を処理して推理する能力」より高いといえる．もちろん，これらの仮説（例：言語理解が知覚推理より強い）が採用できるかどうかは，学級における子どもの学習の様子についての情報も合わせて判断する．子どもにとって，言葉による説明の方が，図表中心の教授よりも，学習が進みやすいなどの情報があれば，言語理解＞知覚推理という仮説は支持されやすくなる．
・ステップⅢ─下位検査における強い能力と弱い能力（個人内差）：例えばWISC-IVでは，「各下位検査の評価点」と「10の下位検査の評価点の平均」との差を検討することができる．下位検査において，強い能力や弱い能力の検査を行うステップⅢは，指標得点の差や継次処理-同時処理の差を検討したステップⅡと同様に，子どもの個人内差に着目している．　　　　　　　　　　　　　　　　［石隈利紀］

📖 参考文献
[1] 石隈利紀『学校心理学─教師・スクールカウンセラー・保護者のチームによる心理教育的援助サービス』誠信書房，1999
[2] D. P. フラナガン・A. G. カウフマン，上野一彦監訳『エッセンシャルズ─ WISC-IVによる心理アセスメント』日本文化科学社，2013

CHC 理論と知能

　知能とは，心を構成する機能の一つであり，問題解決，推理，判断，知識とその活用などの能力が含まれる．しばしば創造性と対比されるが，創造性が無数に正解のある課題を解決する拡散的思考に関連しているのに対し，知能では一定の正解ないし解決を導き出す収束的思考が問われる．また，しばしば学力とも対比されるが，知能は学力の基礎をなす要素的能力であり，一方，学力は複数種の知能を複合的に発揮するものと考えられる．

● **CHC 理論の概要**　CHC 理論は，今日の代表的な知能理論の一つである．この理論の基礎を構築した R. B. キャッテル（Cattell），J. L. ホーン（Horn），J. B. キャロル（Carroll）の頭文字を取り，CHC 理論とよばれている．

　他の著名な知能理論に比べると，因子分析という統計手法を用いるところが特徴的であり，また，その基となるデータとして教育や臨床において実際によく使用される知能検査や認知検査のデータを用いる点も特徴的である．この特徴ゆえに CHC 理論は，WISC-IV や KABC-II を初めとする諸検査を統合的に実施し結果を解釈するクロスバッテリー・アプローチの理論的基盤として，大きく発展することとなった．

● **CHC 理論の歴史的経緯**　知能理論においては 100 年前より，知能の種類に関する議論が盛んになされ，因子分析という統計手法を用いて検討されてきた．キャッテルとその弟子ホーンは，結晶性能力（知識），流動性能力（推理力）を中心とした 10 因子理論を唱えていた．一方キャロルは，知能を階層的に分類整理した 3 層理論を提唱した．すなわち，細分化された 70 種の能力（限定能力という）である第Ⅰ層，それらをある程度とりまとめた八つの中核的な能力区分（広範能力という）である第Ⅱ層，そして，全能力を一つにまとめたもの（一般知能因子 g という）である第Ⅲ層である．K. S. マグリューは，キャッテルおよびホーンの理論における 10 種類の能力と，キャロル理論の第Ⅱ層における八つの能力が，ほとんど一致していることに注目し，1997 年に両者を統合して CHC 理論と名づけた．これが CHC 理論の誕生である．

　CHC 理論の登場を受けて，これ以降に刊行された知能検査，認知検査は，CHC 理論を考慮してつくられるようになった．2003 年刊行の WISC-IV（日本版 2010 年），2004 年の KABC-II（同 2013 年）が該当する．これらの検査に含まれる下位検査のデータを因子分析すると，CHC 理論の第Ⅱ層に近いグループに分かれることが示されている（ただし，WISC-IV の指標得点は，このグループと完全には一致していない）．

なお，CHC 理論はその後も議論と改良が進められており，最近では第Ⅰ層に84，第Ⅱ層に 16 の能力を擁するようになっている．

● **CHC 理論に基づくクロスバッテリー・アプローチ**　クロスバッテリー・アプローチとは，複数の検査を統合的に実施し結果を解釈する考え方である．CHC 理論はもともと多くの知能検査や認知検査のデータに基づいて構築されており，クロスバッテリー・アプローチの基盤となるべくして登場した理論であるといえる．

表 1 に，CHC 理論の第Ⅱ層能力と，WISC-IV 指標得点，KABC-II の CHC 尺度との対応関係を示した．CHC 理論の第Ⅱ層では，各能力を示すコードとして，大文字の G の後ろに各能力の英語の頭文字を小文字で添えて示すことになっている．

表 1 によれば，WISC-IV と KABC-II をともに実施すれば，第Ⅱ層能力 10 種のうち八つまで測定できることがわかる．また，WISC-IV の指標と KABC-II の CHC 尺度の対応関係もわかる．両検査を実施しても聴覚処理（Ga）は測定できないが，これは音読（デコーディング）の基礎である音韻情報処理を含んでいる．したがって，読み書きに苦戦する対象児においてその原因を明らかにするためには，WISC-IV，KABC-II に加え，音韻情報処理の検査を実施する必要があることがわかる．このように，CHC 理論を用いれば，必要な検査とそれによって測定される能力が容易に整理できる．　　　　　　　　　　　　　　　　［大六一志］

表 1　CHC 理論の構造（マグリューによる 1997 年当初のもの）と，WISC-IV，KABC-II との対応関係

CHC 理論		WISC-IV 指標	KABC-II の CHC 尺度
第Ⅲ層	第Ⅱ層		
一般知能因子 g	結晶性能力（Gc）	言語理解（VCI）	結晶性能力（Gc）
	流動性推理（Gf）	知覚推理（PRI）	流動性推理（Gf）
	視覚処理（Gv）		視覚処理（Gv）
	聴覚処理（Ga）	—	—
	短期記憶（Gsm）	ワーキングメモリー（WMI）	短期記憶（Gsm）
	長期記憶と検索（Glr）	—	長期記憶と検索（Glr）
	読み書き（Grw）	—	読み書き（Grw）
	数量の知識（Gq）	—	量的知識（Gq）
	処理速度（Gs）	処理速度（PSI）	—
	反応・判断速度（Gt）*	—	—

* 反応・判断速度は再現されない研究も多く，他の九つよりは根拠が乏しい．

📖 **参考文献**

[1] D. P. Flanagan et al., *Essentials of cross-battery assessment*, 3rd ed., John Wiley & Sons, 2013
[2] D. P. フラナガン・A. S. カウフマン，上野一彦他訳『エッセンシャルズ— WISC-IV による心理アセスメント』日本文化科学社，2014
[3] D. P. フラナガン・V. C. アルフォンソ，上野一彦・名越斉子監訳『エッセンシャルズ—新しい LD の判断』日本文化科学社，2013

PASS 理論

　J. P. ダスと J. A. ナグリエリ，J. R. カービーによって提唱された知能に関する理論である．従来の知能に関する理論は，知能を能力としてとらえようとしていたが，PASS理論では知能を情報処理過程としてとらえようとしている．ダスらによれば，知能はプランニング（Planning），注意（Attention），同時処理（Simultaneous），継次処理（Successive）の四つの認知処理過程を中核とし，背景知識を活用しながら情報を処理する，としている．図1にPASS理論について示した．

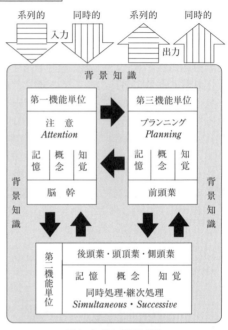

図1　知能のPASS理論
[出典：文献[1]，p.21]

　我々は感覚器官を通じて外界や内的組織から情報を受け取っている．この入力を通じて分析のために感覚情報が送られると，中枢での処理が活性化する．イメージや記憶，思考のような内的な認知情報も入力される情報となりうる．情報の入力のされ方には，複数の情報が系列として順番に入力される場合と複数の情報が同時に入力される場合とがある．

　入力された情報はPASSが中心的な役割を果たす中枢で処理される．PASS理論におけるプランニングとは，心的活動を企画・立案し，実行し，実行の間その活動の遂行状況をモニターし，必要があれば当初立案した心的活動を修正するという一連の認知処理過程である．注意とは，複数の刺激の中から必要な刺激を取り出して反応し，必要でない刺激には反応せず無視する認知処理過程である．同時処理とは，一度に多くの情報を空間的に統合し，全体的に処理する認知処理過程である．継次処理とは，情報を一つずつ連続的・時間的な方法で分析的に処理する認知処理過程である．これら四つの認知処理過程は背景知識を活用し，相互に依存し関係しあいながら機能すると考えられている．背景知識は，過去の経験

と学習，感情と動機などからなる．処理される情報の源となるだけでなく背景も提供する．四つの認知処理過程は個人の背景知識の文脈で活性化される．認知処理過程は背景知識に依存し影響される．背景知識には一時的なものもあれば長期的なものもある．

　PASSの四つの認知処理過程を通じて処理された結果は，行為や行動として出力される．出力の要求を変えることで課題遂行に変化が生じうる．

● **PASS理論の背景——ルリアの脳機能モデル**　PASS理論の背景にあるのがA. R. ルリアの脳機能モデルである．ルリアは脳の三つの機能的単位によって人間の認知処理過程を記述した．第一の機能単位は脳幹や大脳辺縁系を中心とした部位に位置づけられ，皮質の覚醒と注意に関するものである．心的活動にうまく取り組むためには，皮質が適度な緊張状態にあることが必要である．第二の機能単位は側頭・後頭・頭頂葉に位置づけられ，同時処理と継次処理により情報の符号化をするものである．この機能単位では外界からの情報を受容し，加工し，貯蔵することが行われる．外界からの情報処理のスタイルに同時処理と継次処理の二つがある．第三の機能単位は前頭葉に位置づけられ，プランニング，セルフモニタリング，認知活動の構造化をもたらすものである．この機能単位は第一と第二の機能単位とも密接な神経連絡をもつ．第一機能単位に対しては覚醒と注意の調節的役割を果たす．第二機能単位に対しては処理される情報の選択に関与している．

　これら三つの機能単位は異なる特定の要素的機能を実行する一群の脳領域から構成されている．ルリアは「人間の意識的活動は……常にこの三つの単位すべてが関与して生起している．そしてその各々が精神過程でその役割を果たしており，その実行に寄与している」と述べている．

● **PASS理論の測定—— DN–CAS**　PASS理論を測定する心理検査として開発されたものがDas-Naglieri Cognitive Assessment System（DN–CAS）である．ダスとナグリエリによって1997年に開発・出版された．適用年齢は5歳0か月から17歳11か月である．DN–CASではプランニング・同時処理・注意・継次処理の四つの認知処理過程について，それぞれ三つの下位検査から構成されている．DN–CASの実施にはこれら12の下位検査を用いて標準得点を求める「標準実施」と，一つの認知処理過程につき二つの下位検査の全部で八つの下位検査を用いて標準得点を求める「簡易実施」とがある．DN–CASで求められる標準得点には，プランニング，同時処理，注意，継次処理のPASS尺度標準得点に加えて全検査標準得点がある．日本版DN–CASは前川久男・中山健・岡崎慎治によって2007年に出版された． 〔中山　健〕

📖 **参考文献**

[1] J. P. Das et al., *Assessment of cognitive processes: The PASS theory of intelligence*, Allyn & Bacon, 1994

同時処理と継次処理

J. P. ダスと J. A. ナグリエリ，J. R. カービーは外界の情報を取り入れ符号化する際に二つの処理様式があることを唱えた．それが同時処理と継次処理である．

同時処理とは，一度に多くの情報を空間的に統合し，全体的に処理するタイプの認知処理様式である（図1）．ダスらによれば，同時処理では入力された情報の要素間の関連が一つの統合された符号をつくり出すために使われ，次のような特徴をもつとしている．①入力された情報の部分としての要素が，それぞれの間にある関連性をもっていなければならない，②①の関連性や関連性を発見するための基礎が長期記憶内にある，③結果

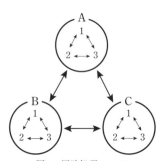

図1　同時処理のモデル
[出典：前川久男他編著『K-ABC アセスメントと指導』丸善メイツ，p. 25, 1995]

としてつくられた符号は一つの全体的な単位であり，ワーキングメモリーにおいて一つの位置を占めるだけである，④同時処理によってつくられた符号の一部は，どんな順序でも引き出すことができる．

継次処理とは，情報を一つずつ連続的・時間的な方法で分析的に処理するタイプの認知処理様式である（図2）．ダスらによれば，継次処理では順序だったある一つの符号をつくり出し保持していくことが必要となる．継次処理において情報は，順番に提示されたものであってもそうでないものであっても，次のような特徴をもつとされる．①系列的な関係以外は知覚されない，②継次的符号は，もともと符号内にある単位の数だけのワーキングメモリーの容量を必要とする，③練習や過剰学習をくり返すことにより，符号内の系列的な結びつきは，系列全体がスムーズに努力することなく引き出せるようになるまで自動化することができる．そのときには，ワーキングメモリーの容量をあまり必要としなくなる，④踊りの一つひとつの動作の学習や数の学習のように系列内の項目の順序が重要である．

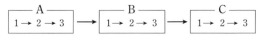

図2　継次処理のモデル
[出典：前川久男他編著『K-ABC アセスメントと指導』丸善メイツ，p. 24, 1995]

●**同時処理と継次処理の背景にある理論**　個人の認知スタイルが注目されるようになった背景には，特性としての知能よりも認知過程としての知能をとらえようという考え方がある．こうした考え方を導いたA. R. ルリアは脳の三つの機能的単位によって人間の認知処理過程を記述した．同時処理と継次処理はルリアが唱えた脳の第二の機能単位において行われる情報を符号化する様式を指している．この脳における第二の機能単位は，側頭葉，後頭葉，頭頂葉に位置づけられ，外界からの情報を受容し，処理し，貯蔵することが行われる．

　ダスらはルリアの脳モデルに基づき，知能のPASS理論を唱えた．知能はプランニング（Planning），注意（Attention），同時処理（Simulatneous），継次処理（Successive）の四つの認知処理過程を中核とし，背景知識を活用しながら情報を処理するという理論である．

　この情報の符号化には同時処理と継次処理の二つのタイプがあるとする考え方は，ルリアやダスらに限らず，多くの認知心理学や神経心理学の研究において指摘されている．その背景には，提示された刺激を認知的に処理していくとき，刺激の内容が言語的なものか非言語的なものかに注目するよりも，解決すべき課題が刺激の並列的・全体的・同時的処理を要求しているか継次的・連続的・時間的・分析的処理を要求しているかに注目するようになったことがあげられる．S. P. スプリンガーとG. デウチェは，「大脳半球の差異を言語・非言語のみから分析しようとするのは不十分であることについて，かなり説得力をもつ証拠がある．刺激の性質よりも重要なのは，被験者がその刺激をどう扱うかということである」と結論づけている．

●**同時処理と継次処理の測定**　このような同時処理と継次処理の認知処理過程を測定する心理検査にはDas-Nagliri Cognitive Assessment System（DN-CAS）やKaufman Assessment Battery for Children II（KABC-II）がある．DN-CASは上で述べたダスらの知能のPASS理論を測定するためにつくられた．KABC-IIはA. S. カウフマンとN. L. カウフマンによってルリア理論とCHC（Cattell-Horn-Carroll）理論を測定するためにつくられた．いずれの心理検査も日本版が作成されている．子どもの認知処理過程の実態を理解するために利用することができる．

●**認知スタイルに応じた支援**　発達障害が示すさまざまな困難の背景には認知処理過程の偏りがあることが知られている．同時処理や継次処理を測定できる検査は，こうした認知処理過程の偏りを明らかにすることを可能にした．そして苦手とする認知処理過程よりも得意とする認知処理過程を上手に活用して支援や指導を進めることができる．ダスらは理論と測定の道具をつくるだけでなく，指導法を提唱した文献を著したりPREPやCOGENTとよばれる認知処理過を伸ばすことを意図したプログラムなどを開発したりして，支援の幅を広げてきている．

〔中山　健〕

前頭葉機能と発達障害

近年，前頭葉機能と発達障害との関連を脳科学の手法によって解明しようとする研究が増加している．

●**前頭葉機能とは** 前頭葉はシルビウス溝の上，中心溝の前に位置する左右ほぼ対称な皮質領野で，大脳皮質の約 1/3 を占める．後方の側頭・頭頂・後頭葉で処理される外部環境の情報や，覚醒や情動などの脳幹部や大脳辺縁系が担う内部環境の情報を統合し，意思決定を行って環境へ働きかける，いわば「出力脳」である．中心溝の直前の脳回が一次運動野（ブロードマン分類の 4 野：B4）で，身体各部位への運動命令を出力する．その前方には，運動前野，補足

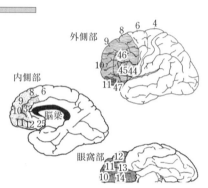

図1 前頭葉の外側部，内側部，眼窩部．図中の数字はブロードマンの領野
[出典：渡邊正孝「前頭前野」日本神経学学会『脳科学辞典』2013．〈http://bsd.neuroinf.jp/wiki/前頭前野〉]

運動野，前補足運動野（B6, 8）があり，運動のプログラミングに関与している．それらより前方が，前頭前野で，外側部（外側前頭前野：B9, 10, 44, 45, 46, 47），内側部（内側前頭前野：B9, 10, 11, 12, 32），眼窩部（眼窩前頭皮質：B10, 11, 12, 13, 14）に大別される（図1）．外側前頭前野は後部の大脳皮質と連絡した認知情報処理系，内側前頭前野は視床-辺縁系を介した情動情報処理系を形成しており，両者間で相互抑制性のコントロールが存在する．

外側前頭前野は背外側前頭前野（DLPFC）と腹外側前頭前野（VLPCF）に分けられるが，特に自閉症や ADHD でその障害が指摘されている実行機能（遂行機能）の障害に関しては，動物実験や成人の脳損傷患者の知見より，背外側前頭前野（B9, 46）の関与が想定されている．実行機能は PDCA（plan-do-check-action）サイクルに例えられる作業の監督機能であるが，多くの研究者がその基盤的能力として，刺激表象の短期保持機能を含むワーキングメモリーを想定している．サルの実験では，背側前頭前野の破壊が視空間性の短期記憶を障害することが示されているが，脳損傷患者では注意の維持障害，適切な刺激や反応の選択障害，不適切な反応の抑制障害，概念の転換の障害などが生じる．これらの障害の検査法としては，ウィスコンシンカード分類検査（WCST）や，ハノイの塔，ストループ課題などが使用されている．

●**前言語野とミラーニューロン** 腹外側前頭前野に含まれる左半球の弁蓋部

（B44）と三角部（B45）は，19世紀のP. P. ブローカによる失語症の発見以来，発話機能を担う運動性言語中枢（Broca 野）として知られてきた．しかし，その後の研究の蓄積から，発話にはこの領域だけでなく，左島皮質，前補足運動野など複数の領域のネットワークが関与していることがわかってきた．この領域が別の意味で注目を浴びたのは，G. リゾラッティらによるミラーニューロンの発見である．ミラーニューロンとは，他者の動作を観察しているときにも，自分がその動作を行うときと同じ活動を示す神経細胞群で，サルのF5野という領域で観察された．ヒトのブレイン・イメージング研究では腹外側頭前野がこの部分に該当することから，言語を含んだ模倣機能に共通したミラーシステムが存在し，言語の獲得，他者の意図理解，共感性に関与している可能性が指摘されている．最近，自閉症者の共感性や他者の意図理解の障害を，ミラーシステムを使用した内的なシミュレーションができないためであると解釈する，シミュレーション仮説（V. S. ラマチャンドラン）が注目されている．

一方，サリーとアン課題などの他者の意図理解や共感性に関する「心の理論」課題のブレイン・イメージング研究では，むしろ内側前頭前野の活動を報告した研究が多い．内側前頭前野は視床-辺縁系からの情動情報の入力を受け，状況の認知を担う外側前頭前野との相互作用によって情動のコントロールを行う部位である．一方で，自己に関係した情報の処理にも関係しており，自己と他者の関係の理解や調整にも関与する可能性も指摘されている．

●眼窩部とソマティック・マーカー仮説　眼窩前頭皮質は理解が進んでいない領域であるが，サルの実験では，強化学習における報酬の価値づけに関与しており，それを通して行動に影響を与えることがわかっている．また，この部位は1930〜70年代にかけて，統合失調症やパニック障害に対する精神外科手術（ロボトミー）の主要なターゲットの一つとなった．ロボトミーの副作用を含む成人の脳損傷研究では，抑制力の低下や衝動的行動，注意の転導性や被刺激性の亢進，悪ふざけ，パーソナリティーの浅薄化，共感や社会性の低下などが報告されている．また，その実際の結果にかかわらずハイリスク・ハイリターンな選択をして失敗するなど，生活上の適切な意思決定が障害される傾向も報告されている．A. R. ダマシオは外部刺激によって喚起される情動的な身体反応（ソマティック反応）が，眼窩前頭皮質で「良い」あるいは「悪い」という価値に従ってマークされ，このソマティック・マーカーが意思決定をガイドすると考えた．眼窩前頭皮質損傷患者では，ソマティック・マーカーが生じないため，適切な行動選択ができない．この仮説の検討に用いられたのが，アイオワ・ギャンブリング課題である．この仮説に関しても自閉症やADHDの特性との関係が議論されている．　　［山下　光］

📖 **参考文献**
[1]　渡邊正孝「前頭前野」日本神経科学学会『脳科学辞典』，2013，DOI:10.14931/bsd.1657

聞く，話すしくみ

人がある情報を他者に音声言語で伝えようとするとき，またその情報を受け取り理解するとき，どのような段階やしくみが働いているかについて説明したのが図1の「ことばの鎖」[1]である．本項ではこの「ことばの鎖」に沿って「聞く」「話す」のしくみと，その障害について述べる．

●「聞く」しくみ　「聞く」しくみでは，①空気の振動としての音声が耳に届くまでの音響学的段階，②空気の振動が内耳で液体の振動に変換され，有毛細胞がその振動を受けて音の特徴を分析し，その情報を電気的な信号に変えて聴覚神経を通じて左大脳側頭葉に伝達するまでの生理学的段階，③その情報が言語として意味のあるものと解釈される言語学的段階の3段階がある．

●「話す」しくみ　「話す」しくみでも次の3段階がある．①意味を表現する単語を選び，統語規則に基づいて文をつくる言語学的段階（大脳内），②できた文を発語するための発声発語器官の運動プログラムとそのプログラムに従い運動神経を通じて音声化される生理学的段階（大脳前頭葉），③実際の発語によって空気の振動としての音波が生じている音響学的段階，の3段階である．人が話をしているときには，その発話が相手に聞こえているだけではなく自分の耳でも聞いている．言い間違いをしたことに気づいて修正できるのは，自分の発話をモニターしているからである．

このように話し手が発した情報が聞き手に伝わって理解されると，話し手と聞き手を結ぶことばの鎖が完成される．このことばの鎖に表されるコミュニケーション過程のどのレベルで，いつ，どの程度，どのような種類の問題が生じたか

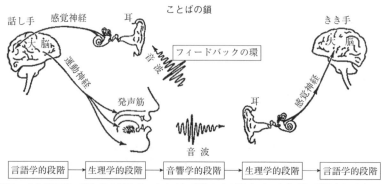

図1　ことばの鎖：話し手の伝えたいことが，話しことばとして，きき手に理解されるまでのいろいろな現象［出典：文献［1］，p.4］

によって，言語・コミュニケーションの障害の現れ方が異なる．

●**コミュニケーションにおける問題**　実際のコミュニケーションでは話されている言語の意味だけではなく，表情，ジェスチャー，これまでの経緯や既有知識，コミュニケーション場面の状況などさまざまな情報が処理されている．ここでは，「ことばの鎖」に示される話し手と聞き手との間に交わされる情報伝達のうちの「聞く」と「話す」に関連する障害について説明する．

　「聞く」しくみの生理学的段階である音波を電気信号に変換するまでの過程で起こる障害として難聴がある．「聞く」力の弱さを疑う場合，まず音が聞こえているかどうかの点検が必要である．補聴器はつけていないが軽度の難聴の可能性もあるので注意を要する．一方，検査場面のような静かな場所では音は聞こえるが，雑音の中で音を聞き取ることを極度に苦手とする人もいる．また，最後まで話を聞くために注意を維持することが難しい人もいる．

　音の大きさや注意の問題でもなく，言語音の種類が聞き分けられない場合がある．言語音の聞き分けは通常左脳の側頭葉でされていると考えられ，言語学的段階の問題ととらえられる．言語学的段階には，さらに単語の音の連なりを正しく覚える，単語として認識し意味を理解する，複数の単語からなる文を聞き取りながら意味を理解するというワーキングメモリーと意味理解の段階がある．

　「聞く」しくみではその障害が生理的段階，言語学的段階のいずれにあっても言語発達に影響を及ぼし，相手の話が理解できない，あるいは誤解してしまうこととなり潤滑なコミュニケーションを妨げる．

　「話す」しくみの生理学的段階での障害として，構音障害（語音障害）がある．それぞれの言語（例：日本語）によって決まっている音素を発音する際，舌や口唇などの発語器官は決まった位置や動きをとる．この位置や動きが正しくとれず異なった音として発音される場合を構音障害といい，構音障害による発話明瞭度の低下が伝わりにくさを引き起こす．また，誤った構音が続くと，発語した音と文字が一致せず，書字での誤りとなってしまうことがある．言語学的段階では，伝えたい意味内容を表す単語を想起し文に組み立てる．このとき，的確な単語が想起できないことを喚語困難（または語想起の困難）という．文をつくる際には単語間の関係を理解し，単語を適切な順番に配置したうえで正しい助詞を使用しなければならない．この過程に困難を示す場合には，まとまった内容を正確に伝えることや，複雑な事柄を説明することが困難となる．　　　　　　［西岡有香］

📖 **参考文献**
[1] P. B. デニッシュ・E. N. ピンソン，切替一郎監修・藤村　靖監訳『話しことばの科学―その物理学と生理学』東京大学出版会，1978
[2] 西村辨作『ことばの障害入門』大修館書店，2001

読み書き障害にかかわる用語の整理

　学習障害 LD は，教育と医学の立場において用語が異なっているものがある．医学での学習障害は DSM-5 で，限局性学習症／限局性学習障害という用語となった．DSM-Ⅳ では学習障害を，読字障害，書字表出障害，算数障害と細分していたが，DSM-5 では包括して限局性学習症とし，新たに重症度分類が提案されたタイプとして読字障害，書字障害，算数障害と状態像を記載することになっている．一方，教育では「学習障害児に対する指導について（報告）」で文部科学省が定義した「学習障害は，基本的には全般的な知的発達に遅れはないが，聞く，話す，読む，書く，計算する，推論する能力のうち特定のものの習得と使用に著しい困難を示すさまざまな状態を指す（後略）」（1999 年 7 月）を引き続き用いている．

　このように，読み書きの障害にかかわる用語が数多くあり，訳語としても複数あるものがあるので，以下に整理する（表 1）．

●読字障害・特異的読字障害・ディスレクシア・発達性ディスレクシア・難読症
　文字の読みに困難を示す状態をいい，文字と音の対応の困難において正確性と

表 1　読み書きにかかわる学習障害の用語の整理

教育的定義	医学的定義		
文部科学省	DSM-5（2013）	DSM-Ⅳ-TR（2000）	ICD-10（1992）
学習障害（learning disabilities） ・読む	限局性学習症（specific learning disorder） ・困難のある領域を読字，書字，算数に分けて状態像を記載すること ・軽度・中度・重度の3段階がある	学習障害（learning disorders） ・読字障害（reading disorder）	学力（学習能力）の特異的発達障害（specific developmental disorders） ・特異的読字症（specific reading disorder）
・書く		・書字表出障害（disorders of written expression）	・特異的書字障害（specific writing disorder）
・計算する ・推論する		・算数障害（mathematics disorder）	・特異的算数能力障害（specific arithmetic disorder）
・聞く ・話す	コミュニケーション症 言語障害	コミュニケーション障害 受容—表出混合性 言語障害 表出性言語障害	会話および言語の特異的発達障害 受容性言語障害 表出性言語障害

＊ reading disorder（読字障害）という用語を採用している DSM-5，DSM-Ⅳ-TR と ICD-10 の整理をしたものを示す．なお，dyslexia，dysgraphia という用語は DSM-5 や ICD-10 では診断名としては使われていない

流暢性の両面の困難を含む．読みが不正確であり，流暢でない（遂次読み）とその結果，内容をとらえる読解も困難になる．学校教育の中では，学習に「読む」ことは欠かせないため，読字の困難があると教科学習全般に影響が及ぶ．

ディスレクシアと難読症は dyslexia の訳語として，読字障害は reading disorder, dyslexia の訳語として使われるが，reading disorder は読みのすべての過程での困難を指す場合が多い．ディスレクシアは後天性の脳損傷による読みの障害にも使われるため，脳損傷の既往がない読みの障害には，発達性ディスレクシアを用いる方が明確である．特異的読字障害ならびに後述している特異的書字障害は ICD-10 で用いられている用語である．

●発達性読み書き障害・読み書き障害　読みと書きの両方に困難がある状態を指す．読字障害がある場合には書字障害を伴うことが多いので，「発達性読み書き障害」もしくは「読み書き障害」という用語を使う．文字-音の対応が困難な結果，読みが困難なだけでなく書き取りや自発書字において文字を想起して正しく書くことができない状態が起こる．

●書字障害・特異的書字障害・綴字障害（綴り障害）・書字表出障害　知的水準の低さはみられないにもかかわらず，文字の書きに困難を示す状態をいう．書きの障害には，書き写すことはできるが文字を想起して正しく書くことや，綴りを正確に書けないタイプ，視空間認識能力の弱さから見本があっても正しく書き写すことが困難で，想起して書く際にも文字の形を正確に書けないタイプなど，原因により困難の様相が異なる．書字障害は dysgraphia, 綴字障害は spelling disorder の訳語として，書字表出障害は disorders of written expression（DSM-Ⅳで使用）の訳語として使われる．書字障害といったときには文字そのものが書けない，単語を正しく表記できないことに重点が置かれ，書字表出障害では句読点の使い方など，書いて表現することまでが含まれる．一方，目と手の協応の悪さ，不器用さがあると文字を想起して書くことができても，読みにくい文字になる，書くスピードが遅いなど書字の困難が起こるから書字障害には該当しない．DSM-5 では綴字の困難さ，書字表出の困難さの2項目をあげている．

●読解・作文の困難　先に述べた読字障害や書字障害の結果，読解や作文で困難をきたすことになるが，逆に，読解や作文の困難は，読字や書字の問題だけで起こるのではない．文字の読みや，文字の書きに困難がなくても，語彙力，文の意味理解，心情理解，語想起，表現力などの弱さによっても読解や作文の困難は生じるため，適切に評価したうえで原因に応じた指導が必要である．　　〔西岡有香〕

📖 **参考文献**

［1］小枝達也「限局性学習症」森 則夫・杉山登志郎編『こころの科学増刊　DSM-5 対応　神経発達障害のすべて』日本評論社, pp. 85-89, 2014

［2］発達性ディスレクシア研究会 HP〈http://square.umin.ac.jp/dyslexia/factsheet.html〉

読み書きと脳局在

　読み書きの脳局在については，成人における脳損傷症例を中心に研究が行われてきた．
　古くから左角回損傷における失読失書が知られている．左角回には多感覚系を統合する機能（連合野の連合）があるとされる．視覚経由の文字形態情報と聴覚経由の音韻情報の連合が，左角回の病変で阻害されるために読字の異常をきたす．また，文字の形態に関する体性感覚と視覚情報や聴覚情報との連合が阻害されるために書字の異常をきたす．
　しかし，いまでは角回の皮質よりも皮質下の連合線維の損傷で生じるとする説が有力である．
　純粋失読では認められる「文字は読めなくても指でなぞると読める」現象（schreibendes Lesen）が，左角回の損傷では認められないのも，こうした連合野の連合が阻害されるためであると説明されている．そのほか，左後頭葉視覚野とその皮質下の病変で，視覚情報を音韻情報に結びつけることの阻害による読字の異常（純粋失読）が生じることも知られている．
　最近では，小児が文字の読み書きを獲得する過程の検討などにより，より詳細な読字と書字に関与する脳機能の局在が知られるようになっている．
●**読字の脳局在**　読字に関する脳局在についてはS. E. シェイウィッツ[1]によれば，読むという行為には三つの神経系統が関与していると考えられる（図1）．
　一つは左頭頂側頭部（図1のA）で，まだ読みに習熟していない場合に使われる神経系統である．この時期には単語を分解して文字と文字の表す音（オン）との符号あわせを行って読んでいる．いわゆる解読（decoding）である．このときには左大脳半球の頭頂側頭部が活性化される．左頭頂側頭部は単語分析を担当していると考えられている．これは日本語でいえば

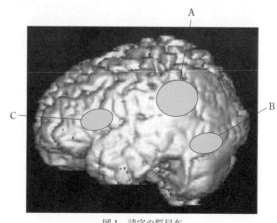

図1　読字の脳局在
（出典：文献［1］をもとに筆者が作成）

ひらがなを一つひとつ拾って読むという逐次読みに該当すると思われる.

二つ目は左後頭側頭部である(図1のB).読みに習熟し,単語を一まとまりとして認識して,単語に対応する読みを自動的に特定することができるようになった段階で活用される.左後頭側頭部は単語形体野であり,単語を瞬時に見分けて,読みのパターンと結びつける役割を担当している.読字スキルと左後頭側頭部の活性は高い相関を示しているので,左後頭側頭部は読みの高速経路であると考えられる.

三つ目の神経回路は,左下前頭回である(図1のC).構音や単語分析を行う役割を担当している.左後頭側頭部を補助する役割をしていると考えられる.文字を習い始めた小児は,左後頭側頭部と下前頭回というゆっくりと単語の音を分析して読むための神経系統を使っている.

●書字の脳局在　書字に関する脳局在について大槻[2]は,純粋失書例の病巣の検討,書くという行為には四つの神経系統が関与しているとしている(図2).

左中前頭回後部(図2のA)では文字列の選択や配列に関する処理が行われる.そのため,同部位の損傷ではかな文字の錯書が認められる.左上頭頂小葉(図2のB)は運筆などの書字運動の喚起・実行に関与するとされる.左角回(図2のC)では,音声情報から直接書字運動に変換される機能が,そして左側頭葉後下部(図2のD)では文字形態,特に漢字の想起に関与する機能が想定されている.　　　　　　　　　　[小枝達也]

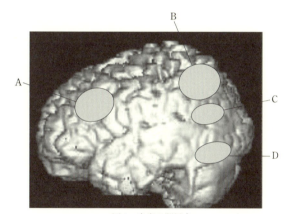

図2　書字の脳局在
[出典:文献[3]をもとに筆者が作成]

参考文献
[1] S. E. Shaywitz, *Overcoming Dyslexia*, Vintage, pp. 71-89, 2003
[2] 大槻美佳「書字の神経機構」臨床神経, 46, 919-923, 2006
[3] 岩田　誠「読字と書字の神経機構」神経心理学, 18, 49-52, 2002

読む，書くしくみ

　子どもは通常4, 5歳になると，ひらがなに興味をもち始め，自分や兄弟の名前の文字から読めるようになることが多い．また，いくつかのひらがなが読めるようになると，それをまねして書こうとするようになる．このように，ひらがなの読み書きは日常生活の中で自然発生的に覚えていく．

　「読むこと」と「書くこと」は一般的に「読み書き」とまとめて表現されることが多い．しかし，それぞれの行為に固有の認知的な能力が関係しており，「読みの障害」と「書字の障害」が独立して起こる．本項では，「読む，書くしくみ」を「読むしくみ」と「書くしくみ」に分けて解説し，それぞれに関係する認知的な能力と，その障害によって起こる実際のつまずきの現れ方を紹介する．

●**読むしくみ**　ひらがなが読めるようになるためには，前提として4, 5歳レベルの言語発達が必要とされる．つまり，4, 5歳レベルの日常会話ができて同等の語彙も獲得していることが前提となる．それに加えて，同時期に発達してくる音韻認識の力が必要になる．音韻認識とは，日本語の音の単位であるモーラを認識し操作する能力である．ことばの音の数を数えることや，しりとりで最後の音を抜き出す力のことをいう．音韻認識の力が弱いと，幼児期にことばの言い間違いが起こりやすくなる．「トウモロコシ」を「トウモコロシ」や「トウモロシ」とことばの中で音の入れ替わりや脱落などを起こす間違いである．幼児期に音韻認識の弱さがみられ，就学前になってもひらがなに興味をもたない場合，就学後に読み書き障害に移行する可能性があるといえる．

　文章を読むための能力として，音韻認識のほかにデコーディングとワーキングメモリーがあげられる．デコーディングとは視覚情報を音声情報に変換することを表し，読みでは文字を音に変換することにあたる．読みの障害があるとデコーディングのスピードが健常群に比べて著しく遅いことが示されている．デコーディングスピードはRAN課題を用いて測ることができる．

　ワーキングメモリーは複数の情報を保持し操作するための認知システムである（図1）．S. E. シェイウィッツは習熟した読みと左後頭側頭部の単語形態領野の機能を関連づけている[1]．文章をスムーズに読むためには，素早いデコーディングと，視覚的・聴覚的ワーキングメモリーの連携が必要になる．

●**読みのつまずき**　ひらがなは日本語の音の単位であるモーラに対応してできている．また，ひらがなの清音・濁音・半濁音は文字と音が一対一対応であるため，読みが簡単な文字である．しかしながら読みの障害があると，ひらがな一文字の習得段階でもつまずきが起きる．ひらがなの読みがなかなか覚えられない．つま

り，ひらがなの文字の形から，それに対応する音韻表象が浮かんでこないことになる．また，文字と音の対応関係が崩れる拗音や促音などの特殊音節の読みにもつまずきが現れる．ひらがな一文字の読みを覚えても，デコーディングスピードの問題やワーキングメモリーの不全から，単語をまとまりとして認識することが

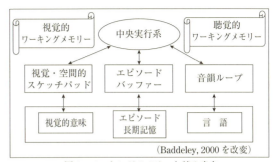

図1．ワーキングメモリーと読み書き
［出典：竹田契一他監修『特別支援教育の理論と実践 Ⅱ指導（第2版）』金剛出版，p. 44, 2012］

困難で，文の読みでは素早く正確に読むことにつまずきを起こす．

●**書くしくみ**　文字を書くとは，頭の中にある音韻表象から文字の形を想起（エンコーディング）し，筆記用具を操作し出力する作業である．読みの障害があるとエンコーディングも苦手になり，文字の形を思い出すことが困難になる．また，出力の際には視空間認知や視覚-運動協応，ワーキングメモリーなどの能力が関係する．視空間認知は視覚を使って物の位置，方向，大きさなどを認識する能力である．この能力に弱さがあると，文字を形通りに書くことが困難になる．また，方向がわかりにくいため，ななめ線が反対向きになり，鏡文字になることもある．視覚-運動協応が弱いと，鉛筆を思い通りに動かすことが困難で，結果として文字の形が乱雑になる．視覚的ワーキングメモリーの不全が書字に影響することも考えられる（図1）．また，ADHDの多動性・衝動性がゆっくり丁寧に文字を書くことを阻害している場合も考えられる．このように文字を書くためにはいくつかの要素がかかわっており，どの要素が影響しているかを検証する必要がある．

●**書字のつまずき**　書字のつまずきには背景に読みの障害があるかないかが大きな要因になる．読みの障害がある場合には，音から文字の想起に困難をきたす．また，特殊音節の拗音や促音，長音の表記にも大きなつまずきを示す．

　書字のみのつまずきでは，視空間認知，視覚-運動協応，ワーキングメモリー，ADHDのうちのどの要素がかかわっているのかを検証する必要があり，WISC-Ⅳなどの検査情報や日常の行動観察からの情報が重要になる．漢字は数の多さ，形の複雑さ，複数の読みをもつなどから，書字には多くの児童・生徒がつまずきを起こす．漢字の特性とつまずきを起こす児童・生徒の認知特性に配慮した指導が必要になる．

［村井敏宏］

📖 **参考文献**
[1] S. シェイウィッツ，藤田あきよ・加藤響子訳『読み書き障害（ディスレクシア）のすべて―頭はいいのに，本が読めない』PHP研究所，2006

読みと音韻認識

　文字の習得，すなわち読み書きの習得のために必要な認知能力の一つに音韻認識（音韻意識）がある．特に英語圏では「読み」習得に重要な認知能力であると考えられており，発達性読み書き障害と訳されている developmental dyslexia は，音韻障害で生じると国際ディスレクシア協会（International Dyslexia Association：IDA）の定義に記されているほどである．

●音韻とは　音韻とは，その言語における音声言語の単位と考えられ，最小の音韻単位に関して，英語など多くのアルファベット使用語圏では音素，日本語ではモーラと考えられている．したがって，英語における音韻認識とは音素認識のことであり，日本語ではモーラ認識のことになる．この音韻の最小単位が，それぞれの言語の文字素（書記素：grapheme）に対応するため，読み書きに重要である．例えば，「cat」の「c」という文字には /k/，「a」には /a/，「t」には /t/ という音素が対応することにより，単語や無意味な文字列である非語が読めていくという考え方である．日本語では，文字列の『こうてい』に，/ko/，/u/，/te/，/i/ というモーラがそれぞれ対応することにより，音読可能になり，その後「う」や「い」は長母音であるという規則を知ることにより，/ko:te:/と読めるようになっていく．すなわち，それぞれの言語においてその言語の最小となる音韻単位を認識することにより，「読み」が獲得されていくことになる．

●音韻認識の障害　この音韻認識は，世界中の言語において文字習得に必要な認知能力の一つであることについては共通であり，現在までのところ例外はない．では，音韻認識障害はどのようにして生じるのであろうか．M. J. スノーリング（2000）は，音韻表象障害説を唱えている．音韻表象とは音韻のテンプレート，音韻の鋳型とも表現できるかもしれない．例えば，日本語での /ら/ は一つだが，英語では /ra/ と /la/ があり別々のテンプレートがあることになる．大脳の中にあるその表象が十分に強く活性化されるほど形成されていないので，音韻関連の課題処理に困難をきたすのではないか，と考えられている．音韻表象形成不全がある場合には，すべての音韻検査課題において，低成績を示すことになる．一方，このような音韻表象形成不全から生じる音韻認識障害に加えて，脳損傷後の音韻の表象そのものは保たれていると考えられているものの，音韻表象にアクセスできなかったり，音韻表象から想起できない障害も音韻障害に含まれる．この場合には，一部の音韻課題にのみ低成績を示すことが予想される．

　発達性読み書き障害の原因仮説の中には，音韻障害と関連した仮説が少なくない．例えば，聴覚障害仮説は，聴覚からの詳細な情報が得られないために音韻表

象が十分に形成されない，という仮説である．P. タラル（1980）が唱えはじめた説で，現在は U. ゴスワミら（2002）の説が有力である．彼らの説では，音声単語の特に立ち上がりの音韻に関する認知が十分になされないために音韻表象が形成されないのではないかと考えられている．しかし，この説は，聴覚障害児は文字習得が遅れることはあるものの，発達性読み書き障害にはならないことを説明できないため，疑問視している研究者も少なくない．また，小脳障害説がある．小脳は自転車の運転や水泳，タイピングもしくは読むことなどのように熟練した運動における自動化の役割を担っているため，その障害により読みの自動化が阻害されスピードが遅くなる，という説である．音韻障害説と異なるように思えるが，一部は音韻障害説に起因する障害仮説なのである．例えば，小脳の障害により構音スキルの低下を招き，構音の曖昧さが弱い音韻表象成立につながり，結果的に「読み」の障害を引き起こす，という説である．このように聴覚障害説や小脳障害説の一部は音韻障害説と強く結びついていることになる．

●**読みにかかわる認知能力**　しかし，「読み」に関して音韻認識能力も重要な認知能力であるだけでなく，他の認知能力もかかわることが報告されてきており，言語の種類によって認知能力の種類やその貢献度が異なると考えられている．英語圏では音韻認識障害だけでは発達性読み書き障害が説明困難なため，呼称速度障害も合わせて重要な認知障害と考えられている（「二重障害仮説」参照）．韓国語の文字であるハングルでは，音韻認識と呼称速度に加えて語彙力が音読に大きく関与していることが報告[2]されている．中国語では，C. マクブライドらの報告によると音韻認識能力は音読に影響しなかったと報告されている．C. リンと宇野の報告では，視覚認知能力と絵や数字など意味や記号からスムーズに音韻（列）を想起する能力である自動化能力の双方が有意な変数であったと報告している．日本語では，ひらがなの音読には従来の音韻認識能力が重要であるという説に加え，音韻認識能力よりも自動化能力の方が影響が強いという報告[1]がある．漢字に関しては語彙力が大きな貢献度を示し，次に音韻認識が影響[3]していた．このような違いは，一つには文字言語の構造の違いによって説明することが試みられている．

［宇野　彰］

参考文献
[1] 猪俣朋恵他「年長児におけるひらがなの読み書きに影響する認知要因の検討」音声言語医学，54(2)，122-128，2013
[2] H. R. Park and A. Uno, "Cognitive abilities underlying reading accuracy, fluency and spelling acquisition in Korean Hangul learners from Grades 1 to 4: A cross-sectional study", *DYSLEXIA*, 21(3), 235-253, 2015
[3] A. Uno, et al., "Relationship between reading/writing skills and cognitive abilities among Japanese primary-school children: Normal readers versus poor readers (dyslexics)", *Reading and Writing*, 22, 755-789, 2009

二重障害仮説

　二重障害仮説は，発達性ディスレクシア（developmental dyslexia：DD）の読みに関する障害の背景となる障害仮説の一つである．DDの読み障害にかかわる認知能力について英語圏では，長らく音韻認識（phonological awareness）障害を中心に検討されてきた歴史がある（スノーリング，2000；ウォルフ，1999；ワーグナー，1993；フーアマン，1998）．しかし，音韻認識障害のみでは説明が困難な発達性ディスレクシア群が存在することから，呼称速度（絵や数字，色などの名称を素早く想起する）障害も中核的な発達性ディスレクシアの原因であると提唱した仮説が二重障害仮説である．

●**英語圏での二重障害仮説**　この二重障害仮説を提唱したM.ウォルフとP.G.バウワーズ[1]によると，1970年代半ばからはRAN（Rapid Automatized Naming）のような連続的に呼称する速度を測る検査を用いることにより，呼称速度が遅いディスレクシアの子どもたちが多いということがわかっていたようである．ウォルフらは横断的，縦断的研究結果をもとにタイプ分類を行い，①DDの認知障害として音韻障害単独で説明できる群，②呼称障害単独で説明できる群，および③音韻障害と呼称障害双方が背景となってDDを生じていると考えられる群，の3群があることを報告している．そして，音韻障害と呼称速度それぞれが，独立して生じた際（single-deficit）には軽度の障害となり，2要因が同時に生じた際（double-deficit）にはより重度の障害となることを述べている．

●**他言語圏における二重障害仮説**　米国で発表されたこの仮説は，発表から15年あまりの間，他の言語における適用の有無がドイツ語，ポルトガル語，フィンランド語，ギリシャ語，スペイン語などで検討されてきた．ドイツ語話者の小学3-4生を対象とした報告（ヴィマー他，2000）では，二重障害よりも単一障害が最も多く，それぞれの単一障害の割合は同程度であった（音韻認識障害約8％，呼称速度障害10％，二重障害約3％）．一方，同じドイツの小学3年発達性ディスレクシア児童を対象とした報告では，音韻認識単独障害が最も多く15/48人，次いで二重障害8/48人と呼称速度障害7/48人がほぼ同数であった．ポルトガル語話者の小学3年発達性ディスレクシア児童での報告（アラウジョ他，2010）では，二重障害群が50％，音韻認識単独障害群18.2％，呼称速度単独障害群18.2％であった．フィンランド話者児童を対象とした縦断研究（トロッパ他，2012）においては，音韻認識単独障害群が15.8％，呼称速度単独障害群17.8％，二重障害群17.8％と3群に大きな差が認められなかった．ギリシャ語話者児童，幼稚園から小学2年生を対象とした調査（パラドポウロス他，2010）では，音韻認識単独障

害群13.6％，呼称速度単独障害群13.6％，二重障害群7.0％と単一障害が同数で，二重障害が最も少ない結果であった．カナリヤ諸島の7〜12歳のスペイン語話者小学生を対象とした調査（ジメネツ他，2008）では，音韻認識単独障害群6.7％，呼称速度単独障害群3.8％，二重障害群14.3％という結果になり，文字（列）から音韻（列）への変換が規則的である透明性の高い言語であるスペイン語で，二重障害群が最も多い結果であった．

　概観すると，多くの言語において，音韻認識障害の単独障害で子どもたちの「読み」の困難さや障害を説明できないこと，さらに呼称速度の障害や二重障害を「読み」障害の背景となる認知障害として想定することで，「読み」困難や障害をより適切に解釈することが可能になっているようである．一方，二重障害群が他の単独障害群である音韻認識単独障害群や呼称速度単独障害群と比べて重度であるかどうかについては，見解が分かれている．ポルトガル語，ギリシャ語，スペイン語圏の報告では他の群と比較して最も重い読みの症状を呈したと報告しているが，ドイツ語，フィンランド語圏の報告では，読みの症状は必ずしも最も重度ではなかった．

●**二重障害仮説の問題点**　さらに，この二重障害仮説にはまだ問題もまだ残っているように思われる．呼称速度の障害とは，いったい何の認知障害なのであろうか？　音韻想起のスピードが遅い，ということが読み障害の流暢性にかかわっていることは想像に難くない．しかし，前述の多くの報告では正答率や正答数を指標とする正確性に音韻想起のスピードがかかわっているという理屈になる．直接的に音韻想起の流暢性が読みの正確性を説明することは難しいので，何かほかの要因を介して間接的にかかわっているのだろうと思われるが，まだそこまでの検討はなされていないようである．次にウォルフ自身も言及しているように，音韻認識障害と呼称障害だけで説明のできない読み障害群の存在がある．キングら（2007）も上述の報告内で，音韻障害単独群，絵や数字など意味や記号からスムーズに音韻（列）を想起する能力である自動化障害単独群，音韻と自動化障害のある二重障害群の他の第4の群の存在を示唆している．他の認知障害を想定する必要があるのではないだろうか．日本語においては二重障害仮説に関する検討は一編報告[2]されているが，視覚認知障害単独群の存在も報告[3]されていることから，今後は他の認知障害も含めた検討が必要である．

[宇野　彰]

📖 **参考文献**

[1] M. Wolf and P. G. Bowers, "The double-deficit hypothesis for the developmental dyslexias.", *Journal of Educational Psychology*, 91, 415-438, 1999
[2] 渋谷文恵・宇野　彰「日本語話者児童の読み困難における二重障害仮説の適用」音声言語医学, 58(1), 2017(印刷中)
[3] 宇野　彰他「発達性読み書き障害―神経心理学および認知神経心理学分析―」失語症研究, 22(2), 130-136, 2002

逐次読みの原因

　読みの障害である発達性ディスレクシアの子どもは，ひらがなの読みを覚える段階で最初のつまずきを起こす．苦労してひらがなの読みを覚えると，次に文の読みでつまずきを起こす．文を読むのに1文字ずつたどりながら読む逐次読みの状態である．本項では逐次読みに焦点を当て，その原因と実際のつまずきの状態について解説する．

●逐次読みの原因　逐次読みになる原因としては，「読む，書くしくみ」で述べたように，読みに関係する能力として音韻認識，デコーディング，ワーキングメモリーなどが関係する．

　音韻認識に弱さ，つまり日本語の音の単位であるモーラを確認し操作する能力に弱さがあると，清音はある程度読めていても濁音や半濁音の音の変化に対応しにくい．「ひ」は読めていても「び」や「ぴ」の文字が読みにくいことが起こる．また，「ひゃ」など2文字を1モーラで読む拗音や，音のないモーラを「っ」で表した促音などの特殊音節で読みが不正確になる．

　デコーディングのスピードに問題があると，文字を見てから音を思い出すまでに時間がかかる．ある程度のスピードで音を想起できないと，単語のまとまりとして読むことができず語の意味理解につながっていかない．

　T. P. アロウェイは，発達性ディスレクシアの子どもが言語性ワーキングメモリーの課題で著しく低い成績を示すことを指摘している．このことから，適切な音声情報と概念を保持しながら，単語を同定し，文章を理解することが困難であると述べている[1]．

　このように，音韻認識の弱さ，デコーディングのスピードの問題，ワーキングメモリーの問題は相互に影響しながら文章の読みに関連しているといえる．

●読みと脳機能　B. A. シェイウィッツらは機能的MRIを用いた研究で読字に関する神経回路について報告している（図1）．この中で1文字ずつデコーディングする初期の読みには左頭頂側頭部が関係し，単語をまとまりで読む習熟した読みは左下後頭側頭回が関係するとしている[2]．音韻処理に苦手さをもつ発達性ディスレクシアでは，単語形態による読み（単語をまとまりで読む）に移行しにくいため逐次読みになり，流暢で正確な読みが困難になると考えられる．

●発達性ディスレクシアの特徴　国際ディスレクシア協会（IDA）によるディスレクシアの定義は次のようになっている．「ディスレクシアは，神経生物学的原因に起因する特異的学習障害である．その特徴は，正確かつ/または流暢な単語認識の困難であり，綴りや文字記号の音声化が稚拙であることにある（後略）」

つまり，文字・単語・文を読む際の流暢性と正確性が発達性ディスクレシアを判断する規準になる．

稲垣らによる特異的読字障害の診断においても読みの流暢性と正確性が診断の基準になっている．読みの流暢性は，①単音連続読み検査，②単語速読検査，③単文音読検査の音読時間から判定される．また，読みの正確性は，同じ三つの検査の読み誤りの個数から判定される[2]．

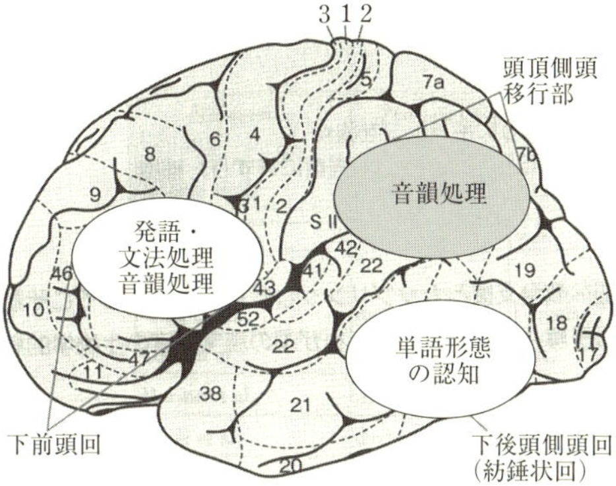

●**音読のつまずき** 音読のつまずきは，日常的に何度も目にしたり聞いたりしている国語の教科書の音読からは判断しにくい．そのために，初見の文章を用いて判定する．

筆者は小学校2年生児童に対して音読の評価に関する研究を行った．音読課題は「森田・愛媛式読み書き検査」（聴写・視写・聞き取り・読み取りからなる小学生用の読み書き検査）の2年生用視写課題と読み取り課題を用いた．2年生の通常学級児童を対象に，音読にかかる時間と読み誤りの個数を調べた[3]．結果を図2に示す．同じテストを発達性ディスレクシアの2年生女児に実施したところ，音読時間が98.3秒，読み誤りの個数が20個であった．音読時間，読み誤りの個数ともに平均を大きく上回っている．また，読みが流暢な部分と逐次読みが混在しており，単語形態の認知が不安定であることがうかがえた．

このように読みの障害の指標となる読みの流暢性と正確性は音読のスピードと読み誤りの頻度から評価していくことができる． ［村井敏宏］

図1 読字にかかわる神経回路
［出典：文献［2］，p.30］

図2 2年生音読テストの結果
［出典：文献［3］，pp.602-603］

1. 平均音読時間
 ・テスト①：23.6秒 ・テスト②：28.5秒
 ・テスト①+②：52.1秒
  最小値：29.8秒 最大値：103.9秒
 ・標準偏差：17.7 ・+1.5 SD：78.7秒
2. 平均エラー数
 ・テスト①+②：3.7個
  最小値：0個 最大値：14個
 ・標準偏差：2.9 ・+1.5 SD：8.1個

📖 **参考文献**
［1］ T. P. アロウェイ，湯澤美紀・湯澤正通訳『ワーキングメモリと発達障害―教師のための実践ガイド2』北大路書房，2011
［2］ 関あゆみ・小枝達也「機能障害部位」稲垣真澄編集代表『特異的発達障害 診断・治療のための実践ガイドライン―わかりやすい診断手順と支援の実際』診断と治療社，p.30，2010
［3］ 村井敏宏『一般社団法人日本LD学会第21回大会発表論文集』pp. 602-603，2012

仮名と漢字の特性

　日本では日本語を表記するために，仮名（ひらがな，カタカナ）と漢字が文字として使われている．中国語で使用されていた漢字が日本に伝わり，日本語に当てはめて使われていた漢字から，ひらがなとカタカナがつくられたとされる．
●**仮名**　かなとカタカナは，音を表すための表音文字である．
　仮名の特性を理解するうえで，言葉の単位について理解することが必要である．
　私たちが音声を聞いたときに，その音声が既知の言語であれば，符号として記憶することができる．またその符号を基に発音することができる．このように，音声に対応して，符号としてイメージし，記憶できる単位を音韻という．
　音声言語で，音響的対立（音素の違いによって意味が区別されること，例えば，pin と pen）を生じさせている音声の最小単位を，音素という．音素は，音声言語の中で単独に発音されることはなく，他の音素と組み合わせて発音される．
　音素の組合せには規則性があり，組合せによって発音される単位を音節とよぶ．音節の発音される最小単位をモーラとよび，音素を最小単位として構成されている．音節は，音響的にそれ自身の中に切れ目がなく，その前後に切れ目が認められる音のまとまりとして現れる．したがって，音節は話し言葉の単位といえる．
　日本人が発話するときの単位は，音節よりもむしろモーラであると考えられている．モーラは音節にほぼ対応するが，特殊音節の場合に対応しない．「ぱんだ」の「ぱん」(撥音)は1音節で2モーラである．「きって」の「きっ」は1音節で2モーラである．「きゃ」は1音節で1モーラである．また「やきゅう」の「きゅう」(拗長音)は1音節で2モーラである．「ぶどう」の「どう」(長音)は1音節で2モーラである．モーラは拍とよばれる．日本人が日本語の音を数えるときには，単位として拍を用いている．俳句の五・七・五を例としてあげることができる．
　仮名表記の文字は，モーラにほぼ対応する．したがって聞いた言葉をモーラに分解できることは，仮名の読み書きに大切であることを指摘できる．
　日本語の音韻は少なく，13個の子音（Cと表記）と5個の母音（Vと表記），2個の半子音，特殊音節（促音，撥音，長音）の合計23個からできている．音素を規則に従って組み合わせたモーラは，約110個で構成されている．
●**漢字**　漢字は，仮名と異なり，漢字1字1字が意味を有していることを重視すると表意文字であるといえる．漢字1字で語を表している場合を表語文字とよぶ（例：百）．また，漢字と仮名文字で語を表している場合を形態素文字とよぶ（例：「入る」）．一方，音を表す符号として漢字を用いて，単語をつくる場合を表音文字とよぶ（例：「大切」）．複数の漢字の読み方をもつ漢字もある．このことから，

漢字の習得では，表意文字と表音文字の両方の側面と，視覚的形態との間の連語形成（意味・音・形態の連合形成）が必要である．

●**文字と音の対応関係**　文字と音の対応関係を考慮すると，仮名と漢字の特性の違いを知ることができる．T. N. ワイデルと B. バターワース[3] は，文字と音との関係を「透明性」と「粒子性」という軸で表現し，この二つの軸で言語による読み書き障害の違いを説明した．「透明性」とは，文字と音との関係をいい，一対一対応に近ければ透明性は高いといえる．仮名が透明性が高いのに対して，漢字はいろいろな読み方があり，透明性は低いといえる．英語についても，不規則な読み方をもつ単語があるので，透明性は比較的低いといえる．「粒子性」とは，1 文字がどのような大きさの音の単位に対応するかということである．漢字は，1 文字で 1 単語を表す（例えば「赤」で 1 単語 2 音節）．ひらがなは，1 文字で 1 音節を表す（「あか」）．それに対して英語は，1 文字が表す音の単位は小さく，音素を表す．粒子性は，漢字が最も粗く，英語が最も細かい．仮名や漢字は，透明性が高い，ないしは粒子性が粗いので，英語と比べて，音韻に関連した読み障害が生じにくいと指摘されている．

●**漢字の読み困難**　ひらがな単語の流暢な読みに困難を示す LD 児は，漢字単語の読み困難を示す傾向が強いことが指摘されている．そのような LD 児は，数唱課題の成績が低い傾向にあることが指摘された．数唱課題は，言語性ワーキングメモリーの中でも音韻ループを反映する．新しい未知の言語材料の記憶学習に音韻ループが関与することが，多くの研究からわかってきた．特に，視覚的イメージ度が低い単語を記憶する課題では，音韻ループを介した学習が難しくなることが指摘されている．熊沢ら[1] は，漢字単語の読み困難を示す子どものなかで，言語性ワーキングメモリーの弱さを伴う子どもは，視覚的イメージ度が低い単語（例えば，「年代」「市立」など）の読みが選択的に困難になることを報告した．これより，漢字の読み困難を示す LD 児では，漢字単語と読みの間の連合学習の不全が背景にあることが推測される．学習支援に際しては，漢字単語の視覚的イメージ度を高める手続きが効果的である[2]．　　　　　　　　　　［小池敏英］

📖 **参考文献**

[1] 熊澤　綾他「ひらがな文の読み障害をともなう LD 児における漢字単語の読みの特徴—漢字単語の属性効果に基づく検討」特殊教育学研究．49, 117-126, 2011
[2] 後藤隆章他「LD 児における漢字の読みの学習過程とその促進に関する研究」特殊教育学研究．47, 81-90, 2009
[3] T. N. Wydell and B. Butterworth "A case study of an English -Japanese bilingual with monolingual dyslexia," *Cognition*, 70, 273-305, 1999

日本語と英語におけるディスレクシアの違い

　ディスレクシアとは読み書き獲得に重篤な困難をもたらす脳神経系の障害による学習障害の一つである．国際ディスレクシア協会（International Dyslexia Association：IDA）の定義によると，ディスレクシアとは単語認識の正確性（accuracy）と流暢性（fluency）のうちのいずれか，もしくは両方，そして綴り（spelling）と文字の音声化（decoding）に著しい困難をきたす障害である．専門家の多くは，その原因のほとんどが言語に起因しており，特に言語音を客観的に理解し操作する能力である音韻認識に困難が生じる障害であるという見解をもっている．ディスレクシアは脳の機能障害であるため，読み書きを学習するにあたって一生涯困難が生じる．M. ウルフによると，その言語を文字で表記する方法である正字法（orthography）が複雑であれば，その言語の読み書きの獲得はより困難になり，またその言語の正字法の複雑さはその言語におけるディレクシアの表れ方に影響を及ぼすとしている．

●日本語と英語の音韻と文字の関係性の違い　ひらがなとカタカナは，およそ約100 を超える日本語音のモーラを 1 文字（例：kyo →きょ，2 文字 1 モーラ）または複数の組合せ（例：ne →ね，1 文字 1 モーラ）で表記し，しかもモーラと書記素の関係性はかなり規則的で一対一であることが多い．一方，英語は 26 文字のアルファベットを使用するが，その文字が単独（例：dog → /dˈɔːg/，3 文字 3 音素）または複数（例："ck" →〔k〕）でおおよそ 44 種類の音素を表し，英単語のスペリングのほとんどが不規則（例：ea の不規則な発音，*ea*t →〔iːt〕，b*rea*d →〔bréd〕，st*ea*k →〔bréik〕）であるため，音素と書記素の関係性が不規則である．英語は書記素と読み方・音が一対一ではないため深層書記素（deep orthography）とよばれ，一方，これらの関係が規則的なイタリア語やフィンランド語を表層書記素（transparent または shallow orthography）とよび，表層書記素の言語の読み書き獲得は比較的容易でディスレクシアの発生率を低くするともいわれている．日本語は，ひらがなとカタカナは表層書記素と見なすことができる．漢字は前後の文字によって読み方・音が変化するため，書記素と読み方・音が一対一ではなく深層書記素と考えられ，両方の特徴をもつ言語であると考えられる．日本におけるディスレクシアの発症数は Yamada らによると 6％[1]，Haynes らによると 1％[2] とされているが，アメリカでは五人に一人がディスレクシアといわれている．

　T. N. ワイデルと B. バターワース[3] による hypothesis of granularity and transparency（粒子性と透明性の仮説）によると，書記素と読み方・音の対応が透明（transparent）な文字体系をもつ言語は，たとえそれが，音素・音節・記号・

ことばレベルの対応であっても，書記素と音の対応を学習することに困難をもつディスレクシアの発生率は低く，そしてたとえ書記素と読み方・音の対応が不透明（opaque）で一対一でなくても，その書記素が表している音韻が"粗い（coarse）（例：記号すべてや，ことばそのもの）"場合も同様に，ディスレクシアの発生率が低いと提唱している．これを日本語に適応すると，かな文字は書記素である一つの単位が"ことば"より小さい単位の音節・モーラレベルの音韻を表しているが，その書記素と音韻の対応はほぼ一対一である（例：あ→/a/）．一方，漢字は，その粒性（＝文字一つひとつ粒子性ともいう）が記号もしくはことば全体を表すというように，かな文字に比較すると対応する音韻単位が"粗い"が，その書記素と音韻の関係は不透明である（例：空→「そら」「クウ」など）．したがって，この仮説によると，日本語に使用されているかな文字と漢字はディスレクシアをあまり発症させない特徴をもっているということになる．

このような言語音とその音を表す書記素の関係性の異なる言語を学習することにより，脳機能自体が変化し，その結果，ディスレクシアの発症率に影響を与えるという研究結果がある．日本語と英語のバイリンガルの 16 歳の少年は日本語ではなく英語のみディスレクシアの症状を呈したという報告もある[3]．一方，英語と表層書記素をもつドイツ語のディレクシア児童を対象にした最近の比較研究では，違いよりもはるかに共通点の方が多く，どちらのディスレクシア児童も共通の困難（音読の遅さ，無意味語読字困難，音韻知識を使って読むことの難しさ）を同じレベルで抱えていることが報告されている．

●**漢字習得とローマ字習得の困難性**　しかし，ディスレクシアをもつ児童が音読する際，漢字だけではなく，ひらがな文字で表記される助詞，助動詞の読み間違いもかなり多い．さらに，漢字習得とローマ字習得の困難も多数報告されており，日本語の文字特性が本当にディスレクシアを発症しにくい特徴をもっているのかは今後も検討を要すると思われる．また英語圏では，3 歳からプレスクールで読み書き修得につながる Rhyming（韻ふみ）の活動，フォニックス指導などがさかんに行われ，通常の幼児教育従事者も児童の音韻認識と文字獲得の発達様相に普段から接しており，幼児の文字獲得の遅れにも気づきやすい．さらに，読み書き障害を早期に発見する信頼性の高いスクリーニング・テストが多数あり，早期療育ができる専門家の配備も進んでおり，ディスレクシアに対する認知も日本語圏よりも数段高いということも考慮する必要があるかと思われる．　　［小林マヤ］

📖 **参考文献**

[1] J. Yamada and A. Banks, "Evidence for and characteristics of Dyslexia among Japanese Children", *Annals of Dyslexia*, 44, 103-119, 1994
[2] C. Haynes et al., "Teachers skill rating of children with learning disabilities: A comparison of the United States are Japan", *Annals of Dyslexia*, 50, 215-238, 2000
[3] T. N. Wydell and B. Butterworth "A case study of an English-Japanese bilingual with monolingual dyslexia", *Cognition*, 70(3)：273-305, 1999

言語発達と読み書き

　ヒトはオギャーという産声をあげ，ことばに満ちた世界に生まれる．重篤な障害がない限り，みずからに備わった能力と外界の刺激との相互作用により，就学までの数年で，日本語母語話者として基本的な能力を獲得する．日本語の語音を聞き分け，発音ができ，基本的な語彙と文法の知識を獲得し，場面に応じた適切なことばの使い方が芽生え始め，言語の形式（音韻，形態，統語），内容（意味），使用（語用）のすべての面が発達する．定型的な言語発達は，脳・神経系の機能，聴覚・視覚などの感覚・知覚機能，発声発語器官の運動機能，他者と関わる社会性，記憶や表象能力などの認知機能等々が相互に密接に関連して支えている．

　言語発達には個人差はあるものの，一定の方向性があり，発達時期の目安がある．生後1歳前後で，有意味語が出現し（初語，始語），一語文期（「マンマ」の一語が状況により，「あっ，ごはんだ」「ごはん頂戴」など多様な内容を表現する）を迎える．表出語彙が50～100語になると（18か月頃），2語文の表出がみられる．2歳頃，表出語彙は300語に増え，多語文での表出が可能になり，大人と複数回の会話のやりとりが成立する．2歳から3歳にかけて，著しい構文の発達があり，4歳では助詞，助動詞など文法的要素のほとんどが出現するが，誤用も多い．5歳では，文法的誤りが減少し，6歳になると，聞きかじった大人びた語彙・表現，批評や理論的な発話も時にみられる．しかし，上述した言語発達の基盤に問題があると，ことばの遅れ，発達の異常が生じ，支援が必要となる．

●**就学前の言語の発達**　文字習得の始まる頃までの言語発達を大久保（1977）の就学前幼児の口頭表現についての報告（図1）をもとに概観する．事柄の時系列の変化を示した3枚の絵に対して，口頭での表現を求めると，年少児では，自発では3枚中1・2枚についての短い断片的発話がほとんどで，大人の促しによって，他の絵への言及がなされる．大人の助力なしで，3枚を関連づけ，事象全体について話せる割合は，年少20％，年中60％，年長80％と年齢とともに増加し，年長児は半数以上が，助詞や接続詞などを用いて長い文で表現するようになる．この変化の背景に，語彙の種類と量の増加，統語の発達など，言語の諸側面の発達とともに，部分と全体の関係性の理解，すなわち，各場面を理解し，事象の全体像を把握し，一つのストーリーとして構成する認知的発達とワーキングメモリーの成熟がある．読みの学習の基盤には，単語を意味の単位とてとらえるだけではなく，音の側面から，単語全体の音の形を正確に把握し，さらに，個々の構成音に分解できる能力とワーキングメモリーが必要である．口頭言語の発達の認知的基盤は，こうした点で，読みの発達とも大きく関係している．

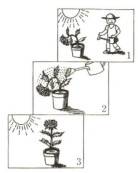

図1　幼児の表現力の調査で用いられた3枚連続絵と言語反応例
[出典：大久保 愛『幼児のことばとおとな』三省堂，p.80, pp.84-85, 1977]

●**読みのレディネス**　話しことばの土台の上に，書きことばが発達する．生活の中で，周囲の大人が読み書きする姿を見て，子どもは，文字の世界に導かれる．まだ文字が読めない子どもが，絵本を手にして，あたかも読んでいるかのように語ったり，文字らしきもので手紙を書くなどは，文字の機能，読むことと書くことの意味を知り始めた姿である．

　文字は，目に見えない音声を記録するため考案された記号である．日本語には，音を表す仮名文字と，意味の単位を表す漢字があり，一般的には，仮名文字から学習が始まる．連続した空気の振動（音波）である音声を文字で表すには，音声から単語や，単語の構成音を切り出すこと，すなわち，音声の中に，文字が表す音の単位があることに気づくことが必要である（図2）．ことばが複数の音で構成されていることへの気づき（音韻認識）は読みのレディネスとしてきわめて重要である．音韻認識は，特に教えられることなく，言語発達の過程で徐々に発達し，通常，就学前に，仮名一文字が表す音（モーラ）の認識が形成され，日本語の文字学習の基盤となる．就学前の子どもが，「グ，リ，コ」などと言いながら，一音ごとに階段を一段ずつ移動したり，しりとりや「いかの反対はかい」などのことば遊びをする姿に，読みのレディネスとしての音韻認識が整いつつあることがうかがえる．

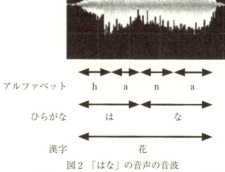

図2　「はな」の音声の音波
[出典：加藤醇子編著『ディスレクシア入門』日本評論社，p.46, 2016]

［原　惠子］

書字障害

　「書く」ことにはレベルがある．ひらがな，カタカナ，漢字などの文字を書くレベル（書字レベル），特殊音節などを正しく表記するレベル（表記レベル），助詞などの文法が正しく使えるレベル（文法レベル），そして，文章を作文するレベル（作文レベル）の四つである．書字障害というのは，このレベルのうちの，書字レベルと表記レベルに困難がある場合をいう．さらに，その困難は，「正確性」「流暢性（速度）」「読みやすさ（legibility）」にある．

●**書字障害の具体的な困難さ**　「正確性」の困難とは，書字レベルでは，ひらがなやカタカナが左右反転した鏡文字になる，漢字が書けない，あるいは正しく書けないなどが生じることである．表記レベルでは，「ぎゅうにゅう（拗音）」「おかあさん（長音）」などの特殊音節等が正確に書けない，「へ」「を」「は」という助詞表記をまちがえるなどである．「正確性」は，文字種によって困難の出現頻度が異なる．

　「流暢性（速度）」の困難は，同学年あるいは同年齢の児童生徒の書字速度に比べて大幅に書くのが遅い，という状態である．書字レベルと表記レベルにおいて文字を想起することに時間がかかる場合，書字レベルで1文字を書くことに時間がかかる場合がある．この「流暢性（速度）」の困難は，「正確性」の困難に比較して理解されにくい．特に，きれいな文字を書いている場合は，字がきれいだから問題がない，とされることが多い．しかし，いくら整った文字であっても，時間内に一定数の文字が書けない場合は，不十分なノートになったり，テストの制限時間内に解答できなかったりする．その結果として，次第に学習意欲が低下し，学習に遅れが生じることになる．

　「読みやすさ（legibility）」の困難とは，バランスが極端に悪く読みにくい文字や，原稿用紙のマス目やノートの行線をはみ出している文字のことである．「読みやすさ」が低いと，海外では，書いた作文の内容まで低く評価される傾向があること，怠けていたり素直でないと評価されることが多いと指摘されている．

●**書字障害の原因**　書字は，言語の音の要素から文字形態が想起され，文字として書字される，という過程をとる．この過程には，読みの二重回路モデル（音韻経路と意味経路）と同様のモデルが考えられている．音の要素から文字形態想起を経て書字につながる経路に障害があると，音と文字の一対一の対応関係が悪い（「透明性」が低い）．漢字が書けない誤り，「へ」「を」「は」という助詞をそれぞれ「え」「お」「わ」と表記する誤り，特殊音節の表記誤り（例えば，「サッカー」→「サカー」），一つの単語の中にひらがなとカタカナが混在する誤り（例えば，「ポ

ケット」）などが出現する．漢字の場合は，音の要素が意味の関与を経る場合もあるので，同音異義語の誤りや，意味が反対の漢字を書く誤り（例えば，「浅い」→「深い」）が認められることもある．さらに漢字では，文字形態を視覚的に正確に認知できない場合（視覚認知記憶の困難）は，画数が多かったり少なかったり，存在しない漢字を書く．音が直接手続き記憶として書字運動につながる経路の障害では，文字の脱落（例えば，「いきました」→「いきした」）が生じることがある．また書字運動は，発達性協調運動障害や注意欠如・多動性障害（注意欠如・多動症）によっても影響を受け，「読みやすさ（legibility）」の問題となることがある．

●書字障害の評価　書字障害は，書字の「正確性」「流暢性（速度）」「読みやすさ（legibility）」を評価することになる．現在，日本では，このうちの「正確性」と「流暢性（速度）」を測定する検査があるが，「読みやすさ（legibility）」を評価できる検査は存在しない．書字の「正確性」は，『小学生の読み書きスクリーニング検査（STRAW）』[2]で評価できる．ひらがな1文字，カタカナ1文字，ひらがな単語，カタカナ単語，漢字単語を，それぞれ20問ずつ聴写で書いて，その正確さを学年または年齢平均と比較して判定する．「流暢性（速度）」は，「小学生の読み書きの理解（URAWSS）」（河野俊寛他，atacLab）で測定できる．該当学年の文章課題を，「できるだけ速く，でも，ていねいに」という教示によって3分間視写し，1分間の文字数を書字速度として，同学年の平均と比較して判定する．なお，平均からどのぐらい離れている場合を困難レベルと判定するか（カットオフ値）については，STRAWには明記されていないが，URAWSSでは，平均マイナス1.5標準偏差としている．対象は，どちらも小学生のみである．

●書字障害への支援　書字の「正確性」と「流暢性（速度）」の困難が支援目標になる．「正確性」を改善する支援方法は，いくつか提唱されている．漢字では，書き順を音声化して覚える方法や，意味を付け加えて覚える方法，特殊音節では，視覚化と動作化する方法などが，それぞれ書籍化されているので，入手しやすい．「流暢性（速度）」の困難については，補助代替手段としてキーボードの適応が提唱されている．書字障害へのキーボード導入については，すでに海外では一般化しており，その有効性に関する研究も数多くある．日本においても，今後は合理的配慮の観点から，書字の困難を補助代替ツール導入の支援が増えてくることが考えられる．その際には，ツール使用指導も重要な支援項目となる．　　［河野俊寛］

📖 参考文献
[1] 河野俊寛『子どもの書字と発達―検査と支援のための基礎分析』福村出版，2008
[2] 河野俊寛『読み書き障害のある子どもへのサポートQ&A』読書工房，2012
[3] 宇野彰他『小学生の読み書きスクリーニング検査―発達性読み書き障害（発達性 dyslexia）検出のために』インテルナ出版，2006

視機能・視覚認知と学習

　視覚に関するさまざまな機能は，学習を行ううえで重要な役割を担っている．発達障害があると視機能，視覚認知などの視覚に関する機能障害（「視機能・視覚認知障害」参照）が出ることが多く，学習や運動の問題の要因となる．また，発達障害がない，または，その症状が軽微な場合でも，視覚に関する機能障害が学習障害やADHDに似た症状を引き起こすことがあり，適切に鑑別することが必要である．

●**視機能に関連する要素**　視機能に関わる目の状態や機能には，視力，視野，色覚，調節力，両眼視，共同性眼球運動が含まれる．視力低下の大きな要因として屈折異常（近視，乱視，遠視など）がある．主な視機能に関連する要素を表1に示す．これら視機能に何らかの機能低下があると，視覚情報をとらえる際の不正確さや速度低下，または目の疲れや不快感などにより，学びにくさの要因となる．

表1　主な視機能に関連する要素

- ●両眼視：両目で物を見るための左右眼のチームワーク．輻輳（ふくそう）と開散という，それぞれの目の視線を内側または外側に移動する水平方向の眼球運動が基礎となる．
- ●調節力：距離に合わせて物をしっかり見るために，毛様体筋を収縮・弛緩させ，水晶体の前後径を増減するオートフォーカス機能．
- ●共同性眼球運動：左右の目を同方向に動かす視線運動．周辺視野に見えた対象物を視力が一番良い中心窩でとらえるために視線をすばやくジャンプする衝動性眼球運動，ゆっくり動く対象物を中心窩でとらえ続けるために視線をなめらかに移動する滑動性眼球運動が含まれる．

●**視機能と学習**　視機能と学習の関係についての具体例を以下に示す．視機能の問題として，屈折異常が学習に影響する場合がある．視力に大きな影響を与えない程度の遠視が読み速度や読解力に影響を与える．当然，視力に影響が出る近視や乱視，不同視の屈折異常でも読み書きに影響がある．乱視では，特に倒乱視（一般的に出現頻度が低い，横方向にゆがんで見える乱視）で読み速度が低下することがわかっている．視機能の問題として，斜視や弱視があると学習に影響がでることはいうまでもない．より軽度の両眼視や調節力の異常によって学習や集中力に影響がでることが報告されている（Rijin, 2014）．さらに，効率よく視覚情報を取り込むためには衝動性眼球運動や滑動性眼球運動などの眼球運動が必要となり，読む，書き写すなどの活動で重要な役割を担っている．また，発達障害などの有無にかかわらず，色を見分けることが困難な色覚異常も学習上の問題となる．このように，軽度の視機能低下によって学習の問題が起こる可能性があり，丁寧な検査とサポートが必要である．

●**視覚認知と学習**　入力された刺激に対する脳での情報処理は,「感覚→知覚→認知」の順に低次から高次の処理へと移行していく．視覚情報処理の三つの段階を表2に示す．そのほか,視覚刺激の脳における処理機能に関して,視覚情報処理,視空間認知,空間認知,形態認知などさまざまな用語が使われることがあるが,本項ではこれらを総称し,視知覚と視覚認知レベルの情報処理について,便宜上,「視覚認知」とよぶこととする．

表2　視覚情報処理の三つの段階

- ●視感覚：目の奥にある網膜が光の刺激に反応して生じる意識．刺激の存在がわかるという初歩的な情報処理．
- ●視知覚：客観的な判断を含む,長短,大小,傾き,運動の方向などの要素的な視覚情報の処理．
- ●視覚認知：経験や知識,形成された概念に基づいて,受け取った視覚情報を解釈・理解するより高次の視覚情報の処理．

視覚認知と学習の問題の関係についての具体例を以下に示す．アルファベット言語の読み障害の要因として瞬間的に文字列をまとまりとして捉える視覚的注意スパンの障害が議論されており,日本語においても同様に視覚的注意が読み障害と関連することが指摘されている[1]．さらに,日本語では仮名に加え,形態的に複雑な漢字を使用する言語であり,視覚認知への負荷が大きいと考えられ,視覚性記憶,位置や傾きの認識の問題などが読み障害に関わる可能性が指摘されている[2]．臨床的には,書字障害に視覚認知が強く関わっているとの報告が多くみられ,算数や数学の図形やグラフの課題でのつまずきに視覚認知の問題が関与する可能性が高い．今後さらに研究が進み,日本語における学習面の課題と視覚認知の関係が明らかになることで,学びにくさをもつ子どもへの支援が発展することが期待される．

●**具体的な支援法**　支援としては,ビジョントレーニング,合理的配慮,特性に合わせた学習指導がある．ビジョントレーニングは具体物を使った課題から始め,段階を経て紙と鉛筆を使った訓練に移行するのが一般的である．学習指導としては,視覚認知が弱く,なおかつ聴覚認知や聴覚記憶が強い場合は,言語化して覚える漢字学習などが有効である．

　　　　　　　　　　　　　　　　　　　　　　　　　　　　　　　　　　[奥村智人]

📖 **参考文献**

[1] Borsting, E. et al., "Association of symptoms and convergence and accommodative insufficiency in school-age children", *Optometry, Jan*, 74(1)：25-34, 2003
[2] 関口貴裕・吉田有里「読み書き障害児の視覚的注意特性—読みの有効視野および視覚的注意スパンの検討」LD研究, 21(1)：70-83, 2012
[3] 後藤多可志他「発達性読み書き障害児における視機能,視知覚および視覚認知機能について」音声言語医学, 51(1)：38-53, 2010

「計算する」における困難

　算数障害は，学習障害の中でも，重要な障害の一つである．算数障害とは，成人の後天性の計算障害を援用した[1]内容から発展してきた．またそれとは別に，学習障害という教育や法的な観点からも発展してきた用語である[2]．学習障害の教育的な定義の中にある「聞く・話す・読む・書く・計算する・推論する」における困難の中で，「計算する・推論する」に困難がある場合に算数障害があるとされる．「計算する」における困難が本項ということになる．2013年以前は，これらの内容が整理し切れていなかった面があったが，DSM-5においては，教育的定義や教育の研究の観点も含まれた形で，医学的定義にまとまっている．DSM-5の算数障害は，「算数障害を伴う限局性学習障害」（specific learning disorder with impairment in mathematics）と表現されており，その内容は次の四つである．すなわち，①「数感覚（number sense）の困難」，②「数的事実の記憶（memorization of arithmetic fact）の困難」，③「正確で流暢な計算（accurate or fluent calculation）の困難」，④「正確な数学的推論（accurate math reasoning）の困難」である．この中の②「数的事実の記憶の困難」および，③「正確で流暢な計算の困難」が，算数障害の「計算することの困難」にあたる．前者は「暗算の困難さ」，後者は「筆算の困難さ」を表している言葉である．なお，暗算で行えるようになる計算の範囲とは，数システムの異なる国々によっても異なるので，一般的にはいえないところもあるが，日本では，加減算では和が20まで，乗除算では九九の範囲と考えることが適切であろう．また，それよりも大きな数の計算は，筆算の計算の範囲として考える[3]．

●暗算の困難さ——数的事実の記憶の問題　九九の範囲の計算は，初めから暗算できるわけではなく，小学校において，半具体物を見せながら計算の意味と同時に操作のやり方を教えることによって，やがて計算が自動化し，即座に答えが出せるようになる．しかし，算数障害があると，これらの計算が自動化されずに暗算ができず，計算が非常に遅くなる．そもそも暗算は，初めからできるわけではないので，まずは表1のように，その習得過程を考えることが必要である．

　これらが，すべて習得できるようになると，計算が自動化され，定型発達の場合には，加減算では $(1, 1, 2)$（例：$1 + 1 = 2$，$2 - 1 = 1$）から $(10, 10, 20)$（例：$10 + 10 = 20$，$20 - 10 = 10$）まで剰余算では $(1, 1, 1)$（例：$1 \times 1 = 1$，$1 \div 1 = 1$）から $(9, 9, 81)$（例：$9 \times 9 = 81$，$81 \div 9 = 9$）までの「数的事実」が習得される．これらの計算が自動化されるまでに重要となる能力（主に，ワーキングメモリー，視覚処理能力，継時処理能力，同時処理能力など）の一部が弱いと，これらの計算の自動化がうまくできなくなる．

表1　暗算に必要なスキルと遂行のための重要な能力

数の範囲	必要なスキル	スキルの遂行のために重要となる能力
10までの数の加減算	・具体物，ドット（半具体物）が計数できること． ・5や10の分解・合成ができること．	・視覚認知能力（視覚的に具体物や半具体物であるドットを把持できる能力）． ・目と手の協応運動． ・数詞で具体物を順序立てて数えるという継次処理能力． ・いくつかの分離量を集合としてみることのできる同時処理能力．
20までの数の加減算	・5や10の合成分解を基盤として，10進法で表される20までの数の合成分解ができる． ・半具体物を移動させたりすることが，実際に目の前になくても，頭の中のイメージで行える．	・継次処理能力：数を系列として数えることができる能力． ・同時処理能力：数を集合として考えることができる能力． ・ワーキングメモリー：頭の中で計算式で書いてある数詞や数字，半具体物等を思い浮かべ計算の操作ができる能力．
九九の範囲の乗除算	・「いんいちがいち」～「くくはちじゅういち」までを口頭で唱えることができる． ・九九の表において，しかるべき式と答えの位置を把握している．	・継次処理能力や聴覚的短期記憶能力：九九の計算式を口頭で唱えられるようになる能力 ・同時処理能力や視覚認知能力：九九表という2次元空間の中で，どの式がどこにあるかを認識する能力

●**筆算の困難さ——正確で流暢な計算の問題**　筆算が流暢に行えないという問題には，繰り上がりや繰り下がりの手続きの困難さがまず考えられる．また，筆算の数字を空間的にどのように配置するのか，それがうまくできない場合の両方が考えられる（表2）．これらのことが重要となる能力の一部が弱いことで必要なスキルが獲得されていない場合には，それが自動化されにくい状態となる．

［熊谷恵子］

表2　筆算のために必要なスキルと遂行のために重要な能力

数の範囲	必要なスキル	スキルの遂行のために重要となる能力
和が20より上の加減算 積が81より上の乗除算	・加減算においても，乗除算においても，繰り上がり・繰り下がりなどの計算の手続き ・適切な場所に適切な数値を書くことができる．	・継次処理能力：手続を順番に正確にこなしていくための継次処理能力 ・同時処理能力や視空間認知能力：空間的に適切に数字を配置するための能力

参考文献
[1] 熊谷恵子「算数障害の概念—神経心理学および認知神経心理学的視点から」特殊教育学研究, 35(3), 51-61, 1997
[2] 熊谷恵子「算数障害の概念—法的定義，学習障害研究，医学的診断基準から」特殊教育学研究, 37(3), 97-106, 1999
[3] 熊谷恵子「「計算する・推論する」の指導」竹田契一他監修『特別支援教育の理論と実践（第2版）II　指導』金剛出版, pp. 97-118, 2012

「推論する」における困難

　算数障害は，学習障害の中でも，重要な障害の一つである．算数障害の概念は，成人の後天性の計算障害を援用した内容から発展してきた．またそれとは別に，学習障害という教育や法的な観点からも発展してきた用語である．学習障害の教育的な定義[1]の中にある「聞く・話す・読む・書く・計算する・推論する」における困難の中で，「計算する・推論する」に困難がある場合に算数障害があると考えられ[2]，「推論する」における困難が本項ということになる．2013年以前は，これらの内容が整理し切れていなかった面があったが，DSM-5においては，教育的定義や教育の研究の観点も含まれた形で，医学的定義にまとまっている．DSM-5の算数障害は，「算数障害を伴う限局性学習障害」(specific learning disorder with impairment in mathematics) と表現されており，その内容は次の四つである．すなわち，①「数感覚 (number sense) の困難」，②「数的事実の記憶 (memorization of arithmetic fact) の困難」，③「正確もしくは流暢な計算 (accurate or fluent calculation) の困難」，④「正確な数学的推論 (accurate math reasoning) の困難」である．DSM-5の中で，「推論する」の困難は，DSM-5の最後にある④「正確な数学的推論」の困難であり，その意味内容としては，文章題の解法に関わる困難である．また，この推論の問題は，①「数感覚の困難」とも関係している．すなわち，正確な数学的推論を行うためには，数概念の理解がなされていることが前提となる．この問題も推論の問題に含まれていると考えると，教育的定義の中では整理しやすい．数概念には，数を順番としてとらえる序数性と数を量としてとらえる基数性の二つの性質がある．序数性あるいは基数性の理解困難，それらいずれかに問題があると，数という抽象概念を使った数学的な推論ができなくなってくるため，基盤としては重要な問題である．順序性の理解に関しては継次処理能力が，基数性の理解に関しては同時処理能力が関係する．これらの能力が弱いと，数概念の理解も偏ってしまうことになる．

●**文章題**　文章題における困難を考えるためには，表1のような過程を考える．文章題の解法は，その理解過程と解決過程の大きく二つに分け[2]，さらにそれらを四つに分けて考えられている[3]．

　①については，問題文が読めること，その内容を言語的に理解することであり，「読み」の困難に関係する．また，④については，計算の過程となるために，算数障害では「計算する」の問題となる．算数障害における「推論する」の問題としては，表1の中の②統合過程と③プランニング過程がこれに当たると考えられる．

表1 文章題の解法に関する過程

理解と解決	4つの過程		内容
理解過程	①	変換過程	文字で書いてある文章を読んで、その内容を理解する過程.
	②	統合過程	問題文の内容を、絵・図・数字の変化などのように視覚化して、イメージとして理解する過程.
解法過程	③	プランニング過程	最終的に求める答えを導く計算式をつくる過程.
	④	実行過程	実際に計算を行い、答えを導く過程.

●**統合過程における問題** 統合過程とは、言語として文章を理解した次の過程であり、問題文の内容を、絵・図・数字の変化などのように視覚化して、イメージとして理解する過程である．この過程では、言語理解能力により言語として理解した内容を、視覚認知能力を基盤とした視覚的なイメージに変換するということである．図1は、統合過程における困難に関わる三つの過程を示している．すなわち、アの「言語理解能力」が低い場合には、そもそもこの変換作業は困難となる．また、ウの「視覚認知能力」が低い場合自体には、文章題を解くことは困難となる．また、それらア、ウの能力が弱くなくても、イの「視覚化（イメージ化）」という変換が困難であれば、文章題を解くことは困難となる．

図1 統合過程の問題

●**プランニング過程における問題** プランニング過程とは、最終的に求める答えを導く計算式をつくる過程である．例えば「お母さんがりんごをいくつかもっていました．それをAさんに4こ，Bさんに5こあげたら2こ残りました．お母さんははじめにりんごをいくつもっていたでしょう」という文章題を解くためには、文章そのままでは「X−4−5＝2」となるが、これを、Xを求める式に変換しなければならない．このように、文意を理解し、視覚化したうえで、あらゆる場合でも「X＝」の式に変換することが必要となる．この過程は、問題文を全体を考えながら、逆にたどっていかなければならない．そのため全体と部分の関係を理解する必要があり、同時処理能力が重要となる．この能力が弱い場合には、困難が出てくることになる．

［熊谷恵子］

📖 **参考文献**

[1] 文部省「学習障害児に対する指導について（報告）」1999
[2] A. B. Lewis and R. E. Mayer "Students' miscomprehension of relational statements in arithmetic word problems", *Journal of Educational Psychology*, 79, 363-371, 1987.
[3] W. Kintsch and J. G. Greeno "Vnderstanding and solving word arithmetic problems", *Psychologieal Review*, 92(1), 109-129, 1985

実行機能,報酬系と ADHD

　実行機能は,「将来の目標達成のために適切な構えを維持する能力」と定義され,1) 目標設定：意図的に構想を立てる,2) 計画実行：探るべき手順を考案・選択し,3) 計画実行：目的に方向性を定めた作業を開始・維持しながら必要に応じて修正し,4) 効果的遂行：目標まで到達度を推測することによる遂行の効率化を図る,という一連の行為をさす[1]．実行機能は,認知機能の中でも最も上位の役割を果していると考えられており,他の認知機能が目的にそって正しく機能しているかの監視役（司令塔）の役割を果している．実行機能以外の認知機能が正常に働くためにも健全な実行機能が必要である．

●**実行機能障害**　実行機能障害は,意図したことを計画的かつ柔軟に考えて行動に移すことができないという行動抑制力の障害である．R. バークレーは,「行動抑制能力の低下」がADHDの人が抱える主要な問題であると考え,実行機能障害を多くの研究者が,ADHDの神経心理学的モデルとしてきた[2]．実際,ADHD患者において行動抑制や注意持続など多くの実行機能不全が示されてきた．

●**実行機能と報酬系回路**　E. ソヌバークは,実行機能不全によって ADHD の臨床症状すべてを説明するのは困難と考え,実行機能障害と報酬強化障害を並列した病態モデル（dual pathway model）を提唱した[3]．

　報酬系とはヒト・動物の脳において,欲求が満たされたとき,あるいは満たされることがわかったときに活性化し,その個体に快の感覚を与える神経系のことである．ADHD 群では報酬期待時の腹側線条体（側坐核）の血流量を評価した fMRI 脳機能画像研究で健常群に比べて ADHD 群では有意に活性が低下する．つまり,ADHD 群では低金額報酬課題では側坐核や視床活性増加が認められず,高金額報酬課題で初めて脳活性が高まるなど ADHD における報酬系の障害が示唆されている．

　報酬系の障害のため,児童の行動が「遅延報酬を待てず,衝動的に代わりの報酬を選択する」「報酬を得るまでの時間を短縮させるために注意を他のものにそらす,または,気をまぎらわせるために代償行為を行う」などの臨床症状につながると考えられる．ADHD 児が,長時間待って得られる大きな報酬よりも,短時間で得られる目の前の小さな報酬がある方ががんばれるという理由がここにある．

　実行機能と報酬系には,前頭前野,前部帯状回,線条体,視床などが関与しており,ドパミン神経系が密接に関係している（図1）．実際,複数の研究でADHD 患者の脳内,特に皮質下領域を中心としたドパミン活性低下があり,そ

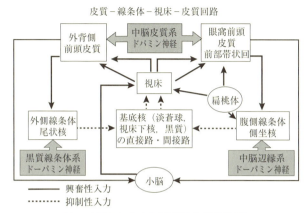

図1 ADHDにおける実行機能と報酬系回路
[出典：岡田 俊・山下裕史朗『メチルフェニデート徐放錠を用いたADHDの薬物療法と心理社会的治療』星和書店, p.10, 2011]

の低下の強さと不注意重症度などの臨床症状が相関していることが示されている．

近年，ADHDにおける小脳機能の異常も注目されている．小脳は，運動機能だけでなく，対人認知や学習などさまざまな神経心理学的機能があり，ADHDのようなタイミングの異常もあることも報告されている．実行機能の調整にはドパミンおよびノルアドレナリンが，報酬強化にはドパミンが強く関わっていると考えられる．

●**治療・支援方法**　ADHD治療薬のメチルフェニデートやアトモキセチンは前頭前野のドパミンおよびノルアドレナリン濃度を増加させることで実行機能改善をもたらす．メチルフェニデートは側坐核のドパミン濃度も増加させるため，報酬系機能強化が期待できる．ADHDにおける実行機能障害に対して，学校や家庭でわかりやすい指示を出すことや集中しやすい物理的・人的環境を提供すること，薬物療法を併用することが重要な支援・治療方法である．また報酬系の障害に対して，「褒める」など適切な強化子を用いることや薬物療法が重要である．ペアレントトレーニングは，褒め方を保護者が学ぶ良い機会であり，報酬系を強化する手段でもある．　　　　　　　　　　　　　　　　　　　　　　[山下裕史朗]

📖 **参考文献**
[1] 福井俊哉「遂行(実行)機能をめぐって」認知神経科学, 12(3+4): 156-164, 2010
[2] R. A. Barkley "Behavioral inhibition, sustained attention, and executive functions: constructing a unifying theory of ADHD", *Psychol. Bull.*, 121(1): 65-94, 1997
[3] E. J. S. Sonuga-Barke "The dual pathway model of AD/HD: an elaboration of neuro-developmental characteristics", *Neurosci. Biobehav. Rev.*, 27: 593-604, 2003

応用行動分析学の基礎理論

　応用行動分析とは，アメリカの心理学者であるB. F. スキナーにより体系化された「行動分析学」に基づく「行動と環境の相互作用」の原理や知見を，教育や福祉に利用するためにつくられた学際的な研究分野といえる．

　行動分析学は，人の行動が生起する原因を，個体の内的要因（意識，動機，意欲といった概念）で説明するのではなく環境要因に求める．そして，行動の生起に影響を与える環境要因を明らかにすることを通して，行動と環境の相互の法則性を見出すことを目的としている．

　応用行動分析は，上述のような行動分析学の知見を生かして，人間の行動を良い方向に変化させるために，その人に直接的に働きかけることのみならず，周囲の環境を修正することで，結果として行動を変化させることも重要な目的としている．この点において応用行動分析は，人間社会で生じるさまざまな問題の解決を図るために具体的で実践的な方法論を提供し，教育，福祉，医療など，あらゆるヒューマン・サービスに関わる領域に多大な貢献をしている．

　まず，応用行動分析の基本ともいえる「人の行動のとらえ方」について述べる．

●**行動随伴性**　応用行動分析では，行動を単なる反応としてではなく「行動随伴性」という観点からとらえていく．これは，行動の生起や維持に影響を与えている環境刺激との関係のことをいい，「ABC分析」という方法を用いるとわかりやすい．この方法は，特定の行動の生起に対して，時間的に接近した"前後"の環境（刺激や出来事）を行動観察によって明らかにし，行動の起こりやすい条件や維持されやすい（習慣化されやすい）条件を見出す．

　具体的には，A（先行条件：～のときに）→ B（行動：～したら）→ C（～になった：結果（後続）条件）というように記述する．行動随伴性は，いくつかの用語によって説明される．

　まず，行動が起こった直後の特定の結果によって，行動が起こりやすくなることを「強化」，行動が起こりにくくなることを「弱化」という．このように強化が生じるときの結果条件（刺激や出来事）を「好子（「正の強化子」ともいわれる）」，弱化が生じるときの結果条件を「嫌子（「負の強化子」ともいわれる）」という．したがって，子どもの行動を増やしたい場合は，特定の行動の生起の直後に，子どもが好むことや物（好子）を伴わせるか，嫌いなことや物（嫌子）を除去する．一方，行動を減らしたい場合は，嫌子を伴わせるか，好子を取り除くといった対応が基本となる．しかし，嫌悪的な随伴性は逃避行動や攻撃性を増強したり，自発的な行動を抑えてしまう場合もあるので用いる場合は注意が必要である．

また，好子や嫌子の行動への伴わせ方が，行動の維持や習慣化に影響を及ぼす．これは「強化スケジュール」によるものである．強化スケジュールとは，行動の生起に対する，好子や嫌子が伴う回数や時間間隔のことである．行動生起の後に必ず好子が伴うスケジュールを「連続強化」といい，一定の間隔（行動の生起回数や，次の行動が起こるまでの時間間隔がある）ごとに好子が伴うスケジュールを「間欠強化」という．私たちの日常的な行動をみても，強化スケジュールが行動の習慣化に影響を及ぼしている例がある（例えば，ギャンブルの習慣が，時に報酬が得られるという間欠強化を受け続けていることで消去しにくくなっていることなど）．また一度成立した行動に対して，好子を伴わないようにする操作（これを「消去」という）によって行動が消失する現象が起こる．しかし，周囲の注意や注目が好子となっている問題行動に対して消去操作を行うと，一時的に問題行動がエスカレートすることがあるがこれを「消去バースト」という．この消去バーストの対応には注意を要する．

以上のように，ABC分析などを用いて，特定の行動の起こりやすさ（起こりにくさ），維持・習慣化のしやすさ（しにくさ）などを明らかにしていく分析手法を「機能的（行動）アセスメント」という．

● **確立操作**　日常的に起こっている行動が，ある要因によって急激に変化したり，結果条件（強化や弱化）の効力が変化することがある．これを「確立操作」という．確率操作は人の行動や内的な状態を一時的に変える効果がある．例えば，欲求不満状態が続くと，ふだんより攻撃行動が起こりやすくなるし，また特定の好子を与えすぎると，効力が低下することがある．したがって，人の行動をより理解するためには，ABC分析に加えて確立操作の分析が役に立つ（特に問題行動の分析に有効）．

● **ASD, ADHDへの適用**　ASD, ADHD, LDのある人に対して応用行動分析は，行動を形成したり行動レパートリーを広げることで，その人の能力や技能を開発する役割と，その人の特性を周囲の環境に適合させて，彼らが生活しやすい環境を構築する役割がある．そのために，前者の役割に対しては，行動形成法，行動マネジメント法，各種の技能訓練法，般化促進技法などが開発されてきている．

また後者の役割に対しては，TEACCHプログラムや教育場面のユニバーサル・デザイン化などのような環境構築の促進方法や，周囲の支援を開拓し持続的な支援を実現する方法として，仲間媒介法，ペアレント訓練法，行動コンサルテーションなどが開発されてきている．　　　　　　　　　　　　　　　　　　［加藤哲文］

📖 **参考文献**
[1] 杉山尚子他『行動分析学入門』産業図書，1998
[2] P. A. アルバート・A. C. トルートマン，佐久間 徹他訳『はじめての応用行動分析　日本語版第2版』二瓶社，2004

社会性の発達と起源

社会性の発達の起源としては，愛着（アタッチメント）があげられる．愛着は，養育者と子どもとの関係にみられる．例えば，赤ちゃんは不安や恐怖を感じた時に泣きながら母親の方に近づいていく．すると，母親は赤ちゃんを抱きしめて慰めたりする．こうした養育者と子どもとのきずなのことを愛着という．

愛着は，J.ボウルビィによって提唱された概念であり，人間あるいは動物が特定の個体に対して抱く情愛のきずなとされる．ボウルビィ[1]は，愛着を表1の四つの発達段階に分けている．この発達段階によれば，生後12週頃〜6か月頃になると，人に対する親密な行動は他人に対してよりも母性的人物に対して，より顕著なかたちで現れる．そして，生後6か月頃になると母親と他人を区別して人に接するようになり，見知らぬ人には警戒心をもつようになる．その後3歳頃になると，子どもは母親は自分を助けてくれる存在であるという確信をもつようになり，少しの間であれば母親と離れて過ごすことができるようになる．愛着形成には，子どもの要因も関与するが，養育者の敏感性が多大な影響をえる．子どもと養育者との愛着形成は，人との関わり，対人関係の基盤であり，子どもの社会性の発達において重要な役割を担っている．

表1　愛着の発達段階［出典：（ボウルビィ，1969）より作成］

第1段階：人物弁別を伴わない定位と発信(生後12週まで)
第2段階：一人（または数人）の弁別された人物に対する体位と発信(生後12週〜6か月)
第3段階：発信ならびに動作の手段による弁別された人物への接近の維持(生後6か月〜2, 3歳)
第4段階：目標修正的協調性の形成(生後2, 3歳〜)

●**共同注意**　近年，社会性の発達の起源として特に注目されているのは，生後9か月頃から可能となる共同注意（joint attention）である．共同注意とは，自分と他者が同じ対象を注視することである．例えば，図1に示すように母親が「ブーブだね」と声をかけると子どもがその車を注視することを指す．共同注意の発達では，一般にまず大人が指さしをした対象に対して子どもが視線を向ける行動がみられるようになる．そして，他者と同じ対象に注視するだけでなく，他者（図では母親）の方を確認する行動がみられるようになる．

共同注意では，自己-他者-対象という三項関係が成立しており，指さし理解，他者の視線の追従といった社会性の起源ともいえる重要な要素が含まれている．なお，自閉スペクトラム症児では，共同注意の発達は遅れることが多い．共同注意は自閉スペクトラム症児の早期診断の指標としても注目をされてきた．

●**心の理論**　その後の社会性の発達において，他者理解に関わる重要な要素とし

図1　共同注意

て「心の理論」があげられる．「心の理論」とは，他者の意図や信念を推論することである．「心の理論」は，最初にD. プレマックらによるチンパンジーの研究[3]で提唱され，その後，幼児や自閉スペクトラム症児などを対象として取り組まれてきた．他者と関わるときに，相手の考えを推測しながら行動することは，円滑なコミュニケーションを行っていくうえでは重要である．しかし，私たちは，他者の心の状態を視覚的にとらえることはできないため，あくまでも他者の意図や信念を推測し，判断している．こうした他者の意図や信念を推測する能力を測定する方法として，誤信念課題が提案されてきた．誤信念課題では，登場人物の誤った信念を推測できるかどうかが検討される．そして，子どもは4歳頃から推測可能，つまり「心の理論」を獲得する．

　心の理論を巡る研究は，自閉スペクトラム症児を対象として数多く示されてきた．自閉症児では発達年齢が4歳を超えても獲得が難しいことから「心の理論」障害仮説が提案された[3]．しかし，自閉スペクトラム症を対象とした心の理論研究には多くの批判もあり，自閉スペクトラム症の症状を心の理論だけで説明することは限界がある．ただ，他者の意図や信念といった心をテーマとした研究は，人の心の発達と支援に関して重要な示唆を与えている． ［小島道生］

参考文献
[1] J. ボウルビィ，黒田実郎他訳『母子関係の理論I 愛着行動』岩崎学術出版社，1976
[2] S. Baron-Cohen et al., "Does the autistic child have a "theory of mind"?", *Cognition*, 21(1), 37-46, 1985
[3] D. Premack and G. Woodruff "Does the chimpanzee have a theory of mind?", *Behavioral and Brain Sciences*, 1(4), 515-526, 1978

心の理論

　「心」は目に見えないが，私たちは「人にはみな心がある」ことを自明の前提として日常生活を送っている．他者とやりとりするとき，私たちは，相手の心の内容（気持ちや考え）を推測しながら，その人の言ったことを解釈したり，行動を理解したりしている．このような他者の心の内容を推測する力を〈心の理解〉とよび，それを可能にする心的メカニズムを〈心の理論〉（Theory of Mind：ToM）とよんでいる．

●**心の理論の研究の歴史**　認知心理学の分野で「心」が研究の対象とされるようになったのは1980年代に入ってのことである．そのきっかけとなったのは霊長類学者D.プレマックとG.ウッドラフ（1978）のチンパンジーの研究であった．チンパンジーが同種の仲間やヒトの考えを推測しており，心の理論をもつのではないかというプレマックらの指摘は，心理学研究に大きなインパクトをもたらし，霊長類学や哲学の領域を含めた心の理論に関する大きな論議を巻き起こした．

　この論議を受けたH.ヴィマーとJ.パーナー（1983）は，誤信念課題という実験方法を開発し，幼児期の心の理論の発達過程を調べた．「マクシ課題」とよばれる誤信念課題では，「マクシという男の子がチョコレートを緑の戸棚に入れて外に遊びに行く．マクシの不在中にお母さんがチョコレートを取り出して赤の戸棚にしまい，買い物に出かける．その後，お腹をすかせたマクシが家に帰ってきた．」という話を子どもに聞かせ，「マクシはチョコレートがどちらの戸棚にあると思っているか？」という質問をする．この質問に「緑の戸棚」と答えれば，子どもは他者（マクシ）の心の内容を正しく推測できたことになる．その際に必要とされるのは，「他者の心的表象（考え）を自分の心に表象する（思い浮かべる）こと」，すなわち，二次的表象の能力である．一連の研究の結果，3歳では誤信念課題に正答することが困難である一方，4歳以降になると正答できる子どもが増えていくことから，ヴィマーらは心の理論の出現時期をおよそ4歳頃と結論した．ここでいう心の理論とは，他者の心の内容を推測するための科学的理論にも似た認識の枠組みを意味するが，他者の心を推測するメカニズムについては，そうした心の理論は不要で，子どもは自分の心に照らし合わせて他者の心の内容を類推しているという考え方（シミュレーション説）もある．

　こうした心の理論の研究を飛躍的に広めたのは，S.バロン＝コーエンら（1985）の自閉症スペクトラム障害（以下，自閉症）の研究である．バロン＝コーエンらは，「マクシ課題」を修正した「サリーとアンの課題」を作成し，定型発達幼児，ダウン症児，自閉症児に実施した．その結果，定型児やダウン症児に比べて自閉

症児の誤信念課題の通過率がきわめて低かったことから，自閉症児には心の理論が欠如しており，心の理論の障害こそが自閉症という障害の中核症状であると結論した．この考えについては現在，誤信念課題を通過する自閉症児もかなり存在することや，自閉症の症状が心の理論の障害だけでは説明できないことなどから，否定的にとらえる研究者が多いが，自閉症にみられる他者の心の理解の困難を明示し，その後の研究を方向づけた点で，本研究は大きな役割を果たした．

●**心の理論研究の意義と課題** 1980年代以来，30年にわたって行われてきた心の理論研究の意義は，①認知心理学に「心の理解とは何か」「心の理解はどのように発達するのか」というテーマをもたらしたこと，②自閉症の人にみられる他者の心の理解の困難を明らかにすることで，自閉症という障害の理解に貢献したこと，③自閉症の心の理論の障害を巡る論議を通じて，共同注意行動や叙述行動，他者とのふり遊びなど0～1歳代にみられる行動の新たな意味（他者の心の理解の芽生え）を明らかにしたこと，の三つにまとめられる．その一方，研究開始から30年を経た現在，心の理論研究には多くの問題点も指摘されている．

これまでの心の理論研究の一番の問題点は，誤信念課題に正答できるかどうかをもって心の理論の有無が論じられてきた点にある．誤信念課題は斬新な課題ではあったが，認知的な心の理解（mind）に関わる課題であり，対人関係の形成と維持に重要な他者の情動の理解（heart）を含んでいない．つまり，誤信念課題は，他者の心を理解する力のごく一部を測定しているにすぎないといえる．また，誤信念課題に正答するためには，言語理解能力やストーリーへの興味など他の能力も必要であり，自閉症児の誤信念課題の通過の困難には，これらの要素が大きく影響しているとの指摘もある．さらに，自閉症の人にみられる他者の心の理解の困難については，誤信念課題の解決に必要な力の障害だけでなく，情動調整の障害や実行機能の障害との関連から論じる研究者が多くなっている．

心の理論研究において現在最も注目されているのは，実行機能と心の理解の発達的関連である．実行機能は，抑制制御，認知的柔軟性，ワーキングメモリーなどから構成される機能であるが，誤信念課題の解決においても，これらの実行機能を構成する三つの能力が関わっていると考える研究者が増えている．実行機能と心の理論の発達的関連については相関研究が中心であるため，まだ不明確な点も多いが，今後の研究の発展が期待されるところである．このほか，脳機能から見た心の理解の研究では，心の理解を含めた〈他者理解〉の発達と他の個体の行動を見て，自分が同じ行動をしているかのように反応するミラーニューロン・システムの働きとの関連が注目されている． ［花熊 曉］

📖 参考文献
[1] 子安増生『心の理論―心を読む心の科学』（岩波科学ライブラリー73），岩波書店，2000
[2] 子安増生他「特集 いま，あらためて「心の理論」を学ぶ」『発達』135, 1-77, 2013

ASDの弱い中枢性統合

自閉症スペクトラム障害（ASD）の基本症状は，①社会的コミュニケーションと対人的相互反応の障害，と②行動，興味，および活動の限定されたパターン的な繰り返し，である（DSM-5）．U. フリス（1989）は，このようなASDの症状が現れる背景を説明するために，弱い中枢性統合仮説（Weak Central Coherence（WCC）Theory）を提唱した．

● **Weak Central Coherence（WWC）とは** Central Coherence の訳語は複数あり，中枢性統合以外に「全体的統合」「中心性統合」などがある．2016年現在，「中枢性統合」の用語がより多く用いられているため，本項では「中枢性統合」として解説する．

中枢性統合（Central Coherence）とは，さまざまな情報の背景にあるまとまりを認知し，統合して全体（ゲシュタルト）をとらえる能力である．部分の集まりから全体をとらえたり，社会的状況の背後にある文脈をとらえたりする能力といってもよいだろう．例えば，パズルを完成させると，定型的な発達の人は一つのまとまりのある絵としてとらえる．この，全体像をとらえる能力が中枢性統合であり，前頭葉機能の一つと考えられている．

一方，弱い中枢性統合とは，場に依存しない（場独立）認知スタイルであり，全体像や文脈を無視して，部分に注目するというASDに特徴的な情報処理スタイルである．ASDのある人が，パズルを部分（断片）として認識し，全体像としてとらえることが困難である状態を，弱い中枢性統合の結果として説明している．

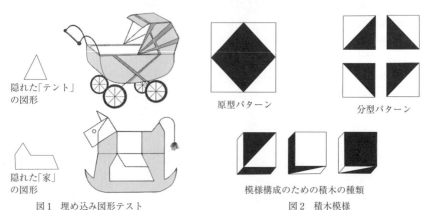

図1　埋め込み図形テスト　　　　図2　積木模様

[出典：図1, 2とも文献［1］p.277, p281]

● **WCCの強みと弱み** 弱い中枢性統合には，部分をみることに優れるという強みと，全体像をとらえることが困難であるという弱さと，両方の側面がある．

　全体を無視して部分をみることに優れるという強みとしては，ASDのある人は，埋込み図形テスト（図1）や「積木模様」テスト（図2）で，定型発達の人よりも高い得点をとるということがある．こういった特性は，中枢性統合の弱さによって，全体に注目しないことから生じると考えられる．また，意味を伴わない機械的記憶に優れるが，その背景には，全体像としての文脈から得られる手がかりを利用できず，断片化した情報としてとらえるという中枢性統合の弱さがあるだろうと考えられる．

　一方，弱みとしての側面は，社会的コミュニケーションと対人的相互作用の障害に現れる．ASDのある人は，さまざまなレベルの情報を統合して全体の大きなまとまりとしてとらえることが困難で，断片化した情報として理解するために，文脈や社会的状況の理解が困難になると考えられる．

　コミュニケーションは「文脈」の理解なしには成り立たない．同じ単語であっても，文脈によって意味は異なってくる．例えば，「いいぞ」という言葉は，本来は相手に対する励ましや賞賛の意味をもつが，文脈によっては異なる意味になる．親や教師が，必死でがんばる子どもに向ける「いいぞ」は，愛情がこもっている励ましのことばである．しかし，野球やサッカーなどの試合で，相手のエラーに対して使用されるときは，相手に対する侮蔑や嫌味の意味のこもったヤジとなる．弱い者をはやし立てる場面で使われる「いいぞ」は，残酷さや，攻撃的な意味合いをもつだろう．ボウリングで，相手のガターに対して，好意のつもりで「いいぞ」と言ってしまうと相手からは，嫌味や攻撃ととられ，コミュニケーションとしては失敗する．コミュニケーションとして用いることばには，文脈の理解が不可欠である．中枢性統合が弱いと，文脈という大きな情報の流れをとらえられないために，コミュニケーションの障害が起こる．

● **その他の心理学的仮説との関連**　ASDの特性を説明しようとする主要な心理学的仮説には，弱い中枢性統合仮説のほかに，「心の理論」障害仮説や実行機能障害仮説共感化-システム化仮説などがある[2]．フリスは，これらの仮説は，相互に関連しあっている，という考え方も示している．また，その他にも，システム化-共感化仮説などを唱える研究者もいる．

［鳥居深雪］

📖 **参考文献**
[1] U. フリス，冨田真紀他訳『新訂 自閉症の謎を解き明かす』東京書籍，2009
[2] S. バロン=コーエン『自閉症スペクトラム入門―脳・心理から教育・治療までの最新知識』中央法規出版，2011

言語学的四側面

ことばは，コミュニケーションにとっても，学習にとっても重要なツールである．話し手と聞き手，あるいは書き手と読み手との間で具体的な内容を交し合える手段となる．このことばが両者の間で共通理解し合うためには，一定のルール（言語知識）に従って処理（符号化）する必要がある．これに大きく関わるのが言語学の研究分野である．研究の内容は多岐にわたるが，発達障害に関わりが深いのが音韻論，意味論，統語論，語用論の四つである（表1）．本項では，子どもの言語発達と関連させて，言語学的四側面を説明する．

表1　言語の四側面

言語学	音韻論	音と意味の対応や音の連鎖に関する規則を調べる分野
	意味論	語・形態素と文が表す意味を対象とする分野
	統語論	語を結合して句や文を構成する文法的規則に関する分野
	語用論	言語の使用的側面を調べる分野

●**音韻論**　音と意味の対応や音の連鎖に関する規則を調べる分野．音の違いが意味の違いとなる場合，違いを示す最小単位を音素という．例えば，/taki/ /kaki/では，/t/ /k/の違いでまったく別な単語になることから，/t/と/k/は日本語の音素ということができる．日本語の話しことばの音の単位はモーラであるが，これに気づくことは，文字学習にとっての重要な認知的要素となる．そして，/うさぎ/を/う・さ・ぎ/と分解したり，/さ/の音だけ抜いたりする音韻操作ができるようになっていき音韻認識を発達させていく．4，5歳になるとことばの意味だけでなく，音韻的な側面にも関心を示すようになり，しりとりやことば集めなどのことば遊びを通して，音韻認識を身につけていく．この認識が，ひらがなの読み書きの学習の土台となる．

●**意味論**　語・形態素と文が表す意味を対象とする分野．名詞や動詞などさまざまな語の意味や「船」と「車」は「乗物」といった語同士の関係や文の意味が含まれる．言語獲得初期には，子どもは事物に名前があることを認識し始めるとやがて爆発的に語彙が増加する．この頃の幼児のことばの意味は，自分自身の経験と密接に関連している．例えば「本」は，自分の好きな特定の本だけをさしている．これが発達に伴い自己経験に即した具体的な意味から脱し，客観的，抽象的なことばの意味をとらえるようになる．そしてそのことばを使う人が共通して認識する意味を獲得していく．その一方で本来の意味とは異なる意味でことばを使用していく．例えば4，5歳からなぞなぞを楽しむようになり，5，歳には辞書的な意味を越えて別な意味をつける比喩を発達させていく．さらに小学校高学年に

は，詩や俳句の理解へと発達し，本来の記号的な意味から離れ，ことばの意味を見出していく．これらのことばの意味理解の高次化は学童期に獲得される．こうした意味に関わる分野は，教科の学習に大きく関与するものとなる．

●**統語論** 語と語の結合関係に焦点を当て，句や文を構成する際の文法的規則に関する分野 単語が豊かになる1歳台後半には，単語から文構造の発話へと発達していく．そして，5, 6歳になると，助詞の発達に伴い語順に左右されなくなる．例えば「お母さんが子どもに本を渡す」だけでなく「子どもにお母さんが本を渡す」の語順であっても理解できるようになる．このように助詞は，主語や目的語といった関係を明確にするもので，日本語の構文の特徴であり重要な役割を担う．さらに受身文は複雑なため幼児期には難しく7歳以降に理解できる．例えば「猫がネズミを追いかける」と「ネズミが猫に追いかけられる」は，動作主や被動作主の主語の意味役割，態の違い，猫とネズミの二者の視点の切り替えなどが関わり，文法と認知能力が関わる．

●**語用論** 言語の使用的側面を調べる分野．発話のことばそのものの意味に加え，どのような状況や文脈で使われたかによって意味が異なってくる．例えば，一緒にお茶を飲んでいてカップが空になったときに，お茶のポットのそばにいる人に向かって「お茶まだあるかな？」と尋ねたとしよう．その場合，質問の形式でありながら真に伝えたい意図は「おかわりください」である．お茶を見て「あるよ」と答えるだけでは気が利かないということになる．私たちは日常の会話において，このようにことばの内に「意図」を込めて伝えることが多い．聞き手も，話し手の気持ちやどのような状況や文脈であるかといった情報を加味して発話に込められた意図を推測し解釈しようとしている．このように語用論は，実際のコミュニケーションに大きく関わる．4歳頃でも例に示した間接発話の理解ができるようになる．

●**発達障害** 言語学の側面からみて，発達障害では，どのような問題があるのだろうか．LDでは，音韻の問題があると音の聞き誤りから意味が理解しにくいことや，ことばを覚えにくいためなかなか語彙が増えない．また，音韻の弱さがあると，書きことばにも影響し自分が聞いたり，発音したように書くために表記の誤りも生じてしまう．自閉スペクトラム症では，助詞の誤りや言語を聞いて意味理解する弱さから指示がわからないことも多い．さらに語用論には大きな課題がある．周りの子どもにはわかる暗黙の了解がわからないことや，冗談や皮肉は，発話に込められた意図がわかりにくいため，字面通りに解釈してしまう．

このように，言語の四側面の発達やとらえ方の知識は，発達障害児の言語・コミュニケーションの問題をアセスメントする際に役立つ． ［石井喜代香］

📖 **参考文献**
[1] 佐久間淳一他『言語学入門―これから始める人のための入門書』研究社，2004

コミュニケーションにおける語用論障害

　言語を研究する言語学は，大きく音韻論，意味論，統語論，語用論の4つに分かれている．この中で，「語用論」は，ことばの運用に注目した分野であり，発話された状況からどんな意味をもつのか，聞き手がどう解釈するのかを研究するものである．意味論と語用論は近接する領域であるが，意味論では文脈から切り離してことばを理解しようとするが，語用論では，文脈の情報や聞き手の解釈まで含んで発話を解釈するため，多様な解釈が生まれる．例えば，「僕はきつね，私はたぬき」という同じ発話でも，それがどのような状況や文脈で使われたかによって意味が異なってくる．小学校での劇の練習であれば役割を示し，蕎麦屋であれば注文の品を指す．発話者の意図に注目した例をあげると，児童が算数の計算問題をしているときに，先生が解答を指差しながら「これあっている？」と問いかけたとする．この先生の発話の形式は質問であるが，発話の意図つまり伝えたいことは「この解答は間違えています」という指摘になる．

　このように，日常の会話においては，話し手は発話することによって，相手に「意図」を伝えようとしている．一方，聞き手も，話し手が発話に込めた意図は何かを読み取っていく．その場合，話し手がどのような状況や文脈で発したことばであるかといった言語外の情報を加味しながら，話し手が発話に込めた意図を推測し，意図を解釈しようとしている．このような発話内の意図に注目したのが次に述べる発話行為理論である．

●発話行為理論　J. L. オースティン（1962）は，会話における発話を取り上げ，命題行為と発話内行為（意図）の二重性に注目し，「ことばの意味は話し手の意図である」と述べ，発話内行為（意図）に注目した．発話行為理論は発話行為（話すことそのもの），発話内行為（発話に込めた意図），命題行為（話した内容），発話媒介行為（発話したことによって引き起こされた結果）の四つの成分から説明される．発話内行為（意図）の解釈は，話し手と聞き手の相互作用でいくつもの可能性が考えられる．さらに発話媒介行為は，話し手の伝え方いかんによって，また，聞き手がどのように意図を解釈するかによっても結果が異なってくる．

●会話の原則（公理）　会話では話し手が話題を提供し，聞き手が頷いたり質問をしたりしながら，話し手と聞き手が交互に話すことで会話が弾んでいく．H. P. グライス（1975）は，会話は参加する者による協調作業であるとし，会話の原則をあげている．会話の原則には以下の四つの公理が含まれる．

　①量の公理：必要な条件はすべて提供する．必要以上の情報提供は避ける．
　②質の公理：偽と考えられること，十分な根拠がないことは言わない．

③関係の公理：無関係のことは言わない．
④様態の公理：わかりにくい表現，あいまいな表現は避ける．できるだけ簡潔に述べる．秩序だった表現をする．

　これらの公理が守られていれば，会話における話し手と聞き手のやりとりがスムーズに行われる．しかし，会話の原則に反し，話し手と聞き手の役割交代をせずに一方的に話す，話題を共有できない，聞いていることを示さないなどがあると，会話が成り立たなくなる．

●**会話における非言語情報の役割**　語用論的な意味理解のためには，相手の表情や視線，ジェスチャー，音調などの非言語の情報への気づきと理解がかかわる．例えば「えっ，本当」という発話を取り上げると，表情や音調が違いによって，驚きや疑い，納得を示すなど表される意味が変わってくる．

●**語用論の障害**　語用論の障害は，自閉スペクトラム症とDSMの改訂で加わった社会的（語用論的）コミュニケーション障害のある児・者が会話にかかわるときに起こる．DSM-5の改定では，自閉スペクトラム症とは別に社会的コミュニケーション障害という新たな概念が加わった．これは，自閉症のこだわりや切り替えの悪さがなく，コミュニケーションにおける語用論障害のみが目立つ場合に用いられる．

　DSM-5の社会的（語用論的）コミュニケーション症は，言語的および非言語的コミュニケーションの社会的使用における持続的な困難さをもつ者として，(1)社会的な目的でコミュニケーションを用いることが困難，(2)状況や聞き手に合わせて言語を使うことが困難，(3)会話や話術のルールに従うことが困難，(4)明示されていないことや字義通りでなかったり曖昧であったりする言葉の意味を理解することの困難として説明されている．

　語用論障害があると，会話の中では，①会話を交互に役割交替できずに，一方的に話してしまう，②自分中心の話題になりがちである，③会話の前提がわからずにずれてしまう，④発話の意図を誤解する，⑤比喩表現や冗談，皮肉，間接表現がわからずに字義通りに解釈してしまうなどの困難が起こりやすい．①と②は先に述べた会話の公理に反し，③④⑤は発話行為理論にかかわる困難性である．

　語用論の障害は，このように会話にまつわる複数の情報を発話と統合することがうまくできないこと，つまり中枢性統合の弱さや心の理論の遅れなどから，相手の思考および心情理解や視点の切り替えの弱さなどが要因として起こってくる．

[里見恵子]

📖 **参考文献**
[1] 日本精神神経学会監修『DSM-5精神疾患の診断・統計マニュアル』医学書院，2014
[2] J.L. オースティン，坂本百大訳『言語と行為』大修館書店，1978

談話能力と要約

●**談話（ディスコース）とは** 談話（discourse）とは，話しことばでも，書きことばでも，単文ではなく一続きの文章からなるものをさす．話しことばであれば，①会話で質問に答えたり，ある話題について話す，②講話をはじめ，自己経験や架空の物語を語るナラティブがある．書きことばでは，③作文，読書感想文，レポートなどがあげられる．

表1 談話の種類

談話 (discourse)	話しことば	①会話	
		②ナラティブ	自己経験，講話，架空の物語など
	書きことば	③作文，読書感想文，レポートなど	

会話（①）では，すべて言わなくても発話の状況や文脈，あるいは言い方や表情が聞き手の理解を助けてくれる．また，話し手の発話が理解できない場合には，聞き手が質問をして内容を確認するといった，共同行為からなる．

一方，作文（③）になると，会話のように状況文脈には依存せず，その場で，相手の助けも得られないため，情報のまとまりをわかるように示すには，語彙力や統語力を要する．ナラティブ（②）は，これらの中間に位置するといわれている．ナラティブは，語りや物語とも訳され，自己経験や架空の物語などを時間軸に沿って物語を構成するもので，談話の中でも時間的関係が重要なものである．

ここで昔話の桃太郎を例に取り上げて説明してみよう．「昔々おじいさんとおばあさんがいて，おばあさんは川に洗濯に……，桃太郎は鬼退治をするため鬼が島に行き，鬼を退治しました．……」というように登場人物や場面の紹介，主人公の動機，行動，結果など，一定の展開構造（物語文法）がある．この展開が読み手には理解の手がかりを与え，これが文脈情報の役割を果たしている．

子どもは，物語には構造があることを理解していくと，みずからも物語を産出できるようになっていく．こうしたナラティブの能力は，学童期の学習言語である物語文の読解や作文の基礎ともなるため，言語発達には重要な位置づけとなる．

●**談話能力の発達** 談話の中でもコミュニケーション言語と学習言語を結ぶナラティブは，どのように発達していくのであろうか．子どもは，まず，特定の過去経験について語るようになり，やがて空想の物語も生成していくようになっていく．過去経験の語りの始まりは，3歳頃には，親子の間で，自分の過去経験の語りが始まる．これは，親子のやりとりの中で，親が子どもの話を引き出していく．幼児期では，大人が話のきっかけをつくり，不足な部分を補う足場かけがこれを促進するといわれ，大人の役割は大きい．また，空想の物語でも大人の読み聞か

せによって筋のある物語を聞くことから始まる．こうした大人とのやりとりの経験を基に，やがてみずから物語を産出するようになる．その際，出来事と出来事の因果関係や時間的関係についての理解，それらを物語として構成する文法の発達が重要となる．物語文法は，物語の展開予測や理解，記憶を補う最少要素であり，物語の適格性の基準となるものである．

　成人のナラティブでは，誰が，いつ，どこでといったことを明らかにし，登場人物の気持ち，出来事の原因や理由といった因果律的な説明をする．子どもは6歳以降には成人のナラティブにみられる典型的な構成要素を備えたナラティブは増加するが，設定や因果についての言及は少ない．つまり，幼児期のナラティブは，時系列的な説明はあるが，出来事間のつながりは弱い．これは，年齢が進むにつれて，徐々にナラティブの中に含まれる出来事や時間的関連づけも増えていく．そして，学童期，特に5，6年になると，主人公を中心にそこに関わる人や場所，出来事の因果関係がつながるよう筋を一貫させていく．これには物語文法という物語の構造を理解し，これに沿って構成していくため，筋を要約してとらえることができるようになる．つまり，物語のテーマとそれに関わる大切な部分とそうでない部分との重みづけがなされていくと，時系列にすべて語らずに要点以外の部分を省略できるようになり，要約ができる．

●**談話能力と発達障害**　談話でまとまりある情報を伝える場合，語彙や統語面だけでなく，5W1Hを明確に示す，文と文を関係づけて結ぶ従属節（〜から，ので，など）や接続詞（そして，でも，など）の使用といった談話技法が加わってくる．また，相手の視点に立ち，わかるように伝えるといった語用的側面も関わってくる．さらに，一貫した内容であるかどうかをモニターする注意や記憶の認知面も関与してくる．そのため，発達障害の子どもにとっては，談話は，会話以上に難しいものとなる．例えば，ADHDでは，話の枠組みを意識せずに思いついた順番に説明や話をする．自閉スペクトラムでは，語彙が豊富でも大切な部分の重みづけができないため，一から順番にすべて時系列に説明し要約できなかったりする．あるいは，自分の興味関心の部分で話を完結したり，物語全体の前提や後のまとめが欠落し説明不足であったりする．

　談話能力に課題のある児には，物語には大まかな順序があることに気づかせることで，読み進めていくなかでその後の展開が予測でき，内容理解がしやすくなる．物語文法についての知識は，物語の産出や自己経験を話すことや，説明することなどの基礎となる．これらの知識や学習は，作文においても，書く順序をプランニングし，枠組みに基づいて書いていくことにつながり役立つ．　［石井喜代香］

📖 **参考文献**
[1] 秦野悦子編『ことばの発達入門（入門コース　ことばの発達と障害 1）』大修館書店，pp. 173-193，2001

日本LD学会

●**日本LD学会のミッション**　一般社団法人日本LD学会（Japan Academy of Learning Disabilities：JALD）は，その名の示すとおり，学習障害（LD）についての学術学会として誕生した．その後，学習障害（LD）を含む，より広く（知的障害のない）発達障害への注目の高まりとも重なり，学習障害（LD）を核としつつ，より広く，学習面や行動面での躓きを示す者や，さらに広く，2E（twice exceptional）も含めた多様な学び（learning differences）にまで射程を広げてきている．そして，関係分野も，教育，心理，医療，福祉，労働，司法，情報（工学）などと，学際的な取り組みを目指している（「学習障害（LD）」参照）．

なお，本学会の定款（目的）第3条には，「この法人は，我が国におけるLD（学習障害）・ADHD（注意欠陥多動性障害）等の発達障害に関する科学的研究等を行い，LD等を有する児（者）に対する教育の質的向上と福祉の増進を図ることを目的とする．」と示されている．

●**日本LD学会の歴史**　日本LD学会は，1992年に設立された．設立の年，会員数は339名であった．そして，2012年には設立20周年を迎え，現在（2016年）に至っている．

設立時の1992年の時代背景は，まさに，学習障害（LD）が，学術的にも，一部の学校現場においても，さらにはマスコミにも大きく注目され始めた時期であった．そのような時期に，さまざまな分野の研究者や実践者などによる研究を求める声が高まり，まさに，満を持して本学会設立につながっていった．

歴代会長（法人化後は理事長）は，初代が長瀬又男で1992年～94年，2代目が上野一彦で1994年～2014年5月，そして3代目が柘植雅義で2014年6月～現在（2016年），となっている．

また，2009年4月には，時代の流れや国民からの要請，そして，非常に急速に増大化が進んだことなども鑑みて，他の学術学会と比しても早い段階で，一般社団法人化し，名称を一般社団法人日本LD学会とした．

さらに，2012年春には，設立当初から栃木県宇都宮市にあった学会事務局を，東京都港区（品川駅近く）に移転し，4月から本格稼動した．

●**日本LD学会の現況**　会員数は，2015年4月時点で8200名を超えた．2016年8月には約9000名となり，この分野では国内最大規模の学会となった．

このような会員数の増加の背景には，2001年から助走が始まり，途中の制度改正も経て今日に至る，特別支援教育への転換の時期と重なる．現在では，その急激な増加の状況ではないが，着実な増加傾向は相変わらず続いている．

会員の動向を職種などからみると，教育学や心理学を中心に多岐にわたる学問分野の研究者，学校などの教育関係の実践家，福祉・医療・労働などの実践者・専門家など，実に多岐にわたっている．まさに，学際的な学会である．

さらに，会員の増加と相まって，年次大会への参加人数も年々急速に増加してきており，近年では 4000 名ほどの規模になってきている．

●**日本 LD 学会の活動** 毎年年次大会を開催しており，全国の大学等との連携により開催されてきている．その内容は，基調講演や，学会企画や大会企画のプログラムのほか，自主シンポジウムやポスター発表など，多岐にわたる．

また，テーマを絞った公開セミナーを毎年全国各地で開催している．

委員会活動は，以下の 10 の委員会で活発に行われている．

・企画委員会：学会の全体的な企画と調整（将来構想も）
・研究委員会：研究活動の展開（基礎的・実際的知見の蓄積）
・編集委員会：LD 研究の刊行（正確性や高品質，客観性や迅速性）
・国際委員会：国際情報の収集や周知，国内情報の海外への発信
・広報委員会：Web サイトや会報などによる広報（正確性，迅速性）
・倫理委員会：研究倫理等の環境整備，啓発活動など
・被災地支援委員会：関連情報収集と支援の実施
・アクセシビリティ委員会
・大会支援委員会
・渉外委員会

さらに，関連する学術用語をわかりやすく開設した用語集『LD・ADHD 等関連用語集』を刊行している．現在は第 3 版で，第 4 版に向けた改訂作業が始まっている．

一般財団法人特別支援教育士資格認定協会（Japan Association of the Special Educational Needs Specialist）とは，いわゆる"車の両輪"として，継続してさまざまな連携協力を図りつつ取り組んでいる（「特別支援教育士」参照）．

また，心理学系の学術学会などと連携を密にしながら，さらには，日本心理学諸学会連合（Japanese Union of Psychological Associations）の加盟団体として，我が国の心理学の更なる発展充実に貢献している．

●**日本 LD 学会のこれから** 学習障害（LD）を含め発達障害に関する"科学的研究"を推進し，"教育の質的向上と福祉の増進"を図っていくことが，今後一層期待されるだろう． [柘植雅義]

📖 **参考文献**
[1] 一般社団法人日本 LD 学会 HP 〈http://www.jald.or.jp/〉
[2] 一般社団法人日本 LD 学会定款 〈http://www.jald.or.jp/articles_of_incorporation.html〉
[3] 一般社団法人日本 LD 学会設立 20 周年記念誌

特別支援教育士

「特別支援教育士」（Special Educational Needs Specialist：S.E.N.S）および「特別支援教育士スーパーバイザー」（Special Educational Needs Specialist Supervisor：S.E.N.S-SV）は，一般財団法人特別支援教育士資格認定協会が認定するLD・ADHDなどのアセスメントと指導に関する専門の資格である．

●**LD教育士の養成始まる**　1990～2000年頃の日本の学校教育現場は，LDやADHD，自閉スペクトラム症などを通常の学級や通級指導教室で指導できる専門性をもった教員がほとんどいない状況であったため，日本LD学会では，2001年に「LD教育士」（LD Specialist：のちの特別支援教育士）の資格を創設し，専門性をもった指導者養成のための資格認定事業を開始した．

LD教育士の資格取得条件は，①日本LD学会の正会員であること，②LD関連職種に所定の時間以上従事していること，③LD学会が主催する養成セミナーを受講して規定のポイント（以下P）を修得すること，の三つであった（この条件は現在の特別支援教育士の資格取得条件と同じである）．2002年からは，現在の養成プログラムの原型となる5領域，36Pの養成システムができあがった．養成プログラムの5領域とは，「概論（6P）」「アセスメント（8P）」「指導（12P）」「LD教育士の役割（4P）」「指導実習（6P）」である．

さらに，日本LD学会では，それまで理事推薦に基づいて行ってきたLD教育士スーパーバイザー（LD教育士SV）の認定を広くLD教育士資格取得者に開放することとし，資格を取得して2年以上経過した者の中から，LDの研究・指導実践に優れている者，各地域でLD教育・支援活動の中心となっている者にSVの資格を与えることにした．SVの資格を取得するためには，業績審査，筆記試験，面接試験の関門をくぐらなければならない．日本LD学会では，LD教育士SVを，「LD支援専門家チームの一員として，LDとその周辺のアセスメントや個別の指導計画の立案・実施に関して周囲の人たちに指導助言でき，その地域のLD教育のリーダーとなりうる人材」，つまり，LD教育の「真のプロフェッショナル」として位置づけた．

●**特別支援教育士（LD・ADHD等）への移行**　2004年，日本LD学会から特別支援教育士資格認定協会が独立し，2005年度より新たな指導者養成プログラムを行うことになった．これに伴い，LD教育士の資格名称も「特別支援教育士（LD・ADHD等）」（英文名称S.E.N.S）へと変更された．その背景には，当時の学校教育現場で，行動上の問題を抱える児童生徒への対応が大きな課題となっていたことがある．2005年に行われた養成プログラムの改訂とLD教育士から特別支

教育士（LD・ADHD など）への資格名称の変更は，教育支援の対象が LD のみならず ADHD などにも拡大している現状と，それに対する学校教育現場の強い要請を受けて行われたものであった．また，新プログラムの実施にあたっては，全国各地域の要請を受け，それまで関東・関西で開催されていた養成セミナーを他の地域にも拡大することになり，年1回，北海道，東北，九州の各地域でも養成セミナーが開催されるようになった．

●**特別支援教育士（S.E.N.S）への移行と協会の財団法人化**　2008年度から，特別支援教育士（LD・ADHD 等）の資格名称は，（LD・ADHD 等）のカッコ書きを除いた「特別支援教育士（S.E.N.S）」へと改められた．この名称変更は，LD・ADHD のみならず自閉スペクトラム症などの幼児・児童・生徒の支援に関する専門職へと裾野を広げることを目指して行われたものである．また，2009年4月には，社会のニーズと会員数の増加と組織の拡大を受けて資格認定協会を一般財団法人化し，協会の名称も一般財団法人特別支援教育士資格認定協会となった．

●**特別支援教育士（S.E.N.S）の役割**　現在（2016年），S.E.N.S を目指す者は，大学教員および教員のみならず，福祉・医療・労働など多岐にわたっている．特別支援教育における S.E.N.S および S.E.N.S-SV が目指す役割は，幼稚園・保育所，小・中学校，高校において LD・ADHD などのアセスメントや個別の指導計画の立案・実施ができる専門家ということである．S.E.N.S および S.E.N.S-SV は大学院レベルに対応する資格であり，2007年度より大学院単位とのポイント振替制度も開始された．S.E.N.S-SV の資格を有する教員が複数いる大学院が「コース認定」された場合，指導実習を除く最大30Pの養成セミナーPの振替が可能で，2015年現在，7大学の大学院がコース認定を受けている．また2008年度より，連携学会の正会員であればLD学会員でなくても養成セミナー受講資格を与える制度が2014年度末まで行われた．

2016年4月現在，特別支援教育士の資格所持者は4581名（S.E.N.S：4209名，S.E.N.S-SV：372名）となった．また，全国的に S.E.N.S の会支部会の立ち上げが進み，37の都道府県で支部会が結成されて活発な活動を行っている．特別支援教育士養成セミナーの受講登録者数は年間2400名をコンスタントに保っており，本資格のニーズの高さを表している．特別支援教育士の資格には，特別支援教育が目指す理念を，学校教育を始めとするさまざまな支援の場で具体化していく役割が求められているといえよう．

［竹田契一］

📖 **参考文献**
［1］ 日本 LD 学会編『LD・ADHD 等関連用語集 第3版』日本文化科学社，2011
［2］ 竹田契一『特別支援教育士の養成の経緯と今日までの歩み』日本 LD 学会設立20周年記念誌，pp.6-9，2012

2. 教 育

　2002年に文部科学省が最初に実施した全国実態調査では，公立小・中学校の通常の学級の児童生徒のうち，6.3%がLD・ADHD・高機能自閉症の可能性があり，学習や行動の面で特別な教育的支援を必要としているという結果が示された．発達障害のある子どもたちに対する教育的支援のニーズの高まりが，特別支援教育の扉を開く一つの大きなきっかけとなった．

　本章ではまず，校内委員会，特別支援教育コーディネーター，個別の教育支援計画・個別の指導計画，巡回相談など，こうした子どもたちを全校的な体制で組織的に支援するための特別支援教育の仕組みについて紹介する．次に，幼稚園などの就学前から小・中・高等学校，大学，そして通級指導教室，特別支援学級といったさまざまな学びの場における支援の実際について取り上げる．最後に，学習面や行動面における種々の困難に対する最新の理論と指導アプローチについて解説する．

　インクルーシブ教育システムの構築という新しい局面を迎えるなかで，本章が発達障害のある子どもたちに対する教育の新たな在り方を考える一助となることを願っている．

［大塚 玲・野口和人・武藏博文・涌井 恵］

特別支援教育

　特別支援教育は，日本の学校教育における教育内容の一つであり，かつての特殊教育からの発展である．2007年4月1日に学校教育法の「特殊教育」は「特別支援教育」へと改正された．
　これまでの特殊教育は，障害の種類や程度に対応して教育の場を整備し，そこできめ細かな教育を効果的に行うという視点で展開されてきた．これに対し特別支援教育は，幼児児童生徒一人ひとりの教育的ニーズを把握して適切な教育的支援を行うものである．この教育的支援は，インクルーシブ教育と合理的配慮という二つの理念によって成立している．

●**特殊教育から特別支援教育へ**　特別支援教育の前身としての特殊教育の始まりは，1872年の「学制」により教育法制上，障害児のための学校に関する規定が初めて登場し，障害児についても教育の対象として考慮する認識にみることができる．以降，明治，大正を通して，重度の視覚障害（盲），聴覚障害（聾唖）を中心とした教育の先駆的展開があり，1900年の小学校令の改正により，尋常小学校の義務制と義務教育の無償化が規定され，同時に小学校に視覚・聴覚障害（当時の呼称：盲唖）学級を附設することも認められ，小学校に盲・聾児の学級が設けられた．
　知的障害児の教育は1890年に学業不振のゆえに落第せざるをえない子どものために特別な学級が設置されたのが，知的障害児のための特殊学級の始まりとされる．盲・聾以外の弱視・難聴，言語障害などの障害のある子どもや肢体不自由や身体虚弱を対象とした教育もこの間に次第に関心が高まり，整えられていった．
　第二次世界大戦後，日本国憲法および教育基本法に基づき，新しい学校教育制度を定めた学校教育法が1947年に公布された．学校教育法は，六・三制義務教育制度を根幹として，わが国の学校教育体系を根本的に改めたものであるが，この中で特殊教育も学校教育の一環をなすとされたことに重要な意義がある．
　この学校教育法において，盲・聾・養護学校は，それぞれの学校が対象とする障害のある幼児児童生徒のそれぞれの段階に応じて，幼稚園，小学校，中学校，高等学校に準ずる教育を施すとともに，障害に基づく種々の困難を克服するために必要な知識技能を授けることを目的とされた．こうして，盲・聾・養護学校は原則的には義務教育の学校となったが，養護学校が義務化され，全国に整えられていったのは1979年度以降のことであった．

●**特別支援教育と発達障害**　1990年に文部科学省（当時文部省）に設置された「通級学級に関する調査研究協力者会議」において，初めてLD教育の公的な検討が

開始された．その後，2005年に発達障害者支援法が施行され，学習障害（LD），注意欠如多動性障害（ADHD，法令上は，注意欠陥多動性障害が使用されているが，一般的には注意欠如多動性障害が用いられる），自閉症スペクトラム障害（ASD）など，いわゆる「発達障害」が法的に定義され，翌年から「通級による指導」の指導対象として，LDとADHDが正式に認められるとともに，情緒障害とASDも区分されることとなった．

このように伝統的な身体障害系と知的障害系に加え，発達障害系にも支援を広げた教育制度が，2007年度の学校教育法の改正によって一気に進んだ．障害があることにより，通常の学級における指導だけではその能力を十分に伸ばすことが困難な子どもたちについては，一人ひとりの障害の種類・程度等に応じ，特別な配慮の下に，特別支援学校（平成18 [2006] 年度までは盲学校・聾学校・養護学校）や小学校・中学校の特別支援学級（平成18 [2006] 年度までは特殊学級），あるいは「通級による指導」において適切な教育を行う体制が整った．

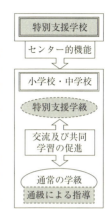

図1　特別支援教育（義務教育段階）の概念図

これらの義務教育段階の現状の概念図を図1に示す．ここに示したように，基本的には三つの支援システム（特別支援学校・特別支援学級・「通級による指導」）がある．特別支援学級や「通級による指導」は通常の学校内にあり，「通級による指導」は通常の学級からの通級という形態をとっている．

●**特別支援教育の課題**　わが国の特別支援教育は，義務教育段階における初等中等教育から開始され，続いて早期発見，早期対応のニーズから幼稚園などの就学前教育に，さらに義務教育以後の高等学校などにも拡充されていった．その後，大学などの高等教育にも確実な進展をみせているが，それは大学入試などにおける発達障害のある志願者の増加がそのきっかけとなっている．

これらの動きは2014年1月批准，2月に公布された「障害者の権利に関する条約」などを背景に，2016年に施行された「障害を理由とする差別の解消の推進に関する法律（略称：障害者差別解消法）」によっていっそうの充実をみているが，特別支援教育の理念と成果が学校教育後の進路の多様化，障害者の自立と社会参加などを目途に，生涯教育という観点からも充実していくことが必要である．同時に教育機関のみならず，保健・医療，福祉，労働などのさまざまな関係機関の連携・協力が実効化することが今後の大きな課題といえる．　　　　［上野一彦］

文部科学省による発達障害に対する施策の変遷
——特別支援教育開始まで

　特別支援教育開始は2007年度のことであった．それ以前の発達障害施策を振り返る場合，2003年が一つの節目となるだろう．表1に2003年前後に起きた特別支援教育関連のトピックを時系列で列挙し説明を行う．

表1　特別支援教育関連のトピックス

月	2003年前後の重要トピック
1	前年末に閣議決定された「障害者基本計画」に基づいて決定された重点施策実施5か年計画(いわゆる新障害者プラン)の1年目が始まった．
2	「通常の学級に在籍する特別な教育的支援を必要とする児童生徒に関する全国実態調査」の調査結果が発表された．
3	特別支援教育の在り方に関する調査研究協力者会議による「今後の特別支援教育の在り方について(最終報告)」が公表された(ADHD，高機能自閉症の定義も示された)．
4	新事業「特別支援教育推進体制モデル事業」のスタート．
6	全国指導主事会において行政説明(特別支援教育に向けての体制整備を進めることについて)．以後，地区ごとに更に詳細な説明会実施．
9	特別支援教育体制整備状況調査開始．
2004年1	「小・中学校におけるLD(学習障害)，ADHD(注意欠陥／多動性障害)，高機能自閉症の児童生徒への教育支援体制の整備のためのガイドライン(試案)」発行．

　新障害者プランにおいては，教育・育成分野の重点として，発達障害を含む一貫した相談支援体制の整備，特別支援学校のセンター的機能の制度化およびその充実，施設のバリアフリー化の推進，などが定められた．
　「通常の学級に在籍する(以下略)」では，知的発達に遅れはないものの学習面や行動面で著しい困難を示す児童生徒の割合は6.3％であることが明らかになった．40人学級に換算すると，どの学級にも2〜3名の支援を必要とする児童生徒が在籍しているということになる．多くの関係者の想像を上回る在籍率が示されたことは，教育界に大きな衝撃を与えた．
　「今後の特別支援教育の在り方について(最終報告)」においては，それまでの盲・聾・養護学校を障害種にとらわれず，かつ地域のセンター的機能を有する学校とすること，小・中学校における特別支援教育の体制を確立し，通常の学級に在籍する障害のある子どもに対しても支援ができるようにすることなどが提言された．これを受け，2005年には中央教育審議会答申「特別支援教育を推進するための制度の在り方について」が行われ，制度改正が進められていくのである．
　2003年4月からスタートした特別支援教育推進体制モデル事業は，全都道府

県を対象としていた．都道府県全域において学習障害などのある子どもの支援体制を2007年度までに確立させようというものであった．

特別支援教育体制整備状況調査は現在も続く，文部科学省による全国悉皆調査である．校内委員会を設置しているか，特別支援教育コーディネーターを指名しているか，などの項目について都道府県ごとの実績が公表されることになった．

2004年1月発行のガイドライン（試案）は，教育行政担当者，学校，特別支援教育コーディネーター，教員，専門家，保護者・本人などを対象に，特別支援教育に向けた教育支援体制構築のためのポイントを解説したものである．従来のガイドラインと異なり，特別支援教育推進のために連携していかねばならない専門家や保護者・本人向けのページが設けられていたことは，特別支援教育の未来を見据えた画期的なものだといえる．

このようにみてみると，文部科学省が矢継ぎ早に重要な施策を打ち出していったことが理解できるだろう．また，一方では2001年度から東京都文京区立駒本小学校，2003度から神戸市立本山中学校などが研究開発学校に指定され，発達障害のある児童生徒への指導内容や方法の研究が続けられていた．筆者も当時，全国指導主事会議などに参加したが，まさに怒涛の変革期が始まるのだという熱気を感じたことを思い出す．

● **2003年度以前の発達障害のとらえ** 1999年に専門家たちによる「学習障害児に対する指導について（報告）」が公表され，LDの定義と判断基準などが示された．これらの児童生徒の実態を把握し，巡回相談を行うことにより，指導の充実を図ることが提言されたが，通級による指導の対象とするか否かについては，今後の課題とされていた．2001年には「21世紀の特殊教育の在り方について――一人ひとりのニーズに応じた特別な支援の在り方について（最終報告）」が公表された．この最終報告においては，一人ひとりのニーズに応じた教育など，特別支援教育体制の基本的な姿が提言されている．

社会情勢全般では，1998年頃は「学級崩壊」が各地で課題となっていた．ADHDのある子どもが学級崩壊を引き起こす原因となっているのではないかという国会質問が取り上げられたのもこの頃である．また，アスペルガー症候群という診断名が使われるようになり，知的遅れのない自閉症についても注目されるようになった．そして2003年に長崎市で起きた男児誘拐殺害事件の犯行を起こした中学生が高機能広汎性発達障害であったとして大々的に報道された．学校の荒れや理解しにくい犯罪などと発達障害とを短絡的に結び付けて考えてしまうような風潮が一部にはあったのである．こういった社会情勢の中で，発達障害者に対する支援が行き届いていないことが問題とされ，2005年に「発達障害者支援法」が制定される．この法律も，特別支援教育制度構築を大きく後押ししたことは間違いない．

［樋口一宗］

教員養成と教員免許状

　特別支援教育を担当する教員には，さまざまな障害の特性に応じた専門性を確保することが求められる．各学校において幼児児童生徒一人ひとりの教育的ニーズに対応した適切な指導を行うこと，また，地域の教育資源として特別支援学校などがセンター的機能を発揮し各学校への相談支援などのさらなる充実を図ることなどが期待される．特別支援学校の対象となる視覚障害者，聴覚障害者，知的障害者，肢体不自由者又は病弱者（身体虚弱者を含む）のほか，幼稚園，小学校，中学校，高等学校などに在籍する言語障害者，情緒障害者，発達障害者などを含めたさまざまな障害に関する幅広く専門的な知識を有していることが必要になってくる．

●**特別支援学校教諭免許状制度**　2006年の学校教育法の一部改正により，2007年4月1日から，盲学校教諭免許状，聾学校教諭免許状，養護学校教諭免許状は，特別支援学校教諭免許状となった．特別支援学校の教員は，幼稚園，小学校，中学校または高等学校の教諭免許状のほか，特別支援学校教諭免許状を有していなければならないことが教育職員免許法第3条第3項に示されている．ただし，自立教科などを主として担当する教員については，自立教科などに関する特別支援学校教諭免許状を有していればよいことになっている．

　特別支援学校教員の免許状保有率向上は急務であり，現職教員を対象とした教育職員検定による免許状取得を促す方策が講じられている．文部科学省の特別支援教育資料によれば，特別支援学校における特別支援学校教諭等免許状の保有状況は年々上昇していることがわかるが，2014年5月1日現在，全体で72.7%，新規採用者は65.7%となっている（図1）．なお教育職員免許法附則第16条には，幼稚園，小学校，中学校，高等学校の教諭免許状を有する者は，「当分の間」特別支援学校の相当する部の教諭等となることができる旨が示されている．特別支援学校教諭の免許状は，特別支援

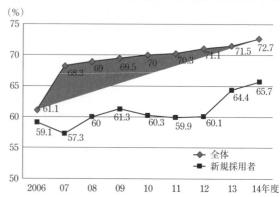

図1　特別支援学校における在籍校種の免許状保有率の経年比較（2006-14年度）2014年5月1日現在
［出典：文部科学省〈http://www.u-gakugei.ac.jp/~soumuren/27.6.11/monka/t01menkyohoyuritu.pdf〉］

教育領域が定められている．特別支援教育領域とは，視覚障害者，聴覚障害者，知的障害者，肢体不自由者又は病弱者（身体虚弱者を含む）に関する教育の5領域である．免許状の授与を受けた後に新たに特別支援教育領域を追加することも可能である．特別支援学校教員免許状の取得のためには，さまざまな障害についての基礎的な知識・理解と，特定の障害についての専門性とを確保することとし，大学などにおける特別支援教育に関する科目の修得状況などに応じ，教授可能な障害の種別（例えば「視覚障害者に関する教育」）を特定して授与される．

●免許法認定講習・公開講座・通信教育　教員免許状を取得するには，原則として大学などにおいて学士などの基礎資格を得るとともに，教職課程において所定の単位を修得することが必要である．免許法認定講習・公開講座・通信教育とは，一定の教員免許状を有する現職の教員が，上位の免許状や他の種類の免許状を取得しようとする場合に，大学の教職課程によらずに必要な単位を修得するために開設されているものである．免許法認定講習等は，大学のほか，都道府県・指定都市教育委員会，国立特別支援教育総合研究所において開設している．

　特別支援学校教諭の普通免許状は，専修免許状，一種免許状，二種免許状に区分されている．認定課程で取得する場合は，専修免許状は修士と幼稚園，小学校，中学校または高等学校の教諭の普通免許状を基礎資格として50単位の取得，一種免許状は学士と幼稚園，小学校，中学校または高等学校の教諭の普通免許状を基礎資格として26単位の取得，二種免許状は短期大学士と幼稚園，小学校，中学校または高等学校の教諭の普通免許状を基礎資格として16単位の取得が求められる．また，教育職員検定で取得する場合は，専修免許状の場合は，特別支援学校教諭一種免許状を有し特別支援学校で3年の在職と15単位の取得，一種免許状は特別支援学校教諭二種免許状を有し特別支援学校で3年の在職と6単位取得，二種免許状は幼稚園，小・中学校または高等学校の普通免許状を有し特別支援学校，幼稚園，小・中学校，高等学校または中等教育学校で3年の在職と6単位取得が必要である．

●特別支援学級，通級による指導　特別支援学級担任や通級による指導を担当する教員については，小学校または中学校の教員免許状を有していれば，特別支援学校教諭免許状を有することなどの法令上の規定はない．しかし，小学校，中学校などにおいて特別支援教育を推進する要の教員として，その専門性や資質の向上を担保していくものとして，特別支援学校教諭免許状の取得が望まれる．特別支援教育資料によれば，2014年5月1日現在，特別支援学級担当教員の特別支援学校教諭免許状保有率は，小学校32.4%，中学校26.4%，全体で30.5%となっている．

［笹森洋樹］

📖 参考文献
[1] 文部科学省「特別支援教育資料」（平成26年度）〈http://www.mext.go.jp/a_menu/shotou/tokubetu/material/1358539.htm〉

校内委員会

　2003年3月に文部科学省の「特別支援教育の在り方に関する調査研究協力者会議」において「今後の特別支援教育の在り方について（最終報告）」（以下「最終報告」）[1]が報告された．その中で，特別な教育的支援を必要とする幼児児童生徒の個々のニーズに応じた支援を確立するために，あらゆる学校で校内における支援体制を確立することが重要であると提言している．

　そして，校内における支援体制として「校内委員会」の設置が必要であり，直接担当する教師だけでなく，管理職も含め，かかわるすべての教師が，子どもの特性理解と共通認識をもって，学校全体として組織的・計画的に対応することが求められるとした．

　この報告の背景には，重度・重複障害のある児童生徒が増加傾向にある一方で，LD・ADHDなど通常の学級などにおいて，特別な支援を必要とする児童生徒への対応が課題となっていたことがあげられる．

●「校内委員会」とは　校内委員会とは，発達障害を含む障害のある幼児児童生徒の実態把握や支援の在り方，関係機関との連携などについて検討を行うため，学校内（園内）に置かれた特別支援教育にかかわる委員会である．その構成員として校長，教頭，特別支援教育コーディネーター，教務主任，対象の幼児児童生徒の学級担任などがあげられる．ただし，学校の状況や対象の幼児児童生徒の支援内容などに応じて，生徒指導主事，通級指導教室担当教員，特別支援学級教員，養護教諭，学年主任などを構成員とすることも留意する必要がある．

　2014年度に文部科学省が実施した調査[2]によれば，校内委員会の実施率は公立幼稚園，小学校，中学校，高等学校において，2014年度約99.2％（2007年度：89.0％）であった（公立幼稚園93.5％，小学校100％，中学校100％，高等学校99.5％）．ほとんどの公立幼稚園，小学校，中学校，高等学校において校内委員会が設置され，支援を図るための取組みが行われている現状にある．

●「校内委員会」の役割　学校の状況を踏まえながら校内委員会の役割を明確にする必要があり，最終報告では，以下の役割をあげている．

○学習面や行動面で特別な教育的支援が必要な児童生徒に早期に気付く．
○特別な教育的支援が必要な児童生徒の実態把握を行い，学級担任の指導への支援方策を具体化する．
○保護者や関係機関と連携して，特別な教育的支援を必要とする児童生徒

に対する個別の教育支援計画を作成する．
○校内関係者と連携して，特別な教育的支援を必要とする児童生徒に対する個別の指導計画を作成する．
○特別な教育的支援が必要な児童生徒への指導とその保護者との連携について，全教職員の共通理解を図る．また，そのための校内研修を推進する．
○専門家チームに判断を求めるかどうかを検討する．なお，LD，ADHD，高機能自閉症の判断を教員が行うものではないことに十分注意すること．
○保護者相談の窓口となるとともに，理解推進の中心となる．

　上記の役割を一度にすべて果たすことはなくても，校内委員会が，対象の幼児児童生徒への具体的な手立てを図っていく過程の中で，徐々にその組織体制や連携の在り方を模索しながら，これらの基本的な役割を果たしていくことが支援体制づくりには必要である．

●「校内委員会」の充実に向けて　校内委員会の役割を果たし，その充実を図るためには，以下の観点で取り組むことが必要である．

○校内における支援を開始するまでには，保護者の理解と協力を基に，障害特性の理解のための実態把握を行う．
○課題を整理し，必要な支援内容を明確化する．
○必要に応じて外部の専門家による助言や判断などを得る．
○校内委員会をとおして教職員間で情報の共有化を図り，共通理解に努める．

　これまでのように，担任教師が特別な支援を必要とする幼児児童生徒の抱えるさまざまな問題や困難を一人で抱え込むのではなく，効果的な指導や対応に向けて，抱える問題や課題を学校（園）全体として共有し，合意形成を図りながら全校的な支援体制をとることが，これからの特別支援教育では重要な取組みとなる．

［大城政之］

参考文献
[1] 文部科学省「特別支援教育の在り方に関する調査協力者会議」『今後の特別支援教育の在り方について（最終報告）』文部科学省，2003
[2] 文部科学省『平成26年度 特別支援教育体制整備状況調査 調査結果』文部科学省，2015

特別支援教育コーディネーター

　特別支援教育コーディネーターとは，2003年に発表された「今後の特別支援教育の在り方について（最終報告）」（文部科学省，2003）の中で，特別支援教育体制を確立するために重要な役割を果たす，とある．各学校の校長は，校内の関係者や関係機関との連携調整や保護者の窓口となるコーディネーター的な役割を担う教員を校内から指名し，特別支援教育コーディネーターとして，校務分掌に明確に位置付けることになった．指名にあたっての配慮事項としては，学校全体，そして地域の関係機関にも目を配ることができ，必要な支援を行うために教職員の力を結集できる力量をもった人材を選ぶことが望ましいとされている．各学校の実情に応じて，教頭，教務主任，生徒指導主事などから指名する場合や，養護教諭，教育相談担当から指名する場合，自校に設置されている特別支援学級や通級指導教室の担当教員から指名する場合も考えられる．校務分掌上の位置づけについては，各学校においてコーディネーターが担う役割や校務分掌組織のつくり方によって異なる．

●**特別支援教育コーディネーターの役割**　具体的には次のような活動が考えられる．校内における役割として，①校内委員会のための情報の収集・準備，②担任への支援，③校内研修の企画・運営，④外部の関係機関との連絡調整などの役割，⑤専門機関などへ相談をする際の情報収集と連絡調整，⑥専門家チーム，巡回相談員との連携，⑦保護者に対する相談窓口がある．

●**校内委員会での推進役**　学習面や行動面で気になる児童生徒がいる場合や，児童生徒の指導について悩んでいる教員がいる場合，校内委員会の中でコーディネーターが中心となって円滑な協議・運営がなされるよう推進役を担いながら，教職員の気付きとニーズを把握し，校内体制をつくるよう提案していく．

●**個別の教育支援計画の作成**　個別の教育支援計画とは，該当の児童生徒に対して，乳幼児期から就労までの長期的な視点で部局横断的に関係機関（教育・福祉・医療など）が連携して作成するものである．作成作業においては保護者の積極的な参画を促し，計画の内容や実施についての保護者の意見を十分に聞いて，計画を作成・実施していくことが重要である．

●**校内委員会での個別の指導計画の作成**　校内委員会で，個別の指導計画に盛り込む基本的な事項（例：児童生徒の状態・状況についての判断，指導・援助についての基本方針など）を検討する．作成された個別の指導計画を校内の会議などで報告し，教職員間の共通理解を図る．コーディネーターは，共通理解の徹底，個別の指導計画が実施されやすいような支援体制の提案，そのほか，必要な連絡

調整を行っていく．指導・援助の実施後は，指導に当たる教員とともに，校内委員会において評価を行い，それに基づき必要な改善を行っていく．

●校内研修の企画と実施　特別な教育的支援を必要とする児童生徒への指導を校内で適切に行うためには教員の十分な共通理解とLD，ADHD，ASDに関する専門的知識や理解が欠かせない．そのために校内研修会を組織的に活用し，教員の意識を高め，特別な教育的支援を必要とする児童生徒に対する指導力を高める必要がある．研修内容としては，①特別な教育的支援が必要な児童生徒の実態把握，②個別の指導計画の作成方法，③指導の実際，④関係機関との連携，⑤保護者との連携，⑥校内支援体制の構築などがあげられる．

●保護者に対する相談窓口　保護者に対する学校の相談窓口となり，保護者を支援する．保護者の気持ちの受け止めは，受容と共感を大切にしながら信頼関係が築けるよう配慮する．保護者の児童生徒への願いや，課題と思っているところ，学習面，行動面，対人関係を丁寧に聞き取っていく．家庭，学校，関係者が共通理解しながら，それぞれの立場でできることを考え，一貫性のある対応策が導き出せるようにする．コーディネーターや担任などが保護者の連絡調整の窓口となる役割を担うことになるが，校長がリーダーシップを発揮して保護者の理解の推進を図ることが重要となる．保護者が不安に思ったことや心配事を学級担任や学校に自由に相談できるかどうかは学校と保護者との信頼関係の深さにかかっている．しかし，なかなか学校に相談できない保護者が多いのが現状である．また，担任も学校での児童生徒のようすを保護者に伝えてもよいのか躊躇してしまうこともある．しかし，児童生徒の教育的ニーズに応じた指導を進めていくためには，日常的に双方が情報を交換しながらともに協力して子どもに対応することが必要である．

●専門機関との連携と推進　コーディネーターは広い視野をもって専門家や医療福祉などの専門機関との連携を推進していくことが求められる．コーディネーターの役割として校内委員会において専門家チームへ依頼する必要性について検討し，専門家へ提出する資料を分担して作成する．専門家チームが来校した場合は，児童生徒に対する指導内容・方法に関する助言や学校の支援体制に関する助言を受ける．また，教育委員会には特別支援教育の担当や特別支援学校の教員，心理学の専門家・医師などで構成される専門家チームが置かれている場合がある．専門家チームからは，障害についての判断や児童生徒への望ましい教育的対応について専門的意見を受ける．

[月森久江]

📖 参考文献
[1] 文部科学省「小・中学校におけるLD（学習障害），ADHD（注意欠陥/多動性障害），高機能自閉症の児童生徒への教育支援体制の整備のためのガイドライン（試案）」第3部学校用（小・中学校）pp.18-32, 2004

専門家チーム会議と巡回相談

　専門家チーム，巡回相談とは，2007（平成19）年4月1日付けの文部科学省初等中等教育局長通知「特別支援教育の推進について」において，教育委員会に対してその設置や実施が求められているものである．前者は，障害の有無の判断（「診断」ではないことに留意）や望ましい教育的対応についての専門的な意見などを教育委員会の職員，教員，心理学の専門家，医師などから構成されたチームが各学校に提示する役割を担うものであり，後者は，専門的な知識や技能を有する巡回相談員が各学校を巡回して，教員などに指導内容や方法に関する指導や助言（障害のある幼児児童生徒について個別の指導計画および個別の教育支援計画に関する助言を含む）を行うものとされている．

●**専門家チーム，巡回相談のはじまり**　専門家チームについては，1999（平成11）年7月に出された「学習障害児に対する指導について（報告）」（学習障害及びこれに類似する学習上の困難を有する児童生徒の指導方法に関する調査研究協力者会議）の中で，①学習障害であるか否かの判断を行い，②望ましい教育的対応の内容を学校に提示するという役割が明記されている．その後，2000（平成12）年から2002（平成14）年にかけての「学習障害（LD）のある児童生徒に対する指導体制の充実事業」においてLDの児童生徒を対象として，その後，平成15（2003）年から開始された「特別支援教育体制整備推進事業」においてADHD，高機能自閉症の児童生徒も含めて対象とする形で，全都道府県・政令指定都市に専門家チームが設置されることとなる．

　巡回相談については，上記の報告において「既に一部地域で実施している専門家による巡回指導を充実する必要がある」ことが述べられている．これは，文部省（当時）の「学習障害児等指導相談事業」の委嘱を受けたいくつかの自治体において1996年度から巡回相談（当時は「巡回指導」と称していた）が実施されていたことを指している．

●**専門家チーム，巡回相談の活用状況**　文部科学省が毎年度実施している「特別支援教育体制整備状況調査」によれば，国公私立の幼稚園，小学校，中学校，高等学校全体としての専門家チームの活用状況は2014年度において54.4%，巡回相談の活用状況は同年度75.0%となっている．特別支援教育体制に移行した2007年度においてはそれぞれ34.5%，58.7%であり，着実に活用が進んでいることがうかがわれる．しかしながら，公立幼・小・中・高における2014年度の専門家チームと巡回相談の活用状況がそれぞれ56.6%，79.0%であるのに対し，私立幼・小・中・高では46.1%，60.3%となっており，公立学校と私立学校との間

では活用状況が大きく異なっている．また，公立学校においても，幼稚園での活用状況は順に67.3％と86.7％，小学校では60.8％と85.2％，中学校では51.8％と73.5％，高等学校では33.3％と50.0％となっており，幼稚園，小学校に比べ，中学校，特に高等学校での活用率が低くなっている．

●**具体的な実施の形態**　専門家チームも巡回相談も，その具体的な実施の形態は自治体によってさまざまである．それぞれの自治体が実情に合わせて，自治体内全域をカバーできる体制を整えている．

専門家チームについては，チームが学校を訪問して実施する形態もあれば，専門家チームの会議が開かれている場に学校側が出席する形で実施される場合もある．後者は比較的広域の多くの学校に対応できるというメリットがあり，前者は対象児童生徒に関わる多くの教職員からの情報を直接聞き取ることができるというメリットがある．また，前者では対象児童生徒の学習・生活の様子を直接観察する時間が設定される場合もあり，さらには専門家チーム会議を教職員の研修の場として活用することも可能である．

巡回相談については，教育学，心理学，医学などの専門家により行う形態，特別支援学校のセンター的機能を活用して行う形態，通級による指導の担当者により行う形態などがある．こうして実施される巡回相談の内容は，指導方法の助言や教材・教具の工夫にとどまらず，アセスメント，校内研修会や授業研究会の講師，保護者や関係機関との連携に関わる助言など多岐にわたっている．

なお，学校，教員を支援するうえで専門家チームと巡回相談との連携協力が不可欠なことから，あるいは地域の特性を踏まえて，両者が融合された形態をとっている場合もある．

●**専門家チーム，巡回相談の課題**　巡回相談を効果的なものとするためには，相談員の専門性を確保する必要があるが，一方で機動性も確保する必要がある．この両立を図っていくためには，巡回相談員の計画的な養成とその専門性を高める研修などの制度を整えていく必要がある．

専門家チームについても専門性と機動性の両立が課題となる．複数の専門家チームを設置することも含め，地域の特性に応じた実施形態の工夫が必要となる．

なお，冒頭に記した通知においては，保育所や国・私立幼稚園の求めに応じて専門家チームや巡回相談が利用できるよう配慮することが述べられている．保育所，幼稚園にとどまらず，私立学校全体における活用の可能性を探るとともに，公立の中学校・高等学校の活用状況について，その背景などの検討が必要である．

最後に，近年では，児童生徒を取り巻く状況が複雑化し，学校における支援にとどまらず，家庭や地域を含めた総合的な支援が求められるようになっている．専門家チームと巡回相談も，これに対応しうる体制を整えていく必要がある．

［野口和人］

特別支援連携協議会

　特別支援連携協議会とは，障害保健福祉圏域や教育事務所所管地域などの一定規模の地域において，保健所，福祉事務所，公共職業安定所，各市区町村教育委員会などの支援を行う実施機関の連携によって，発達障害を含む障害のある幼児児童生徒に対する総合的な支援を行うための組織である．市区町村レベルで，教育委員会と保健福祉部局などが連携し，具体的な支援を実施するために特別支援連携協議会を組織している自治体もある．それに対して，都道府県レベルで教育委員会と福祉等関係部局などの部局横断型の組織として，特別支援教育の推進体制を促進するために設置しているものを広域特別支援連携協議会という．

●**特別支援連携協議会設置のための施策の経緯**　2003年3月に特別支援教育の推進に関する調査研究協力者会議がとりまとめた「今後の特別支援教育の在り方について（最終報告）」[1]は，それまでの「特殊教育」から，通常の学級に在籍するLD，ADHD，高機能自閉症なども含めて障害のある児童生徒一人ひとりの教育的ニーズに応じて適切な教育的支援を行う「特別支援教育」への転換を提言した．そこでは，特別支援教育を支える新たな仕組みとして，個別の教育支援計画の策定や特別支援教育コーディネーター，特別支援学校のセンター的役割と並んで，地域における総合的な教育的支援のために教育，福祉，医療などの関係機関の連携協力を確保するための仕組みとして広域特別支援連携協議会および支援連携協議会の設置の必要性が指摘された．

　この最終報告や2002年からの「障害者基本計画」などを受け，文部科学省は2007年度までにすべての小・中学校において総合的な支援体制を整備することを目指し，2003・2004年度に特別支援教育推進体制モデル事業，2005年度からは特別支援教育体制推進事業を全都道府県に委嘱し，実施した．後者の事業では，厚生労働省の「発達障害者支援体制整備事業」と連携協働し，都道府県に広域特別支援連携協議会を設置し，推進地域には特別支援連携協議会を設置し，教育，福祉，医療，労働などの関係部局や，大学，親の会，NPOなどの関係者の組織的な連携構築が事業目的の一つとしてあげられた．すなわちこの事業によって，特別支援連携協議会や広域特別支援連携協議会という特別支援教育に関する部局横断型のネットワークの構築が各地で進められていったのである．

●**特別支援連携協議会の役割**　文部科学省・厚生労働省による「障害のある子どものための地域における相談支援体制整備ガイドライン」(2008（試案），http://www.mext.go.jp/a_menu/shotou/tokubetu/material/021.htm）では，広域特別支援連携協議会の役割として以下の6つをあげている．①相談・支援のため

の施策についての情報の共有化，②相談・支援のための施策の連携の調整や連携方策の検討，③相談と支援のための全体計画（マスタープラン）の策定，④関係機関が連携して乳幼児期から学校卒業後までを通じて一貫した支援を行うための計画である「個別の支援計画」のモデルの策定，⑤相談・支援にかかわる情報の提供，⑥支援地域の設定である．一方，特別支援連携協議会の役割は広域特別支援連携協議会とほぼ同様と考えられるが，医療，保健，福祉，教育，労働などの関係部局や，特別支援学校，福祉事務所，保健所，医療機関，公共職業安定所などの関係機関などの参画が考えられ，より地域に密着した体制を整えることが大切であると指摘している．また，支援地域は，相談・支援にかかわる関係機関の設置状況や機能，役割などを考慮して，教育事務所や障害保健福祉圏域，指定都市，中核市などの単位での設定が想定されるが，市町村における関係部局・機関は，障害のある子どもやその保護者にとって最も身近な相談・支援の窓口であることから，市町村が単独で，支援地域とほぼ同様に取り組むことも考えられるとしている．

●**特別支援連携協議会の実態と課題**　井上・八幡[2]は，徳島県における特別支援連携協議会の現状を調査している．徳島県では，市町村ごとに特別支援連携協議会が設置されており，特別支援教育元年といわれた2007年の翌年までにほぼ設置されており，2012年の時点で未設置は3町であった．特別支援教育を専任とする指導主事を置いているのは1市のみであり，他の市町村教育委員会には特別支援教育に関する業務を専門的に取り扱う課や担当者は置かれておらず，多くの市町村教育委員会は，学校現場を経験したことのない行政サイドの者が，他の教育関連業務を兼務しながら協議会設置・運営にあたっている現実を指摘している．協議会の構成員の職業分野を見ると，教育関係者が最も多く，次いで福祉関係者である．それに対して医療，保健，労働関係者は少なく，24市町村のうち，7町村に医療関係者が構成員として入っておらず，8町村の協議会に労働関係者の，また6市町村に保健関係者の参画がない．さらに大学・NPO関係者，保護者は少なく，それぞれ参画しているのは3市町のみであった．取り組みの内容は，多い順に「研修会・講演」「関係機関との情報交換・連携に関すること」「ワーキンググループの活動に関すること」「個別の教育支援計画の作成と活用に関すること」「困難事例等のケースに関すること」であった．　　　　　　　　　　［大南英明］

参考文献
[1] 特別支援教育の推進に関する調査研究協力者会議「今後の特別支援教育の在り方について（最終報告）」文部科学省，2003
[2] 井上とも子・八幡ゆかり「地域特別支援連携協議会の現状と課題(2)—各地域連携協議会報告書と市町村担当者へのアンケートをとおして」鳴門教育大学研究紀要，27, 80-93, 2012
[3] 文部科学省「小・中学校におけるLD（学習障害），ADHD（注意欠陥多動性障害），高機能自閉症の児童生徒への教育支援体制の整備のためのガイドライン（試案）」，2004

特別支援教育支援員の活用

　2012年度に文部科学省が実施した調査では，小中学校の通常学級において特別な教育的ニーズがある子どもたちが6.5%在籍していることが明らかとなった．2002年度の同調査においても6.3%であり，通常学級には多様な子どもたちが在籍し，従来の学級担任1名での学級経営が難しくなってきていることが示唆された．米国では，1950年代からparaeducatorあるいはparaprofessional（teacher aide, teacher assistantなどの用語と同義語である）とよばれる教育補助員を活用している．教育補助員は1997年の障害者教育法（IDEA）および2001年の初等中等教育改正法（NCLB法）により連邦法上で位置づけられ，彼らの活用には学級担任による指揮・監督が必要不可欠であると明記されている．そのような背景の中で，日本では2007年度から特別支援教育支援員（以下，支援員）の配置が決定した．以前から，地方自治体において，介助員，学習支援員などとして独自に活用されていたが，国の事業として始まったのが2007年度である．各市町村に対して地方財政措置され，2009年度には幼稚園，2011年度には高等学校に拡充した．2011年度に行われた支援員数に関わる調査では，幼稚園約4800名，小中学校約4万名，高等学校約400名となった（文部科学省，2012）．初年度の小中学校のみで約2万2000名に比べると大きく増加しており，支援員数は順調に伸びていることがうかがえる．市町村教育委員会を対象とした支援員の活用に関する全国実態調査においては，配置状況，募集・採用方法，研修，地域における人的資源の活用などについて回答を求めたところ，89.3%の自治体において支援員が配置されており，全国的に支援員を配置する地方自治体が増加していることが示された[1]．しかし，自治体ごとの支援員数については，平均支援員数は13.7名と非常に少ないこと，さらに支援員数は自治体の規模にも関連し，児童生徒数が多いほど支援員数も多いことがわかった．学校側のニーズとしては通常学級と特別支援学級のいずれにおいても支援員の配置ニーズが高いことも明らかとなった．

●**支援員の役割・実態**　支援員の役割は，学校における発達障害などの特別な教育的ニーズがある児童生徒に対する学校生活上の介助や学習活動上の支援である．文部科学省が2007年6月に出した冊子「特別支援教育支援員を活用するために」では，食事，排泄，教室移動の補助といった学校における日常生活動作の介助，発達障害の児童生徒に対する学習活動上のサポートを行うと明記されている（文部科学省初等中等教育局特別支援教育課，2007）．冊子では，学級担任や校内での特別支援教育コーディネーターなどと連携した取り組みの重要性が示さ

れ，具体的な活用事例が紹介されている．文部科学省は支援員の配置を促進するために，地方自治体にこの冊子を配布した．全国実態調査では，支援員の採用については，教員免許状の所有を義務づけない自治体が多かったこと，研修を実施していた自治体は約半数であったことなどが明らかとなった．さらに，2007年度の地方財政措置以外の予算で支援員制度を実施している自治体もみられ，「特別支援教育支援員」以外にも50を超える職名が認められた．つまり，支援員に対して必ずしも教員と同様の専門性を求めているわけではなく，自治体によるばらつきも大きいことから，地域特性に応じた支援員制度を設ける必要がある．

●支援員の専門性　支援員の研修に関しては，多くの地方自治体が実施しているが，その内容は基礎的なものにとどまっている場合が多い．例えば，東北地方における調査では「特別支援教育について」という内容が最も多く取り上げられていた（庭野・阿部, 2008）．そもそも学級担任が必要だと考える研修内容と支援員が必要だと考える研修内容にも乖離があることも示されている（庭野, 2011）．連携に焦点をおいた研究では，支援員に求める要素として「人柄」「コミュニケーション」「知識経験」を「教員免許状の有無」等より重視していることを示した（林他, 2011）．支援員と連携する小中学校教員を対象とした調査では，支援員に対する高い評価と「多忙な支援員業務の理解」「支援員の人柄の良さ」の間に正の相関がみられ，支援員に対する評価が高いほど，多忙な支援員業務についての教員の理解が高く，支援員の人柄の良さを高く評価していた．つまり，学校現場では，まだまだ専門性よりも学級担任などとうまく連携できるかどうかといった点が重視されていることがうかがえる．

　一方，支援員の育成をNPO法人に依頼している自治体もある．東京都港区では2005年からNPO法人エッジによる学習支援員制度によって，14日間の養成講座を受けた学習支援員を200名以上登用している．「学習支援員のいる教室」と題した書籍も出版されており，支援員の仕組みや実際の教室での支援行動がまとめられている[2]．さらに，スクールシャドーと題し，応用行動分析の知識と技術を用いて，小学校園で子どもたちをサポートする積極的な行動支援も進められている[3]．応用行動分析を用いたこれらの支援は海外においても効果が示されており，問題行動の行動観察により，行動の生起頻度を増やしたり，減らしたりする技術を駆使し，教室内での支援を行っている．

[道城裕貴]

参考文献
[1] 道城裕貴他「特別支援教育支援員の活用に関する全国実態調査」LD研究, 22(2), 197-204, 2013
[2] 藤堂栄子編著『学習支援員のいる教室―通常の学級でナチュラルなサポートを』ぶどう社, 2010
[3] 吉野智富美著・山本淳一監修『ABAスクールシャドー入門―特別に支援が必要な子どもたちを園や学校でサポートする親・セラピストそして先生のために』学苑社, 2012

スクールカウンセラーの活用

　1995年度に文部科学省の調査研究事業として始まったスクールカウンセラー（SC）の活用は，導入から20年を経た現在，校内の重要な資源の一つとして学校現場に定着している．その役割は，当初から取り組まれている不登校やいじめ問題にとどまらず，近年では校内外の重大な事件や事故が生じた際の児童生徒の心理的ケアに従事する「心の専門家」として支援を行うなど，地域や各学校の実情に応じた多様で柔軟な活用へと広がっている．

●**特別支援教育における**スクールカウンセラー**の活用**　特別支援教育コーディネーターや校内委員会との連携を不可欠な前提として，SCが果たすべき役割は，以下の6点に整理することができるだろう．

　①**実態把握に資するアセスメント**：SCの主たる担い手である臨床心理士は，その教育・訓練の過程で，各種の心理・発達検査などを用いた認知・情緒面に関するアセスメントの技能を習得している．しかし，SCは医療者ではないので障害の診断を目的としたアセスメントではなく，児童生徒の学習上の学びにくさや学校生活上の生きづらさに客観的な根拠を提示する役割が重要となる．また，相談室などでの個別検査の結果のみに拠らず，実際の授業や校内活動の様子を観察したり，保護者や教職員から情報を聴き取ったりするなど，総合的で多角的な視点から児童生徒の強みと弱みを把握すること，そして，それらを教育活動に活かせるよう校内で共有していくことが求められる．

　②**教職員へのコンサルテーション**：コンサルテーションを通じて，教職員からみた指導の困難さの実態を把握し，①で見立てた児童生徒の抱える困難とあわせて理解を深めるための観点を提供し，具体的な支援の方略へとつなげられるようにすることが重要な役割である．特に発達障害のある児童生徒の言動は，障害の特性に拠るものなのか生育環境などに拠る人格的な問題なのかを見極めることが難しく，教職員に誤解を与えたり，不安や不満を抱かせたりしやすい．適切な合理的配慮を実施するためにも，こうした誤解や感情的な混乱を緩和することは重要な役割である．

　③**二次障害などの不適応を呈する児童生徒に対するカウンセリングなどの心理療法**：児童生徒が呈するさまざまな心身の不調に対してカウンセリングなどを提供することはSCの中心的な役割であるが，特に障害のある児童生徒に対しては，障害そのものを取り除くことは不可能であり，外的・内的に表現される二次的な問題を消失させることが目的ではない．当該児童生徒が「障害とともに在る」生き方を模索し，健全な人格を形成できるよう支援する成長促進的な観点を保持す

ることが不可欠である．卒後の就労なども視野に入れた，自己の特性理解と権利擁護，対人関係で経験しやすい情緒的混乱を適応的に調整できるレジリエンスの育成など，医療の目指す"キュア"ではなく，"人格的なバージョンアップ"を目指す視点が大変重要となる．

　④**保護者の障害受容を支える教育相談**：就学前の早期からの教育相談などの機会を通じて，児童生徒の実態に合わせた適切な学びの場を選択できるよう情報提供を行うこと，周囲からの理解や援助が得られにくい子育てを巡る，保護者の不安や苦悩に対する心理的な支援を行うこと，児童生徒の障害の特性や実態に関する見立てを行い，必要に応じて医療などの専門機関へ橋渡しをするようコンサルテーションを行うことなどがSCの役割として期待される．ただし，障害受容は直線的に進むわけではなく，小・中・高と発達のステージが移行していく時々に新たな課題が生じるため，長期にわたる支援が必要である点に留意すべきである．

　⑤**地域・保護者に対する情報発信・障害の理解啓発**：特に対人関係で情緒的な混乱を生じやすい発達障害のある児童生徒は，適切な環境を整えられないと粗暴な言動を取ることがあり，クラスメイトをはじめ周囲の児童生徒に危害を加えてしまう場合もある．適切な校内環境を整え，当該児童生徒の心的な成長を待つ時間も必要であり，その間，周囲の理解をいかに創出するかが大変重要な問題である．視覚や聴覚に障害のある子どもの眼鏡や補聴器に相当するものが，発達障害では"周囲の理解"である．そのため，SCに期待される役割は，児童生徒だけでなく，周囲の教職員や保護者，地域の大人をも巻き込んだ，正しい理解に基づく支援の輪を形成するための土台を創出することである．

　⑥**校内の研修会や事例検討会での助言**：②や⑤とも重なるが，発達障害のある児童生徒の言動は一見すると理解が困難な場合も多く，理解が可能になったとしても，具体的な指導内容や指導方法が求められることになる．そこでSCに期待される役割は，校内研修などの機会を通じて障害理解の観点や指導に資する最新の研究知見を提供することにある．また，取り組む教職員に多大な心理的負担が掛かる指導困難な事例においては，心理的なケアや支援の方向性を見出す困難な作業に連携して根気強く取り組む過程が，信頼関係を醸成する．

●**特別支援教育に求められるSCの資質と課題**　SCには，こうした多様な役割が期待されるため，面接室内での支援にとどまることなく校内での積極的な連携に取り組むことが重要である．また，SCには，①適切なアセスメントを行う「観察力」，②不安や苦悩といった情緒体験を受けとめ咀嚼する「内省力」，③校内外の理解と共感の輪を創出する「翻訳力」の三つの資質が不可欠なものであると考える．さらに，④校内外の教職員と積極的に協働するための「コミュニケーション力」はSCのみならず学校現場で働くうえで必須の資質であろう．　［植木田　潤］

スクールソーシャルワーカーの活用

　学校は，不登校，いじめ，暴力行為，非行などの問題を抱えた児童の支援に努めているが，これまで以上に複雑化，深刻化している問題に，学校内だけでは対応しきれていない状況である．こうした児童の問題行動の状況や背景には，心の問題とともに，児童をめぐる家庭，友人関係，地域，学校などの環境の問題が複雑に絡み合っているものと考えられる．したがって，児童が置かれているさまざまな環境に着目し，学校内外の関係機関との連携をよりいっそう強化することで課題解決を図ることができる人材が教育現場において求められている．スクールソーシャルワーカー（SSWer）は，「社会福祉の専門知識，技術を活用し，問題を抱えた児童を取り巻く環境に働きかけ，家庭，学校，地域の関係機関をつなぎ，児童生徒の悩みや抱えている問題の解決に向けて支援する専門家である．」（文部科学省 「平成22年生徒指導提要」）とあり，まさに今教育現場で求められている人材であるといえる．

●**背景と歴史**　スクールソーシャルワーク（SSW）の起源は，20世紀初頭のアメリカの「訪問教師（visiting teacher）」で，その当初の目的は，学校に通えない子どもに教育の機会を保障することであった．その役割は時代とともに拡大し，現在では「一人一人の生徒がそれぞれの潜在能力を，社会的，情緒的，知的に十分発達させることを援助すること」[3]を目的とした幅広い活動となっている．今やSSWは世界中に波及し，世界40カ国以上の国で実施される活動となった．日本におけるSSWの起源は諸説あるが，自治体におけるSSWの導入は，2000年度の兵庫県赤穂市と茨城県結城市が最初である．続いて，2001年度に香川県が，2005年度には大阪府で導入された．その中でも大阪府は，学校内におけるケース会議の導入に力を入れ，導入当初からスーパーバイザー（SV）を配置した．これを受け全国的な発展として2008年度に文部科学省がスクールソーシャルワーカー活用事業を開始した．調査研究事業として国が全額負担したこの事業を利用して46の都道府県がSSWerを導入した．2009年度には3分の1の補助事業となり，40都道府県（政令市での導入を含む）が継続した．

●**目的と役割**　SSWの目的は，一人ひとりの子どものウェルビーイング（well-being）の実現と増進，「生活の質」の向上への支援であり，子どもの利益を最優先して考え，子どもたちの人格や意思を尊重し，ともに協力して問題解決に臨むことである．SSWerは，虐待や発達上の課題，いじめ，貧困など，子どもや保護者の課題認識の有無にかかわらず，子どもが教育を受けることや発達が阻害されると思われるとき，ソーシャルワークの専門性（価値・知識・技術）と教育分

野の知識などを用いて介入する．その支援は「問題は人と環境との相互作用において生じる」という視点に立ち，子どもにとってよりよい環境へと調整することで課題解決や子どもの状況の改善，問題の軽減を図ろうとするものである．また，SSWer の導入によって，学校現場に人と環境において問題をとらえる考え方が浸透すると，「困った子は困っている子」という見方と，個々の子どもが抱える課題を教職員皆で理解し合おうという動きが生じ，学校みずからが校内体制などの見直しを図ることがある．このような気づきを促すことも SSWer の役割の一つである．文部科学省のスクールソーシャルワーカー活用事業で求められている具体的機能としては，①問題を抱える児童生徒が置かれた環境への働きかけ，②関係機関などとのネットワークの構築・連携・調整，③学校組織に対するチーム体制の構築や支援，④保護者や教職員などに対する支援・相談・情報提供，⑤教員への研修活動などの五つがあげられており，特に学校と関係機関などが協働していくための調整役，つなぎ役としての機能が期待されている．

●課題と展望　日本の SSW の抱える課題として，SSW に対する共通理解，SSWer の質の担保，SSW 制度の確立の三つがあげられる．SSW の共通理解が進まない背景には，取組みが始まってまだ間もないこと，方法論が多様で活動の範囲が広いということがある．学校，教育委員会はもとより，関係機関，保護者，地域などに SSW を理解してもらうことで，SSW はより機能すると思われる．また，SSW の専門性を活かした支援を行うために SSWer の質の担保は必要不可欠である．特に，本人や親に問題意識がないケースへの対応スキルや方法を持ち合わせていくことが求められている．このような専門性を保つためには，専門性をもった人材の確保と育成とともに SV 体制を確立する必要がある．さらに，持続可能な SSW 事業にするために，SSWer の身分保障も重要である．

　義務教育である小・中学校は子どもの状況を全数把握できるだけでなく，子どもや親にとって生活に密着した身近な場所である．そのため，学校を拠点とする SSWer は，子どもをめぐる問題について早期発見・早期対応ができるというメリットがある．個別支援から，学校環境の改善，そして地域の再生までを企図する SSW には，社会資源としての可能性が大いにあるといえる．内閣府の「子供の貧困対策に関する大綱」（2014）においても，子どもの貧困対策として SSWer の配置の推進が明記されており，その働きが期待されている．　　　　　　［齋藤朝子］

📖 参考文献
[1]　山野則子他編著『よくわかるスクールソーシャルワーク』ミネルヴァ書房，2012
[2]　日本社会福祉士養成校協会監修，門田光司他編集『スクール［学校］ソーシャルワーク論』中央法規出版，2012
[3]　青木　紀「アメリカにおけるスクール・ソーシャルワーク」教育福祉研究，3，8-26，1997

特別支援学校のセンター的機能

　特別支援学校のセンター的機能の法的な位置づけは、「学校教育法等の一部を改正する法律」(2006)により明確化された．それまでは1999年3月告示の「盲学校，聾学校及び養護学校の小学部・中学部と高等部学習指導要領第1章総則の中で「地域の実態や家庭の要請等により，障害のある児童若しくは生徒又はその保護者に対して教育相談を行うなど，各学校の教師の専門性や施設・設備を生かした地域における特殊教育に関する相談のセンターとしての役割を果たすよう努めること」と定められていた．

　現在は，学校教育法第74条に「特別支援学校においては，第72条に規定する目的を実現するための教育を行うほか，幼稚園，小学校，中学校，高等学校又は中等教育学校の要請に応じて，第81条第1項に規定する幼児，児童又は生徒の教育に関し必要な助言又は援助を行うよう努めるものとする」と規定され，各特別支援学校においてセンター的機能が展開されている．

●センター的機能の具体的な内容　特別支援教育体制を整備・充実する一連の法整備上の拠り所となった2005年12月8日付の中央教育審議会答申「特別支援教育を推進するための制度の在り方について」の中では，特別支援学校のセンター的機能について「小・中学校に在籍する障害のある児童生徒について，通常の学級に在籍するLD・ADHD・高機能自閉症等の児童生徒を含め，その教育的ニーズに応じた適切な教育を提供していくためには，特別支援学校（仮称）が，教育上の高い専門性を生かしながら地域の小・中学校を積極的に支援していくことが求められる」と位置付けている．また，センター的機能の例示として，①小・中学校などの教員への支援機能（個々の幼児児童生徒の指導に関する助言・相談など），②特別支援教育などに関する相談・情報提供機能（地域の小・中学校などに在籍する幼児児童生徒や保護者への相談・情報提供など），③障害のある幼児児童生徒への指導・支援機能（巡回による指導など），④福祉，医療，労働などの関係機関などとの連絡・調整機能，⑤小・中学校などの教員に対する研修協力機能，⑥障害のある幼児児童生徒への施設設備などの提供機能があげられている．

　これらの機能を果たすために各特別支援学校では，センター的機能を主として担当する分掌・組織を位置付けるとともに特別支援教育コーディネーターを配置して校内体制の整備を図り，組織としての専門性の向上に努めている．

●センター的機能の活用状況　文部科学省が公表した2013年度の特別支援学校のセンター的機能の取組みに関する状況調査の結果では，「小・中学校等の教員への支援機能」について表1に示す結果が得られており，教員からの相談件数で

は，小学校からの相談件数が最も多くなっている．また，センター的機能実施上，特に課題と考えられる事項については，図1に示すとおり「多様な障害に対応する教員の専門性を確保すること」や「地域の相談ニーズへ応えるための人材を校内で確保すること」などがあげられている．これらの課題に対応するために特別支援学校のみならず医療，保健，福祉，労働などの各機関の職員や専門家が専門家チームを編制して，保育所，幼稚園，小・中学校などを定期的に巡回し，教職員に対する指導・助言や，障害のある子どもの保護者からの相談を受けるなどの巡回相談も実施されている．

今後は，障害者の権利に関する条約の批准や障害者差別解消法の施行を踏まえ，障害のある児童生徒の個別の教育的ニーズに応じた合理的配慮の提供やその合意形成に向けた支援などもセンター的機能の新たな課題となってくる．［武富博文］

表1 教員からの相談件数（延べ件数）

	幼稚園（保育所を含む）	小学校	中学校（中等教育学校の前期課程を含む）	高等学校（中等教育学校の後期課程を含む）	その他の学校（他の特別支援学校など）	合計（1校当たりの平均相談件数）
国立	796	730	384	74	184	2168（48.1）
公立	26252	63956	26328	6115	7633	130284（142.2）
私立	10	19	34	0	8	71（5.1）
合計	27058	64705	26746	6189	7825	132532

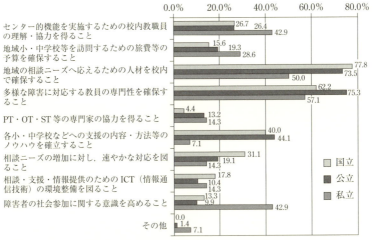

図1 センター的機能実施上の課題（特別支援学校）（特に課題と考えられる事項）
［出典：表1，図1ともに文部科学省「平成25年度特別支援学校のセンター的機能の取組に関する状況調査について」を一部改変］

個別の指導計画

　個別の指導計画は，特別な教育的ニーズのある幼児児童生徒を対象に，その子どもの能力や特性を把握し，個に応じた指導を計画的組織的に行うために作成するものである．学校での教育課程や指導形態などをふまえ，個別の指導目標や内容，指導方法の工夫，評価の観点を検討して明記する．

　指導目標や内容は，単なる教科補充に陥ることなく，子どもが学業や生活上の困難をみずから改善する意欲を高め，主体的に取り組み，達成感が得られるものであることが大切である．そのために，計画を作成し実行することに加え，指導結果を常に評価し，目標や内容を見直し，指導方法の改善に努める必要がある．

　個別の指導計画のメリットは，第一に，子どもの興味関心を含め，能力・適性等を多面的に実態把握（アセスメント）することで，子どもの学び方に応じた指導内容や方法が明確になる点である．第二に，指導に当たる複数の教員や支援者が指導の目的・意図を共通理解したうえで取り組める点である．そして第三に，指導結果を評価し改善を繰り返すことで，子どもの発達・成長に合った指導を継続して行える点である．

●**個別の指導計画の作成と実行**　表1に示すように，子どもに生じた問題や困難に，教員などが気づき，特別な教育的指導が必要であるかを判断することから始まる．

　実態把握では，子どもの問題や困難だけではなく，指導を行うためにプラスとなる情報を収集する．認知機能，さらに言語発達，読み書き・計算などの学習での強み・長所に加えて，子どもの興味関心，好き・得意，難しい課題への耐性，変化への対応，影響する事柄を知ることが大切である．交友関係やコミュニケーション，学級などでの活動でのようすも評価する．体調の変動や生活リズム，食事，睡眠などの健康保持や基本的生活習慣にも気をつける．

　ケース会は，子どもにかかわる教員，支援者，保護者などが互いの情報を公開し合い，共通理解を深めて，目標を絞り込むために行う．子どもにみられる学習上の「つ

表1　個別の指導計画の作成と実行の過程

・特別な教育的指導の必要性の判断
　　↓
・実態把握・アセスメントの実施
・校内委員会・ケース会での話し合い
　　↓
・個別の指導目標の設定
・個々の指導手立てを明確にした指導計画の作成
　　↓
・指導の展開と日常の評価・ふり返り
　　↓
・定期的な評価と指導の改善
・定期的に再アセスメント

まずき」の背景を，知識・理解での困難（目的や方法の理解が不十分，偏った理解，記憶や想起の方略が不十分），技能・遂行（経験や学習が不十分，誤った学習，習熟や向上のための方略が不十分），意欲・社会性での困難（評価を受ける機会とフィードバックが不十分，周りとのコミュニケーションの不疎通，子どもの自己評価の低さ）の三つの機能から推定して，目標に生かしていく．

個別の指導目標は，指導支援の方向性を示し，一番に優先されること，最終的に達成したいことである長期目標（個別目標）と，場面に応じて具体化され，すべき・すべきでない行動の具体的な記述である短期目標（具体目標）とに分けて示す．短期目標には，行うときの状況や条件，達成の基準と評価の方法を明らかにしておく．さらに，ある程度の期間内に達成でき，結果・成果を予測できるものとする．子どもが自分の力で成し遂げ，習熟して定着するまで指導を継続する．

具体的な指導の手立ては，まず，子どもの学習スタイルをもとに考える．実態把握などで明らかとなった子どもの学習での特長を生かし，得意な方法を利用して，子どもの力を伸ばすように工夫する．次に，学級や授業で行える指導方法を試みて調整する．視覚的な説明，見本の提示，補助具の活用，周囲の支援の仕方などを実際に試して，子どもに合った方法と程度を探る．そして，子どもの参加機会や多様な指導形態，学級での学習環境を検討する．個別指導だけでなく，少人数やグループ別指導，さらに朝学習や放課後指導などを柔軟に編成する．子どもがみずから取り組むための機会や手がかり・自助具を工夫する．

●**個別の指導計画の評価と改善**　評価は，子どもの指導目標の達成度と，教員などの指導の在り方の二つの側面から行う．指導途中の要所で，評価・ふり返りの機会をつくり，子どもに学習の成果を発表させる．習熟度や到達度，態度，努力を評価して，子どもの学習意欲を高める．子どもがみずから記録し報告し説明して評価を受ける仕組みを，指導者間や保護者との間で工夫するとよい．

教員などの指導の在り方の評価から，指導の改善につなげる．課題が難しすぎたり易しすぎたりしていないかを検討し，指導目標を見直し再設定する．指導内容をわかって取り組めているか確認し，子どもの学習スタイルに合った指導方法をさらに吟味し，教材・教具の開発を進める．十分に練習し習熟できたか確認し，指導の場や機会を見直して確保する．指導者の援助に過剰や不足がないか確認し，適切な援助のレベルに調整する．　　　　　　　　　　　　　　　　［武藏博文］

📖 **参考文献**
[1] 海津亜希子『個別の指導計画作成ハンドブック　第2版』日本文化科学社，2012
[2] 廣瀬由美子・佐藤克敏『通常の学級担任がつくる個別の指導計画』東洋館出版社，2006
＊各県の教育委員会，教育センターなどでは，個別の指導計画の作成・指導の手引きや書式をホームページに公開しダウンロードできるようにしている．

個別の教育支援計画

　近年，医学や情報通信技術などの急速な発展とともに，教育や医療などのさまざまな分野での専門性の高度化や複雑化が急速に進み，一つの分野だけでは多様なニーズに対応することが難しくなってきた．そのため，異なる分野にわたる関係機関との連携・協力が，今まで以上に求められるようになってきている．
　障害のある子どもの教育では，医療や福祉などと関連することが多いため，これらの分野の機関や専門家と連携することが以前より求められてきた．しかし，個別の連携であったり，年度ごとの情報が正確に引き継がれていなかったりしたため，得た情報を有効に活用することが求められるようになってきた．
●**個別の教育支援計画の作成**　「個別の教育支援計画」とは，障害のある子ども一人ひとりのニーズに対応した支援を効果的に実施するために，学校や教育委員会が中心となり，①乳幼児期から学校卒業後までの長期的な視点に立ち，②教育，医療，福祉，保健，労働などの関係機関が連携して，作成される計画のことである．関係者との連携に当たっては，関係者が一堂に会して検討したり，持ち回りで検討するなど学校や関係機関の状況により異なるが，保護者については検討する場へ出席して意見を述べたり，個人懇談時や家庭訪問時に意見を聞くなどして，保護者の意向を最大限尊重することが求められている．その内容としては，障害のある子どものニーズ，支援の目標や内容，支援を行う者や機関の役割分担，本人・保護者のニーズ，支援の内容や効果の評価方法などが考えられる．特に保護者と合意した配慮の内容などについては明記する必要がある．
　個別の教育支援計画は，2001年に策定された「障害者基本計画」で示された，「障害のある子どもの発達段階に応じて，関係機関が適切な役割分担の下に，一人ひとりのニーズに対応して適切な支援を行う計画（個別の支援計画）を策定して効果的な支援を行う」ためのもので，この個別の支援計画のうち，学校や教育委員会が中心となって作成するものを個別の教育支援計画といっている．
　個別の教育支援計画の作成時には，個々の子どもの実態を把握するだけでなく，子ども本人や保護者のニーズも把握する必要があり，その過程で知り得た個人情報を関係機関で共有するためには子ども本人，または保護者の了解を必要とする．保護者が関係者として関わるだけでなく積極的に主体的に関わることができるようにするため，保護者が作成に参画するよう促すことも大切である．
　また，2015年度より福祉サービスを利用するには，指定相談支援事業者による「サービス等利用計画・障害児支援利用計画」の作成が必要になったので，保護者の了解を得てこの計画を入手し，放課後や長期休業中の子どもの支援状況を

把握しておくことも大切だろう．

●**学習指導要領における個別の教育支援計画**　2008年と2009年に改訂された学習指導要領等により，特別支援学校においてはすべての子どもについて作成することが義務付けられた．また，小・中学校等においては必要に応じて作成することになっており，すべての子どもについて作成することまでは求めていない．小・中学校等では個別の指導計画等についての理解が広がっていなかったことや，通常の学級にいる子どもの中には特別な支援を保護者が求めていない（他の子どもと同じように対応してほしい）場合があるなど，特別支援学校とは状況が異なることから，この時の改訂では義務付けはされなかった．

●**合理的配慮と個別の教育支援計画**　わが国が2014年に批准した障害者の権利に関する条約では，「合理的配慮」という新しい概念が導入されている．合理的配慮とは「個別に必要とされる理にかなった変更・調整」ということができる．この「理にかなった」とは「過度の負担がない」「公平性のある」ととらえたほうがわかりやすい．特に通常の学級においては，周囲の子どもが「公平性の観点から，このような配慮が必要だ」と理解できるようにすることが必要である．学校などが，本人・保護者と合意形成できた合理的配慮の内容を記録しておく必要があるため，文部科学省では「教育支援資料」などの中で，それを個別の教育支援計画に記載することを求めている．

　このようなことから，小・中学校などには，学習指導要領などでは個別の教育支援計画は必要に応じて作成することになっているが，合理的配慮の明記・提供という観点からは，今まで以上に作成・活用することが求められているといえる．特に2016年4月施行の障害者差別解消法においては，公的機関（国公立の学校など）については合理的配慮の提供が義務付けられているため，合理的配慮を必要とする子どもについては，個別の教育支援計画を作成し，その中に合理的配慮の内容について記載できる枠を設けたり，記載できるページを設けたりする必要がある（合理的配慮については，「合理的配慮と基礎的環境整備」参照）．

　個別の教育支援計画は，子ども本人や保護者のニーズを踏まえつつ作成するもので，その中には合意できた合理的配慮の内容についても記載するものであるので，保護者と連携・協力しながら作成する必要がある．それに対し個別の指導計画は，教員が作成する指導のための計画で，個々の子どもの実態やニーズを踏まえて，指導を効果的に展開するために作成する計画である．そのため，年度ごとや学期ごと月ごとなどさまざまな個別の指導計画が考えられる．これらの計画は指導者である教員が作成するものだが，それぞれの指導において，合理的配慮の提供と個別の教育支援計画を踏まえた指導が求められるので，これらを参考にしながら個別の指導計画を作成・活用する必要があるだろう．

［丹羽　登］

相談支援ファイル

　文部科学省と厚生労働省は，2008年3月に「障害のある子どものための地域における相談支援体制整備ガイドライン（試案）」を策定した．本ガイドラインは，都道府県や市町村などの各自治体において，医療，保健，福祉，教育，労働などの関係部局・機関が一体となって，障害のある子どもやその保護者に対する一貫した相談・支援体制が整備されることを目的とし策定したものである．その中で，関係機関による情報の共有化を図り，かつ，関係機関による各種相談・支援の際に円滑な情報の共有ができることを目的とした，「相談支援ファイル」について提示した．

●**相談支援ファイルの目的**　相談支援ファイルの目的は，発達障害のある人をはじめとした支援の必要な人，またその家族が生涯にわたって継続的で効果的な支援を受け，安心で安全な生活を送ることができるようにすることである．そのため，本人の成長・発達を客観的・長期的に把握し，本人とその家族が関係機関からより良い支援が受けられるように，支援に関わる機関同士の連携や接続を促進していくのである．

●**相談支援ファイルの作成**　相談支援ファイルは，本人および保護者が保管し，ライフステージに応じて適切な相談や支援が受けられるように活用するものである．障害の発見や気づきの時点から，成長・発達に応じて，乳幼児期から成人期までどの時期からでも活用できる．また，本人および保護者は，療育・保育・教育に関わる担当者，保健師などの福祉に関わる担当者と一緒にこの支援ファイルを作成・評価・継続することにより，一貫性のある支援が受けられる．
　相談支援ファイルの内容は，基本情報（生育歴，病気・医療に関する情報，発達に関する受診・相談，福祉サービスの利用状況），そのときどきの状況（本人の状況，保護者の願い，本人の想い，サポートマップ），支援方針・具体的な支援内容（就学前支援，学齢期支援，所属歴，主な相談機関）である．サポートのネットワーク状況の例を図1に示す．

●**相談支援ファイルの活用**　相談支援ファイルは，本人の願いによって取捨選択できるものであり，本人にとって「なくてはならない情報」で構成されている．また，一人ひとりの可能性を拡げるものとして活用できるようにしてある．活用として，就学前から小学校，小学校から中学校などライフステージの移行時期とそれぞれのライフステージごとが考えられる．移行時期での目的は，関係機関の情報の引き継ぎ，ライフステージを通した支援の一貫性の確保である．ライフステージごとの目的は，それぞれの関係機関における本人の暮らしの全体像の把握，

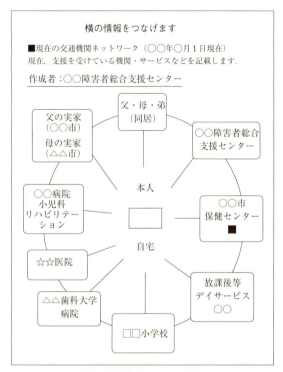

図1　相設支援ファイルの例
[出典：文部科学省，障害のある子どものための地域における相談支援体制整備ガイドライン（試案）〈http://www.mext.go.jp/a.menu/shotou/tokubetu/material/021/006.htm〉を一部改変]

関係機関の本人に関する支援の在り方の協議など，支援する関係機関の支援チームとしての方針共有である．ファイルを有効に活用していくには，各支援機関担当者の支援ファイルの内容の周知が必要である．また，保護者・本人の保持や内容の書き換え，支援機関の活用状況・活用方法の記載が求められる．誰がファイルを所持しているのかの把握方法や紛失した場合の処理など，安全な方法によるバックアップ機能の検討が求められる．このファイルには，本人や家族（保護者）の個人情報，支援者・関係機関にかかわる情報が多く含まれているため，活用する際にはプライバシーに十分配慮して取り扱わねばならない．

　相談支援ファイルは，本人と保護者，そして支援者の将来の見通しにつながり，本人が安心して生活できるツールとして役立てるものなのである．　　　　　［藤井茂樹］

参考文献
[1]　文部科学省「第3章 地域における一貫した相談支援のための連携方策3「相談・支援手帳（ファイル）」の作成」『特別支援教育について』，2008

インクルーシブ教育システム

　インクルーシブ教育システムの理念については，わが国が2007年9月に署名し，2014年1月20日に批准した「障害者の権利に関する条約」[1]（以下，権利条約）で提唱されている理念であり，第24条（教育）において「人間の多様性の尊重等の強化，障害者が精神的及び身体的な能力等を可能な最大限度まで発達させ，自由な社会に効果的に参加することを可能とする」ことを目的としている．

●**インクルーシブ教育システムの基本的な考え方**　インクルーシブ教育システムの実現に当たり，権利条約では以下の五つの内容を確保することを決めている．

- 障害者が障害に基づいて一般的な教育制度（general education system）から排除されないこと及び障害のある児童が障害に基づいて無償のかつ義務的な初等教育から又は中等教育から排除されないこと．
- 障害者が，他の者との平等を基礎として，自己の生活する地域社会において，障害者を包容し，質が高く，かつ，無償の初等教育を享受することができること及び中等教育を享受することができること．
- 個人に必要とされる合理的配慮が提供されること．
- 障害者が，その効果的な教育を容易にするために必要な支援を一般的な教育制度の下で受けること．
- 学問的及び社会的な発達を最大にする環境において，完全な包容という目標に合致する効果的で個別化された支援措置がとられること．

　2012年7月に中央教育審議会初等中等教育分科会から出された「共生社会の形成に向けたインクルーシブ教育システム構築のための特別支援教育の推進（報告）」[2]（以下，報告）では，インクルーシブ教育システムにおいては，共生社会の形成に向けて，権利条約に基づくインクルーシブ教育システムの理念が重要であると述べられた．インクルーシブ教育システム構築のため，特別支援教育を着実に進めていくこと，さらには，そのシステムにおいては，同じ場でともに学ぶことを追求するとともに，個別の教育的ニーズのある幼児児童生徒に対して，自立と社会参加を見据えて，教育的ニーズに最も的確に応える指導を提供できる，多様で柔軟な仕組みを整備することが重要であり，連続性のある「多様な学びの場」を用意しておくことが必要であることが示された．

●**インクルーシブ教育システムのための特別支援教育の推進**　特別支援教育は，共生社会の形成に向けたインクルーシブ教育システム構築のために必要不可欠な

ものである．特別支援教育を推進していくことは，子ども一人ひとりの教育的ニーズを把握し，適切な指導および必要な支援を行うものであり，障害のある子どもにも，障害があることが周囲から認識されていないものの学習上または生活上の困難のある子どもにも，さらにはすべての子どもにとっても，良い効果をもたらすことができるものと考えられる．そのため，以下の三つの考え方に基づき，特別支援教育を発展させていくことが必要である．

- 障害のある子どもが，その能力や可能性を最大限に伸ばし，自立し社会参加することができるよう，医療，保健，福祉，労働などとの連携を強化し，社会全体のさまざまな機能を活用して，十分な教育が受けられるよう，障害のある子どもの教育の充実を図ることが重要である．
- 障害のある子どもが，地域社会の中で積極的に活動し，その一員として豊かに生きることができるよう，地域の同世代の子どもや人々の交流などを通して，地域での生活基盤を形成することが求められている．このため，可能な限りともに学ぶことができるよう配慮することが重要である．
- 特別支援教育に関連して，障害者理解を推進することにより，周囲の人々が，障害のある人や子どもとともに学び合い生きる中で，公平性を確保しつつ社会の構成員としての基礎をつくっていくことが重要である．次代を担う子どもに対し，学校において，これを率先して進めていくことは，インクルーシブな社会の構築につながる．

また，各地域においてインクルーシブ教育システムを構築するにあたり，地域内の教育資源（幼・小・中・高等学校および特別支援学校，特別支援学級，通級指導教室など）それぞれの単体だけでは，そこに住んでいる子ども一人ひとりの教育的ニーズに応えることは難しいことが考えられる．そのため，例えば，地域内の関係者でケース検討会議を行い特定の子どもの合理的配慮について検討したり，通級指導担当教諭が地域内の各学校を巡回指導したりするなど，域内の教育資源の組合せ（スクールクラスター）により，域内のすべての子ども一人ひとりの教育的ニーズに応えられるシステムを検討することも重要である． ［田中裕一］

参考文献
[1] 障害者の権利に関する条約〈http://www.mofa.go.jp/mofaj/gaiko/jinken/index_shogaisha.html〉
[2] 文部科学省中央教育審議会「共生社会の形成に向けたインクルーシブ教育システム構築のための特別支援教育の推進（報告）」2012
〈http://www.mext.go.jp/b_menu/shingi/chukyo/chukyo3/044/houkoku/1321667.htm〉

合理的配慮と基礎的環境整備

　中央教育審議会初等中等教育分科会において，障害者の権利に関する条約（「国連障害者権利条約」参照）のインクルーシブ教育システムの構築のための教育制度の在り方について検討が行われ，2012年7月に「共生社会の形成に向けたインクルーシブ教育システム構築のための特別支援教育の推進（報告）」[1]（以下，中教審報告）がまとめられた．この報告の中で，「合理的配慮」と「基礎的境整備」の定義が示された．

●**合理的配慮の定義**　合理的配慮とは「障害のある子どもが，他の子どもと平等に教育を受ける権利を享有・行使することを確保するため，学校の設置者及び学校が必要かつ適当な変更・調整を行うことであり，障害のある子どもに対し，その状況に応じて，学校教育を受ける場合に個別に必要とされるもの」であり，「学校の設置者及び学校に対して，体制面，財政面において，均衡を失した又は過度の負担を課さないもの」と定義されている．また，障害者の権利に関する条約において，合理的配慮の否定は，障害を理由とする差別に含まれることに留意する必要があることも述べられている．中教審報告では，合理的配慮は個々の障害のある幼児児童生徒の状態などに応じて提供されるものであること，設置者および学校が決定するに当たっては，本人および保護者と個別の教育支援計画を作成する中で，合理的配慮の観点を踏まえ，可能な限り合意形成を図ったうえで決定し提供されること，それぞれの学びの場における基礎的環境整備の状況により，提供される合理的配慮は異なることが述べられている．中教審報告では次の3観点11項目が示された．

「合理的配慮」の観点①：教育内容・方法
　①-1　教育内容
　　①-1-1　学習上または生活上の困難を改善・克服するための配慮
　　①-1-2　学習内容の変更・調整
　①-2　教育方法
　　①-2-1　情報・コミュニケーションおよび教材の配慮
　　①-2-2　学習機会や体験の確保
　　①-2-3　心理面・健康面の配慮
「合理的配慮」の観点②：支援体制
　②-1　専門性のある指導体制の整備
　②-2　幼児児童生徒，教職員，保護者，地域の理解啓発を図るための配慮
　②-3　災害時の支援体制の整備

「合理的配慮」の観点③：施設・設備
　③-1　校内環境のバリアフリー化
　③-2　発達, 障害の状態および特性等に応じた指導ができる施設・設備の配慮
　③-3　災害時などへの対応に必要な施設・設備の配慮

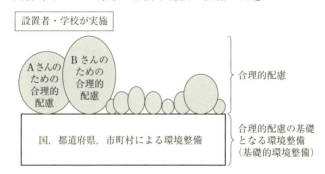

図1　合理的配慮と基礎的環境整備の関係
［出典：文部科学省「共生社会の形成に向けたインクルーシブ教育システム構築のための特別支援教育の推進（報告）」より作成］

●**基礎的環境整備の定義**　中教審報告では障害のある子どもに対する支援については, 国は全国規模で, 都道府県は各都道府県内で, 市町村は各市町村内で, 教育環境の整備をそれぞれ行う. これらは合理的配慮の基礎となる環境整備であり, それを基礎的環境整備と呼ぶ（図1）. これらの環境整備は, その整備の状況により異なるところではあるが, 設置者および学校は, 各学校において障害のある子どもに対し, その状況に応じて, 合理的配慮を提供することになる. 基礎的環境整備として示された8項目は次のとおりである.
　①ネットワークの形成・連続性ある多様な学びの場の活用
　②専門性のある指導体制の確保
　③個別の教育支援計画や個別の指導計画の作成等による指導
　④教材の確保
　⑤施設・設備の整備
　⑥専門性のある教員, 支援員等の人的配置
　⑦個に応じた指導や学びの場の設定等による指導
　⑧交流および共同学習　　　　　　　　　　　　　　　　　　［藤本裕人］

📖 **参考文献**
［1］　文部科学省中央教育審議会「共生社会の形成に向けたインクルーシブ教育システム構築のための特別支援教育の推進（報告）」2012

テスト・アコモデーション

　テスト・アコモデーションとは,「特別な教育的ニーズを有する子どもがテストを受験（検）するにあたり, テストの様式や内容, 実施の手続きを変更することで, 子どもにとって, 公平に, かつ妥当な評価実現をめざす」ことである[1]. いわゆる「入試における特別措置」や「定期試験における個別配慮」などの場で検討されるのがテスト・アコモデーションである. 英語では一般に"testing accommodations"と表記されている.

　テスト・アコモデーションにはさまざまな内容があるが, それらは次の四つのカテゴリーに分類できる：(a) 環境の修正, (b) 呈示の仕方の修正, (c) 答え方の修正, (d) 時間とスケジュールの修正. 表1に各カテゴリーの例を示す.

表1　テスト・アコモデーションの四つのカテゴリー

カテゴリー	例
環境の修正	別室受験, 小集団でのテスト, 座席の配慮
呈示の仕方の修正	口頭での呈示, プリントの拡大, 指示の言い換え
答え方の修正	代筆, 選択式, テスト冊子への直接記入
時間とスケジュールの修正	時間延長, 途中休憩

［出典：文献 [1] を一部変更］

●**テスト・アコモデーションの目的と特徴**　テスト・アコモデーションを行う目的は, 障害のある子どものテストにおいて, 信頼性と妥当性のある結果を保障することである. それは, テストの結果には, 測ろうとしている能力や到達度が適切に反映され, 障害による影響——例えば, 過剰な負荷など——が反映されないようにすることをめざすものである.

　D. S. ゴウによれば, テスト・アコモデーションには, 少なくとも次の三つの特徴がある[2]. 第一に, それは, 子どものニーズに合うように個別化されなければならない. テスト・アコモデーションは, すべての子どもに必要というものではない. その子どもの障害が, テストの成績に不利な影響を与えてしまうような場合に個別に計画されるものである. 第二に, すべての子どもにとって公平なやり方を用いなければならない. 公平な評価のために, しばしば合理的な変更であることが求められる. すなわち, テスト・アコモデーションは, 問題や回答へのアクセスを可能にするものであって, 内容や評価基準そのものを本質的に変更するものではないことに留意する必要がある. 第三に, 診断目的の場合に行ってはならない. 評価の主たる目的が, 障害の特性をとらえようとする場合, テスト・アコモデーションはかえって結果の信頼性や妥当性をゆがめる要因になる.

●テスト・アコモデーションの実施の条件　上記したようにテスト・アコモデーションは誰もが受けられるというものではなく，実施の際には，その内容が子どものニーズに合うように個別化されているかを吟味しなければならない．ゴウは，学校が該当する子どもに対して，どのようなテスト・アコモデーションを提供するかを決定するときには，以下のような点を十分に検討すべきであると述べている：(a) テストの目的，(b) 子どもの特性や障害，(c) 利用できるテスト・アコモデーションの内容と効果．さらに，テスト・アコモデーションの要件として，子どもの障害が学校生活にどのような制約をもたらしているのか，そして，学校での指導やテスト・アコモデーションによって，どのような効果が現れているのかについて，その根拠を示す必要があることも指摘している[2]．このように，テスト・アコモデーションの決定にあたっては，日々の実践におけるエビデンスが不可欠であり，個々の子どもにおいて，そのような検証のプロセスを経ることが重要と考えられる．

●わが国における動向と課題　わが国では2011年度から大学入試センター試験における特別措置の対象に発達障害が加わり，また，こうしたテスト・アコモデーションの検討は，各地域の高等学校入試にも広がりつつある[3]．一方で，欧米諸国に比べるとわが国のテスト・アコモデーションに関する研究や実践の報告は少なく，その妥当性や信頼性の検討が十分であるとはいえない．また，海津らは，テスト・アコモデーションが教育の場において認知されていくためには，「本来テストが測定しようとしている内容と照らし合わせながら，どうしてテスト・アコモデーションが必要なのかについて，用いる側が明確にしておくこと」，そして，その「効果について多角的に分析することが必須である」と述べている[1]．テスト・アコモデーションの実施の条件や効果についての多角的な検証，さらに，それを利用する側の教員等への理解・啓発が，今後の課題として重要と考えられる．

[玉木宗久]

参考文献

[1] 海津亜希子他「第5章　テスト・アコモデーションの検討」国立特別支援教育総合研究所編『小・中学校等における発達障害のある子どもへの教科教育等の支援に関する研究』平成20～21年度重点推進研究成果報告書，pp.189-234，2010（国立特別支援教育総合研究所ホームページ〈http://www.nise.go.jp/cms/resources/content/403/c-83.pdf〉）
[2] D. S. Goh, *Assessment accommodations for diverse learners*, Pearson Education, 2004
[3] 国立特別支援教育総合研究所「高等学校における発達障害等の特別な支援を必要とする生徒への指導・支援に関する研究―授業を中心とした指導・支援の在り方」平成24年度～25年度専門研究報告書，2014（国立特別支援教育総合研究所ホームページ〈http://www.nise.go.jp/cms/resources/content/9719/seika4.pdf〉）

大学入試における配慮

　大学入試では，特定の人が有利・不利にならないよう，原則全員が同じ条件で受験する．しかし，例えば読みや書きに障害のある人は，他の人と同じ条件で受験した場合，問題を読めなかったり，解答を記入できなかったりする．入試とは直接関係のない負担によって，学力や能力を発揮できないという状況を避けるため，障害のある受験者は，大学入試において必要な配慮を受けることができる．

●**国内の配慮の状況**　大学入試センターは30年以上前から入試における配慮を行ってきた．もともとは身体障害の受験者が対象であったが，2011年度からは「自閉症」「アスペルガー症候群」「広汎性発達障害」「学習障害」「注意欠陥多動性障害」などの発達障害の受験者が追加された．配慮の利用者は，一貫して増加し続けており，ここ数年は「その他」を除く五つの障害で1000人程度である（図1）．発達障害の受験者も，2011年度の96人から180人に増加している．

　申請の際には，「受験上の配慮申請書」「診断書」「状況報告書」を提出する．「受験上の配慮申請書」は，本人が診断名や必要な配慮の概要を記載する．「診断書」には，医師が診断名と，視力や聴力など障害ごとに必要な検査結果を記入する．「状況報告書」には，在籍している高等学校の校長などが授業や定期試験で実際に受けている配慮などを記載する．このように，医学的診断と教育的支援とを総合し，受験者の状態を理解した上で配慮の必要性が判定される．発達障害の受験者が受けることができる主な配慮を表1に示す．障害の種類や程度によって必要な配慮が異なるという発達障害の特性が反映され，内容が多岐にわたっていることが特徴である．

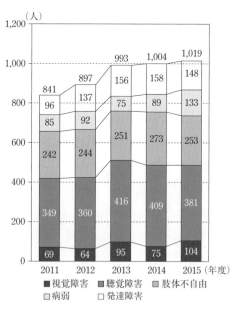

図1　センター試験の受験上の配慮利用者
［出典：独立行政法人大学入試センター〈http://www.dnc.ac.jp〉］

表1 センター試験において発達障害の受験者が受けることができる配慮

①チェック解答:マークシートを塗る代わりにチェックで解答
②試験時間の延長:すべての教科の試験時間を1.3倍に延長
③拡大文字問題冊子:1.4倍または2.2倍の大きさのゴシック体で印刷された問題冊子
④別室の設定:少人数の教室で受験
⑤注意事項などの文書による伝達:口頭での説明に加えて説明が記載された文書を配布

近年は,大学の個別入試でも発達障害の受験者への配慮が広がってきた.日本学生支援機構[1]によれば,2014年度の大学の入試において配慮を受けた発達障害の受験者は全国で160人であった.内容としては,「別室の設定」が最も多く,「文書による伝達」「試験時間の延長」なども行われていた.

このように,センター試験の変更を契機として,国内の大学入試における障害受験者への配慮は拡大してきた.ただし,より進んでいる欧米では,利用者数が多いだけでなく,音声やパソコンによる出題・解答などの配慮も行われている.

●入試における配慮と公平性　日本のような選抜型の入試の場合,公平性の問題が生じやすく,適切な配慮が難しい.S. E. フィリップス[2]は,試験における障害者への配慮が適切であるための条件を示している(表2).「チェック解答」「拡大文字問題冊子」などの読みや書きの配慮と異なり,「試験時間の延長」は,これらの条件を満たしているかが問題になりやすい.例えばミネソタ大学の全米教育評価センター(National Center on Educational Outcomes)[3]は,試験における障害者への配慮に関する研究を継続的にレビューしている.試験時間の延長については,研究数は非常に多いものの,教科や難易度などのテストの質,学力などの影響を受けるため,効果が一貫しておらず,今後も検証が必要である.

表2　試験における障害者への配慮が適切であるための条件[2]

①試験の形式や条件の変更によって,測定される能力が変更されない.
②通常の条件で受験した人の得点と,配慮を受けて受験した人の得点とが,同じ意味をもつ.
③障害のない人が同じ配慮を受けても,恩恵を受けない.
④障害のある受験者にとって,通常の条件で試験を受けることが困難である.
⑤障害の証明や配慮の方針が,高い妥当性や信頼性に基づいている.

［立脇洋介］

参考文献

[1] 日本学生支援機構「平成26年度(2014年度)大学,短期大学及び高等専門学校における障害のある学生の修学支援に関する実態調査結果報告書」2015
[2] S. E. Phillips "High-stakes testing accommodations: validity versus disabled rights", *Applied Measurement in Education*, 7, 93–120, 1994
[3] C. M. Rogers et al., *A summary of the research on the effects of test accommodations, 2011-2012* (Synthesis Report 94), University of Minnesota, National Center on Educational Outcomes, 2014

教育における ICT 利用

　ICT とは情報通信技術（information and communication technology）の略称であり，幅広い技術や製品，ネットワーク基盤環境，関連サービスなどを包含する用語として使われている．学校教育分野においても，1970 年代以降，パーソナル・コンピューターとよばれる個人利用向けのコンピューターが市販されるようになったころから，教室にさまざまな ICT 機器が配備されてきた．

● CAI から e-Learning，MOOCS へ　1970 年代から，コンピューターを用いた学習システム CAI（computer aided instruction）が開発され，学校教育などにおいて利用されてきた．画面上に提示される情報を見て学び，達成度テストもコンピューター上で行われ，その達成度に応じて次の学習段階へ進むという個別学習（独習）システムであった．近年では，インターネット上に構築された学習システムを，汎用のコンピューターとインターネット・ブラウザを通じて利用する e-Learning システムとして構築されるようになった．特別な機材を購入するコストや，コンテンツの維持更新などの問題点が解決され，学校教育だけに限らず，幅広い教育分野で遠隔教育や独習の手段として一般的に利用されるようになっている．

　また，高等教育のオンライン化は急速に進んでおり，古くからテレビ放送などを通じて遠隔教育を行っていた英国のオープンユニバーシティや日本の放送大学も，現在はインターネットを通じた授業配信を行っている．また最近は，米国の大学教育から始まった大規模オープンオンライン講座（massive open online course：MOOC，ムーク）とよばれる，世界中から誰もが参加可能な大規模なオンライン教育プログラムが日本を含めて国際的な広がりをみせている．

●校務支援システムとしての ICT 利用　教育的な指導そのものではなく，試験の採点，成績や出欠管理，教師間の教材の共有，教職員と児童生徒・保護者・学生の間の連絡事項の共有や課題のやり取りなど，学校運営上の業務を円滑に行うことを支援するシステムとしても，ICT は利用されている．特に大学教育では，他の教育段階に先んじて，多数の学生と少数の教職員とのやり取りを円滑に行うためオンラインシステム（learning management system：LMS）とよばれるシステムの利用が一般化している．初等中等教育過程においても，LMS の利用は次第に浸透し始めている．

●デジタル教材としての ICT 利用　教員が教室での教材提示において利用する機器としては，古くは OHP やビデオ教材に始まり，近年では実物投影機，プロジェクター，そして電子黒板と，高度な ICT 機器の利用が一般化してきた．か

つて紙の印刷物や写真だけで提示されていた資料は，高精細なデジタル写真や動画，音声などのマルチメディア形式で提示されるようになった．

特に，2011年に学習指導要領が改訂された頃から，指導者用デジタル教科書とよばれる補助教材が学校教育場面で一般化した．指導者用デジタル教科書は，教員が一斉指導において児童生徒に提示するために用いる，教科書に準拠した教材である．動画や画像，音声のデータを内包しており，主に電子黒板と組み合わせて，教室での指導のための副教材として利用されるようになった．

●**アクティブ・ラーニングのツールとしてのICT利用** アクティブ・ラーニング[1]とは，生徒が教師による指導・講義を一方的に聞くだけではなく，生徒自身が能動的にその学習の過程に参加する様式の学習方法を指す．また，その際には，調査や情報収集のためのインターネットの活用や，記録・分析のためのデジタルカメラやビデオカメラなどの記録装置の利用，分析のための計算ツールの利用，ディスカッションのためのプレゼンテーション・ソフトウェアの利用など，多様なICTが利用される．

初等中等教育では，学級における一斉指導の円滑化のため，ある程度統合され，画一化されたICTツールのニーズがある．学習者用デジタル教科書とよばれる，教員ではなく児童生徒が利用するためのデジタルツールは，教科書，ノート，ドリル，副教材その他の，多様な機能やコンテンツを，タブレットなどのICT製品上に統合したものである．教師が生徒に提示するためではなく，児童生徒がみずから使用することを想定してつくられた製品を指し，アクティブ・ラーニングの初等中等教育での推進など，多くの期待が学習者用デジタル教科書に込められている．しかし，その必要性や教育効果についての実践事例や実証的研究はいまだ少なく，今後の実践や議論の蓄積が待たれている．

●**支援技術としてのICT利用** 障害者の社会参加を促進するテクノロジーは，支援技術とよばれている．ICTのようなハイテクはもちろん，従来の車いすや義肢，自助具なども含む幅広い概念である．教育場面においても，障害のある児童生徒が参加するうえでの社会的障壁をなくすため，ICTが不可欠となる場合がある．発達障害のある児童生徒の特別支援教育においても，ディスレクシアの生徒が教科書や試験問題を音声読み上げ機能を使って読んだり，鉛筆の替わりにキーボード入力を用いたり，自閉症スペクトラムのある児童生徒で，対人・口頭コミュニケーションを媒介するコミュニケーション・エイドを用いたりと，多様なICT製品が利用されている．

[近藤武夫]

📖 **参考文献**

[1] C. C. Bonwell and J. A. Eison "Active Learning: Creating Excitement in the Classroom", *ASHE-ERIC Higher Education Reports*, ERIC Clearinghouse on Higher Education, The George Washington University, 1991

特別支援教育における ICT の活用

特別支援教育における ICT（information and communication technology）の利用は，米国の支援技術の利用が教育場面で広がり始めた 1980 年代終わりから 1990 年代初頭頃，拡大・代替コミュニケーション（AAC）を実現する方法の一つとして使われたことに始まる．この頃，VOCA とよばれる，シンボルとボタンやスイッチ，録音音声を組み合わせて提示できる，専用の ICT 製品が登場し，米国の教育現場で利用されてきた．音声言語の理解や使用，または発話や構音が困難な障害児が，他者とコミュニケーションする際に利用されるようになった．また AAC や VOCA の利用は，1990 年代には日本でも知られるようになった[1]．現在では，VOCA の機能をもつタブレット上で動作するアプリが日本でも開発され，市販されている（図 1）．

図1 VOCA としての機能をもつタブレット向けアプリの例
[出典：http://droplet.ddo.jp/droptalk/basicusage.html より]

●**学習を支援するツールとしての ICT 利用**　特異的学習障害（SLD），注意欠如・多動性障害（ADHD），ASD などのある児童生徒では，個々の障害の状況に応じて，「紙の印刷物を読む」「鉛筆で文字を書く」「計算する」「聞く」「話す」「見通しを立てる」ことのいずれかまたは複数が困難であるために，通常の生徒と同じ学習方法では高い認知的負荷が生じ，教育場面への参加が妨げられる場合がある．ICT は認知的負荷を低減してよりよい学習成果につなげ，高等教育や就労への移行支援[2]が促されるよう，学習環境を調整するツールとして用いられてきた．日本でも，教室での学習参加や，試験を受ける機会を保障するために，合理的配慮の一貫として ICT を活用することが認められ始めている[3]．

●**読むことを支援する ICT 利用**　SLD のうちディスレクシア（読字障害）のある児童生徒は視力に障害はないが，印刷物を読むことが難しい．読み書きを支援するソフトウェアは，文章を音声で読み上げたり，読み上げている箇所をハイライト表示したり，文字のサイズ・種類・色・背景色を変更・調整するといった機能を備えている．こうしたソフトウェアは，ディスレクシアのある生徒に限らず，視覚障害のある生徒，肢体不自由によりページめくりの難しい生徒など，通常の印刷物を読むことの障害（印刷物障害）のある児童生徒の支援に用いられてきた．

また，音声読み上げ機能（TTS）は，人間の肉声の録音ではなく，コンピューターによる電子的な音声合成によって，音声をリアルタイムに作成する機能であ

り，もともとは，主に視覚障害者のために開発された来歴をもつ．しかし，特に米国や英国では，近年のTTSの利用は発達障害のある児童生徒に広がっている．

●**書くことを支援するICT利用**　SLDのうちディスグラフィア（書字障害）や発達性協調運動障害のある児童生徒は，教室で手書きでノートをとったり，試験で解答することが難しくなる．そのため，キーボード入力で文字や数式を書いたり，デジタルカメラで板書を撮影したり，ICレコーダーで授業の音声を録音して記録するなどの手段が用いられている．作文を書く際にも，音声入力機能を用いて，口頭で話したことを文章にする方法も採られる．また作文では，文章を綴る前にまず単語や短い言葉を空間的に配置して概念構造を表現する概念マッピング手法と，それを簡便に行うことができるソフトウェアが用いられる．

●**計算する，聞く，見通しを立てるなどでのICT利用**　ディスレクシアやディスグラフィア，計算障害などにより，計算行為が困難な場合がある．このような場合は，計算機（特に，四則演算のみができるものなど）が利用される．教室での利用はもちろん，米国では試験でも認められる場合がある（例：米国大学進学適性試験SAT）．

聴覚処理障害やADHDなどにより，聞こえの理解に困難のある児童生徒がいる．そうした際には，FM補聴システムなどを利用し，音声を児童生徒の耳に直接，聞こえやすい形で届けることができる．また，自閉症スペクトラムなどにより，聴覚の過敏性をもつ児童生徒もおり，そうした生徒では，イヤーマフや耳栓に加え，周囲の音響を分析して雑音だけを低減する機能をもつノイズキャンセリングヘッドフォンが利用される．

SLDやADHDなどでは，予定表を手書きで記録したり，読み返して確認することや，記録した予定を思い出すことに困難がある場合がある．読み上げ入力が可能なデジタル予定表や，予定時刻が近づいたことを教えてくれるリマインダー機能を利用して，生徒本人が予定を把握できるように支援するなどの自立指導が行われている．また，ASDでも時間見通しの困難さが生じることから，時間の長さを視覚的に把握するため，タイムエイドとよばれるICT機器やソフトウェアが学校や生活場面で利用されている．

［近藤武夫］

📖 **参考文献**

[1] 中邑賢龍『AAC入門―コミュニケーションに困難を抱える人とのコミュニケーションの技法』こころリソースブック出版会，2014
[2] C. Mull and P. Sitlington "The Role of Technology in the Transition to Postsecondary Education of Students with Learning Disabilities: A Review of the Literature", *Journal of Special Education*, 37(1), 26-32, 2003
[3] 文部科学省「文部科学省所管事業分野における障害を理由とする差別の解消の推進に関する対応指針」2015

デジタル教科書

　発達障害のある子どもの中には，紙で印刷された教科書では学ぶことに困難を示す場合がある．しかし，近年話題となっているデジタル教科書には拡大機能，読み上げ機能，動画などを使った説明など，学びを支援するためのさまざまな機能が付加されている．本項では，デジタル教科書の現状とその課題について解説する．

●デジタル教科書の定義　文部科学省が出した「教育の情報化ビジョン」にはデジタル教科書の定義として「デジタル機器や情報端末向けの教材のうち，既存の教科書の内容と，それを閲覧するためのソフトウェアに加え，編集，移動，追加，削除などの基本機能を備えるもの」であり，主に教員が電子黒板などにより子どもたちに提示して指導するための「指導者用デジタル教科書」と，主に子どもたちが個々の情報端末で学習するための「学習者用デジタル教科書」に大別している．いわゆる教室の電子黒板や液晶テレビなどに提示しているものは「指導者用デジタル教科書」である．ただし，このデジタル教科書の内容は法令上の教科書に準じてはいるものの，教科書とは別の「教材」として位置付けられている．

　2008年に文部科学省が出した「教科書バリアフリー法」により，視覚障害などの紙の教科書では学ぶことに困難がある子どもに「教科書のデジタルデータ」を提供する取り組みがある．教科書のPDFのデータを使って拡大教科書を作成したり，音声データを提供して聞いて学べるようになっている．早くから教科書のバリアフリー化に取り組んでいる日本障害者リハビリテーション協会では「マルチメディアDAISY版教科書」として「DAISY（デイジー）」という形式の教科書デジタルデータを提供している．現在普及が進んでいる電子書籍で使われている「EPUB」といわれるデータの形式はこの「DAISY」が元になっており，障害のある人だけの特別なものではなくなっているといえよう．

●デジタル教科書の優れた機能　デジタル教科書を活用することでどのような効果が期待されるのであろうか．その一番のポイントは「マルチモーダル」な機能である．マルチモーダルには，さまざまな形式に変更することという意味がある．紙の教科書では，その情報の制約からさまざまな形式に変更することに困難があった．例えば，読むことに困難のある子どもの場合でも，聞くことによって内容が理解できることもある．いちいち教科書を読んでもらうことはなかなか難しいが，最新のICT技術を利用すれば文字を音声に変換することは容易になる．また，行の読み飛ばしや文字の認知に課題がある子どもの場合にも，行間を広げたりフォントを明朝体からゴシック体に変換することなどにより文字が見やすく

読みやすくなる．文字だけの説明ではなかなか理解が難しい子どもでも，動画を使って図形の回転や展開図を表示できれば困難を感じずに数学的なイメージが理解できることもある．

このように，同じ学習内容をさまざまな方法によって違った形に変えることができるのがデジタル技術の優れたところである．個々の子どもたちの特性に合わせて教材を変更するということは，これまでの教科書では容易ではなかったが，それぞれの子どもの得意なところを生かすためにも，困難な部分を補ってくれるデジタル教科書は大きなメリットがある．

●デジタル教科書の課題と期待　上記のように，デジタル教科書には発達障害のある子どもたちの学びを支援するさまざまな機能を備えることができる．しかし，実際には教科書会社などで出されている「指導者用デジタル教科書」はあるが，子どもたちが使うための「学習者用デジタル教科書」はごく一部の会社が試行的につくっているのみで，まだ具体的なものは出てきていない．その大きな要因の一つは，わが国にはデジタル教科書を提供するための具体的な法整備がないということがある．2015年度現在，文部科学省は「「デジタル教科書」の位置付けに関する検討会議」を設置して，デジタル教科書に関わるさまざまな環境整備について検討をすすめている．この会議ではデジタル教科書のアクセシビリティを取り上げて，より使いやすいデジタル教科書のあり方を討議している．

国立特別支援教育総合研究所ではデジタル教科書に関する研究を行っており，その中で今後整備されるべきデジタル教科書に関する課題として「学習者用デジタル教科書の定義」「さまざまなコンテナで検討することの必要性」「制作コストの課題」「著作権の問題」「研修システム」といったことをあげている．この中でも教科書のデータの形式が大きな課題ではないかと考える．（紙の）教科書の中には「テキストデータ」「図形」「補助的な情報」の三つのものが入っているが，日本の教科書には補助的な情報がとても多くあり，デジタル化する際の大きな課題がある．ますます普及するデジタル教科書が学習に困難がある子どもたちの学びを支援できるような方向に進んでいくことを期待している．　　　　　［金森克浩］

📖 参考文献

[1]　文部科学省「デジタル教科書」の位置付けに関する検討会議，2015〈http://www.mext.go.jp/b_menu/shingi/chousa/shotou/110/index.htm〉
[2]　国立特別支援教育総合研究所「デジタル教科書・教材及びICTの活用に関する基礎調査・研究」2012〈http://www.nise.go.jp/cms/7,7038,32,142.html〉
[3]　国立特別支援教育総合研究所「デジタル教科書・教材の試作を通じたガイドラインの検証―アクセシブルなデジタル教科書を目指して」2014〈http://www.nise.go.jp/cms/7,9717,32,142.html〉

教材・教具

　発達障害のある子どもの特徴はさまざまで，読み書きに困難があったり，聞くことが難しかったり，計算に困難がある場合もある．これらのことは，障害の種類でくくられるものではなく，一人ひとりの特徴として適切にとらえられるべきである．また，そうした特徴は気持ちの問題で生じているわけではないので，注意したり叱ったりしても改善する可能性は少なく，また反復練習も大きな効果がない場合も多く，子どもによっては，自信や意欲をなくすこともある．子どもの特徴を正しく理解し，それを補う方法を身につけさせることが大切であり，困難さを軽減させる方法の一つとして，特徴に応じた教材・教具を使うことがあげられる．

　教材・教具については，子どもの特徴に応じたものを使用することにより，今までできなかったことが可能になり，成功経験を積むことで，できないからと避けていたことに挑戦しようとするような意欲の向上がみられることも多い．適切な実態把握を行ったうえで，一人ひとりの特徴に応じた教材・教具を検討することが重要である．

　本項では，実際に学校で使用することを前提に，以下の二つの視点で教材・教具について整理した．

●**学習環境の整備**　子どもが学習に取り組む際には，机やイスの高さの調節，ノートなど文具類の選定，騒音の調整など，学びやすさを考慮した学習環境の整備が必要である．以下にいくつかの例を示す．

　①**姿勢の保持**：子どもたちの中には，背筋を伸ばして，いわゆる「正しい姿勢」を保つことの苦手な子どもがいる．腰の位置がずれてしまい背中が丸まってしまう，背筋に力が入らず腕で体を支える（頬に手を当てて肘をつく）などは授業中よく目にする光景である．そこで，クッションを使い，お尻がずれることをおさえ，姿勢を保持しやすくすることができる．図1はシリコンゴム製のマットで，シート式なのでどんなイスにも使うことができる．折りたたみ可能なので，自宅へ持ち帰って使うこともできる．

　②**騒音の調節**：教室は意外と音が多い場所である．大勢の子どもがいるので，休み時間は話し声だけでもかなりの音量となる．発達障害，特に自閉症の子どもたちの中には音に敏感な子どもがいる．通常であれば気にならないような小さな音が気になる，特定の音が

図1　Qチェアマット

嫌いなどいろいろな場合があるが，必要ない音をシャットダウンするためには「イヤーマフ」が役に立つ．通常のものは音を聞こえなくするだけだが，中には外付けのボタンを押すことで必要な指示を聞くことができるものもある．

●**学習活動での活用**　「読む」「書く」などの学習活動では，認知特性により活動に困難のある子どももいる．それぞれの認知特性に応じて，困難さを補う教材・教具を活用することで学習効果が上がる場合も多い．以下にいくつかの例を示す．

①**読むこと**：読みに困難がある子どもにはいろいろなタイプがあるが，本などの紙の色，地の色の影響を受ける子どももいる．白

図2　魔法の定規

地に黒い文字は当たり前のように感じるが，子どもによっては「まぶしくて見にくい」と感じる場合もある．見やすい色は子どもによって違うが，薄い黄色，水色，ピンク，緑などが見やすい場合もある．「魔法の定規」（図2）はコンパクトに文字が見やすい背景色を敷いて読み進めることを実現している．また規定する線があったほうがいい場合や特定の文字列を隠すことができた方がいい場合などタイプに合わせて使うことができる．

②**書くこと**：書くことの困難にはいろいろな要因が考えられる．不器用さが影響して鉛筆が正しく持てない子どもも多い．そのような場合は，鉛筆の持ち方を覚えるための安価なグリップがある．いろいろな種類があるので，いくつか揃えておき，実際に使いながら子どもの意見を聞き決定できるとよい．

このほか，学習の中で作業をすることも多いので，定規やはさみなどの道具についても，使いやすいものを探しておくことが大切である．

教材・教具の活用では，子どもの特性を正しく把握し，それに応じたものを探すことや，教材・教具の活用に関する情報を学校内で共有し，他の子どもにも使えるように蓄積していくことである．子どもにとってわかりやすい教材提示についても，各学校では授業研究などにより多くの情報をもっているはずである．それらの情報を多くの子どもに役立てようとする姿勢が必要である．また，将来的には，子ども自身が自分の特性を知り，自分にとって使いやすいものを選べるようになることが重要である．教材・教具の活用は単なる道具の工夫ではなく，子どもの学ぶ意欲を育てることにつながるのである．

　　　　　　　　　　　　　　　　　　　　　　　　　　　［梅田真理］

参考文献
[1] 発達障害教育情報センター，国立特別支援教育総合研究所〈http://icedd.nise.go.jp〉
[2] Iライブラリー，国立特別支援教育総合研究所〈http://forum.nise.go.jp/ilibrary/〉
[3] 金森克浩・梅田真理編『実践　特別支援教育とAT　第3集』明治図書，2013

教育のユニバーサルデザイン

　教育分野における「ユニバーサルデザイン」(UD) は「通常の学級における特別支援教育」の文脈において発達障害のある子を育てる視点の一つとして語られるようになった．この視点について，すでに 2001 年には牟田[2]が特別な教具については LD の子だけでなく他の子も利用できるようにすることで「ユニバーサル」な環境がつくれることを述べている．また，その数年後に，佐藤[3]も通常の学級の在籍する発達障害のある子の「困り感」にアプローチする方法として「UD を利用する」視点の重要性を語っている．

　このような教育分野での UD の視点の導入は，通常の学級における在籍率が 6.5% といわれる LD，ADHD，高機能自閉症の可能性のある子どもへの対応に新しい意味を与えるものであった．つまり，発達障害のある子だけにではなく，その子を含む，すべての子への対応を豊かにすることで，結果的に 6.5% の子への支援を実現するとの視点移動であり，それは現場のニーズにマッチするものであった．

●**国際条約と UD**　一方，行政面でも教育の UD を後押しする動きが生じた．2014 年 1 月 20 日に「障害者の権利に関する条約」が批准された．この条文の中でも「ユニバーサルデザイン」を「促進すること」が推奨されている．こうした世界的な動きを受けて，文部科学省の中央教育審議会の「共生社会の形成に向けたインクルーシブ教育システム構築のための特別支援教育の推進（報告）」(2012) においては，合理的配慮を図るために「基礎的環境整備」が欠かせないとしたうえで，そうした整備を進めるためには「ユニバーサルデザインの考え方も考慮しつつ進めていくことが重要である」と記された．

　さらに，2016 年 4 月の障害者差別解消法の施行によって「合理的配慮の不提供」が禁止され，学校現場でも障害に対する適切な配慮が求められるようになっている．これらの動きに対応するためにも，教育現場は常に UD の視点を持ち続けることが要求される．

　以上のように「教育の UD」は，学校現場における現実のニーズを受けての広がりと，わが国におけるインクルージョン社会実現への方針と二つの流れを受けながら，学校教育全体にきわめて具体的な変化を起こしつつある．

●**米国における UDL**　わが国が教育の UD を進めるプロセスの中で参考の一つとしたものに，米国の Universal design for learning (UDL) がある．わが国では「学びのユニバーサルデザイン」[1]，「学習のユニバーサルデザイン」(2012) などと訳され紹介されている．UDL は CAST とよばれる団体が提唱している方法論であり，

多くの州で公認の学校教育のプログラムの一つとして導入されている．UDLではさまざまな学習者に対して適切な「学びのオプション」を用意する．この発想は，一斉授業の形態をメインにして「どの子にもわかりやすい授業」を目指すわが国のUD化の展開とはまた違ったものである．

UDLでは，特別支援教育で行われているような「個に応じた」指導を，通常の学級全体に適用しようというものである．つまり，障害の有無に関係なく，すべての子に対して個別的な学びを保障するものである．背景には，歴史，制度，教育観などの違いがあることは事実であるが，わが国も大いに参考にしたい方法論である．

●**学校・教室環境や授業のUD**　実際の教育現場における具体的なUD化の流れは，学校環境，教室環境のUD化からスタートした．例えば，教室の前面の壁の掲示物を極力減らして注意集中を妨げる刺激の少ない環境をつくるなどの工夫がある．こうした「刺激量の調整」とともに，教室内の整理を進め空間を構造的にする「場の構造化」，暗黙のルールをつくらない「クラスルールの明確化」，時間の見通しをもたせる「時間の構造化」などもいわれている．このように，これまで特別支援教育では定番であった方法が，次々に通常の学級に紹介され，応用される形で学校・教室環境のUDが進んでいる．

こうした動きの中で，さらに「授業」そのものをUD化しようという流れが生じつつある．この流れは教科教育研究に熱心な教師を中心として生じた現場発の動きである．その一つとして，桂（2010）は国語授業において「焦点化」「共有化」「視覚化」などの工夫を行うことが，発達障害のある子を含めてすべての子に対して「わかる・できる」を実感させることができることを発信し，多くの教師の共感を得ることとなった．こうした動きは，まさに「教科教育と特別支援教育の融合」の実現であり（廣瀬，2010），これまでは交わりにくかった二つの領域が第三の道を見出すという画期的な動きであった．授業のUD研究は，教科を越えて広がりをみせている．

●**教育におけるUD化の意義と課題**　教育のUDは大きなパラダイムシフトといえる．この動きは「〈障害〉はその子の中だけにあるのではなく，その子の外にもある」という視点を本格的に現場に落とし込んだものだと評価できる．今後，さらに教育のユニバーサルデザインが議論され，精緻化されていくことが期待される．

[小貫　悟]

参考文献
[1] CAST，バーンズ亀山静子・金子晴恵訳『学びのユニバーサルデザイン・ガイドライン（ver. 2.0）』2011
[2] 上野一彦，牟田悦子，小貫悟編著『LDの教育』日本文化科学社，2001
[3] 佐藤　暁『発達障害のある子の困り感に寄り添う支援』学研，2004

協同学習

　協同学習（cooperative learning）は，協力しないとできない課題や目標の設定を行うことにより，学力のみならず，社会性や仲間関係の改善に効果を上げている教育技法である．典型的な発達の子どもや発達障害など障害のある子ども，英語が母語でない子どもや，多民族からなる集団においてなど，幅広く対象を問わずに実践されている．障害のある子どもと障害のない子どもがともに学ぶインクルーシブ教育場面においても，双方の学力向上や社会性の発達に効果的であることが指摘されており，諸外国では広く活用されている[1]．また，協同学習は課題の発見と解決に向けて主体的・協働的に学ぶ学習である「アクティブ・ラーニング」の代表的な指導技法の一つとしても注目されており，次期学習指導要領の改訂（2016年度内に中央教育審議会の答申が出される予定）に関連して授業に取り入れていくことが求められているものでもある．

●うまくいく協同学習の六つの条件——単なるグループ学習との違い　グループで行う学習のすべてが協同学習であるという訳ではない．D. W. ジョンソンら[2]は，協同学習が協同学習たるべき条件として，次の五つの基本要素を満たすことが必須であると指摘している．①お互いに恩恵を与え合ったり，お互いに役割を果たし合ったりしてこそチームの目標が達成されるなど，学習のめあてや教材，役割分担などに互恵的相互依存関係（positive interdependence）（これは行動分析学でいう相互依存型集団随伴性に当てはまる）があること，②子ども同士の対面的なやりとりの機会が十分にあること，③個人の責任がはっきりしていること，④ソーシャルスキルや協同のスキルが教えられ，頻繁に活用できる状況設定がされていること，⑤自分たちはどんなふうに協同がうまくいったか，またどんな改善点が考えられるかといった，チームのふりかえりがなされることの五つである．加えて，発達障害などの認知特性の多様性に対応するためには，⑥マルチ知能（multiple intelligencies）を活用して学習活動や教材を言語的能力だけに偏らないようにすることも必要である[3]．この六つの条件は，教科学習における協同学習だけでなく，行事における協同的な活動など，学校生活場面のあらゆる協同的な活動にも当てはまる条件である．

●発達障害のある子どもを対象に含む協同学習の実際　協同学習の教授法にはさまざまなバリエーションがあるが，本項では発達障害のある子どもを対象に含む協力学習法『学び合い』，学び方選択式協同学習の三つの教授法を紹介する．
　ジョンソンらが提唱した協力学習法では，多様な能力をもつメンバー2～6名からなるグループをつくる．各グループは共通の目標を達成するために助け合い

ながら一つの課題に取り組む．例えばグループに対して教材を一組だけ与えたりして，子ども間の相互依存関係を促すよう教材に工夫を施す．また，まとめ係（グループの主な結論や答えを要約する）や，チェック係（グループのすべてのメンバーが回答や結論に至る道筋をはっきり説明できるかどうか確認する）などさまざまな役割を分担して協同して活動に取り組むよう工夫する．協力学習法は，「単に障害のある子どもを通常の学級に措置するだけでは積極的な人間関係を十分に構築できない」という考えに基づく．アメリカでは 1975 年に全障害児教育法が制定され統合教育への要求が高まり，これに応えて開発された．

また，西川純が提唱している『学び合い』では，"一人も見捨てない"ことをモットーとし，発達障害のある子どもが在籍している通常の学級や，知的障害のある子どもが交流している学級での実践を行っている．『学び合い』では，ある課題に対して「みんなが説明できるようになること，ただし誰と学んでも，何（教科書，教材，場合によってはインターネット）を使ってもよい」などと教師から指示されるだけで，原則グループやペアの指定はしない．自分にとって一番よくわかる説明をしてくれる子どもを自由に探し，学級全体で学び合っていく．目標の設定や評価・環境の整備は教師にしかできないが，学習自体は子どもたちが教師の手助けなしででき，子どもたちは有能であるという子ども観に立つ．

また，学び方選択式協同学習[3]では，子どもの学び方は障害の有無にかかわらず一人ひとり異なっているという前提に立ち，H. ガードナーの提唱する「言語的知能」「論理・数学的知能」「空間的知能」「身体運動的知能」「音楽的知能」「対人的知能」「内省的知能」「博物的知能」といった八つのマルチ知能とやる気，記憶，注意の三つの観点から子ども自身に自分の学び方を考えさせ，選択させてから，グループやペアなどで課題に取り組む．また，他者の学び方と自分の学び方が交流できるよう協同的な活動を設定し，授業の終わりに実際どのような学び方によって課題解決ができたのか振り返りを行う．さまざまな学び方で課題にアクセスできるよう配慮することで，発達障害のある子どももどの子も学びやすいユニバーサルデザインな授業を目指している．

インクルーシブ教育場面における研究についてはまだ知見が不十分であり，どのような合理的な配慮が必要かなどさらなる研究が必要である． ［涌井 恵］

参考文献

[1] R. ジャネイ・M. E. スネル，高野久美子・涌井恵監訳『子どものソーシャルスキルとピアサポート—教師のためのインクルージョン・ガイドブック』金剛出版，2011
[2] D. W. ジョンソン他，石田裕久・梅原巳代子訳『学習の輪—学び合いの協同教育入門（改訂新版）』二瓶社，2010
[3] 涌井恵「発達に遅れや凸凹のある子どもの協同」中谷素之・伊藤崇達編著『ピア・ラーニング—学びあいの心理学』金子書房，pp.205-219，2013

教育課程

　幼稚園教育要領解説（文部科学省，2008）や特別支援学校学習指導要領解説総則編（文部科学省，2009）の幼稚部の項では，教育課程について「幼稚園（幼稚部）における教育の目的や目標に向かってどのような道筋をたどって教育を進めていくかを明らかにし，幼児の充実した生活を展開できるような全体計画を示す」と表記されている．また，2008年から2009年にかけて改訂された小学校・中学校・高等学校・特別支援学校（小学部・中学部・高等部）学習指導要領の解説総則編によると，教育課程とは「学校教育の目的や目標を達成するために，教育の内容を児童又は生徒の心身の発達に応じ，授業時数との関連において総合的に組織した学校の教育計画である」と位置付けられており，すべての学校種に共通して，教育課程とは，「教育の目的や目標を達成するために教育内容を総合的な観点から組織した学校（学部）の全体計画」と定義することができる．

●**教育課程の編成**　幼稚園・小学校・中学校・義務教育学校・高等学校・中等教育学校・特別支援学校（小学部・中学部・高等部）の教育課程は，学校教育法や学校教育法施行規則の規定に基づくと同時に，教育課程の基準として文部科学大臣が公示する幼稚園教育要領・学習指導要領によるものとされている．これらのことから教育課程の編成においては，各種の法令や学習指導要領などに基づき，各学校が学校教育目標を定めて，その実現に向けて具体的な教育計画を作成していくことが必要となる．

　なお，小学校・中学校・中等教育学校の前期課程における特別支援学級や通級による指導を実施する場合には，学校教育法施行規則第138条や同第140条の規定に基づいて，「特別の教育課程」を編成することが可能となっている．特に同第140条では，「①言語障害者，②自閉症者，③情緒障害者，④弱視者，⑤難聴者，⑥学習障害者，⑦注意欠陥多動性障害者，⑧その他障害のある者で，この条の規定により特別の教育課程による教育を行うことが適当なもの」を掲げ，このうち当該障害に応じた特別の指導を行う必要があるものを特別の教育課程の対象者として定めている．これによって特別支援学校の教育課程に特別に定められた指導領域である「自立活動」の指導を位置付けることが可能となっている．この際，特別の教育課程を編成する場合でも，学校教育法に定める小学校・中学校等の目的および目標を達成するものでなければならない．なお，特別支援学校の学習指導要領では，児童または生徒の障害の状態により特に必要がある場合には，各教科の目標および内容に関する事項の一部を取り扱わないことや下学年・下学部の各教科の目標・内容の一部に替えること，自立活動を主として指導を行うこ

とができることなど，各学部段階や知的障害を併せ有する場合などによって柔軟な対応を可能とする「重複障害者等に関する教育課程の取扱い」が定められている．児童または生徒の実態や学校の実情に即してこれらを生かした教育課程の弾力的な編成と実施が求められている．

●**自立活動の指導の取扱いと内容**　特別支援学校の自立活動は，学校教育法上，特別支援学校の目的の一部として規定されている「障害による学習上又は生活上の困難を克服し自立を図るために必要な知識技能を授けること」に対応していく際，中心となる教育課程として位置付けられたものである．また，自立活動の指導に当たっては「個別の指導計画」を作成することとなっており，個々の幼児・児童・生徒の障害の状態や発達の段階などの的確な把握に基づいて，指導の目標および指導内容を具体的に明確にすることが必要とされている．

　自立活動の目標・内容を具体的に指導する場合，特別支援学校幼稚部では，幼稚園教育要領にも示された「健康，人間関係，環境，言葉，表現」の各領域のねらいおよび内容との関連を図り，具体的な活動を通して総合的に指導される場合と，この領域に重点を置いて指導される場合がある．また，小学校・中学校の特別支援学級や通級による指導，特別支援学校（小学部・中学部・高等部）においても，自立活動の内容を時間を設けて指導を行う場合と，各教科，道徳（もしくは学校教育法施行規則の一部を改正する省令による「特別の教科である道徳」），外国語活動，総合的な学習の時間および特別活動と密接な関連を保ちながら授業時間を設けずに教育活動全体を通じて指導を行う場合とがある．

　2009年の特別支援学校学習指導要領の改訂で，自立活動の内容について区分や項目の見直しが同時に図られ，①健康の保持，②心理的な安定，③人間関係の形成，④環境の把握，⑤身体の動き，⑥コミュニケーションの6区分26項目で示された発達障害を含めた多様な障害に応じた指導を充実するために「他者とのかかわりの基礎に関すること」，「他者の意図や感情の理解に関すること」，「自己の理解と行動の調整に関すること」，「集団への参加の基礎に関すること」，「感覚や認知の特性への対応に関すること」の5項目が新たに追加された．これらを要素として生かしながら教育課程編成の参考として組み込んでいくことが望まれる．さらに，小学校または中学校の通常の学級に在籍している児童生徒の中には，通級による指導の対象とはならないものの障害による学習上または生活上の困難を改善・克服することを目的とした指導の必要となる者が在籍している．2012年度に文部科学省が公表した調査結果によれば通常の学級に在籍する発達障害の可能性のある児童生徒は6.5%程度在籍するデータが示されたことから，このような児童生徒の指導や支援を行うに際しても，個々の児童生徒の実態を的確に把握し，自立活動の内容を参考にしながら本人・保護者との合意形成に基づいた合理的配慮を行う中で，適切な指導および必要な支援を行うことが求められる．　　　　〔武富博文〕

就学支援のしくみ

　わが国の市区町村教育委員会は，当該地区に住む児童生徒について学齢簿を編成する義務があり，総合的に判断して小・中学校への就学が適当と判断する者については，その保護者に対し，就学の2か月前（1月31日）までに，小学校などの入学期日を通知しなければならないこととなっている．これに基づき，各地域で6歳段階の幼児に対して，就学のための諸準備が進められている．

●**就学時健康診断**　市区町村教育委員会は，学校保健安全法により「区域内に住む幼児に対して，就学の4か月前（11月30日）までに健康診断を行うこと」となっており，以下の検査項目が規定されている．①栄養状態，②脊柱及び胸郭の疾病及び異常の有無，③視力及び聴力，④眼の疾病及び異常の有無，⑤耳鼻咽頭疾患及び皮膚疾患の有無，⑥歯及び口腔の疾病及び異常の有無，⑦その他の疾病及び異常の有無等である．また，本法には「市区町村教育委員会は，就学義務の猶予若しくは免除または特別支援学校への就学に関し指導を行う等，適切な措置を取らなければならない」とも規定されている．

　そのため市区町村教育委員会は，児童の保護者に対して保健上必要な助言のほか，知的障害，言語障害，自閉・情緒障害などの発見に努め，発達的観点からの相談が必要な幼児の保護者に対して，就学や今後の支援を相談する就学相談などを勧めている．この就学時健康診断及びその結果に基づく事後措置は，これまでの乳幼児健康診査などで障害の状態が明らかとなっていない幼児や通園歴のない幼児について，小学校入学前の適切な就学先決定における最終的な情報収集の機会となっている．

●**障害のある児童生徒についての就学支援のしくみの改定**　障害のある児童生徒については，学校教育法施行令第22条の3に障害の程度が規定されている．わが国では，2013年9月施行の学校教育法施行令の一部を改正する政令において，この条項に該当する障害の程度の児童生徒は，従来は特別支援学校に原則就学するというしくみから，障害の状態，本人の教育的ニーズ，本人・保護者の意見，教育学，医学，心理学など専門的見地からの意見，学校や地域の状況などを踏まえ，総合的な観点から就学先を決定するしくみへと改正された（図1）．

●**就学相談と教育支援委員会（仮称）**　学校教育法では，児童生徒の障害の状態，教育上必要な支援の内容，地域における教育の体制の整備の状況，その他の事情を総合的に勘案して，市区町村教育委員会が最もふさわしい就学先を決定すると規定している．各市区町村教育委員会では，保護者や幼児児童生徒に対して，就学に向けた教育相談（就学相談）の機会を設け，客観的かつ的確な資料収集，専門

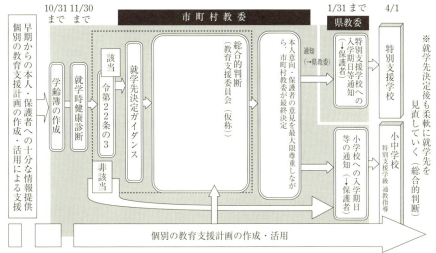

図1 障害のある児童生徒の就学先決定について（手続きの流れ）
[出典：文部科学省「教育支援資料」p.275を一部改変]

的な知識・技能を備えた就学相談担当者の確保に努め，教育学，医学，心理学などの専門知識を有する者の意見聴取などを行いながら，慎重に判断をしていく．

市区町村は，地域の教育，福祉，医療などの連携の中で，幼児のそれまでの支援の内容，その時点での教育的ニーズと必要な支援の内容などについて，保護者や認定こども園，幼稚園，保育所，医療，福祉，保健などの関係機関が連携して「個別の支援計画」を作成している．学校がこれを引き継ぎ，さらなる連携のもとに児童生徒の指導を支援を行うことが重要である．

教育支援委員会（仮称）は，これまでの就学指導委員会とは異なり，就学先決定時だけでなく，早期からの教育相談・支援やその後の一貫した支援についても助言を行うという観点から，以下のように，機能の拡充を図る必要がある．①教育相談との連携による障害のある子どもの状態の早期からの把握および継続的な情報把握，②就学移行期における本人・保護者に対する情報提供，③教育的ニーズと必要な支援についての整理と個別の教育支援計画の作成についての助言，④就学先についての教育委員会の決定と保護者の意見が一致しない場合における第三者的な立場からの調整，⑤就学先の学校に対する適切な情報提供，⑥就学後についても必要に応じた「学びの場」の変更等への助言，⑦「合理的配慮」について，提供の妥当性や関係者間の意見が一致しない場合の調整などである． ［田中容子］

📖 **参考文献**

[1] 文部科学省「教育支援資料—障害のある子供の就学手続きと早期からの一貫した支援の充実」2013年10月文部科学省初等中等教育局特別支援教育課〈http://www.shugaku.metro.tokyo.jp/File/siryo2/01CoverContents.pdf〉

交流および共同学習

　交流および共同学習は，障害のある子どもと障害のない子ども，地域の人々とが活動や学習をともにする中で，相互に理解しあい，学びあうことをねらいとする教育活動を指す．

　交流および共同学習については，2004年6月に改正された障害者基本法において，「国及び地方公共団体は，障害のある児童及び生徒と障害のない児童及び生徒との交流及び共同学習を積極的に進めることによって，その相互理解を促進しなければならない」と追加され，より積極的に推進していくことが表明された．

　これを受け，2009年3月告示の特別支援学校小学部・中学部学習指導要領の総則において，「学校の教育活動全体を通じて，小学校の児童又は中学校の生徒などと交流及び共同学習を計画的，組織的に行うとともに，地域の人々などと活動を共にする機会を積極的に設けること」と記述されている．

　また，2008年3月告示の小学校学習指導要領の総則では，「小学校間，幼稚園や保育所，中学校及び特別支援学校などとの間の連携や交流を図るとともに，障害のある幼児児童生徒との交流及び共同学習や高齢者などとの交流の機会を設けること」と記述されている（中学校，高等学校の学習指導要領にも同様の記述がある）．

　つまり，交流および共同学習においては，各種の法令や学習指導要領に基づき，障害のある子どもとない子ども，地域の人々とが交流する機会を設け，相互の理解と学びを促進するための教育活動を計画的，組織的に実施することが求められているといえる．

●**交流および共同学習のさまざまな形態**　ひとくちに交流および共同学習といっても，実施の形態や方法は学校や地域の事情に応じてさまざまであるが，特別支援学校と小・中・高等学校の場合，交流および共同学習の相手となる学校との地理的な関係によって，「学校間交流」「居住地校交流」と区分してよぶことがある．

　「学校間交流」とは，特別支援学校と近隣に位置する小・中・高等学校との間で，主に学校や学部・学生単位で実施される交流を指す．文化祭や作品展において作品を展示したり，互いに訪問して行事に参加する，授業に参加するなどがある．一方，「居住地校交流」とは，特別支援学校の児童生徒が居住する地域の小・中・高等学校との交流である．居住地域近隣での活動であることから，教育活動場面以外の範囲にまで，交流の成果が及ぶことが期待される．しかし，一人ひとりの児童生徒の活動に際して，教師が付き添うことは容易ではない場合もあり，保護者の付き添いの負担も大きくなること，したがって子どもにより交流の頻度に差

が生じることが予想される．

　また，児童生徒同士が直接的に対面して触れ合ったり，授業を受ける，共同制作を行う交流と「直接交流」，手紙の交換や学校便りの配布等，児童生徒同士が直接的に対面しない形での交流を「間接交流」とよぶこともある．

　さらに，作品展や行事などの開催に際して，地域との交流を企画している学校も多くある．これまでの交流および共同学習においては，地理的な条件により交流回数が左右されてきた面があるが，今後はICTの活用などによって，回数や内容にさらなる充実がはかられることが期待される

●**交流および共同学習の実施**　学年段階や，障害のある児童生徒の障害の状態，学校間，学校内でのこれまでの交流および共同学習の積み重ねなどによりさまざまであるが，交流および共同学習を実施するうえで次のような内容に留意することが必要であろう．

　①**全体計画において**：交流および共同学習は，教育課程や年間計画における位置づけを明確にしたうえで，対象とする授業や内容をどのように設定するのか，またすべての児童生徒を対象としない場合には，希望者のみとするのかといった対象となる児童生徒を決定する方法について，計画段階から検討しておく必要がある．

　基本的に，授業時間内に設定される場合には，双方の在籍校の教育課程に基づいて，在籍校の職員による評価が実施されることにも留意が必要である．

　②**学習活動に先立って**：学習においては，双方の児童生徒にとって学びや交流の促される内容を吟味して設定する．さらに，個別の指導計画に基づいてねらいを明確にして交流および共同学習に臨むことが大切で，これが評価の視点へとつながる．さらに，活動に先立って，障害のある児童生徒をどのように理解し接することが必要なのかを学んでおくこと，交流に不安を抱く児童生徒については，活動の見通しをもつことができるよう，例えば相手校の授業の様子を写したビデオ視聴により交流への見通しをもつなど，事前学習の実施も望まれる．

　③**学習中に**：学習活動をより活発に実施するためには，教師の周到な準備が重要である．例えばグループやペアでの活動が実施される場合には，グループのメンバーやペアとなる児童生徒のマッチングに配慮する必要がある．また，教師の指示や教示方法を対象となる児童生徒の理解に合わせながらわかりやすいものにすること，座席の配置などの物理的な環境整備をすることも大切である．

　④**学習後に**：授業後には，児童生徒の感想や成長といった学びの成果をどのように教師自身が考え，また広く共有していくのかについて，検討しておくことが重要である．「交流便り」などの発行により共有している学校や，授業後の反省会を毎回実施している学校もある．これらの成果の共有と具体的な反省をもとに，次年度へ向けての活動をよりよいものにしていくことが重要である．［石橋由紀子］

障害理解教育

徳田ら[3]は，障害理解を「障害のある人に関わるすべての事象を内容としている人権思想，特にノーマリゼーションの思想を基軸に据えた考え方であり，障害に関する科学的認識の集大成である」と定義している．また，障害理解の発達段階を第一段階：気づきの段階，第二段階：知識化の段階，第三段階：情緒的理解の段階，第四段階：態度形成段階，第五段階：受容的行動の段階と設定している（図1）．

また中村[2]は，障害理解を「『自己理解』と『他者理解』と『知見的理解』の三つが重なり合うところ」と定義し，「自己が知見による理解を深めながら他者を理解し，かかわり，同時に自己理解や知見による理解を深めることになる」と述べている．

・身近に感じるため
・多様性広げるため
・共感するため
・障害を捉えるため
・対応（援助）するため

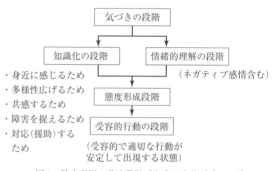

図1 障害理解の発達段階 [出典：文献 [3], p.9]

●障害理解教育について

障害理解教育は，障害理解の定義を踏まえると，「自己理解，他者理解，障害の科学的な理解をするために実施する教育活動」と定義できる．目的としては，障害のある幼児児童生徒と障害のない幼児児童生徒が同じ社会に生きる人間として，お互いを正しく理解し，共に助け合い，支え合って生きていく大切さを学ぶことがあげられる．

●障害理解教育の実践のポイント

①**指導者の障害理解**：障害理解教育は指導者の障害観が大きく影響を与えることが指摘されている．そのため，指導者が障害理解教育の目的を正しく理解していないと，適切な指導や支援ができず，児童生徒に誤った認識を与える可能性がある．指導者は自身の障害理解を高めるとともに，障害理解教育の目的について理解する必要がある（小田・金森，2016）．

②**障害疑似体験**：障害疑似体験は障害のある人々が有する「社会のバリア」を体験する機会として，障害理解教育ではよく活用されている方法である．しかし，進め方によっては学習者である子どもたちの障害観を大きく歪めてしまうことになる．体験時間を十分確保することにより，「できないことの体験」以外にも，「できることの体験」や「どのような援助が必要であるかを考えることができる体験」，

援助のうれしさや援助が下手だったときの「とまどい」を知ることができる[3].

③**当事者との交流**：当事者との出会いは，自分が疑似体験によって感じた不便さや不安感が実態と違うことに気づいたり，当事者の生活の工夫を聞いたり，障害を多面的にとらえる機会になる．障害のある人と接する機会がほとんどない子どもたちにとって，当事者との交流を意図的に用意することは非常に有効である[3].

④**肯定的な指導**：学習活動全体で肯定的な言葉や働きかけを心がけることは，障害への印象を肯定的に変容させるだけでなく，児童の自己肯定感を育み，積極的な態度・行動へとつながる（冨永，2011）．

⑤**事前指導と事後指導**：体験活動の前に，事前指導として障害を正しく理解させ，活動のねらいを明確にさせること，活動後は「楽しかった」「大変だった」と感じただけで学習を終わらせないよう，課題解決に向けた事後指導を十分に行うことが大切である．

⑥**児童のアセスメント**：子どもの障害理解の発達段階[3]を正しく把握し，授業目標を設定することが大切である．

● 障害理解教育の今後の展望

①**障害理解教育の必要性の認識**：障害理解教育は，交流および共同学習の取り組みの重要課題であり，インクルーシブ教育システム構築の基盤になる教育ともいえる．障害理解教育は特別支援教育に限らず，全教育課程の中に明確に位置づけ，その目的を共通理解し，推進していくべきであると考える．そして，学校全体で実践していく必要があることを全教職員が認識しなければならない．そのためにも教員への障害理解研修が必要となるであろう．

②**障害理解教育の系統化**：障害理解教育は計画的に系統立てて継続して行うべきである．楠ら[1]は，小学生の発達段階に応じた系統的な障害理解教育プログラム（1・2年生：聴覚障害，3年生：視覚障害，4年生：肢体不自由，5年生：知的障害，6年生：高齢者）を開発している．将来的には幼稚園・小学校・中学校・高等学校が互いに連携し，系統立てた障害理解教育が継続して行われることが望まれる．

③**地域や福祉との連携**：障害の疑似体験や当事者との交流の場を学校だけで用意するのは難しい．楠ら[1]の先行研究では，福祉機関・学校・大学機関が連携し，系統的なプログラムの開発を行っている．

［金森裕治］

📖 **参考文献**

[1] 楠 敬太他「児童の発達段階に応じた系統的な障害理解教育に関する実践的研究―教育と福祉の連携を通して」大阪教育大学紀要 第Ⅳ部門 教育科学，60(2)，29-38，2012
[2] 中村義行「障害理解の視点―「知見」と「かかわり」から」佛教大学教育学部学会紀要，10，1-10，2011
[3] 徳田克己・水野智美編著『障害理解―心のバリアフリーの理論と実践』誠信書房，2005

幼稚園・保育所・認定こども園での支援

　乳幼児期における教育および保育は，子どもの健全な心身の発達を図りつつ生涯にわたる人格形成の基礎を培う重要なもの[1]である．したがって，保育現場における障害の早期発見と早期支援は欠かせない．

　わが国における統合保育は，「障害児保育事業実施要綱」（厚生省，1974）に始まり，幼稚園・保育所で実施されてきた．統合保育が普及した背景には，職員の加配制度がある．配置基準は自治体によって異なるが，要支援度が高い場合は子ども1名に対し職員1名，低い場合は子ども3名に対し職員1名がおおむね配置される．特別支援教育の開始以降は，これまで支援の対象とされなかった発達障害児，また自治体によっては，診断のない「気になる子」も加配の対象とされた．5歳児健診では発達障害児の出現頻度は5.6％，知的発達が境界域あるいは軽度の遅れが疑われる子どもを含めると9.3％の頻度とされており[2]，保育現場にも支援を要する子どもがこの程度の割合で在籍すると考えられる．

●**早期支援に向けた実態把握**　乳幼児期は発達の個人差が大きいので，障害の見極めは慎重に行われなければならない．一方，発達障害の特性は，家庭よりも集団規模の大きい保育の場で表れやすく，保育者の適切な実態把握が早期支援を実現させる．実態把握は，保護者・関係機関からの情報や行動観察を通して多面的かつ客観的に行われる．行動観察の観点には，人間関係・身辺自立・言葉・表現・興味関心などがある（図1）．観察の際はできないことに着目しがちであるが，対象児のできること・できる場面に関する情報は支援計画の作成に役立つ．

図1　行動観察における保育者の観点

乳児期にしばしば見られる行動特徴として，共同注意の欠如，ことばの遅れ，感覚過敏などがある．これらの特徴が必ずしも発達障害に結びつくわけではないが，気になる特徴が複数見られる場合には注意深く経過を観察する．一般的に，乳児はくすぐり遊びなどを好むが，発達障害児の中には感覚過敏のためにこれを拒否する子どもがいる．その場合は無理に慣れさせようとせず，短時間でも好きな遊びに寄り添い，信頼関係を築くことから始める．抱っこや手をつなぐなどの身体接触が可能になると，集団あそびや園外活動への参加を促しやすい．

　幼児期は，集団場面で気になる行動が目立ち始める．例えば，集団遊びでの勝ちへのこだわりや他児への制裁などがある．このような行動は，罰を与えるよりも，活動の直前にルール提示を行うことで次第に回避できる．発達障害児は他者から注意されることが多いので，適切な人間関係を経験しないまま成長する場合がある．ルールの事前提示や環境の構造化（例えば，TEACCHプログラム）を通じてトラブルを減らしつつ，コミュニケーション支援（例えば，インリアル・アプローチ）やソーシャルスキルトレーニング（小貫，2004）を通じてよりよい人間関係を形成し，小学校への移行をスムーズに行うことが望ましい．

●**保護者および関係機関との連携**　子どもの育ちを支えるうえで，保護者との連携は欠かせない．日頃から意識的にコミュニケーションを図り，情報を共有しておくと良い．家庭と園では構成メンバーや活動の内容が異なるので，園で見られる問題行動が必ずしも家庭で見られるとは限らない．面談で共通理解が難しい場合には，保育参観を勧めると良い．

　保護者によっては，専門機関へ直接相談に出向く場合がある．保健センターは，乳幼児健診をきっかけに身近な相談先として機能している．過去に心理相談や療育教室の利用があれば，子どもの特性や対応について助言を受けやすい．ほかに，医療機関や療育施設，通級指導教室なども同様である．

　通常の保育場面で直接助言を受けたい場合には，特別支援学校の巡回相談や児童発達支援センターの「保育所等訪問支援」を活用するとよい．巡回相談は，当日の観察とともに，個別の教育支援計画などを資料として共有するとよい．

　子どもは，多くの大人の支えによって育つ．障害児支援は担任や加配職員任せにせず，他機関と連携を図りながら園全体で取り組むことが重要である．

［赤塚めぐみ］

参考文献

[1] 内閣府・文部科学省他編『幼保連携型　認定こども園教育・保育要領　幼稚園教育要領　保育所保育指針（原本）』チャイルド本社，2014
[2] 厚生労働省「軽度発達障害児に対する気づきと支援のマニュアル」2007〈http://www.mhlw.go.jp/bunya/kodomo/boshi-hoken07/〉
[3] 竹田契一監修『保育における特別支援』日本文化科学社，2013

小学校での支援

　小学校での支援は,中学校以降の基礎ともなる部分であり,非常に重要である.本項では,①早期の気づき,②成功体験,③得意不得意を知る,④「ヘルプ」の使い方を知る,の四つの項目を柱に,支援について整理する.

●**早期の気づき**　幼稚園,保育所では,一定時間集中して活動に取り組むような機会は少なく,非常に多動であったり,対人面での問題が顕著でなかったりすれば,発達障害があることに気づかない場合も多い.しかし,小学校では1単位時間（45分）着席していることが求められ,文字や数字を覚えて書くことや読むことが求められる.

　このような状況の中で気づきが遅れると,失敗経験が積み重なり,学習に対する意欲そのものを失ってしまう場合も多い.また,意欲の低下は中学年（3,4年生）,高学年（5,6年生）以降の二次障害につながることも少なくない.

　まず,学級担任を中心に子どものようすをよく見ること,気になる子どもについては適切に実態把握を行うことが重要である.また,その際には,家庭でのようすも重要な情報となる.保護者と信頼関係を築いておくことも大切である.

●**成功体験**　発達障害のある子どもは,その認知特性により学習面や生活面にさまざまな困難がある場合が多い.上述したように,その結果失敗を経験することも多く,学校生活での自己評価の低下につながりやすい.「勉強が（できない・わからないから）つまらない」から始まり,「どうせ自分なんか誰の役にも立たない」などという思いにつながることも予想される.

　小学校では,学習だけでなく日常生活の中でもさまざまな係活動があり,学習だけが評価されるわけではない.身の回りの小さなこと,例えば電気を消す係や植物や生き物の世話係などで,ちょっとした努力を認めほめることが「学級のみんなの役に立った」という自己有用感につながることも期待できる.

　学習面でも,例えば家庭学習の質や分量を子どもに応じて配慮することで,昨日までは難しかったことができるようになることもある.まずは,子どもたちが学習や生活に対する意欲を失わないよう,些細なことでも日々成功体験を積めるよう,低学年（1,2年生）の頃から配慮することが重要である.

●**得意不得意を知る**　上記のような対応は,低学年でとても重要なことであるが,学年が上がるにつれ,子どもたちは教師と過ごす時間より学級集団,友だちの中で過ごすことが増える.さまざまな学習はグループやペアでの活動が多くなり,話し合って決める内容も増える.

　そのような中では,対人面や社会性に困難があれば友だちとのやりとりがうま

くいかない，グループ活動ができないなどという状況につながることもある．しかし，小学校中学年の子どもたちは，発達障害のある子どもに対しての配慮ができるほど大人ではない．集団でのトラブルは，発達障害のある子ども自身の困難さが原因となる場合が多いが，周囲の対応のまずさのためにトラブルが拡大することも多い．例えば，「音楽室の掃除の仕方がわからず勝手なやり方をしてしまい，注意されてかっとして大きな声を出した」といった場合に，周囲が落ち着いて担任に連絡するという行動が取れればさほど大事にならないかもしれない．しかし，「かっとして大きな声を出した」ことをはやし立て，みんながダメだと注意し始めたらどうだろうか．たぶんその子どもはパニックのような状態になり，大騒ぎになるだろう．

このような状況は発達障害のある子どもに限ったことではないが，認知特性による困難の多い子どもたちにはより起きやすい状況といえる．このようなことを防ぐためには，低学年の頃からどの子どもにも「得意不得意はあること」を伝え，子ども一人ひとりの得意なことを認めつつ，不得意なことをさりげなく知らせていくことが大切である．不得意なことは，決して欠点ではなく，どのように補えばよいかを考えればよいことだということも，年齢に応じて教えていく必要があるだろう．このような支援は，発達障害のある子どものみでなく，学級全体に行い，小学校時代を通して継続すべきである．

●「ヘルプ」の使い方を知る　上述したように，自分の不得意な部分を知ると同時に，どのように補うか，どのように「ヘルプ」すなわち「助け」や「支援」を求めるかを教えていくことが必要である．

「助け」や「支援」は，ただ求めればいいものではない．年齢に応じて，あるいは困難さの度合いに応じて，本人なりの努力とあわせて考える必要がある．教師への依存の多い低学年では，困ったらすぐに「先生助けて」と言えるようにすることが大切である．しかし，「得意不得意を知る」でも述べたように，教師から離れ集団の中で過ごすことが増えていく中学年，高学年においては，友だちに対してうまく「助けて」あるいは「手伝って」と伝えられることが重要である．うまく伝えるためには，本人なりに努力していることを，担任が周囲の子どもにさりげなく伝えておくことも大切である．本人に対しては上手な「ヘルプ」の出し方について場面をとらえて練習させておくことも重要である．そして，当然うまくいった場合には，「ヘルプ」を出した本人，助けた友だちのどちらに対しても十分ほめることが大切である．

小学校における支援では，発達障害のある子ども自身に対する支援と，周囲の子どもたちに対する指導を並行して行っていくことが大きなポイントとなる．

また，この支援は学校としての一貫した方針のもと，継続することが重要である．

［梅田真理］

中学校での支援

　文部科学省[3]は中学生期の課題として「思春期に入り，親や友達と異なる自分独自の内面の世界があることに気づきはじめるとともに，自意識と客観的事実との違いに悩み，様々な葛藤の中で，自らの生き方を模索しはじめる時期」であり，「生徒指導に関する問題行動などが表出しやすい」こと，「不登校の子どもの割合が増加する」ことなどをあげている．発達障害児が抱える思春期・青年期の問題を高橋[1]は2タイプに大別している．一つめは，身体の成長に伴い，ホルモンバランスなどが不安定になるため生物学的な問題として心身の不安定や行動問題が生じる場合であり，二つめは，思春期までの成長過程で育ちのための適切な支援を受けられなかった場合である．本人を取り巻く環境面，特に人のかかわりも含めた個々への支援のあり方，障害受容といった側面が，中学生期の発達に大きな影響を及ぼしていると考えられる．

●**中1ギャップの課題**　「中1ギャップ」とは，中学校生活への円滑な適応が難しく不登校となったり，いじめが増加したりする現象である．中学校では，教科担任制による授業，部活動，定期考査など小学校とは異なる環境での学校生活が始まる．学校行事や生徒会活動など集団の中で役割を担って活動する場面が増え，人間関係が拡大する時期でもある．中1ギャップの要因としては，

・新たな環境で友人ができなかったり，小学校時のような学級担任からの支えを失ったりするなど，人的環境面での課題
・教科担任制，学習内容の高度化によるつまずきなど，学習環境面での課題
・発達障害，思春期による葛藤・第二次反抗期など，発達面・精神面での課題
・スマートフォンやインターネット，ゲームへの依存など，生活環境面での課題

などのことが複雑に絡み合って起こると考えられている．

●**中学生の発達的側面の課題**　文部科学省は「通常の学級に在籍する発達障害の可能性のある特別な教育的支援を必要とする児童生徒に関する調査結果について」（2012）を示した（表1）．小学校の数値と比較して，「学習面で著しい困難を示す（小学校5.7％）」や「『不注意』または『多動性－衝動性』の問題を著しく示す（小学校3.5％）」で示された数値は，中学校では減少していた．しかし，急激に増加する不登校や引きこもりといった状況に陥っている生徒が発達的側面の課題のある場合は少なくない．国立教育政策研究所[2]は，

①「**個別支援（個別指導）**」**に基づく対応**：「つまずきやすい」生徒に対して，個に即した助言や支援を行う，取り出し授業や補習授業を行うなど
②「**集団指導**」**に基づく対応**：「つまずきやすい」児童生徒だけでなく，すべての

表1　学習面・行動面で著しい困難を示す生徒(中学校)

	推定値(95%信頼区間)			
	学習面または行動面で著しい困難を示す生徒	A：学習面	B：不注意または多動性-衝動性	C：対人関係やこだわり
中学校全体	4.0% (3.7%～4.5%)	2.0% (1.7%～2.3%)	2.5% (2.2%～2.8%)	0.9% (0.7%～1.1%)
第1学年	4.8% (4.1%～5.7%)	2.7% (2.2%～3.3%)	2.9% (2.4%～3.6%)	0.8% (0.6%～1.2%)
第2学年	4.1% (3.5%～4.8%)	1.9% (1.5%～2.3%)	2.7% (2.2%～3.3%)	1.0% (0.7%～1.3%)
第3学年	3.2% (2.7%～3.8%)	1.4% (1.1%～1.9%)	1.8% (1.4%～2.3%)	0.9% (0.6%～1.3%)

[出典：文部科学省, 2012 〈http//www8.cao.go.jp/shougai/whitepaper/h25hakusho/zenbun/h1_02_00_04.html〉]

生徒が互いの特性などを理解し合い，助け合ってともに伸びていこうとする集団づくりを進める，わかりやすい授業づくりを進めるなどのことが重要であるとしている．

●**生徒指導と発達障害**　生徒指導提要（文部科学省，2010）は，都市化や少子化，情報化などが進展する中で，社会全体でさまざまな課題が生じていることから，児童生徒の問題行動等の背景に着目することの必要性を指摘した．特に，発達障害の理解に関する項を設け，
・発達障害のある児童生徒は，個別的な場面よりも通常の学級の集団生活の中でつまずきや困難を示している場合が多く見られること
・学級での学習活動において，できることとできないことのギャップが大きいため，教員からは，能力的な遅れや偏りがわかりにくいこと
・うまく取り組めない原因は，発達障害によるつまずきや困難というよりも，「わがまま」や「努力不足」「やる気がない」などの問題であると受け止められがちなこと
・支援がないままに見逃されていたり，無理強いするような強引な対応をされたりするなど，適切な対応がされないために，状態がまったく改善されない場合も多いこと
などに，十分に留意したうえで生徒指導を進めていくことが必要としている．

[相澤雅文]

📖 **参考文献**
[1] 高橋和子「思春期・青年期の発達障害をめぐる社会生活支援の現状と課題」臨床発達心理実践研究，4，34-43，2009
[2] 国立教育政策研究所「発達障害と生徒指導」文部科学省，2012
[3] 文部科学省「子どもの徳育に関する懇談会「審議の概要」」2009〈http://www.mext.go.jp/b_menu/shingi/chousa/shotou/053/gaiyou/attach/1283157.htm〉

高等学校での支援

　高等学校への進学率は約98％に達している．こういった現状は，どの高等学校にも小中学校とほぼ同様に発達障害生徒が在籍して，支援を必要としていると思われる．しかしながら，通級による指導も支援学級も設置されておらず，発達障害生徒に対してそのニーズに応じて適切に対応できていないのが現状である．旧制高等学校時代から戦後70年に至るまで，日本の高等学校（高校）では，障害のある高校生への教育的支援は，各高校の個別的な努力を除き，ほぼ行われていない．
　このような状況の中，「障害者差別解消法」が成立し，2016年度から公立高校に「合理的配慮の提供」が義務づけられた．これは障害のある高校生への支援の始まりであり，高校のノーマライゼーションへの長い道のりのスタートでもある．
●**困難の特徴**　発達障害のある高校生の困難は，障害特性による学習面・行動面・対人面に関することのほか，自尊心の低下による動機づけの低下，不登校・非行・ネット依存などの形で表れる高校生活からの回避・逸脱，そして，併存障害（二次障害）の発症[3]などである．
●**学習面に関する基本的対応**[1]　「授業がわからない」「課題を提出期限までに完成できない」という状況は，高校生活からの回避を生じさせやすい．そのため，当該生徒の認知的特徴などの実態把握に基づいた対応法を再構築する必要がある．「再構築」と書いたのは，中学校までの対応法では，適応が難しい場合が多いからである．
　高校では，授業の難易度・学習量・学習時間などすべてが増加する．そのため，中学校時代より信頼性の高い簡易な対応法の合理的配慮の提供が必要となる．例えば，中学生まで，自分で書いていた板書のノートは，「ノートテイカーに依頼する」「デジタルカメラによる撮影の許可を得る」などの方法に転換し，授業理解により力を注ぎやすいようにする．また，家庭学習などの課題量の調整も重要である．
　これらの対応が不十分な場合，「授業など，受けたくない」，「課題など，どうでもいい」と考えるようになり，回避的な行動が生じやすい．体力的・精神的な疲労度が高ければ引きこもりがちになり，低くとも怠学などの状態に陥りやすくなる．そして，これらは不登校のリスクを高める．
　障害のない高校生が徐々に失うのは「学力」であるが，発達障害のある高校生は，それに加え，苦労して身につけてきた自分の「学ぶ力」に疑問を抱き，やがて使わなくなる．つまり「学ぶ力」を徐々に失っていくので注意が必要である．

●**行動に関する基本的対応**　高校生活は多くの場合，中学校生活より多忙である．授業・通学・宿題などに使う時間が長くなるほか，部活動などもある．そのため，中学生時代より「効率的な」対応法の学習が必要となる．例えば，その日を振り返り，次回のための改善策を考えるなどである．高校生になると，保護者・教員とも情報不足に陥りやすい．発達障害の中でも実行機能に障害のある高校生は，課題解決や予定立案を1人で行うことを苦手とする．さらに，多忙さは，身体的・精神的疲労を招き，そのうち，注意や叱責に対する過敏・過剰な反応，パニック，授業場面などの興味ないものへの無反応などの様子をみせるようになる．そして，時間的近接度の高い人（友人・先輩など）を行動的に追従するようになり非行などのリスクを高めるか，または，より人と関わりをもたなくなり自宅でゲームやインターネットの類に没頭し，執着やこだわりを異常に強くしていく．

●**全般的対応**　関係者は，発達障害のある高校生と，普段から，時間的にも量的にも一定のコミュニケーション頻度を確保しておくことがとても重要である．問題が生じたときのみ，話し合おうとしてもうまくいかない．時間的には，毎日であれば数分でもよく，内容的には，今日，起こった出来事について話をする．また，高校が提供する合理的配慮のメニューの充実も重要である．適切なメニューの選択のため，実態把握は欠かせないが，「発達障害のある生徒自身の困難感」と「外部専門家を利用した実態把握の結果」の一致点を生徒ともに考え，配慮を決定する．うまく機能しないときは，できるだけすみやかに話し合いをもつようにする．

　これらを実施しながら，高校の各校務分掌はその役割を設定し，連携内容を明確にする必要がある．支援範囲が多岐にわたるため，縦割りの分掌機能では対応できない（例：校内委員会と生徒指導の役割分担の明確化）．

●**高等学校における通級指導教室の設置**　文部科学省において特別支援教育におけるあり方についての協議が進み，2016年3月に「高等学校における通級による指導の制度化及び充実方策について」の報告書が取りまとめられた．それによると2018年度から高等学校においても通級による指導を始めることが可能になった．これにより，高等学校において，発達障害のある生徒への個に応じた指導・支援が本格的に始動することになる．

〔衛藤裕司〕

📖 **参考文献**

[1] 衛藤裕司「気になる問題への背景と支援」酒井貴庸編著『心の発達支援シリーズ　第5巻　中学生・高校生　学習・行動が気になる生徒を支える』明石書店，2016
[2] 文部科学省「高等学校における通級による指導の制度化及び充実方策について」（高等学校における特別支援教育の推進に関する調査研究協力者会議報告），2016
[3] 国立特別支援教育総合研究所「発達障害と情緒障害の関連と教育的支援に関する研究—二次障害の予防的対応を考えるために」平成22年度〜平成23年度　研究成果報告書専門研究（B-277），2012

大学での支援

 障害を理由とする差別の解消の推進に関する法律（障害者差別解消法）が2013年6月に公布され，2016年4月から施行されることにより，高等教育機関においても障害学生への合理的配慮の提供が求められることとなった．障害者の権利に関する条約（障害者権利条約）第2条において，合理的配慮とは「障害者が，他の者と平等に教育を受ける権利を享受・行使することを確保するために，大学等が必要かつ適当な変更・調整を行うこと」であり，「障害のある学生に対し，その状況に応じて，大学等において教育を受ける場合に個別に必要とされるもの」であり，かつ「大学等に対して，体制面，財政面において，均衡を失した又は過度の負担を課さないもの」とされている．2012年に文部科学省が公開した「障害のある学生の修学支援に関する検討会報告（第一次まとめ）」では大学などにおいて提供すべき合理的配慮の考え方が示され，合理的配慮の決定過程の考え方として「（前略）権利の主体が学生本人にあることを踏まえ，学生本人の要望に基づいた調整を行うことが重要である」とされ，権利の主体者である学生と支援者との「建設的対話」の必要性が明記されている．

●合理的配慮の決定にかかわる意思の表明　発達障害学生への支援は，障害特性が現れ方が一人ひとり異なるため，配慮内容を定型化することが難しく，修学上配慮が必要と思われる場合でも学生本人から主体的な配慮要請を期待することが難しいという問題がある．配慮の必要性を支援者だけが認識し，学生の合意なしに配慮提供を行った場合「学生を権利の主体とする」観点が失われる．また，学生が自分の判断で配慮を要請し，大学は配慮提供の可否のみを返答するような対応は，意思表明の困難な発達障害学生に対しての配慮が欠如しているとみなされる．発達障害学生の意思表明の困難さの多くは「実際の問題と自身の障害特性を関連づけることの難しさ」と，「さまざまな状況を把握し整理して，自分の考えをまとめあげることの苦手さ」などに起因するため，合理的配慮の提供には本人の意思決定過程を支援するという考え方を採用する必要がある．具体的には，困っている状況を一緒に整理し，何が問題で，自分には何ができるのか，あるいは問題の解消にはどのような配慮が必要なのか，そしてその配慮内容が適切であると判断できるのかなどを検証していくプロセスが意思決定を支える支援となる．支援者は一つの考えに誘導したり指示・命令したりするのではなく，あるいは，すべてを学生の判断に委ねるのでもなく，学生が主体的に決めていくプロセスをサポートするという考え方を基盤におくことが重要である．

●合理的配慮の内容　2014年5月，独立行政法人日本学生支援機構（以下，機構）

の調査によると，主な授業支援は「注意事項等文書伝達」「休憩室の確保」「実技・実習配慮」「教室内座席配慮」が多く，次いで「試験時間延長・別室受験」「講義内容録音許可」「チューター又はティーチング・アシスタントの活用」「解答方法配慮」「使用教室配慮」「パソコンの持込使用許可」であった．機構が2015年3月に発行した「教職員のための障害学生修学支援ガイド（平成26年改訂版）」には支援に関する場面一覧が掲載されており，①入学時の支援，②学習支援，③学校生活支援，④就職支援，⑤災害時の支援，などの支援内容や支援方法が示されている．これらを参考にしつつも，目の前の学生の困りごとを適切に把握することが重要である．問題となる状況の把握や本人との対話による聴き取り，行動観察・発達検査などによる特性把握，また周囲の関係者（教職員・保護者）から得られる情報を統合して整理し，当該学生の支援ニーズを見つけ，学生と共に配慮に関する検討を重ねていく必要がある．

●**具体的な支援方法**　特性に起因する多彩な問題への対処において，大学生活全体を見通し，その時期ごとに必要な支援を適切に行っていくための支援者の存在は大きい．学習支援の内容は，授業に関することから，スケジュール管理，実験・実習などでの不器用さへの対処法，グループワークでのコミュニケーション上の問題，レポート作成，卒業論文など，修学に関わる全般的なことがらに及ぶ．支援者は直接的な学習指導を行うのでなく，教科書や資料，参考書をどのように使うか，あるいは文献をどのように検索するか，必要があれば授業担当教員へどのように指導を受けにいくのかを学生と一緒に検討するなど，学生が学びにつながるためのサポートを行っていく（図1）．

特性上の困りごと		教育目標との整合性	実行可能性
1. スケジュール管理ができず予定を忘れる	➡	1. スケジュール帳の利用事務職員からの声かけ	
2. 強迫観念による集中困難	➡	2. 座席の指定，別室受験	
3. レポート作成で自分で資料を収集し，考えをまとめ文章を構成することが苦手	➡	3. 決められた範囲の情報を与えルーティンワークの中で得られた結果をまとめていくような課題に変更するなどの検討	
4. 授業で聞き漏らしがある	➡	4. ICレコーダーの使用	
5. グループ活動への不安	➡	5. グループ編成の配慮	
6. 実技習得に時間がかかる	➡	6. 練習の機会を繰り返し与える	

図1　大学における合理的配慮の一例

就職に関しては発達障害学生はいまだ困難な状況にある．一般就職では筆記試験は合格しても面接試験で採用されないケースが多く，障害者雇用枠での就労も大卒の発達障害者には狭き門である．大学におけるキャリア教育の充実がその解決につながる可能性もあるが，一方で特性の弱みに焦点を当てる就労支援そのものの在り方が，強みを生かす就職への道を閉ざしているように思える．就職支援は大学支援者と地域就労支援機関の支援者との連携，また障害者雇用枠での就労の場合は，ハローワークなどの利用も含めたチーム支援が効果的である．［西村優紀美］

幼児ことばの教室

　幼稚園や保育所，認定こども園にも発達障害のある幼児やその疑いのある「気になる子」といわれる幼児が少なからず存在しており，保護者や保育者からそうした子どもたちに対する専門的な支援や療育の要望は大きい．しかし，幼稚園や認定子ども園などには，小学校や中学校のように通級による指導や特別支援学級に相当する制度はない．また障害児通園施設など，障害のある乳幼児に対するわが国の保健福祉施策は，比較的中度・重度の知的障害や肢体不自由のある子どもたちの療育を中心に整備されてきたため，医療機関で診断を受けていない「気になる」幼児に対する専門的な支援機関は限られている．

　では，発達障害があっても知的発達に著しい遅れがない幼児は，どのような専門機関で療育や支援を受けているのであろうか．そのような役割を担っている機関の一つが幼児ことばの教室である．幼児ことばの教室は，発音が不明瞭である構音障害や，話し言葉のリズムがスムーズでない吃音，さらには「ことばの遅れ」や「言語発達遅滞」などとよばれる言語機能の発達に遅れや偏りのある幼児を対象とした相談・支援機関である．言語発達遅滞に分類される幼児の中には，多様な実態を示す子どもたちが含まれる．コミュニケーション能力に困難があるため仲間とのトラブルを起こし，集団活動に参加できないなどの困難を抱える発達障害のある幼児も言語発達遅滞などとして幼児ことばの教室の対象として指導を受けているのである．

　幼児ことばの教室は，学校教育や保健福祉の制度の上に位置づけられている機関ではない．「ことばの教室」とよばれる小学校の言語障害特別支援学級や言語障害通級指導教室の中には，担当教員が本務に支障のない範囲で幼児の教育相談・指導をサービスとして行っているケースがある．そのようなことばの教室に，児童担当とは別に幼児の担当者を置くようになり，さらにことばの教室とは独立した組織として位置づけられる教室が設置されるようになった．幼児ことばの教室は，そうした経緯の中で誕生した組織である．

●**幼児ことばの教室の現状**　2013年度に国立特別支援教育総合研究所が実施した「全国難聴・言語障害学級及び通級指導教室実態調査」[1]によると，幼児を指導している小学校や幼稚園等機関の総数は247で，約5000名が指導を受けていた．そのうち，専任の幼児担当者を配置している機関，すなわち「幼児ことばの教室」などとよばれる機関は121であり，約4000名の幼児が指導を受けていた．この121機関の設置形態と担当者の所属，職種は表1のとおりである．担当者の職種としては，幼稚園教諭が42％，指導員などのその他が46％で，言語聴覚士は7％

にすぎなかった．担当者の勤務形態は，常勤が62％で，非常勤が38％であった．障害別の割合は，構音障害を主訴とする幼児が40％と最も多く，次いで言語発達の遅れが39％であった．また，約25％が自閉症などの発達障害の診断を受けている，あるいは発達障害が疑われていることが報告されている．

一方，大塚らが2009年度に静岡県で実施した調査[2]によると，延べ2114人の幼児が指導を受けたが，指導を受けることができなかった待機幼児数も231人を数えた．障害種別では，言語発達遅滞が1105人で最も多く，全体の約半数を占め，その中には自閉症やアスペルガー症候群などの診断名がついたり，その疑いが強かったりする幼児が，3歳児で33％，4歳児で36％，5歳児で42％も存在していた．

表1 「幼児ことばの教室」などの設置形態と担当者の所属，職種など

形態	設置場所	幼児担当者所属	幼児担当者の職種	設置数	計
幼児単独	幼稚園内	市町村立幼稚園	幼稚園教諭，言語聴覚士等	17	27
		市町村教育委員会	幼稚園教諭，言語聴覚士等	2	
		市町村福祉部局	幼稚園教諭	1	
	教育委員会所内等	市町村教育委員会	幼稚園教諭	6	
	福祉施設内	市町村教育委員会	教育委員会職員	1	
小学校の教室と併設	小学校内	市町村教育委員会等	幼稚園教諭・指導員・言語聴覚士等	49	94
		市町村立幼稚園	幼稚園教諭	21	
		市町村福祉部局	幼稚園教諭・保育士，指導員等	10	
		小学校	幼稚園教諭・保育士，小学校教諭等	4	
		親の会	指導員	2	
		その他	保育士，幼稚園教諭等	8	

[出典：文献 [1]，p.26]

●**幼児ことばの教室の役割と課題**　幼児ことばの教室はいわば幼児版の通級指導教室ともいえるもので，子どもたちは幼稚園などに在園しながら，週に1回程度，教室に通って指導を受ける．幼児ことばの教室では，子どもたちへの指導だけでなく，担当者が幼稚園などへ園訪問をしたり，母親教室を開いたり，就学にあたっての留意点や情報を保護者に提供したりしている．しかし，幼児ことばの教室は制度的な位置づけのないサービスのため，相談や指導への希望が増えてもそれに見合うだけの十分な数の指導者を配置することができず，待機幼児数が増加しているという現状がある．また，非常勤職員が多いため，職員の待遇面や研修等の課題を抱えている[2]．

[大塚 玲]

📖 **参考文献**
[1] 国立特別支援教育総合研究所「平成23年度全国難聴・言語障害学級及び通級指導教室実態調査報告書（平成24年7月）」，2012
[2] 大塚 玲・遠藤千砂子「保護者からみた『幼児ことばの教室』の役割と課題」静岡大学教育学部研究報告（人文・社会・自然科学篇），62，95-104，2012

通級による指導

 通級による指導とは，小学校，中学校の通常の学級に在籍している，言語障害，情緒障害，弱視，難聴などの障害がある児童生徒のうち，比較的軽度の障害がある児童生徒に対して，各教科などの指導は主として通常の学級で行いつつ，個々の障害の状態に応じた特別の指導を通級指導教室のような特別の指導の場で行う教育形態である．平成5（1993）年の「通級学級に関する調査研究協力者会議」答申を受け，学校教育法施行規則が改正され正式な制度として始まった．通級による指導を受けている児童生徒は，学習障害者，注意欠陥多動性障害者が対象となった平成18（2006）年度以降，毎年5000人程度増え続けており，平成26（2014）年度は8万3750人（小学校7万5364人，中学校8386人）となっている（図1）．

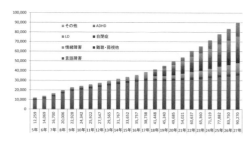

図1　通級児童生徒数の推移
［出典：文部科学省「平成27年度通級による指導実施状況調査結果」2016］

●**通級による指導の対象となる児童生徒**　平成18（2006）年4月に学校教育法施行規則の一部が改正され，新たに学習障害者，注意欠陥多動性障害者が通級の対象として加えられた．これにより通級による指導の対象は，言語障害，自閉症，情緒障害，弱視，難聴，学習障害，注意欠陥多動性障害，肢体不自由，病弱・身体虚弱の児童生徒となっている．

 通級の対象となる障害の種類とその程度については，「障害のある児童生徒の就学について（通知）」（平成14（2002）年5月）および「通級による指導の対象とすることが適当な自閉症者，情緒障害者，学習障害者，注意欠陥多動性障害者に該当する児童生徒について（通知）」（平成18（2006）年3月）に示されている．どの障害についても，通常の学級での学習におおむね参加でき，一部特別な指導を必要とする程度のものとされている．これは，小学校，中学校の通常の教育課程に加えたり，あるいはその一部に替えたりするなどして，特別の教育課程による教育を行うということであり，通常の学級で教育を受けることを基本としているためである．したがって，特別支援学級や特別支援学校に在籍する児童生徒については通級による指導の対象とはならない．

 通級の対象かどうかの判断は，校内委員会で検討するとともに，専門家チーム

や巡回相談を活用して十分な客観性をもって判断する必要がある．特に学習障害や注意欠陥多動性障害のある児童生徒の場合には，通常の学級での配慮や工夫により対応が可能な児童生徒も多くいることから，通級の対象か否かについては，医学的な診断のみにとらわれず総合的に判断することが大切である．

●**通級による指導の形態**　児童生徒が在籍している小学校，中学校に設置された通級指導教室で指導を受ける「自校通級」，他の学校に設置されている通級指導教室に通い指導を受ける「他校通級」，児童生徒が在籍している学校に担当教員が訪問して指導を行う「巡回による指導」などがある．

通級による指導は，各教科の指導等は在籍している学級で受けながら，その障害に応じた特別の指導を特別の指導の場で受ける教育形態であるが，特別の指導の場は必ずしも通級指導教室に限らない．特別支援学級や特別支援学校がその役割を果たすことも可能である．

●**特別の教育課程による教育**　学校教育法施行規則第141条には，通級による指導では，特別な教育課程による教育ができること，他の小学校，中学校，中等教育学校の前期課程または特別支援学校の小学部もしくは中学部において受けた授業を，特別の教育課程に係る授業とみなすことができると示されている．

通級による指導の特別な教育課程による教育の内容に示されているのは，障害の状態の改善・克服を目的とする指導である特別支援学校の「自立活動に相当する内容を有する指導」と，障害に応じた「各教科の内容を補充するための指導」である．小学校学習指導要領または中学校学習指導要領解説（総則編）では，特別支援学級または通級による指導において特別の教育課程を編成する場合に，「特別支援学校小学部・中学部学習指導要領を参考とし，例えば，障害による学習上又は生活上の困難の改善・克服を目的とした指導領域である自立活動の内容を取り入れる」などして，実情に合った教育課程を編成することが必要であることが示されている．各教科の内容を補充するための指導とは，障害の状態に応じた特別の補充指導であり，単に教科学習の遅れを補填するための指導ではなく，障害による学習の困難さに対して，円滑に学習に取り組むことができるようにするための指導である．したがって，在籍学級で取り組むことが難しい学習内容をすべて通級による指導で学習することは，本来の通級による指導の趣旨にはそぐわない．

通級による指導の指導時間については，自立活動と各教科の補充指導を合わせて年間35単位時間（週1単位時間）からおおむね年間280単位時間（週8単位時間）以内が標準とされている．なお，学習障害者および注意欠陥多動性障害者の場合は，月1単位時間程度でも指導上の効果が期待できる場合があるとされている．

[笹森洋樹]

📖 **参考文献**
[1]　文部科学省編著『通級による指導の手引（改訂第2版）―解説とQ&A』佐伯印刷，2012

LDへの通級による指導の実際

　LD（学習障害）とは，知的に遅れはないものの，聞く，話す，読む，書く，計算するまたは推論する能力のうち，特定のものの習得と使用に著しい困難を示す状態である．通常の学級に在籍し一部指導を必要とする児童生徒が，通級による指導の対象となる．認知や感覚の特徴を検査などの結果も活用して実態把握し，得意な能力を活かしながら課題に対して支援・指導の方法を考えていく必要がある．

　教室環境は安心して学習に取り組めるよう整えることが必要である．学習の形態は個々の認知の特性に応じた個別指導が多いと考えられるが，集団の中での望ましい行動を身に付けるために，グループ指導も効果的であると考えられるので，個別学習とグループ学習の場を確保できるとよい．また，位置や空間を把握するために，体を動かした学習も必要になるため，活動できるスペースを用意できるとよい．

●聞くことの指導　興味や関心のある内容から聞かせる指導を考える．注意や集中を向けさせ，指示を聞き取って課題に取り組むために，話が聞ける環境や姿勢保持に配慮するだけでなく，情報の量や与え方（視覚提示など）を工夫することが必要となる．「数字・ことばの聞き取り」などの活動を通して，単語から始め少しずつ量を増やし，どれくらいならできるのか本人が理解することも大切である．

●話すことの指導　簡単な話型を示し，ある程度のパターンで話ができる指導を考える．「さいころトーク」や「アンゲーム（クリエーションアカデミー）」などを用いて，質問に返答することや相手にわかるように伝えることを指導する．指導者が質問と返答を関連付け，わかりやすい話し方で手本を示したり，伝えたいことを書き表して内容を明確にしたりする．また，話したいことをメモして，書かれたものを見ながら話をさせ自信をつけさせることも考えられる．

●読むことの指導　文章を読むことが苦手な場合，平仮名，カタカナ，漢字などのどの部分でつまずきがあるのか把握する必要がある．平仮名の特殊音節の読み書きが苦手な場合，手を叩くなど動きを通して音と文字を合わせることで覚えられることがある．また，文の読みも速さや誤りの程度を把握する必要がある．文字を1文字ずつ読み内容を理解することが苦手な場合は，単語や文節に線を入れ，文字のまとまりを意識させる．行の読み飛ばしなどがある場合は，スリットの入った紙などを使って，読む行だけが見えるようにすることも手立てとして考えられる．デジタル音声教材を使うことで内容を理解できることもある．読解においては，挿絵を使ったり図解したりして，主題や要旨をとらえさせることも考えられ

る．また，接続語の使い方を覚え，関連性をつかむことで内容の理解につながる．

●**書くことの指導**　書けない原因を探ることが必要である．視知覚に課題がある場合は，線の重なりや形のとらえ方に特徴がある場合があるので，形を言語化させて覚える方法がある．視覚記憶に課題がある場合は意味を表すイラストとともに文字（漢字）の形を覚え，意味から形を想起させる方法がある．さらに，手先の不器用さや姿勢保持の課題から字形が整わない課題がある場合は，手先を使った作業や体全体を使ったバランス運動など指導を行う方法がある．

●**計算することの指導**　筆算の仕方に困難を示す場合，マス目があるノートなどを個の実態に合わせて使ったり筆算の手順を示したりして，やり方を理解させることが考えられる．また，数の概念を理解するために，量感がわかるような絵や図を活用して指導することが考えられる．文章題から立式して計算できるために，問題文の内容を図や絵に表したり，関係が理解できるように図示したりして意味を理解させることも必要になる．

●**推論することの指導**　事実から結果を予測したり，結果から原因を推測したりすることが苦手な場合，用語を定義したり視覚支援したりして関係性が明確になるようにする．見えないものを想像して考えることが苦手であることを理解して，空間的な操作は具体物を使うことで位置関係の理解につなげる．また，実際に見せたりやってみたりして，定義づけ，知識として教えていくことも必要である．

●**自立活動**　LDのある児童生徒の自立活動として以下のことが考えられる．視知覚や選択的注意等認知の特徴から期待したほどの成果が得られず，自信を失い失敗に対して感情的になり，情緒が不安定になることがあるので，本人の得意なことを生かして課題をやり遂げることで，成功体験を積み重ね「心理の安定」を図る．見たり触ったりする体験的な活動と位置や方向を示す言葉を関連付けながら基礎的な概念形成を図り「環境の把握」をする．また，相手の話を記憶して前後関係を比較，類推することが苦手で，会話の内容や状況に応じて受け答えすることが苦手な場合には，わからないときに聞き返したり，相手の表情に注目したりする態度を身に付ける「コミュニケーション」を培う必要がある．

　また，注意集中に課題がある場合も考えられるので，通常の学級での様子もあわせて的確な実態把握をすることが重要である．通級による指導で学びを支え，認知の特徴や能力を知ることで，在籍する通常の学級での合理的配慮を提案することもできる．さらに，児童生徒自身が認知の特徴を理解し，自分の得意なことと苦手なことを自覚できる指導も大切である．

〔飯島知子〕

📖 **参考文献**

[1] 文部科学省編著『通級による指導の手引き―解説とQ&A』改訂第2版，佐伯印刷，2012

ADHDへの通級による指導の実際

　ADHD（注意欠陥多動性障害）の子どもたちが学校でかかえる困難は，行動面や学習面の両面で表れる．困難の要因の中心は，注意の転導性と衝動性を抑制する力の弱さの問題である．集中し続けることが難しく容易に気がそれてしまうために，今すべきことや学習に注意を向けることが難しく，じっくり考えずパッと反応してしまうことが，行動や学習で失敗することにつながる．ADHDのある子どもたちへの支援の中心は，この不注意と衝動性への対応が中心となる．図1に示すように注意の転導性と衝動性によって起こる行動や学習の困難に対して行っている基本

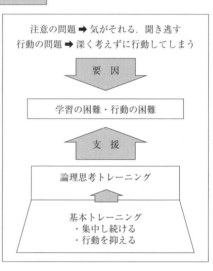

図1　注意と衝動，学習困難へのアプローチ

トレーニングと論理思考トレーニングについて紹介する．

●**ADHDへの基本トレーニング**　ADHDの子どもたちの指導は，基本トレーニングと論理思考トレーニングの二つに大きく分かれる．基本トレーニングには，集中トレーニングと衝動性抑制トレーニングがある．この基本トレーニングの成果のうえで実施する論理思考トレーニングがある．集中トレーニング，衝動性抑制トレーニングのための教材は，視覚的な教材としては「間違い探し」「点つなぎ」「図形模写」などがある．聴覚的注意力を鍛える方法として，読み聞かせの後に質問をすることなども含まれる．ほかにも書写の指導を集中トレーニング，衝動性抑制トレーニングとして活用することができる．さまざまな教材は課題の設定や声のかけ方の工夫で，集中トレーニングの要素を含めることができる．「最後まで，あきらめずにする」「しっかり見ること」「しっかり聞くこと」で集中力を鍛えることができる．指導者は，子どもに課題をさせているときに，子どもの注意が他のものにそれないようにし，注意を持続させるよう意識的に指示していく．書写指導では準備から後片付けまで，気をそらさずに取り組み続けることを意識的に指示することで，集中トレーニングの要素を取り入れることができる．

　ADHDのある子どもへの基本トレーニングは，①注意集中と衝動性への指導，

②衝動性が極端に強い場合の指導の二つに分けて考える．基本的には，集中トレーニングと衝動性抑制トレーニングは一体として指導することが大切である．ADHDのある子どもの中には，衝動性が強すぎるために，集中した状態の持続が難しいという子どもたちもいる．このような子どもたちには，衝動性を抑制するための支援プログラムが必要である．衝動性を抑制するためには，「がまん」「ちょっと待てよ」と自分の意識や行動に，みずからストップをかけることである．具体的には，指導の予定と最後にある楽しみをあらかじめ提示し見通しをもたせる．最後の課題を楽しみに，我慢や抑制をしつつ取り組むことで，衝動性を自分の努力で抑制するように支援していく．

● **ADHDの子どもたちは論理思考が苦手**　ADHDの子どもたちは，注意が持続できず，衝動的に反応しているために，継次的に考える習慣をもちにくい[1],[2]．集中トレーニングや衝動性抑制トレーニングで成果を上げてきた子どもも，集中してもすぐには学習に効果をあげることができない，あるいは一定の成果は上がるがそれ以上は上がらない状態になる子どもも多い．これはそれまで，衝動の抑制ができないために国語の読解や，算数の文章問題など論理的に考えて理解していくというプロセスを踏むことができないままに成長したためである．この状態の子どもたちには，論理思考トレーニングが必要である．

教材としては，市販の論理思考のためのプリント教材や，次の一手を考える将棋や囲碁，オセロゲームのような作戦が必要なゲームを取り入れる．教材は子どもと一緒に指導者が取り組むことで，指導者がどのように考えるのかをモデルに示しながら論理的に考えていくことを体感させていくことが大切である．

● **ADHDの特性を自覚することの重要性**　通級による指導において，上述のような指導を行うことが基本となるが，さらにADHDのある子どもたちの指導で一番大切しなければならないことは，自分自身について知る，つまりメタ認知を助けることである．子ども自身が自分でどのようなことに注意をしながら，学習などに取り組む必要があるかを自覚することである．通級指導教室では，子どもたちに「めんどうくさい」と言わない，「勉強する時の態度をとろう」と態度についても指導する．注意や衝動性の抑制の弱さについての自覚がなければ，これからの生活場面でまた同じような状態が起こってしまう．通級指導教室でのADHDのある子どもへの指導のゴールは，自分の特性を知り自覚的に行動するようになるように支援することである．　　　　　　　　　　　　　　　　［山田　充］

📖 **参考文献**
[1] 日本精神神経学会訳（日本語版用語監修），髙橋三郎・大野裕監訳『DSM-5精神疾患の診断・統計マニュアル』医学書院，2014
[2] J. A. ナグリエリ，前川久男他訳「ADHDのある子ども」『エッセンシャルズ DN-CASによる心理アセスメント』日本文化科学社，pp. 125-132

自閉症への通級による指導の実際

　自閉症のある児童生徒の通級による指導では，学級や学校のメンバーと良好な関係を保つために，集団行動やコミュニケーション行動を取り上げて指導することが多い．このとき，成功体験を通して学ぶことができるように配慮する．活動に対する苦手意識や嫌な印象が生じると通級による指導の場に通うこと自体が難しくなることもある．

　基本的にはグループ活動が望ましいが，集団とのかかわりが苦手な場合には個別指導を実施する．グループ活動のメンバーは，興味や関心が似かよっていて，モデルとなるような年齢や経験の上回る児童生徒を一緒にする．自然なサポートが行われ活動の雰囲気が穏やかになり，仲間意識も生じやすく安心感が高まる．目標とする行動を明らかにして，できたときにタイミングよくほめたり認めたりすることも重要である．傷つき体験や失敗経験が多い児童生徒ほど，評価の基準を細かく設定し，こまめにほめ，失敗経験にならないように十分気を付ける．

●社会性を高める指導の実際　小学校低学年，あるいは通級による指導を始めたばかりの児童生徒の場合，学校生活へ適応するために「授業への参加」や「遊び方」のスキル習得が目標として考えられる．「授業参加のスキル」としては，①正しい姿勢の維持，②口を閉じて話を聞く，③意見があるときは手を挙げて許可を得てから発言する，④場に合わせた声の大きさの調整，⑤他の人が不快に感じることをしない（理解度に応じて適宜内容を増やしていく）ことなどを内容として取り上げる．通級による指導の場で毎回これが守られ維持できるように，できたことを認めほめる．チェック表などをつくり，ほめられた回数が目に見えるようにする．

　「遊び方のスキル」としては，①負けても怒らない，②あったか言葉とチクチク言葉（応援言葉・励まし言葉の種類を知り，使うことができる・傷つけ言葉を知り使わないようにする），③協力してやり遂げる（ルールを守る，ずるをしない，途中で抜けない，あったか言葉を使う）などを取り上げ，成功経験を積ませる．例えば，じゃんけんゲームなど勝敗のはっきりしたゲームで，負けても怒らなかったらシールがもらえるという活動をする．これにより負けることへの耐性を少しずつ増やしていく．応援言葉や励まし言葉の種類を教え，その言葉でメンバーを応援したり励ましたりしたら，ポイントがもらえるという活動で，応援言葉や励まし言葉の使い方に慣れさせたりする．中学年以降，あるいは経験を積んである程度良好な精神状態の児童生徒であれば，それぞれの在籍校で抱える問題応じて「上手な会話」「自分の意見の伝え方」「感情理解」「怒りのコントロール」「ストレスへの対処」などについて取り組む．

●**自己理解の指導**　中・高学年以降になると，他者との違いに気が付き，「なぜ，自分だけ」という感情をもちやすくなる．これらのタイミングに「自己理解」に関する活動を行う．例えば，「自分の長所と短所」「自分が好きなこと」「メンバーのいいとこ探し」「担任の先生・家族からのいいとこ探し」「ソーシャルスキル自己チェック」などいくつかの活動を通して，自己の特徴やよさに気付かせる．その後，「少数派と多数派」「特徴ある少数派の人の人生」などの学習を行い，少数派の良さと重要さを理解させ，自分が多数派か少数派かを考えさせる．少数派であることを認識できたら，「視る・聞く・体の感覚」などが多数派とは異なることを知らせる．同じものを見たり，聞いたり，体験したりしても注目するところが異なる．この特徴に気が付くことで，他の子どもたちとの見解の違いを受け入れることができるようになる．また，自分の言動が集団行動として適切かどうかを考えるきっかけにもなる．

イヤな気持ちのエレベーターが，上がらないようにするには？

階（かい）	どんな気持ち？	どんな表情	上の階へいかないようにするためにできること
5階	仕返しをしたい・なぐりたい・ただじゃおかない		その場を遠く離れて，大声で叫ぶ
4階	ムカつく・イライラする		その場を離れて，誰かにイライラを話す
3階	頭にくる・おこった・キレた		その場を離れる
2階	なんだよ，それ・ちょっと，やな感じ		深呼吸（しんこきゅう）をする
1階	ふつう・いつも通り		

図1　感情コントロールトレーニングのためのワークシートの例
［出典：本田恵子「表情カード」クリエーションアカデミー，2005 より著者の許可を得てワークシートを作成］

●**中学校での通級による指導**　中学校では，適切な支援を受けられず，2次障害に陥っている場合が多い．理解の少ない新しい環境の中で，人間関係も悪化し自己肯定感が低下しやすい．「ストレスへの対処」「自己理解」などの指導が考えられる．不登校傾向や暴力行為など深刻な問題が発生した場合には，在籍校の校内委員会，医療機関，児童相談所，警察などの関係諸機関との速やかな連携が重要である．

［古田島恵津子］

📖 **参考文献**

[1] カーリ・ダン・ブロン，ミッツィ・カーティス，柏木諒訳『これは便利！5段階表―自閉症スペクトラムの子どもが人とのかかわり方と感情のコントロールを学べる5段階表 活用事例集』スペクトラム出版社，2006
[2] NPOフトゥーロLD発達相談センターかながわ編著『あたまと心で考えようSST（ソーシャルスキルトレーニング）ワークシート―自己認知・コミュニケーションスキル編』かもがわ出版，2010

言語障害への通級による指導の実際

　通級による指導（言語障害）の対象は，構音障害，吃音，ことばの遅れなどであり，これらに対する自立活動の指導の実際について述べる．
　●**構音障害に関する指導の実際**　構音を改善する指導は，発語器官の運動機能を高める指導，音の聴覚的な認知力を高める指導を組み合わせて行うことが一般的である．発語器官の運動機能を高める指導では，舌の挙上，舌先の口角付着，口唇の狭めや閉鎖などの動きを取り出して練習することのほか，具体的な構音動作に結び付けた練習を行う．構音障害のある子どもの中には，正しい音と発音している誤った音の区別ができない子どもがいる．このような子どもが正しい構音を獲得するためには，誤った音と正しい音の違いを弁別できることや，音と音の比較・照合，音の記憶・再生ができる必要がある．
　具体的な指導としては，語音のまとまりの中から特定の音の聞き出し，音と音の比較，誤った音と正しい音の聞き分けなどを行っていく．音の聴覚的な認知は，一般的には単音，単語，文などの順で難しくなるので，練習を組み立てる場合には容易な課題からより難しい課題に向けてスモールステップで取り組ませていく．構音を誤って習得した子ども，まだ習得していない子どもには，正しい構音の仕方を習得させる必要がある．そのための指導としては，構音可能な音から誘導する方法，構音器官の位置や動きを指示して，正しい構音運動を習得させる方法，結果的に正しい構音の仕方になる運動を用いる方法，聴覚的に正しい音を聞かせて，それを模倣させる方法などがある．子どもの実態に合わせ，単音，単語，短文，文章，会話の順で練習を進めるなど課題の難易度を考慮して指導を進めていくことが大切である．
　●**吃音に関する指導の実際**　吃音のある子どもに対しては，吃音症状は完全には消失しないことを踏まえて，言語症状・話し方の改善に向けた指導だけでなく，吃音症状をうまくコントロールする，吃音症状はあってもコミュニケーション意欲や表現力を高める，自分に自信をつける，自己肯定感を高めるなどの指導を行う．そして子どもの周囲への理解啓発活動を行うなど，多面的な指導・支援を行うことが大切である．言語症状に対する指導では，子どもが話す自信を得たり，少しでも話しやすい話し方を身に付けたりすることをねらいとし，子どもが吃音を治さなければいけないものとしてとらえてしまわないよう配慮した指導を展開する．具体的には，自由な雰囲気で楽に話すことを経験させる指導，流暢に話せたという自信を体験させる指導，緊張度が高く苦しい話し方から吃音がありながらも楽に話すようにする指導，難発の状態から抜け出す方法の指導，苦手な語や場面に

対する緊張を解消する指導，吃音があっても言いたいことを伝えてやりとりを楽しめるようなコミュニケーションに関する指導などがある．吃音があることで話すことや人とのかかわりに自信をなくす場合も多くあるので，肯定的な自己観を支えていくような心理面での指導・支援も重要である．また，同じ悩みをもつ他の子どもと一緒にグループ指導を行うことは，仲間と出会うことにもなるので，よく行われている指導形態である．吃音症状は周囲の態度・反応によっても左右されるので，家族や通常の学級の担任などに向けて吃音に関する正しい情報を提供し，よい聞き手になってもらうよう理解啓発を進めていくことも重要である．

●**ことばの遅れに関する指導の実際**　言語機能の基礎的事項に発達の遅れのある子どもへの指導・支援では，子どもの言語機能の実態に応じて個別指導を行うと同時に，在籍学級や保護者など，子どもを取り巻く周囲の環境への働きかけを行っていく．個別指導では，言語機能の基礎的事項の発達を支える指導や，すでに習得されている言語機能の基礎的事項を整理し広げていく指導を行う．言語機能の基礎的事項の発達を支える指導では，子どもの興味・関心に即した教材を活用し話題を共有したり，経験した事柄をもとに事物の名称や状況の説明をしたり，事物と事物の関係を表す言葉の獲得を目指すなど，ことばでのやりとりを活発にしたり，コミュニケーションの意欲を高めたり，語彙を豊かにしたりする指導を行う．また，言語機能の基礎的事項を整理したり拡充したりする指導では，子ども自身が「なぞなぞ」や「クイズ」を考えてつくったり，2～3枚の人物・動作・もの・季節などの絵をもとにその状況を考えて話をつくったり，場面を説明する文を書いたりするなどの活動を行い，話す，聞く，読む，書くなどの言語スキルを高める指導を行う．言葉は，子どもを取り巻く周囲の環境との相互作用によって発達していくので，家庭での日々の生活の中で，保護者や家族とのコミュニケーションを豊かにすることが重要である．また，在籍する通常の学級においては，学級担任や級友とのコミュニケーションが活発になるような支援をすることが重要である．周囲の子どもに理解を求めるには，総合的な学習の時間などで構音障害や吃音の障害理解に関する学習が展開できるように，在籍学級担任に対して専門的な知識の提供を行うことも重要である．

●**在籍学級の担任や保護者等との連携**　言語障害のある子どもは，周囲とのコミュニケーションに不都合があったり，学級集団への適応面でのつまずきや，学習に自信がないなどの心理面での課題のある子どもも少なくない．通級している子どもが在籍学級において，言語障害があるために自信をなくしてしまったり，他児からからかわれたりしないよう，通級指導担当者は，保護者や在籍学級の担任と連携し，多面的な指導・支援を行うことが重要である．さらに，発声発語器官に器質的な障害がある場合は，医療機関等との連携を図ることも大切である．

〔小林倫代〕

特別支援教室

　文部科学省の特別支援教育の在り方に関する調査研究協力者会議は，平成15（2003）年3月，個別の教育支援計画の作成，特別支援教育コーディネーターの配置などとともに，学習障害（LD），注意欠陥・多動性障害（ADHD），高機能自閉症など小・中学校に在籍する児童生徒への対応 として，特別支援教室を提案した．これを受け，中央教育審議会初等中等教育分科会特別支援教育特別委員会では，平成17（2005）年12月8日に「特別支援教育を推進するための制度の在り方について（答申）」を取りまとめ，「小・中学校において，特殊学級（現特別支援学級）が有する機能の維持，教職員配置との関連などの諸課題に留意しつつ，その実現に向け引き続き検討すること」とし，独立行政法人国立特別支援教育総合研究所および研究開発学校などにおいて検討が行われた．

●**特別支援教室構想**　上記の検討当初，特殊学級（現特別支援学級）には，さまざまな障害の種類や程度の児童生徒がおり，指導の受け方も学校の実情などに応じてさまざまであった．協力者会議最終報告においては，「特殊学級や通級指導教室について，その学級編制や指導の実態を踏まえ必要な見直しを行いつつ，障害の多様化を踏まえ柔軟かつ弾力的な対応が可能となるような制度の在り方について具体的に検討していく必要がある」とともに，「制度として全授業時間固定式の学級を維持するのではなく，通常の学級に在籍した上で障害に応じた教科指導や障害に起因する困難の改善・克服のための指導を必要な時間のみ特別の場で行う形態（例えば「特別支援教室（仮称）」）とすることについて具体的な検討が必要」との提言が行われた．「特別支援教室（仮称）」の構想が目指すものは，各学校に，障害のある児童生徒の実態に応じて特別支援教育を担当する教員が柔軟に配置されるとともに，LD・ADHD・高機能自閉症などの児童生徒も含め，障害のある児童生徒が，原則として通常の学級に在籍しながら，特別の場で適切な指導および必要な支援を受けることができるような弾力的なシステムを構築することであると考えられる．

　具体的な「特別支援教室（仮称）」のイメージとしては，例えば以下のような形態が想定される．これらは，地域の実情，個々の児童生徒の障害の状態，適切な指導および必要な支援の内容・程度に応じ，柔軟かつ適切に対応することが重要である．

・特別支援教室1：ほとんどの時間を特別支援教室で特別の指導を受ける形態．
・特別支援教室2：比較的多くの時間を通常の学級で指導を受けつつ，障害の状態に応じ，相当程度の時間を特別支援教室で特別の指導を受ける形態．

・特別支援教室3：一部の時間のみ特別支援教室で特別の指導を受ける形態．

なお，設置者である市区町村教育委員会は，各小・中学校の「特別支援教室」が有するそれぞれの専門性を前提にしながら，特別支援教育のセンター的機能を有する特別支援学校および関係機関との連携協力を進めるなど，各地域におけるニーズに応じた総合的な支援体制を構築することが重要である．

●**東京都の特別支援教室事業**　東京都は2015年3月，小学校の情緒障害等通級指導学級の在籍児童数が年々増大しているものの，実際に合理的配慮を行っている割合が低いことから，2018年度までに，全市区町村の全小学校に，特別支援教室を開設することとした．東京都は通常の学級で学ぶ発達障害等のある児童については，これまで独自の学級編成を行っており，「通級指導学級」に児童が通級するシステムを取っていた（図1）．

図1　現在の通級指導学級体制

［出典：東京都教育委員会リーフレット「保護者の皆様へ　小学校の「情緒障害等通級指導学級」が「特別支援教室」に変わります」2015］

しかし，通級システムでは，他校への移動の時間が在籍学級の授業を受けられない時間となることによる児童の不安，他校に移動する際の児童や保護者の負担，通級指導学級の設置の有無に生じる支援率の格差などの課題がみられることから，特別支援教室では，あらかじめ整備された拠点校を中心に，複数の教員が各学校を巡回し，児童生徒の在籍校で指導する形態を行うことになった（図2）．

図2　今後の特別支援教室体制

［出典：東京都教育委員会リーフレット「保護者の皆様へ　小学校の「情緒障害等通級指導学級」が「特別支援教室」に変わります」2015］

東京都は，一人でも多くの発達障害の児童への指導の実施や，児童・保護者の負担などの軽減を目的にあげているが，指導内容や教員配置，指導の開始・終了の判断など，課題も多いことから，今後，注視していく必要がある．　　　　　　［田中容子］

参考文献

[1] 文部科学省中央教育審議会「特別支援教育を推進するための制度の在り方について（答申）」2005年12月8日〈http://www.mext.go.jp/b_menu/shingi/chukyo/chukyo0/toushin/05120801.htm〉

自閉症・情緒障害特別支援学級

　自閉症・情緒障害特別支援学級（以下，本学級）の対象は，①自閉症又はそれに類するもので，他人との意思疎通及び対人関係の形成が困難である程度のもの，②主として心理的な要因による選択性かん黙等があるもので，社会生活への適応が困難である程度のもの（2013年10月4日付け25文科初第756号初等中等教育局長通知）である．「他人との意思疎通が困難」とは，一般にその年齢段階に標準的に求められる言語などによる意思の交換が困難であることを示す．「対人関係の形成が困難」とは，他人から名前を呼ばれたことに気が付いて振り向く，他人からの働きかけに応じて遊ぶ，自分や他人の役割を理解し協同的に活動する，他人の考えや気持ちを理解し友達関係や信頼関係を形作ることなどが，一般にその年齢段階に求められる程度に至っていない状態を示す．「社会生活への適応が困難」とは，他人とかかわって遊ぶ，自分から他人に働きかける，集団に適応して活動するなどが一般にその年齢段階に求められる程度に至っていない状態を示す．

●**本学級および在籍児童生徒の特徴**　本学級の学級数は小・中学校ともに特別支援学級全体の約40％を占め，特別支援学級においては知的障害特別支援学級の次に多い．また，本学級の在籍児童数および生徒数はともに特別支援学級全体の40％以上を占め，近年は増加の一途をたどっている（「特別支援教育資料（平成27年度）」より）．本学級には，自閉症スペクトラム（ASD）のある児童生徒の割合が約60〜75％を占めており，その他に選択性かん黙，神経性習癖や不登校のある児童生徒が在籍している．本学級において，小学校では中学校に比べてASDの在籍児童数の在籍する割合が高く，中学校では小学校に比べて不登校のある生徒が在籍する割合が高い．2009年，「「情緒障害者」を対象とする特別支援学級の名称について（通知）」により，当時まで用いられていた情緒障害特別支援学級から，現在の自閉症・情緒障害特別支援学級に改められた．この理由には，上記のように，情緒障害特別支援学級に在籍するASDのある児童生徒の在籍者数の増加があった．

　本学級に在籍するASDのある児童生徒の学習の特徴として，難しい漢字を読んだり書いたりするのが得意な反面，文章から情景をイメージしたり，相手の立場に立って考えたりすることを苦手とする傾向がある．計算問題は得意であるが，文章問題を読んで内容を理解したり，事象を数学的な用語を用いて説明したりすることに難しさを示す場合がある．一方，情緒障害のある児童生徒について，選択性かん黙では話せないことにより自己評価が低下し，自信や意欲を失ってしま

うことがある．また，不登校では授業の空白期間が生じてしまうため，学習面に不安を抱えたり学習意欲が減退したりする．

●**教育課程**　本学級は，小学校および中学校に設置されていることから，教育課程の編成は原則的には小学校または中学校の学習指導要領による．しかし，対象とする児童生徒の実態により，通常の教育課程おける学習が困難であることから，児童生徒に応じて学校教育法施行規則第138条に基づいて特別の教育課程を編成することができる．この場合，特別支援学校の学習指導要領を参考として教育課程を編成することとなる．また，特別支援学校（知的障害）の各教科などを参考にするなどして，適切な教育課程を編成したり，下学年の内容に替えたり，基礎的基本的な内容を重視したりしている．本学級に在籍するASDのある児童生徒に対する国語科，算数科・数学科の指導に関して，①ASDのある児童生徒の実態把握，②指導目標の検討と目標設定，③年間指導計画の立案，④単元指導計画の立案，⑤授業の実施，⑥評価（授業の評価，単元指導計画の評価，年間指導計画の評価）の過程に沿って指導を行うことの重要性が示唆されている．また，学習内容の重点化・精選化・単元の配列の変更を行うことにより，ASDのある児童生徒にとって必要な指導内容や指導方法を検討できることが示唆されている．

さらに，特別支援学校では，「自立活動」の領域を設け，個々の障害による学習上または生活上の困難を改善・克服するための指導を行うが，本学級に在籍する児童生徒においても自立活動の指導が実施される．自立活動の指導でASDのある児童生徒に対して主に取り上げられる指導内容は，障害特性に関連した内容として，「みずから思いや考えなどを伝えようとする」「友達との関係づくり」「他者と関わる際のルールに関すること」などがあげられる．また，自立活動の指導は，各教科，道徳，外国語活動，総合的な学習の時間および特別活動の指導と密接な関連性をもたせることが重要である．

また，本学級に在籍する児童生徒の中には，通常の学級と交流及び共同学習を行っている場合がある．小・中学校の学習指導要領の総則に示されているように，特別支援学級における指導にあたっては，学級担任だけでなく他の教師と連携協力して，個々の児童生徒の障害の状態などに応じた効果的な指導を行う必要がある．また，児童生徒を指導・支援する関係者が個別の指導計画を活用して，情報の共有を行う必要がある．

［岡本邦広］

参考文献
[1]　国立特別支援教育総合研究所「自閉症・情緒障害特別支援学級に在籍する自閉症のある児童生徒の算数科・数学科における学習上の特徴の把握と指導に関する研究（平成24年度～25年度）研究成果報告書」2014
[2]　文部科学省「特別支援学校学習指導要領解説　自立活動編」2009
[3]　全国特別支援学級設置学校長協会編『「特別支援学級」と「通級による指導」ハンドブック』東洋館出版社，2012

高等特別支援学校

●**高等特別支援学校の歴史**　わが国において，特別支援学校（知的障害）（以下，特別支援学校）に高等部が設置されたのは，東京都立青鳥養護学校（1957）が最初とされている（特別支援学校（知的障害）のうち，高等部のみを単独設置するものを「高等特別支援学校」とした．なお，学校教育法改正（2007）前の「特別支援学校」の名称については，「養護学校」と表記した）．また，高等部単置校は北海道白樺高等養護学校（1965）が最初とされ，職業教育を中心とする学科は，奈良県立奈良高等養護学校（1976）が最初とされている．養護学校義務化（1979）当時，高等部設置校は38.0％程度（渡部，1996）であったが，その後設置が進み，高等部教育が拡充されていった．2014年3月時点で，特別支援学校中学部からの進学率は98.7％[3]に至り，ほぼ全入といえる状況となった（特別支援学校（知的障害）高等部以外の進学者を含む）．

　特別支援学校において職業教育に関する「専門教科」が位置付けられたのは，1989年の学習指導要領改訂であるが，その告示の前から1990年代にかけての期間が高等特別支援学校設置の第一次ピークといえ，この期間に20程度の自治体が専門学科を有する高等特別支援学校を設置した．近年，高等部に在籍する生徒の増加と職業的自立のニーズの高まりにともなって，再び高等特別支援学校が新設されてきているほか，高等学校内への特別支援学校高等部の分校・分教室の設置も進むなど，第二次設置ピークといえる状況にある．これらの高等特別支援学校の中には，生徒および保護者の心情に配慮し，「特別支援」「支援」などの文言を除し，「高等学園」という名称や通称を付ける学校もみられる．

●**高等特別支援学校における教育課程**　高等特別支援学校の多くは，生徒の社会的・職業的自立を学校教育目標に掲げている．高等特別支援学校では専門学科あるいは普通科が設置され，専門学科では，専門教科「農業」「家政」「工業」「流通・サービス」「福祉」を中心とした教育課程が編成される．これらの履修時間は3年間で「875時間を下らないもの」としており，普通科に比べて職業教育に関する専門的な内容が取り扱われる．また，普通科においても職業コースなどの名称で教科「職業」および各教科などを合わせた指導である「作業学習」を中心とした教育課程が編成されており，いずれも職業教育を重視した教育課程となっている．なお，職業教育の一環として，産業現場等における実習（以下，現場実習）とよばれる就業体験を積極的に実施しており，中には現場実習を長期または短期にわたって繰り返し実施する「デュアルシステム」を導入している学校もみられる．

　また，共通教科については，「各教科等を合わせた指導」ではなく「教科別の指導」

を指導の形態の中心としていることが多く,自立活動においては,社会的・職業的自立を目指す視点から,「コミュニケーション」「人間関係の形成」を踏まえた具体的な指導内容を設定することが一般的である.さらには,自立活動と同様に「道徳」を時間における指導として位置付ける学校もみられる.

●**高等特別支援学校における現状と課題**　高等特別支援学校に限らず,特別支援学校高等部ではいわゆる軽度知的障害の生徒が増加しており,入学以前に教育を受けた場も特別支援学級や通常の学級など多様である[1].また,在籍する生徒の実態として,過去の失敗経験,不登校やいじめなどの経験による自己肯定感の低さや,生徒指導上の問題が指摘されている[2].まずは,生徒の「わかる」「できる」ことを支援し,自己有用感や自尊感情を育むことが必要であり,職業観,勤労観を育成するキャリア教育の充実が求められる.その一環として,生徒が地域の中で何らかの役割を担い,自己肯定感を高めることを目的とした「地域協働活動」が有効であるとされ,現場実習のみならず,演習の一環として地域を活用するなど,日常的にさまざまな取組が推進されてきている.

なお,国立特別支援教育総合研究所[2]では,特別支援学校高等部を対象とした,いわゆる軽度知的障害の生徒に対する指導内容に関する悉皆調査と研究協力校などに対するインタビュー調査を踏まえ,指導すべき内容を「対人コミュニケーション」,「社会生活のルール」,「基本的生活習慣」,「職業能力の育成」の四つのカテゴリーに整理し,22項目の「必要性の高い指導内容」を示した.また,これらの内容を焦点化するだけでなく,位置付けを工夫し,指導の形態間の関連性に留意した教育課程編成やより効果的な指導方法の必要性を指摘している.

さらには,高等学校においても高等特別支援学校と実態の重なるさまざまな教育的ニーズを有する生徒が在籍していることから,学校設定科目などの工夫により「自立活動」的な内容を取り扱う学校や,「通級指導教室」的な取組みを進める学校がみられるようになってきている.また,文部科学省委託事業として,2014年度から特例として「自立活動」を教育課程に位置付ける研究開発事業(高等学校における個々の能力・才能を伸ばす特別支援教育モデル事業)が展開されるなど,インクルーシブ教育システムを構築するために,「多様な学びの場」という観点から後期中等教育における特別支援教育の質的な充実がさらに求められている.

[菊地一文]

参考文献
[1] 国立特別支援教育総合研究所『知的障害者である児童生徒に対する教育を行う特別支援学校高等部に在籍する児童生徒の増加と教育的対応に関する研究　平成21年度研究成果報告書』2010
[2] 国立特別支援教育総合研究所『特別支援学校高等部(知的障害)高等部における軽度知的障害のある生徒に対する教育課程に関する研究　平成22年〜23年度研究成果報告書』2012
[3] 文部科学省『特別支援教育資料(平成26年度)』2015

フリースクール

　フリースクールは，不登校や発達障害のある子どもたちを対象に，学校教育の枠にとらわれずに，自由で独創的な「学びの場」や「居場所」づくりを行う民間教育機関である．フリースクールの源流とされているのは，1920年前後に創立された，ドイツのシュタイナー学校，ニールが創設したイギリスのサマーヒルスクール，1935年設立フランスのフレネ学校，1968年アメリカのサドベリースクールなどで，それぞれに特色はあるがいずれも「子どもたちの主体性や自由な選択を尊重する学びの場」である[1]．日本にもその理念と実践をモデルにしたフリースクールが各所にあり，不登校の子どもの支援を軸としながら，初期のフリースクール活動の社会的役割を担っていった．

●**日本におけるフリースクールの動向**　日本におけるフリースクールは，既存の学校に合わない子どもたちの新たな学校形態（オルタナティブスクール）として，1990年代より全国に広がり，ネットワーク化も進んでいった．不登校の子どもたちが「学校以外に居場所をもち，仲間と出会い，主体的に学ぶ喜びを実感しつつ活動し，自分らしさを取り戻して，心が豊かに元気になっていく」場であった．不登校に対する考え方や対応は時代によって変わってきたが，フリースクールからの主張や提言がこれらの変化に大きな影響を与えてきたといえる．

　主な流れの転換点は，文部省が「登校拒否は誰にでも起こりうる」との見解を発表した1992年であった．フリースクールへの通学を，学校復帰を前提とし，要件を満たせば指導要録上の出席扱いにするとした．また，2014年文部科学省は，フリースクールに関する初めての実態調査結果を行い，フリースクールは全国に少なくとも474施設あり，約4200名の生徒が在籍していることが明らかとなり[2]，フリースクールへの支援策も検討され始めた．

●**フリースクールの形態と活動内容**　形態や活動内容は，その役割や理念によってさまざまである．「デモクラティックスクール型」「個人の学習塾」「山村留学などの宿泊型」「家庭訪問

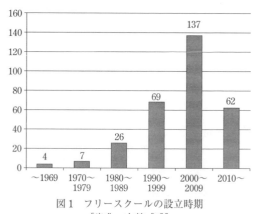

図1　フリースクールの設立時期
[出典：文献[2]]

型」「e ラーニング型」「ホームエデュケーション」「通信制高校サポート校」など.中には公設民営のフリースクールや構造改革特区を利用して学校を設立したケース（東京シューレ葛飾中学校・星槎中学校など）もある．しかし，大半は，公的な補助がなく，運営は授業料や寄付金などに頼っている現状である．

●**不登校の現状とフリースクールの今後の課題**　不登校の小中学生は，20 年近く 10 万人以上を超え続けており，現在でも 12 万人近く存在している（図 2）．不登校の背景にある気づかれにくい発達障害との関連も研究されている．学校内では，インクルーシブ教育システムの構築に向けて，特別支援教育体制が少しずつ整い，基礎的環境整備と合理的配慮の提供が進んでいるが，それでも学校に合わない多様多彩な子どもたちがいる．

学習スタイルには「好きなことから広げて学ぶ，基礎からコツコツ積み上げて学ぶ」「自由に学ぶ，枠を決めて学ぶ」「体験から学ぶ」「広範囲をたくさん学ぶ，狭い範囲を細密に深く学ぶ」など，認知スタイルには「視覚認知，聴覚認知」「同時処理，継次処理」などさまざまなタイプがあり，また，才能や好みには「美術，文学，音楽，スポーツ，科学，哲学，歴史，語学……」などさまざまなものがある．一人ひとり違っているのに，「みんな同じ」指導ではかえって平等とはいえないだろう．

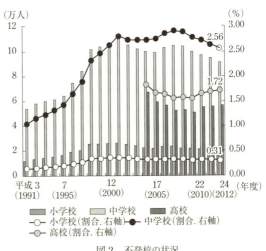

図 2　不登校の状況
［出典：内閣府「子ども若者白書 2015 年度版」］

「学校という一本の道だけではなく，いろいろな道がある」「公教育も含めていろいろな学びの場がある」という次代への過渡期に，フリースクールは大きな役割を期待されている．

［三森睦子］

📖 **参考文献**

[1] 文部科学省中央教育審議会資料 1-8「各国におけるフリースクール・ホームスクールと義務教育との関係」〈http://www.mext.go.jp/b_menu/shingi/chukyo/chukyo3/siryo/06042105/009.htm〉

[2] 文部科学省「小・中学校に通っていない義務教育段階の子供が通う民間の団体・施設に関する調査について」（2015 年 8 月）〈http://www.mext.go.jp/a-menu/shotou/tyousa/1360614.htm〉

学力検査（学力調査）

　発達障害のある子どもは，学習面で何らかの困難さを有していることが少なくない．効果的な指導・支援を行うには，どこで，どのようにつまずいているかの把握が不可欠である．学力検査についても，個人間の差や，個人内の差を詳細に分析することで，個に特化した指導・支援方針を立てるうえで参考になる．なお，学力検査といっても，どのような力をいかに測るかはさまざまである．以下に，学年や学級単位で行う集団式学力検査について，概説する．

●**相対的な位置をとらえる標準学力検査**　子どもの学力が基準となる集団の中のどの辺に位置しているかを相対的に評価するものである．一般的には学年別かつ教科別に評価するといった包括的なものになっており，どういう領域に落ち込みがみられるかを把握しようとする診断的なものもある（例：「算数」の全体的な水準とともに，学習指導要領に沿った領域である「数と計算」「量と測定」「図形」「数量関係」ごとに相対的な評価ができるようになっている）．

●**目標に対しての到達度合いをとらえる到達度学力検査**　子どもがある目標に対して，どの程度到達しているかを評価するものである．過去の正答率などを参考に前もって到達基準が示されており（例えば，△点以上とれば，その目標に対して「十分に到達」している），そこから個々人の到達段階を把握するようになっている．観点別の到達度学力検査は，教科における各観点（例：「算数への関心・意欲・態度」「数学的な考え方」「数量や図形についての表現・処理」「数量や図形についての知識・理解」）で到達度が評価できるようになっている点で，子どもの得意な力や苦手な力を把握するという診断的な意味をもっているといえる．

　また，わが国においては，子どもの学力状況を把握・分析し，教育施策の検証や，改善につなげることを目的に国内および国際的規模の学力調査が実施されている．

●**文部科学省が実施する全国学力・学習状況調査**　文部科学省（文科省）では，全国的に子どもたちの学力状況を把握・分析し，教育施策の成果と課題の検証を行い，その改善を図ることを目的にした「全国学力・学習状況調査」を2007年度から実施している．調査の対象学年は，小学校第6学年と中学校第3学年である．調査の内容は，教科に関する調査（国語，算数・数学，2012年度からは，理科が追加されている）として，「主として『知識』（身につけておかなければ後の学年などの学習内容に影響を及ぼす内容や，実生活において不可欠であり常に活用できるようになっていることが望ましい知識・技能など）」に関する問題，「主として『活用』（知識・技能などを実生活のさまざまな場面に活用する力や，さま

ざまな課題解決のための構想を立て実践し評価・改善する力など)」に関する問題で構成されている．また，あわせて次のような二つの質問紙調査も行われている．児童・生徒質問紙では，学習意欲，学習方法，学習環境，生活の諸側面などに関すること，学校質問紙では，指導方法に関する取組みや人的・物的な教育条件の整備の状況などに関することを尋ねている．調査の方式は，2014年度からは悉皆調査となっている．調査結果の公表・提供については，国全体，各都道府県，地域の規模などで調査結果を公表しており，教育委員会および学校に対して行われる．また，児童生徒に個人票を提供している．

●**国際学力調査（PISA, TIMSS）** 国際的規模の学力調査には，PISA（国際学習到達度調査，Programme for International Student Assessment）と，TIMSS（国際数学・理科教育動向調査，Trends in International Mathematics and Science Study）がある．

PISAの実施主体は，パリに本部を置く国際機関のOECD（経済協力開発機構）である．調査対象は，義務教育修了段階（日本では高等学校第1学年）で，2000年から3年ごとに実施している．目的は，学校で習った知識や技能が，実生活のさまざまな場面で直面する課題にどの程度活用できるかを測っている．内容は，読解力，数学的リテラシー，科学的リテラシーの3分野（実施年によって，中心分野を設定して重点的に調査）である．あわせて，生徒質問紙，学校質問紙による調査も実施している．

ちなみに，文科省が実施する全国学力・学習状況調査の問題においては，これまで学んできたことを教科横断的に日常の中で活用する力，みずから問題や課題を設定し，仮説を立て，資料等を活用しながら検証・考察していくような力，いわゆる活用型学力（思考・判断・表現力）が求められているが，これもPISAの影響によるところが大きい．

TIMSSの実施主体は，オランダのアムステルダムに本部を置く国際教育到達度評価学会（IEA）である．調査対象は，小学校第4学年と中学校第2学年となっている．1964年の数学調査，1970年の理科調査に始まり，1995年からはTIMSSとして4年ごとに実施されている．なお，日本においては，PISA，TIMSSともに国立教育政策研究所が担当している．TIMSSの目的は，初等中等教育段階における子どもの算数・数学および理科の教育到達度を国際的な尺度によって測定し，子どもの学習環境条件などの諸要因との関係を分析することとしている．こちらも児童・生徒質問紙，教師質問紙，学校質問紙による調査をあわせて行っている．

[海津亜希子]

参考文献

[1] 文部科学省「全国的な学力調査（全国学力・学習状況調査等）」〈http://www.mext.go.jp/a_menu/shotou/gakuryoku-chousa/index.htm〉

学習困難

　学習困難とは，学習内容を学年相応に習得することの妨げとなるような，学習上の困難の総称である．特定の障害や心理・発達の特性を表す用語ではなく，教育において特別な対応が必要な状態を，包括的に示した概念である．そのため，学習困難の具体的内容や対象範囲は，各国・地域の教育制度によって，少しずつ異なる．また，学習困難は，結果的に教科の一部または全部における学業不振となって現れる．したがって，学業の習得に不利に働く様々な要因が，学習困難を構成する．

●**概念の特徴**　イギリスでは，1970年代以降，インクルーシブ教育に向けた先駆的な教育改革が実施され，1978年に出された報告書「特別な教育的ニーズ」（通称ウォーノック報告）や，これを受けて制定された1981年教育法により，「特別なニーズ教育」が開始された．これにより，特別な教育は，各種の障害や診断に基づいて行われるものから，特別な教育的対応の必要性（特別な教育的ニーズ）に対して行われるものへと転換した．その際に，学習困難は，特別な教育的ニーズを特徴づけるものとして位置づけられ，定義として，同年齢の児童生徒と比べて，学習上に著しい困難があること，ならびに通常の教育施設・設備の利用に困難があることが明記された．以降，イギリスでは，障害に起因する学習困難と，障害のない学習困難とをあわせて，学齢児の約20％を特別な教育的対応の対象としている．なお，イギリスでは障害名の一部にも学習困難が用いられるが，その場合は「軽度学習困難」「中度学習困難」「重度学習困難」（いずれも知的障害の重症度分類）や，「重度重複学習困難」（日本の重度重複障害に相当），「特異的学習困難」（日本の学習障害に相当）のように，すべて修飾語を冠した表記としている．また，イギリスのほか，フランスやオーストラリアでも，教育的処遇の決定に際し，学習困難への言及がなされている．これらの国では，従前の障害児教育の対象の障害は学習困難に含めず，特別な教育的ニーズへの転換で新たに支援対象となるものを，学習困難としている．いずれにおいても，特別な教育的対応を行うにあたり，障害やその診断を要件にしないという考え方は共有されている．

　他方，学習困難と関連の深いものとして，アメリカで示された学習障害（LDに関する全米合同委員会（NJCLD），1988）が指摘できる．学習障害もまた，学習上の困難に広く対応していく必要性から生まれた概念であるが，児童の機能障害ないし能力障害を，状態像に基づいて定義したものであり，障害カテゴリの一つに位置づけられる．これに対し，学習困難は，障害を想定するのではなく，児

童が学習場面で経験する困難に焦点をあてた概念となっている．なお，近年高い関心がもたれているRTIモデルは，読み書きの困難に関して，障害（学習障害）を特定したうえでの支援とするのではなく，一定の指導で効果がみられなかった児童を，一段高いレベルの支援対象としていくものである．その点で，学習困難への早期予防的対応といった，新たな視点を提供するものと指摘できる．

●**学習困難の状態像と要因**　学習困難がもたらす状態像は学業不振であるが，これをきたす要因は多様かつ複合的である．学業不振には，同年齢児の平均からみて，相対的に学力が低いもの（低学力）と，本人の知的水準からみて，相応の学力が達成されていないもの（アンダーアチーバー）とがある．後者には，学力そのものが低くない場合も含む．

　学力は，知能などの資質と学習経験の所産であり，同時に，学習機会や教育環境，ないし学習への関心・意欲や適応の状態などによって，影響を受けることが知られている．そのため，これらにおける制約やその組み合わせが，学習困難のリスクを構成することとなる．このうち，資質の面における制約は，相対的な低学力の直接要因となるものであり，知的障害をはじめとした各種障害が該当する．また，知的障害には該当しないが，平均より明らかに低い知能（IQの値がおよそ70～85の範囲：境界知能）の状態も，学習困難のリスクとなる．知能には，その発達速度の個人差が反映されるので，平均以下の知能をもつ児童では，学業習得の速度も同様となる．この点から，境界知能の児童をスローラーナーとよぶこともある．こうした低学力の児童においては，学習が過度の負荷とならないような配慮と，本人のペースに合わせた指導が求められる．

　一方，学習経験における制約は，さまざまな心理・社会的要因と関連して，アンダーアチーバーの状態をもたらす．例えば，不安定な社会情勢や貧困などの経済的事情のもとでは，十分な学習機会が確保されず，本来の学力を身に付けることが難しくなる．また，学習環境や指導内容・方法が児童の学習スタイルに適合していない場合もある．特に，学習障害などの発達障害児では，特異的な認知特性と学習環境との間で不適合が生じやすく，学習困難のリスクが増大する．さらに，不登校・不適応やその背景にある心理的要因によっても，学力低下が生じる．この場合，学業不振によって不登校・不適応がさらに強められることもある点に，留意する必要がある．この背景には，度重なる失敗により学習性無力感が形成されている場合が多く，それが学習全般に波及して，学習そのものへの回避傾向につながると指摘されている．他方，アンダーアチーバーは，一般に「伸びしろ」のある状態と考えられている．その点からは，学習困難の要因を丁寧に把握して，十分な環境調整と心理的サポートのもとで，学習を積めるように支援することが大切である．

［雲井未歓］

才能教育

　発達障害のある児童生徒（以下，生徒）への特別支援教育と才能教育は，一見相容れないように思えるが，両者はともに特別なニーズのある生徒への特別支援であり，さらには融合することもある．アメリカなどでは障害児教育と並んで才能教育が，公立学校の特別教育の一環として制度化されている．アメリカの連邦法（初等中等教育法）では，学校での才能教育が対象とする才能の種類として，著しく優れた①知能，②創造性，③芸術の能力，④リーダーシップ，⑤特定の学問の能力が規定されている．そして各州の教育法に基づいて，生徒の多彩な才能を識別して伸ばすために，多様な指導・学習方法や措置が用いられる．才能教育は，学業に優れた英才だけの，ましてエリートや天才を育成する教育ではない．

●**才能の識別と才能教育の方法**　才能教育プログラム対象者の才能を識別するには，知能検査，認知能力検査や標準学力検査だけでなく，複数の評価手段を組み合わせる方法が多く用いられる．J. S. レンズーリによる「回転ドア認定モデル」では，特別プログラムの対象者（学年全体の約1,2割）の才能を識別するために，テストの成績や創造性，課題への傾倒（熱中），芸術性，リーダーシップなどに優れた者を，チェックリストも用いて教師が推薦する．才能児には，学習や社会・情緒的問題に対応するためにカウンセリングなどが必要な場合もある．

　才能教育の方法は早修と拡充に分けられる．早修は，飛び級や飛び入学をはじめ，上位学年相当の科目履修・単位修得が認められる措置である．拡充では，上位学年の単位修得は伴わないものの個人・小集団学習やプロジェクト学習などによって学年基準より広く深く学習する．狭義の才能教育では，各領域の優れた才能が識別された生徒（プログラムごとに数％以下）を選抜する（早修と才能児対象の拡充）．広義の才能教育では，通常の学級をベースに学級全員の生徒の学習ニーズに応じて，拡充学習の個性化を行う．

●**2E教育での才能の識別方法**　発達障害と優れた才能をあわせもち，二重に特別なニーズのある生徒を，「2E（二重に特別な）」生徒とよぶ．発達障害児の才能を識別し，伸ばして活かそうとする「2E（二重の特別支援）教育」が，才能教育の方法を援用して，アメリカで1980年代に始まり，いくつかの州や地域，他の国で実践が広がっていった．2E児/者の極端な例として，サヴァン症候群の人は，知的障害や自閉症がありながら，絵画や楽器演奏，カレンダー計算などのずば抜けた才能を示す．また，歴史上の天才が少なからず発達障害を伴っていたと推定される例もある．しかし，これらは極度の少数例で，2E教育の対象の典型とはいえない（アメリカでは全生徒の2％が2Eと見積もられている）．

2Eの生徒は，障害と才能の両面が適切に識別される必要がある．目立つ才能は，才能教育と同様の手段で識別できるが，障害と才能が互いを隠し合って，どちらも目立たない場合もある．そのために，知能検査（WISC-IVなど）や認知能力検査（KABC-II, DN-CASなど）を用いて，得意と苦手の大きな凸凹をとらえる．発達障害児を早期から3段階で対象を絞って識別・支援するRTI（「RTI」参照）とあわせて，才能児にも3段階で対応して，2E教育の方針でRTIを実施しているアメリカの州もある．しかし障害も才能も目立たない2Eの児童は初期の識別の段階で見落とされるおそれがあるため，評価は重要である．

● **2E教育の理念と方法** 2E教育の理念として，①狭義の2E教育では，一部の発達障害児について，知能や学力，創造性など，才能教育での一般的な基準に合う才能を識別して，障害と才能両方に対応する特別プログラムを提供する．②広義の2E教育では，特に才能の識別評価を伴わなくても，すべての発達障害（傾向ありや未診断も含む）のある生徒の才能（得意・興味）を伸ばし，活かして障害（苦手）を補う理念のもとに，学習内容・方法を個別化・個性化する．

2E教育（狭義，広義ともに）の指導・学習方法として，個人の障害と才能の特性に応じて学習内容・方法を個別化・個性化する．そして通常授業の代替の方法として，学習集団編成（少人数など）や教材（視覚化，ICTなど），学習の進め方（学習ペースや順序の個別化など）を工夫する，という実践がなされる．

アメリカなどで最近増えてきた発達障害児のみを対象に大学進学まで支援する私立学校は，広義の2E教育の理念に基づく小規模な代替の学び場として有用だが，高学費などの問題もあり，公立学校の無償で公平な支援体制整備が望ましい．

2E教育の理念と方法は，わが国の特別支援教育にも活かすことができる．既存の実践のいくつかは，広義の2E教育の方法と重なるといえる．特別支援学校・学級や通級指導教室で発達障害児に個別指導を行うとき，また通常の学級のユニバーサルデザインの授業や長所活用型指導により生徒全体への指導・学習方法を工夫するとき，発達障害児の認知的個性（得意・興味）を活かそうとしている．また，発達障害のある大学生を広義の2E者ととらえ直し，大学進学も視野に，小学校から大学まで継続的に，障害への合理的配慮の支援だけでなく，積極的に才能を伸ばし活かす学習支援を提供することも有意義である．

一方，2Eの生徒特有のニーズに，現行の特別支援教育では十分対応できないと当事者や教師には感じられる場合もあり，狭義の2E教育も今後必要になる．2Eの生徒には，合理的配慮で障害バリアが取り除かれたうえで，より高度な学習内容にアクセスして，心理的な安定を図る自立活動が必要である．2Eの生徒対象の通級指導教室や課外学習教室などの設置の検討も望まれる． ［松村暢隆］

参考文献
[1] 松村暢隆『本当の「才能」見つけて育てよう』ミネルヴァ書房, 2008

学校での気づき

　学習面での児童の困り感に気づくにはさまざまな方法がある．授業中の発表や音読の様子，姿勢や表情などの行動観察や，ノートや描画の様子，単元テストやまとめのテストの結果もその一つである．学級担任の気づきが出発点となり，通級指導教室や他機関での評価指導につながると，より専門的な観点からの提案や指導を受ける機会を得ることとなる．一人ひとりの児童の学び方の違いに気づき，よりよい方法で学習を進めるためには，児童のアセスメントが必須である．

●**実態把握**　発達障害（学習障害など）が疑われる児童生徒の学校内でのアセスメント（評価）および，その過程を実態把握という．学級内に特別な配慮や支援を必要としている児童，生徒が存在するかどうか，いるとすれば，その児童がどのような状態にあるかを把握するために情報収集を行い，集まった情報を総合的に解釈して児童の特性を理解する．実態把握は学級担任だけでなく，特別支援コーディネーターを含めてチームを組んで行うとよい．まず，保護者，授業科目担当教員など関係する教員，支援員，児童本人から，学習，社会性・行動などに焦点を合わせて聞き取りを行う．このとき，LID-R[1]や文部科学省「通常の学級に在籍する特別な教育的支援を必要とする児童生徒に関する全国実態調査」[2]の項目を活用したり，教育委員会や学校が独自に作成した質問票を使用すると情報収集の漏れを防ぐことができる．次に授業中の様子や休みの過ごし方を直接に行動観察する．また，児童の作文，テスト，提出物，連絡帳におけるつまずきや誤りの分析を行い，つまずきや誤りの傾向を探る．より詳しい確かめが必要とされれば，個別の心理検査などの実施を検討する．

●**SKAIP**　SKAIPは「LDの判断と指導のためのスクリーニングキット：Screening Kit for Academic Intervention Program」の頭文字である．SKAIPは文部科学省の助成を受けて2013年度から日本LD学会の開発研究チームが開発を始め，2014年度よりは文部科学省の「障害のある児童生徒の学習上の支援機器等教材開発事業」[3]として引き続き開発が進められてきた．データ管理などを含む全体の完成は2016年度末を予定している．

　SKAIPでは学力の様態を3段階のステップから明らかにし，個別の指導計画と教材につながる的確な情報を得ることを目的としている．ステップⅠは専門家への紹介の必要性を判断するための教師による質問紙評定である．回答はiPad上で行うが，質問に答えるためには児童をよく観察していることが必要となる．ステップⅡは学習状態を短時間で把握するための直接課題である．検査課題は読み，書き，計算の3領域からなり，教示・課題の提示，回答の多くはiPadを利

用する.結果を正確性と処理速度を中心に判断し,児童に特異な学習困難や認知的な特性があるかを判断する.ステップⅢは読み・書き・算数の課題から特異なエラーの抽出分析を行い,実際の学習場面での状態把握を行う.算数は学年に応じて取り組む問題が異なり,読みでは音読と読解,書きでは作文課題を実施する.チェックリスト上で基準値を超える誤りのあった項目について,想定されるつまずきの原因や確認すべき視点が提案される.このように,児童の学習についてどのような観点で観察をすればよいか,誤り分析をどのように行うか,学習に関与する認知特性を把握するにはどうすればよいか,という点がSKAIPのステップⅠ,ステップⅡ,ステップⅢに包含され,教師による子どもの実態把握をサポートする.

●**行動・社会性についての実態把握** SKAIPは学習に関する実態把握のツールであるが,ステップⅠにはLDI-R[1]で使用されている社会性,行動に関する質問項目を備えている.SKAIPやLDI-Rなどの質問紙の社会性,行動の項目で児童生徒のつまずきが推定される場合には,観察された行動についての客観的で具体的な記録を取ること,生育歴の調査や行動評価尺度,社会適応に関する質問紙などを利用してより詳細な情報収集を行う.

●**実態把握の解釈から個別の指導計画の作成へ** 児童生徒の学習・行動・社会性についての支援と配慮は,適切で正確な実態把握に基づき個別の指導計画に沿って行われる.教師が児童生徒の実態把握をするには,先に述べた行動観察や学習での誤り分析,質問紙による評定を用いるが,他所でのアセスメント情報が保護者から提供されることもある.教師は学級での気づきや保護者からの相談に基づき校内での特別支援コーディネーターとの連携により,校内委員会において児童の支援と配慮について検討する.アセスメントを含む実態把握の結果から校内委員会において,特別な場での指導の必要性や専門家への紹介が必要と判断された場合には,保護者の同意のもとにそれぞれの地域で定められている手続きに入る.

気づきは,気づきで終わってはならず,必ず児童の学び方にあった適切な指導方法につながらなければならない.教師一人で解決することではなく,保護者を含め校内外のさまざまな連携を使って,適切な指導の場と内容を児童に提供していくことが求められる.

[西岡有香]

参考文献
[1] 上野一彦他『LDI-R LD判断のための調査票』日本文化科学社,2008
[2] 文部科学省特別支援教育の在り方に関する調査研究協力者会議「通常の学級に在籍する特別な教育的支援を必要とする児童生徒に関する調査結果について」〈http://www.mext.go.jp/a_menu/shotou/tokubetu/material/1328729.htm〉
[3] 文部科学省「学習上の支援機器等教材研究開発支援事業」〈http://www.mext.go.jp/a_menu/shotou/tokubetu/main/006/h26/1350379.htm〉

RTI

　RTIは，Response to Intervention / Instruction の略である．具体的には，「効果的な指導／介入を提供し，子どもの反応（ニーズ）に応じて，指導／介入の仕方を変えていきながら，子どものニーズを同定していく」モデルといえる．子どもの学びを最大限に保障し，また，行動上の問題を低減することを目的とした，アセスメントと指導とが連動した多層の予防システムといえる．

　RTIは，米国において国家レベルで推奨されているモデルであり，その背景には，指導の質を向上させ，環境を適切に整えたうえで，学力の保障を行っていくことが，通常の教育および特別支援教育双方のゴールとしてとらえられるようになってきたことがある．なかでも，双方の課題としてあげられたのがLD（学習障害）と判定される子どもの数の増加であり，LDの判定モデルを再考する必要性に迫られていた経緯がある．従来，LDの判定では，その知的能力に比して有意に予測できない（低い）学力を示すといった考え方から，ディスクレパンシーモデルが採用されてきた．このモデルは，知的能力と学業成績間の差（ディスクレパンシー）の有無を調べ，有意差があった場合にLDと判定するというものであるが，かねてから批判や見直しの声があった．そこで，ディスクレパンシーモデルに代わるモデルとして台頭してきたのがRTIといえる．このような注目を確固たるものとした背景には，NCLB法（どの子も置き去りにしない法，No Child Left Behind Act of 2001）や，IDEA（障害者教育法，Individuals with Disabilities Education Acts）という法的な裏付けもある．

●**RTIモデルのプロセス**　本項では，学習に焦点を当てたRTIを例にみていく．

　段階1では，通常の学級内で，効果的な指導をすべての子どもを対象に行う．この段階では，「クラスの子どもたちが対象となる学習内容を習得できているか」「指導が適切であったか」について把握するため，クラス全体に対してアセスメントを行い，評価していく．もし，他のクラスなどと比較してクラス全体の得点が低い場合や伸びが小さい場合には，指導に対する改善を行う必要性があると判断する．一方，クラス全体としては指導の効果が出ているにもかかわらず，低得点をみせる子どもについても注意を払っていく．

　段階2では，段階1で低得点をみせた子ども，効果的な指導が実施されていたにもかかわらず習得が難しかった子どもに対して，補足的な指導を行っていく．小集団での指導が主で，指導を行うのは，通常の学級内・外，いずれも考えられる．あわせて，つまずいている子どもの習得状況を詳細にみるため，頻繁にアセスメントを行う．こうしたアセスメントを，定期的に子どもの伸び（プログレス）

をみていく（モニタリング）という意味で，プログレス・モニタリングとよぶ．

段階3は，段階2における小集団での補足的な指導が実施されてもなお，伸びがみられない子どもに対し，より徹底的な指導を行っていく．徹底的とは，段階2よりも，より少人数で行ったり（例えば個別），指導の時間や頻度を増やしたりしていくことを指す．ここでは，常に，プログレス・モニタリングを実施していくことになる．段階3を経ても伸びが十分でない場合，つまり，より個に特化した指導が行われたにもかかわらず，依然伸びがみられない場合には，子どもの内的要因が学習面での困難さをきたしていると判断され，特別支援教育への照会も考えることになる．

● **RTIモデルの利点と課題**　RTIの利点とは，「学習面でのつまずきが深刻化する前の段階で，子どもに対し指導・支援を行うことができること」「教師による判定の際のバイアスを除くことができること（子どもがどのように伸びているか，または伸びていないのかについての客観的なデータを出す必要があるため）」「アセスメントと指導とが強い関連性をもつこと」，「判定の過程が，すでにその子どもへの指導・支援といえること」「不適切（不十分）な指導によってつまずいているのか，本人に内在する問題なのかを識別できること」などがあげられている．一方，課題としては，「効果的な指導とは何か」「アセスメントをどのように行うか」「RTIを機能させるための校内での支援体制をどのように構築するか」など，実施面での課題もあげられている．さらには，LDの判定モデルといった観点においては，RTIモデルではLDの状態像を把握するうえで不可欠な認知過程の特性を十分に把握できず「学習面で著しいつまずきを示す子どもがすべてLDなのか」といった疑問が残るとの指摘もなされている．

● **日本にみられるモデル（多層指導モデルMIM）**　日本においても，RTIを基にした多層指導モデルMIM（Multilayer Instruction Model）[1]が開発されている．早期の読み書き能力（特に，小学校第1学年時に学ぶ特殊音節を含む語の正確な読みと語彙，流暢性）に焦点が当てられ，プログレス・モニタリングと科学的根拠に基づいた指導で構成されている[1]．指導法の一部は，研究知見からその重要性と効果が認められ，小学校第1学年の国語科教科書にも採用されている．

［海津亜希子］

参考文献
[1] 海津亜希子『多層指導モデルMIM　読みのアセスメント・指導パッケージ—つまずきのある読みを流暢な読みへ』学研教育みらい，2010
[2] 海津亜希子編著「RTIとMIM」LD研究，24，41-51，2015
[3] Vaughn, S. and Fuchs, L. S., "Redefining learning disabilities as inadequate response to instruction: The promise and potential problems," *Learning Disabilities Research and Practice*, 18(3), 137-146, 2003

ひらがなの読み指導

　ひらがなの読み指導は小学校低学年より開始される．そこでは，文字の形を認識するスキルを獲得した後に，文字と音の対応関係を学習する段階から始まり，ひらがなで構成された単語，文を音読する段階へと展開される．ひらがなの読み指導の各段階では，読みの「正確性」と「流暢性」が求められ，これはひらがなの読みにおける重要な指導ポイントとなる．

　日本語のひらがなは，文字と音の対応関係がアルファベットや漢字と比べて規則性が高い特徴を有しているが，促音（例：「きって」の「っ」），撥音（例：「りんご」の「ん」），長音（例：「おかあさん」「あ」）など特殊音節の表記に例外が認められる．ひらがなの読み困難は，特殊音節に対して顕著に認められ，しかもその困難が継続してしまうため，つまずきの徴候が認められた時点で早期より支援を行う必要がある．ひらがなの読み困難における認知背景として，文字の形の識別困難，音韻処理困難（文字と音の対応関係の理解困難・文字から音へのデコーディング機能不全），単語認識の機能不全が想定される．このような背景により，ひらがなの読み指導は，「文字の形態識別を向上させる指導」，「文字と音の関連を意識させる指導」と「単語のまとまりを意識させる指導」に大別される．

●**文字の形態識別を向上させる指導**　「ね」と「わ」，「め」と「ぬ」のように形が似ているひらがな文字を混同する場合，視覚認知の困難がひらがなの読み困難に影響していると推測される．視覚認知に困難を示すタイプへの指導では，文字の形を識別するために，ひらがなのどの部分に注目すればよいのかを具体的に伝えることや，ひらがなの大部分を隠して一部だけを示し，何のひらがなであるかを推測させるなどの指導がある．また，キーワードのイラストの上にひらがな文字を重ねたイラスト文字カード（図1）を用いて指導を行い，視覚的イメージを手がかりとして文字の形を認識する学習も有効である[1]．

●**文字と音の関連を意識させる指導**　読みの獲得において音韻意識は重要な役割を果たす．音韻意識とは単語に含まれる音的側面を意識・操作する力のことであり，日本語では，音節ある

図1　イラスト文字カードの例．「い」の文字がイラストに重ねて描かれている
［出典：文献［1］，p.61］

いはモーラが単位として用いられる．特殊音節の表記に困難が認められる場合，単語の音節構造をドットや図形などで示し，イメージさせることで音節構造の意識化を図る（図2）．また，清音のときは手をたたき，促音のときには手をグーに握るように，音を動作と対応させることで理解を促進させる方法も有効である[2]．これらの指導課題では，見えない音を見える情報に置き換えることで，音韻情報の理解を図る．一方，文字から音への変換処理（デコーディング）のスピードが遅い場合には，清音，濁音，半濁音，拗音が書かれた文字カードを示し，素早く読み上げる指導も効果的である．

図2　促音の視覚化
[出典：参考文献[2]データライブラリーより]

●**単語のまとまりを意識させる指導**　単語のまとまりがどこまでなのかを判断して読むことが困難な場合，1文字ずつ音に変換して読む逐次読みの状態となり，文の内容を理解することは難しい．読みにおいて，デコーディングの処理を伴わずに意味理解できる単語のまとまりを視覚的語彙（sight word/sight vacabulary）と呼び，これを活用することで，効率的な読みが達成される．単語のまとまりを意識させる指導は，特定の単語の読みに対する指導と，文自体に手がかりを加える指導に大別される．

特定の単語の読みに対する指導では，指導対象となる単語の読みの改善が目的とされる．ここでは単語が書かれたカードを短時間示し，素早く読むよう求める課題（フラッシュカード課題）や，単語の一部が隠されたカードが提示され，一部を補って読むことが求められる課題（単語完成課題），そして文字列の中から単語を検索しスラッシュを入れていく課題（単語検索課題）などが用いられる．特定の単語を意味情報と関連づけることで，既存の語彙知識と結びつけやすくする．

文自体に手がかりを加える指導では，音読する文をわかち書きにすることや，単語ごとに色分けをして提示するなど，文中における単語の区切りを明確にする．このような指導で使用する教材が指導者用デジタル教科書の中に準備されているものもあり，簡単に利用できるようになっている．　　　　　　　　　　　[後藤隆章]

📖 **参考文献**
[1] 小池敏英・雲井未歓編著『遊び活用型　読み書き支援プログラム—学習評価と教材作成ソフトに基づく総合的支援の展開』図書文化社，2013
[2] 海津亜希子編『多層指導モデルMIM 読みのアセスメント・指導パッケージ—つまずきのある読みを流暢な読みへ』学研教育みらい，2010

ひらがなの書字指導

　ひらがなの書字指導は，小学校学習指導要領の「国語」によれば，小学校2年生までに学習する課題であることが示されている．しかし現在では，家庭や幼稚園などで小学校入学前からひらがななどの読み書き学習をしている実態がある（島村・三上，1994）．一方で，ひらがなの書字に困難を示す小学生は1.6％いることがわかっている（Uno, et al., 2009）．そのような子どもは，大多数の子どもがすでにひらがなを書くことができる中で，スムーズに進まない文字学習と，まわりの児童との比較から生じる自尊感情の低下に悩むことになる．しかし，ひらがなは，辞書の検索，漢字の振り仮名，キーボード入力等々のその後の学習に必要な文字であるので，なんとか獲得させたいものである．以下では，ひらがなの書字習得に関わる諸能力の説明と指導方法について記す．

●**ひらがなの書字と音韻意識**　ひらがなは，音と文字の不一致が少ない（「透明性」が高い）文字である．したがって，原理的には音韻意識が発達すれば獲得可能である．音韻意識は，4歳後半から発達することがわかっている（天野，1986）．現在，文字の読み書き活動を始めている幼稚園や保育所もあるが，それは，この音韻意識の発達が前提となっている．しかし，音韻意識の発達が他の子どもよりもゆっくりとしている子どもに対しては，文字の読み書き学習活動ではなく，しりとりや言葉遊び（「た」ぬきことばなどの音韻削除や，さかさまことばといった逆唱等々）を楽しみ，音韻意識の発達を促すことが有効である．

●**ひらがなの書字と視覚認知能力**　一般に，文字が書けるためには文字が読めることが必要である．ひらがなの書字も，ひらがなが読めていることが前提になる．ひらがなが読めるためには，上記の音韻意識だけではなく，視覚的知覚や視覚的記銘という視覚認知能力が必要であることがわかっている（宇野他，2007）．また，この視覚認知能力は，ひらがなを書くためにも必要であることもわかっている（猪俣他，2013）．書字において必要な視覚認知能力は，視覚的知覚，記銘，保持，再生能力である．したがって，ひらがなの書字学習に困難を示す子どもには，まず視覚認知能力の評価を行ったうえで，ビジョントレーニングなどの実施を検討した方がよい．

●**ひらがなの書字と運動能力**　書字には運動能力も必要である．鉛筆などの筆記用具が，書字に必要な握り方ができて操作できるようになるのは，4歳から5歳にかけてであることがわかっている（中島他，2002）．また，書字指導を進める際には，3 mmの帯状の直線内に線が書ける目と手の運動調整能力が必要であることもわかっている（三塚，1994）．したがって，書字に必要な運動能力が十分育っ

ていない子どもには，書字練習ではなく点結び，線や曲線の描線などの運筆練習を用意し，書字に必要な運動能力の基礎づくりを，楽しい活動として行っておくとよい．

●**具体的な書字指導方法例**　目標とするひらがなを鉛筆で繰り返し書く，といった従来の書字学習が有効でない子どもに対しては，以下のような方法がある．
①粘土やモールでひらがな文字をつくったり，砂の上で文字を書く．この方法は，鉛筆で書いている場合に意識できない文字の形の特徴を確認するうえで有効である．
②書き順を唱えて覚える（口唱法）．例えば，下村式[3]では，「ま」は，「よこにほん」「たてのしりふり」「たまごがた」と唱えながら書いて覚える．この方法は書き順も一緒に覚えることができる．
③「『り』は『りんご』の『り』」のように，ひらがな一文字だけを覚えるのではなく，意味ある単語と関連づけて覚える方法（キーワード法）もある．
④ひらがな50音表を使う方法では，まず，「あ，か，さ，……わ，を，ん」と，各列の最初の音を言えるようにする．次に，「あ，あいうえお，あか，かきくけこ，あかさ，さしすせそ，……あかさたなはまやらわ，わをん」と言えるようにする．この方法は，音韻意識の困難のためにひらがな文字がスムーズに想起できない場合に，文字を速く思い出す手がかりを獲得させることを目指している．携帯電話のフリック入力を使うことによって，ひらがな50音表の列を覚える子どももいる．
⑤特殊音節の表記を覚えることを目的として，多層指導モデルMIM[1]や上原式手サイン（上原，2010）を使った動作化の方法もある．この方法は音と動作と文字を対応させて覚える．
⑥タブレットPCなどのアプリ．運筆練習やひらがななぞり学習に使えるアプリを使う方法もある（河野，2012）．スタイラスペンを使うと，鉛筆での学習により近くなる．なお，文字のなぞり学習については，なぞり学習よりも視写の方が有効である，とする研究結果が報告されている（小野瀬，1995）．特に，ひらがなの書字がなかなか獲得できない子どもにとっては，なぞり学習は，点線や薄く書かれた線の上をなぞるだけの単なる作業になってしまい，音と文字を一致させる，字形の全体像を習得させる，という本来の文字学習にならない危険性がある．なぞり学習アプリを使用する際も，その危険性は認知しておく必要がある．

［河野俊寛］

参考文献
[1] 海津亜希子『多層指導モデルMIM 読みのアセスメント・指導パッケージ』学研教育みらい，2012
[2] 河野俊寛『読み書き障害のある子どもへのサポートQ＆A』読書工房，2012
[3] 下村昇『下村式小学漢字学習辞典 第5版』偕成社，2011

漢字の読み指導

　日本語は，表音文字である「かな文字」と表意文字である「漢字」により構成されている．漢字は，形が複雑であることや複数の読み方があること，一字で特定の意味を表すなど，かな文字と異なった性質を有している．そのため，漢字における読み困難の状態像は，かな文字と異なる部分が多くある．また，小学校低学年で学ぶ漢字は象形文字（例：「日」や「山」）のように，ものの形をかたどった文字が多いのに対して，小学校中学年以降では，会意文字や形声文字のように，偏や旁など部首を組み合わせた文字が多くなる．漢字の読みには，視覚認知，聴覚記憶，語彙・言語理解など複数の認知機能が関与することから，学習段階によって要求される認知機能が異なることに注意しなければならない．

　漢字の読みに関して，その学習過程は「読みの習得段階」と「読みの使用段階」の二つに分けられる．「読みの習得段階」は，文字とその読み方の関係性を学ぶ段階であり，漢字の読み学習の初期に行われる．「読みの使用段階」は，習得段階で学んだ読み方を学習場面，日常場面などで活用する段階であり，その後の読解へとつながる．漢字の読みに困難を示す事例の多くが，文字とその読み方の関係性の学習につまずくことから，本項では，漢字の読みの「習得」段階における指導について認知特性との関連より述べる．

●**漢字の形態部分に関して言語的手がかりを付加した指導**　視空間処理に困難を示す場合，漢字の部分的要素に着目して全体をとらえられないため，「里」と「黒」のように形態が類似している漢字を混同しやすい．「"里"の下にテン四つでくろだよ」というように，漢字の構成要素に関する情報を言語的手がかりとして示すことで，視空間処理に依存せずに漢字を識別できるようになり読みが学習される．

　このタイプの子どもは，画数が多く，形態が複雑な文字の全体像を正しくとらえることが困難なため，偏と旁がどのように組み合わさっているのかを言語的手がかりとして知らせることが漢字を読む手がかりとなる．具体的には，「海」を「まい（毎）」と読み誤ってしまう事例が該当する．その場合，事前に左側の「さんずい」は水に関係するといった，偏と旁に関する知識を教えておくと，よりスムーズである．この学習を行う際，はじめは注目すべきポイントを漢字の左側の「偏」に限定させるなど，注目すべき範囲を小さくして学習を進める．だんだんと学習できてきたところで，漢字の右側などに注目すべき範囲を広げていくと効果的である．

●**視覚刺激を媒介としてイメージ性を高める指導**　文字と読みの関係の学習に困難を示す場合，ワーキングメモリー内の音韻ループなど聴覚記憶に弱さを示すこ

とが多い．その理由としては，漢字の音的情報を繰り返すこと（リハーサル）が苦手であるために，文字と読みの関係性を構築することが難しいためと考えられている．このような事例に対しては，文字と読みの関係性を学習させる際に，漢字の意味を表すイラストなどの視覚刺激を提示し，媒介させることで，漢字と読みの関係性の理解を促すことができる．具体的には，カード教材の見本合わせ課題を用いた指導方法がある．見本合わせ課題とは，指導者が見本刺激を学習者に提示し，学習者が見本にマッチした選択肢を選ぶ課題であり，代表的な指導方法の一つである．ここでは漢字，読み方，意味のイラストの描かれた3種類のカードを用いる．指導では，①イラストカードと読み方カードを対応させる課題を行った後，②イラストカードと漢字カードを対応させる課題を行う．③最後に，漢字と読み方が書かれたカードを対応させる課題を行うことで，イラストカードを媒介した漢字と読み方の関係性を理解させる（図1）．

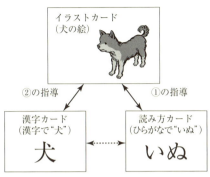

図1　見本合わせ課題を用いた漢字の読み指導法．イラストと読み方，イラストと漢字（実線矢印）を指導することで，漢字と読み方の連合形成を図る（点線）

言語理解や語彙が乏しい場合でも，イラストカードを使用することで漢字の表す意味のイメージ性を高めることができ，結果的に漢字の読みが促進される．したがって，教科書や資料集に掲載されている写真やイラストなどの視覚的教材を用いて，学習する漢字のイメージ性を高めることで漢字の読み成績が改善する．

●**文脈を活用した指導**　漢字の読みを学習する際には，意味と関連づけて理解することが重要であり，例文を用いて読みを学習することで意味情報を手がかりとすることができる．例えば，「預ける」という漢字の読み方を学習する際には「お金を銀行に預ける」といったように例文で学習する．また，漢字の読み方は前後の文脈によって変わる特性があることから，漢字の複数の読み方を学ぶ際には，複数の読み方が一文の中に組み込まれた単文（例：学校で学ぶ）のカードを準備し，同じ単文がひらがなのみで記されたカードとのマッチングを通して，漢字の複数の読みの学習を行う．その際，文の内容を表すイラストカードを手がかりとして使用することで意味理解がより促進され，効果的である．　　　　　　　［後藤隆章］

参考文献
[1] 小池敏英・雲井未歓編著『遊び活用型読み書き支援プログラム―学習評価と教材作成ソフトに基づく総合的支援の展開』図書文化社，2013

漢字の書字指導

　漢字の読み書きの指導については，実態・要因に合わせた指導が工夫されてきた．山田充[3]は，S. E. N. S養成カリキュラムの指導教科書の中で，漢字の書字指導の実際について，代表的な指導課題を中心に説明した．しかし，従来の漢字指導の事例研究との関連については言及していない．岡本邦弘[2]は，漢字書字の指導に関する研究をレビュー・分類し，指導の背景を考察した．そこで本項では，漢字書字の代表的な指導について，山田の提案を概観する．ついで，岡本の報告した分類との関係を論じることによって，指導の背景を述べる．

●指導の実際　山田[3]は，読み書きの困難の課題を述べた後に，代表的な指導について提案している（表1）．

表1　読み書きの代表的指導［出典：文献［3］に基づき作成］

漢字の意味を部首から考えていく支援
漢字の習得困難の要因の一つは，漢字の形のみの学習に終始し，読みや意味を関連づけられないことが一つの要因である．意味を把握するために，部首の意味を先に教えて，その部首ごとに漢字を分けて意味づけをしていく方法がある．
漢字の意味と読み，形をイラストからとらえていく支援
カードの上半分に漢字の意味を表すイラストがあり，下半分に漢字，裏面に読みや書き順を書いたカードを使う．カードの下半分を隠し，隠れている漢字を回答させる．漢字の読みが全部合格したら，次のステージに移る．イラストを見ながら漢字を書く作業をする．一文字書いて合っているか確認する．この二つのステップを行うことで，漢字の読みや形を意味優先で習得していくという支援になっていく．
漢字の細部に注目するための支援
漢字を判別可能なパーツに分けていき，パーツの足し算としてひとつの漢字の形を認識させる方法．パーツの合成として常に漢字の形を意識していくことが，支援につながる．
漢字の絵かき歌による支援
漢字の形の認識がうまくできず，書字に失敗するケースでは，漢字を絵かき歌のように書く方法がある．既存の書籍などにもたくさん紹介されているが，子どもと一緒に考えていくのも一つの支援である．
習字を使った支援
漢字を鉛筆でノートに小さく書く場合と毛筆で半紙に大きく書く場合とでは，運動という感覚が毛筆ではより必要とされるために，鉛筆で書く場合より運動感覚を使って形を認識することができる．
書くことが難しかったり，大きな抵抗感をもつ子どもへの書字支援
漢字の画のパーツをたくさん用意し，そのパーツを組み合せていくことで，漢字ができあがることを指導する．

●指導の背景　岡本[2]は，漢字書字に困難のある児童生徒への指導に関する研究動向を報告した．その結果，指導に関して，①聴覚記憶が優位な事例，②視覚記憶が優位な事例，③運動イメージ記憶が優位な事例，④漢字書字への負担に配慮した事例の四つに指導が大別されることを指摘した．

①聴覚記憶が優位な事例に対する指導については，聴覚法を用いた指導の効果が複数の研究で示されている．聴覚法は，春原ら[1]により検討された方法であり，漢字の成り立ちを音声言語化して覚える方法である．山田[3]の「絵描き歌による支援」は，漢字の構成を言語化して覚える方法であるという点で，聴覚記憶が優位な事例の書字指導に大別されることを指摘できる．

　②視覚記憶が優位な事例に対する指導については，漢字の成り立ちの説明，粘土教材，漢字パズル教材，書き出しや部首による手がかりを用いた指導などが効果的であることを，岡本[2]は報告した．山田[3]の「漢字の意味を部首から考えていく支援」「漢字の意味と読み，形をイラストからとらえていく支援」「漢字の細部に注目するための支援」「習字を使った支援」は，漢字のパーツに注意を向けさせ，形と意味とを関連させながら指導を行うという点で，視覚記憶が優位な事例の書字指導に大別される．視覚記憶が優位であるということは，相対的に聴覚記憶が不全であることを示しているので，ここで有効な指導は，聴覚記憶が弱い子どもにとっても効果的な指導であるということが指摘できる．

　③運動イメージ記憶が優位な事例に対しては，子どもにとってすでに学習した漢字との共通部分を色で協調して提示する指導（高橋，2008）を，岡本[2]は指摘した．この漢字のパーツと既習知識と関連させるという指導方法を，山田[3]は独立して取り上げていない．

　④漢字書字への負担に配慮した事例に対しては，漢字書字の負担を軽減して書かせる指導の効果を，岡本[2]は指摘した．後藤ら（2008）は，小学5年のADHD児を対象として，漢字の画要素の一部分を段階的に消失させる漢字教材を用いて指導した．山田[3]の「書くことが難しかったり，大きな抵抗感をもつ子どもへの書字支援」は，漢字のパーツを利用して，書く負担を軽減させる配慮を行ったという点で，漢字書字への負担に配慮した事例の指導に大別される．

　山田[3]の提案は，従来の漢字書字指導事例の研究結果をよく反映していることを確認できた．漢字書字の指導は，通常の学級の一斉指導で行われる．一斉指導で実施可能で，かつ効果的な指導方法を明らかにすることは，漢字書字に困難のある児童生徒の指導における今後の研究課題である．　　　　　　　　［小池敏英］

参考文献
[1] 春原則子他「発達性読み書き障害児における実験的漢字書字訓練―認知機能特性に基づいた訓練方法の効果」音声言語医学，46，10-15，2005
[2] 岡本邦弘「漢字書字に困難のある児童生徒への指導に関する研究動向」国立特別支援教育総合研究所研究紀要，41，63-75，2014
[3] 山田充「読む書くの指導」特別支援教育士資格認定協会編『特別支援教育の理論と実践2 指導』金剛出版，pp.78-96，2012

英語の読み書きの指導

　英語学習におけるつまずきは，学習障害にかかわらず多くの人にみられる．特に入門期においては多くの子どもたちに文字の書き方や綴りなどに課題がみられるが，通常の指導を続けても改善がみられない場合は，個々にあった指導・支援が必要となる．英語の読み書きにおいてまず意識すべき点は，文字も音も言語体系も日本語とは異なる言語を扱うことに加え，無意識のうちに見聞きしている母語とは蓄積量が圧倒的に少ない点である．したがって，歌も含め英語を聞いてみる，絵や挿絵とともに文字や文章を提示する，発音してみるなど，英語に触れる機会を増やすことが大切である．身のまわりにある，文具，洋服，看板など，なるべく身近なところや学習者が興味関心のあることから教材や例を求めることも支援の一つとなる．読み書き指導にあたっては，日本語の指導と同様，文字（読字・書字），単語（綴りや読み），文法・文構造，文章理解など，つまずきのレベルを特定する必要がある．読み書き指導における英語特有の難しさをあげる．

●読み書きの基本となる「文字」の認識と「音」との対応　まずアルファベットの文字を多感覚的に認識していくことが重要である．例えば文字の絵カードやマグネット・ブロックなどの利用，モールや粘土を使っての文字づくりなど，視覚・触覚・運動感覚などを使って文字を認識する．その際，発音も行うことで，口の運動と聴覚も加わる．また視覚的に文字の縦・横・斜め・丸の線やパーツを意識しながら，自分が覚えやすい歌をつくってみることも有効である．特にb, d, p, b, p, q, n, u, w, m など，混乱しやすい文字には自分なりの覚え方の工夫も役に立つ．文字を書く際には多覚感を使って十分に認識をした後，空書きや，サンドペーパーなど凹凸がある上でのなぞり書きなどから始めるのも効果的である．

　英語は，大文字・小文字を合わせて 52 文字しか存在しないが，難しいのは一つの文字に対して複数の音が存在することである．英語のアルファベットには「名前」と「音」という区別の仕方もある．例えば a という文字の「名前」は「エイ」と発音する一方，単語になると文字の組合せにより，cat [kæt], aunt [ɑːrt], make [meik] と，同じ a でも「音」が異なる．このように一つの「名前」の文字にさまざまな「音」が存在することが，音韻認識や記憶力が弱い場合に困難になる．この音・文字への効果的な対応策の一つとして，フォニックス指導があげられる．例えば c を [k], a を [æ], t を [t] とそれぞれ文字と音の対応練習後，三つの音を合わせて，[kæt] と発音・認識する．続けて，cat, hat, pat と綴りの一部を変えてみたり，in, pin, spin など音の足し算をしながら，フォニックス

のルールを無理のない範囲で加えていくことで，学習者は読めるという達成感を得ることができる．ただし，聴覚的に弱い学習者には向かないとの指摘もある．

●**英語の「文」の読み書き指導**　英語では特に文における「語順の違い」の習得が難しい．日本語では動詞・述語が最後に来るのに対し，英語では主語のすぐ後に動詞が来る．効果的な指導方法として，品詞ごと，もしくは構成要素ごとに色で分ける，線を引く，囲むなどで区別することで視覚的に語順の違いや構成要素に気づきやすくする．また色分けしたカードをつくり，並び替えを行うことで運動感覚的にも学ぶことができる．さらに，品詞ごとに直方体のブロックを用い，ブロックの一面ごとに例えば動詞の変化（過去形・現在形・未来形・三人称単数形）を書いておくと，語順の違いとともに，主語や時制による変化への対応も学ぶことができる．また I and Ken/will meet/at the library/next Sunday. のように字句の塊ごとに斜線を引いて理解することも有効である．日本語の，誰が・いつ・どこで・何を・どうするに対応させることにより，日本語と比較しながら理解を進めることも可能である．

　音読については前述のとおり，日本語に比べ蓄積が少ないので，まずモデルを聞かせ英語の発音や読み方に慣れることが大切である．聞きながら文字を追うことで文字と音との対応の理解支援にもつながる．ただし初期段階では，文章を何度も聞いて覚えても実際には文が読めていないケースがあることに注意する．

　文字の読み書きには，教材の提示方法も重要である．例えば配付プリントの拡大，用紙の色の工夫などで読みやすくなる．フォントも手書きに似ている Comic Sans や飾りが少ない丸ゴシックなどは読みやすいものとしてよく使われる．さらに，行間を空けることも有効である．また文や単語が長いと集中力が続かない場合があるので，適当に区切りながら読むことなども有効である．文に番号を振ることによって，飛ばし読みを軽減することもできる．

　書く際は，既製の4線ノートでは文字がはみだしやすい場合，ノートを拡大コピーする，基線になる部分をハイライターなどでわかりやすくする，線の間に異なる色をつけ見やすくするなどの手立てがある．また海外では，基線の部分が少し盛り上がったノートも販売されている．長い文章を書く場合は，マインドマップを使ってアイデアを引き出したり，説得的な文章であれば，英語に特徴的な，主題文・指示文・結論文や，原因と結果，例示・理由付けなどの文章の構成要素を押さえ，型を学ぶことも役に立つ．

［大谷みどり］

📖 **参考文献**

[1] M. コームリー編，熊谷恵子監訳『LD 児の英語指導—ヒッキーの多感覚学習法』北大路書房，2005
[2] 瀧沢広人『英語授業のユニバーサルデザイン—つまずきを支援する指導＆教材アイデア50』明治図書，2013

読解の指導

"読む"ということの究極の目標は"読解"である．しかしながら，読解とはさまざまな能力を総導入してこそ達成可能な複雑な作業である．

●**指導はマルチセンソリー（五感を使用し）で直接的に** 読解を苦手としている児童の多くは，瞬時に消えてしまう音声言語による指導についていくことが非常に難しい．そこで，五感にうったえる指導方法が効果的である[1]．さらに，以下に紹介する読解を促進する方策を直接的に指導する必要がある．直接的な指導とは，なぜその読解方略が役にたつのか，いつ使うべきかを知らせたり，使い方の手本を見せたり，その方略を使用しているときの指導する側の思考プロセスを明確に述べたり，図式化して見せたりすることである．

●**話し言葉（音声言語）の理解と表出能力の向上に日々の指導の重点を置く** 文字を読むこと自体が困難であるため，読解ができない児童も多い．しかしながら，単語を読む能力が年齢相応に発達している児童の10%に著しい読解困難がある[2]．イントネーションもほぼ正しく，文も正しく音声化したのにもかかわらず，読んだ内容が理解できていない場合は，音声化した語彙，文，表現自体を理解することが難しい．したがって，日々の指導の中で，音声言語の語彙理解の拡充，会話の主題・重要点に気づくこと，比喩表現，接続詞の使い方や指示語が指す内容を理解するなどの文法能力向上に重点を置く必要がある．

●**読み手の能力に適した教材を読解指導に使用する** 読み手の能力に適した文字の大きさ，行間，語彙レベル，漢字量，読み手の興味，そして文章のジャンルを考慮する必要がある．読み手の興味に合った文章は，少し文字が小さく漢字量が多くても読もうと努力する児童が多い．また，登場人物の心情が明記されず，読んでいる内容に対してかなりの想像力が必要とされる小説文よりも，事実を淡々と述べている説明文の方が，読解しやすい傾向にある．

●**日々の指導で読解に必要なメタ認知能力を向上する** メタ認知能力とは自分の思考を客観的に考えることである．読解能力を向上するには，さまざまなメタ認知能力を総導入し，読むという行動を効果的に行う必要がある．まず，表紙，題名，挿絵から何を読むのかということを予測し，何のために読むのかという目的を明確にする．そして読む内容に関連した自分の背景知識を活性化させる．その際に，関連する絵や写真，動画を見せることは効果的である．児童が理解できない語彙・表現や文は，児童に自分の言葉を使って言い換えさせる．読んだ段落を振り返り自分の言葉でまとめさせる．そしてこれから読む内容を予測させる．文体のスタイルを指導する（例：物語文であれば起承転結がある）．これらの指導を行う際に，

読む内容に適応した表などを使ってまとめながら読み進めることは読んだことを記憶にとどめることに効果的である．ただ書字に問題をもつ児童も多いため，表内の書字量に配慮をし，またどのようにまとめて表記するかなどの指導も必要である．
●**自分の読解へのモニタリング能力を養う**　読解を苦手とする児童の多くは，文章のどの部分で何がわかっていないかに気づかず，自分の読解レベルをチェックしたり，読み返したりすることなく，ただただ先に読み進む傾向がある．最初は指導者と一緒に一文，一文読み進め，児童が読解していない瞬間を指導者が児童に知らせることから始める．次第に児童がどこの何を理解していないか自分から質問するように指導し，児童が自分の読解をモニタリング（監督）できるように導く．
●**文章に対する設問を分析する方法を指導する**　設問を解くことにより，児童は読む目的がはっきりし，何を読むべきかという注意力が喚起され，読みながら積極的に考えるようになり，自分の読解レベルをモニタリングするようになり，本文と自分の背景知識を関連づけられるようになる．設問を最初に読むことが大事であるが，ただ設問を読むだけではなく，どのような設問かを分析する方法を児童に指導する必要がある．QAR（Question and Answer Relationship：問いと答えの関係）は，読解の設問には大きく四つのカテゴリーがあり，これらを児童に明確に指導し理解させることによって，児童自身が読んでいる文章を客観的に考え，文章を超えた読解ができるように援助する読解ストラテジーである[3]．

1. 答えは本文中にある

①答えはすぐそこにある：設問に対する答えは，本文中の一か所にあり，一つの言葉か一つの文である．②考えて探す：設問に対する答えは本文中に見つかるが，読んだ内容を理解し，読んだ事柄を自分でまとめる必要がある．答えは，本文中の数か所に点在しており，児童が本文を読みながら"考え"て"探す"ことができるかどうかを評価できる．

2. 答えは自分の頭の中にある

③本文の筆者と自分：このレベルの設問に解答するためには，児童は自分がすでにもっている背景知識や経験，そして本文を理解して得た知識の両方を使う能力が必要とされる．このレベルからかなり高度な読解能力が必要とされる．④自分自身：設問には，児童が自分の背景知識と経験を使って答える必要がある．

［小林マヤ］

参考文献
[1] National Reading Panel, *Teaching children to read: An evidence based assessment of the scientific research literature on reading and its implications for reading instruction*, National Institute of Child Health and Human Development, 2000
[2] K. Cain and J. Oakhill, "Profiles of children with specific reading comprehension difficulties", *British Journal of Educational Psychology*, 76, 683-696, 2006
[3] T. E. Raphael and K. H. Au, "QAR: Enhancing comprehension and test taking across grades and content areas", *The Reading Teacher*, 59, 206-221, 2005

言語コミュニケーションの指導

　言語コミュニケーションの指導では，「聞く」「話す」の評価に基づき，音韻，語彙，統語，語用のどの領域に弱さがあるのか実態把握したうえで，つまずきの原因にあわせた指導を行う．

●**音韻意識への取組み**　音韻意識は読み書きの基礎となる力であり，定型発達の場合，就学前に獲得される．音韻意識の発達には単語を聞き取り保持しておく力が必要で，聞く力の土台になっている．指導では音韻意識の評価課題でもある合成，分解，抽出，削除，置換，逆唱などの課題を，難易度をあげながら練習させる．音韻意識課題は特にワーキングメモリーの関与が大きく，課題を行いながら児童のワーキングメモリーの状態も把握することができる．小林[1]は，小学校1年生は5モーラ以内の単語の語中のある一つのモーラを削除しても，その残りの音韻をつなげて表出できるようになるが，課題への取組み方や処理速度への着目も重要であると述べている．課題反応の正確さだけではなく，反応時間，指を使うなどの状態を把握しておく．

●**聞く力の指導**　指示や説明を理解するためには，その場で言われたことばを判別し，意味を理解しつつ覚える力が必要である．そのためには，注意を話し手に向けて聞くという姿勢づくりが欠かせない．幼児期や低学年の間に行う「聞く姿勢」をつくる指導が，学習やコミュニケーションの基礎となる．また，ことばを判別し意味を理解するためには，音を弁別する力も重要である．単音弁別の評価と指導では，1音素が異なる二つの単語（例：かめ／まめ）のセットをつくり，二つの単語の音の違いを判断させる．聞いて理解する力には，後述する語彙力や統語の力の関与が大きい．10モーラを超える複合語や，一度に複数の文を使って話す場合もあるので，聴覚的記憶の容量そのものの大きさについても文や単語の復唱をさせて調べる．単語や文の聴覚的記憶力について評価・指導する場合には，読み書きの力の影響が及ばないように絵の選択肢や動作で表出させるよう配慮する．

●**語彙力の指導**　語彙力は言語コミュニケーションだけではなく，読み書きにも重要な役割を果たす．物事の名称を知っているだけではなく，単語同士の関係（反対語・類似語など）がわかり，単語の意味をことばで説明する力，説明を聞いてそれに相当する単語を想起する力を育てる指導が求められる．語彙力についてみるとき，名詞に偏らず，動詞，形容詞，副詞など動作や状態を表す単語の意味が正しく理解され使用されているかについて確認する．また，小学校高学年以上では，字義どおりの意味だけではなく，慣用表現や比喩表現についての理解力につ

いても把握する．語彙力と読書量には深い関連があるが，LDの子どもは読書から遠ざかる傾向にあり語彙量が増えにくい．読み聞かせや映像番組や映画などの活用によって読書の代替を行うことも語彙力の指導の一貫となる．意味理解については，単語の理解と並行して文レベルの理解と表現を促す指導を行う．

●**統語の指導**　文意を正しく捉えるには，配列された単語を規則に従い正しく解釈することが必要である．日本語では助詞の正しい理解と使用，動詞の活用とそれに続く助動詞の意味を正しく理解できていないと文全体の意味理解にはつながらない．学童期に入ると受動態や使役，埋め込み文が獲得されるが，受動態や使役の理解にも助詞の正しい理解が欠かせない．例えば，同じ4語文のAとBでは単語の並ぶ順が同じでも，助詞の違いにより意味が異なる（例：A. 太郎が花子を棒でたたいた．/ B. 太郎が花子に棒でたたかれた）．4語文を聞いて覚えておく記憶容量があっても，ABの文意の違いを理解するには助詞の違いに気づき，能動/受動の関係を理解していなければならない．助詞には文内での単語の関係を表す働きがあるので，特に自閉スペクトラム症の児童では，助詞と受動態，使役文の意味理解についての評価と指導を行うことが，コミュニケーション場面での聞き手・話し手としての誤解を減らすことにつながる．

●**語用の指導**　コミュニケーション場面では，発話の字義どおりの意味だけではなく，視線の向き，表情，イントネーション，声の大きさ，ジェスチャー，コミュニケーションが行われている場面の状況（相手と自分との関係を含む），互いの既有知識などさまざまな情報を瞬時に取り込み統合しながら，会話参加者の意図をくみ取って会話を続ける．指導では，①コミュニケーション場面の時間・場所・状況，相手と自分との関係などの事実をまず把握させる，②表情など発話以外の非言語情報にどのような意味があるのかを解説的に教える，③一方的に話さず聞き手と話し手は交代する，質問されたことに答える，同じ話題で話すなど会話の原則を確認する，など児童が困難を抱えている分野に焦点をあてコミュニケーションに関する知識の確認と定着を図り，ロールプレイなどにより練習させる．評価には会話の指導法の一つである「インリアル」で用いられている会話分析シートが参考になる．中高生になるとロールプレイ場面の録画を見て，他者から自分がどのように見えているかという視点をもたせ，自身のコミュニケーション態度を振り返るとともに，修正していく指導法[2]も用いることができる．

［西岡有香］

参考文献

[1] 小林マヤ「読み書きの評価」大伴 潔・大井 学編『特別支援教育における言語・コミュニケーション・読み書きに困難がある子どもの理解と支援』学苑社，pp. 185-199, 2011

[2] 瀧本優子・吉田悦規編『わかりやすい発達障がい・知的障がいのSST実践マニュアル』中央法規，pp. 185-194, 247-252, 2011

計算・図形の指導

　算数という教科学習には「数と計算」「量と測定」「図形」「数量関係」の四つの領域がある．その中で「計算」というものはすべての領域に関係する問題であり，また「図形」という領域も算数障害には関係しないが教科では重要な領域である．この二つに視点をあて指導法について述べる．

●**計算の指導**　小学校で学習する計算には，いわゆる数の概念の理解が関係しているが，数の概念が獲得されている場合にも，計算のつまずきが認められる場合がある[1]など．子どもにみられる計算のつまずきには，規則性があることが指摘されており[2]，計算ができる／計算ができないという視点だけでなく，どのように計算しているのか，計算過程のどの部分でつまずきを示しているのかという視点が重要である．さらに，計算の力を評価するためには，計算における正確性，速さ（スピード），流暢性の三つの観点に着目することが重要であることが指摘されている[1]．そのうえで，つまずきに対応した指導が重要である．

　低学年で学習する暗算できる範囲のたし算・ひき算にみられるつまずきは，スムーズに暗算できずに数えて計算しているという特徴を示すことが多い．この場合，計算の答えを記憶できていないことが理由だと誤解されやすいが，計算式からその答えを想起できないことが原因である．したがって，繰り返し学習だけでは不十分であり，子どもが使用している数える方略を洗練させる方針で指導することが重要である．また，九九の範囲程度のかけ算・わり算の場合も，九九を記憶できていないのではなく，想起できないことが原因であるため，その指導においては，九九表を活用し，手がかりを使用しながら計算を解く練習を積み重ね，九九表なしに想起できるような指導が有効であると考えられる．以上のように，まずは「数える方略」あるいは「九九表を活用する」というような工夫をし，計算の正確性を高め，その後，スピードと流暢性を高めるための繰り返し練習に移行することが必要となる．

　中学年や高学年に入って学習する筆算を伴う計算は，それぞれの筆算の手続きに基づき，上述したような計算を繰り返すことが求められる．したがって，そのつまずきは，筆算の手続きに関係するものと，基本的な計算に関係するものに分けられる．筆算の手続きのつまずきがある場合は，手続きを想起しながら計算操作ができていないため，筆算の手続きを視覚化した手がかりを活用することで，ワーキングメモリーの負荷を低くすることが有効である．

　中学校で学習する計算では，さらに複雑な計算手続きと，基本的な計算に加え，小学校で学んだ四則演算がスムーズできることが求められる．したがって，ワー

キングメモリーの負荷が高いことから，その指導においては，計算過程を視覚化すること，1課題1目的とし，計算過程を分けて指導することが有効である．

●**図形の指導**　図形の学習は，「しかく」と「さんかく」という平面図形から始まり，さまざまな平面図形の性質を学んだ後，立体図形へと学習が進んでいく．面積や体積は，量と測定の領域であるが，本項では図形のつまずきとして，扱うこととする．

　平面図形の学習にみられるつまずきは，平面図形の呼称が図形と一致しない，辺や頂点などの図形の要素の数が数えられない，面積の公式が使い分けられない，などがあげられる．

　これらのつまずきに対する指導では，具体物を使用するという方法がとられることが多かった．具体物を使用した指導は，多感覚の指導であるため，つまずきを示す子どもにとって有効な指導方法の一つであるともいえる．

　一方，立体図形のつまずきも，上述した平面図形と同様のものに加え，展開図が構成できない，見取り図が描けない，などがあげられる．図形の学習のつまずきは，視覚的な情報の処理のつまずきと考えられることが多い．例えば，図形と図形の呼称が一致しないつまずきの場合，図形そのもののイメージを保持しながら，言語的な情報である図形名（呼称）を想起することが求められるため，視覚情報と言語情報の両方の処理が求められる．図形の呼称を一覧表にした手がかりを使用する，あるいは，辺や頂点を数える際に目印を使用するという指導が有効である．

　また，面積や体積の公式が覚えられないというつまずきは，暗記できていないのではなく，求められている公式をスムーズに想起できていないつまずきであるととらえることもできる．したがって，その指導においては，その負担を低くするため，公式集を使用するという指導から始めることが有効である．

●**まとめ**　計算や図形の指導においてはつまずきに対応した指導が重要であるが，問題が解けるようになることが最終目的ではない．計算や図形の学習を通して「数理的な処理のよさに気付き」（小学校学習指導要領），「事象を数理的に考察し表現する能力を高める」（中学校学習指導要領）ことが到達目標であることを忘れてはならない．

[伊藤一美]

📖 **参考文献**
[1] 伊藤一美「算数のアセスメントの検討―特集 支援に生かすアセスメント 算数」LD研究，17(3)，295-302，2008
[2] 吉田甫『子どもは数をどのように理解しているのか』新曜社，1991
[3] 湯澤美紀他編著『ワーキングメモリと特別な支援』北大路書房，2013

文章題の指導

　算数の文章題とは，文章で記述されている数量関係をもとに，立式して，指示されている答えを導き出す問題を指す．本項では，文章題について，認知心理学の視点から，問題文の三つの構成要素と課題解決過程の観点から整理し，その指導について説明する．

●**文章題の問題文の構成**　文章題を構成している問題文は，通常一つの要素に一つの数値を割り当てた割当文，要素間の数量関係や数値の関係を示した関係文，問いにあたる質問文の3種に分類することができる．問題を解く際に子どもが理解につまずくのは，関係文にある．問題文中の数量関係を適切に理解してスキーマ（構造化された知識）を構成することは難しく，つまずきの原因になると考えられている．

　関係文を理解するためには，子どもがもともともっている知識である算数のスキーマと問題文が求める数量関係の知識を統合する必要があり，数量の関係を把握するためのスキーマが十分に構成されていないためにつまずきを示すことが示唆されている[2]．

●**文章題の課題解決過程**　文章題の課題解決過程は，一般的には文章題を理解する理解過程，解決過程に大きく区分される．理解過程とは，出題された文章題の一文ずつの意味内容を理解することであり，かつ文間の関係を理解する過程を意味している．他方，解決過程とは，理解した内容を反映した式を構成して演算する過程である．

　さらに，理解過程は，一文ずつの意味内容を理解するための言語知識や文理解のための意味的な知識を使う変換過程と，理解した意味内容をスキーマを働かせてまとめあげる統合過程の二つの下位過程に分けられる．また，解決過程は，理解した内容を反映した式を構成するために，どのように立式するかの方略に関する知識を使用するプランニング過程と，立式を演算するために四則計算の手続き的知識を適用する実行過程の二つの下位過程に分けられる[2]．

　教師は子どもたちのつまずきは，理解過程の中の変換過程にあると考えがちであるが，実際は統合過程に多いことが指摘されている[1]．すなわち，言語表現そのものの読解に失敗しているのではなく，読解した言語的な内容と算数の既有知識および視覚的イメージの統合に失敗しているために，正しく立式できず，つまずきを示していることの方が多い．

●**つまずきに対する指導**
　①**線分図を使用した指導**：算数文章題で最も使用されるのは，線分図である．

線分図は，算数のスキーマと数量関係との統合をサポートするために使用される．すなわち，算数文章題の下位過程の統合過程をサポートするということである．線分図は，数量関係を視覚化したものであるため，一目で数量関係が把握しやすいため，視覚認知機能が強い子どもの場合，より効果が高いといえる．つまずきに対する指導に効果があることはよく知られている．

子どもたちが線分図を手がかりとして使用するためには，文章で表された数量関係を示す線分図という視覚情報を保持しながら，子どもがもっている算数のスキーマという言語情報を統合することが求められる．

②**文章を分割して提示する指導**：一方，視覚認知機能に弱さをもつ子どもの場合，線分図のイメージを保持することがスムーズではないため，文章題の文章を分割表示するカード形式のものを使用し，言語情報を分割することで，数量関係をつかみやすくする指導が効果的である[1]．線分図のような図を使用しても，なかなか立式ができないつまずきを示す子どもがいることが指摘されている[1]．具体的には，「割当文には何が書かれているか」「関係文には何が書かれているか」「質問文には何が書かれているか」を分割表示することによって，文章題に書かれている数量関係を算数スキーマと統合するのをサポートするのである．

●**まとめ**　文章題は，算数の一つの領域ではなく，主に「数と計算」という領域の中で計算の導入とまとめとして扱われている．しかし，計算ができるからといって文章題が解けるようになるものではない．上述したように，計算とは異なり，文章題は文章で表現されている数量関係と既有知識である算数スキーマを統合し，立式することが求められる問題である．したがって，基本的な言語理解が必要ではあるが，文章のキーワードに着目させる指導では不十分であり，三つの構成要素へ問題文の分割表示することや"見える化"（視覚化）することが指導においては重要であるといえる．

[伊藤一美]

参考文献
[1] 伊藤一美「学習障害児に見られる算数文章題におけるつまずき」LD（学習障害）―研究と実践，7(2)，80-89，1999
[2] 吉田 甫・多鹿秀継編著『認知心理学からみた数の理解』北大路書房，1995
[3] 湯澤美紀他編著『ワーキングメモリと特別な支援』北大路書房，2013

ソーシャルスキルトレーニング

　ソーシャルスキル（social skills）とは，「対人場面において相手に適切かつ効果的に反応するために用いられる言語的，非言語的な対人行動」とされる[1]．社会的技能，対人スキル，生活技能などとも訳されることがある．ソーシャルスキルという用語はこれまでさまざまな領域の研究者や実践家によって，さまざまな意味を込めて使用されており，統一的な定義がない．ただ，発達障害教育の領域では，対人的なスキルにとどまらず，日常生活スキルや社会資源の利用スキル，行動の自己コントロールなど幅広くソーシャルスキルをとらえることが多い．相川[1]は，最近では，ソーシャルスキルを対人行動の実行を可能にしている認知的側面や感情の統制も含め，包括的な概念として扱うことが多くなっているとし，ソーシャルスキルの概念を情報処理プロセスの側面から検討し，ソーシャルスキルの生起過程モデルを作成している（図1）．

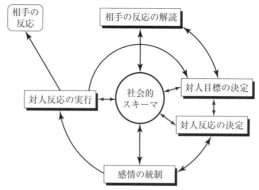

図1　ソーシャルスキル生起過程モデル
［出典：文献［1］，p.115］

　「社会的スキーマ」「相手の反応の解読」「対人目標の決定」「対人反応の決定」「感情の統制」という生起プロセスで考えると，ソーシャルスキルの困難と発達障害特性および発達障害の二次的障害との関連がわかりやすくなる．例えば，自閉症スペクトラム障害で指摘されている「社会的参照」「心の理論」などの困難は「相手の反応の解読」に直接的に関与する．また，さまざまな理由により社会的経験が少なくなっている場合は「社会的スキーマ」が貧弱になり，効果的な対人反応の決定が難しくなる．自己効力感が低くなったり，対人不安が強まったりしている状態の場合は，どうすればよいか知ってはいるがうまくスキルを遂行できなく

なる.このような社会的行動の生起プロセスのどこにつまずいているのか把握できると,支援の手がかりを得られやすい.

集団参加や対人関係でつまずく発達障害の子どもや青年には,ソーシャルスキルトレーニング(social skills training：SST)が行われることが多い.SSTとはソーシャルスキルを指導する一連のアプローチ方法のことである.SSTはオペラント条件付けや社会的学習理論を背景にし,言葉などで直接的に教える「教示」,適切なやり方を見せて学ばせる「モデリング」,やってみて実際に練習する「リハーサル」,子どもの行動をほめたり,修正を求めたりする「フィードバック」,訓練場面以外でもスキルを遂行できるように働きかける「般化」といわれる技法が用いられる[1].それ以外にも,行動療法や認知行動療法で用いられる諸技法や,コーチング法,社会的問題解決スキル訓練などアプローチ[2]も行われる.

●**学校現場や療育機関で行われるSSTの実際** 幼児や小学校低学年であれば,ゲームや遊びなどを通した小集団活動が中心となるものが多い.また,ことばで自己表現することや仲間に肯定的に働きかけるといったアサーションにも焦点がある場合もある.アサーションは「主張性」と訳されることもあるが「自分の権利を擁護し,思考,感情,信念を直接的に,正直に,そして他者の権利を尊重するような適切な方法で表現すること」と定義され[1],自己の情動の側面,他者への配慮の側面も強調されている.小学校高学年や中学生以降になると,ロールプレイやグループでの話し合いを通して,友人関係を構築し維持するための具体的なスキルや日常生活の中での自分の問題を解決していくことを学んでいくこともある.

ただ,実際に,子どもの発達段階や生活の場,訓練機関の特徴などによって,活動内容や指導内容はさまざまである.手遊びや歌などの活動,サーキット運動やキックベースなどの運動課題,発表会や校外学習の準備,ペアや班での調べ学習,給食や掃除などの日常活動,フリーマーケットや外出などの野外学習など,SSTと銘打たなくとも,日ごろの教育活動,遊び活動の中でソーシャルスキルトレーニングの観点をもりこむことができ,生活上の機会を利用したトレーニングも行われている[3].また,「道徳」や「特別活動」「総合的な学習」などの時間を利用して,学校の中で学級全体を対象にしてSSTが行われることがあり,これは,ソーシャルスキル教育(social skills education：SSE)といわれる.

[岡田 智]

📖 **参考文献**
[1] 相川 充『新版 人づきあいの技術―ソーシャルスキルの心理学』サイエンス社,2009
[2] 佐藤正二・佐藤容子『学校におけるSST実践ガイド―子どもの対人スキル指導』金剛出版,2006
[3] 岡田 智他『特別支援教育をサポートする 図解よくわかるソーシャルスキルトレーニング(SST)実例集』ナツメ社,2012

ライフスキルトレーニング

　ライフスキル（life skills）とは，日常生活で生じるさまざまな問題や要求に対して，建設的かつ効果的に対処するために必要な能力である（WHO, 1994, 1997 訳）．WHO（1994）は学校における健康教育プログラム，社会プログラムの開発に携わっている機関に，ライフスキル教育の理論的，実践的枠組みを提供するために，ライフスキル教育プログラムのガイドラインを提示した．その中で，以下の 10 項目のライフスキルが取り上げられている．
・意思決定―問題解決
・創造的思考―批判的思考
・効果的なコミュニケーション―対人関係スキル
・自己意識―共感性
・情動への対処―ストレスへの対処

　これらのスキルは，薬物乱用防止，思春期妊娠，いじめ・暴力防止，自己信頼と自尊心の向上など，健康増進および予防教育の領域で扱われてきており，それぞれのスキルは三つのレベル，つまり「基礎的要素について日常の状況に関連づけて練習する（レベル 1）」「さまざまな健康・社会問題と結びついた関連テーマに応用する（レベル 2）」「ヘルスプロモーションや予防の目標となる健康・社会問題やニーズを引き起こす具体的状況に関連づけて適用する（レベル 3）」に分け系統だてられ学習活動が行われる．そして，ライフスキル教育においては，ブレーンストーミングやロールプレイングといった方法が用いられ，それらはグループ活動を前提にしている（WHO, 1994）．日本でも，社会・情動的スキルに焦点を当てた「社会性と情動の学習（SEL）」（小泉，2011）や自閉症の社会的認知と情動の発達に焦点を当てた「社会性発達支援プログラム」（長崎他，2009）など，さまざまな取り組みが行われている．

●**ライフスキルとソーシャルスキル**　発達障害教育の領域では，ライフスキルに類似する概念として，ソーシャルスキル，社会性，社会生活能力という概念がよく用いられる．ただ，ソーシャルスキルは対人的なものに限定して扱っており，就労や余暇スキル，身辺処理スキルといった青年期や成人期に必要なものに焦点を当てていないといった批判や，WHO が示すライフスキルは，発達障害の人たちにはきわめて難しいスキルであるといった限界が指摘されている[2],[3]．これらのことから，発達障害支援や特別支援教育の領域では，ライフスキルを社会自立や就労スキル，日常生活スキル，余暇スキルを含むものとして取り扱われることが多い．

ただ，精神科リハビリテーション領域では，social skillsを生活技能と訳し，対人関係に限定せず，地域生活や身辺処理も含むものとしている．また，social skillsを自己や感情の面も含めてとらえる立場もあり，social skillsとlife skillsとの厳密な区分は発達障害領域では非常に曖昧である．

●**発達障害領域におけるライフスキルの例** 現状では，ライフスキルの概念はさまざまな立場や領域から説明され，扱われており，統一した定義はないといえる．発達障害領域では，就労，自立，身辺生活といった基礎的なスキルに焦点が当たっているのが共通している．以下に日本で紹介されているライフスキルについてあげる．

・Vineland-II適応行動尺度（Sara S. Sparrow, 2014［日本版］）
「コミュニケーション」「日常生活スキル」「社会性」「運動スキル」「不適応行動」
・TEACCHで取り上げられているスキル[2]
「職業行動」「余暇活動」「自立活動」「機能的コミュニケーション」「対人行動」これらの5領域のスキルが「職業スキル」を支えるとしている．
・東京LD親の会の自立生活のためのスキル（東京LD親の会，2007）
「食生活」「衣生活」「住生活」「身だしなみ」「移動」「生活一般」「付き合い」「冠婚葬祭」「健康と性」「危機管理」「職業生活」「情報と通信」「スポーツと娯楽・趣味」「生きがい」「生活の中での総合的な調整能力」
・小貫・東京YMCA ASCAクラスが提案するライフスキル[3]
「社会管理システム理解」「対人関係調整」「生活管理」「自己理解」「余暇活用」

　発達障害のある人が豊かな生活を送るのには，仕事に関するスキルだけ高くても限界がある．身辺生活のこと，家事のこと，家計のことなど身の回りのことができないと，仕事どころではないだろうし，仕事外で余暇や遊びを楽しめていないと人生は豊かにはなりにくいだろう．これら身辺生活スキルや余暇活動の充実も，就労を支えるものとなる．また，就労することは，自立した大人，市民としてのアイデンティティの一部にもなり，さらに，家族以外の人間関係が生じ，日常生活や余暇や生きがいに使える金銭も得られる．就労，余暇，人間関係，自己形成，これらが互いに関係しあい，個人の人生の質を支えていくといえる．さまざまな困難をもちやすい発達障害のある人には，これらのライフスキル領域をその人のニーズに沿ってバランスよく支援していくことが望まれている．［岡田　智］

📖 **参考文献**
[1] WHO編，川畑徹朗他監訳『WHOライフスキル教育プログラム』大修館書店，1977
[2] 梅永雄二『自立をかなえる！特別支援教育 ライフスキルトレーニングスタートブック』明治図書，2014
[3] 小貫　悟・東京YMCA ASCAクラス『LD・ADHD・高機能自閉症へのライフスキルトレーニング』日本文化科学社，2009

機能的アセスメント

　機能的アセスメントとは，ある行動の前後における情報を収集し，行動が生じる時間・場所・活動・きっかけなどの先行事象を特定したり，行動を強め，維持する，または弱める結果事象を特定したりすることによって，行動が生じる要因を明らかにすることである．この機能的アセスメントは特に行動問題を生じさせる先行事象や維持させる結果事象を特定化する際に用いられることが多く，機能的アセスメントに基づき行動問題の予防・修正，適応的な行動の形成・定着に向けた支援計画が立案される．機能的アセスメントにおいて情報を収集する方法としては以下のものがあげられる．

●**間接的アセスメント**　間接的アセスメントは，対象児者をよく知る人からその行動が生じる際の情報をインタビューや質問紙などによって集め，行動に影響を及ぼしていると考えられる場面やきっかけなどの先行事象，周囲の対応や出来事などの結果事象に関する情報を探る．

　インタビューや質問紙では表1のような項目に関する情報を収集する．この情報収集に基づいて，その行動が生じる要因について仮説を立てる．つまり，①いつ，どのような場面，どのような活動，どのようなきっかけによって生じやすいか，②行動を強め，維持する，または弱める要因は何か，である．これらの仮説に基

表1　間接的アセスメントにおいて収集する情報

1. **行動の定義**　対象となる行動を聞き取り，具体的に定義する．その行動の強さ，持続時間はどのくらいか．
2. **行動に関連している可能性がある本人の内的状況や周囲の状況**　本人の内的状況：服薬，疾患（内科，外科，歯科，耳鼻科，アレルギーなど），不安状況はあるか．周囲の状況：場所，時間帯，天候，その場にいる人数，苦手な音などの感覚刺激はあるか．
3. **行動が生じる際の出来事や状況**　その行動は，いつ，どこで，誰といる時に生じやすいか，または生じにくいか．その行動が生じやすい活動は何か，生じにくい活動は何か．
4. **行動が生じる際のきっかけ**　その行動が生じる直接的なきっかけ（例えば，活動，他者の関わり・声かけ・指示など）は何か．
5. **行動の後の出来事や状況**　その行動が生じた後における出来事や他者の対応で，その行動を強めたり維持したりするのは何か．（その行動をすることによって，その人が得るものは何か，しなくてもすむことは何か．）
6. **適切な行動**　行動問題を行った際に得られる結果と同じ結果が得られる他の適切な行動は何か．
7. **これまでの支援方法**　その行動が生じないために，または生じるために行ってきた支援方法とその結果はどうであったか．
8. **コミュニケーション手段**　その人が自分の意思を表現するためのコミュニケーション手段はどのようなものか．
9. **強化子**　その人にとっての強化子は何か．楽しいこと（活動，物，人など）は何か．

づいて，次の直接観察の方法を検討する．また，間接的アセスメントでは，本人の適切な行動やこれまでの支援方法などの情報も収集して支援計画を立案する際に役立てる．

●直接観察　直接観察では，行動が起きるたびにその行動の前後の先行事象と結果事象について記録を行う．直接観察によって，間接的アセスメントから仮説を立てた行動の要因を再検討したり，新たに行動の要因を探し出したりする．直接観察の代表的な方法としてはインターバル記録法，タイムサンプリング記録法による観察やABC記録法などがあげられる．インターバル記録法による観察では，観察する時間を短いインターバルに分け，そのインターバルの中で行動が生じたかどうかを記録し（図1），どのような時間や活動においてその行動が生じやすいかを明らかにする．ABC記録法では，行動の先行事象（Antecedents）-行動（Behavior）-結果事象（Consequences）を観察し記述していく（図2）．

インターバル記録用紙

記入者　A	記入日　201X年6月12日～6月16日
誰の（名前）	Bくん
どのような行動	活動と関係のない離席をする、または活動場面から離れる。

15分のインターバルで観察・記録　＊レ：1回の暴言

時間	活動	6/12(月)	6/13(火)	6/14(水)	6/15(木)	6/16(金)
8:30am	朝の会	出席取り レレレ	出席取り レレ	出席取り レ	欠席	出席取り レレレレレレ
8:45am	1時間目	算数　計算	体育　準備	国語　説明 レレ		算数　計算 レレ
9:00am	1時間目	算数　説明 レ	体育　試合	国語　各自 レレ		算数　説明 レレ
9:15am	1時間目	算数プリント レレレ	体育　試合	国語　発表 レレレ		算数プリント レレレ
9:30am	1時間目	算数　計算 レレレ	体育片付け レレ	国語　漢字 レ		算数　計算 レレレレレレ

図1　インターバル記録の例

ABC記録シート

記入者　A	記入日　201X年5月10日
誰の（名前）	Bくん
どのような行動	活動と関係のない離席をする、または活動場面から離れる。
観察場面	1時間目　算数の授業（分数の割り算）

時間	A　先行事象 環境・活動	B　行　動 形態・大きさ・長さ	C　結果事象 周囲の対応・その後の様子
8:50	先生が導入問題の説明 新規な物を提示	「何？何？」と離席をして先生の側に行く	先生から「座りなさい」と注意を受ける
9:00	各自でプリントに取り組む場面	「わからない！」と言ってあてもなく歩く	先生が「教えるからこっち来なさい」と言う

図2　ABC記録シートの例

［出典：R. Jarrey and M. E. Snell *Behavior Support*, Paul H. Brookes publishing, 2000 をもとに作成］

●実験的分析（機能分析のための操作）　実験的分析は，先行事象や結果事象の意図的な操作によって，それらが行動にどのような影響を及ぼすかを検討する．間接的アセスメントや直接観察によって仮説が立てられた行動を生じさせる要因に基づいて，対象児者に複数の場面で活動してもらい，そのときに対象となる行動が生じるかどうかを観察する．例えば，活動の難易度が高いことによって離席が生じているという仮説が立てられた場合には，先行事象の意図的操作として，課題の難易度が高い場面と低い場面の両場面を設定して，両者において離席に違いがあるかを観察する．また，行動の後に他者から注目が本人の行動を維持していると仮説が立てたならば，結果事象の操作として，対象の行動が生じた際に，注目をする場面としない場面の両場面を設定して，両者において行動に違いが生じるかを観察する．これらの観察を通して行動の要因を実証していく．なお，間接的アセスメントと直接観察により，十分な仮説が立てば，実験的分析まで行わずに，支援計画を立案することが可能である．

［霜田浩信］

トークンエコノミー

　トークンエコノミーとは，対象児者に目標とする行動が生じた際にトークン（例えば，シール，ポイント，チップ）を与え，一定数貯まったトークンを好みの物や活動といったバックアップ強化子と交換させることを通して，望ましい行動を増加させたり，望ましくない行動を減少させたりするシステムである．トークンは行動の生起とバックアップ強化子の提示との間をつなぐ働きをするため，バックアップ強化子を直接提示できない場面（例：授業活動の最中）でも行動を強化することが可能であり，バックアップ強化子への飽和（簡単に手に入るために強化として働かなくなること）を防ぐこともできる．また，トークンを一定数獲得できた際に褒めることで，社会的な強化子を与える機会として設定することも可能である．トークンエコノミーの構成要素や適用手順を以下に述べる．

●**目標とする行動を定義する**　トークンエコノミーを用いる際にまずは，目標とする行動を具体的に定義する．対象児者において増やしたい行動を，観察ができる行動として定義する（例：チャイムが鳴ったら1分以内に着席する）．定義した目標とする行動を対象児者と確認をすることによって，自分にどのような行動が期待されているのか，どのような行動を行うことによってトークンが獲得できるのかを知らせることが大切である．

●**トークンを決める**　目標とする行動が生じた際に対象児者に与えるトークンを決める．トークンは対象児者が貯めることができ，持ち運びが可能なものが望ましく，紛失しやすかったり，壊れやすかったりするものは望ましくない．トークンの具体例としては，丸シール，カードへのポイント記入，カードへの花丸・チェック記入，自作チケット，チップなどがあげられる（例：図1にポイントゲット表の例を示す）．原則として，トークンは指導者以外からは手に入らないようにすることも必要である．

●**バックアップ強化子を決める**　本来，トークンそのものは価値があるものではない．好みの物や活動といったバックアップ強化子と交換できるからこそトークンに価

```
○○くんのポイントゲット

とうこう・あさのかい
◇カバンをしまう・・・・・・・・・2ポイント
◇みんなといっしょにあいさつ・・・・3ポイント

じゅぎょう
◇みんなといっしょにあいさつ・・・・3ポイント
◇ふでばこのじゅんび・・・・・・・・2ポイント
◇ノートのじゅんび・・・・・・・・・2ポイント
◇きょうかしょのじゅんび・・・・・・2ポイント
◇きょうしつで1じかんべんきょう・・5ポイント
◇ほけんしつでべんきょう・・・・・・1ポイント

きゅうしょく
◇じぶんでじゅんび・・・・・・・・・3ポイント
◇かたづける・・・・・・・・・・・・3ポイント

そうじ
◇そうじをする・・・・・・・・・・・5ポイント

ゲットしたポイント
| 2 | 2 | 1 | 3 |   |   |   |   |

10ポイントゲットで，きゅうしょくおかわり！
20ポイントゲットで，パソコン20ふんかん！
30ポイントゲットで，パソコン30ふんかん！
```

図1　トークンの例．ポイントゲット表

値を見出すことができる．好みの物や活動は対象児者によって異なるため，対象児者ごとに好みに応じて決めることが必要である．また，本人がバックアップ強化子を選べるように複数設定することもある．バックアップ強化子としては物や活動があげられるが，例えば，係活動に関連させた特権的な活動，いつもはできない活動の権利など，トークンとの交換以外の手段では得ることができない物や活動である方が，強化価が高まることになる．一方で，すでに対象児者における基本的な権利としてある物や活動についてはバックアップ強化子にすることは望ましくない．また，トークンエコノミーを実施する環境として望ましくない物や活動は用いるべきではない．

●**トークンを与えるタイミング**　トークンを与えるタイミングとしては，原則，望ましい行動が生じた直後である．また，トークンエコノミーを用い始めた段階では，望ましい行動が生じるたびにトークンを与える．このことを通して，対象児者に改めてどのような行動を行うことが期待されているのか，トークンが獲得できるための行動は何かを知らせることが大切である．トークンを与える際には，言葉による褒めや指導者の笑顔など社会的な賞賛を同時に行うことが必要である．これら社会的な賞賛はトークンの効力をより強めるだけでなく，トークンをフェイドアウトしていく際にも必要となる．それにより社会的な賞賛によって行動を維持させる働きに移行できる．なお，トークンを与えるタイミングについては事前に対象児者に伝えておくことが望ましい．

●**交換比率を決める**　トークンとして獲得したポイント数などがバックアップ強化子と交換できる比率を事前に定め，対象児者に伝えておくことが必要である．通常，トークンエコノミーを用い始めた段階では，その比率は低めに設定し，目標とする行動が生じるようになってきたところで比率を高めていく．対象児者が1日で獲得可能なトークンの最大数に基づいて比率を考える必要がある．

●**レスポンスコスト**　レスポンスコストとは，対象児者がすでに取得している強化子の一部を取り除くことによって，望ましくない行動を減少させる手続きである．トークンエコノミーのシステムにおいても目標とする行動と競合する望ましくない行動が生じる場合にはレスポンスコストを併用する場合もある．併用する場合は，トークンエコノミーの効果が現れた後にレスポンスコストを用いることが望ましい．また，望ましくない行動を明確に定義し，その望ましくない行動が生じた場合に取り除かれるトークンの数もあらかじめ定め，それらを事前に対象児者に伝えておくことが必要である．望ましい行動と競合する望ましくない行動が存在しない場合や対象児者がトークンの取り除きに抵抗を示す場合にはレスポンスコストは用いるべきではない．

〔霜田浩信〕

参考文献
[1] J. O. クーパー他，中野良顯訳『応用行動分析学』明石書店，2013

アンガーマネジメント

　「きれる」子どもや大人が社会的な問題になっている．きれること，それは些細なことで怒りが生じ，それを抑えられず，相手への攻撃に走る行為である．WHOは，日常生活で生じるさまざまな問題に効果的に対処する技能である「ライフスキル」を10項目あげており，そのうちの「情動への対処」の中に「アンガーマネジメント」を含めている．アンガーマネジメントすなわち怒りを上手に管理できることは人生において獲得されるべき重要なスキルなのである．

●**怒りとその対処に関する理論**　怒りはきわめて人間的な事象であり，古来より思索の対象にもなってきた．例えば，ギリシアの哲人で心理学の祖とも称されるアリストテレスは怒りの感情を「自分や自分に属する者に対し，不当な軽蔑があり，それに対して復讐しようとする苦痛を伴う欲求」と定義した．怒りは自尊心が傷つけられたときに起こり，その対象への攻撃性を伴うことを指摘している点で，この定義は今日の心理学の知見と矛盾しない．また，古代ローマの思想家セネカは，怒りは抑制されなければならないもので，それに対処するための最良の方略は遅延であると述べている．これはアンガーマネジメントの考え方に通じる．

　怒りについて，このように哲学者や思想家による言説は古くから多数あるものの，心理学的な研究は，不安や抑うつなどの他の感情領域に比べると多くはない．心理学的な説明としては，怒りを生理的覚醒とその原因となる認知という2つの要因から説明するD.ジルマンの理論が代表的なものの一つである．また，C.D.スピールバーガーは，怒りに関連する心理学的側面を，感情としての怒り，他者に向けられる行動としての攻撃性，その行動を動機づける敵意という三つの領域に分類し，アセスメントの開発につなげた．

　これらの知見から次のことが示唆される．まず，怒りの原因となり得る事態に直面しても，認知の仕方によっては怒りの感情は生じない．そして，怒りの感情が生じたとしても，その原因となった相手に攻撃的な行動を起こさなければ問題にはならない．つまり，怒りが生じやすい認知のあり方を変えることと，怒りが生じた後にそれに対処する方略を獲得すること，の二つが怒りの問題への対応を考える際のポイントとなる．

　誤った認知を修正し，行動を適切なものに変容させることを目的とする心理療法の技法として認知行動療法がある．これは自動思考に基づく不安，抑うつ，怒りなどのネガティブ感情が不適切かつ過度に引き起こされ，生活するうえでの支障になっている際に適用される．怒りへの対処も主にこの枠組みで行われる．

●**発達障害とアンガーマネジメント**　発達障害，特に自閉スペクトラム症（ASD）

の人たちにとって，怒りは克服されるべき課題である．定型発達者の場合，怒りとそれに伴う攻撃的行動は成長とともに抑制され，交渉，妥協，協調などの適切な対処方法に取って代わるが，ASDの人たちはそれが容易でない．ASD児者において怒りなどの感情コントロールが難しい理由として，生理学的には扁桃核の問題を考えることができる．ASDにおいて指摘されている扁桃核の機能不全は高覚醒状態を生じやすくする．つまり，刺激に対する興奮の閾値を下げる．また認知的基盤として，心の理論と実行機能の問題が考えられる．心の理論の問題は自己と他者の感情の理解を困難にする．感情のモニターができなければ，その制御も難しくなる．また，実行機能の問題は衝動を抑制し行動を統制すること，思考や行動を柔軟に切り替えることなどを困難にする．

　ASD児者における怒りや不安などの情動調整の問題への介入においても，認知行動療法が推奨されている．ASD児への認知行動療法の例としては，T.アトウッドらが開発したプログラムがある[1]．このプログラムは，「情動教育」「認知的再体制化」「感情の道具箱」などからなっている．情動教育では，感情の存在やその様相，感情表現の方法などについて学ぶ．その際に，ASD児にとって難しい心的状態の理解を容易にするために温度計やメーターに見立て感情の状態を段階で表示するなどさまざまな工夫がこらされている．また，心拍数や発汗など身体の状態と感情との関係の理解などの演習課題も含まれている．認知的再体制化においては，論理的な証拠によって認知の歪みを修正することが図られる．そして，感情の道具箱においては，怒りの感情を鎮めたり，上手に適切な形で感情を解放したりする方法を知ることが目標となる．

●**自尊感情と怒りの予防**　人はなぜ怒るのか．アリストテレスも洞察したように，それはプライドが不当に傷つけられたと感じたときである．きれやすい人たちの問題を考える視点の一つに他者を見下すことによって高まる自尊心である「仮想的有能感」がある．仮想的有能感が高い人は，自分の思惑どおりに事が運ばないときに，それは自分のせいでなく誰かのせいだと考え，その相手への怒りと攻撃が生じる．一方，真の自尊感情は身の丈サイズの自己理解，すなわち己を知る，分をわきまえることに基づくため，自分の行為の結果がたとえ不本意なものであっても，それを受け入れることができる．仮想的有能感でなく真の自尊感情を育成することは，不適正な怒りと攻撃行動の予防策にもなるだろう．そのように，アンガーマネジメントは認知行動療法的なスキル獲得の側面だけでなく，自己理解と真の自尊感情の育成という視点からも考えることができる．

〔藤野　博〕

参考文献

[1] T.アトウッド，辻井正次監訳『ワークブック アトウッド博士の〈感情を見つけにいこう〉1 怒りのコントロール』明石書店，2008

スクールワイド/クラスワイドな支援

　通常の学級に在籍する発達障害のある子どもの対応について，個別の支援だけでなく彼らが所属する学級全体（クラスワイド）や学校全体（スクールワイド）に対して介入する効果が報告されている．水谷・岡田（2007）は「周りの児童のスキルが改善されることによる本人の学級適応感の改善」を指摘している．また，佐藤・佐藤（2006）は個のソーシャルスキルトレーニング（SST）について「学級集団から切り離し別の場所で訓練することは『だめな子』というラベリングを助長することになる」と個別介入のデメリットについて述べている．さらに学校には支援の必要な子どもの周りにもさまざまな教育的ニーズが必要な子どもがいる．「障害」を個人の問題でなく，個人と個人の所属する環境との相互作用の問題としてとらえ，環境をも含んだ支援を考えることは国際生活機能分類（ICF）の考え方にも合う．スクールワイド／クラスワイドな支援方法として，スクールワイド（クラスワイド）PBS，スクールワイド（クラスワイド）SST，エンカウンターグループ，協同学習，ライフスキル・トレーニング，ユニバーサルデザインの授業（学級）づくりなどさまざまな方法がある．

●**学校全体で取り組む積極的行動支援（PBS）とは**　積極的行動支援（positive behavior support：PBS）は，不適切な行動と同じ機能を果たしている適切な代替行動を教え，環境に変更を加えることで望ましい行動を増やし，結果として問題行動を減らす支援である．アメリカでは子どもの行動がその本人や他の子どもの学習を妨げる場合，PBSの活用を含む指導方略を検討することが障害者教育法（IDEA）において義務付けられている．今日アメリカばかりでなく日本においても実践報告が増えている（関戸他，2010）．スクールワイドPBSとは全ての児童生徒に対し適切な行動を学ぶための機会を提供し，行動問題を予防するために学校環境を整える階層的なアプローチのことである．まず第一次介入として学校全体による生活指導をする（学校で期待される基本的な行動（校則等）を全校児童生徒に説明し，モデルを示し，練習させる．そして，それを守った子どもはほめられるシステムを用意．当たり前のことをほめることで問題行動の予防的介入をする）．第一次介入だけでは行動の改善がみられなかった子どもやその周辺児に対し，第二次介入として問題行動ごとに以下の手続きを行う．

　①**ゴールの設定**（気になる行動の定義）：支援の必要な子どもに関わる支援者が行動の具体的な姿を共有するために行動の定義づけをする．算数の教師が支援して他の教師は支援しないなら効果がない．環境の一貫性のためゴールを共有する（子どもや保護者とも共有する）．そして，問題行動を止める以上に生活の質

が向上する，より大きなゴール（例えば他傷せずに，自分の気持ちを友達に伝えるなど）を設定する．

②**機能的アセスメント（FBA）の実施**：観察，記録，インタビューなどを行う．どのような条件やきっかけで問題行動が起きているか，どのような結果がその行動を強化しているかを推測し，問題行動生起の仮説を立てる．

③**計画の作成**：問題行動を低減させ適切な行動を増加させるための方略を考える．また日課などの文脈に合わせて計画を立て文書化し共有する．

④**計画の実行**：子どもが適切な行動をしたら報酬を与える．また計画に対して本人と保護者を含むチームで会議をし，修正をする．

⑤**専門家の引き上げ**：PBSが軌道に乗ったら専門家は徐々に手を引いて学校の自立をサポートする．アメリカでは問題行動が修正されない場合オフィス・リフェラル（Office Referral）とよばれる学校管理職との面接の手続きがあり，これをよく受ける子どもたちに対し徹底的な個別の指導を第三次介入として組む．

●**スクールワイド／クラスワイドSSTの実践について**　標的児の社会的な行動を変化させるために，仲間媒介法（特定の友達を介して学ぶ）と集団随伴性（全員の遂行に応じて強化子が集団に与えられる方法．例として団体競技の駅伝など）がある．この集団随伴性を利用したものがスクールワイド／クラスワイドSSTである．「全員発表で休み時間の延長が認められる」といった強化子を用意することがそれにあたる．その手順は，①言葉で教師が行動を学ぶ意義ややり方を説明してみせ（教示），②模範を示し（モデリング），③子どもにやってみさせて（リハーサル），④うまくできたらほめ，⑤うまくできなかったら修正し（フィードバック），⑥学習後もその行動が出現するたびにほめることで，⑦子どもは場面が変わってもできるようになる（般化）といった手続きである．実践報告としては尾﨑・柘植（2012）や田中・柘植（2012）がある．横浜市では『子どもの社会的スキル横浜プログラム』（2007.7）が開発され，ソーシャルスキルを実施している（http://www.city.yokohama.lg.jp/kyoiku/plan-hoshin/skill.html）．

予防的介入としてはPBS，SSTのどちらも効果的な手法であるが，子どもの生活の質が向上しているか，問題行動生起の仮説が正しかったか，また望ましい行動が般化・維持されているかどうかといった検証を続けていくことが必要である．

［尾﨑　朱］

📖 **参考文献**

[1] D. A. クローン他，野呂文行他訳『スクールワイドPBS―学校全体で取り組むポジティブな行動支援』二瓶社，2013

[2] ミミ・ハイネマン他，三田地真実監訳『子育ての問題をPBSで解決しよう―ポジティブな行動支援で親も子どももハッピーライフ』金剛出版，2014

不器用さへの指導

不器用さが日常生活を阻害している場合、発達性協調運動症（以下 DCD）（「発達性協調運動症 / 発達性協調運動障害」参照）の診断がつくことがある。DCD など協調運動の問題は、認知、情動、社会性の発達にも大きな影響を与えるため、その問題を的確にとらえ、指導や支援をする必要がある。なお、DCD は自閉スペクトラム症（ASD）、や注意欠如多動症（ADHD）との併存が起こりやすいことも知られている。

●**アセスメント**　英語圏では、協調運動のアセスメントに保護者用の協調運動の質問紙形式の検査である Developmental Coordination Disorder Questionnaire 2007（DCDQ-R）と教師用の質問紙形式の検査である Motor Observation Questionnaire for Teachers（MOQ-T）、直接的な検査である Movement Assessment Battery for Children-Second Edition（MABC-2）を実施することが多い。このうち DCDQ-R、MABC-2 は日本版の再標準化の作業が進められている。

わが国では、現時点で上記検査が日本で再標準化されていないこともあり、協調運動の評価には日本版感覚統合検査 JPAN 感覚処理・行為機能検査（JPAN）、日本版ミラー幼児発達スクリーニング検査（JMAP）などが用いられることが多い。これらの検査を用いて、検査対象児の協調運動の発達状況を把握して指導計画を立てることがある。

学校では、教師による机上学習や体育の場面での協調運動の問題の把握が必要である。その際に学校版感覚運動アセスメントシート[1]が活用できる。

●**指導**　DCD は学習や行動の問題に比べ気づかれにくいため、まず教師などによる実態把握が重要である。そして、DCD 児の協調運動の問題による劣等感が高まらないように、学校などでの配慮が必要である。

DCD 児への指導・治療に関しては、メタ分析によって、課題指向型の指導は効果量（d_w）= 0.89、理学療法・作業療法は d_w = 0.83、プロセス指向型の指導は d_w = 0.12、薬物治療（メチルフェニデートなど）は d_w = 0.79 で、効果の多重比較を行ったところ、課題指向型の指導がプロセス指向型の指導よりも有意に高かったことがわかっている[2]。これは、苦手となっている運動課題そのものを教えて訓練する方法が効果的であるということである。よって、DCD 児の遂行困難な運動スキルをスモールステップで獲得させる指導が必要といえる。伝統的な理学療法・作業療法も効果があることが示されており、知覚運動訓練による協調運動への効果が報告されている。協調運動訓練と心理学的基盤に基づく指導を組み合わせたアプローチによって子どもの運動技能や自尊心が向上したことも報告され

ている．

　ただし，協調運動の背景となる問題を改善するためのプロセス指向型の指導である感覚統合療法や身体の動きが必要なテレビゲームなども協調運動に一定の効果がみられることがわかっていることから，必要に応じてプロセス指向型と課題指向型のアプローチ両方を導入するとよいであろう．

　DCD児は，最初の運動の習得に困難が生じることが多いので，あらかじめ授業の前にやり方をわかりやすく説明したり，練習したりするとよい．例えば，体育で縄跳びが始まる1か月前から予習をさせておくなどの対応がある．

　DCD児は他の子どもとの動きのある遊びを避ける傾向があることが明らかにされているため，休み時間に流行っている動きのある遊びの練習をさせたり，大人が遊びの仲介をしたりすることが必要となることもある．周囲の子どもがDCD児の不器用さをばかにしないように働きかけることも必要である．

　なお，ASD児では，目標があるときの動きに比べ目標がないときの動きの方が困難であることがわかっている．よって，動作時に視覚的な目標を設置することは有効である可能性がある．例えば跳び箱の手を着く位置に目印を付けておくなどの配慮が考えられる．また，ASD児は，自分の動きを言語化するとその動きがスムーズにできるようになったことが報告されている．このように自己で動きを概念化し言語化する，または他者が動きを言語化して伝えることで動きが改善することがあるため，ダンスを教えるときなどに「右手，右足」など動きを言語化した教え方が導入できるであろう．

　なお，DCD児が不器用さによって学習や生活に支障が出ないように道具を工夫することも支援策の一つである．例えば，鉛筆を持ちやすくするためのホルダーや芯が折れにくいシャープペンを紹介したり，プリントが書字の際にズレないようにするために紙やすりを下敷きとして使ってもらったり，リコーダーの穴に魚の目パッドを貼ることを勧めたりすることがある．

　ところで，ADHDなどの薬物治療に用いられるメチルフェニデートがADHD症状の改善だけでなく協調運動の改善に役立つことが多くの研究で報告されている．それを念頭において薬物治療の必要性についても検討するとよいであろう．

〔岩永竜一郎〕

参考文献

[1] 岩永竜一郎『自閉症スペクトラムの子どもの感覚・運動の問題への対処法』東京書籍，2014
[2] B. C. Smits-Engelsman et al., "Efficacy of interventions to improve motor performance in children with developmental coordination disorder: a combined systematic review and meta-analysis", *Dev Med Child Neurol.*, 55(3)：229-37, 2013

きょうだいへの支援

　障害のある子どもたちの支援とともに，近年になって必要性が求められているのが「きょうだい支援」である．専門機関においては障害のある子どもや保護者には焦点が当てられてはいても，「きょうだい支援」は本来の目的から外れることもあり，なかなか支援を進めることができないでいた．また，学校教育においても，「きょうだい」の抱える課題に目を向けることが少なかったと思われる．

●**「きょうだい」がもつ特有の悩みと得難い経験**　きょうだい支援プロジェクト（シブショップなど）を主催するD.マイヤーらは，きょうだいのもつ特有な悩みと得がたい経験として，表1，表2のように整理している[1]．つまり，きょうだいであるということが負担となっていく側面と豊かな成長につながっていくという側面の両面があるのである．

●**発達障害のある子どものきょうだい**　「発達障害」のある子どものきょうだいの支援を考える際，そのきょうだいが男女のどちらか，また，年上・年下，年が近いか離れているのかきょうだい同士が同性であるのか否かなどによって受け止め方が違う．一口に「きょうだい」といってもそこには複雑な問題が絡むのである．特に，発達障害は「見えない障害」といわれるように，適切で正しい情報が提供

表1　きょうだいのもつ特有な悩み

1)	過剰な同一視	自分もそうなるのか？
2)	恥ずかしさ	学校で質問される，じろじろ見られる．
3)	罪悪感	自分の責任（誕生前後の振る舞い，父母だけに負担）．
4)	孤　立	話し合える相手がいない．
5)	正確な情報の欠如	障害に関する情報の欠如により孤独感が深まる．
6)	将来に関する不安	将来，世話をするのは自分たち「きょうだい」か．
7)	憤り，恨み	障害のある子が過度に甘やかされ，保護されすぎているとき．
8)	増える介護負担	幼少期から世話をし続ける．
9)	完璧への圧力	スポーツも勉強もできなければ，「しっかりしなくちゃ」．

表2　きょうだいのもつ得がたい経験

1)	（精神的な）成熟	年齢以上の責任感がある．
2)	洞察力	人生についてより広い理解をもたらす．
3)	忍耐力	忍耐強く，「違い」というものを受け入れていくようになる．
4)	感謝	自分の健康について当然のことと思わず感謝している．
5)	職業選択	援助専門職に就くことが多い
6)	誇り	障害のある兄弟姉妹を特別誇りに思う
7)	忠誠心	特別なニーズのある兄弟姉妹のことを一生懸命かばう
8)	権利擁護	弱者への権利が主張できる．

されなければ，なかなか理解は進まない．LDの兄に学習面の遅れが顕著となり，妹が追いついてきた，兄の奇異な行動に恥ずかしく思う，またそれを級友にからかわれるなど，通常学級に在籍しているがゆえに学校生活の中でもさまざまな課題が生まれる．そのような場合には，きょうだいを周囲の大人がしっかり受け止め，きょうだいの成長に合わせて理解を促すことや周囲の子どもたちとの関係作りに腐心する必要がある．

●**きょうだいの会，きょうだい支援キャンプ**　障害のある子どもの支援体制が充実してきている今日，「きょうだい」を対象とした支援は，なかなか進んでいない．そこで，「きょうだい」である当事者同士が集まり相互に支援をしていく「きょうだいの会」が設立し始めている．先輩の「きょうだい」が若年の「きょうだい」の悩みを聞くなどのセルフヘルプの活動も展開し始めている．それに加えて，「きょうだい」の課題を受け止めつつも手を出せずにいた保護者が自分たちで「きょうだい」支援の場を創出していくという動きもある．北海道の郡部にあるS町では，保護者たちが，地域の大学の学生ボランティアの協力を得て「障害のある子どもとそのきょうだい支援キャンプ」を開催している．障害のある子どものみならず，そのきょうだいにもマンツーマンでボランティアの学生が付き，「子どもたちに思いっきり，自分の時間を過ごしてほしい」「日頃の我慢や秘めた想いを発散してほしい」という願いから始められている．参加させた保護者へのインタビュー調査の中で「姉はどういう感じで，本当は弟のことをどう思っているのか．まったく知らない学生さんと関わったときに，自分の本当の気持ちとか，いろいろなことを言えるかなと思った」と参加させるにあたっての動機を語っている保護者もいた．1泊2日ではあるが，子どもたちにとっても保護者にとっても貴重なプログラムとなっている．

●**ニーズに応える資源の創出**　「きょうだいの会」や「きょうだい支援キャンプ」のような活動は，これまでの既存の専門機関や学校教育の中では，実現しづらい．その中でも「きょうだい」は通常学級に在籍しているのであるから，相応の配慮が求められることは当然のことである．また，どこかで誰かがやってくれるという依存の中では，このような活動の発想は生まれない．ニーズに応える資源というのは，志のある者が地域のさまざまなリソースを活用して新たなネットワークをつくり，それによって初めて生みだされるものなのである．　　　　　　　［二宮信一］

参考文献

[1] D. Meyer, きょうだい支援の会＆金子久子訳『特別なニーズのある子どものきょうだい　特有の悩みと得がたい経験　改訂版』きょうだい支援の会，2004
[2] 白鳥めぐみ他『きょうだい—障害のある家族との道のり』中央法規，2010
[3] 遠矢浩一編著『障害をもつこどもの「きょうだい」を支える—お母さん・お父さんのために』ナカニシヤ出版，2009

保護者への支援

　現在，障害のある子どもやその保護者への支援に関しては，大きく「教育委員会を中心とした教育分野のネットワーク」と「地域自立支援協議会を中心とした保健医療福祉分野のネットワーク」がある[1]ように，障害に関係するさまざまな機関が連携協力のもとに行われることを各省庁が提言している．

　2005年3月，文部科学省と厚生労働省が連名で，「障害のある子どものための地域における相談支援体制整備ガイドライン（試案）」を策定し，教育分野におけるネットワークでは，その構築として①都道府県におけるネットワーク（広域特別支援連携協議会）と②支援地域におけるネットワーク（支援地域における特別支援連携協議会）を提唱している．いずれも，教育機関が中心になりながら，関係分野（医療・保健・福祉・労働など）と連携し，協力体制の構築を進めている．保護者への支援は，子どもへの支援同様，多くの関係分野の協力が欠かせず，保護者を迷わさず孤立させない意味からも連携が重要とされている．

●**特別支援連携協議会の役割**　県レベルの広域特別支援連携協議会では，相談・支援のための施策関連の情報の共有化や施策連携の調整や連携方策の検討，全体計画の策定，乳幼児期から学校卒業後までの一貫した支援を行うための「個別の支援計画」のモデルの策定，情報の提供，支援地域の設定，などが協議される．支援地域における特別支援連携協議会は，役割は広域特別支援連携協議会とほぼ同じであるが，特別支援学校や各学校の特別支援教育コーディネーター，福祉事務所，保健所，医療機関，公共職業安定所などの参画が求められ，より地域に密着した体制を整えることである．

　支援地域は，関係機関の設置状況や機能，役割などを考慮し，都道府県や（支援）地域の実情に応じて，教育事務所や障害保健福祉圏域，指定都市，中核市などの単位での設定が考えられる．市町村をまたいで一定規模の地域設定も想定されるが，市町村における関係部局・機関は，障害のある子どもやその保護者にとって最も身近な相談・支援の窓口であり，市町村が単独で取り組むことも考えられる．また，子どもや保護者のニーズに応じた適切な相談・支援を行うため，保護者の参画を推進することも重要である．学校や，保護者と子どもが地域から孤立しないことが重要であり，特別支援学校のセンター的機能，各学校の特別支援教育コーディネーターの連絡調整に大きな期待が寄せられる．

　保護者への支援は，上記のガイドラインが文部科学省と厚生労働省の連名で出されているように，教育分野のみで進められるものではなく，連携と協力が不可欠である．現在では，それぞれの専門領域において支援体制が整いつつあるが，

複数のネットワークがある場合には，相互の連携を図りながら一元化を検討しつつ，責任組織を明確にすることも述べられ，支援の実際がうやむやにならないように考慮されている．

●**早期からの相談・支援体制**　2012年からの特別支援教育総合推進事業における早期からの教育相談・支援体制構築事業において，子どもおよびその保護者に対し，各市町村が早期からの情報提供や相談会の実施などに取り組み，柔軟できめ細やかな対応ができる一貫した支援体制を構築するとともに，各都道府県は，市町村の取組や体制の構築を総合的に支援するものであるとしている．この事業では，①都道府県・指定都市教育委員会は，関係部局・機関との連携協力のためのネットワークを構築する．子どもの教育的ニーズに対応した支援や教育についての市町村からの相談に対して助言できる仕組みを構築し，市町村の就学事務担当者などのための研修会開催など，市町村の取組を総合的に支援する．

加えて，市町村教育委員会は，②関係分野等や地域と連携し，情報を共有して必要な支援を行う．教育や就学について専門的な知識をもち，関係部局・機関や地域との連絡・調整，情報収集などを行う職員を配置するなどの体制を整備・運用する．③乳幼児期から成人に至るまで一貫した支援のため，早期から個別の教育支援計画を作成し活用する．その作成に当たっては，本人・保護者，幼稚園などもまじえて，医学，心理学などの専門家の意見を聞いたうえで，子どもの成長記録や生活の様子，指導内容に関するさまざまな情報を記録し，必要に応じて関係機関が共有する相談支援ファイルなどを活用する．④幼稚園などを通じて子育て支援・教育関係の情報を提供するほか，相談会を開催するなど相談体制を構築する．学校見学・体験入学の機会を設けるなど就学移行期の支援を行う．⑤専門家などによる巡回相談を実施し，幼稚園教職員などへの指導・助言・理解啓発や保護者からの相談を行う．⑥就学先決定後も，継続的な教育相談を行い，個別の教育支援計画を見直す中で，柔軟に就学先の見直しを図るなどの支援を行う．

この一貫した相談・支援体制は，2014年1月の国連提唱の「障害者の権利に関する条約」の批准，および，2016年度に施行された「障害者差別解消法」を受け，障害のあるものと障害のないものがともに地域で生活する，いわゆる共生社会の実現に向け，教育においてインクルーシブ教育システムの構築にかかる事業が推進されていることと深く関係している．　　　　　　　　　　　　［井上とも子］

📖 **参考文献**
[1] 文部科学省・厚生労働省HP「障害のある子どものための地域における相談支援体制整備ガイドライン（試案）」2008
[2] 文部科学省HP「特別支援教育総合推進事業—早期からの教育相談・支援体制構築事業」2012

3. 心　理

　本章では，発達障害に関する心理学分野の基礎的・応用的な事項を取り上げて紹介する．心理の内容は，認知発達，学習，言語・コミュニケーション，自己・社会性・情動，感覚・運動，臨床，研究法から構成されている．内容によっては，医学，教育，認知・基礎等他の分野と関連しており，重複した内容が含まれるものもある．ただし，心理学分野は，用語の説明にとどまらず，アセスメント，指導，研究などと関連付けて，または心理学的な知見や理論を実際的な状況に関連付けた内容としている．

　本章が，発達障害に関する心理学分野の専門的知識を整理することにとどまらず，子どもの理解や指導・支援と関連付けて，実践や実際の状況に応用するための一助になれば幸いである．　　　　　　　　　　［佐藤克敏・井澤信三・岡崎慎治］

認知機能の発達

　認知機能とは知覚や記憶，注意，判断，推理，言語の理解や表出といった，さまざまな情報を脳内で収集，処理，出力する一連の活動である認知処理の個々および全体を指すものととらえることができる．認知機能は主体の環境との関わりを通した知的活動とその成果の変化過程を通して発達する．すなわち，生誕後，成人・老人に至る一生涯を通して獲得された世の中の事象や自己に関わったさまざまな知識，技能，態度の獲得と，これらの知識群の整理，構造化が認知の発達といえる．
　このように，発達している当事者が，自分自身の経験を通してこの知識構造をつくり上げ，そのつくり直しを繰り返していくという考え方は，J．ピアジェの「構成主義」の代表的な考え方である．
　●**ピアジェの構成主義**　ピアジェは，認知発達は人の精神発達の中核をなすものと考え，誕生から成人に至る認知発達の理論を構築した．この理論は人が環境に働きかけ，環境がそれに反応することを通して個体と環境の間に生じる相互作用により発達が促されると考える．ピアジェは子どもが環境に働きかける中で生じる独自の認識世界をシェマ（またはスキーマ［schema］）とよび，このシェマを環境に当てはめること（同化）と働きかけに基づくシェマの修正や新しい情報の追加（調節）の相互作用が発達を促すとしている．
　ピアジェの発達段階に従えば，学齢期の子どもは前操作的知能の段階における直観的思考の段階から具体的操作の段階であるといえる．前操作的知能の段階においては，言語の獲得に伴い，目の前にないものでも心の中でイメージ（心的表象）をもつことができるようになり，これに基づいた活動が可能になる．しかし，この段階では理論的思考は十分ではなく，知覚的な情報からの判断にとどまり自分の視点以外の見方やとらえ方は難しい（自己中心性）．続く具体的操作の段階ではさまざまな基本概念が生じ，かつ具体物や現実の世界を取り扱う限りにおいては理論的思考，推論が可能となる．そして形式的操作の段階では，言語や記号という形式の中で現実には存在しない事象を仮定した推論ができるようになる．また，この頃より，三段論法的な演繹推理（論理的推移律）においても事実を確かめなくても論理必然的な演繹により結論を導き出せるようになる．そして，このような認知発達に伴い，想像力も幼児期の空想的・非現実的なものから現実的・写実的なものに移行する．続く形式的操作の段階は，具体的操作の結果からそれらの論理的関係についての仮説を形成する能力に依拠している．
　●**ヴィゴツキーの社会文化的発達**　このようなピアジェの考え方に相対する理論

の代表的なものの一つとしてあげられるのは，L. S. ヴィゴツキーによる社会文化的発達の理論であろう．ヴィゴツキーは言語による自己調整機能の発達を外界に働きかけるために必要な道具が言語に変化していく過程ととらえ，以下の4つの段階で発達するとした．

第1段階…行動の調整に必要な補助的な道具を他者から与えられ，それを利用できるという状態

第2段階…他者や外界に影響を与えるために積極的に道具を使用し始める状態

第3段階…社会的に意味を共有されている道具，つまり言語を使って他者や外界に影響を与えようとする状態

第4段階…自分の活動を計画，指示する道具として言語を使用する状態

さらに，この発達過程での言語は外言から内言への移行期として音声をともなう内言としての自己中心語（独語）の存在を仮定した．ヴィゴツキーの理論に基づけば，教育的支援において，大人はある課題を用いて子どもの高次精神機能における弱い要素と強い要素を明らかにしようとする．これらの課題の結果は大人との協同活動を生み出すことに用いられ，その結果，強い要素が「引き上げられ」，弱い要素を含めて発達は「促進」される．言い換えれば，大人と子どもの機能システムにおいて大人が子どもの弱い要素を子ども自身が引き上げ，それと同時に大人がもつ機能を子どもにどんどん引き渡していく．このような一連の流れは「足場作り（scaffolding）」とよばれる．この足場作りが行われるべき子どもの発達段階は，一人では問題を解決できないが大人を含めた他者の援助があれば達成できる段階であることが望ましく，このような段階は子どもの「発達の最近接領域／最近接発達領域（zone of proximal development）」とよばれ，子どもの適切な発達段階に応じた大人の関わりを起点とした協同活動が認知発達を促すものと考える．

また，言語による行動調整の発達過程について，A. R. ルリア[2]は三つの段階に分けて説明している．第1段階では自分自身で言語教示を行うのは難しいが，他者からの言語教示に対して行動を生起，促進したり逆に抑制したりできる．そして第2段階では子ども自身が発する音声を伴う言語（外言）により行動の生起，促進あるいは抑制ができるようになる．さらに第3段階では，外言は音声を伴わない内言に移行し，内言によって行動の制御ができる状態となるとされる．このような経過で問題解決を柔軟に行えるようになることがプランニングの発達といえ，個人のおかれる状況や環境に応じて，発達とともにプランニングはより精緻化するとともに個人化していくものと考えられている． ［岡崎慎治］

参考文献
[1] 日本認知心理学会編『認知心理学ハンドブック』有斐閣，2013
[2] A. R. ルリア，松野 豊・関口 昇訳『言語と精神発達』明治図書，1969

認知機能のアセスメント

　発達障害のある子どもに代表される，学習面や行動面に困難を抱える子どもたちは，その多くに認知処理・認知機能の強い面と弱い面の差が大きいというアンバランスがあると考えられている．認知処理・認知機能のアンバランスは，発達障害の定義にも関連する脳機能のアンバランスとしてとらえることができる．その点で，認知機能のアセスメントは脳機能のアセスメントとも考えられるが，脳の働きを直接とらえようとする脳イメージング法よりもむしろ各種課題を用意し，それらに対する子どもの応答を調べることを通して行われる．この各種課題には，知能検査が用いられることが多い．その大きな理由として，知能検査がIQや標準得点といった客観的な数値を算出できること，その結果として各検査が測定しようとする知的機能・認知機能を構成する要素の間で個人内の得点比較，すなわち個人内差の同定が可能なことがあげられる．

●**認知機能アセスメントの動向**　近年の認知機能のアセスメントの動向として，検査が測定しようとする認知機能は単一の内容（知能や読み能力）から複数の構成要素を評価するものに変化してきている．その中では，①受容された情報を操作するための方略の利用，②学習や問題解決，適応をモニタリングするためのメタ方略，③状況に応じて知的操作を実行するための認知機能（あるいはプロセス）の三つの観点から情報処理をとらえる視点がある．WISC-Ⅳに代表されるウェクスラー系の知能検査の改訂の流れをみると，このような情報処理，プロセスという観点が認知心理学や神経科学の領域で発展してきた影響をみてとれる（例えばWISC-Ⅲにおける注意記憶群指数からWISC-Ⅳにおけるワーキングメモリ指標への変化など）．

　また，近年に国内において出版や改訂が行われてきた諸検査の中にも，認知機能のアセスメントを主な目的としたものがあげられる．例えば，K-ABCにおける認知処理過程尺度およびKABC-Ⅱにおける認知尺度，およびDN-CASに含まれる下位検査は，いずれも知識や学力の影響をできるだけ排除して認知機能を評価することを意図している．あわせて，K-ABCおよびKABC-ⅡもDN-CASも，知能はある程度固定的であるという観点から離れた理論を背景にもつ．すなわち，知的能力を認知処理およびそのプロセスからとらえ，個人の認知処理様式の強い部分と弱い部分を明らかにし，強い面で弱い面を補うことを指導や支援で促すことにつなげることが可能という仮説をもつ．そのことが，認知機能のアセスメントを指導や支援のためのアセスメントとしてとらえることができる大きな理由である[1]．

したがって，このような検査による認知機能のアセスメントにあたっては，実施する側も結果から指導や支援につなげる側も，検査の理論的背景を理解しておくことが重要になる．例えば知的機能を構成する諸機能の因子構造を想定するキャッテル・ホーン・キャロル（CHC）理論は，WISC-IV などのウェクスラー系検査や，KABC-II の基礎理論としても，より深く解釈するうえでも重要である．また，A. R. ルリアによる脳における高次精神機能の機能的単位に関する理論と，これを J. P. ダスが発展させた知能の PASS（プランニング，注意，同時処理，継次処理）理論をふまえることは，DN-CAS の実施，解釈にとって重要である．

●**検査を用いる際の注意点**　これらの検査をアセスメントに用いる際の注意点をいくつかあげておく．
- ・観察などの結果から子どもの知能・認知特性に関する仮説をもち，目的に合う検査を選ぶ．
- ・検査は信頼性，妥当性が標準化作業で確認されており，標準化の新しいものを用いる．
- ・子どもへの負担が最小で情報量を最大にするため，いくつかの検査を組み合わせて検査バッテリーとして利用することが望ましい．
- ・検査に精通し，熟練した検査者が実施する．
- ・検査の結果は子どもの要因，検査者の要因などによって誤差が生じるものと理解する．結果に影響する要因をとらえておく．一つの検査，1回の結果を絶対視せず，数値で出てくる結果は幅をもったものとして解釈する．
- ・結果の解釈は他のアセスメント結果と関連づけて行う．
- ・認知特性の強い面，利用できる面を知るという視点で用いる．

　また，近年の海外の動向として，インタラクティブアセスメント，しばしばダイナミックアセスメントあるいは学習可能性アセスメントとよばれる，思考や学習，問題解決のプロセスを重視する手続きが注目されている．この手続きは検査の実施というよりもインタビューに近く，テストが実施されていく過程で結果は子どもにフィードバックされることが，従来のアセスメント（スタティックアセスメント）とは大きく区別できる点である．スタティックアセスメントがその時点での個人のスキル，知識，あるいは能力のプロフィールを得ようとするのに対し，その背景となる要因を考慮し，真の能力を評価しようとするものである．

〔岡崎慎治〕

📖 **参考文献**
[1] A. F. Ashman and R. N. F. Conway eds., *An introduction to Cognitive Education: Theory and Applications*, Routledge, 1997
[2] 特別支援教育士資格認定協会編『特別支援教育の理論と実践（第2版）I　概論・アセスメント』金剛出版，2012

読み書きのアセスメント

　読み書きのアセスメントは，対象児の実態にあわせた指導を行ううえで不可欠である．本項では，アセスメントの実際とアセスメントの背景について述べる．
　●**アセスメントの実際**　読み書きのアセスメントの実際として，①児童の「読む・書く」を含めた実態把握，②読み書きの検査，③知的発達の状態の把握，④保護者からのアセスメント，⑤要因ごとの検査，⑥ADHD チェック・PDD チェックの実施，という一連の手続きが必要である[3]．以下，S.E.N.S 養成カリキュラムの指導教科書の中の山田充[3]の記述と稲垣真澄[2]の記述に基づき，各種アセスメント課題について述べる．
　①「読む・書く」を含めた実態把握では，子どもの音読場面の観察，実際に書かれたプリントやテスト，連絡帳や自由帳，書写や作文など子どもの作品などを詳細に分析する必要があることが指摘されている[3]．山田はさらに，読みと書きについて実態把握の視点を指摘している．稲垣[2]もまた，読み書きの症状チェック表を提案している．
　② 読み書きの検査では，小学生の読み書きスクリーニング検査（宇野他，2006），愛媛-森田式読み書き検査，森田式読み書き検査（森田・山口，1993），学齢児文法読み書き検査（佐々木，2001），KABC-Ⅱ習得検査「ことばの読み」「文の理解」「ことばの書き」「文の構成」を，山田[3]は比較した．稲垣[2]は，音読検査として，単音連続読み検査，有意味単語音読検査，無意味単語音読検査，単文音読検査を提案した．検査に際しては音読時間と読み飛ばし，読み誤りを測定し，当該学年の基準値と比べて，平均＋2SD より大きい場合には，読みの困難があることを評価した．
　③ 知的発達の状態の把握に関しては，WISC-Ⅲ検査，K-ABC 検査，WISC-Ⅳ検査，KABC-Ⅱ検査，DN-CAS 検査の利用を，山田[3]は提案した．対象となる児童の「読む・書く」の困難が，知的な遅れからきているものかどうかを鑑別するために用いられる．
　④ 保護者からのアセスメントについては，出産時のようす，初語，初歩，首のすわりなどの発育のようす，ことばの発達のようす，言葉の遅れの有無，てんかんやけいれんなどの既往歴などについて，面談する必要が指摘されている．面談を通じて ADHD や高機能自閉症・アスペルガー症候群の可能性について，把握しておく[3]．
　⑤ 要因ごとの検査としては，読みと書きで別々の検査が提案された．読みについては，音韻を疑う場合として，ひらがな単語聴写課題（村井，2010），村

井式音韻認識テスト（村井，2004），RAN課題，Easy Literacy Check（川口，2011）が提案された．また，書きについては，視覚認知の困難さを疑う場合，フロスティッグ視知覚発達検査，レイの複雑図形検査，ベンダー・ゲシュタルト・テストが提案された[3]．

⑥ ADHDチェック・PDDチェックについては，日常の行動観察，保護者からの成育歴などのアセスメント情報を合わせて検討する必要が指摘された[3]．

●**アセスメントの背景**　読み書き困難の背景には，音韻意識の側面，視覚認知の側面，読み経路の側面，などが指摘され，アセスメントの背景ともなっている．

音韻意識の側面に関しては，代表的な音韻操作として，混成（区切って聴覚提示された独立した音韻から，単語をつくり出す），分解（聴覚提示された単語を，音韻に区切って発音したり，タッピングする），抽出（聴覚提示された単語から，指定された位置の音韻を取り出し，発音する），削除（聴覚提示された単語から，指定された位置の音韻を取り除き，残った音素を発音する）が指摘されている．

視覚認知の側面に関しては，視空間認知，形の識別，形の記憶など視覚認知に係る範囲が広いことを指摘できる．

読み経路の側面に関しては，成人の失読症に関する認知神経心理学的研究から，二重回路モデルが提案されており，子どもにおいてもこのモデルの妥当性が指摘された（Temple, 1997）．二重回路モデルでは，文字の識別プロセスと文字の視覚的符号化が生じた後に，意味処理プロセスが続くが，そのプロセスに二つの経路（音韻経路と語彙経路）を設定している．音韻経路では，文字の視覚的符号と音との変換に依存して，意味を処理する．それに対して，語彙経路では，単語の視覚的符号全体と，単語の形に関する心内辞書との比較照合に基づき，文字–音変換に依存せずに，意味を処理する．従来，漢字語の音読には意味処理が，仮名語の音読には音韻処理が重要であるといわれてきた．近年，トライアングルモデルが示された．このモデルでは，漢字や仮名で書かれた単語と非語は，文字表象，音韻表象，意味表象について，同じ構造と計算原理で処理されることを提案している．このモデルに従えば，漢字と仮名文字の両方に意味処理と音韻処理が寄与することになる[1]．

［小池敏英］

参考文献

[1] 伏見貴夫他「漢字・仮名で書かれた対語―非語の音読に関するトライアングル・モデル(1)」失語症研究，20，115-126，2000
[2] 稲垣真澄『特異的発達障害 診断・治療のための実践ガイドライン―わかりやすい診断手順と支援の実際』診断と治療社，2010
[3] 山田 充「C-3「読む・書く」の指導―指導」特別支援教育士資格認定協会編『S. E. N. S養成セミナー特別支援教育の理論と実践　II指導』金剛出版，pp.78-96，2012

数概念と計算の発達

　幼児は日常生活の中での経験を通して数を理解していく．獲得された数についての知識は，小学校で学ぶ算数の基礎力になるといわれている．その中で数を数えることは数概念の理解に重要である．数えるという基礎的な能力の背後に，子どもの数についての知識が反映されることがわかってきた．数える中には，ものを数える計数というスキルと数を口で唱える数唱のスキルが考えられている．子どもたちがものを指しながら数詞を唱えることを考えれば，この二つのスキルは互いに関連した能力といえる．

●計数と数唱　R. ゲルマンとC. R. ガリステルによれば，正しく計数ができるためには，①1対1対応，②安定した順序，③基数性，④順序無関係，⑤抽象性の五つの原理が必要である．①はものと数を一つずつ対応させていくという最も基礎的な原理である．②は数詞が常に同じ順序で唱えられる原理で，③はものの集合を数えたときに最後の数がその集合の大きさを示すという原理である．④は数える順序には関係なく，例えば右から数えても左から数えても集合の大きさに変化がないことを意味している．⑤は数えるものが何であっても変わらないこと，数としては1個とそのものを抽象しているという原理である．数唱は3歳頃までには20以下の数についてほぼ可能になり，4歳頃までには20以上の数についてもできるようになる．そして数唱や計数能力の発達は，簡単な足し算や引き算の基礎へとつながっていく．

　発達障害児の中には，10までの数唱の習得が遅れたり，小学校入学後も10までの数唱で途中の数詞が抜けるなど正確さを欠くことがある．また，数唱と指さしが一致しないために正確な計数ができない事例もみられる．健常児は数唱を効率的に使いながら足し算を行っていく．その発達にみられる方略の一つ，足し算の数え足しでは，例えば6から9までのように数詞の途中から数えることが可能になる．また上昇方向だけでなく，9から6まで逆に数えるような下降方向の数唱が可能になることにより，効率的な引き算ができるようになる．幼児は日常生活の中でさまざまな方略を用い，足し算や引き算を行っていく．数唱の習得に遅れがみられた子どもたちの問題は，計算にも影響を与えることが推察される．

●数感覚と数学的思考　近年の研究から数量認知は言語能力と独立して発達すること，乳児は発達の非常に早い段階から数量を認知できることがわかってきた．乳児には大人や子どもが用いるような計数では十分に説明できない数量認知過程がありそうだ．乳児の脳に数量の理解を可能にする二つのシステムの存在が提案されている．一つは3〜4までの数を正確に区別することのできるシステムであ

り，もう一つはおおよその量を見積もる数量の概算である．S. ドゥアンヌは数量認知過程のことを数感覚とよび，算数数学の理解の基礎になると考えている．子どもたちは数唱や計数とともに概算を理解して小学校に入学し，算数を学び始める．学校教育の中で重要なのは，機械的な計算のしかたとその意味との関連を見出すことである．算数のシンボル操作には直感的な意味がある．数量の感覚でそれを表象することができるように子どもたちを助けていく必要がある．ドゥアンヌは算数障害の子どもたちは数感覚と機械的な計算とをうまく結びつけることができないと考えている．

人の脳は正確な計算をするのと並行して，だいたいの大きさを見積もる概算を行うといわれている．人は日常生活の中で買い物の合計金額などさまざまな概算を使っている．学校教育の中で概算について教えられることは少ないが，健常児は課題内容に合わせて概算の方略を工夫することが報告されている．概算には数量の感覚を発達させる可能性があり，数の大きさに見当をつけたり，計算結果の誤りをみずからチェックするためにも，概算を使えるようにする教育は重要と考えられる．

量についての認識は日常生活の中で具体物に触れ，それを操作する経験を通して発達する．大きさや形を捉えるために，子どもたちは見るだけでなくさまざまな操作を行う．心理学の研究からは，ものを配る経験も数概念の理解には重要であり，割り算，分数，割合などの数学的概念は，配分，分割などの行為をもとに理解が発達すると考えられている．数学的思考には筆算などの計算を行うときに適用される手続き的知識・スキルの適用と，意味の理解に重要な概念的理解の側面があり，概念的理解は数量の感覚を基礎にして幼児期からその発達が始まると言われる．学校教育で学ぶ計算も手続き的知識の習得だけでなく，その意味に裏打ちされる必要がある．

発達障害児の算数のつまずきはさまざまである．その中には見積もりはできても手続きに従った計算が正確にできない事例や，機械的な計算はできても数量の感覚と結びつかず意味の理解ができない事例などがみられる．手続きに従った筆算が正確に実行できなくても方略を工夫して解決する子どもたちがいる一方，掛け算九九の暗唱はできても掛け算の意味理解に問題を示す子どもたちもいる．つまずきが数概念の発達過程のどこに起因するか，見定めるための適切な評価が求められる．

[秋元有子]

📖 参考文献
[1] 吉田 甫・多鹿秀継編著『認知心理学からみた数の理解』北大路書房，1995
[2] S. ドゥアンヌ，長谷川眞理子・小林哲生訳『数覚とは何か?』早川書房，2010
[3] 藤村宣之「数学的思考の発達と授業過程」児童心理学の進歩，151，138-162，2012

文章理解と指導

文章を読んで理解することは，知識を増やしたり他者とコミュニケーションをとったりするうえで大きな役割を果たす重要な活動である．書かれた文章を理解するためには，図1に示す通り，まず文字を読み取り，文字の集まりである単語を認識し，単語をつないだ文の意味内容を理解し，一連の文からなる文章の内容や構造を理解しなくてはならない．単語を処理する際には，書かれた文字を音に

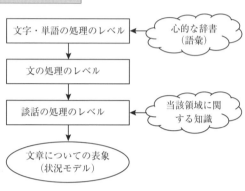

図1　文章理解の過程で働く処理レベル
[出典：文献[1], p.186]

変え（音韻的符号化），心的辞書との照合が行われる．文を処理するレベルでは，文法的な知識に基づいて単語間の関係を確定する．このように，文章を構成する単語や文などの要素をつなげて文章全体を理解する過程をボトムアップ処理という．ただし，文章を理解する活動は書かれた内容のみから成立するのではなく，読者の当該領域に関する知識やそれまでの文章の流れである文脈も関わりながら行われる．このように，既有知識や文脈から文章を理解する過程をトップダウン処理という．W. キンチュは，文章に書かれている内容が直接引き出された情報のまとまりをテキストベース，読者の知識と統合して精緻化された文章内容の表象を状況モデルと名づけた[2]．文章理解とは，ボトムアップとトップダウンの双方向の処理によって適切な状況モデルを構築する過程としてとらえられている．

●ワーキングメモリー　図1に示した文章理解のための複数のレベルでの処理は，ワーキングメモリー内で行われる[1]．ワーキングメモリーとは一時的な情報の処理と保持を行う資源のようなものであり，読み手のワーキングメモリー容量の大きさと読解能力には相関があることが示されてきた．ワーキングメモリー容量は処理の効率性によっても規定され，文字の知覚や単語の符号化などの基礎的な処理を効率的に行うことができれば，文や談話の処理にまで資源を割くことができる．一方で，基礎的な処理に困難を抱える場合にはそこに多くの資源が割かれるため，その後の高次の処理へ資源が配分されず，結果として適切な状況モデルの構築が難しくなる．

●黙読と音読　文章の読み方には大きく分けて，文字を声に出さずに読む黙読と，

声に出して読む音読の2種類がある．日常的な読解活動は小学校高学年を境に音読から黙読へと変化するが，成人においても音読をすることで文章理解が促進される場合がある．音読の利点として，文字の音声情報が提示されること，口を動かすことで内容の記憶が促進されること，読み手のもつ認知資源が少なくても強制的に文字を音に変えることで一定の理解が可能となることが示されており[3]，読みに困難をもつ者にとって有効な手段の一つであることが考えられている．

●**文章理解の指導**　書かれた文章を理解するプロセスには複数の要素が関わっているため，文章理解が困難である場合はその読み手がどの要素でつまずいているのかを明確にする必要がある．読みに特異的な困難を抱える場合，文字に対して注意を向けて知覚する処理や，文字を音に変える処理といった基礎的な処理でつまずいている場合が多い．また，ワーキングメモリー容量が小さく基礎的処理の後の高次の処理に資源を配分する余裕がないこともある．このようなボトムアップ処理が難しい場合には，文章中の重要な個所に線を引いて注意の焦点化を促したり，繰り返し音読することで処理の流暢性を向上させたりする指導によって，基礎的な処理へ割く資源を減じることが有効である．また，文字を音声化して提示する読み上げソフトや録音図書を活用することで基礎的処理がスムーズに行われ，限られた資源を高次の処理に割り当てることも可能となる．

　文章理解の最終的な目標は，書かれている内容と読み手の知識を結び付けて適切な状況モデルを構築することである．そのため，ボトムアップの処理ばかりでなく，既有知識を検索し，推論し，読んだ内容と統合するというトップダウンの処理も必要となる．これは読み手が能動的に行うものであり，このように自分の読み行動を正しく方向づけようと意識的に行う活動を方略とよぶ．文章を読んでいる最中にわからない単語や文を自分の言葉で言い換えたり，文章全体を要約したり，他人に説明するつもりで読んだりするような活動は文章理解の方略の一部である．このような方略の使用によって，読み手の既有知識が活性化されて文章との統合が促され，深い理解に到達することが可能となる．ただ，このような方略を知っていても実際の読解活動時に使用するかどうかは，読み手がその方略を有効であると考えているかどうかが影響してくる．したがって文章理解を指導する際には，基礎的処理を補償するだけでなく，高次の処理を促すような方略を教授したうえで，その有効性を認知させることが必要である．

［髙橋麻衣子］

参考文献
[1] 高橋 登「学童期の子どもの読み能力の規定因について—componential approach による分析的研究」心理学研究, 67(3), 186-194, 1996
[2] W. Kintsch "Text comprehension, memory, and learning", *American Psychologist*, 49, 294-303, 1994
[3] 髙橋麻衣子 「人はなぜ音読をするのか—読み能力の発達における音読の役割」教育心理学研究, 61(1), 95-111, 2013

文章産出と指導

　自分の考えをまとめ，わかりやすい文章として表現することは，現代社会を生き抜くうえで非常に重要な活動である．ところが，文章産出の活動にはさまざまな認知的要素が複雑にからみあっており，多くの人が困難を感じる作業となる．図1に示す通り，文章産出の過程は「課題状況」「書き手の長期記憶」「作文過程」の三つの下位過程から構成されている[1]．「課題状況」は外から与えられた課題や制約である．話題（テーマ）や読者，書くために与えられた時間といった作文課題に加えて，産出された文章も，それに意味的につながるように書く必要があるため制約となる．「書き手の長期記憶」は，産出する文章に関する書き手の知識を表す．テーマや読者についての知識，そして文章を書くときの計画の立て方や書き方についての知識である．これら二つの下位過程に基づいて「作文過程」という実際に書くという行動が書き手のワーキングメモリー内で実行される．ここでは，書く文章の内容や書き方の構想を立てる「プランニング」，考えた内容を実際の文章にして書いていく「翻訳」，書かれた文章を読み返して評価したり修正したりする「推敲」，そして，これらの過程がうまく実行されているかを監視し適宜修正させる「モニタリング」の機能が働いて書く作業が行われる．
　作文を実際に書くときには，常にスラスラと書いているわけでなく途中で手を止めることがある．小学生が作文を書いている最中に停滞している場面では，プ

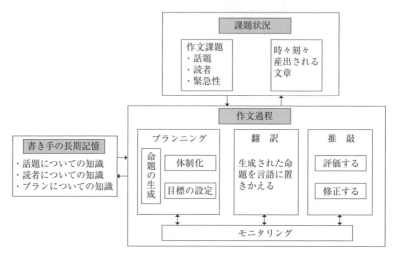

図1　文章産出過程のモデル［出典：文献［1］, p.11］

ランニング，情報の検索，情報の喚起，言語表現に関すること，そして書いた文章の読み返しが行われている[2]．このように文章を産出する過程は一方向に段階を追って順に進むというものではなく，さまざまな下位過程が相互に関連して，それぞれと行きつ戻りつしているものなのである．

●**プランニング** 文章を書く際に，初心者は「知識語り方略」を，熟達者は「知識構成方略」をとることが多い[3]．知識語り方略とは，書きたい内容を思いついたままに書き連ねる書き方である．一方で知識構成方略とは，文章の目的を意識化し，それに合うように内容や構成を考えながら書き進める方法であり，書き始める前に「何のために，どのように書くか」を考えるプランニングに時間をかける．プランニングの方略として，これから書くべき内容についての箇条書きメモや文章全体の構造のアウトラインを作成するといった活動があげられる．また，トピック間の関係を表す概念地図を作成する方略も有効である．書くべき内容を視覚化することで情報が整理され，書き手のワーキングメモリーの補助につながる．

●**推敲** よりよい文章を産出するためには書いた文章を見直して評価し，適宜修正する必要がある．推敲の活動には，句読点の位置や使用する言葉の響きなど言語表現を整えるものと，書きたい内容が表現されているかを評価して修正を加えるものがある．書きたい内容と実際に書かれたものに違いがある場合，書きたい内容を根本的に見直したり，プランを再構成し内容を精緻化したりする．このような深い推敲を行うことで，より高度な文章が産出される．

●**文章産出の指導** 文章を産出することに大きな困難をもつ場合には，まず知識語り方略を使用して産出する文章の量を増やすことが必要となる．教師の問いかけに答える形で文章を作成したり，口頭で作文した後に筆記したりすることで，認知的な負荷を減らすことができる．

わかりやすい文章を書くためには，文章の目的や読み手を意識すること，プランニングや推敲を行うこと，自分の作文活動をモニタリングして適宜修正を加えることが必要である．しかし，未熟な書き手はワーキングメモリーの小ささなどからこれらをうまく実行することができない場合がある．そのため，メモ書きによって記憶を補助したり，他者に作文のプランや実際に書いた文章をチェックしてもらったりすることが効果的である．他者の評価によってモニタリングの機能が働き，よりわかりやすい文章の産出につながるのである． ［髙橋麻衣子］

参考文献
[1] J. R. Hayes and L. S. Flower "Identifying the organization of writingprocesses", In L. Gregg and E. Steinberg eds., *Cognitive processes in writing*, Lawrence Erlbaum Associates, pp.3-30, 1980
[2] 安西祐一郎・内田伸子「子どもはいかに作文を書くか?」 教育心理学研究，29(4)，323-332，1981
[3] C. Bereiter and M. Scardamalia *The psychology of written composition*, Lawrence Erlbaum Associates, 1987

記憶の促進要因

　人間は記憶を利用する力をもつことにより，文化をつくりあげてきたといえる．しかし一般に，ものごとを覚えることは容易ではない．記憶を促進するためには，どのようなことが考えられるのであろうか．

●**記憶システム**　まず時間を軸に考えてみよう．刺激情報はまず感覚記憶にきわめて短時間貯蔵され，その後，主に注意という処理を受けた情報が短期記憶に送られ数十秒から数分で消失するが，そこでリハーサルされた情報はさらに長期記憶に送られて保存される．長期記憶では，関連する記憶情報が相互にネットワークを形成しあっていると考えられている．

　今度はもう一つ別の観点から，記憶システムをみてみよう．複雑な課題において，より正確で迅速な認知活動が必要とされる場合に，刺激情報を一時的に保存しつつ記憶情報を活用して処理を行うシステムが，ワーキングメモリーであるといえる．ワーキングメモリーは，視覚情報と音韻情報に対応する一時的処理ユニットを備え，長期記憶を参照しながら課題に対応するための統合的処理を行う．ただし処理に利用できる資源に限りがあり，複数の刺激を短時間で処理しなければならないときには，全体のコントロールを行う中央実行部が重要な役割を果たす．

●**記憶の促進要因**　記憶がより強く生じ，またより長く続くことに関連する要因は，さまざまである．記憶のプロセスを，記銘（符号化）し保持（貯蔵）する段階と，想起（検索）の段階に分けて考えてみよう．記銘，保持を促進する要因を，刺激側と生体側とに分けてみる．刺激に関連する要因としては，例えば，ある刺激がまわりの刺激と比べて目立つかどうかということ（顕著性）があげられよう．またある物体が，視覚や聴覚のみならず，触覚や嗅覚，味覚も同時に刺激するならば（多感覚），一般的には記銘されやすくなる．生体側の要因としては，刺激が生活上どのように重要なものなのか（価値，興味，関心），ものごとを覚えることにどのような必要性や利益などがあるのか（動機づけ），といった要因があげられよう．

　また意図的に繰り返し練習することにより，記憶が保持されやすくなる（維持リハーサル）．さらに意図的でなくても，その刺激を見たり聞いたりする機会が繰り返し存在すると，記銘され保持される可能性が高まる．関連する情報を追加したり分類したりするなどの処理（精緻化リハーサル，体制化）を行うことも，記銘し保持するために有効であるといえる．想起段階（検索）では，記憶していた刺激内容を筆記などにより再現する場合（再生）と，提示された情報が記憶として保持されているかどうかを確認する場合（再認）がある．

いずれの場合においても，関連する情報の存在が重要である．該当する記憶情報が手がかり（関連情報）と脳内でネットワークを形成していると，その手がかりが想起に際して有効に働きやすくなる．また想起するときの状況，気分なども影響することがある．一般に，記銘の際の状況と類似した状況で想起すると，より多くの関連記憶情報を利用できる可能性が増す．これは言い換えれば，いかに予測しやすいか，ということでもある．予測するということは，関連する記憶情報が結びつけられているネットワークをあらかじめ活性化するということであり，これによって課題となる刺激が入力されたときの処理が促進されるのである．

●**記憶方略** 記憶をうまく利用するためには，ワーキングメモリーを活用することが重要になるといえる．記銘するためには，処理資源を有効に利用することが重要になる．どんな刺激のどのような側面により多くの処理資源を割くのか，という方略が重要である．これはどのように注意を働かせるか，ということでもある．例えば，英語の単語を覚えるということを考えてみよう．英単語にはアルファベットで構成される綴りがあり，さらにそれに対応する音韻の組合せがある．これらの情報がワーキングメモリーシステムに入力され，方略に応じて処理資源が調整され処理される．最終的に，この単語に相当する概念ならびにそれと結びついている日本語の単語と対応させることになる．

発達性ディスレクシアでは，このような過程で，文字情報に対応する音韻情報がいわば記憶の倉庫からうまく取り出せないために，流暢かつ正確な読みが困難になると考えられる．これに対する支援として，英語圏ではフォニックスとよばれる方法が開発されている．フォニックスでは，英語における最小限の文字の組合せ（書記素）とそれに対応する音韻（音素）との関係が分類されており，書記素と音素の基本的な組合せから徐々に複雑な組合せを習得していくように工夫されている．これらの組合せを基本的情報として利用できるようになることでワーキングメモリー上での処理の負担が減り，新しい単語を処理するときにエネルギーをより有効に用いることができるようになるのである．

記銘処理にかかる負担をより少なくするためには，対象となる刺激の必要な特性に顕著性をもたせることも有効である．該当する特性を目立つようにして，それに要する処理資源を少なくするのである．例えば，漢字の書き順を色で区別するという方法である．これにより，最初に書くべき線を認知しやすくできる．そして練習を繰り返すことで，書き順という記憶を定着させていくわけである．適切に注意を働かせることが，学習に伴う記憶情報の構造化をより確かなものにする．

発達障害では，記憶に関する処理に困難がある場合が少なくなく，このような処理を支援する方法を工夫することが望まれる．ただし記憶に関わる困難のありさまは，一人ひとり異なる．その子どもの困難についてよく観察し分析・検討して，ニーズにあった記憶関連支援をすることが重要である．　　　　　　［室橋春光］

ワーキングメモリーと学業

 学習に困難のある子どもと学習に取り組んでいると記憶の困難に直面することがよくある．いくつかの漢字の読み方をその場で正しく覚えられない．今読んだ文章であっても内容を覚えていない．直方体の辺の数を数えようとして数え終わった辺を二重に数えてしまう．見方を逆にすれば，このような記憶エラーは学習の過程において一時的に情報を覚えておくことの重要性を私たちに示している．

●**ワーキングメモリーと学業**　ワーキングメモリーとはさまざまな課題の遂行中に一時的に必要となる記憶であり，そうした記憶の機能やメカニズム，それを支えている構造を指す[2]．これには4チャンク程度とされる厳しい記憶容量の制約がある．最も知られたワーキングメモリーのモデルの一つであるA. バドリーの複数成分モデル（図1）は主に実験的アプローチに基づいて1974年に提案され，現在のモデルは中央実行系と，音韻ループ，

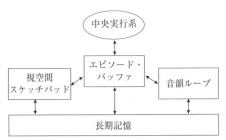

図1　バドリーのワーキングメモリーモデル
[出典：A. Baddeley et al., "Binding in visual working memory: The role of the episodic buffer", *Neuropsychologia*, 49, 1399, 2011 より作成]

視空間スケッチパッド，エピソード・バッファの四つの構成要素からなる．中央実行系とはワーキングメモリーに関わる情報の制御を担うシステムである．音韻ループとは言語的・音韻的な情報を，視空間スケッチパッドは視空間的な情報を保持する下位システムで，領域固有の情報の保持を担う．エピソード・バッファは2000年に提案されたモデルから追加された．これは多様な情報源からの情報を保持する下位システムで，その中心的な特性は情報の統合であるバインディングである．例えば漢字の学習を考えても言語的な情報と視空間的な情報，長期記憶からの情報などをモダリティ内やモダリティ間で統合する必要があるように，エピソード・バッファの追加によってワーキングメモリーのモデルから学習の過程を理解・説明することが容易になった．

 1980年にM. ダーネマンとP. A. カーペンターによってワーキングメモリースパンテストが開発された．この課題では，文を読んだり聞いたりしながらいくつかの単語を覚えておくように，情報を処理することと保持することとが同時に要求される．そしてこの課題の得点は読解得点と高い相関がみられ，ワーキングメ

モリーと学業成績との結びつきの強さが示された．これと同様の課題を，従来から用いられてきた数唱のような課題や，視空間情報を記憶する課題と組み合わせて，2000年代からバドリーのモデルに対応するようなワーキングメモリーのテストバッテリである WMTB-C や AWMA-II，日本では HUCRoW が開発された．

こうしたテストやテストバッテリの開発によりワーキングメモリーの発達的特性やワーキングメモリーと学業との関連が明らかにされていった．第一に，ワーキングメモリーのテストの得点は青年期を頂上として年齢の増加に伴い上昇する．第二に，LDのある子どもはLDのない子どもに比べてワーキングメモリーの得点が低い傾向にある．第三は個人間差の問題で，同じ年齢の子どもでもワーキングメモリーには何歳分もの大きな差が生じる．また，第四に発達障害のある子どもではワーキングメモリーのプロフィールに大きな個人内差があり，読み障害では言語性ワーキングメモリーの弱さが，算数障害では視空間性ワーキングメモリーの弱さがあるなど，障害の特徴に応じたワーキングメモリーの特性が示されている．第五はワーキングメモリーと学業との関連であり，語彙・読解・算数などのテスト成績との関連がさまざまな年齢の子どもにおいて示されている．また学業成績だけでなくワーキングメモリーの困難がある子どもが集団指導場面において示す行動的な特徴が明らかにされている．

●**ワーキングメモリーと学習支援**　ワーキングメモリーの学習領域に関する研究は，第一のステップとしてワーキングメモリーの理論化，第二にワーキングメモリーと学業成績との関連についての検討を経て，現在は第三のワーキングメモリーの特性に配慮した学習支援の検討の段階にある[3]．そのアプローチは，ワーキングメモリートレーニングのように弱い特性を改善しそのことで学習に正の効果をもたらそうとする治療的アプローチ，ワーキングメモリーの現在の特性に基づいて学習支援を行う適応的アプローチ，教室での授業のやり方など環境面をワーキングメモリーの困難がある子どもにも適したものにしようとする環境改善アプローチに大別できる．このような学習支援や学習を効果的に行うためには記憶方略に焦点を当てることが重要である．記憶を支える方略は，支援者が子どものワーキングメモリーの特性に合わせた支援を行う目的のものと，子ども自身が自立した学習者として自分の特性やニーズを把握し状況に対処する目的のものがあり，自分のワーキングメモリーの特性を把握してそれを補うための方略を効果的に使う自己調整学習の試みが始まっている．　　　　　　　　　　　〔河村　暁〕

📖 **参考文献**
[1] A. バドリー，井関龍太他訳『ワーキングメモリ―思考と行為の心理学的基盤』誠信書房，2012
[2] 湯澤正通・湯澤美紀編著『ワーキングメモリと教育』北大路書房，2014
[3] 湯澤美紀他編著『ワーキングメモリと特別な支援――一人ひとりの学習のニーズに応える』北大路書房，2013

メタ認知と発達障害

　認知とは，身のまわりの物やできごとについて，それが何であり，それがどのような意味をもつのかを理解する過程である．その認知が自分に向けられると，自分自身の認知はどのような状態にあるのかを理解しようとする．この過程がメタ認知である．メタ認知は，学習のような複雑な行動の中で，各場面の状況に応じて柔軟に対処するための心理機能である．

　小学生の漢字学習場面を思い浮かべてみよう．自宅でのテスト勉強では，自分は漢字の学習は得意だ，同じ偏の漢字はまとめると覚えやすい，テスト範囲の漢字は確実に覚えることができたなど，自分の学習状況に関するメタ認知がはたらく．また，学校でのテスト場面では，この問題の漢字は以前に書いたことがある，同音異義語には気をつけよう，今回はよい点数がとれそうだなどのメタ認知がはたらく．さらに，後日テストが返却されたときには，よい点数がとれたので，次も同じ方法で勉強してみようなど，評価にかかわるメタ認知がはたらく．

●**学習活動におけるメタ認知**　メタ認知はメタ認知的知識とメタ認知的活動からなり，後者のメタ認知的活動には，メタ認知的モニタリングとメタ認知的コントロールが含まれている．メタ認知的知識は，人間の認知特性，課題の特性，および課題解決の方略についての知識である．また，メタ認知的モニタリングはメタ認知的判断であり，認知活動の進捗状況についての評価を行い，行動調整のための手がかりを提供する．メタ認知的コントロールは，メタ認知的知識を背景として，活動目標や方略の選択・変更，行動の終了などを決定し，進行中の認知活動の調整に貢献する．メタ認知的活動のこれら二つの側面は，メタ認知的知識が関与するメタ水準と進行中の認知過程である対象水準を相互に関連づけ，学習過程全体をとおして循環的にはたらいている．このように，メタ認知は一連の学習過程におけるプランニングやコントロールに欠かすことのできない心理機能であり，メタ認知に注目して学習支援方法を策定することの意義がここにある．

●**発達障害児の学習支援とメタ認知**　メタ認知は高次な行動の遂行に必要な心理機能であるため，その発達は子どもの学習に大きな影響を与える．発達障害児では，特定の学習領域や他者との関係形成において顕著なつまずきがみられ，さまざまな場面において学習の成立が困難な状況が生じる．その背景には，学習に有効な記憶方略の選択ができない産出欠如や，選択できてもそれを効果的に使うことができない利用欠如などのメタ認知特性がある．産出欠如は，場面に応じて方略を柔軟に適用できないときや，どの場面でどの方略を用いればよいかの判断がつかないとき，また課題の難易度が極度に高いときなどにみられる．

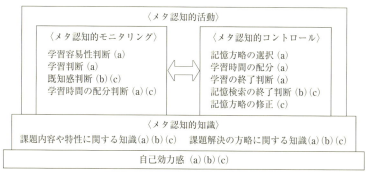

図1 学習におけるメタ認知的支援．(a) 学習場面　(b) テスト場面　(c) テスト後

　発達障害児の学習支援では，このようなメタ認知特性に対する配慮が求められる（図1）．学習場面（a）では，まず学習内容が自分にとってどれくらい難しいかを判断する学習容易性判断がなされる．難しいと判断した内容の学習にはより多くの時間が配分されることになるが，最初はできるだけ手の届きやすい内容を扱うと学習への嫌悪感は軽減される．学習が進むと，次には学習が十分かどうかの学習判断がなされ，その結果は同じ内容を再び学習するときの時間配分の手がかりとなる．この学習判断は，学習直後よりも少し時間がたってから行う方が正確さが増し，効果的である．また，学習内容を記憶する際には，記憶方略の使用が期待される．繰り返し学習内容にふれることのほかに，物語をつくって内容を関連づけたり，カテゴリーごとに内容をまとめたりする方略が活用できる．

　一方，テスト場面（b）やテスト後（c）では，解答に必要な知識を自分がもっているかどうかという既知感判断がなされる．既知感が高いほど学習したことを思い出そうとして記憶検索を続けるが，時には思い出せないこともある．テスト後の支援場面であれば，解答の選択肢を示したり，選択後に正答に対する確信度を聞いたりする手続きをとると，学習成果が得られやすい．さらに，テスト後，解答に用いた解決方略が適切であったかどうかが確認され，次のテストに向けてより良い方略が策定される．このようなメタ認知的支援では，自己効力感の状態も常に把握しておくようにする．これらの配慮によって，最初は他者との協同活動の中でメタ認知をはたらかせていた子どもが，徐々に自分の認知や行動に注目することの重要性に気づくようになり，さらにはメタ認知により学習を主体的にコントロールできるようになる．

［大庭重治］

参考文献
[1] J. ダンロスキー・J. メトカルフェ，湯川良三他訳『メタ認知—基礎と応用』北大路書房，2010
[2] 三宮真智子編著『メタ認知—学習力を支える高次認知機能』北大路書房，2008

応用行動分析の諸技法

　応用行動分析では，適切な行動を増やしたり，不適切な行動を減らしたりするために，行動の直前に起きていることや行動の直後に起きることを変化させるさまざまな技法が開発されている．

●**行動を増やすための技法**　行動が増えるのはどういうときか考えてみると，その行動をすることで何らかのメリットを得ている場合が多い．そこで，行動の直後にメリットが得られるように工夫すれば，行動が増えていく．この考え方に基づいた方法を強化法という．例えば，授業の課題が難しすぎて取り組まない子どもがいたとしよう．この子どもは課題に取り組んでも答えがわからないため，課題に取り組むことに対してメリットを感じていない．そこで，まずは子どもの学力に合わせた課題を用意し，課題に正解できるというメリットが得られるようにする．しかし，問題がわからないという状態を長い間経験してきていると，わかる問題であっても最初からあきらめて問題に取り組まないことがある．そのような場合には，さらなるメリットを付け加える必要がある．例えば，大好きな先生にほめてもらえる，休み時間にパソコンで遊ぶことができるなどのメリットが考えられる．

　強化法を応用した方法としてトークンエコノミー法がある．買い物をするときに配られるスタンプカードもトークンエコノミーの一つである．例えば，課題に取り組まない子どもに問題を3問解いたらシールを1枚紙に貼ってあげて，シール10枚たまったら先生と給食を食べる，好きな遊具で遊べるなどの特別なご褒美がもらえることを約束する．シールなどの貯めていくものをトークンとよび，トークンを貯めるともらうことができる特別なご褒美はバックアップ強化子という．トークンエコノミーを実施する際には，事前に何をしたらトークンをもらうことができて，トークンをどれくらい集めたらバックアップ強化子と交換することができるのかを約束しておく必要がある．

　そもそもどのように行動したらよいのかわからない場合は，どんなに行動の後にメリットを付け加えても行動を増やすことはできない．どうしたらよいのかわからない人に何かを教えるとき，多くの人はヒントを出すことを考えるだろう．このように，適切な行動が起きやすいように行動の直前や行動の最中にヒントを出すことをプロンプトという．プロンプトにはさまざまなやり方がある．言葉でどのようにしたらいいか説明することを言語プロンプト，ジェスチャーで教えることを身振りプロンプト，直接手を取って教えることを身体プロンプトという．まずは，プロンプトがあれば適切な行動が生起する状況を設定することが必要と

なる．適切な行動ができるようになってきたら，少しずつプロンプトを減らして，自分だけでできるようにする．これをプロンプトフェイディングという．

●**行動を減らすための技法**　行動にメリットがあるときに行動が増えるのであれば，メリットがなくなれば行動は減るということになる．これまで行動に伴っていたメリットをなくしてしまうことを消去という．例えば，大人から注目してほしくてわざと大声を出してしまう子どもの場合は，大声を出しても周囲の大人がその子どもに注目したり相手をしないようにする．ただし，突然メリットが消えてしまうと，メリットを獲得するためにさらに大声を出すなど一時的に行動が悪化することがある．これを消去バーストという．消去バーストは消去を続けているとなくなっていく．

また，行動をすることでメリットを得られないどころかデメリットが生じたら，その行動は減っていくだろう．そこで，不適切な行動の直後にデメリットが生じるように工夫をする方法がある．ここでは，レスポンスコストとタイムアウトを紹介する．レスポンスコストは不適切な行動が起きたら，その直後に何かを一定量没収するという方法である．何らかの違反をしたときに罰金を取られるのもレスポンスコストの一つである．例えば，子どもがほかの子どもを叩いたら，お気に入りのおもちゃを没収する．没収するものはおもちゃ，トークン，お菓子などの具体的なものや，ゲームや遊びといった活動などが考えられる．また，何らかの特典を取り上げるという方法もある．

タイムアウトは不適切な行動が起きたら，その直後にあらゆるものを没収して，短時間好きなものや楽しいものに触れる機会をなくす方法である．タイムアウトには隔離型タイムアウトと非隔離型タイムアウトの二つの種類がある．隔離型タイムアウトは，不適切な行動をした人を別の部屋に移して，移動前の部屋にあったあらゆる楽しいものから引き離す方法である．非隔離型タイムアウトは不適切な行動をした人を同じ部屋の隅にある椅子などに座らせて，部屋にあるあらゆる楽しいものに触れることができないようにする．例えば，わざと他の子のおもちゃを壊してしまった子どもに対して，「ものを壊すのだったら，ここに座っていなさい」と指示をして，数分間部屋の端においてある椅子に座らせる．もし，子どもが反論や口答えをしても返事をせず，あらゆるものに触れたり働きかける機会を取り上げる．

不適切な行動を減らすだけでは，適切な行動を身につけることはできない．したがって，行動を減らすための技法を実施する際には，並行して適切な行動を教えて行動を増やすための技法も実施する必要がある．　　　　　　　　　　［佐藤美幸］

📖 **参考文献**
[1]　奥田健次『メリットの法則―行動分析学・実践編』集英社新書，2012
[2]　R. G. ミルテンバーガー，園山敏樹他訳『行動変容法入門』二瓶社，2006

強化と弱化

　私たちが自発的に行っている行動は，その行動がどのような結果をもたらすかによって変化する．行動分析学では，個人と環境の関係性を見出すことを目的に，「A（先行事象）-B（行動）-C（後続事象）」という ABC の枠組みを用いる．テレビのリモコン（先行事象）の電源を入れる（行動）ことで映像が映し出される（後続事象）．事前にスケジュールを示されることで（先行事象），子どもは活動に取り組み（行動），先生からほめられる（後続事象）．強化と弱化は，後続事象である行動の後に生じる環境変化と行動の変化の関係をさす．

●**強化と弱化の定義**　ある刺激が行動の後に与えられるか，取り除かれるかによって，行動は増減する．強化とは行動が起こる確率の増加をもたらす事象である．強化には行動を維持する働きもあり，強化の起こるパターン（強化のさまざまなパターンを総称して強化スケジュールとよぶ）により行動の起こり方が変化する．強化刺激は行動の結果のうち，その行動の起こりやすさを増加させることができる刺激をさす．強化刺激は必ずしも刺激や物だけでなく，活動であってもよい．例えば，宿題に取り組んだ（行動）後に，好きなテレビ番組を見る（強化刺激）ことで，宿題をする行動が強化される．弱化とは行動が起こる確率の減少をもたらす事象である．一方，消去とは強化されていた行動に対して，強化刺激の提示が停止されることで次第に行動が減少し，最終的になくなることをさす．このように，誰かが何か行動をしていれば，そこには何らかの強化，以前の行動が少なくなった，もしくはなくなったとすれば何らかの弱化，もしくは消去が働いていると考える．

　強化と弱化は，4 種類に分けられる（表 1）．強化には「正の強化」と「負の強化」の 2 種類があり，違いは，行動の後に何かが加わる，もしくは与えられるか（正の強化），あるいは何かがなくなる，もしくは取り除かれるか（負の強化）という点にある．弱化には「正の弱化」と「負の弱化」の 2 種類があり，同様に行動の後に何かがプラスされるか／マイナスされるかの違いになる．難易度が高い課題（先行条件）が与えられたとき，子どもが「教えてください」と言う（行動）ことで教師に問題の解き方を教えてもらう（後続事象）．その後，「教えてください」という言葉が増加した場合，「正の強化」である．一方，大泣きする（行動）ことで，教師により課題が撤去されたとする（後続事象）．その後，同じ状況で大泣きが増加する場合，「負の強化」になる．また，大泣きすることで，教師に大声で叱られたとする（後続事象）．その後，大泣きすることが減少した場合，「正の弱化」になる．大泣きすることで，教室から退場させられたとする（後続事象）．その

後，大泣きが減少した場合，「負の弱化」になる．しかしながら，大泣きすることが維持したり増加したりすれば，課題場面という嫌悪的な場が取り除かれるという意味で，「負の強化」になる．このように，日常生活における行動は，強化・弱化の複数の種類を想定することが可能である．そのため，強化・弱化は，実際に起こった環境変化とそれによる行動変化を注意深く観察したうえで同定していくことが必要となる．

表1　強化と弱化の種類

		行動の直後に起きた事象	
		何かが与えられる（正）	何かが取り除かれる（負）
その後の行動の起こり具合	増えた（強化）	正の強化	負の強化
	減った（弱化）	正の弱化	負の弱化

[出典：文献［2］，p.49より一部改変]

●**教育実践の要点**　発達障害のある子どもに対する，「正の強化」を受けることが可能な多くの機会設定や環境整備は，「正の強化」を受ける行動の選択肢を拡げ，結果的に不適切な行動を生じさせないことになる．そのために，行動観察や子どもとの関わりを通して，強化刺激を特定化することが求められる．強化刺激を発見することは，子どものアセスメント内容の重要な項目であり，その子どもの個別性を理解することになる．

　嫌悪刺激の提示を伴う「正の弱化」や嫌悪刺激を前提とした負の強化の手続きは，道徳的・倫理的な問題をはらむため，基本的に用いられるべきではない．支援者からの逃避や回避，時にその支援者への攻撃が生じる，生活全体の全般的な活動が低下するなど，さまざまな問題を生じさせ，根本的な変化をもたらさない．しかしながら，いわゆる罰的な方法は使用が容易でかつ一時的な効果が明確であるため，用いられやすい．さらに，罰的な方法自体が強化されている場合もある．例えば支援者の大声で叱責する行動は，行動問題という嫌悪刺激が一時的に取り除かれるといった「負の強化」により維持されていることがある．

強化・弱化に関する手続きは，発達障害を含めた子どもの支援のために用いられるだけではない．教師間の連携，保護者支援など，大人の間においても適用可能である．保護者のわが子に適切に関わる行動が増加するための強化刺激は何であるか．みずからの意見を言う行動が「正の弱化」により減少しているため，問題解決に向けた話し合いが成立しないのか．「正の強化」で維持する行動が豊かな職場環境を整備していきたいものである．　　　　　　　　　　　　　　［岡村章司］

📖 **参考文献**
[1]　小野浩一『行動の基礎―豊かな人間理解のために』培風館，2005
[2]　井上雅彦監修，三田地真実・岡村章司『子育てに活かすABAハンドブック―応用行動分析学の基礎からサポート・ネットワークづくりまで』日本文化科学社，2009

般化，転移，維持

　発達障害などの障害のある児童生徒における指導・支援を計画する際に，学習（獲得）した行動の「般化，転移，維持」を考慮しておくことが求められる．それぞれを以下に解説しよう．
●**般化とは**　発達障害などのある子どもでは，指導したことが般化しないということをよく聞く．しかし，実はその般化の意味は多様な意味で使用されていることが多く，混沌としているところもある．例えば，ある人は「応用力」のような意味で，ある人は「生きる力」のような意味を込めている場合もある．
　般化とは generalization の訳であるが，汎化という字をあてたり，一般化と訳されたりもする．般化には，刺激般化（stimulus generalization）と反応般化（response generalization）の二つの種類がある．
　刺激般化とは，「ある特定の刺激」のもとで成立するようになった行動が，「ある特定の刺激」以外の異なる刺激（例：人，場所，教室，教材，指示など）でも生起することである．例えば，通級指導教室で「鉛筆を忘れてきたA君に貸してあげる行動」ができるようになった後に，通常学級の教室で「消しゴムを忘れてきたB君に貸してあげる行動」が生起した場合，それを般化したという．刺激般化では指導当初に使用した「ある特定の刺激」に類似していればしているほど般化しやすいことがわかっており，それを般化勾配（generalization gradient）という．例えば，ある同級生に対して挨拶ができるようになった場合，他の同級生に挨拶をすることは，類似した距離の近い刺激への般化と考えられる．一方，「単純な計算問題ができること」と「文章題を解くことができること」は，別次元の問題（刺激）といってよいほど距離が遠いと考え，般化は難しいこととなる．
　反応般化とは，「ある特定の刺激」のもとで，「ある特定の行動」が成立するようになった後，その「ある特定の刺激」のもとで，「ある特定の行動」と類似したさまざまな反応が生起することである．例えば，朝にクラスメイトと出会うと「おはよう！」と挨拶していたのが，「ちわーす！」や挨拶代わりのハイタッチ等を生み出していくような例が考えられる．
　般化することは，すべて望ましいことのように考えられているが，日常的にはそうではない．それは，弁別（discrimination）との関係で考える必要があり，般化と弁別はトレードオフ的な関係にあるともいえる．ある先生の指示にしか従わないのは，人の弁別が成立している状態である．般化とは，どの先生の指示にも従うことが成立している状態である．どちらがよいかは，時と場合によるため，一概に，どちらがよいと決めることはできない．

この弁別と般化は，日常的な行動を指導する際に，非常に重要な視点となる．異性に抱きつく行動は，相手や状況の弁別が求められる（抱きついてよい相手と状況がある）．誰にでも抱きついてしまうような状態は，過剰般化（over-generalization）とよばれることもある．一方，先生がいると課題に取り組むが，先生がいないと課題に取り組まないといったことは，先生の在/不在にかかわらず，課題に従事する行動が求められる．すなわち，望まれる「刺激による制御（刺激性制御：stimulus control）」を目指した指導が必要となる．先の例でいえば，先生の在/不在ではなく，遂行すべき課題といった刺激による制御が求められる．

●転移とは　学習における転移（transfer）とは，先の学習が後の学習に影響することであり，それが促進的である場合（正の転移）と，阻害的である場合（負の転移）がある．正の転移の例として，先に覚えたパソコンの操作が，後の新しいパソコンの操作の獲得を早めるといったものがある．一方，負の転移の例として，先に覚えたひらがなの書きの学習が，後のカタカナの書きの学習を阻害するといったものが考えられる．

●維持とは　維持（maintenance）とは，学習により獲得した行動が，その後も生起し続けている状態を意味する．維持では，主に，獲得した行動への，その後の強化随伴の有無がポイントとなる．例えば，通級指導教室におけるSSTで「適切なあいさつの仕方」を学んだとする．そして，通常学級場面で「適切なあいさつ」をクラスメイト相手にできると，それは，般化が成立したことを意味する．ところが，獲得後，クラスメイトに「適切なあいさつ」をしても，次第に，相手があいさつを返してくれなくなってきたとする．そのような相手の対応が続くと，「適切なあいさつ行動」は強化されなくなり，行動は生起しなくなっていく．それは，「行動に対する強化が随伴されないこと」を意味する消去（extinction）とよばれている．

●般化と維持を促進するポイント　般化と維持を促進するためのいくつかの方略を紹介しよう．「指導プログラムの工夫」としては，①多様な刺激サンプルを使用した指導，②十分な反応例を使用した指導，③指導場面の統制（例：課題の種類，指導者，指導する教室，標的行動の範囲など）を緩くした指導，④子どもがみずから始めたり，あみ出したやり方を積極的に取り入れる，などがあげられる．もう一つ「般化が期待される環境を見据えた工夫および般化すべき環境の見直し・工夫」がある．①般化が期待される環境で強化されやすい行動を目標とする，②般化が期待される環境で機能している弁別刺激，強化を指導に取り入れる，③標的行動が強化されるような環境にする，④訓練場面と般化が期待される場面で共通する物理的・社会的刺激を使用する，などがある．　　　　　［井澤信三］

📖 **参考文献**
[1] R. G. ミルテンバーガー，園山繁樹他訳『行動変容法入門』二瓶社

観察学習の活用法

　観察学習とは，A. バンデューラによって提唱された社会的学習理論に基づいた学習法を指す．対象者が直接学習することによって，強化され，行動を習得する（模倣する）という学習の概念に対して，無報酬，無試行であっても観察することによって行動を習得するという考えのことである．観察学習は，障害特性上対人関係でのつまずきが生じやすい発達障害のある人に対して，失敗経験をすることが少なく，対人関係に関するスキルを学ぶことのできる機会として用いられやすい．この社会的学習理論では，五つの効果が確認されている．①対象を観察することで，獲得していなかった行動を獲得することができる，②対象を観察することで，獲得していた行動が抑制されることや，制止するようになる，③対象を観察することで，自身が獲得していた行動が促進され，行動頻度が増加する，④対象を観察することで，対象がいない環境下でも状況を読み取り，行動が生起される，⑤対象を観察することで，その時の情動反応が自身にも生起される，といったものである．この社会的学習理論に基づいた観察学習で出てくる対象（モデル）は，実際の目の前にいる人物だけではなく，テレビやビデオを通じた人物などの行動の提示でも学習ができるとされている．この観察学習が提唱される以前に，模倣学習という理論が N. E. ミラーと J. ダラードによって提唱されている．これは人間の模倣行動が手がかりと反応，(外的) 報酬によってなされるというもので，動因低減説を用いて説明されている．この模倣学習ではモデルと同一の行動を行い，強化を得ることが必要不可欠とされていたが，モデリングでは外的報酬を必ずしも必要とせず，また直接経験しなくても学習が成立するとされた点が異なっている．現在では，この理論をもとにした支援技法が開発されている．

●観察学習を活用した技法について　代表的なものに社会的スキル訓練（SST）がある．これは社会的学習理論を基にした認知行動療法の中の技法として用いられることが多い．内容としては，言語的教示から，モデリング，ロールプレイ，正のフィードバックを一つの流れとして行うことが多い．適応は，統合失調症患者を対象に，社会生活を営む際に対人関係で求められる生活スキルを習得することを目的としたものから，発達障害のある人に対して対人関係上求められる未獲得の行動の習得（挨拶する，お礼を伝える，上手に断る，など）を目的としたもの，小学生の学校への適応を高めることを目的とした SST など，対象年齢，適応範囲はさまざまである．この SST は行動（スキル）を獲得することに一定の効果が認められており，対人関係上の困難さの改善に用いられることが多い技法となっている．その一方，獲得した行動がどの場面でも適切に遂行されるように

なる般化効果については，疑義が呈されることもある．SSTを行う際には，対象の詳細なアセスメントを行ったうえで，獲得した行動が持続して生起されるような実施後の環境設定も，SSTの必要な要素としてあげられる．特に発達障害のある人の適応については，例えば，報告するという行動においても，習得が必要な要素が違う場合もある．図1のような詳細なアセスメント（課題分析）を行い，つまずきが見受けられる箇所において，障害特性として環境調整で対応しなければならないのか，代替行動などの獲得で対応できるかを確認したうえで，SSTを実施するとより高い効果を発揮するものと思われる．

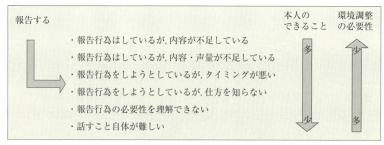

図1　報告するという行動の課題分析

　また，社会的観察学習を用い，行動を獲得することを目的とした技法としてシステマティック・インストラクションという教授法がある．これは，言語教示から，ジェスチャー，モデリング，手添えといった，本人の理解度別に対応する教授法であり，主に就労支援の現場で用いられている技法である．教える業務に対して課題分析を行い，細かい工程に分けたのち，その段階ごとに用いるものである．この教示法の中に，特に言語的教示のみでは対象者が理解しづらい時に，モデルが作業工程を実際に行うことを提示し，その観察学習によって作業が遂行できるかどうかを確認する段階がある．このシステマティック・インストラクションは障害者就労の場での指示理解の課題改善に用いられやすい．

●**観察学習の意義と限界について**　観察学習は，対象者が直接経験をせずとも学習することができるため，学習にかかるコスト（要する時間や，経験するための場の設定）を低くすることができることが利点としてあげられる．その利点を生かし，時間・場所を選ばず介入できるほか，個別対応だけではなく集団に向けた介入もでき，現在観察学習を生かした介入はさまざまなプログラムが存在している．一方で上述したように，知識としての行動の獲得はされやすいが，遂行という点において個々の能力，経験などが影響するため，獲得した対象者が学習した場面以外で遂行できるかどうか安定的ではないことはこの学習の難点ともいえる．学習のメリット・デメリットを把握したうえでの活用が望まれる．　　　　［池田浩之］

学習性無力感に至る課題

　学習性無力感（learned helplessness）とは，みずからの行動によって結果が制御できない経験，つまり自分の行動が何の変化ももたらさないという経験を繰り返すことによってもたらされる心理的状態のことをいう[2]．例えば子どもが試験で良い点数を取るために，頑張って勉強する場面を考えてみよう．頑張って勉強した結果，試験で予想以上の成績をとることができれば，その勉強という行動は「良い成績をとる」という結果を制御したことになる．あるいは友だちが遊んでいる砂場で，「（遊びに）混ぜて」と言った際に，その友だちから「いいよ」と返答されて遊びに参加できたなら，「混ぜて」と言う行動は「遊びへの参加」という結果を制御したことになる．あるいは，好ましい事象を到来させるだけでなく，望ましくない事象を避ける場面でも行動が結果を制御する場面も考えられる．例えば不快なノイズを発する機械が近くにあった際に，「（機械を）停めて」と要求することで，機械の運転が停止されれば，その要求は結果を制御したことになる．こうしたみずからの行動によって結果を制御できるという経験を通じ「対処可能性」を学習していくことになる（図1上段）．

　一方，こうした一連の行動が望ましい結果をもたらさない状況を考えてみよう．どんなに一生懸命頑張って勉強しても望んだような試験結果が得られず，何度も友だちに「（遊びに）混ぜて」と言っても参加させてもらえず，不快なノイズを発する機械を停めるように何度要求しても無視されるような状況であったらどうなるだろうか．おそらく「何をやっても（言っても）無駄だ」という感覚になり，

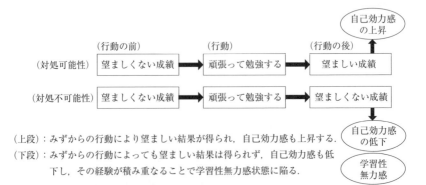

（上段）：みずからの行動により望ましい結果が得られ，自己効力感も上昇する．
（下段）：みずからの行動によっても望ましい結果は得られず，自己効力感も低下し，その経験が積み重なることで学習性無力感状態に陥る．

　図1　対処可能性と対処不可能性の図式．対処可能性の場合は行動の前後で状況が変化しているのに対し，対処不可能性の場合は行動の前後で状況に変化がみられず，消去のパターンになっている

次第にそうした行動は消去されていくだろう．なぜなら，自分の行動は結果を制御できず無駄だと学習するからである．こうしたみずからの行動が結果を制御できないという経験を通じ「対処不可能性」を学習していくことになる（図1下段）．

●**学習性無力感，原因帰属および自己効力感の関連について**　学習性無力感を引き起こす過程は，原因帰属の仕方により理論づけられている．もしも問題の原因を「自分の能力不足」に帰属すれば，対処不可能性の感覚が強くなり，学習性無力感状態に陥ることが予測される．一方，「自分の能力不足」に帰属すれば，自分の努力次第で結果を統制できる感覚が強くなり，学習性無力感状態に陥りづらくなる．また，たとえ学習性無力感状態に陥ったとしても，自己効力感を高める支援を行えば，特定の行動を生起させやすくすることが期待される．自己効力感とは，自分がどの程度その行動をうまく実行できるかという自信のようなものである．この自己効力感が高まることで，その特定の行動の生起における先行要因として機能し，適応的な行動が出現しやすくなると考えられている[1]．

●**発達障害児における学習性無力感の問題**　発達障害児の多くは障害特性に由来する失敗体験を繰り返し経験してきており，さらにその原因を（たとえ診断を受けていたとしても）自分の能力の低さにあると考えていることが多い．また，彼らは成功体験の少なさから，失敗しそうな状況や場面を事前に回避する傾向があることが知られている．例えば，これまでに教師や友人とのコミュニケーション場面で失敗体験を重ねてきた発達障害児の中には，積極的に人との関わりを避けようとする者がいる．これは，誰かと関わることで失敗するのであれば，むしろ関わらないようにした方が安全だと考えているためである．また，学習面で失敗体験を重ねてきた発達障害児の中には，勉強を教わる場面で反抗的な態度を取ったり，ふざけて真面目に勉強に取り組まない者がいる．こうした態度を見て教師の方が「やる気がない」と本人を叱責することもあるが，子どもの側からすると，むしろ勉強ができないこと（失敗体験）に直面させられるよりは叱られる方がマシと考えているのかもしれない．

　こうした発達障害児に対する支援としては，基本的にはスモールステップで成功体験を積み重ねていくことが求められる．また本人の努力によって成功体験を獲得するだけでなく，環境調整や構造化などによっても失敗を克服できるという経験をさせることも重要である．こうした経験を通じて，「○○すれば，苦手さは克服できる」という自己効力感を獲得することができ，そうした成功体験が次の新たな行動獲得の先行要因として機能することが期待される．　　　[米山直樹]

📖 **参考文献**
[1] 坂野雄二・前田基成編著『セルフ・エフィカシーの臨床心理学』北大路書房，2002
[2] M. E. P. セリグマン，平井 久・木村 駿監訳『うつ病の行動学—学習性絶望感とは何か』誠信書房，1985

刺激等価性理論に基づいた学習

　私たちはさまざまな事物（車・本・犬など）を複数の形態で表現することができる．例えば，ひらがな・カタカナ・漢字・英単語・音声・手話などである．これらの表現形態は，同じ意味を表している場合であっても，互いに類似していないことが多い．刺激等価性理論とは，このような物理的（形態的）に類似していない刺激同士が，同じ意味を表すようになるための学習プロセスの理論である．

●**刺激等価性の定義**　刺激等価性（stimulus equivalance）は，M. シドマンによって，失語症患者や知的障害児童を対象とした臨床研究の知見に基づいて，1982年に定義された．図1は，「くるま」を例にして，音声単語・絵/具体物・ひらがな単語の間の刺激等価性の成立について示している．

　例えば，「くるま」という音声単語に対応して，複数の絵カードの中から「くるま」の絵を選択する指導（図中の①の関係）を，見本合わせ課題（見本刺激を提示して，それに対応する比較刺激の選択を求める課題）で行う．さらに「くるま」の絵カードに対応して，「くるま」のひらがな単語を，複数のカードから選択する指導（図中の③の関係）を行う．その後に，図中の②④⑤⑥の関係が未指

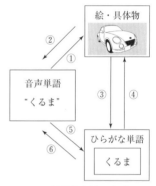

図1　刺激等価性の定義

導で成立した場合，「くるま」に関する音声単語・絵/具体物・ひらがな単語の間で刺激等価性が成立したという．

　未指導で成立が見込まれる関係（図中の②④⑤⑥）にはそれぞれ固有のよび方がある．

1）指導における見本刺激と比較刺激を入れ替えた関係が未指導で成立した場合，「対称律」が成立したとよぶ．図中の例では，絵カードを提示して音声表出を求める関係（図中の②の関係），ひらがな単語カードを見本刺激として絵カードの選択を求める関係（図中の④の関係）がそれに該当する．

2）直接指導をしていない刺激同士（図中では音声単語とひらがな単語）の関係性が未指導で成立した場合，見本刺激と比較刺激が指導条件と同じ関係（図中の⑤の関係）の成立を「推移律」，見本刺激と比較刺激を入れ替えた関係（図中の⑥の関係）の成立を「等価律」とよぶ．

3）さらに，物理的（形態的）に同一の刺激同士であれば，未指導であっても

見本合わせが成立することも刺激等価性の条件とされている（例えば，初めて見た「漢字」であっても，同一の漢字であれば，物理的形態的な同一性から見本合わせが可能であるという状況）．この関係を「反射律」とよぶ．

●**刺激等価性理論の応用**　刺激等価性の枠組みは，発達障害のある児童生徒に対して，さまざまなスキルを指導する際に用いられている．語彙に関する学習では，図に示した音声単語・絵／具体物・ひらがな単語に加えて，単文字で単語を構成する「文字構成課題」や「書字」を含めて，語彙に関連するスキルを総合的に評価しながら，指導を進めることができる．また，数（基数）に関するスキルでは，「数詞」に対応する「数字」を選択し，「数字」に対応する「具体物の個数」を選択する指導を通じて，「数詞」「数字」「具体物」の間の刺激等価性の形成が可能となる．同様に，他者感情の理解（顔の表情・感情語・感情が喚起される場面），お金の理解（金額・硬貨・購入対象物），時計の理解（アナログ・デジタル・時刻）など，異なる刺激が等価な意味を表すことを理解させる指導において，刺激等価性理論は応用することができる．

　刺激等価性の枠組みを用いて指導する利点は次のようなことである．①未指導で成立可能な関係性を見込んで指導計画を立てることで，すべての関係性を指導する必要がなくなり効率的になる．②刺激間の関係性の中で，成立が困難なものを迂回して，指導を進めることができる．例として，音声単語を聞いて文字構成をする課題を考えてみる．「音声単語→文字構成」の課題が成立しない場合，見本刺激を音声単語からひらがな単語に変更した指導（「ひらがな単語→文字構成」）を実施する．その際，ひらがな単語を最初に提示し，児童が文字構成をし始めたら，それを隠す手続きを用いる．以上のような指導を通じて，「音声単語→文字構成」を直接指導することなく，ひらがな単語を媒介することで，その課題が成立する．

●**刺激等価性を通じた刺激機能の転移**　ある刺激の手がかり（弁別刺激）としての刺激機能は，等価性を通じて，別の刺激への転移することが知られている．例えば，デジタル時計に従って時間通りに行動できる児童について考えてみる．その児童に対して，デジタル時計・アナログ時計・時刻（音声）の間で等価性の指導を行う．等価性が成立した後は，特別な指導を実施することなく，アナログ時計を手がかり刺激（弁別刺激）として，時間どおりの行動が可能になる．これは，刺激機能（弁別刺激機能）が，等価性を通じて別の刺激へと転移する（例では，デジタル時計→アナログ時計）という特性を活用した指導であるといえる．

［野呂文行］

参考文献
[1] 山本淳一「刺激等価性—言語機能・認知機能の行動分析」行動分析学研究，7, 1-39, 1992
[2] 武藤　崇監修, 坂本真紀著『学校を「より楽しく」するための応用行動分析—「見本合わせ」から考える特別支援教育』ミネルヴァ書房, 2011

コミュニケーションの発達

　インファント（infant）は，「言葉が話せない」という語源に由来している．インファントは日本では乳児とよばれる時期に相当する（ほぼ1歳未満）．子どもは，言葉が話せない乳児から，幼児，児童と成長していく過程で自然に言葉を話すようになる．このように人間であれば大方の子どもが到達する，あたかも予定されているようである発達がどのような筋道で，なぜ生じるのかを，多くの研究者が発達モデルを用いて説明をしてきた．例えば，J. ピアジェは子どもの認知の発達を四つの段階（感覚運動的段階，前操作的思考の段階，具体的操作の段階，形式的操作の段階）とした．それぞれの段階において人は，環境と相互作用し，慣れ親しんだ適応の仕方でものごとに働きかけて，みずから取り込んでいく「同化」と，それまでのやり方を変えて新しい適応の仕方を獲得する「調節」という作用を通して心的構造の変化を遂げるとした．

　ピアジェの発達理論が個人の経験から構成される子どもの知識を重視したのに対し，L. ヴィゴツキーは，個人と社会的経験は分かつことができないと考えた．子どもの文化的な発達は，周囲の大人との相互交渉（精神間機能）を通して生じ，やがて子どもの精神内機能として取り入れられる．この精神間機能から精神内機能を発達の基本法則と考えた．例えば，他者が用いる言語は，子どもの認知発達を促すために重要な他者と共有される活動を子どもにもたらし，その交渉の中で子どもが獲得した言語は，やがて子どもの思考を助ける内言としても利用されるようになる．

　本項では，「話せない者」から「話せる者」へ変容を遂げていく子どものコミュニケーションの発達を，個人と社会的経験は分かつことができないと考えたヴィゴツキー的な観点に立ち，概説する．

●**自分と他者（特に大好きな他者が重要である意味）**　コミュニケーションを本項では，人間がお互いに意思や感情，考えを伝達しあうこと，とする．つまりコミュニケーションするときにはすでに，話し手（情報を伝達する側）と聞き手（情報を受け取る側）という関係性が成立していることを前提にしている．また，コミュニケーションの手段には，ことば，文字，身振りなどがある．しかし，コミュニケーション手段が未熟な乳児との相互交渉の場合，話し手と聞き手の関係は成立していないため，成熟している大人側の子どもの行動に関する意味の読み取りが非常に重要となる．

　例えば，子どもが『ウギャー』と泣いたとき，大人は「マンマかな？」「おしっこかな？」と，子どもの行動（泣き）の意味を推測し，その意味に基づいて対応

する．この対応は，大人と子どもが間身体的に「行動の意味」を共有する体験となり，大人に対する特別な感情を子どもに認識させる．特別に大好きな人という感情は「愛着」と呼ばれている．

大人が見ているものを見る（共同注意），大人が指さす先を見る（社会的参照）といった行動は，大好きな大人が見ているものを見たいという子どもの動機に裏打ちされている．この愛着の絆で結ばれた大人との情動の交流は，行為する目的が明らかである具体的な対象を介して伝達される．つまり，対象を介した子どもと大人のコミュニケーションには，行為の目的と動機が明確に存在する．目的と動機が明確な行為に大好きな大人の声が添えられ繰り返されたとき，子どもはいつのまにか対象を意味する言葉，行為を意味する言葉を，声から切り出す力を得る．

声を受け取る一方（聞き手）であった子どもが，声から言葉を切り出す力を得たとき，子ども自身が主体的に大人に言葉を発信する．大人の役割（話し手）を演ずるようになる．子どもと大人の間で一方向的であった聞き手と話し手の役割は，言葉を介して交替可能となる．子どもと大人の間でなされる聞き手と話し手のコミュニケーション（精神間機能）は，やがて子どもの精神内に聞き手と話し手の役割を形成し，みずからに発し，みずから聞く，思考を促す心理的な道具として働くようになると考えられている．

●**発達障害児のコミュニケーション**　自閉症スペクトラム障害である東田[2]の自伝では，「視線を合わせることがもっとも怖い」とある．対人関係が困難である自閉症スペクトラム児の場合，前述したような愛着関係の形成やそれを基盤としたアイコンタクトや共同注意の発達が遅れる．また，子どもの行動の意味を読み取ろうと常に子どもを覗き込む大人の態度は，関係を形成するのに障害となる．脳科学の知見からも表情の読み取りや，他者意図理解が困難であるという報告もある．その一方で山上[3]の報告では，適切な環境と教育において，自閉症児の初期症状が改善され，愛着対象との関係性の確立や，身振り動作の獲得，象徴機能の獲得などがなされる過程が示されている．

発達障害の指導として，その症状を改善するための多くの技法や療法が紹介されているが，ヴィゴツキーの理論的観点で子どもの発達をとらえなおすとき以下の視点の重要性が指摘される．文化や社会的状況及びそこに自然に埋め込まれてきた対象物，そういった具体的文脈の中での相互交渉から生じる支援の観点が，発達障害を抱えた子どもの初期症状の改善と，コミュニケーションの発達に影響する．

［石川由美子］

参考文献
[1] 岩田純一他『発達心理学』有斐閣，1995
[2] 東田直樹『自閉症の僕が跳びはねる理由―会話のできない中学生がつづる内なる心』エスコアール，2007
[3] 山上雅子『自閉症児の初期発達―発達臨床的理解と援助』ミネルヴァ書房，1999

言語発達とアセスメント

　典型的な発達の過程では，1歳台後半から2歳台にかけて語彙習得の加速化が起こる．どのような語彙が早期に獲得されるかを規定する要因には，①子どもが聞く機会の豊富さである入力頻度，②子どもがその語彙を使う必要性を経験しているかどうかという語用論的必要性，③認知的基盤の三つがあると考えられる．日常会話で頻繁に耳にする語彙や，特定の意味の表現を迫られる場面を経験するほど，その語彙は獲得されやすいであろう．「どうして」「いつ」の理解は因果関係や時間の概念が前提となるように，抽象度が高い語彙ほど，その属性を理解する認知的基盤が求められる．

　語彙の増加と並行して，「これブーブ」など2語連鎖から始まり格助詞（「が」「を」「に」など）を含む文の産出という文法的側面も発達してくる．「犬〈が・を〉追いかけている」などの「名詞＋動詞」の文は，3歳台以降に格助詞を手がかりに理解できるようになっていく．接続助詞（「て」「から」など）や接続詞（「そして」「だから」など）の習得とも並行して，複数の文をつなげて一つのまとまった話しの流れを表現する語り（ナラティブ）のスキルも徐々に上達してくる．

●**学習場面で必要な言語にかかわる能力**　学齢期になると言語の重要性が増す．日常生活では必ずしも用いられない抽象度の高い語彙の知識も学習場面では必要であり，文法的に整った形で表現することも求められ，慣用的な表現や心情を表す言葉の知識も豊富になることが期待される．場面に応じて柔軟に発想し，相手や場面に応じて適切な言葉遣いをすることも重要である．教科書を音読したり，書かれた文章の内容を理解したりすることも必要となる．

　このように，学齢児に求められる言語知識や能力は多面的であり，語彙の理解／表出，文の理解／表出といった領域ごとの到達水準には個人間の差だけでなく，個人内の得意領域や困難領域など個人内差もある．言語の多面性を考慮に入れたアセスメントを行うことにより，児童が言語・コミュニケーション面で支援を必要としているのかどうかの判断が可能となるだけでなく，長所と課題の領域別プロフィール化を介した支援の方向性に関する情報が得られる．

●**学齢期の言語アセスメント**　学齢期の言語アセスメントには，特定の領域を評価するものと，複数領域の発達的バランスを含めて評価するものがある．前者に該当する「絵画語い発達検査」（PVT-R）は，子どもの語彙知識の豊富さを評価するものであり，提示された語に対応する絵を4枚の中から選択する手続きにより理解語彙に焦点化している．粗点と誤答数から修正得点を出し，語彙発達の目安となる「語い年齢」（VA）を求めることができる．適用年齢は3～10歳である．

複数領域を対象とするアセスメントであるLCSA（学齢版言語・コミュニケーション発達スケール）は小学校1〜4年生の児童を対象としており，特に通級指導教室での支援を併用する児童への適用が想定されている．以下の10の下位検査からなる：①短い文の聴覚的理解にかかわる「口頭指示の理解」，②文章の聴覚的理解にかかわる「聞き取りによる文脈の理解」，語や定型句の知識や想起を探る③「語彙知識」と④「慣用句・心的語彙」，⑤文法的な表現や相手に伝わる表現を評価する「文表現」，⑥対人的場面での語用にかかわる「対人文脈」，⑦因果関係や関連性の柔軟な想起にかかわる「柔軟性」，主に仮名文字で書かれた文章の⑧「音読」と⑨「文章の読解」，⑩仮名文字による表記の基礎となる「音韻意識」．総合的な到達水準を示すLCSA指数と，書記表現の処理にかかわるリテラシー指数を求めることができる．併せて，下位検査の評価点をプロフィールグラフ（図1）に視覚化することにより，個人内の長所と課題を明らかにし，支援目標の設定につなげることができる．

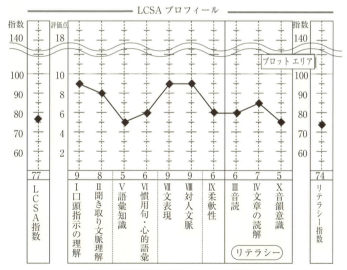

図1　LCSAによるプロフィールの例

PVT-RやLCSAの成績は，WISC-IV知能検査の言語理解指標と相関するが，検査ごとに評価する領域は異なる．検査によって成績に差がみられることも少なくなく，言語の多面性を考慮した結果の解釈と，児童の実態への洞察が必要である．

［大伴　潔］

参考文献
[1] 大伴　潔・大井　学編著『特別支援教育における言語・コミュニケーション・読み書きに困難がある子どもの理解と支援』学苑社，2011

機能と言語行動

　行動分析学において，行動の機能とは，個体（ヒトを含む）の行動が環境に及ぼす効果や働きをさす．「見た目どのような行動か」の反応型に対して，機能は「なぜ，その行動を起こすのか」という行動の目的や意味として解釈できる．行動の型ではなく機能から子どもの行動を理解する視点は，教育活動において重要である．子どもが「この勉強，大嫌い」と発言したとき，「嫌いなんだ」と文字通り受け止めて対応するのは適切ではない．好みの問題ではなく，課題の難易度につまずいていることが多い．以前に「大嫌い」の発言を繰り返したことで課題をやらなくて済む経験があったかもしれない．「大嫌い」と不適切な発言をしたことで，「どうして嫌なの？」とまわりが対応してくれた先行経験が支えている．近年，知的障害・自閉症児の示す自傷や他害の多くが，行動に後続するまわりの対応を含めた環境への効果から学習されたものであり，その機能として，課題からの一時的な逃避や回避，「見て，かまって」の注意喚起，「ちょうだい」「やって欲しい」の物や行為要求が示されている．言語スキルの不十分さから，問題行動という不適切な手段で意思伝達していることがわかってきた．問題行動の機能的アセスメントを実施し，その代替となる機能的に等価な適切な言語行動を形成するアプローチが主流となっている．

●**言語行動の機能**　行動分析学の創始者であるアメリカの心理学者B. F. スキナーは，言語行動の言語観を主張し，その制御変数より，要求言語行動（マンド），報告言語行動（タクト），言語間制御（イントラバーバル），音声模倣行動（エコーイック），書き取り，書き写し，読字行動の七つの機能に分類した．言語行動の機能は，言語学の意味論や語用論の領域で扱われる．

　子どもが「ジュースをください」と発語し，大人がジュースを与えることで，子どもが拒否せずジュースを受け取るとき，「ジュースをください」はマンドの機能をもつ．このように言語行動の反応型と機能の一致は日常のやりとりでも多く認められるが，同じ反応型でも機能は異なる場合がある．テーブルの上に物が散乱している様子を見て，子どもが「散らかっている」と発語したときはタクトだが，母親が子どもに向けて同じ発語をしたとき，物を片付けてほしいマンドといえる．自閉症児の発語では，反応型はタクトであっても，使用文脈や環境との機能的関係から分析すると，実際にはマンドであることも少なくない．

●**マンド・タクト・イントラバーバル**　基本的な機能のマンドとタクト，近年指導対象として注目されているイントラバーバルについて取り上げる．マンドは，何かを要求する言語行動を自発して他者が要求したものをもたらしてくれること

で増加し，維持される言語行動である（文献［1］，佐藤，pp.3-22）．正の強化で支えられるマンドの例として，子どもが手の届かない棚のお菓子を見つけ，手を伸ばし「アー」の発声に対して，母親がお菓子を取って与えることで，手を伸ばす（リーチング）や「アー」の発声は，将来的に同じ場面で増加する傾向は高まる．負の強化で支えられるマンドの例として，子どもにとって嫌悪的な聴覚刺激に対して，「止めて下さい」と言うと鳴り止んだことから「止めて下さい」は増加する．日常での使用機会が多く自己の欲求に基づくマンドの指導は言語指導でも優先される．初期指導において，物品や行為要求，「教えて」の援助要求が標的とされることは多い．知的障害を伴う自閉症児ではマンドの機能が未確立な場合があり，子どもが要求したと推測される物とは異なる方を提示し「はい」「いいえ」を指導する方法，お使い技法，欠品充足技法，選択要求技法，日常での自発的なマンドを促す手続きとして，時間遅延法，マンドモデル法，機会利用型指導法，フリーオペラント法，絵カード交換式コミュニケーションシステム（PECS）の有効性が示されている（文献［1］，藤金，pp.97-118）．マンドの制御変数は場面や文脈によって異なるため，目的に応じた技法の選択が必要である．

　タクトは，事物や出来事の特徴を伝達する叙述や報告であり，環境事象となる特定の事物や出来事を弁別刺激として生起し，タクトに随伴する聞き手の承認，賞賛，お礼などの社会的強化，「そうだね」「ありがとう」や笑顔などの般用条件性強化によって強化される（文献［1］，井上，pp.119-147）．例えば，子どもが車を見て「ブーブー」と発語し，母親が「そうだね，車だね」と笑顔で応答するやりとりにおいて，「ブーブー」がタクトであり，「そうだね，車だね」が般用条件性強化子となって子どもの発語を強化する．自閉症児ではマンドに比べてタクトの形成が困難であるが，本人がもつレパートリーを利用することで時間が経過し空間的に離れた場所でもタクトが生起しやすいこと[2]，日常の学校場面において聞き手への接近行動を促すことでタクトが生起しやすくなることが報告されている[3]．

　イントラバーバルは，言語刺激を弁別刺激として話し手の言語刺激に連想する，質問に回答する言語行動で，話し手の言語刺激をオウム返しするエコーイックとは異なり，会話を続けるうえで重要な役割を果たしている．例えば，「ただいま」の言語刺激に「おかえり」，「冷たい食べ物は？」に「かき氷」，「5×5 は？」に「25」，「お鼻の長い動物は？」に「ぞう」と応答する言語行動である． ［村中智彦］

参考文献
[1] 日本行動分析学会編，浅野俊夫・山本淳一責任編集『ことばと行動—言語の基礎から臨床まで』ブレーン出版，2001
[2] N. Naoi et al. "Intervention for tact as reporting in children with autism", *Research in Autism Spectrum Disorders*, 1, 174-184, 2007
[3] 本田智寛・村中智彦「自閉症児の学校生活場面における報告言語行動の形成—シミュレーション指導としての授業場面の役割」行動分析学研究，25(1)，42-64，2010

構音の発達と指導

　生まれたての赤ちゃんは,「オギャー」という泣き声しか発することができない.それが,1歳の誕生日を迎えることになると,意味のある言葉が話せるようになる(初語).多くの子どもは,「ママ」「マンマ」「パパ」など,唇を使う音から話し始める.そして,語彙数の増加や,2語文や助詞の使用といった統語の発達に伴い,それぞれの言語で用いる構音を徐々に獲得していく.構音の獲得時期や獲得する音の順番は,個人差が大きく,子ども一人ひとりさまざまである.しかし,多くの子どもは,4歳頃までには構音操作が難しいと考えられているサ行やザ行,ラ行,ツ,ヅを除く音の構音が完成する.さらに,多くの子どもは,6歳頃までにはこれらの音を含めたすべての音の構音が完成する.

　構音獲得途上の子どもは,しばしば,獲得していない音をすでに獲得している音に置き換えて話す.例えば,カ行を話せない子どもがカメを「タメ」と言ったり,サ行を話せない子どもがサイを「シャイ」「チャイ」と言ったりする.これらは,俗に「赤ちゃんことば」あるいは「幼児語」とよばれる,通常な構音獲得過程で頻繁にみられる誤りである.そして,これらの誤りの多くは,成長に伴い正しい構音が獲得されると自然と解消される.

　しかし,構音獲得途上の子どもの中には,通常の構音獲得過程ではみられない特異な音の誤り(異常構音)を示す子どももいる.これらの多くは歪み音(当該言語に存在しない音)で,側音化構音(イ列やエ列で本来舌の中央から出る息が,左右の側方から出る)などがある.

●**構音障害の定義と分類**　構音障害とは,当該年齢で期待される構音獲得がされなかったり,異常構音がみられたりするために,日常生活に支障をきたしている状態をいう.構音障害は,器質性構音障害,運動障害性構音障害,機能性構音障害の三つに分類される.器質性構音障害は,構音器官の形態や機能の問題に起因する構音障害で,口唇口蓋裂,舌小帯短縮症によるものなどがある.運動障害性構音障害は,構音に関わる筋や神経の問題に起因する構音障害で,脳性まひによるものなどがある.機能性構音障害は,器質性,運動障害性などの明らかな原因がないにもかかわらず構音障害が生じるもので,子どもの構音障害の大部分を占める.機能性構音障害の原因は特定されていないが,構音器官の協調運動能力や音韻操作能力などの問題の関与が示唆されている.また機能性構音障害のある子どもの中に,学習障害(特異的言語発達遅滞[SLI]や発達性読み書き障害など)や知的障害,吃音などをあわせもつ者が一定数含まれることが知られている.

●**機能性構音障害のある子どもへの指導**　機能性構音障害のある子どもへの指導

は，おおむね4歳から実施可能である．しかし，音韻操作が難しいサ行やザ行，ラ行，ツ，ヅの誤りである場合や，子どもが自身の構音の誤りを気にしていない場合や全般的な言語発達が遅れている場合，情緒が不安定だったり落ち着きがなかったりするために机上学習を取り組むのが困難な場合などは経過観察とする．構音指導は，個別に行うことが一般的である．また，小さな子どもが楽しく取り組めるよう，ゲーム形式の課題を用いるなど，指導方法や教材を工夫する必要がある．

構音指導は，大きく，聞き取り課題（お耳の練習）と発話課題（お口の練習）に分けられる．聞き取り課題では，目的音の聞き出し（「か，さ，は，ま，か…」などと指導者が話すのを聞き，「か」の音が聞こえたら指摘する），異同弁別（「か，か」「か，た」「あか，あた」と指導者が話す一対の言葉が，同じか違うか答える），正誤弁別（カメの絵カードを見せながら，「かめ」「ため」と指導者が話す言葉が正しいか間違っているかを答える）などを行う．発話課題では，①指導対象音を構音する際の構音器官の部位や動かし方を直接教える構音器官位置づけ法（図1）などを用いて，指導対象音の構音の習得を図る，②音［k］，音節（モーラ）［ka（か）］，無意味語［かや］，有意味単語［かい（貝）］，句［平らな貝］，文［貝を食べる］，文章，日常会話と徐々に長く複雑な発話を練習していく系統的構音指導を行う．

機能性構音障害と学習障害や知的障害，吃音などをあわせもつ子どもの構音指導を行う際は，あわせもつ障害の特性（例えば，語音弁別能力，音韻認識，知的機能，構音器官の協調運動能力，注意や記憶の能力，発話の非流暢性，発話時の構音器官の緊張など）に応じて，指導の内容や方法の変更，追加をする．

[小林宏明]

カ行の指導　　　　　　　　サ行の指導

(1)上を向き，スポイトで入れた水を「カッ」ととばす．
(2)正面を向き，水なしで「カッ」ととばす．
(1)前歯と平らに出した舌の間にストローをはさみ，「スー」と息を通す．
(2)ストローを抜いて，(1)同様「スー」と息を通す．
(3)舌を前後の後ろに引っ込め，「スー」と息を通す．

図1　構音器官位置づけ法

📖 参考文献
[1] 加藤正子他編著『特別支援教育における構音障害のある子どもの理解と支援』学苑社，2012

吃音の生起要因と指導

　吃音とは，「わ，わ，わたし」と語音を繰り返す（連発），「わーーたし」と引き伸ばす（伸発），「……わたし」とつまる（難発，阻止，ブロック）ために，流暢（滑らか）に発話できないことである．「どもる」ともいう．

　吃音の発生機序はまだ解明されていないが，言語，運動，聴覚処理，情緒・情動などの体質的要因と環境要因の交互作用により生じるという説が有力視されている．かつて，利き手の変更や，周囲の人の接し方のまずさが吃音の原因と考えられたこともあったが，現在では否定されている．吃音の出現率は，幼児期は5%，小学生以降は1%程度といわれている．幼児期の吃音の7〜8割は，小学校入学前後までに消失（自然治癒）することが知られている．女児，吃音のある親族がいない，構音発達に問題がない，言語能力や認知能力が高い子どもは，自然治癒しやすいことが知られている．

　吃音は，ある程度言葉が話せるようになる2〜5歳位に出始める（発吃）ことが多い．発吃当初の吃音の特徴として，吃音の話し方の軽い時期と重い時期が交互に繰り返される波状現象がある．そのため，力の入らない軽い連発や伸発だけ，あるいはほとんど吃音の話し方がみられない時期がある一方で，「…わっ，…わっ，…わたし」，「わーー……たし」のような力が入り苦しい連発や伸発あるいは難発，随伴運動（口を歪める，手や足を振り拍子を取るなど，発話と関係のない動作が加わる）が生じることもある．

　幼児期の吃音のある子どもの多くは，吃音の話し方を意識することなく，どもっても気にしないで話している．しかし，小学校入学の前後になると，吃音で思うように話せないことへのもどかしさや，周囲の子どもから吃音の話し方の指摘やからかいを受けることなどをきっかけに，吃音の話し方を意識し，「私の話し方は変」，「はずかしい」と感じるようになる．そうすると，どもらないで話すことができるだろうか，という予期不安が高まる．そして，予期不安からくる緊張で力の入った苦しい難発や随伴運動が生じたり，予期不安を感じる言葉や場面を避けたりするようになる．

●**吃音のある子どものかかえる困難**　吃音のある子どものかかえる困難は，吃音の話し方や予期不安などの心理的な問題，子どもを取り囲む環境の状況などによりさまざまである（図1）．ここでは，学齢期の吃音のある子どもがしばしば経験する困難の例をあげる．

　授業では，教科書の音読に困難を示す子どもが多い．発表も苦手な子どもが多く，答えに言いにくい音が含まれているときは，答えがわかっても挙手できない．

図1 吃音の問題

　学級活動では，朝の会の司会や授業の開始と終わりの号令などを行う日直当番を苦手とする子どもが多い．日直当番の数日前から強い不安や緊張を感じたり，学校に行くことを渋る子どももいる．
　全校活動では，全校集会での委員会報告，卒業式の呼名への返事や呼びかけなどに困難を感じている子どもが多い．
　他児からの吃音の話し方のまねやからかいも，吃音のある子どもに大きな困難をもたらす．他児からのまねやからかいをきっかけに，吃音の心理的な問題が一気に憎悪することが少なくない．
　多くの吃音のある子どもは，これらの困難を繰り返し経験することで，話すことや他者とのコミュニケーションへの自信を失ったり，自尊感情が傷つきダメな劣った存在ととらえたりする．

●吃音の指導・支援　吃音の指導・支援には，さまざまな考えや方法があり，標準的な指導・支援方法は確立されていない．そこで，吃音の話し方や，心理的な問題，子どもを取り囲む環境といった吃音の困難を構成する要因を総合的に評価，指導・支援する，多面的・包括的アプローチが注目されている．多面的・包括的アプローチでは，子どもの実態に合わせて，①発話しにくい場面への特別な配慮，吃音のからかいを許さない学級づくりなどの環境調整，②「ゆっくり（発話速度が速すぎない）」「やわらかく（発声発語器官に過度な力を入れずに滑らかに動かす）」など吃音の出にくい話し方で話す流暢性形成法や，力の入った難発などの苦しい吃音を軽い連発や伸発などの楽な吃音に変化させる吃音緩和法などの発話指導，③「吃音はいけないことやダメなことではない」ことや，吃音の話し方の種類，吃音が出やすい条件，吃音の対処法を学ぶなどの吃音の心理面の問題への対応を組み合わせて指導・支援する．　　　　　　　　　　　　［小林宏明］

📖参考文献
[1] 小林宏明・川合紀宗編著『特別支援教育における吃音・流暢性障害のある子どもの理解と支援』学苑社，2013
[2] B. ギター，長澤泰子監訳『吃音の基礎と臨床 ―統合的アプローチ』学苑社，2007

インリアル・アプローチによる
コミュニケーション指導

　インリアル・アプローチとは，1974年コロラド大学のR. ワイズによって開発された特異的言語発達障害児のための言語・コミュニケーション・アプローチである．特異的言語発達障害児は就学後LDになる可能性が高いことから，予防的プログラムとして開発された．INREALとは，INter REActive Learning and communicationの略で，大人と子どもが相互（Inter）に反応（Reactive）しあうことで子どもの学習とコミュニケーションを促進しようとするものである．日本への導入は，1979年のコロラド大学のワークショップへの参加から始まり，1985年に日本INREAL研究会が設立され，現在に至っている．

●対象　インリアル・アプローチは幼児から成人まで，ことばをもたない段階から会話の問題までを対象にしている．コミュニケーションの視点から，援助者の態度やことばがけの長さや内容なども含め子どもと支援者との相互作用の改善と支援を目的にしている．コロラド大学では，就学後のLD予防として言語発障害児への言語・コミュニケーション支援と学習支援を目的に実践研究が行われてきたが，日本の実践では，前言語期にとどまる児へのコミュニケーション支援，ならびに知的に高い自閉スペクトラム症児の語用論領域での支援を行っている．

●特徴　インリアル・アプローチの特徴は次の4点にある．
①コミュニケーションの視点：対象児と支援者相互作用の観点
②主導権を子どもにもたせる：主体的なコミュニケーションのための支援
③ことば以外の伝達：ノンバーバル・コミュニケーションの促進
④語用論的側面：会話における発話者の意図と解釈に注目した会話分析

●実践における方法　支援者の基本姿勢としてSOUL（ソウル）がある．SOULはカウンセリングにおける受容的態度を具体化したものである（表1）．さらに対象児の言語とコミュニケーションの援助方法として言語心理学的技法がある．言語心理学的技法は，育児語研究を参考にしたもので七つの技法からなり，おおむね3歳までの言語発達を視野に入れている．日本INREAL研究会では，発達が3歳以上の子どもや知的に高い自閉スペクトラム症で語用論的な問題を抱える子どもの援助のために，あらたに限定質問，提案，ト書き発言などを加えた（表2）．限定質問とは，「何して遊ぼう（開放質問）」を「ジェンガそれともオセロ，どちらで遊ぶ？（限定質問）」というように質問を限定し，答えやすくする質問形式をいう．提案は，文脈を変えずに遊びや話題の展開を提案するものである．ト書き発言は，会話の中でその発話の前提や状況，発話者の意図などを説明するものである．

●発達障害とインリアル・アプローチ　インリアル・アプローチは特異的言語発

表1 SOUL（ソウル）

S/Silence	子どもを静かに見守る
O/Observation	子どもの興味や遊びを観察する
U/Understanding	子どもの気持ち，発達のレベルや問題を理解する
L/Listening	子どもが言おうとしていることに心から耳を傾ける

表2 言語心理学的技法

ミラリング	子どもの行動をそのまままねる
モニタリング	子どもの声やことばをそのまままねる
セルフ・トーク	自分の行動や気持ちを言語化する
パラレル・トーク	子どもの行動や気持ちを言語化する
リフレクティング	子どもの言い誤りを正しく言い直して聞かせる
エキスパンション	子どものことばを意味的，文法的に広げて返す
モデリング	子どもが言うべきことばや行動のモデルを示す
新しい言語心理学的技法	
限定質問	質問を限定質問にして，答えやすくする
提案	文脈を変えずに遊びや話題の展開を提案する
ト書き発言	発話の前提や文脈などを説明する

達障害児をはじめさまざまな障害や発達段階の子どもに適用されるが，知的に高い自閉スペクトラム症児への語用論的な支援方法として注目されている．彼らは心の理論の発達の遅れや弱い中枢性統合から，瞬時に交わされる会話の中で会話の前提や状況，相手の意図を統合して読み取ることができず，その結果適切な応答ができない．そのため，会話上のずれや誤解が生じやすい．インリアル・アプローチでは会話分析の手法を用い，話し手の意図と聞き手の読み取りを分析する．この分析を通して，援助者が会話場面で対象児が前提や文脈，話し手の意図に注目できるように支援し，会話のズレを防いだり，解消したりするようにしていく．ト書き発言の例をあげると，「○君何も言わないね（状況説明）．嫌なのかもしれないね（心の状態の推察）．嫌ですかと聞いてみるね（課題解決のための提案）」というように状況，心の状態，課題解決の提案を大人が示すものである．

［里見恵子］

参考文献

[1] 竹田契一・里見恵子編著『インリアル・アプローチ―子どもとの豊かなコミュニケーションを築く』日本文化科学社，1994

[2] 竹田契一監修・里見恵子他著『実践インリアル・アプローチ事例集―豊かなコミュニケーションのために』日本文化科学社，2005

模倣と言語発達

　咽頭，喉頭の解剖学的構造の違いから，生まれたばかりの新生児は，そもそも大人のように音声をコントロールすることができない．大人と同様の発声器官への成長は，誕生してからおよそ3か月を待たなければならない．新生児が，ことばの機能的意味を知らないというだけではないのである．しかし，生後6週から8週目頃より乳児は，「アー」とか「クー」といった音声で他者に呼びかけを始める．これがクーイングとよばれる現象である．母親は，子どもへ語りかけ，子どもの泣きへの対応，そしてこのクーイングに対しても，マザリーズ（声の調子［高さ］を高くしたり，同時に声の抑揚を誇張したりする語りかけ）とよばれる特徴のある話し方で応じる傾向があることが知られている．乳児が主体的に母親によびかけたとき，「○○ちゃん，どうしたの？　抱っこかな？」と特徴のあるマザリーズで答え，赤ちゃんを抱きあげる．このような養育者と子どものやりとりは，どこの家庭でも繰り返されるありふれたエピソードであるといえるだろう．マザリーズの発声は，普通の会話で用いられる発声よりも，子どもの音声模倣を引き出すことが知られている．自分以外の親しみのある他者を主体的に呼びかける乳児と，そこへ主体的に対応しようとする他者，この二者の間のコミュニケーションの場で展開される模倣が，子どもの知性やことばの生成に大きく関わる．

●**発達の最近接領域の中での模倣と言語発達の関わり**　モノに対する人の操作では一方向的な結果となり，模倣は生じない．基本的には，関係を維持し続けることを望む人と人の間（同型性と相補性をもつ者）に生じる．模倣は，前述のように「呼びかけ」たら「応じる」といった相補性がある相互作用の中，他者が行う行為と「同じことをしたい」という，意図が生じたときの行動と考えられる．

　関係を維持し続けることを望む人と人が，乳児と母親といった間柄の場合，対象物や人を介して行われる活動に，未熟である乳児と，成熟している母親というように，活動に参加する人の間にあらかじめ能力の差がある．そして，そのような二者が，相互主体的に，かかわりたいという意図を相手にもつことが前提となる．母親に呼びかけたい子どもが，クーイングでシグナルを出し，その子どもの行動の意味を読み取り「○○ちゃん，どうしたの？　抱っこかな？」とマザリーズで返す，日常繰り返すエピソードは，上述の模倣が生じる枠組み（フォーマット）を備えた状況といえる．この繰り返される，エピソードの中で，子どもは，「○○ちゃん」は，自分を指し示す音声であり，「抱っこ」という音声は，自分が今まさに自分を抱き上げている，その行為そのものを意味することばであることに気づいていく．

　「アー」や「クー」という音声でも，自分のしてほしいことはちゃんと伝達で

きるし，その行動の意味を読み取りまさに望むように行動してくれる母親，その大好きである母親が発する音声に意味があることに気が付いたとき，子どもに「母のように話したい」という動機が生じる．これまで自分にできていた発声でシグナルを相手に送るという伝達手段を捨て，母親が自分に向け発することばという伝達手段を取り入れたいという意図が子どもに生まれる．この相互作用の中で，子どもは，対象物（意味されるもの）と対象を表すことば（意味するもの）の関係性の理解から，対象に関する表象やシンボルの機能を獲得すると考えられる．因みに知性の発達を「同化」と「調節」の均衡化でとらえたJ. ピアジェは，模倣は「調節」が優位である活動ととらえた．また，これまで解説に用いてきた母と子の相補性のあるエピソードを教授-学習の本質的特徴ととらえてみる．すると，日常繰り返されるありふれた母と子の生活そのものが，L. ヴィゴツキーの述べた発達の最近接領域をつくり出す場でもあることがわかる．ヴィゴツキーは，模倣が発達の最近接領域においてこそ可能な活動であると述べている．

●**発達障害児の言語発達とその支援**　モノとの関わりは結べるが，人との間に相補性のある関係がなかなか結べないといった特徴を抱える自閉症スペクトラムの子どもでも，突然，書き言葉を描き出すことがある．しかし，相補性のある関係性の中で，相手に届くことばをつむぎだすことはできないし，相手が話すことばの意味をとることも苦手であり続ける．自閉症スペクトラムの子どもは，他者の意図理解に関わるミラーニューロンの働きが弱いことが知られてきている．このような機能の脆弱さが発達の初期から共同注意や指さし，相補性のある人と人との間での模倣が成立しにくい原因の一端となっている．
自閉症スペクトラム児の理解を助けるための視覚的教材や指導技法，療法といったものは現代においては，多くの蓄積があるといえる．しかし，そのような多くの支援や指導を受けながらも，人との相補性ある言語の利用において躓き，二次的障害に苦しむ予後もまた予測されているのが支援の現状でもある．このような中で，発達心理学的な立場から支援の現状を眺めてみるとき，発達の予定性に関わる部分への支援アプローチの見直しと，「私」としての発達，すなわち発達の個性化の部分をいかに支援者自身がとらえるのかに支援課題があるように思える．前者については，行動論的アプローチの中でも自閉症スペクトラム児に対する共同注意や模倣の形成のためのアプローチなどの取り組みがなされている[1]．後者については，浜田寿美男の生きるかたちの記述の取り組み，近年では，特殊教育学会におけるロマンティックサイエンスの再考への取り組みがなされている．　　　　　　　　　　　　　　　　　　　　　　　　　　　　　　［石川由美子］

📖 **参考文献**
[1] 山本淳一・梅本千恵子「自閉症スペクトラム障害の発達と支援」認知科学，14(4)621-639，2007

障害受容と自己理解

　学校在学中に「年齢に相応した発達目標の達成が期待できない」という見通しをもつことは，親として先送りしたい判断であろう．確かに，障害の状態像は発達とともに，また，障害特性に応じた働きかけによっても変化していく．
　知的発達に遅れが顕著でない発達障害者の場合，特別支援学校ではなく高等学校に進学する．また，その後，さらに高等教育に進学することもある．そして，高等学校や大学，大学院などの教育を終えた後の就職は「障害者雇用」ではなく「一般扱いの雇用」を希望することが一般的である．しかし，学校場面における親子の期待とは別に，"一般扱い"の雇用関係に適応することが困難である場合，職業準備（特に，作業遂行や対人関係などの多様な就業上の課題に対処するスキルの効果的活用など）における課題未達成は，障害理解および受容と一体の支援課題となる．企業の雇用支援と配慮を求めて職業生活を送るためには，障害特性を就労と職場適応の視点で評価することが求められるからである．
　ただし，苦手なことやできないことに対処するための教育的支援の成果として，親子ともに「治る＝定型発達者と同様の生活を送る」という目標の達成を目指してきた場合，「障害特性と向き合う＝適切な自己（障害）像を理解する」機会は，就職もしくは職場適応が問題となるまで先送りされることが多い．

●**障害受容**　古牧[1]は，障害受容が達成された状態を"新しい価値観への転換"ができた時期であるとして，障害受容の達成に必要な条件をあげている．それによれば，先天性障害・中途障害に限らず，価値観の転換には以下の4条件が必要であるとしている．

① 障害の原因になっている外傷や疾病について，正確な知識をもっていて障害の程度に対する自己評価が客観的評価とほぼ一致している
② 障害の軽減に工夫したり，機能維持に努力したり，再発防止に留意するなど，積極的な取り組みが認められる
③ 障害について，こだわりのない態度をもって，抵抗なく話し合える
④ 自分自身満足が得られるような"何か"を獲得する

　また，古牧[1]は障害受容について二つの知見を提出している．その第一は，知的能力の問題である．障害受容を達成するために本人が解決しなければならない課題の達成には一定水準（普通知レベル）以上の知的能力が必須であるという見解である．IQ値は普通知レベルであっても，洞察力の低下のために，適切なゴールが立てられなかった事例などがあることから，洞察力の評価内容として，①自分を客観視できるか，②自分の能力・問題点などをどの程度的確に把握している

か，をあげる．

第二は，先天性障害に固有な問題である．先天性障害者の場合，受容の達成は青年期の職業選択の過程で行われるという見解である．障害ゆえに職業選択に挑戦して解決できないといった場面で障害受容が行われるとし，こうした先天性障害の場合には，社会参加のあり方に関する援助が中心となると指摘する．

これらは，身体障害を受容する際の段階として解説されているが，発達期に発達に伴って顕在化する障害についても，支援の課題を検討する際に参照すべき知見である．

●アイデンティティの再構築の支援　気づきや疑いがあったとしても，心理的防衛反応として障害を否認したいという気持ちは強い．"健常者としての自己像"を否定せざるを得なくなるという経験は，自分の存在そのものを否定されるほどに，このうえもなく重い．したがって，挫折体験（初職入職困難／職場不適応）や喪失体験（離転職／"一般扱い"における正規職員という地位の喪失）があったとしても，"一般扱い"で就職したいという希望にこだわることになる．しかし，つきつけられた厳しい現実を受けとめて職業自立に向けた一歩を踏み出すために，障害に向き合うことが避けられないこともある．

こうした過程を経て，自己像を再構築し，障害を受け容れて活動を始めるとともに，必要な支援を選択して新たな目標達成をめざすことになるのだが，あわせて，自己の独自性を確認することになる．しかし，本人のこうした挑戦には，新たな一歩を踏み出すための支援を欠くことができないなど，障害に向き合うことそれ自体の課題は大きい．

●職業選択（支援の選択）と自己理解の支援　何を適職というかについて，さまざまな見方がある．多くの場合，「好きな仕事」に就くことを職業選択の最優先事項とし，「向いている仕事」を探すことを重視することになるのだが，作業遂行や適応上の問題があれば，就職困難もしくは定着困難による離転職を余儀なくされることもある．職業選択における自己理解支援は，進路指導の中心的な課題の一つである．したがって，通常学級に在籍する障害のある生徒の進路指導においては，検討された個々の独自性を踏まえつつ，必要に応じて職業リハビリテーションに関する理解を深めることが求められる．

このため，通常教育においても，就職に際して職業リハビリテーションの支援を要する者に焦点をあてた移行支援のモデルを検討することが必要となる．当面，その中心的課題は，本人ならびに家族の障害受容と自己理解であるといえる．

[望月葉子]

📖 参考文献
[1] 古牧節子「リハビリテーション過程における心理的援助—障害受容を中心として」総合リハビリテーション，14(9)，719-722，1986

自己概念と自尊感情

　自己概念や自尊感情など，心理学において自己関連用語はさまざまな用語が用いられ混乱している．一般に，自己概念は認知的，情動的，行動的側面を含む比較的包括的な構成概念であり，自己評価や自尊感情は特に自己概念の評価的側面を意味する構成要素であると考えられている[1]．自己概念は，自分に対するイメージであり，評価的な要素も含んでいるといえよう．

●**自己概念の発達**　自己概念には，発達的な変化がみられる．子どもは，およそ2歳頃に自分の名前を理解する．その後，幼児期から児童期にかけては，自分の所属・外見的な事柄について理解を深める．さらに，児童期から青年期にかけて，自分の行動（例；僕は，サッカーをします）や人格特性など内面世界への理解が深まっていく．

　こうした自己概念の発達には，他者との関係性が影響を与える．例えば，担任の教師から頻繁に「いつもお友達に優しいね」と褒められている子どもは，自分自身のことを「優しい」と思い，自己概念の一つとして認識することになる．逆に，「ダメな子」などと常に否定的な言葉を言われていると，自分に対して肯定的なイメージを抱くことが難しくなる．また，およそ小学校中学年頃になると，客観的な他者との比較が可能になる．したがって，つまずきのある子どもは，小学校中学年頃になると他者との比較から，自分はできないということをより強く認識するようになっていく．このように，自己概念は重要な他者からの評価や他者との比較など，他者との関係性に大きな影響を受けながら，形成される．

●**自尊感情の発達**　自尊感情については，自己概念の中でも評価的な要素で，自己評価とは異なり，特定の領域ではなく，全般的な自己に対する評価とされている．一般に，自尊感情の測定は抽象的な質問項目によって測定が試みられるため，幼児や小学校低学年では測定が困難とされてきた．したがって，主には小学校高学年以降を対象として自尊感情の測定が試みられている．

　自尊感情は，一般に小学低学年に比べて小学高学年や中学生になると低下する傾向にある．これは，認知能力の発達に伴い，他者との比較に基づく客観的な評価が可能となり，自己評価を低下させることにつながりやすいためである．

●**発達障害児の自尊感情と支援**　これまで発達障害児の自尊感情をめぐっては，国内外で障害種別に検討され，その特徴が示されつつある．それぞれ障害種別に，同年代の障害のない対照群との比較などから検討され，影響要因などについても明らかにされてきている．したがって，自尊感情の支援では，その子どもの自尊感情に影響を与えている要因を分析していくことが求められる．

表1 自尊感情支援のアプローチの領域

①自己の再認識
主に，その子どもの自分に対する理解や認知，さらには感情を主体的に変化させる．
②他者からの変容
主に，友達などの他者とかかわりながら，自分自身に対する理解や評価について変えていく．
③原因帰属の変容
ある結果の原因について，どのような考え方ををするという思考様式をかえる．

［出典：文献［3］をもとに作成］

　発達障害児の自尊感情に影響を与える要因については，①重要な他者からの評価，②他者との比較，③理想自己とのギャップ，④実際の失敗・成功経験，⑤診断名に対する意識，が示されている[2]．これらは，主には本人自身の経験や認知的な要因に関する内容（③理想自己とのギャップ，④実際の失敗・成功経験，⑤診断名に対する意識）と他者との関係（①重要な他者からの評価，②他者との比較）といった二つの要因に整理できる．支援を考える際にこれら要因を考慮しながら，本人が重要と認識している領域を把握し，その要因に対してアプローチしていくことが大切である．

　そして，発達障害児の自尊感情を支えるためには，日頃から自己成長感を抱けるような支援をしていく必要がある．なぜなら，発達障害児が他者との比較を行った際には，他者よりもできないという実感を多く抱き，自己評価を低めることにもつながる．そのため，他者との比較だけでなく，むしろ過去の自分と現在の自分を比較して，自分自身の成長に対して認識を深めるような支援が重要になる．

　また，自分にはいろいろな側面があるといった多面的な自己理解も自尊感情を支える基盤となる．自分の苦手な面や弱さばかりに目を向けるのではなく，それらは自分のいろいろな側面の一部であると受け止め，得意な面や好きな事柄などに自分自身で目を向けられるように支援していくことが大切だ．

　さらに，発達障害児の自尊感情に対する直接的なアプローチとして，表1の三つのアプローチが提案されている[3]．発達障害児の自尊感情に対する教育現場での授業・支援アイディアも示されているが，発達段階を考慮しつつ，表1に示した三つの領域を組み合わせて継続的に取り組むことが重要である．具体的な自尊感情の支援アイディアについては，参考文献［3］をご覧頂きたい．　　［小島道生］

参考文献
[1] 榎本博明『「自己」の心理学』サイエンス社，1998
[2] 小島道生「発達障害児の自己概念と教育」発達障害研究，34(1)，6-12，2012
[3] 小島道生『発達障害のある子の「自尊感情」を育てる授業・支援アイディア』学研，2013

セルフエフィカシーと学習の関連

課題遂行前に個人が感じる遂行可能感，すなわち，ある状況においてある結果を達成するために必要な行動を自分がうまくできるかどうかの予期のことを，A. バンデューラは，セルフエフィカシーとよび，従来の期待概念に対して効力予期と結果予期の区別を導入した．両者の違いを図1に示す．結果予期は行動がある結果にいたるであろうという予期のことであり，効力予期はその結果に必要な行動を自分がどの程度うまくできるかと

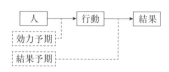

図1 効力予期と結果予期
[出典：A. Bandura, "Self-efficacy: Toward a unifying theory of behavioral change", *Psychological Review*, 84, 191-215, p.193, 1977 を一部改変]

いう予期のことである．そして，自分がどの程度の効力予期をもっているかという認知がセルフエフィカシーである．

セルフエフィカシーはその後の行動を予測する機能をもち，セルフエフィカシーを変化させることにより実際に行動変容が可能であることが多岐にわたる研究で示されている．このことから，学業，医療，スポーツなど，さまざまな領域で行動変容の鍵となる概念として重視され，問題改善に向けた教育的手法や臨床的技法としてセルフエフィカシーの操作が注目されている．

では，セルフエフィカシーを変化させる要因としてどのようなものがあげられるのだろうか．バンデューラは，セルフエフィカシーの獲得や変容の情報源として「遂行行動の達成」「代理的経験」「言語的説得」「情動的喚起」の四つを示している．この中でも最も強力な情報源は「遂行行動の達成」であり，これは成功経験を体験し達成感をもつことである．統制した条件下で達成体験を積ませることでセルフエフィカシーの変容を図り，治療や学習の効果を向上させる研究も行われてきている．

●**不安とセルフエフィカシー** セルフエフィカシーは，不安や不安障害の問題とも関わりが深く，それらの治療においてセルフエフィカシーに着目したアプローチが有効であることが示されている．その際，単に遂行行動に関するセルフエフィカシーの低さが不安を喚起するだけでなく，不安の維持・増悪には，不安のコントロールに関するセルフエフィカシーの低さや不安場面への対処に関するセルフエフィカシーの低さも関係していることが指摘されている．すなわち，不安制御に関するセルフエフィカシーにも着目してアプローチすることが有効になる．そのため，こうした問題の治療では，不安治療の技法（系統的脱感作法やエクスポージャー法など）に加えて，不安制御に関するセルフエフィカシーの向上や対処ス

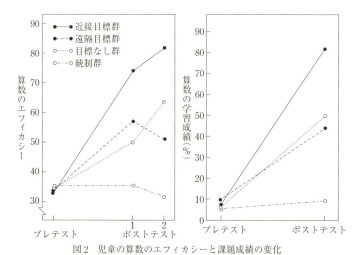

図2 児童の算数のエフィカシーと課題成績の変化
[出典：A. Bandura and D. H. Schunk, "Cultivating competence, self-efficacy, and intrinsic interest through proximal self-motivaton", *Journal of Personality and Social Psychology*, 41, 586-598, p. 592, 1981]

キルのレパートリーの増加をねらった介入を行うことでより優れた効果があげられることが報告されている．

●**学業領域におけるセルフエフィカシー**　セルフエフィカシーの高さは，困難に直面した際の努力量や耐性を通じて結果に影響すると考えられており，学業的な領域においては，セルフエフィカシーと学業達成や動機づけとの関連を中心に多くの研究がなされている．その中で，児童生徒のセルフエフィカシーを操作することによる，学業成績の向上，内発的な興味の高まりなども報告されてきた．例えば，D. H. シャンクは，目標設定，帰属様式，モデルなどの効果に着目し，児童に対してこれらを操作する介入を行い，セルフエフィカシーへの効果を検討している．目標設定に関しては，図2に示すように近接目標（身近な目標）を与えられた群では，遠隔目標（遠い未来の目標）を与えられた群や目標が与えられなかった群に比べ，大きな効果が示された．このほか，帰属様式に関しても，成功経験に対する能力フィードバックの効果や努力フィードバックを行う際の留意点などが示唆されている．また，モデルの効果についても，自分自身と類似性の高いモデルは類似性の低いモデルよりも高い効果をもたらすことなどが示されている．

［三宅幹子］

📖 **参考文献**
[1] 坂野雄二・前田基成編著『セルフ・エフィカシーの臨床心理学』北大路書房，2002
[2] A. バンデューラ，本明 寛・野口京子監訳『激動社会の中の自己効力』金子書房，1997

小集団指導と仲間媒介介入法

　発達障害のある子どもの指導では，ソーシャルスキルの指導に小集団での指導が行われることが多くある．通常の学級のような大きな集団の中では，発達障害のある子どもは参加できない，人とうまく関われない，感情を抑えられないというような状態を示す場合もある．これを改善するために，より小さな集団の中で，少人数の仲間と一緒に適切なスキル等を学び合いながら，成功体験を積み重ねるといった指導が，通級による指導や教育センターや民間指導機関等において行われている．

　小集団指導という指導形態自体は，ソーシャルスキルの指導に限らず，教科学習の指導にも適用できる．教師と子どもの一対一の個別指導では，その子どものニーズにあった指導をじっくりできるという利点が有る一方，小集団指導では友達同士で影響を与え合うことや，友達の好ましい行動のモデリングが起こったり，教師だけでなく友達からも認められることがより大きな成功体験になったりといった利点がある．本項では，友達同士の関わりや影響の与え合いをより好ましい方向へ導くための考慮点について，集団随伴性（group-oriented contingencies）や協同学習（cooperative learning），仲間媒介介入法（peer mediated intervention）に関する研究知見を基に述べる．

●仲間の存在とグループのやりとりを促すための集団随伴性　小集団指導では，仲間と一緒に指導を受けることで起こる上記の利点を上手く引き出すために，集団随伴性の考え方が参考になる．集団随伴性は応用行動分析学の用語で，ある個人または集団の行動の結果，集団に対して強化が随伴されることをいう．個人の行動の結果，集団に対して強化が随伴される場合を依存型集団随伴性，集団の行動の結果，集団に強化が随伴される場合を相互依存型集団随伴性という．例えば前者の例は，クラス代表リレー，後者はクラス全員リレーがある．なお，個人の行動の結果，個人に強化が随伴される場合を個人随伴性という．

　自分や仲間全員に楽しいことが起こるようなゲームなどの場面を設定することにより，集団随伴性を人為的に操作することができる．集団随伴性が作用するとき，指導のターゲットとした適切なやりとりが増えるのに加えて，さらに仲間を励ましたり，援助するなどやりとりが副次的に生じることが分かっている．また，同じグループの仲間に対する受容度も上がることが示されている．ただし，目標設定が高すぎたり，互いを援助し合うスキルをいまだ獲得していない場合には，相手を非難したり攻撃したりする行動が生じるおそれがあるため，指導のターゲットとする行動に関する子どもの遂行能力についてアセスメントをしっかり行

い，適切な目標設定を行うことが大前提となる[3]．

●仲間媒介介入法や協同学習に関する知見から　仲間媒介介入法とは，ある仲間（peer）に標的児の指導や支援をさせる指導介入方法である．仲間始発法や仲間トレーナー法などがあり[1]，学校現場では「友だち先生」などとよばれることもある．諸外国では，インクルーシブ場面における有効な指導方法として，典型的な発達の子どもが先生役となり，自閉症などの障害のある子どもにコミュニケーションスキルやソーシャルスキルなどを指導する研究が多くなされている．先生役は障害のある子どもとない子どもで交代する指導介入方法もあれば，障害のある子ども同士のペアに実施されることもある．指導に仲間（peer）を加えることは，やりとりの相手として大人よりも仲間を相手とする方がコミュニケーションなどの指導にとって，自然であり社会的妥当性が高いことや，仲間は指導場面だけでなく生活場面でもやりとりできるので，般化が促進されることが指摘されている[2]．

日本では，子ども同士に上下関係を設定することがあまり好まないという文化的な風潮があるのか，研究知見も少なく，学校現場などでの応用も少ないようである．しかしながら，特別支援学級や通級による指導では異学年構成の集団となる

図1　仲間の力を借りる方法
[出典：文献[1]]

ことも多い．年長者が先生役と担うという設定ならば，自然な文脈によって仲間媒介介入法を実施することが可能である．

また，協同学習（「協同学習」参照）の知見を活用し，先生役-生徒役といった上下関係ではなく，対等の水平的な関係の中で互いの協力を促す仕掛けをつくることにより，指導する方法もある．

[涌井　恵]

📖 参考文献
[1] 佐藤容子「統合保育の方法」田口則良編『障害児保育』北大路書房，pp.94-121，1993
[2] R. ホーナー他編，小林重雄・加藤哲文監訳『自閉症，発達障害者の社会参加をめざして―応用行動分析からのアプローチ』二瓶社，1992
[3] 涌井　恵『発達障害児の仲間同士の相互交渉促進に関する研究―社会的スキル訓練における集団随伴性の有効性』風間書房，2006

発達障害へのパーソナリティテストの活用

　人はそれぞれ思考や行動の習慣があり，興味や価値観などにおいて個性をもっている．それらの特徴の全体像はパーソナリティ（人格）とよばれる．心理検査のうちパーソナリティの特性や傾向，あるいはその障害をとらえることを主眼とした検査をパーソナリティテストという．

●パーソナリティテストの種類と内容　テスト形式により，質問紙法，投影法，作業検査法に分類される．主なパーソナリティテストを表1に示す．

表1　主なパーソナリティテスト

質問紙法	投影法作業	作業検査法
YG（矢田部・ギルフォード）性格検査 エゴグラム MPI モーズレイ性格検査 MMPI ミネソタ多面的人格目録	バウムテスト（樹木画テスト） P-F スタディ（絵画欲求不満テスト） HTP（家・樹木・人物画）テスト 文章完成テスト（SCT） 絵画統覚検査（TAT） ロールシャッハテスト	内田クレペリン精神検査

　質問紙法は，被検者が「はい」「いいえ」「どちらでもない」などの答えからあてはまるものを選び，回答を点数化することによりパーソナリティをとらえる検査法である．自分自身がイメージする性格特性を意識レベルから測り，実施が容易で結果が客観的でわかりやすい．ただし，自己と周囲を意識しながら回答するので防衛機制が働いて理性的な歪曲が入りやすい．また，被検者が客観的に自己評価できる力や，質問の意図を正確に理解できる力が必要である．そのため自己診断法の適用年齢は小学校3，4年生以上や中学生以上であることが多い．

　投影法は，あいまいな模様，絵，文章などの課題を与え，それに対する被検者の自由な反応を，診断者が一定の基準に基づいてパーソナリティの特性を把握する検査法である．パーソナリティを力動的，多面的にとらえることができ，無意識レベルの個性が測定できる．複雑な言語指示を理解する必要がないため，幼児や発達障害児にも利用しやすい．反面，実施に時間と労力がかかり，結果の解釈が難しく検査者の判断や洞察力に依拠することが多く，検査者の力量が求められる．

　作業検査法は，加算作業や図形の模写など比較的単純な作業を行わせ，一定時間内の作業量とその変化や作業内容から，仕事に対する態度，行動特性，精神身体的状態などのパーソナリティの表れ方などを診断するものである．回答者の言語能力に左右されにくく，職業の適性検査などに用いられることが多い．

●発達障害への活用　発達障害児にパーソナリティテストを行う意義は，それぞ

れの検査が本来もっている評価内容や解釈を行うことのみではない．テスト結果の中には，状況や他者理解の障害や強迫性などの発達障害児がもつ特徴の表現，あるいは自己評価の低下，うつ状態，攻撃性など発達障害の二次障害としての心理的危機状態の様相がみられる場合も少なくないからである．発達障害臨床ではこのような表現についても詳細な検討を加えることにより，自己表出の苦手な子どもの状態像を理解し，支援方法を考える手立てとしていくことが多い．

以下に発達障害児によく用いられるバウムテスト（樹木画テスト）とP-Fスタディについて事例の結果も含めて示す．

バウムテストは適用年齢が3歳以上で，「実のなる木を1本書いてください」という教示を与える．描かれた樹木から，幼児期の描画にみられる原初型や成長とともに変化する幹冠比などの発達的側面，および空間象徴的解釈や退行の所見などによる精神的心理的側面の評価が可能である．発達障害児は不器用さも伴いやすく描画が不得意なことが多いが，こだわりが強いと几帳面で精密な画（図1左）や現実離れした木を描くという報告も多い．また，投影された自己像の縮小（図1中）などから不適応状態にあることも推察できる．

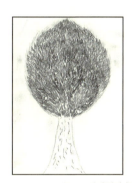

図1　発達障害児のバウムテスト(左，中)とP-Fスタディ(右)の例

P-Fスタディの適用年齢は児童用4〜14歳，青年用12〜20歳，成人用15歳以上で，日常生活での欲求不満場面をイラストで示し，子どもは描かれている人物の身になって吹き出しの中に台詞を記入する．失望や挫折，落胆，いらだちなどの感情を評価し，対処方法の特徴を明らかにすることで社会性の発達における問題点を検討する．自閉症スペクトラム児では，イラスト場面の状況理解が正確にできず場にそぐわない反応を示すこと（図1右）や，解答に長時間かかったり答えることができないことも少なくない．　　　　　　　　　　　　　　　　　［田中枝緒・郷間英世］

参考文献
[1] 氏原　寛他編『心理査定実践ハンドブック』創元社, 2006

動機づけの向上

　人の行動には理由がある．行動を駆り立てるきっかけとなることを動機という．その行動が向かう方向を目標という．動機によって行動が起こり，目標へと向かう課程を動機づけとよんでいる．動機づけは人間の行動を喚起し，方向づけ，統合する内的要因である．人が何によって動機づけられ，やる気が高まるのかを研究した理論は動機づけ理論（モチベーション理論）とよばれ，その源流は1950年代の「マズローの欲求階層説」や「マクレガーのX理論Y理論」「ハーズバーグの動機づけ・衛生理論（二要因理論）」などにある．1970年代以降は社会心理学の分野で「自己決定理論」と関連づけられて考えられるようになってきている．

●**達成動機と失敗恐怖**　達成動機（achivement motive）とは，みずからの目標の達成そのものを目指す行動を引き起こす動機のことである．達成動機は，「達成」や「成功」の喜びを求めて努力することが特徴である．達成動機の強さは成功体験や自己有能感に基づいて形成され，成功の喜びや満足感によって，主体的，積極的な活動がさらに促されていく．したがって失敗経験が多くなると自己有能感も低下し，成功を求めるよりも失敗を恐れ，消極的・回避的になる傾向が強くなる．これらのことから，子どもの意欲を育むには，成功体験を増やし，失敗に対する恐怖心を軽減させることが重要と考えられている．

●**外発的動機づけ**　外発的動機づけ（extrinsic motivation）とは，主として外部からの力（あるいは圧力）によって動機づけが行われることである．例えば，「単位をとらないと留年するから勉強する」や「親に叱られるから勉強する」などがあげられる．外発的動機づけは，外部からの力（圧力）によって動機づけられることから，他律的・依存的傾向を助長してしまうことや，適当・無責任といった行動様式を誘発したり，自己の中にストレスが増長されたりといった問題が内在している．

●**内発的動機づけ**　内発的動機づけ（intrinsic motivation）は，活動それ自体が目的であり，何かのためにするのではなく，したいからすると状況を示す．典型的には，好奇心に基づく場合は，見たいから見る，したいからする，知りたいから知ろうとすることが動機づけとなっている．このような場合には，外発的動機づけにみられるような問題は起きにくい．内発的動機づけの端緒となるのが有能感である．私たちは，自分自身のまわりの環境に対して働きかけ，環境を自分自身の力で変化させたときに喜びや満足を感じる．この喜びや満足感のようなものを有能感とよぶ．例えば，「縄跳び」のような今までできなかった技術が初めてできたときの喜びは，今まで「できない」という状況を「できる」という状況に

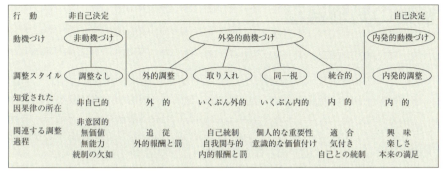

図1　自己決定の連続体［出典：文献［3］p.72 より中澤（2011）が作成］

変化させたことから生み出されるものであり，できたことで有能さを感じ，次のより高次の「二重跳び」といった活動への動機づけとなる．一方で，内発的に動機づけられていた行動に対して外的な報償を与えると自発的に行動しなくなることが知られており，これはアンダーマイニング（undermining）現象とよばれる．

●**自己決定理論と動機づけ**　自己決定理論[3]では，従来，対立するものとして考えられることが多かった内発的動機づけと外発的動機づけを自律性（自己決定性）という一次元の連続体上に配置し，自己決定性の程度によって細分化されている．統合的にとらえている．そこでは図1のようなモデルが想定されている．外発的動機づけを自己決定の程度（自律的に行動を選択している程度）により，四つの段階に分類している．外発的動機づけのうち，最も自己決定の程度が低いのは，外的調整（external regulation）である．取り入れ的調整（introjected regulation）は「他の人にすごいと思わせたい」「恥をかくのを避けたい」など，自己価値を維持するなど自尊心に関連しており，活動は外的な因果関係から位置づけられる．行動の内面化と統合が進んでくる段階では同一視的調整（identified regulation），統合的調整（integrated regulation）が行われ，自己決定が高まってくる．「教師になりたいから勉強する」「自分がそうしたいから」など自己の行動価値を認めたうえで調整する段階である．また，自己決定理論では，自律性の欲求，有能性の欲求，関係性の欲求の三つの心理的欲求の存在を仮定している．この心理的欲求が満たされると，人は内発的に動機づけられ，所与の課題に対してみずから積極的に取り組むようになるものとされ，人は自律性を持ち，有能性を感じ，他者との関係性を充足するとき，自己決定的な行動が起こると考えられている．　　［相澤雅文］

📖 **参考文献**
[1] 京都大学心理学連合編『心理学概論』ナカニシヤ出版，2011
[2] 中澤　潤編著『発達心理学の最先端—認知と社会化の発達科学』あいり出版，2011
[3] R. M. Ryan and E. L. Deci "Self-determination theory and the facilitation of intrinsic motivation, social development, and well-being", *American Psychologist*, 55, 68-78, 2000

情動の処理過程

　情動（または情緒）は，「知性・認知」に対する「感性・情意」に関わる心的状態であり，学問分野間で用語や定義が異なるが，主観的な内的経験とそれに伴う行動・活動という二つの側面を総称した用語である．前者は感情，気分，情操などとよばれ，後者は表出された行動（表情や泣くなどの動作）と生理的な活動（心臓がドキドキする，涙が出るなど，内臓や内分泌活動の変化）を含む．

●**情動の脳機構**　情動の発生に関わる脳の部位は，間脳の視床下部と大脳基底核の扁桃体を中心とした領域であり，爬虫類以上の動物とも共通した系統発生的に古い脳（辺縁系と総称される）の一部である．外的刺激や過去の記憶を思い出すなどの内的状態の変化によって，これらの領域が活性化し，快情動と不快情動では活性化部位も異なる．一方，これらの領域（特に扁桃体）からの信号は，自律神経系を介して身体や内臓の反応を引き起こすとともに，系統発生的に新しい脳である大脳新皮質（特に前頭葉の内側面）に伝えられ，喜怒哀楽の感情や気分が発生すると考えられている．さらに，前頭葉の前面（前頭前野外側面）が感情発生前後の情動行動の制御に関与しており，例えば，他者から罵声をあびせられたとき，キレて衝動的に行動しないよう我慢するなどの役割を担うことが知られている（図1）．これら脳領域の神経細胞同士の情報伝達には神経伝達物質が深く関わり，ノルアドレナリンやアドレナリンなどは怒りや恐れなどの情動的興奮を，セロトニンやギャバなどは気分の落ち着きなどの鎮静効果をもたらす．また，脳幹部から前頭葉と大脳基底核に投射される神経で分泌されるドパミンは快感や意欲向上をもたらし，大脳新皮質全体に広く分泌されるグルタミン酸とともに，情動の認識（感情の発生）や情動行動の制御（キレないよう我慢するなど）に関係する．以上の脳機構は，食欲，性欲などの生理的欲求や意欲，達成感などの社会的動機づけに関わる脳領域と重なる部分も多く，人間

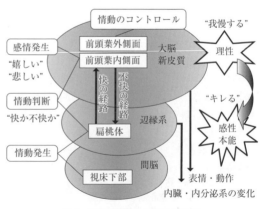

図1　情動の発生と制御の脳機構

の本能的行動と密接に関係している．

●**情動の機能とその障害**　情動は現在の人工知能では再現が難しい「人間らしさ」の根源ともいえ，環境に適応して人生を豊かにする機能がある．危険な事柄には恐れや怒りの感情が生じて自己防衛行動（逃避か攻撃か）が起こるし，成功体験による快感情は活動意欲を高め，新たな活動の原動力となる．また，子どもや仲間に対する愛情・共感は，他者への援助や共同行為などの社会的行動を形成する．一方において，ストレスなどによって，上に述べた情動の機構に変調や障害が起こると不快感が生まれ，気分のイライラや不安感など，情緒的に不安定になる．不快感情のエネルギーが外に向かうと，キレるなどの感情爆発や暴力行為などの衝動的行動が生じ，内に向かうと無気力，引きこもりなどの症状が生じて，特別支援教育でいう情緒障害や抑うつ性障害（うつ病），不安障害，パニック障害など，多くの精神障害の原因ともなる．

●**前頭葉機能と情緒的問題への対処**　こうした情緒的症状に対する治療・支援を行ううえで最も重要なのが前頭葉機能である．特に前頭前野外側部は，ワーキングメモリーや実行機能など，認知機能の統合中枢として，「行動の意図→計画→実行→結果確認」という行為の流れを制御し，周囲の状況に臨機応変に対応しながら，計画的に目標を達成する機能を有する．情動についても，キレるなどの過剰な情動行動を抑制し，ストレスに対処して適切な行動を組み立てる役割を担っている．このため，前頭葉の障害は，認知と情動の両面，さらには人格にも関わるさまざまな症状が現れ，前頭葉症状として古くから知られており，近年は，抑うつ性障害や認知症などでも，治療・支援に直結する重要な脳領域として注目されている．

発達障害の中では，注意欠如・多動性障害（ADHD）と自閉症スペクトラム障害（ASD）が認知-情動のアンバランスを呈する代表例である．ADHDでは，前頭葉機能の低下と辺縁系機能の亢進によって，不注意や物忘れなどの症状とともに，我慢できない，キレるなどの衝動的行動が現れる．一方，ASDでは，扁桃体などからの情動情報を過大または過小にとらえる傾向（感覚過敏）があり，実行機能や他の脳領域との統合不全によって，ストレスに対する適切な行為を組み立てられず，不安感や怒りなどが増幅して情緒不安となり，こだわり，パニックなどの情緒的行動が現れる．よって，ADHDやASDの支援にあたっては，何らかのストレスが加わる場面では，どのような手順で行動するか具体的に助言する（実行機能の育成）とともに，ドパミン神経を活性化するような働きかけ，すなわち，失敗や問題行動を叱責するよりも，興味のある楽しい活動を提供して成功体験を増やし，達成感や自己有能感を育むことが重要といえる．　　　［三橋美典］

📖 **参考文献**
[1] 伊能良子・津田正明編『情動と発達教育』朝倉書店，2015

感情理解・表情認知

　喜怒哀楽の感情は情動の中心的な要素であり，さまざまな行動を引き起こす動機ともなる．このため，自身や他者の感情状態を認識することは，円滑な人間関係を築くうえで最も重要といえる．社会的コミュニケーションに問題を抱える自閉症スペクトラム障害（ASD）には，この感情認知や情動制御の障害が想定される．

●**感情の種類と表情認知**　感情は個人の主観的事象であるため，他者の感情状態を正確に推測するのは難しいが，顔の表情に最も如実に現れる．表情からみた感情にはさまざまな種類が提唱されているが，一般に六～八つの基本感情があり，快-不快など，複数の次元をもつ円環上に分類される．例えば，P.エクマンは表情筋の特徴から，喜び，驚き，恐れ，怒り，悲しみ，嫌悪の六つに分類し，R.プルチックは，感情を表す言語・行動も考慮して八つの感情に分類し，感情の強さも含めた立体モデルを提唱している（図1）．どの表情が感情を推測しやすいかについては，喜びなどの快表情が認知しやすく，恐れ，嫌悪などの不快表情は難しい．また，顔の部位で異なり，喜びや嫌悪では口を中心とした下半分に，悲しみや怒りでは目を中心とした上半分に特徴が現れるとされる．

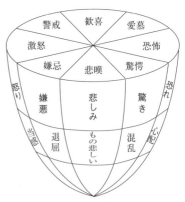

図1　プルチックの情動モデル
［出典：R. Plutchik「情緒と人格」浜 治世編『現代基礎心理学8 動機・情緒・人格』東京大学出版会，p.153，1981］

●**ASDの感情・表情認知**　一般にASDは視覚優位の傾向があるが，表情から感情を読み取るのは苦手である．さまざまな表情の写真やイラスト画を用いた実験研究によると，定型発達者に比べて表情認知能力は低い傾向にあり，特に怒りや悲しみなど，顔の上半分に特徴が現れる表情が苦手なこと，音声情報が付加されると成績は向上するが，表情だけでは認知が難しいことなどが報告されている．この理由の一つとして，顔全体より部分に注目するというASDの特徴が考えられ，特に目を見ない傾向があるため，顔の上半分に特徴が現れる怒りや悲しみの認知が難しくなる．ただし，個人によって状態は異なり，定型発達者より良好な場合もあり，顔のどの部分に注目するかなど，各表情の特徴を教えることで表情認知は向上する．しかし，写真などの静止画像は認知できても，映像のように動き・変化を伴う表情や微妙で複雑な表情（例えば，嫌いな人に愛想笑いするなどの矛

盾感情）の認知は多くの ASD 者が苦手である．本来，表情は静的なものではなく，動きを伴うものであり，表情変化をもたらす前後の場面状況（文脈情報）を認識できなければ正しい感情認知は難しい．ASD では感情・情動の処理そのものに障害がある可能性があり，脳機能画像研究でも，顔・表情認知や情動の処理に関わる脳領域（紡錘状回，扁桃体，前頭前野など，社会脳とよばれる部位）の機能低下があるとの報告がある．このため，他者感情の認知だけでなく，表情が乏しい，不快感情を引き起こす刺激に過敏に反応する，他者の感情に共感した行動をとれないなど，自身の感情認識や情動表出にも問題を抱え，定型発達者とは異なる特徴が現れる．よって，ASD の表情認知障害の背景には，視覚認知の問題だけでなく，場面の文脈情報の認知や感情・情動制御機構の障害を考える必要がある．

●他者理解と対人的コミュニケーション　感情は，表情だけでなく，「嬉しい」「悲しい」などの言語，笑う，泣くなどの行動・動作や心臓がドキドキする，冷や汗をかくなどの生理的活動として表出される．他者の考え・意図を理解するには言語が最も重要だが，感情の理解では必ずしもそうではない．感情は無意識的・本能的なものだが，言

図 2　皮肉理解テストの例
他者の言葉が真実ではないこと（皮肉）を理解できるか？

語は意識的・意図的な側面が強く，比喩・皮肉のように言葉と意味が一致しない場合もある（図 2）．また，感情を表す言葉が感情を伴うとは限らず，意図的に発する非感情語（例えば，嫌いな物をもらったが，相手を気遣って「嬉しい」と言う）もあれば，逆に，無意識的に発する感情語（例えば，転びそうな人を見て「危ない」と叫ぶ）もある．よって，他者の感情や真意を理解するには，言葉や字面に明示されない隠れた意味を考える必要があり，相手の声の調子や表情・動作などの非言語的情報を活用するとともに，言葉や行動が表出される前後の文脈情報も含めて推測しなければならない．定型発達者では，人から教わらなくても日常の経験を通じて自然に習得するようだが，ASD の場合は表情や動作と言語を統合するのが苦手（弱い中枢性統合）なため，特に言語機能が良好なタイプでは字義通りの意味にとらわれ，他者の真意や心情が理解できにくいと考えられる．これらのことから，ASD の感情・他者認知能力を高め，社会性を育てるには，表情認知のトレーニングだけでなく，具体的な日常場面で，他者の考え・意図と感情の両面に注目して考えさせる指導を行うとともに，他者の意図や心情に応じて，どう行動したらよいかを具体的に助言することが重要である．　　　　［三橋美典］

■ 参考文献
[1]　北尾倫彦他著『グラフィック心理学』サイエンス社，p.119, 1997

高校生・大学生とメンタルヘルス

　発達障害のある高校生・大学生が学校生活の中で直面する問題は多岐にわたる．彼らは他者との社会的コミュニケーションそのもので苦労し，人との良い関係性を維持することに失敗しがちであり，その結果，否定的な自己像をもってしまうことがある．また，問題そのものに圧倒されてしまい，みずから考えをめぐらせたり，解決策を考えたりする心の余裕もなく，精神的な混乱を引き起こす場合もある．感覚や知覚に関する障害特性が，さらに症状を重くさせているケースも多い．このように身体的な過敏性や過去の外傷体験の記憶，そして今まさに直面している困難など，さまざまな複合的な問題に疲弊してしまい，大きなストレスを抱えがちな青年期の発達障害者に対するメンタルヘルスは重要な課題である．

　●メンタルヘルスケアを目的とする心理教育的支援　心理教育的支援の目的は，発達障害のある高校生・大学生の心理的成長・発達を促し，青年期のアイデンティティをめぐる不安定な心理的状態を支えることにある．また，学生が自分自身の特性を認識し，自己理解を進めながら適切な対処法を知ることによって将来的な自立を目標とする発達促進的なソーシャルサポートでもある．自分なりの考え方や価値観を自覚するには，他者との良好な関係性の中で「他者とは違う自分の考えや感じ方」を意識するコミュニケーションの場が必要である．しかしながら，発達障害のある生徒・学生は，自分の悩みを相談することに意味を見出すことが難しく，支援の必要性を実感できないことが多い．

　支援者は本人にとって意味ある対話の相手として認知されるような関係性を構築する必要がある．対話において，学生の語りが尊重されるコミュニケーションの場が保障されれば，学生は安心して思いを語る．支援者は語られる言葉の意味を正確に受け止めようと努力し，理解を深めるための問いかけをしていく．このような対話の中で学生は自分自身の思考パターンや考え方の基盤に気づき，さまざまな体験が語りの中で再編成・再構築され，ひとまとまりの自分史として蓄えられていく．つまり，出来事を言語化することにより体験が対象化され，受け入れ可能な自己像として再認識されていくのである．

　●経験的学習を通したソーシャルサポート　発達障害のある生徒・学生の場合，「社会的コミュニケーションの障害」，「実行機能の障害」を念頭においた実行を支える支援が重要である．ここでいう実行を支える支援とは「活動の意味を理解し，遂行のための手順を描きながら，みずからの意志で実行する」という経験的学習の場を通したソーシャルサポートのことをいう．学生の意志決定をサポートしつつ，学生が実際に行動するところを支援することが支援者の役割となる．こ

のような経験的学習を通して，生徒・学生の自己像は「いつもうまくいかない自分」から「工夫次第でうまくいくようになる自分」に変容していく．

●**修学上の問題とストレス**　学校生活において，生徒・学生は修学上のストレスを抱えることが多い．例えば，優先順位をつけること，課題の意図を理解し資料を準備すること，他の課題の締め切りを念頭におきながら課題に専念すること，文章作成へのこだわりを適度に調整しながらレポートを作成することなど，修学そのものが障害特性への直面化を誘発し，ストレスを抱え込んでしまう場面となる．また，リラックスするつもりで本を読み始めたにもかかわらず，過集中で疲労してしまったり，一人暮らしに時間を費やして授業に間に合わなくなったりするなど，授業以外の部分でもストレスをため込み，学校生活を送ることが難しくなる学生も多い．

●**大学生の事例**　Aさんは高校時代，強迫症状に苦しみ学校を休みがちだったが，病院を受診し，アスペルガー症候群の診断に至ったという経緯がある．入学当初「履修できるものはすべて登録したい」と授業を詰め込んでいた．支援者は一緒に必修科目を確認し，シラバスを読みながら選択科目を確認した．「履修したものについては，同時期にレポートやテストがあるけど大丈夫ですか？」と尋ねると「今思い出したのですが，自分はスケジュールが混んでいるのは苦手でした」と応え，履修科目を調整することができた．

　また，Aさんは強迫症状が強まるという理由でスケジュール帳を持つことを拒否していた．学期末，Aさんは混乱した状態で「焦りばかりが出て勉強が手につかない．頭に浮かんでくる考えに意識がいき，課題や試験勉強に集中できない」と言い，イライラした表情で面談に現れた．状況が整理されると落ち着きを取り戻し「高校時代は頑張りすぎて強迫症状が強くなった．あとは全部やめてしまうことですっきりした．でも今は全部やめるのではなく，やれることをやりたい」と語った．支援者は手帳を使ってスケジュール管理をすることを再提案し，To Do Listを書き出し，ここ1週間について計画を立てたところ「書いてみるとたいしたことがありませんね．できそうです」と言い，「こういうことを一緒に考えてもらえるととても助かります」と語った．学期末を乗り切ることができたAさんは，すべての科目の単位を取得することができた．また「イライラしたとき，好きな絵を描くと気持ちが落ち着く」と言い，自分なりの工夫を考え出すようになった．支援を通して，自分自身の障害特性に向き合い，対処法を考えることができるようになったと思われる．

●**メンタルヘルスと自己理解**　高校・大学生活は，学生が自分自身の特性（強み・弱み）を引き受けて生きていくことへの自覚をもつことなど，アイデンティティの確立に関わる重要な時期である．ほど良い肯定的な自己像をもち，他の誰でもない「私」という感覚を醸成する大切な時期であると考える．　　　　　　　　［西村優紀美］

保護者の障害受容過程

　発達障害児の保護者は，子どもの障害を受容し安定した子育てが可能になるまでにはさまざまな過程をたどる．その経過の中でみられる情緒的反応には個人差はあるものの危機的状況に陥ることもあり，支援者にとって子どもへの支援より保護者対応の方が大きな比重を占めることもまれではない．2005年の発達障害者支援法の第13条に「発達障害者の家族に対し，相談および助言その他の支援を適切に行うように努めなければならない」と保護者を含めた家族も支援の対象であることが示されている．これまでも保護者に対する支援の必要性がいわれてきたが，法律に「家族支援」という課題が明記されたことで保護者支援もいっそう重要になってきたことが理解できる．

●**障害受容モデル**　保護者の障害受容の過程は，障害の種類や保護者自身の特性によっても異なる．発達障害の場合はその臨床像のアンバランスさから保護者の受容に結びつきにくい場合も少なくない．以下に代表的な二つの障害受容モデルを示しながら発達障害児の保護者について考えたい．

　図1左はD.ドローターの段階説で，ダウン症など生まれつき障害のある子どもの保護者の経過である[1]．横軸は時間，縦軸は情緒的反応の強さを表し，障害がわかった直後から，Ⅰショック（打ちのめされ，頼る者のいない絶望），Ⅱ否認（障害を認めることを避け，大きな打撃を和らげようとする），Ⅲ悲しみと怒り（おさまることのない悲しみや不安，自身や他者への怒り），Ⅳ適応（情緒的な反応は次第に薄れる），Ⅴ再起（子どもの課題に対してみずから対処できるようになる）と経過していく．図1右は中田が提唱した障害受容の螺旋形モデルで，縦軸の下から上へ時間経過を示している[2]．段階モデルのように障害への適応過

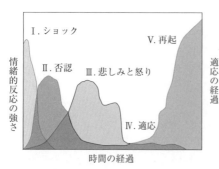
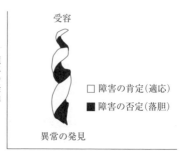

図1　保護者の障害受容過程［出典：（左）文献［1］，p.715，（右）文献［2］，p.90］

程が順番に進んでいくのではなく，保護者の内面には障害を肯定する気持ちと否定する気持ちの両方の感情が常に存在し，表面的には否定と肯定の二つの感情が交互に現れ，いわば落胆と適応の時期を繰り返しながら受容へと至る．しかし，家庭環境やまわりの援助などの要因のため受容が困難な事例も少なくない．

●**発達障害児の保護者の障害受容**　臨床の中では保護者の障害受容は上記の双方のモデルの特徴をあわせもちながら他の障害よりも長期間にわたることを経験することが多い．「同年齢の子どもと比べて幼く，何だかわからないが変という不安が常にあった」，「学校生活の中でまわりとの格差を感じたので受診した．診断に対して納得はしているが，ちゃんとできるときもあり否定したい気持ちもある」，「不登校や暴力のときは先が見えず絶望したが，学校へ通い始め親としても落ち着いてきた」などの保護者の語りからは，気づきとともに診断前から多くの不安とストレスを抱え，診断後も肯定と否定を行きつ戻りつしながら，幼児期から学童期・思春期・青年期へ至る発達過程でのさまざまな出来事を子どもとともに経験しつつ，段階的に一定の受容へ至ることが示唆される．受容に至る過程が長く困難な要因として，①発達障害はスペクトラム（連続体）であり，健常との境界もあいまいなこと，②発達の領域ごとの個人内差が大きく，すぐれた面もあること，③成長とともにさまざまな課題も生じやすいこと，④秀でた業績の偉人も多数あり，得意な点を伸ばせば社会適応も可能なことを専門家も強調しがちなこと，⑤保護者も子どもと同様の特徴をもつ場合が少なくないことなどが考えられる．現在，個々の支援ニーズに応じた継続的で多面的な保護者支援プログラムが求められているといえよう．

●**ピアサポート**　アルコール依存症の断酒会のように，同じような課題に直面する人同士が互いに支えあう目的で行われるものをいう．私たちの行っている学童期および思春期・青年期の発達障害児の活動の中でも保護者は別室で話し合いの場をもち，子育ての悩み，医療や教育への不満，進学や就職など将来への不安や希望などについて，他の母親の体験を聞きながら自分自身を語る．その中で子どもへの具体的対応を学び合う中で次第に親としての役割を自覚するようになる．そこでは仲間意識も育ち，保護者自身が心理的に安定し逞しく成長していく姿を数多くみることができた．このような場の提供も保護者支援の一つとして重要と思われる．

［郷間英世］

📖 **参考文献**

[1] D. Drotar et al., "The Adaptation of Parents to the Birth of an Infant With a Congenital Malformation：A Hypothetical Model", *Pediatrics*, 56(5), 710-717, 1975
[2] 中田洋二郎「親の障害の認識と受容に関する考察―受容の段階説と慢性的悲哀」早稲田心理学年報，27, 83-92, 1995
[3] 若子理恵「発達障害の保護者支援―幼児期」郷間英世編，発達障害医学の進歩，26, pp. 68-76, 診断と治療社，2014

虐待と発達障害

　児童虐待防止法において定義している虐待の種類として次の四つがあげられる．①児童の身体に外傷が生じ，または生じるおそれのある暴行を加える行為である，身体的虐待，②児童に対するわいせつな行為をしたりさせたりする，性的虐待，③児童の心身の正常な発達を妨げるような著しい減食または長時間の放置といった保護者としての監護を著しく怠る，ネグレクト，④児童に対する著しい暴言または拒絶的な対応といった児童に著しい心理的外傷を与える，心理的虐待．④については，家庭における配偶者に対する暴力や暴言といった行為を児童が目撃すること自体を含んでいる．虐待を受けた子どもたちは，発達障害がなくても一連の発達課題の未達成が生じることがあり，被虐待体験が発達障害様症状を形成あるいは促進するという知見がある．反応性愛着障害に至る場合，自閉症スペクトラムや ADHD などと非常に類似した臨床像を示すため，鑑別困難であることも多くある．被虐待は非行の強力な要因でもあり，知能および学力の問題をもたらすことにもなりうる．信頼感の欠如，抑うつ・不安，自己理解の乏しさにより，その後の対人関係のあり方に大きな影響を及ぼすことになる．

●**虐待に至る要因と発達障害の関連**　厚生労働省[1]は，「子ども虐待対応の手引き」において，虐待に至るおそれのある要因を保護者側，子ども側，養育環境に大別している．保護者側の要因には，保護者自身の性格や身体的・精神的に不健康な状態，育児不安やストレスをあげている．養育環境の要因には，親子を取り巻く文化・社会そして自然環境，再婚家庭や夫婦関係を始め人間関係に問題を抱える家庭，経済不安の問題などをあげている．子ども側の要因として，子どもが発達障害である場合，社会性やコミュニケーションなどの問題があげられる．例えば，知的障害を伴わない発達障害の場合，障害とされる特徴は環境や発達段階により大きく変化し，周囲から障害の存在がわかりにくい．個人差や状態の幅も大きいため，保護者は障害の特性を理解しがたく，虐待のリスクが高まる．さらに，保護者は障害特性を理解できないと子どもに対して否定的な感情をもちやすくなり，保護者にとっ

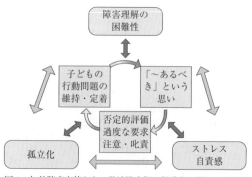

図1　知的障害を伴わない発達障害児の保護者が置かれる状況

ては当たり前であっても子どもにとっては過剰な要求を押し付けることで，子どもの行動問題を悪化させることがある．子どもの問題が解消されなければ，周囲から保護者の問題だと批判されることがあり，保護者はストレス，自責感を高め，さらに保護者側・養育環境の要因が高まることになる（図1）．このように，発達障害のある子どもに対する虐待については，子どもの障害特性を含めた多様な問題が複合的，連鎖的に作用することが考えられる．

●**虐待対策と支援**　児童福祉法，児童虐待防止法により，児童相談所の権限強化が図られ，緊急避難的な対応の強化がなされている．母子保健や医療，教育，警察，司法などの役割が規定されたことで，今後虐待予防の対応の強化が望まれる．市町村における対応の拠点として，児童福祉法に定められた要保護児童対策地域協議会の設置が努力義務となっている．さらに，障害者虐待防止法は2012年から施行され，家庭，施設，職場での虐待の通報義務や対応が位置づけられた．

　虐待が発覚した場合，親子の分離に至るケースは少なく，ほとんどは在宅支援である．そもそも発達障害の支援では，子どもに対する直接支援だけでなく，保護者や家族への間接支援をあわせて行っていく必要があり，それらの支援が虐待防止に向けた取り組みとなりうる．子どもに対しては，何よりも発達障害の特性ゆえの生活や学習上の個々の課題に対する教育的対応が日常的に求められる．保護者支援では，保護者が相談・援助を求められるようになるために，日々の連携が欠かせない．保護者にとって，心の揺れに寄り添い，子どもの成長プロセスを一緒に向き合い喜び合う存在がいること自体が大きな支えとなる．子どもの特性に関する理解を促し子どもの強みに着目できるよう，日々のわが子とのかかわりについて話し合う機会を設定することは大きな意義をもつ．その際，保護者にもさまざまな水準があるため，保護者のアセスメントに基づいた個々に応じた支援が求められる．また，学校，児童相談所，地域の相談機関や医療機関など関係機関による協働的な支援を行う必要があることはいうまでもない．子どもへの専門家による心理治療，生活基盤づくりのための福祉サービスの供給，保護者のネットワークづくりへの支援などを支援関係者で検討する．そもそも，虐待を日常的な養育行動，いわゆる「しつけ」なのか，明確に区別することは簡単なことではない．虐待の上位概念としての子どもへの不適切な養育（child maltreatment）はどの家庭でも起こりうる可能性があるものとして認識し，多機関の関係者が地域での子育て支援のあり方をともに検討し改善していくことが，保護者のニーズに沿った支援を地域レベルで充実させていくことになるだろう．　　　［岡村章司］

参考文献
[1] 厚生労働省雇用均等・児童家庭局総務課『子ども虐待対応の手引き』2009
[2] 渡辺 隆『改訂 子ども虐待と発達障害―発達障害のある子ども虐待への援助手法』東洋館出版社，2014
[3] 杉山登志郎『子ども虐待という第四の発達障害』学研，2007

発達障害と不登校・いじめ

　発達障害のある子どもは，外見上は他の子どもと大きな違いがみられないものの，その障害特性のわかりにくさから，教師やクラスメイトから誤解を抱かれやすいことが知られている．周囲から「一般的な常識」を押しつけられたり，対人関係面でうまく意思疎通ができなかったり，学習面での遅れに対して適切な指導が行われなかったりするなどの理由から，学校生活において不適応状態に陥りやすい．その一つは不登校であり，学校生活の経験が少なくなることで対人関係やコミュニケーションを学ぶ機会が失われるとともに，学習面でも遅れが生じ，それがさらに再登校を阻害するという悪循環に陥ってしまうおそれがある．もう一つは周囲からのいじめであり，学齢期における被いじめ体験が成人後の社会性や対人関係に対してきわめて重大な悪影響をもたらす危険性が指摘されている．両者の関係については，学校でのいじめ体験や周囲（教師・クラスメイト）の無理解により孤立感が生じることで不登校状態に陥り，そのままひきこもりに移行する場合があることが知られている（図1）．したがって，学校において発達障害のある子どもを支援する際には，学校生活の阻害要因となるいじめを未然に防ぐとともに，生活指導や学習指導において不登校状態に陥らないような手立てを考える必要がある．

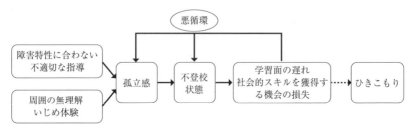

図1　発達障害における不登校のメカニズム

●**発達障害と不登校**　一般的に不登校の出現時期に関しては中学1年の段階で急激に増加し，かつその原因も友人関係の不調によるものが多いとされている．一方，特に知的障害のない発達障害のある子どもの場合には，小学校低学年の段階から不登校が比較的多く出現しているとともに，その原因についても，友人関係の不調だけでなく教師との関係悪化によるものが多数含まれることが指摘されている[1]．つまり発達障害の不登校については，小学校低学年の段階において教師より不適切な指導が行われ，その結果として不登校に陥る場合があることが可能

性として考えられている．また教師との関係悪化の原因としては，学習した内容が蓄積されないことに対する過度かつ不適切な指導（LD）や，授業中の不規則発言や離席といった逸脱行動に対する過剰な指導（ADHD），こだわりや急な予定変更時に生じた情緒的反応に対する強引な指導（ASD）などが考えられる．

一度不登校状態になると，こだわりなどの特性のある子どもの場合，家庭においてゲームやインターネットに没頭するために生活サイクルが乱れがちとなり，昼夜逆転の生活になってしまうことがある．また，運動に対する苦手さや特定の飲食物に対するこだわりなどから，自宅にひきこもって好きなお菓子やジュースなどを暴飲暴食した結果，極度の肥満状態に陥るなどの健康面での問題も生じることがある．さらに先述したように学習面の遅れに対する手だてが講じられない場合には，苦手意識の高まりから，ますます勉強から遠ざかってしまうこともある．これらは，いずれも再登校支援を図るうえで重度の阻害要因となりうる．

●発達障害といじめ　発達障害のある子どもが非常に高い確率でいじめの対象になることがこれまでの多くの報告から明らかとなっている．その理由としては，反応の面白さ（例：ASDの子どもに有名人が学校に来ると言って信じ込ませる）や異質なものを排除・卑下する雰囲気（例：何度も同じ失敗を繰り返すことをバカにする），本人の対人関係における認知の障害（例：肩が触れただけで殴られたと訴えるなどの感覚過敏による被害者意識の増大）に対する反感など，さまざまなものがあげられるが，これらの多くは発達障害に関する周囲の無理解から生じるものだといってよい[2]．

また，いじめ被害を受けた発達障害のある子どもが物事を整理立てて説明することに困難さを抱えている場合，被害の内容を教師や保護者にうまく伝えることができず，逆に加害者扱いをされてしまうことがある．こうした経験を繰り返すと，周囲にSOSを発することに諦めを感じてしまったり，逆に自ら反社会的な行動をとってしまう場合がある．さらに，ASDの子どもの中には，いじめ体験がフラッシュバックされ，かなり長期間にわたり苦しむ者もいる．近年，発達障害者において成長期に受けたいじめや虐待といったトラウマ体験の存在が成人後の二次障害を引き起こす危険性も指摘されている．

●学校における対策　学校における対策としては2点考えられる．まず本人への対応として，学習面や対人関係面など，学校生活に必要なスキルについてスモールステップによる習得を目指すことが必要である．また周囲には，障害に関する理解啓発のほか，インクルージョンの視点からの学級経営を図ることで，クラスの一員としての本人の居場所を確保することが求められる．　　　　　　［米山直樹］

📖 参考文献
[1] 東條吉邦他編『発達障害の臨床心理学』東京大学出版会，2010
[2] 本間友巳編著『いじめ臨床―歪んだ関係にどう立ち向かうか』ナカニシヤ出版，2008

ペアレントトレーニング

　親は子どもの自立を願い，手本を見せ，叱る・ほめるなどして子育てする．それに対して子どもは，見よう見まねや試行錯誤する中で好ましい行動を身につけ，社会に適応していく．この親子の営みは，子どもの育てにくさ，親の不安や焦りによってバランスが崩れると，十分な機能を果たさなくなる．発達障害のある子どもが，「思いどおりにならないとひっくり返って泣く」「順番を無視して一番になろうとする」「物を片付けずに部屋を散らかす」など，発達特性に由来する行動をとると，親は行動を修正しようと子どもを叱る．しかし，子どもにとっては取らざるを得なかった行動であり，叱られた瞬間その行動を止めるにすぎない．結局，親は叱責をくり返し，育児への自信を失うし，子どもは失敗体験を積み重ね，自尊心が低下する．このようなストレスフルな育児は，親子関係にも悪影響をもたらす．この悪循環を断ち切るため，応用行動分析や行動療法を基盤として考案されたのが，ペアレントトレーニング（PT）である．

●**親を最良の支援者として**　親が子どもの共同治療者になり得るという理念のもと，1960年代より米国を中心に広がり，日本では1990年代より導入され2000年以降急速に浸透した．対象となる子どもの課題は，知的障害や自閉スペクトラム症（ASD）に始まり，その後ADHD，非行，摂食障害，不登校，虐待などへと研究が積み重ねられた．特にADHDへの有効性は高く，『注意欠如・多動性障害―ADHD―の診断・治療ガイドライン』で環境調整の一つとして位置づけられた．プログラムには，実施機関（保健センター，医療・療育・教育機関，親の会，NPO法人），回数や期間，支援方法（個別，集団）などにつき，さまざまな報告がある．近年は，トレーナー養成や実施マニュアルの開発により，ASDやADHDを含めた多様な障害種を対象とした小集団PTが広がりをみせている．集団支援のメリットとして，ピアサポートの効力により親同士が励まし合うなど，親の孤立を防ぐ効果もある．その他の効果に，親の育児ストレスの低下，養育知識や育児効力感の上昇，子どもの行動，社会性，意欲の改善などが立証されている．ただし親の状況として，障害受容が困難，情緒不安定など，養育力の課題がある場合は集団PTより個別PTが望ましい．医療－福祉－教育の三者が連携し，親との信頼関係の構築や，長期にわたる支援システムづくりを行うことは不可欠である．

●**プログラムの実際**　親は子どもの行動観察を行い，前後の状況や自身の言動をふり返り，「ほめるコツ」「困る行動の予防策」「困る行動への対処法」を学んで実践し，子どもの好ましい行動の正の強化を図るのが狙いである（図1）．変化させたいターゲットとして，子どもの身辺自立や生活スキル，問題行動などが選

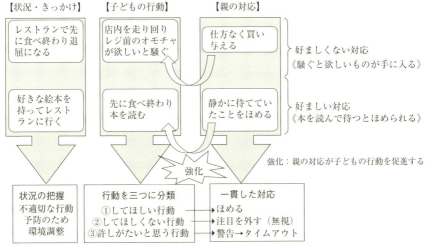

図1 子どもの行動と親の対応 [出典:文献 [2] をもとに作成]

択される．集団支援プログラムの場合，トレーナーの指導のもと，講義⇒グループワーク（話し合い，ロールプレイなど）⇒宿題（家庭での実践と記録）⇒フィードバック，で構成され，1回90〜120分，週1回〜月1回，計8〜12回，数か月〜半年間にわたり実施される．プログラム内容は，①講義（障害特性と行動マネージメントの原則），②行動チェックリストの作成（子どもの行動，自分のほめ方や対応をふり返る），③子どもの行動の三つの分類，④肯定的な注目（上手なほめ方）を学ぶ，⑤不適切な行動への指示（予告）テクニックの理解，⑥不適切な行動予防のための環境調整，⑦不適切な行動へのルール—注目を外す（無視），身体的でない罰則（行動制限），タイムアウト，⑧学校や教育・福祉機関との連携，⑨ふり返りとスキルの確立，などが含まれる．なお，ASDに対しては，注目を外すことの効果が不十分との報告もあり，スケジュールやトークンエコノミーの作成など，視覚支援を組み入れる必要がある．最近の応用として，未診断かつ'気がかり'な子どもへの短期型PT，ASDに特化したPT，地域格差是正のための遠隔PT，思春期の子どもへのPT（年齢相応のほめ方，本人参加の行動契約），ティーチャー・トレーニングなど，さまざまな展開をみせている．課題としては，PTの普及，指導者育成，効果の維持や般化を確認するフォローアップ，父親の参加，などがある．　　　　　　　　　　　　　　[小谷裕実]

参考文献
[1] C. ウィッタム，上林靖子他訳『読んで学べるADHDのペアレントトレーニング—むずかしい子にやさしい子育て』明石書店，2002
[2] 岩坂英巳『困っている子をほめて育てる ペアレント・トレーニングガイドブック—活用のポイントと実践例』じほう，2012

チームアプローチ

　小中学校の通常学級に在籍する児童生徒のうち，6.5％が学習や行動面で著しい困難を示すといわれる（文部科学省，2012）．1学級30名として，2名程度が学習面や行動面での特別な教育的ニーズを有することを示している．加えて，学級には学業不振や学力低下を示し，養育環境の問題を抱える子どももいる．学級担任が一人で，個々のニーズにきめ細かく対応しながら学級経営を円滑に進めるには限界があるように思われる．教師が置かれた職務環境や社会的要請を踏まえると，課題解決に一人で立ち向かわないこと，抱え込まないことが重要であろう．ヒューマンサービス従事者の中でも，教職はバーンアウト（燃え尽き）の状態に陥りやすいといわれる．被援助指向性が低く同僚に援助を求めない教師のバーンアウト傾向は高くなる[2]．教師のメンタルヘルスを良好に保ち，子どもと教師双方が成功経験を積み重ねるためには，チームで，組織で子どもを支えるアプローチが必要となる．次の課題は有機的なチームアプローチやチーム力の向上に向けた方策である．

●**チームアプローチの方策**　校内支援体制の整備では，学校の部分ではなく全体での取り組みが重要である．校内支援委員会の設置は，学部や学年，教科担任の枠を超えて学校全体で子どもの情報を共有し，支援の必要性を確認するための一歩となる．メンバーは学校事情に即して決定され，特別支援教育コーディネーター，特別支援学級担任や通級指導教室の担当者，教頭，教務主任，生徒指導主事，養護教諭などで構成される．必要に応じて外部専門家が活用される．単なる情報交換ではなく，実質的に子どもの学習支援や行動上の問題解決につながる協議の場であることが望ましい．水野治久[1]は，援助チームが定着し機能するポイントとして，①アクションプランを考える，②援助の目的を共有する，③教師の仕事を援助者としてとらえる，④会議の参加者・人数をあげている．

　校内支援体制整備のキーパーソンとして，特別支援教育コーディネーターがあり，現在ほぼすべての公立小中学校で配置されている．校長によって指名され，校務分掌として明確に位置づけられる．その役割は多岐にわたるが，①校内の関係者や校外の関係機関との連絡調整，②保護者に対する相談窓口，③担任への支援，④巡回相談や専門家チームとの連携，⑤校内委員会での推進役があげられる（文部科学省，2004）．役割遂行のためには，特別支援教育に関する基礎的・専門的知識はもちろんのこと，情報収集やアセスメントのスキル，コミュニケーションや交渉力のスキル，さらには円滑に人間関係を構築できる人柄などを含めて幅広い資質が問われる．複数のコーディネーターがチームを編成することで，一定

の成果,特に対象児への対応やアセスメントに効果があることが示されている[3].今後の課題はその養成や研修の在り方であろう.

小中学校においても,ニーズのある子どもの支援にあたって,「個別の教育支援計画」や「個別の指導計画」が作成されている.これらは委員会や学年会で協議する際に大切な資料となる.実態把握や指導計画の立案に至るアセスメント,支援の実行と評価,評価にもとづく改善という一連のPDCAサイクルをチームで取り組むことで教師間の連携協働は促される.チームでの会議や作業を通じて,自分とは異なる専門性や価値観に触れる機会にもなり,個々の専門性向上にプラスに作用し,子どもへのアプローチの変化が期待される.ただし,チーム力が育つためには時間と労力を要する.長期的な視点に立ち,一人の子どもの課題解決に向けてメンバーが相互に知恵を出し合い,その成果として子どもの望ましい変化がもたらされたとき,チーム力は向上し,担任の支援行動は高まるであろう.

●チームティーチングの方策　特別支援学校のチームアプローチとして,集団指導において,主指導者(メインティーチャー,MT)と補助指導者(サヴティーチャー,ST)が連携して指導にあたるチームティーチング(TT)がある.複数の教師がチームとなり,実態把握から評価に至る協力体制や協働作業のすべてがTTで実施される.授業場面のTTが効果的に機能するには,教師間の役割分担が大切となる.MTの役割は,授業の進行をリードし,一斉指示を行い,進行状況の全体把握である.STの役割は実に多様で,MTの一斉指示で参加困難な場合に個別の手がかりを与える,技能補助を行う,モデルや示範を行う,補助的に賞賛や修正のフィードバックを行う,逸脱や退室に対応するなどがある.各教師が「いつ,どこで,誰に,どのような支援を行うのか」の役割分担に基づく支援行動を具体的に計画しておくことが重要である.実際の授業場面では指導者の位置取りが役割や支援行動を左右する.位置取りの違いによって,「どの子どもに支援するのか」の支援対象や教示・ガイドの出し方,賞賛や修正などの支援内容が変化する(米持・村中, 2011).あわせて,子どもの参加状況や展開に応じて,役割や支援行動を柔軟に切り替える,修正することがポイントとなる.指導者がそれぞれの役割や支援行動を確認し,切り替えるために,子どもの行動や参加状況を声に出して報告するといった教師間でのコミュニケーションを図ることで,TTは効果的に機能すると考えられる.　　　　　　　　　　　　　　[村中智彦]

📖 参考文献
[1] 水野治久『子どもと教師のための「チーム援助」の進め方』金子書房, 2014
[2] 田村修一・石隈利紀「指導・援助サービス上の悩みにおける中学校教師の被援助志向性に関する研究―バーンアウトとの関連に焦点をあてて」教育心理学研究, 49(4), 438-448, 2001
[3] 渡辺明広「通常学校の『特別支援教育コーディネーターチーム』の取り組み-S県内の特別支援教育コーディネーターの複数指名校についての調査研究」発達障害研究, 30(2), 128-136, 2008

コンサルテーション

コンサルテーションとは，児童生徒（クライエント）が抱えるさまざまな課題に対して，保護者や教師（コンサルティ）と，例えば特別支援教育や心理学等の専門職にある者（コンサルタント）による連携がもたらす問題解決の過程をいう[1]．そして，この過程の中でコンサルタントはコンサルティに対して，さまざまな問題に対する効果的かつ効率的な提案や助言を行う．コンサルテーションにはいくつかの立場によるものが存在するが，その中でも有効とされるコンサルテーションの一つに「行動コンサルテーション」（behavioral consultation）がある．行動コンサルテーションは，①行動理論を背景にもつ，②問題解決志向である，③問題の同定，問題の分析，介入の実施，介入の評価という4段階を通してコンサルテーションが行われるなどの特徴をもつ（Bergan のモデル）．行動コンサルテーションでは，コンサルティがクライエントに行う効果的な介入のあり方について検討していくことを重視している（図1）．

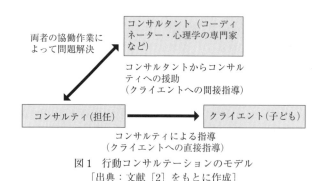

図1　行動コンサルテーションのモデル
[出典：文献[2]をもとに作成]

●**行動コンサルテーションの進め方**　行動コンサルテーションを進めるにあたり，まずは「問題の同定」が行われる．ここでは，児童生徒の抱える問題が何であるかを決定する．この段階において，児童生徒本人のニーズ，あるいは担任教師のニーズを十分に取り入れることが大切である．次の「問題の分析」においては，ABC 機能分析が行われる．先行条件（A），後続条件（C）を明らかにし，当該行動（B）が果たしている機能，目的を推定していくのである．例えば，作業学習などの学習課題からの逸脱行動が頻発する事例について考えてみよう．先行条件については，「何がきっかけとなって逸脱行動が生起するのか」を明確にする．やり遂げるべき課題量が多すぎて見通しがもてない場合などが逸脱行動の要因の

一つとして考えられる．そして，後続条件では，逸脱行動によって「周囲がどのような対応をし，本人にはどのようなメリットがあるのか」を明らかにする．一般に，逸脱すれば少なくともその時間は課題に取り組まなくてすむ．このようなことから，逸脱行動は，課題量が多すぎていつ終了するのか不明な嫌悪的課題に対して，逸脱をすればその課題から（少なくとも一定時間以上は）逃れることができるため，この行動が継続していることがみえてくる．そして，「介入の実施」では，従来とは異なる新たな対応法を実施してみるのである．逸脱行動が生起しないように，課題量を調整して見通しのもてる課題に変更することや，逸脱してからといって課題従事時間などが削減されるような対応をしないこと，さらには，「いくつやればいいですか」や「手伝ってください」のように逸脱行動の代替となり得るような，社会的に受け入れ可能な代替となる別の行動を教えること（代替行動分化強化法）が考えられる．最後に，「介入の評価」ではこの新たな指導方略によって逸脱行動の頻度が減ったか，あるいは逸脱しているの時間が減ったかなど，新たな方略がもたらした結果をもとに介入方略の効果について評価するのである．

●**行動コンサルテーション研究の広がり**　ところで，行動コンサルテーションを通した実践的な取り組みは，わが国における特別支援教育の推進に呼応するように実施されるようになってきた．これまでの取り組みは，主として障害のある児童生徒とその担任教師を対象に，行動上の問題改善や学校適応スキルの形成を図るものが多かったが，最近では不登校や養育環境に課題のある児童生徒を対象としたものもみられるようになってきた．その一方で，学校ではなく家庭場面において，保護者をコンサルティとして，子どもの入浴・身支度行動の形成，食事中のマナー向上を実現したものも報告されるようになってきた．このように，わが国における行動コンサルテーションは，学校から保育園や家庭へと広がり，参加するコンサルティも，教員から保育士や保護者へと拡大してきている．さらに，指導目標についても，学校などにおける行動上の問題，家庭における日常生活スキルなどへと多様化してきている[3]．今後は，家庭あるいは福祉施設などを含めた地域生活場面において，学校卒業後の成人および同居する両親やきょうだいを含めたさまざまな支援者を対象に，支援の輪を広げていくことも大切になってくるだろう．

［松岡勝彦］

📖 **参考文献**
[1]　大久保賢一「コンサルテーション」小林重雄監修，伊藤健次他編『自閉症教育基本用語事典』学苑社．p.99．2012
[2]　加藤哲文・大石幸二編著『特別支援教育を支える 行動コンサルテーション──連携と協働を実現するためのシステムと技法』学苑社．2004
[3]　植田隆博・松岡勝彦「発達障害のある成人における長時間入浴行動の改善──保護者を含めた行動コンサルテーションを通して」自閉症スペクトラム研究．11(2)．55-62．2014

アセスメント

　アセスメントとは，子どもを知る方法の総称であり，その目的はその子どもにあった適切な支援の方法を見つけることにほかならない．具体的には観察・面接・情報収集・心理検査の四つがあげられる．

●アセスメントの方法

　① **観察**：観察は，現場において日常的に行われている最も基本的なアセスメントである．しかし，観察はただ見ておけばよいというものではなく，明確な目的をもって行う必要がある．そのためには，①観察行動の特定，②どのようにそれをチェックして記録していくのかチェック方法の確定，③観察結果からどのように支援に結びつけるのか，などが重要となる．大切なのは記録を読んだ者が行動を思い浮かべることができるようにしておくこと，誰が見ても同じ行動が思い浮かべることができることである．単に「授業時間中にじっとしていませんでした」ではなく，「3時間目の算数の時間，授業開始5分後と25分後，30分後に席を立ち教卓まで来て先生に働きかけました」のように，誰が見てもわかり再現できるようにしておくことが重要である．

　② **面接**：特に小学校高学年以降の発達障害の子どものアセスメントにおいて重要となる．本人が担任や保護者が気づいていない困り感をもっていることがあり，そのことを踏まえた支援を考える必要があるからである．最初の進路選択である高校進学に当たっては本人の意志を十分配慮する必要がある．自分のことを十分うまく表現できない幼児では，日頃の遊びや生活の観察，絵画などの作品などが面接の代わりとなる．

　③ **情報収集**：子どもに関する情報をさまざまな方面から集めることであるが，なんといっても一番その子の情報をもっているのは保護者であろう．保護者から正確な情報を提供していただくことはとても重要なことである．このためにも保護者とは良好な関係をもっておく必要があり，これはアセスメントを基にした支援の実施においても重要である．情報をもっているのは保護者ばかりではない，担任以外の職場の同僚など意外な人が有益な情報をもっていることがある．同じクラスの子どもたちも重要な情報源となる．特にこれらの情報を収集する際に本人の得意なことや好きなことを聞いてみるのはよい．これらはセルフリソース（自助の源）とよばれ，支援の大きなヒントとなる．子どもが地域の何かに関わっている場合（リトルリーグに参加しているなど），その関係者からも聞いてみることも良い．また，学校では学童保育でのようすも重要なものとなることが多い．そのほかに，子どもが毎日使うノートやさまざまなテスト（点数だけでなく，テ

スト用紙の解答の仕方や文字の書き方など)や作品なども情報として大切である.

④ **心理検査**：客観的なデータの収集としては最も重要なものであり，心理検査を実施することにより適切な支援をより正しく行うことが可能になる．知的障害が伴わない発達障害の子どもの場合，田中ビネーに代表されるような個人間差を測る心理検査ではノーマルと出てしまい子どもの認知特性などの特徴をとらえることが難しい．このため発達障害の子どもには，個々の個人の中の能力差や認知特定などの特徴をとらえるための検査が必要となる．これらは個人間差だけでなく個人内差も測る検査といえる．つまり人と比べてどうかではなく，子どもの得意なところ，苦手なところを捉えていくための検査である．個人内差や認知特定を捉えることが子どもの困り感や問題の原因の解明に役立つ．さらに，特徴を的確にとらえることは適切な支援を考えるのに大切なものとなる．個人内差を測る代表的な心理検査として，言語理解・知覚推理・ワーキングメモリー・処理速度間の差をみるWISC-Ⅳ（児童用）がある．個人内差をみるウェクスラー検査のシリーズには，WISCのほか，幼児用のWPPSI，大人用のWAISがある．個人が外界からの情報をどのようにとらえて，処理し，反応するかという認知スタイルの個人内差をみる検査にはKABC-Ⅱ（認知スタイルの差ばかりでなく，学習成果とどのような差があるかもみることができる）やDN-CASがある．また，言語能力の個人内差をみる検査として病院のST（言語聴覚士）などが使用するITPA（言語学習能力診断検査），視知覚能力の個人内差をみる検査としてOT（作業療法士）などが使用するフロスティッグ視知覚発達検査がある．

心理検査には他に読み書きの評価をする検査や行動や社会性を評価する検査もある．

●**アセスメントから支援へ**　アセスメントの目的は，その結果から子どもたちに適切な支援を明らかにしていくことである．このため検査にしても得点が明らかになったというだけでは意味がなく，その結果からどのように支援に結び付けていくかを考えなければならない．逆にいえば，発達障害の子どもをアセスメントする者は，支援までを考えたアセスメントを行う必要があるということである．そしてアセスメントの結果が，個別教育支援計画に反映していくことが必要になる．厳密にいえば，適切なアセスメントをした者のみが個別教育支援計画を立てることができるということになる．しかし，適切なアセスメントをした者のみが個別教育支援計画を立てていくということは現実的には難しい．このためアセスメントをどのように生かしていくかということを，アセスメントを実施する側も，アセスメントの結果から支援を考えていく側や実際の支援にあたる側も常に考えておく必要がある．

［酒井　均］

テストバッテリーの組み方

　心理検査（心理テスト）は，面接や観察と並び，援助の方針を決定するために必要な情報を系統的に収集する心理アセスメントの主たる方法である．
　検査には測定の目的，対象，方法による分類がある．最も基本的に，心理検査は，知能検査のように人の最大のパフォーマンスを測定すること，あるいは，パーソナリティー（パーソナリティーは広義には知能を含むが，ここでは性格・行動特性を意味する）検査のように人の典型的なパフォーマンスを測定することを目的としている．測定の対象となるのは知能・認知能力，性格・行動特性，作業能力，適性などである．また，知能検査・発達検査には個別で実施するものと集団で実施するものがあり，パーソナリティー検査はその方法から質問紙，投映法，作業法に分類される．
　心理検査の多くは統計学的に標準化された心理検査を用いて対象となる特性を定量的に評価するものであり，それゆえに客観的な人格理解のツールとして存在する．しかし，一つの検査でとらえられる人間の特性には限界があり，系統的な情報を得ることも難しい．個人を包括的に理解するために数種の心理テストを選択して実施することが一般的である．このように，複数の検査を組み合わせて仮説を多面的に評価する手続きをテストバッテリー（test battery）とよぶ．
●**心理検査の選択とテストバッテリーを組む際の注意点**　心理テストは特定の目的をもって作成されているので，その理論や作成経過をよく理解し，それに添った使い方をするよう注意し，適用範囲を逸脱しないことが重要である．また，検査の実施は被検者にとって少なからず心理的，身体的，時間的，経済的な負荷を与えることを踏まえ，アセスメントに必要十分な情報を引き出せる最少単位のテストを選択する．過剰なテスト実施は倫理的にも問題である．
　心理検査の選択にあたっては，第一に，問題と考えられる事柄に照らし，例えば発達全体，コミュニケーション，行動，対人関係，あるいは情緒面・心理面など，何についての情報が必要かを明らかにし，それに沿った検査が選択される．次に，被検者の条件に照らしてテストバッテリーを組むことになる．いずれの検査も被検者の年齢や発達段階など，適用範囲が決められている．例えば，幼児の場合，言語的反応を多く求められる知能検査には十分応じられない．認知・言語の発達ともに，この時期特に重要である運動発達，情緒・社会性の発達，身辺自立などを評価して子どもの発達全体をとらえられる発達検査が選択される．また，発達に遅れがある場合，あるいは予想される場合，その被検者の最大の力を測定できる方法や心理検査を選択する必要がある．

他方,検査が適正に実施されるためには検査者がその検査の理論を理解し,実施に熟練していることが前提となる.検査者が不慣れな検査よりも,熟練した検査をテストバッテリーに組み込むことも現実的な選択と言える.

さらに,検査が行われる場面や機関によって実施できる検査に制約がでてくる.医療機関では診療報酬適用の有無,また,教育機関,特に学校現場では個人検査の実施の是非などが関係してくる.

●**発達障害のアセスメントとテストバッテリー**　発達障害は総称であり,そこには複数の障害が含まれるが,診断につながる障害特性のスクリーニングを除いては,個人のアセスメントにおいて共通して重要な項目がある.それは,①全体的な知的発達(知能)の水準,②認知・情報処理の特性(知的発達の特性),③学力・学習のつまずき,④日常生活の適応状態,⑤情緒・行動の特性・問題などである.ただし,アセスメントの視点としてこれらの項目を網羅することが大切であるが,検査の実施については,その事例に必要な項目に着目してテストバッテリーを組むことになる.

表1に発達障害のアセスメントでしばしば使用される検査名を参考としてあげる.アセスメントの対象となる個人が課題に反応する直接検査と,養育者や保育者への質問を基に発達を査定する間接検査とに分けて記載した.

例として,読み書きに問題がある学童期の事例を考える.主訴である学習のつまずきについては学級担任や子どもの指導に当たる者にLDI-Rへの回答を依頼し,知能と認知特性を把握するため子どもにWISC-Ⅳを実施する.さらに,情報処理の特性や学習の習得を測定するKABC-Ⅱや読み書き障害のスクリーニング検査を加えれば,障害特性の判断と指導・支援に利用できる情報が得られるだろう.また,心理的課題や不調を呈していれば,性格検査や適応行動を評価することも必要になってくる.

表1　発達障害の心理検査の例

測定の内容	直接検査(本人)	間接検査(養育者・保育者)
知能・発達	WISC-Ⅳ(児童), WIAS-Ⅲ(成人), ビネーⅤ, 新版K式発達検査	乳幼児精神発達診断検査, DENVERⅡデンバー発達判定法
認知能力	KABC-Ⅱ, DN-CAS, WMS-R記憶検査, 各種神経心理学検査	
日常生活・適応状態	WHO QOL26, KINDL	新版S-M社会生活能力検査, Vineland-Ⅱ適応行動尺度
情緒・行動・性格	PFスタディ(絵画欲求不満テスト), 樹木画検査, ロールシャッハテスト MMPI人格検査	SDQ (Strengths and Difficulties Questionnaire, CBCL(子どもの行動チェックリスト)
学習能力とつまずき	学力検査, KABC-Ⅱ, 小学生の読み書きスクリーニング検査	LDI-R

[篁　倫子]

スタティックアセスメントとダイナミックアセスメント

　個別式知能検査での検査者の活動は，決められたとおりに検査を行い子どもの解答を記録することや子どもが検査の問題に取り組めるように必要に応じて励ますことなどの活動に伝統的に限られている．正誤のフィードバックをしたりできなかった問題をできるように教えたりはしない．

　これに対して，検査中に検査者が子どもに積極的に教えようとする型破りな方法がある．このような心理・教育的アセスメント方法は，ダイナミックアセスメント［DA］と総称される．DAにはいくつかのモデルがあるが，それらには次の共通の特徴がみられる．①事前テスト-指導介入-事後テストの形式をとること，②子どもの変容可能性とメタ認知的過程に焦点を当てること，③検査者が記録者であると同時に積極的な指導介入者であること．

●**スタティックアセスメントの弱点を補うものとしてのダイナミックアセスメントの登場**　DAは伝統的な検査（DAに対してスタティックアセスメント［SA］とよばれる）のオルタナティヴとして登場した．その背景には，SAへの不満，すなわち対象児がどのように解答しようとしたのかという心理学的な過程よりもできたかどうかという結果に焦点が強く当てられていること，学習上の困難がある子どもに対する指導の手だてを考案することに検査結果があまり役に立たないこと，言語的および文化的なバイアスによりマイノリティーが不当に評価される可能性があることなどがあった．このオルタナティヴを最初に提唱したのは，1979年に"The dynamic assessment of retarded performers"という本を著したイスラエルのR. フォイヤーシュタインであったとされる．彼は，伝統的な知能検査で低知能と評価されるような子どもであっても，大人の働きかけいかんによってはその子どもの認知構造は変容可能であるとし，そのような働きかけを「媒介学習体験」として概念化した．子どもが直接的に対象世界と相互作用する姿を「刺激-子ども-反応」と記すならば，子どもが大人の仲立ちによって対象世界と相互作用する姿は「刺激-大人-子ども-大人-反応」となる．フォイヤーシュタインは，学習上の困難はその子どもの問題解決における情報の入力-精緻化-出力の処理過程の機能不全に起因すると考えるとともに，大人が「刺激-子ども」および「子ども-反応」をその子どもの情報処理機能を促すように仲立ちする「媒介学習体験」によって改善されると考えた．彼が構想し実践したDAの検査者の役割には，対象児の問題解決を必要に応じて最適な「媒介学習体験」を生み出すように支援・援助するともに，対象児においてどのような「媒介学習体験」が学習の可能性を高めるのかを見きわめることが含まれていた．この見きわめ内容は，

表1 カリキュラム依拠ダイナミックアセスメントの5つのステップ

ステップ1	対象児のカリキュラムから指導対象となる課題を選び，事前テスト用，指導用，事後テスト用に同程度の難易度の課題を3セット用意する．
ステップ2 事前テスト期	事前テスト用課題を実施．ここでは指導は行わない．つまり，SAと同様である．
ステップ3 指導期	指導用課題を実施．検査者は，対象児の取り組みをメタ認知的な観点から適宜遂行を促すとともに，取り組みのようすや促しの影響から次の点の把握に努める．①課題は対象児にとって易しすぎず難しすぎず適切な水準であるか，②課題の説明や教示の仕方をさらに子どもが理解できるように言い換えてみる必要があるかどうか，③課題遂行に必要な注意を促すために必要なことがあるか，④対象児はどのようにうまく課題に対処しているか，⑤どうすれば対象児は課題に関連する既習事項を思い出せるのか，⑥どうすれば既習事項を他の状況に適用するように対象児を促せるのか．
ステップ4 事後テスト期	事後テスト用課題を実施．指導は行わず，SAと同様である．事前テスト時との比較で，遂行結果および遂行過程の変化を分析する．
ステップ5	ステップ2～4で得られた情報を授業や指導に活用する．

［出典：A. K. Jitendra and E. J. Kameenui "Dynamic assessment as a compensatory assessment approach", *Remedial and Special Education*, 14(5), 6-18, 1993 の記述内容をもとに作成］

L. S. ヴィゴツキーのいう「発達の最近接領域」と重なる．

●カリキュラム依拠ダイナミックアセスメント　知能検査のように特定の検査課題に対する対象児の遂行結果から得られる情報や仮説を実際の授業や指導に結びつけるという発想ではなく，実際の授業や指導に含まれる学習課題に対する対象児の遂行のようすと結果から指導を工夫するうえで有益な情報を得ようとするタイプのDAがある．これはカリキュラム依拠DAと称されるもので，DAの中でもこのタイプのものが発達障害児の教育実践上有用であると考えられる．

　C. S. リッツによれば，このDAは表1の五つのステップからなる．カリキュラム依拠DAでは，知能検査の検査課題のように対象児がそれらを解決するのに要する認知処理過程が特定されていないため，指導期の介入や対象児の遂行の分析を効果的に行うためには，カリキュラムから選定した学習課題の要する情報処理過程の分析と予期される介入の情報処理上の意味の明確化を事前に仮説的に行う必要がある．リッツはその指針として「注意」「知覚」「記憶」「知識ベース」「概念的処理」「メタ認知」の6領域の分析を提唱しているが，厳格に定式化することは困難であり，恣意的な判断が含まれる可能性は否めない．そのため，具体的な学習課題について情報処理過程の分析を行った先行研究の知見を適宜援用することが有用である． ［今中博章］

📖 **参考文献**
[1] C. S. Lidz, *Practitioner's guide to dynamic assessment*, The Guilford Press, 1991
[2] 前川久男他編『発達障害の理解と支援のためのアセスメント』日本文化科学社, pp. 162-180, 2013

積極的行動支援

　積極的行動支援（positive behavioral support：PBS）は，障害児者が示す行動問題（問題となる行動を引き起こしている当事者自身と，周囲の環境との不適切な相互作用の結果）を低減させるだけではなく，障害児者の生活の質（quality of life）の向上や適切な行動の増加を目指した支援の枠組みであり，応用行動分析と本人中心（person-centered）の価値観をもとに発展してきた．従来のアプローチでは，行動問題の抑制や除去が行われ，指導・支援の効果が認められない場合には，より強制的で嫌悪的な指導が行われてきた．これに対して，積極的行動支援では行動問題の低減だけではなく，ライフスタイルの改善に向けて適切な行動を教授するといったpositiveな指導を行い（痛みや苦痛を伴う嫌悪的な指導を最小限にする），適切な行動の増加を目指していくことに特徴がある．積極的行動支援の方法論の特徴として，以下に示す機能的アセスメントと文脈適合性の2点があげられる．

●**機能的アセスメント**　一つ目は，機能的アセスメント（functional assessment）である．これは，何のために行動問題を起こすかという行動問題の機能（目的）を分析するためのものである．行動問題の機能（表1）には，注目の獲得，物・活動の獲得，逃避の獲得，感覚刺激の獲得の四つが知られている．実際の事例にみられる行動問題の機能には，この四つのうちの一つのみ該当する場合もあれば，複数あるいは四つすべて含まれる場合もある．例えば，行動問題として「泣く」を取り上げる．泣くことによって（結果条件），大人から関わってもらえる場合（注目の獲得）を想定する．また，先行条件として，母親がそばにいるとき，難しい課題が提示されたとき（弁別刺激）というように，どのようなときに行動問題が起こりやすいかを分析する．さらに，こうした行動問題に一時的な影響を及ぼす要因（状況事象あるいは確立操作）として，不快な場所や寝不足などが存在する．

　行動問題の先行条件および結果条件を分析したうえで，行動問題に替わる適切な行動を自発させるために，行動問題と機能的に等価な代替行動（行動問題と同じ機能で適切な行動）の指導が必要である．学習場面で難しい課題が提示されたときに，泣くことによって注目を獲得している場合を考える．この場合の機能的に等価な代替行動は，難しい課題が提示されたときに，「教えてください」などと適切に伝えることが考えられる．このように教師に伝え，教師から課題のわからない個所を教えてもらうことによって，教師からの注目が獲得される．「泣く」場合も「教えてください」と伝える場合も，結果条件は，どちらも注目が獲得される．前者は行動問題としてとらえられるが，後者は適切な行動であると判断できる．

表1　行動と「先行条件」「結果条件」の関係［文献［3］をもとに作成］

先行条件		行動	結果条件
状況事象／確立操作	弁別刺激		
・社会的・文化的要因 　（仲間との言い争いなど） ・課題や活動に関連する要因 　（難しい課題・予定の変更など） ・物理的要因 　（不快な場所，不快な気象条件など） ・生物的要因 　（薬物の副作用，寝不足など）	行動のきっかけ	問題となる行動 ―――――― 機能的に等価な代替行動	・注目の獲得 ・物，活動の獲得 ・逃避の獲得 ・感覚刺激の獲得

　さらに，泣くことを予防するための先行条件として，子どものスキルにあった課題を提示することなどが考えられる．

　行動問題の要因を分析する方法として，①対象者をよく知る関係者や本人へのインタビューやMAS（Motivation Assessment Scale）などの評定尺度（間接的分析），②直接的な観察情報から行動問題の要因を検討する記述的分析（直接的分析），③推定される要因を実験的に同定する分析（実験的分析）がある．

　機能的アセスメントでは，このような方法を用いて行動問題の機能を明らかにした後，行動問題と機能的に等価な代替行動を検討し，代替行動が生起するように指導・支援を行うことが重要になる．

●文脈適合性　二つ目は，文脈適合性（contextual fit）である．ここでいう文脈とは，①指導・支援の対象者，②指導・支援の実行者，③指導・支援が適用される環境のそれぞれがもつ特徴を指す．文脈に適合しているとは，行動問題に対する指導・支援が機能的アセスメントに基づいていることを前提にして，①指導・支援が対象者の好みや強さやニーズを反映（例：適切な行動の自発後に，対象児の好きなCDレンタルや，きらきらシールの提示），②指導・支援が支援実行者の価値観やスキルなどに一致，③指導・支援が適用される現状の体制に無理なく適用され，利用できる資源を考慮している．

　積極的行動支援では，機能的アセスメントに基づいた指導・支援を検討したうえで，指導・支援には上記に示した①～③の視点から文脈適合性を高めていくことによって，その指導・支援は実行されやすく，期待される効果が得られやすくなることが多くの研究で示唆されている．

［岡本邦広］

📖 参考文献

[1] 平澤紀子「積極的行動支援（Positive Behavioral Support）の最近の動向―日常場面の効果的な支援の観点から」特殊教育学研究，41(1)，37-43，2003
[2] 岡本邦広・井澤信三「行動問題を示す発達障害児をもつ母親と教師の協働的アプローチにおける協議ツールの効果と支援行動の維持の検討」特殊教育学研究，52(2)，115-125，2014

機能的アセスメントと環境アセスメント

　機能的アセスメントと環境アセスメントは，いずれも行動分析学のアプローチにおいて使用されるアセスメント方法である．行動分析学では，行動を個体と環境の結果生じるものとしてとらえているが，これは，行動そのものにだけでなく，行動が生じる前後関係（先行条件と後続条件）を含めてとらえていく必要性について言及したものである．

●**機能的アセスメント**　不適切行動や問題行動とされる行動の中には，本人自身あるいは他者に危険をもたらすものもあり，周囲の人にとっては「なぜそういう行動をするのだろうか」と，にわかには理解しにくいものも含まれる．機能的アセスメントは，このような状況を客観的に理解し，指導や支援の効果を高めるために用いられる．機能的アセスメントには，①本人や関係者からの情報収集のための「インタビューや質問紙調査」，②本人が示す行動の「直接観察」，そして，③専門家による「実験的機能分析」の三つの方法がある[1]．まず，「インタビューや質問紙調査」は，問題となる行動を示している本人と係わりの深い教師や保護者を対象に行われる．問題となる行動はどのような行動か，その行動の先行条件および後続条件はどのようになっているかをインタビューなどを通して聴き取る．あるいは，MAS（motivational assessment scale：動機づけ評定尺度）のような質問紙が使われることもある．この質問紙は16項目の問いに回答することを通して，問題とされる行動が「物品活動要求」「注目要求」「逃避・回避」「感覚強化」のいずれの機能を割合として多く有しているかを評価するものである．「インタビューや質問紙調査」は，比較的手間暇をかけずに行うことができるが，教師や保護者の主観に基づいているため，その結果の信頼性については課題が残されている．したがって，「直接観察」の補助的な存在として取り扱う方がよいだろう．「直接観察」は，問題とされる行動を生起している場面を直接観察し，行動（例えば，離席する，暴力を振るう，暴言を吐くなど），先行条件（例えば，興味のわかない授業内容，友達に嫌なことを言われた，やりたいことを禁止されたなどの事象）および後続条件（例えば，授業に参加せずにすむ，友達がひるむ，やりたいことが継続できる）を明確にする．最後に，「実験的機能分析」であるが，これはインタビューなどや直接観察から得られた情報をもとに，専門的な機関で変数を操作し，問題とされる行動を強化・維持している要因を明確にするために行われるため，熟達した専門家のもとで行われるものである．

　以上のような一連の機能的アセスメントにより，問題とされる行動の機能を同定すると，例えば，競合行動バイパスモデル[2]やストラテジーシートを用いた指

導方略など，効果的かつ効率的な指導方略が実施されることになる．

●**環境アセスメント**　これに対して，環境アセスメントは，支援可能なリソースの状態を巨視的に掌握するもの（環境アセスメントシートおよび連携マップ）と，指導場面である教室における物理的構造やかかわり方などの人的環境の査定と調整を狙ったもの（環境調整気づきのチェックシート）からなっている．この中で前者は指導を計画通りに実施するために必要であり，後者は例えば，行動上の問題の改善を図るために必要な情報を提供してくれる．この「環境アセスメント」という用語は，従来の応用行動分析学の専門用語の中には存在していなかったが，特別支援教育を含む教育的アプローチにおいて，子ども本人の周囲に存在する「環境」にも目を向けるべきであるという考えから，この用語が強調されるようになってきた[3]．井上[3]によれば，まず，環境アセスメントシートは，家庭，学校，地域，医療，福祉の各分野ごとに分け，それぞれの分野における情報を明示する．この中で，例えば，学校の分野では，クラスの雰囲気，担任教師の問題意識，校内委員会が役割を果たしているかどうかなどについて記入される．次に，連携マップは，関係機関の連携体制などを図示していくものである．まず，現状において各関係機関などの連携具合がどの程度であるかを矢印を入れながら明確にし，徐々にその矢印がさまざまな機関へと拡大していくことが望ましいとされる．最後に，環境調整気づきのチェックシートは，担任教師に環境調整の大切さに気づいてもらうことを大きな目的として使用されるものである．ここでは，不要な掲示物がないか，活動の見通しがもてるような工夫をしているか，他の教師との連携が取れる体制にあるかなどをチェックし，環境調整などが不十分な場合には改善が図られる．

●**機能的アセスメントと環境アセスメントの意義**　機能的アセスメントや環境アセスメントは，いずれも問題とされる行動や不適切な行動の原因を，例えば「発達障害」という障害特性のみに帰着させることなく，個人を取り巻く環境にも着目し，環境を調整することで個人の行動を改善するために，大変有効なアセスメント方法である．また，アセスメントは，よりよい指導方略を導き出すために実施されるものである．したがってアセスメントを実施して「なるほど，そういうことだったのか」と納得するだけでなく，「次からはこうしてみよう」というように，アセスメントとそれに基づく新たな指導をセットで考えていく必要があるだろう．

［松岡勝彦］

参考文献

[1] 倉光晃子「機能アセスメント」小林重雄監修，伊藤健次他編『自閉症教育基本用語事典』学苑社，pp.58-59，2012
[2] R.E. オニール，茨木俊夫監修，三田地昭典・三田地真実訳『子どもの視点で考える問題行動解決支援ハンドブック』学苑社，2003
[3] 井上雅彦「応用行動分析学に基づく環境アセスメントと環境整備」現代のエスプリ，476，188-194，2007

セルフマネジメント

　セルフマネジメント（self-management）とは，みずからの行動に望ましい変化を生じさせるために，行動の先行事象や結果事象，行動そのものに対して本人みずからが何かしらの手だてとしての働きかけを行うことである．
　セルフマネジメントの各技法については標準的な名称や分類が必ずしも明確に定められているわけではないが，それらの技法は図1のように行動の変化が求められる標的行動における先行事象，行動，結果事象のいずれかに対して用いられる．本稿では，先行事象の操作，自己教示，自己監視（自己モニタリング），自己強化について解説する．

図1　セルフマネジメントにおける技法例

●**先行事象の操作**　先行事象の操作では，望ましい行動を生じさせたり望ましくない行動を減少させたりするために，本人みずからが先行事象に何かしらの手だてとしての行動を行う．例えば，望ましい行動を生じさせるための先行事象の操作としては，①忘れ物をしない（望ましい行動）ためのきっかけとして，連絡帳に自発的にメモを取ることである．②スムーズに学習活動に取り組めるように，学習活動のきっかけとなる学習の道具の準備をみずから行うことである．③食事をより美味しく食べるために，動機づけの操作としてみずからおやつの量を減らすことである．
　一方で，望ましくない行動を生じにくくする先行事象の操作は，望ましくない行動が生じるためのきっかけをみずから取り除き，望ましくない行動の代わりとなる望ましい行動のきっかけを設定することである．また望ましくない行動が生じる動機づけを取り除くことである．
●**自己教示**　自己教示とはこれからやるべきことをみずから教示して手がかりを与えることである．例えば，「文字はゆっくり丁寧に書く」とみずから言ってから文字を書くことであったり，「片付けをしてから休憩にしよう」とみずから言ってから片付け，休憩を取ったりすることである．声の大きさは問題ではなく，つぶやくように言っても，大きな声で言っても自分の行動のきっかけとなることが

重要である．また適切な行動に対してみずから「よくできた」などと自己賞賛を組み合わせることもある．

●**自己監視** 自己監視は自己評価や自己記録を含めた技法として扱われることがある．自己監視とは，みずからの行動を観察し，行動の変化が求められる標的行動が生じたかどうかについて評価をしたり，記録を取ったりすることである．「手をあげてから発言する」といった標的行動に対して，発言のたびに挙手したかどうかを振り返って評価をして，記録を付けていくことである（図2）．この自己監視は，みずから観察を行うだけでも行動に改善が示されるリアクティビティー（reactivity：観察や測定手続きが人の行動に及ぼす効果）が生じることがいわれている．自己監視は，自己による目標設定と組み合わせて用いられることがある．この自己による目標設定もセルフマネジメント技法の一つとして捉えられており，本人に適した目標，具体的な目標であることや目標を公にすることによってより行動改善を示す可能性がある．

Aくんの目標

手をあげてから発言しよう

手をあげて発言したごとに○を書いてね．

	1時間目	2時間目	3時間目	4時間目	5時間目	1日の計
○月◇日	○○○	○	○○	○○		8回
○月△日	○○○		○○		○	6回
○月▽日	○○	○○	○○	○○	○○	10回

図2 自己監視の記録表の例

●**自己強化** 自己強化とは行動の変化が求められる標的行動があらかじめ定めてあった基準で行えた際，好ましい結果（ご褒美としての活動，物，特権など）を本人みずから選んでみずから与えることである．この自己強化ができるためには，自己監視，つまり，みずからの行動を適切に観察し，評価できることが必要である．また教育現場等で用いる場合には，その場面や状況において用いることができる好ましい結果をあらかじめ選択肢として準備しておき，そこから選ばせるなどの工夫が必要な場合がある．

この標的行動とそれに対する好ましい結果を書面に記すことは行動契約と言い，この行動契約をみずから行った場合にはセルフマネジメントの一技法としてみなされることがある．

［霜田浩信］

📖 **参考文献**
[1] J. O. クーパー他，中野良顯訳『応用行動分析学』明石書店，2013
[2] R. G. ミルテンバーガー，園山繁樹他訳『行動変容法入門』二瓶社，2006

問題行動への対応

　自分が何らかの問題に直面してその問題に対応しなければならないという状況になったら，どうするだろうか．多くの人は，なるべく詳しい情報を集めて，その情報に基づいて問題へ対応しようとするだろう．発達障害における問題行動への対応も例外ではない．応用行動分析では問題行動への対応を検討するために情報収集する場合，行動の直前に起きているきっかけ（先行事象），行動，行動の直後に起きていること（結果）を記録する．この記録に基づいてどんな場面やきっかけで問題行動が生じているのか，行動の直後にどんなことが起きて行動が増えたり減ったりしているのかについて検討し現状を把握する．

　以上のような情報に加えて，問題行動がその人にとってどのような機能を果たしているのか，すなわち問題行動の目的（機能）は何かという観点から情報を整理することもできる．例えば，周囲から注目してもらいたいという目的があって問題行動をしている場合は，問題行動の機能は注目獲得ということになる．こういった問題行動の機能に着目する実態把握の方法を機能的アセスメントという．また，機能的アセスメントの結果に基づいて，問題行動と同じ目的を果たすことができる望ましい行動を指導し，問題を解決していくことを機能的アプローチという．

●パニックを起こす子どもの場合　パニックを起こす子どもの仮想事例から問題行動への対応をみていこう．あきら君は7歳の男の子で，病院で自閉スペクトラム症の診断を受けている．小学校では通常学級に在籍しているが，たびたびパニックを起こして大声で叫んだり物を壊したりするため，個別の対応が必要になる．担任教師は個別の対応をしながらクラス全体の運営をすることに困難を感じており，どうにかあきら君のパニックを減らすことができないか悩んでいた．自閉スペクトラム症の診断を受けているという報告を聞いていたので，視覚的な教材を使用する，急な予定変更が生じないようにするなどの工夫をしていたが，パニックが収まるようすはない．問題を解決するために何か傾向が把握できないかと考えて，どんな時間や状況でパニックが起きるのか記録をとってみたものの，パニックが起きる状況はさまざまで一貫した傾向をみつけることができずにいた．

　このようなケースの場合，どういった情報を集めたらいいだろうか．パニックが起きる時間や状況に一貫性がなく傾向がみつからなくても，もう少し詳細に観察すると対応のためのヒントが隠されていることがある．例えば，誰といるときに起きやすいか，直前にやっていた活動は何か，逆に問題行動が起きにくいのはどんな状況か，などを検討することができるだろう．担任教師は，問題行動が生

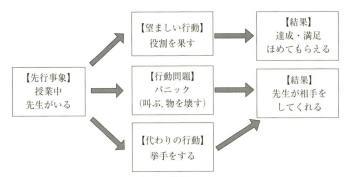

図1 問題行動の機能的アセスメント

じていない時間に注目した．すると，休み時間や担任教師以外が担当する授業ではほとんどパニックが起きていないことがわかった．担任教師があきら君のそばにいるときにパニックが起きているという状況をみて，あきら君は担任教師のことが嫌いなのではないかと考える人もいるかもしれない．

●**機能的アプローチによる問題行動の理解と解決**　あきら君の問題行動を理解するために図1のように行動の先行事象と結果を整理することができる．あきら君は授業中担任教師がいるときにパニックを起こしていた．そして，パニックを起こすと担任教師がそばに来て興奮をなだめてくれた．このような状態でパニックが減ることなく続いているということは，あきら君は担任教師が嫌いなのではなく，先生に来てもらいたい，相手をしてもらいたいと思い，その目的を果たすためにパニックを起こしていたと考えられる．つまり，あきら君の問題行動の機能は注目獲得だったということがわかる．

では，問題行動を減らすためにはどうしたらいいだろうか．担任教師があきら君のそばに行って興奮をなだめることによってパニックという行動を強化しているのであれば，パニックが生じている間は担任教師があきら君に関わらないようにする．これは消去とよばれる方法で，一時的に問題行動が悪化した後に問題行動が減っていくため，注意が必要となる（「応用行動分析の諸技法」参照）．しかし，問題行動を減らすだけでは，あきら君は先生に来てもらいたい，相手をしてもらいという目的を果たすことができない．そこで，同じ目的を果たすことができる代わりの行動を指導する必要がある．例えば，挙手をするという代わりの行動を指導し，挙手をしたときに担任教師があきら君に近づいて注目することで，適切な行動を増やしていくことができる．

［佐藤美幸］

参考文献
[1] 平澤紀子『応用行動分析から学ぶ―子ども観察力＆支援力養成ガイド』学研，2010
[2] D. A. クーロン他，野呂文行他訳『スクールワイド PBS』二瓶社，2013

競合行動バイパスモデルと代替行動

　発達障害のある子どもの行動問題に対して，「機能的アセスメント」に基づく支援の有効性が示されてきている（「機能的アセスメント」「スクールワイド・クラスワイドな支援」参照）．この方法は応用行動分析によって開発されてきたもので，実際の問題行動が生起する状況について，ABC分析を用いた行動観察，行動の機能査定に関する教師や親を対象とした半構造化面接調査，行動評定尺度などによってアセスメントを行う．それらの結果から，主として問題行動の起こりやすい「先行条件」と，問題行動を強化している「結果条件」を見出していく．先行条件が特定できれば，問題行動が起こりにくい環境的な修正や，教師や親の関わり方（例えば，指示の出し方や働きかけ方など）の改善といった対応によって，問題行動が起こりにくい状況をつくっていくことが可能となる．また結果条件が特定できれば，問題行動を強化している要因（例えば，注意や注目，逃避の容認など）を取り除くことが可能となる．しかし，そもそも行動問題は，子どもの現有している行動のレパートリー（学習能力，社会的スキル，コミュニケーションスキルなど）と，その環境で求められているレベルが適合しないことによって生じる．その問題の現れとして，周囲にとっても不適切となってしまう行動（いわゆる問題行動）が生じてしまうことになる．そこで，行動問題の根本的な解決のためには，予防的な対応や，問題行動を強化しないような対応とともに，問題行動とは別の"適切な"行動を積極的に形成していく必要がある．

●競合行動バイパスモデル　ここで図1をみてもらいたい．中央にある子どもの「問題行動」として，課題に取り組まない行動と課題を拒否する行動が書かれている．そして，その左側の四角枠の中が「先行条件」である．また問題行動を起こした直後には，「結果条件」として，課題からの逃避や，教師からの援助が得られることが伴っている．このように図1は，問題行動が起こりやすい先行条件と，問題行動を強化している結果条件が示されている．これが，問題行動の行動随伴性ということになる（「応用行動分析の基礎理論」参照）．

　また，図1の上方には，「望ましい行動」として「課題を仕上げる」という行動があり，その結果として「教師による賞賛」が伴うことになっている．「望ましい行動」と「その結果」は今後実現したい行動であるが，現実にはこの望ましい行動は起こっておらず，代わりに問題行動が起こっている．そこで，まずは，問題行動を起こさずに，図1の下方にある「代替行動」を促進する指導が必要となる．つまり代替行動をすれば，問題行動を起こしたときと同様の結果が得られるようにする．このように，機能的アセスメントの結果から，問題行動を起こり

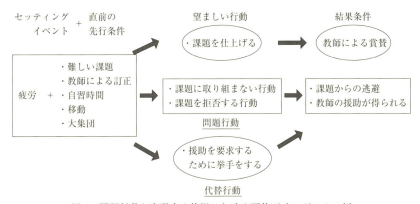

図1　問題行動が出現する状況における要約ダイアグラムの例
［出典：R. E. O'Neill et al., *Functional Assessment and Program Development for Problem Behavior: A Practical Handbook*, 3rd ed., Cengage Learning, 2015］

にくくする対応の一つとして代替行動を見出していくまでを「競合行動バイパスモデル」という．このモデルの前提としては，問題行動と新たに設定する代替行動の両者が，同じ結果条件になることが必要となる．このように両方の行動が同じ好子（強化子）によって強化されていることを「機能的等価性」という．機能的等価性が成立するためには，対象となる子どものコミュニケーション行動（例えば，注意を向ける，要求する，情報を得る，援助を求める行動など）のレパートリーを十分に査定し，現有の行動レパートリーを生かしたり，プロンプトなどを用いて代替行動を促進することが必要である．一方，問題行動に対しては好子が得られないようにしたり，得るまでに負担がかかるような対応の工夫が必要になる．図1では，代替行動として，「援助を要求するために挙手をする行動」を積極的に指導し授業場面などで促進していく．このように，問題行動を起こりにくくし，代替行動を促進していくことを目的とした指導を「機能的コミュニケーション訓練」という．このように，特定の先行条件のもとで生じていた問題行動を生起しにくくし，代替行動の生起を促進することが指導の目標となる．そして，少しずつ望ましい行動が生じやすいように，先行条件を除去したり，子どもの行動のレパートリーを広げていくような指導を続けていく．最終的には，課題から逃避などをしなくても，取り組める課題が増え，それによって教師から本来の賞賛を得られる機会が増え，本人の達成感や自己有能感を育てることにつなげていくことがゴールとなる．　　　　　　　　　　　　　　　　　　　　　　［加藤哲文］

参考文献
[1] R.E.オニール他，茨木俊夫監訳『子どもの視点で考える　問題行動解決支援ハンドブック』学苑社，2003

認知行動療法（ACT 含む）

　認知行動療法は，心理療法の中の一つとされているものであり，科学的な理論を背景とした技法の代表として知られている．認知行動療法の起源は，学習理論が起こったことに始まる．学習理論は，すべての行動は学習されたものであるとするものであり，酸っぱいものを見たときに唾液が出るといった生理現象を説明した I. パブロフのレスポンデント条件付け，行動後の結果によって，その後の行動が変容することを説明した B. F. スキナーのオペラント条件付けがある．これらの理論を用い，当時精神分析が主流だった心理療法の流れにおいて，科学で説明できる対象を中心に扱うことを提唱したものが行動療法の始まりである．この行動療法によって，不安障害などへの介入は目覚ましく発展し，社会に広く受け入れられるようになった．しかし，行動療法では客観的に観察可能な対象しか扱えないことから，療法の限界が指摘されるようになる．

　そのような中で，A. T. ベックによる認知療法が1970年代により提唱され，行動療法では扱えなかった認知への介入に効果をあげるようになる．この認知療法と行動療法が発展しあい，包括される形で提唱されるようになったのが，認知行動療法である．

●**認知行動療法の理論と適応対象**　認知行動療法が療法として優れているのは，一つは行動療法，認知療法の理論に基づいた相互作用システムにある（図1）．クライエントの問題を特定する際に，環境変数を含む，四つのシステムによる相互作用を仮定して，アセスメントすることにより，複雑な問題の特定も可能にする．クライエントが不安を主訴とした場合，それはどの環境下で引き起こされているのか，その際，どのようなことを考えているのか（認知），どのような行動をとっているのか（行動），身体の状態はどのような状態か（体のこわばり，脈拍の程度など）（生理・身体），どれくらいの不安を感じているか（情動）などを情報として収集し，対象の不安の構造を明らかにしていくことで，具体的な介入の方針が決定していくという流れである．クライエントとともに不安の構造を話し合い，協働作業で進めていくことを前提としている．そのためクライエントにも構造が理解しやすいといった利点もある．また介入を行った後に効果測定を行い，科学的に効果を検証することを必須としている点も優れている点としてあげられる．介入の知見を一定の枠組みで重ねていくことで，学術的にも社会的にも発展することを可能とした．

　現在，この認知行動療法の適応対象は多岐にわたっている．科学的に効果が証明されているのはうつ病やパニック障害，社会不安障害やPTSD（心的外傷後ス

トレス障害），拒食症，過食症，パーソナリティ障害といった対象で確認されている．また臨床的には，発達障害のある対象へと用いられることも多い．特に成人期の発達障害のある方は，社会生活を営む際に不適応を起こし，二次障害として不安障害や不眠，神経症圏の症状を呈することが多く，薬物療法と合わせて認知行動療法がそれらの症状の改善に用いられることはよ

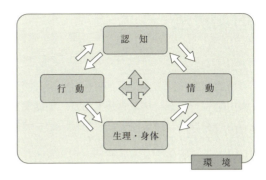

図1 認知行動療法における相互作用システムについて

くみられる．発達障害のある方へ適応する際は個々の障害特性を把握するために知能検査などの客観的な測定指標を用いたアセスメントが必須となる．発達障害の特性を把握したうえで，その特性に合わせた認知行動療法の展開が求められる．展開の一例としては，認知行動療法の技法に含まれている社会的スキル訓練や問題解決訓練がある．特にこの両技法については，学童期（問題解決訓練は認知面が一定発達した10歳前後）から，成人期の発達障害のある方まで広く適応されている．また社会的スキル訓練では，「あいさつ」や「謝る」といった基本的な社会的スキルから，「報告する」「相談する」といった就労場面で求められる社会的スキルの習得まで幅広く実施されている．環境や本人の理解度に応じて，技法を柔軟に適応させることができることも認知行動療法の利点といえる．

●認知行動療法の限界と新たな認知行動療法について　現在では，各適応対象に，症状の維持モデルやそのモデルに基づいた介入のマニュアルが存在し，認知行動療法の実践家はそのマニュアルを参考にし，アセスメントから介入まで行えるようになっている．しかし，従来の認知行動療法の枠組みでは対応できない複雑な問題や慢性的な症状に対して対応しきれないことへの批判が高まり，従来の枠組みから外れた新たな認知行動療法の展開がなされるようになってきている．その一つがアクセプタンス・コミットメント・セラピー（ACT）である．従来の認知行動療法が否定的な信念を変えることに重点を置いてきたことに対し，ACTではそれらの信念が起こった際にいったん距離を置き，一つの出来事として認識できるように「脱中心化」することで，柔軟で有効な行動を取りやすくなり，心理的問題の改善に効果があるとしている．このように認知行動療法は自身の特徴とする科学的な理論に基づき，現在も発展し続ける心理療法である．実践する際には，理論背景を理解したうえで，目の前の症状に適応させていく実践力が求められる療法といえる．

［池田浩之］

遊戯療法

　遊戯療法とは，子どもを対象とし遊びを通して行われる心理療法の一つである．子どもにとって遊びは，生活であり，学びであり，生きることそのものであると考えられる．遊びをコミュニケーションの手段や自己表現手段として位置づけし，大人が子どもと関わる中で，子どもの心身の発達や行動のあり方に好ましい成長や変化をもたらすことをめざして行われる．現在は，精神分析のみならず認知行動の領域においても遊戯療法が取り入れられている．

●遊戯療法の基本
　1）対象：遊戯療法の対象は，言語表現よりも遊びでの表現ややりとりの方がより自然で適切であると思われる乳幼児から小学生段階くらいまでの子どもを中心としている．原則として，通常1回のセッションは40～50分であり，週1回決まった曜日・時間に同じ部屋で行われる．

　2）プレイルーム：プレイルームは，子どもが自由に遊べるために，安全で守られた特別な場であり，絨毯やコルクのような柔らかな素材で覆われている．部屋の広さは，人数や目的にもよるが，学校の教室ほどの広さから，その半分または1/3程度であり，遊びやすい広さが求められる．プレイルームは物理的な広さにとどまらず，セラピストと子どもの心理的距離の視点を十分に考え，子どもがセラピストと直接関わらないで過ごすことができるが，セラピストの心理的な影響をまったく受けないで過ごせるほど広すぎてもいけない．

　3）遊具：プレイルームには，人形，乗り物，楽器，おもちゃの武器，レゴのようなブロックを含む積み木，ボール，描画や工作活動のための用具，パズル，絵本，ままごと類，電話，時にはシェルターになるような小さなテントや，子どもが入れる蛇腹状のトンネルのようなものなどさまざまな遊具が用意されている．深谷[1]は遊具選びのポイントとして，①子どもの興味を引き，来談を持続させるもの，②子どもに自由度の大きさを知らせるもの，③子どもとセラピストの関係を深めるもの，④子どものストレスを解消し，攻撃性を発散させるもの，⑤表現活動を促進するもの，⑥精神的な活動を促進するもの，⑦子どもをフラストレイトさせたり活動を抑制させたりしないものをあげている．これらの遊具は，遊戯療法の立場や目的，子どもの年齢や個性，セラピーのプロセスによってさまざまに工夫され用意される．

●遊戯療法の多様化
　1）心因性の問題を中心においた遊戯療法：遊戯療法は，1990年代の初めに，児童精神分析のA. フロイトやM. クラインの来談者中心療法の流れをくむ，V.

M.アクスラインなどの臨床家の手によって始められ，それぞれの理論的な立場はあるものの，言葉の代わりに遊びを媒介とする点において子どもの心理療法の総称的なものとされてきた．アクスラインの，受容を中心にした非指示的遊戯療法が代表的なものである．子どもとのより良い関係を築くために，セラピストは，以下の8つの原則が大切であるとアクスラインは述べている．それは，①子どもとの友好的な信頼関係（ラポール）をつくる，②子どもをあるがままに受容する，③子どもとの関係で受容的な感情をつくり出す，④子どもの行動の奥にある感情の動きを敏感にくみとり，それを子どもに返してやり，子どもに自分の行動の意味を気づかせる，⑤機会さえ与えられれば，みずからの力で問題を解決できる能力が子どもにあることを信じる，⑥子どもに指示を与えない．子どもがリードし，セラピストはそれに従う，⑦治療を急がない．治療はゆっくり徐々に進む過程であることをよく理解する，⑧治療を現実の世界につないでおくために，またセラピストとの関係において子どもが責任のある存在であることを自覚させるために必要な制限だけを子どもに与える．

これらの原則を大切にして関わっていくことで，子どもは自身がもっている内なる力で問題を解決していくことができるようになる．子どものもつ治癒力や成長する力への深い信頼をベースにしている．

2）発達障害をもつ子どもへの遊戯療法：子どもの，成長・発達には，遊びが大きな役割を果たしている．子どもは自身の発達に必要な遊びを選択し，みずからの力で展開していく．発達に遅れや歪みのある子どもにとっても遊びは欠かせない．ところがこの場合は，知的能力をはじめとして言語能力，運動能力，社会性などに遅れや偏りがみられることが多い．うまく遊べないことが子どもの成長や適応に影響を与える．そこで，子どもの障害の特性や発達レベルに応じた工夫や配慮が細やかにできるセラピストの手助けが必要となる．セラピストは子どもの性格や，遊びを観察・評価し，必要に応じた援助により，得意な能力を伸ばしたり，苦手な課題に配慮したりする促進的な（療育的な）アプローチを行うことになる．セラピストが，ともに遊びつつ子どもの発達を促す働きかけが，発達障害児の遊戯療法の基本となる．

本項では心因性の問題をもつ子どもと，発達障害の子どもの遊戯療法を取り上げたが，実際には個々のケースによって，セラピストの出身や立場も，展開の仕方やその方法もさまざまである．大切なことは，セラピストが，「遊び」がもっている重要性を十分に理解し，子どもへの深い共感と洞察力をあわせもち，子どもと関われることである．

［和田　薫］

📖 参考文献
［1］深谷和子『遊戯療法―子どもの成長と発達の支援』金子書房，2005
［2］河合隼雄『遊戯療法の実際』誠信書房，2005

単一事例研究法

　障害児・者を対象とした研究では，実施上，多くの事例を集めることが難しいことや，多くの事例を集めて平均値としてまとめてしまうことで多様な個別性が排除されてしまうことの弊害が示唆されてきた．そのため，個別性を重視した障害児・者への指導・支援研究として，事例研究の意義と必要性が認められてきた．事例研究とは，一事例または少数事例において，その事例の特徴を重視したうえで，その変容の過程および変容の要因をさぐっていくための研究法である．

●**因果関係を探る事例研究**　因果関係とは，$y=f(x)$ という関数関係にあることを意味する．$y=f(x)$ における x が独立変数（independent variable），y が従属変数（dependent variable）となる．心理学的な実験においては，x が実験条件，y が測定値となる．因果関係を実証するための研究法として，群間比較法がその代表である．群間比較法は，実験群（experimental group）と統制群（control group）を設定し，実験群に対し独立変数 A（例：薬 A）を提供し，統制群には独立変数 B（例：薬 B，もしくは投薬なし）を提供することにより，変数条件による変動を検証する．すなわち，介入前と介入後に評価をすることによって比較検証する．群間比較法において，母集団からの実験／統制群への割り当て方をランダムな無作為で行う方法（randomized controlled trial：RCT）が根拠の質が高い研究方法とされている．

　指導研究においては，介入条件（指導，訓練，支援などの内容）が独立変数，それによって変化する行動的な結果が従属変数となる．漢字の書き取りに関する指導研究で考えてみると，漢字の書き取りへの指導方法が独立変数，指導の結果，漢字がどの程度の書き取りできるようになったかが従属変数となる．

　また，実験では，その手続きを客観的に記述し，再現性を保障することが必要となる．指導の効果を検証する場合には，どのような介入（指導，訓練，支援など）を実施したか，その介入条件を明確に記述することが求められる．

●**一事例の実験デザインの特徴**　一事例の実験デザイン（single case experimental design）は，時間経過に伴う個体内変動を追跡し，介入による効果の因果関係を実証するための研究計画である．特徴的なのは，ベースラインを反復的に測定することである．ベースラインは，独立変数を導入する前の状態測定であり，それを一定期間，反復して複数回（可能であれば 3 回以上），従属変数のデータを測定する．そのベースラインの後に，介入を導入することによって効果を検出できるようにしている．

　ベースラインは，指導をしない，何もしない状態という意味ではなく，これま

で実施していた指導法を適用する条件でもよい．介入では実験変数の単一操作を基本とするため，ベースラインと介入との変数の違いが何であるかについて，例えば，ベースラインでは「教材のみ」，介入では「強化＋教材あり」というように，実施前に吟味しておく必要がある．また，従属変数は，継続的に同一のデータを測定する必要があり，それにより比較検証ができる．

●代表的な一事例の実験デザイン　以下に代表的なデザインを紹介する．

①**ABAB デザイン（ABAB design）**：A はベースライン期であり，B は介入期を意味する．一定の回数で介入前の状態（ベースライン）を測定し，安定したデータが得られたところで，介入を導入する．その安定したデータ傾向が示されたところで，再度，ベースラインに戻し，その後，再度，介入を導入する．典型的な例として，標的行動が望ましい行動であれば，A よりも B により増加を示し，再度，A に戻すといったん減少し，再度 B により増加を示すといったものである（望ましくない行動ではその反対となる）．それにより，介入による効果を確認する．類似したデザインに，AB デザイン，ABAC デザインなどがある．

②**多層ベースラインデザイン（multiple baseline design）**：基本的には AB デザインに基づいているが，このデザインの肝は，介入を開始する時期をずらすことであり，それにより時期による変化の可能性を除外し，独立変数としての介入による変化であることを実証できる．

対象者間（例えば，対象児 A 君，B 君，C 君といった複数名に対する実施），行動間（例えば，あいさつする，お礼を言う，援助を提供するといった複数の社会的行動を標的とする），場面間（例えば，国語の授業，体育の授業，遊び時間といった複数の場面に適用する）といった三種類の多層ベースラインデザインがある．

③**条件交替デザイン（alternating treatment design）**：介入条件 A と介入条件 B（またはベースライン条件）の比較を目的とする際に適用されるデザインである．介入条件 A と B がランダム化された順番により実施される．例えば，離席したら口頭で注意する条件と離席したら意図的に無視する条件を日によって条件を変え実施していき，データ（離席回数）の継続的な測定により，その効果の比較を行うといった例が考えられる．

そのほか，基準変更デザインは，標的行動に関して設定された目標基準について，それをクリアーしていくごとに，再度目標基準を変更し，段階的に目標に近づいていく計画もある．いずれにしても，実証性を保障しつつ，臨機応変な計画として活用することができる．

［井澤信三］

📖 **参考文献**
[1] P. A. アルバート・A. C. トルートマン，佐久間 徹他訳『はじめての応用行動分析（日本語版 第 2 版）』二瓶社，2004

質問紙調査法

　質問紙により言語を媒介として行う調査の方法を質問紙調査法とよぶ．心理尺度による測定，社会調査や意識調査など，幅広く用いられており，人間の心理や行動についてのデータを得るための重要な研究方法の一つである．

　質問紙調査法の特徴について，長所としては以下の点があげられる．観察だけでは知り得ないような個人の内面についても幅広くとらえることができること，多人数に同時に実施することが可能であるため比較的短時間で大量のデータを得られること，比較的安価な費用で実施が可能であることなどである．一方，短所や限界については，調査参加者の防衛が働きやすく虚偽や回答の拒否の問題があること，内面を深いレベルでとらえることは難しい傾向にあること，年少者など言語の適用が難しい場合には使用できないことなどがあげられる．これらの短所や限界を補うために，観察法や面接法など他の方法と併用される場合もある．

●**質問紙調査の実施手順**　質問紙調査を実施する際の一般的な手順は，だいたい次のようになることが多い．①調査の目的に応じて調査対象を決める，②調査対象に応じて，実際の調査参加者を選び出す母体である母集団を決める，③母集団の中から実際の調査参加者を決める（標本調査の場合．全数調査の場合には，母集団＝実際の調査参加者である），④調査の具体的な実施方法を決める，⑤調査の実施，⑥結果の分析，⑦報告書の作成，結果のフィードバックや発表，⑧データの保存や破棄．この中の主な作業や留意点について，本項で簡単に概説するが，詳しくは参考文献にあげた文献などを参照して頂きたい．

●**調査参加者の選定**　実際の調査参加者を選定するにあたって，母集団の構成員すべてを調査する方法（全数調査）と，母集団から取り出した一部の構成員（標本（サンプル））に対して調査を行い，その結果から母集団の姿を推定する方法（標本調査）とがある．標本調査の場合，標本調査の結果からできるだけ正確に母集団の姿を推定できるよう，母集団を代表させるように標本抽出（サンプリング）を行う必要がある．最も理想的な方法は（無作為抽出）ランダムサンプリングであり，これは，母集団のすべての構成員について調査対象者に選ばれる確率が同一となる方法でサンプリングすることである．具体的な方法として，単純無作為抽出法，系統抽出法，多段抽出法，層化抽出法などがある．

●**調査の実施形態**　表1に示すように，さまざまなものがある．配布・回収の方法については，調査者が調査対象者に質問紙の配布・回収を直接行う方法（直接型）と第三者を通じて行う方法（間接型）がある．回答の方式についても，対面回答型と持ち帰り回答型がある．

●**質問紙の構成**　質問紙（調査票）の構成においては，既存の心理尺度を使用して構成する場合も，調査項目を作成する場合もある．いずれにしても測定の妥当性，信頼性に十分に注意を払う必要がある．測定の妥当性とは，測定しようとする対象を実際に測定できているかどうかを意味し，測定の信頼性とは，同一条件で測定をくり返した際，一貫して同一の結果が得られるかどうかを意味する．つまり，対象を的確に，かつ誤差を少なく測定することをめざすということである．

表1　調査の実施方法の種類

	直接型		間接型
	個別型	集団型	
対面回答型	面接調査	集合調査	委託調査
持ち帰り回答型	留置調査	宿題調査	郵送調査

［出典：田中佑子「質問紙法の実施方法」鎌倉雅彦他編著『心理学マニュアル　質問紙法』北大路書房，p.36, 1998］

　その他の留意点として，調査目的に応じた必要最低限の質問項目にとどめられているか，調査参加者に応じた適当な質問内容や量であるかといった点や，質問項目の配列の仕方などがあげられる．質問項目の配列については，調査参加者にとって回答しやすい配置にすることや，調査にとって重要な問いを前半に配置する，影響が想定される項目は離して配置するなど，回答者のモチベーションや疲労，およびキャリーオーバー効果など質問紙内の項目間相互の影響を考慮した対応が必要である．

●**調査項目作成時の留意点**　質問の形式と回答方法にはさまざまなバリエーションがあり，それぞれ長所と短所が存在しているため，特徴をよく理解して目的に合致したものを選ぶ必要がある．代表的なものとして，評定尺度法（リッカート法，SD法），2項選択法，多肢選択法（単一回答，複数回答），順位法，分類法，一対比較法，自由回答法，文章完成法などがある．

　質問文や質問項目を作成する際，ワーディングに最大限の注意を払い，誰が読んでも同一の意味で受け取られるようにする必要がある．簡潔で明瞭かつ具体的な文章とし，平易な表現，簡単な用語を用いる．否定形の表現（例：～しないほうが良いとは思わない）や一つの質問に複数の論点が含まれる質問（ダブルバーレル質問，例：国語や算数は好きですか）などは回答者の混乱を招きやすいので避ける．回答を誘導するような表現も避けなければならない．　　　　　　　　　　　［三宅幹子］

📖 **参考文献**

[1] 鎌原雅彦他編著『心理学マニュアル　質問紙法』北大路書房，1998
[2] 宮本聡介・宇井美代子編『質問紙調査と心理測定尺度—計画から実施・解析まで』サイエンス社，2014
[3] 小塩真司・西口利文編『質問紙調査の手順』ナカニシヤ出版，2007

実験計画法

　発達障害のある子どもたちの学習や行動について，どのような特徴が認められるのかを客観的に知るために，実験研究という手法がある．実験研究を行う際には，心理学で用いられる実験計画法の基本を理解しておくことが必要である．実験計画法では「どのように計画を立てるか」と「得られたデータをどのように扱うか」が重要となる．

●**どのように計画を立てるか——フィッシャーの3原則**　実験計画を立てる際にはまず，何を明らかにしたいのかを明確にする必要がある．明らかにしたい要素は「要因」ならびに「水準」として表現される．「要因」とは，測定した数値（データ）に影響を及ぼすものを指し，「水準」とは要因におけるさまざまな状態や条件のことを表す．例えば，発達障害のグループと定型発達のグループに対して2種類（聴覚提示と視覚提示）の記憶課題を行い，グループ間および課題間でその得点に差が認められるのかを明らかにしたいとする．その場合，グループ（群）および課題提示方法が要因となる．さらにそれぞれの要因の中で比較する対象が2種類（群：発達障害と定型発達，課題提示：聴覚と視覚）あるため，ここでは2水準のデータとして扱うことになる．

　さらに実験を計画する際には，「フィッシャーの3原則」（反復・無作為化・局所管理）に従うことによって，より精度の高い実験を行うことができるとされている．反復の原則とは，それぞれの水準の中で複数回の測定を行うことを指す．実験を行う際，例えば発達障害と定型発達，それぞれの群で一人のみの測定であった場合，そのデータは群の特徴を真に反映しているとはいいがたい．そのため，各群でできる限り多くの人数（回数）の測定を行うことにより，データに含まれる個人間の誤差を軽減することができる．無作為化の原則では，測定はただ繰り返し行えば良いというものではなく，無作為化して行うことが望ましいとされている．例えば2種類の記憶課題をそれぞれ各群の対象者20名を10名ずつ割り付けて実施する場合，その割り付けの方法をランダムに行うことが無作為化にあたる．局所管理の原則とは，系統誤差（一定の傾向をもつ誤差）を除去し，精度を向上させることをさす．例えば，測定を行う環境（場所や課題の提示手続きなど）も課題成績に影響を及ぼす場合がある．そのため，両群とも同じ環境で測定を行うことが望ましい．

●**得られたデータをどのように扱うか——代表値と分散分析**　代表値とは，データの全体的な傾向についておおよそ知ることができる値をさす．代表値には，平均値，中央値などがあり，測定に用いた尺度の水準や実際に観測されたデータの

分布などを考慮して適切なものが選択される．平均値は，データの総和をデータ数で割ることにより算出され，中央値はデータを大きさの順に並べたときにちょうど中央に位置する値である．実験研究においては平均値を用いることが多いが，正規分布を前提としない場合や，データが少なく，平均値での分析が適切でないと判断される場合に中央値が用いられることもある．平均値の比較にはt検定や分散分析が，中央値の比較にはメディアン検定やサイン検定などが用いられる．ここでは，実験研究でよく用いられる分散分析について解説する．

分散分析は，複数の要因や水準間において平均値の差が認められた場合，その差が偶然に生じたものなのか，何らかの意味があって生じた

表1　主効果と交互作用の関係

		課題提示		全体
		聴覚提示	視覚提示	
群	発達障害	3	6	4.5
	定型発達	4	5	4.5
	全体	3.5	5.5	

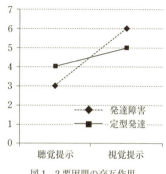

図1　2要因間の交互作用

ものなのかを解析するために用いられる．その「何らかの意味」とは何かについて，分散分析では「主効果」と「交互作用」によって表現される．主効果とは，一つの要因内で水準間に差が認められたことを表す．表1は，二つの群を対象とした2種類の単語の記憶課題における平均点を示している．表1の実線の四角で囲まれた部分が，群と課題提示それぞれの要因における主効果の分析対象となるデータである（この表1では，群の主効果は認められない）．交互作用とは，片方の要因の水準と，もう一方の要因の水準間の平均値のパターンが異なることを表す．表1では点線で囲まれた部分が交互作用の分析対象となるデータであり，グラフで表すと図1のようになる．図1より，聴覚提示条件では定型発達群の方が得点は高いが，視覚提示条件ではその逆の結果となっている．この結果をグラフで表した際，グラフが平行でない（交差する）場合，2要因間に交互作用が認められたことを示している．このように，実験を行う際には計画を立てる段階から対象者の割り当てやデータの扱いに至るまで，より細かな手続きが求められることとなる．

［細川美由紀］

参考文献
[1] 森　敏昭・吉田寿夫『心理学のためのデータ解析テクニカルブック』北大路書房，1990
[2] 豊田秀樹『違いを見ぬく統計学—実験計画と分散分析入門』講談社，1994

観察法

　発達障害のある子どもの行動は，周囲の環境や他者との関係性によって変化する．観察法は，大きく「自然観察法」と「実験的観察法」に分けることができる．自然観察法は，親子のやりとり，遊び，授業などの日常場面で何らの操作を加えることなく，自然な状態で子どものようすを観察するものである．実際の生活環境でどのようなことが生じやすいのか，人的・物理的環境と行動上の課題との関連性について検討できる．一方，実験的観察法は，プレイルームなどで状況を統制（制限）して行動を記録する方法である．環境変数（条件）を操作することによって，子どもの行動に影響を与える要因を明らかにすることが可能である．なお，自然観察法と実験的観察法の中間的な形態として，人類学のフィールド調査などで使われる「参加観察法」がある．

　観察にあたっては，行動をどのように記録するか，観察対象の行動をどのように選択するかが重要となる．記録方法として，定期的に対象の行動を記述する「日誌法」，偶然に生じるさまざまな行動の過程をとらえることのできる「逸話記録法」がある．対象の行動が決まった後は，任意の時間ごとの特定行動の生起を記録する「時間見本法」，対象行動を焦点化（例えば，離席）して，この行動が生起した前の出来事やその展開を記録する「事象見本法」や生起した行動の頻度や強度を段階的に評価する「評定尺度法」を用いることができる．本項では，時間見本法と事象見本法の具体的手続きについて説明する．

●時間見本法　本法は，ある程度の頻度で起こる行動，あるいは一定時間継続する行動を記録する際に有用である．まず，予備的観察を実施して行動のバリエーションを確認し，行動カテゴリーとサンプルする時間間隔を設定する．この行動カテゴリーは，原則として，お互いに区別可能であることと，出現するすべての行動を含んでいる必要がある．

　次に，サンプリングの時間間隔とその方法を決める．全体で45分間の記録時間で時間間隔が3分間であれば，サンプル数は15となる．方法には，「1/0サンプリング法」「ポイントサンプリング法」がある．1/0サンプリング法では，サンプル時間ごとに特定のカテゴリーの行動が生起したかどうかチェックする．この場合，1サンプル時間（この場合，3分間）で2回以上行動が起こってもその回数は考慮されない．ポイントサンプリング法では，サンプル間の切れ目（この場合，3分ごと）の瞬間で特定カテゴリーの行動が生起したかどうかチェックする．その瞬間に行動が生起していなければカウントされない．

　複数の行動カテゴリーを同時に記録する際に用いられる用紙の例を図1に示

サンプリング	課題従事行動				課題非従事行動			
	a	b	c	d	e	f	g	h
1					✓			
2		✓						
⋮	⋮	⋮	⋮	⋮	⋮	⋮	⋮	⋮
15								✓
計	4	5	3	2	6	7	4	3

観察日時 _____

a：教師に注目
b：板書を見る
c：教科書を見る
d：ノートをとる
e：手遊びをする
f：暴言を言う
g：生徒と私語する
h：離席する

図1　行動カテゴリーを用いた時間見本法記録用紙の例

観察日 _____

生起した時間	先行状況	行動
10：45	教師が算数の時間に分数の説明を口頭で実施	e
11：02	向かい側の子どもが対象児のことに言及	f
⋮	⋮	⋮
14：30	天井に光のゆらぎが見える	h

e：手遊びをする
f：暴言を言う
h：離席する

図2　状況記述と行動カテゴリーによる事象見本法記録用紙の例

す．サンプリングごとに，当該カテゴリーの行動が生起していれば，チェックマークを入れる．最後に，観察によって得られた結果の信頼性を客観的に検討するために，「一致度」を求める．観察時間の一部をランダムに選び，複数の観察者による結果がどのくらい一致しているかどうか計算する．カッパ係数は，見かけ上の一致度から偶然の一致度を差し引いたものである．

●事象見本法　対象となる行動が，どのような文脈で生じるのかを明らかにする目的で用いられる．また，記録から原因となっていることは何か，そのプロセスの特徴，どのような結果がもたらされるかについての情報が得られる．記録内容は逸話的であるが，時間見本法と同様に行動カテゴリーを設定することができる．記録が行われるのは，対象の行動が生起するか，行動に変化が生じた時である．図2に課題となる授業中の行動をカテゴリーに分類して，その先行状況を記述する記録用紙の例を示す．このようなレイアウトを用いて，課題となる行動によってその先行事象が質的に異なるかどうか検討できる．

［宇野宏幸］

参考文献
[1]　中澤　潤他編著『心理学マニュアル―観察法』北大路書房，1997

インタビュー法

インタビュー法は，観察や質問紙ではとらえられないデータを，対象者と直接に面談し会話を通して収集する技法である．インタビュー法の特徴は，直接に質問することで対象者の内面を明らかにできる点である．観察法は目に見える行動や言葉を把握することができるが，インタビュー法はその背景にある対象者の感情や価値観，動機などの内面を明らかにすることができる．また，インタビュー法は，時間の短縮や手続きの急な変更など実験法や検査法では許されない状況に合わせた手続きの柔軟な変更によって，自然で制約の少ない状況を設定することができる．さらに，質問紙法は一度に多量のデータをとることができるが，人々の表面的なことしか収集することができないのに対して，インタビュー法はさらに質問することで対象者の内面に深く迫ることができる．

その一方でインタビュー法は，面接者が対象者に直接会うことによる相互作用から対象者の主観(思い込みや記憶違い，抵抗など)と面接者の主観(インタビューに対する視点や動機，経験や力量など)による影響を受けやすい点や，集計や分析に時間がかかるという短所をもつ．

●インタビュー法の構造化レベルによる特徴の違い　インタビュー法は質問の形式と面接者の役割のレベルによって，構造化，半構造化，非構造化インタビューに分けることができる（表1）．

まず構造化インタビューでは，質問の内容や順序が事前に決定されており，面接者が一方的に質問し対象者が回答するという役割が明確である．構造化インタビューの長所は，前もって用意した質問と選択肢への回答から，対象者の答を量的に処理することができ統計処理がしやすいこと，質問の内容や回答の記録の仕方など同一の手続きを実施することで，面接者による影響やバイアスを少なくできることである．構造化インタビューの短所は，手続きを面接者によって柔軟に変えることができないため，選択肢以外の回答や対象者からの自発的な発言を十分に生かすことができない点である．構造化インタビューによってより深い内面

表1　インタビュー法の構造化レベルによる特徴の違い

	構造化インタビュー	半構造化インタビュー	非構造化インタビュー
質問項目・手続き	事前に決定	事前に決定 ＋追加の質問	オープンエンドな質問 ＋追加の質問
質問者の役割	質問者	質問者＋聞き手	聞き手(同等または対象者が師)
データのタイプ	量的・質的データ	量的・質的データ	質的データ
収集・分析時間	短い	中くらい	長い

を把握するためには，先行文献を十分に検討し，予備調査をしっかりと行って，質問内容と回答の選択肢を慎重に選ぶ必要がある．

半構造化インタビューでは，構造化インタビューと同様に，主な質問や内容や順序は決まっているが状況に合わせて面接者が直接に質問することで回答内容を確認することができる．半構造化インタビューの特徴は，必要な質問項目の量的データを収集するとともに，そのときの話題や興味によって柔軟にその内容を変え質的データを得ることができる点である．半構造化インタビューは，いわば構造化と非構造化インタビューの利点をうまく取り入れた技法であるといえよう．

非構造化インタビューでは，質問内容や順番は事前に決定されておらず，面接者の役割も聞き手としての役割が大きい．非構造化インタビューは，フィールドワークには欠かせない技法であり，質的データを収集するために参与観察法と併用されることが多い．非構造化インタビューは，質問の流れや内容は対象者の提供する情報の内容や面接者と対象者の興味関心によって影響され，面接者との関係の中での自発的な発言として対象者の内面を聞き出せることから，より実状に即したデータを収集することができる．その一方で，非構造化インタビューは，面接の成否は面接者の経験や技量によって左右されることが多く，多数の事例について客観的に比較することが難しいので，分析に多くの時間を必要とする．非構造化インタビューは，エスノグラフィーの作成や調査研究の予備調査，さらに仮説生成などの調査に適している．

●グループインタビューの長所と短所　インタビュー法は，また，対象者の数によって個別インタビューとグループインタビューに分けられる．グループインタビューとして，最近では特定の話題について少人数のグループでインタビューするフォーカス・グループインタビューが実施されるようになってきた．これは，社会科学におけるデータ収集の技法として開発され，消費者の商品選択などのマーケッティングや，地域保健や社会福祉といったヒューマンサービス，有権者の意識調査などでも用いられている．この技法の特徴は，人々の意志決定の多くがまわりの人との相互作用の中で形成されるという考えに基づいている．またグループインタビューは，数人を一度にインタビューできるので，短期間に多量のデータを収集でき，対象者の相互作用によって極端な見方を抑えることができることや，ある程度の共通性のある意見を得ることができるという長所をもつ．一方でグループインタビューには，時間がかかるために多くの問題を議論できないという短所がある．さらに，グループインタビューをうまく進めるためには，特定の人だけが話さないようにするなど進行する面接者の力量が求められることも課題である．

いずれのインタビュー法を用いるかは，研究の目的とそれぞれのもつ方法の長所と短所を踏まえて選択する必要がある．　　　　　　　　　　　［干川　隆］

質的研究の分析法

　発達障害の研究においては，対象となるフィールド（教育機関・福祉機関・医療機関・行政機関・支援団体など）が多様であり，そこに所属する個人の特性も個々によって異なる．それぞれのフィールドにおける環境設定や個人・実践者間の相互作用の個別的・独自的側面が実践や研究上の重要な手がかりとなる場合がある．そのため，それぞれのフィールドや個人の事例の研究を進める質的研究が注目されている．

　U. フリックは，「質的研究」とは，一つの方法だけではなく，異なった理論的前提や対象の理解の仕方，方法論的焦点に基づくさまざまなアプローチを含む総称であるとし，大きくは三つの基本的前提をあげている．①個人が自分の行為やとりまく環境に与える主観的な意味に焦点を当てる象徴的相互行為論，②日常の相互行為の過程において，そのフィールドに所属する人々がどのように社会的現実をつくりあげているかに焦点を当てるエスノメソドロジー，③主観的・社会的現実の構築を枠づける文化的意味に焦点を当てる構造主義的モデルである[1]．

　質的研究においては，対象となるフィールドに入り，実践に関与しながら観察を行う「参与観察法」や「インタビュー法」などによって，データが収集される．研究目的によっては，複数の分析法を組み合わせる場合や，先行研究での分析枠組みを応用した研究者独自の分析方法で研究が遂行される場合もあるが，以下の分析法などが質的研究で用いられている．

●グラウンデッド・セオリー・アプローチによる分析　グラウンデッド・セオリー・アプローチ（Grounded Theory Approach：GTA）は，B. グレイザーと A. L. ストラウスが考案した．社会現象を説明するためのデータに依拠した理論構築をめざしている．戈木によると，分析手順は，以下にまとめられる．①「データの切片化」（データを一文ずつに区切り，それぞれの文章に名前をつける），②「ラベル名をつける」（文章ごとに区切られたデータに，ラベル名［コード名］をつけ，生データを概念化する），③「カテゴリーにまとめる」（ラベル名をみながら，類似するものをグループとしてまとめ，グループにおけるラベル名を包括する名称［カテゴリー名］をつける）を行う．①～③は，オープン・コーディング（open coding）とよばれ，その後，カテゴリーとサブカテゴリーをプロパティ（property：特性）とディメンション（dimension：次元）に関連付けるアクシャルコーディング（axial coding：軸足コード化）を行ったうえで，カテゴリー同士をプロパティとディメンションに関連付けて理論を構築するセレクティブコーディング（selective coding：選択コード化）を行う[3]．日本では，木下康仁が修正版 GTA

を提唱している．

●**SCATによる分析**　SCAT（Steps for Coding and Theorization）は，大谷尚が開発した質的研究の分析方法である．大谷によると，分析手順は以下にまとめられる．マトリクスの中にセグメント化したデータを記述し，そのそれぞれに，①データの中の着目すべき語句，②それを言い換えるためのデータ外の語句，③それを説明するための語句，④そこから浮き上がるテーマ・構成概念，の順にコードを考えて付していく．4ステップのコーディングと④のテーマ・構成概念を紡いでストーリーラインを記述し，そこから理論を記述する手続きとからなる分析手法である．この手法は，一事例のみでのデータやアンケートの自由記述欄などの比較的小規模の質的データの分析にも有効であり，明示的で定式的な手続きを有するため，初学者にも着手しやすいとされる[2]．

●**データ解釈法の比較とトライアンギュレーション**　GTAによる分析やSCATによる分析は，「コード化」「カテゴリー化」を基準としているが，解釈法としては，対象となるフィールドにおいて，実践や知識などが，どのようにつくりだされるのかを言語の用いられ方を通して研究する「ディスコース分析」や「語るという行為」「語られた結果としての物語」とその際のインフォーマントと研究者間の相互行為に着目し，研究を進めるナラティブ分析，自分の生について語った物語や個人的記録から再構成された生の歴史を研究するライフヒストリー研究などもあげられる[1]．日本では，鯨岡峻がそれぞれのフィールドにおいて，実践者が間主観的にとらえた出来事について，読み手に理解できるように描き出し，その出来事の背景やフィールドにおける人々の思いについて考察していく「エピソード記述」を提唱している．

　このように，多様なフィールドや一人ひとり異なる個人の特性について，質的研究で分析しようとした場合，多面的な角度で分析する必要が生じてくる．そこで，トライアンギュレーション（triangulation）も視野に入れる必要がある．トライアンギュレーションは，一つの対象を研究する際に，複数の研究技法，理論的立場，データベース，調査期間，複数の研究者，複数のフィールドなどを組み合わせることによって，より包括的，多面的，妥当性の高い知見を得ようとする研究方法である．質的研究の方法論だけではなく，量的研究を組み合わせる場合もある[1]．

［高橋眞琴］

📖 **参考文献**

[1] V. フリック，小田博志監訳，小田博志他訳『新版 質的研究入門―〈人間の科学〉のための方法論』春秋社，pp. 67-87, 456-457, 491, 652-656, 2011
[2] 大谷 尚「SCAT：Steps for Coding and Theorization ―明示的手続きで着手しやすく小規模データに適用可能な質的データ分析手法」感性工学，10(3), 155, 2011
[3] 戈木クレイグヒル滋子編『質的研究方法ゼミナール―グラウンデッドセオリーアプローチを学ぶ』医学書院，pp. 8-11, 2005

量的研究の分析法

　量的研究とは，複数の対象からデータを収集し，データを数値化した後，統計的な分析を用いて仮説の検証や事象の分析を行う研究のことである．一方，インタビューや参与観察などで得られた言語データや観察記録に対して，主観的な意味内容に焦点を当てて解釈し，概念化する研究を質的研究という．どちらの研究スタイルを取るかについては目的に依存するが，質的研究が仮説を見出す，仮説生成的研究スタイルであるのに対し，量的研究は仮説を検証する，仮説演繹的研究スタイルを取ることが多い．研究によっては質的研究によって仮説を生成し，その後，量的研究を実施することで生成した仮説の修正を行うこともある．

●尺度と統計量および分析方法　量的研究ではデータを数値化することが必要となる．数値化されたデータを得ることを測定（measurement）といい，実験や調査，観察などを通して測定が行われる．事象を測定する際には，妥当性や信頼性が重要な要素となるが，特に測定された数値が，研究目的に対応した測定したい内容であることを示す妥当性については研究の前に十分な検討が必要である．

　データは，データの水準により表1に示す4種類の尺度に割り当てることができる．尺度の種類によって用いることができる統計量や分析方法は異なるため，研究を計画する段階で，研究目的に合わせて用いる尺度を決定することが必要である．なお，表1に示した分析方法は検定といわれる統計手法であり，二つ以上の条件に対して，確率的基準によって差がない（帰無仮説）という仮説を棄却し，差がある（対立仮説）を採択することで仮設を検証する際に用いる分析である．

表1　各尺度と統計量，主な分析方法の対応

手法	尺度	統計量	主な分析方法
ノンパラメトリック手法 ・サンプルはある程度小さくても分析可能 ・分布の仮定なし	名義尺度：カテゴリーを数値化して表した尺度	モード（最頻値） 情報量 連関係数	フィッシャーの正確確率検定 χ^2検定 二項検定
	順序尺度：測定された数値の大小関係のみが意味をもち，事象間の順序関係	中央値 四分位偏差 順位相関係数	中央値検定 ウィルコクソンの符号付順位検定 マン・ホイットニーのU検定 クラスカル・ウォリス検定 など
パラメトリック手法 ・サンプルが大きいことが望ましい ・正規分布が仮定される（等分散性の仮定）	間隔尺度：数値の量的な大きさと測定された数値の大きさ	平均値 標準偏差 積率相関係数	上述した分析のすべて t検定 分散分析
	比率尺度：原点0が定まっており	間隔尺度と同じ	上述したすべて

一般的には，5％もしくは1％の基準（有意水準）を設定して，差がない（有意差がない）もしくは差がある（有意差がある）という判断を下すことになる．なお，有意差がないということは同等であるということを示す意味ではないことに注意する必要がある．また，このような検討だけでは差の大きさについては言及できないことから，効果量という正規化した平均値の大きさを記載することで量的な差の違いについて言及されることもある．

　名義尺度や順序尺度を用いた場合，統計量もモードや情報量もしくは中央値や四分位偏差を用いることが望ましい．対応して，分析方法はノンパラメトリック手法を用いることとなる．間隔尺度と比率尺度の場合は，パラメトリック手法を用いて分析することができるが，順序尺度や名義尺度に尺度を変えることができるため，ノンパラメトリック手法を用いることも可能である．

　しかしながら，パラメトリック手法の方が検出力が高いことなどから，安易にノンパラメトリック手法を用いるべきではない．まずは，正規分布が認められない場合に，変数の変換（対数変換や角変換など）によって分布の正規化や等分散性を行ったり，等分散性が認められない場合にウェルチ検定を用いたりすることが推奨される．ただし，尺度が間隔尺度や比率尺度であっても平均値（標準偏差も同様）を用いることが望ましくない場合がある．サンプルが大きくない場合，データに外れ値が存在していると外れ値の影響が大きくなり，平均値が，代表値としての意味をなさなくなる場合である．その際には，ノンパラメトリック手法についても検討する必要がある．

●**実験や調査の計画**　実験や調査には必ず誤差が含まれる．誤差のうち，対象の反応に規則的な影響を及ぼす実験変数以外のものを剰余変数という．また調査において，サンプルの抽出に伴う誤差を標本誤差という．研究を行ううえでは，可能な限り剰余変数や標本誤差を取り除くことが重要となる．そのため，無作為化や層別化などの方法を用いて，誤差を統制することが必要となる．

　実験の場合は，研究者が測定したい事柄に影響を及ぼすと考えられる要因を被験者間もしくは被験者内で割り当てて実施される．この要因を独立変数といい，独立変数に依存して変化する数値を従属変数とよぶ．実験では，因果関係を検討するために，独立変数と従属変数を明確化することが重要である．一方，相関や連関は因果関係を示すものではない．よって論文中の記述では，「影響」や「原因」などの語は，因果関係に対する考察で用いることができても，相関や連関では用いることは適切ではないことを理解する必要がある．

〔佐藤克敏〕

📖 **参考文献**
[1] 森　敏昭・吉田寿夫編著『心理学のためのデータ解析テクニカルブック』北大路書房，1990
[2] 南風原朝和『心理統計学の基礎―統計的理解のために』有斐閣アルマ，2002

心理検査

　心理検査とは，能力，性格などの個人の心理特性を測定するために用いられるツールである．対象者の心理アセスメントの一環として，面接や行動観察などとともに実施され，対象者が抱える困難の原因を理解したり，その困難への対応策を検討したりするために用いられる．

●**通俗的な心理テストとの違いと専門性**　書籍やネットで見かける通俗的な心理テストは，外見的には心理検査と似ている部分も多いが，以下に述べるような決定的な違いがある．

　第一に，心理検査は理論に基づいてつくられている．その理論は，多少なりとも科学的な実証に基づくものでなければならない．

　第二に，心理検査は標準化とよばれる統計的な作成手続きを経ている．すなわち，理論に基づいて作成した検査を，所定の計画に基づき多くの人に実施してデータを収集し，平均，標準偏差などの基準値を算出する．測定誤差などの算出や，理論との整合性の検証（妥当性という）もなされる．検査によってはその基準値に基づき，偏差値やIQなどの換算得点を設定する．作成後の時間経過に伴い，改訂や基準の更新なども行われる．

　第三に，冒頭で述べたとおり心理検査は困難の原因とその対応を知るためのものであり，興味本位でいつでも気軽に実施できるものではない．困難の内容に応じて適切な心理検査を選択するとともに，面接や行動観察も含めた心理アセスメント全体を企画し，着実に一定の対応策を提案できるようにする必要がある．

　以上の特徴から，心理検査は基本的に専門家によって実施される必要がある．それは，後で述べる倫理的な問題だけでなく，検査実施者には心理検査とそうでないものを見分ける力が必要であり，また，結果を正しく理解するためには理論的な知識と実施技術が必要だからである．

●**測定方法と検査の種類**　能力を測定する検査では，主として対象者が問題を解決したり，作業に従事したりすることにより，その能力が測定される．ただし，発達検査では，検査実施者が対象者を行動観察するといった手法も一部含まれる．検査の種類としては，知能検査（WISC-IV，WAIS-IIIなど），認知検査（KABC-II，DN-CASなど），発達検査（新版K式発達検査，絵画語い発達検査など），神経心理学的検査（ウィスコンシンカード分類検査，標準失語症検査など），記憶検査（WMS-R，レイ複雑図形検査など），学力検査などがある．

　一方，性格，症状，適応などの行動特性を測定する検査では，主要な測定方法は4種類ある．すなわち，①対象者ないしその関係者が質問項目に回答する検査，

②検査実施者が対象者や関係者と面談したり，対象者の行動を観察したりして，所定の項目をチェックないし評定する検査，③対象者が多義的な視覚ないし言語刺激に対し自由に反応し，その回答を一定の基準に基づいて検査実施者が評価する投映法（ロールシャッハテスト，TAT，バウムテスト，文章完成法テストなど），④対象者が作業に従事し，その作業の状態を評価する作業検査法（内田クレペリン検査など）である．①②に属する検査の種類としては，性格検査（NEO PI-Rなど），精神症状の検査（MMPI，GHQ精神健康調査票，BDI-II ベック抑うつ質問票など），自閉スペクトラム症の検査（ADI-R，ADOS-2など），ADHDの検査（Conners 3など），学習障害の検査（LDI-Rなど），適応の検査（S-M社会生活能力検査，旭出式社会適応スキル検査，Vineland-II 適応行動尺度など）などがある．

●**倫理と専門資格**　心理検査の使用にあたっては，職務上守るべき倫理がある．例えば日本テスト学会では，心理検査を含むすべてのテストについて指針を定めており，テスト・スタンダードとして公開している．その内容を抜粋かつ要約すると，

①検査実施者は受検者の人権を尊重し，インフォームドコンセントや結果報告，個人情報の保護，受検者の疑義への誠実な対応などを確実に実行することが求められる．

②検査実施者は検査用具や記録用紙を厳重に保管するとともに，検査問題を専門家以外には公開しない．公開されることによって受検者が準備して受検すると，検査結果の解釈が困難になり，受検者に不利益が及ぶ．

③検査実施者を含む検査関係者は相互に研鑽して識見を深め，それを一般に周知する努力を続けることが求められる．同様の倫理基準は「公益社団法人日本心理学会倫理規程」はじめ，心理や教育に関わる諸学会や職能団体でも定められている．

以上のように，心理検査を使用するには所定の倫理教育を受けているとともに，心理検査にとどまらない心理アセスメント全体の理解や，個々の検査の特徴および実施・解釈法の理解が求められる．つまり，心理検査の実施者には専門性が必要であり，その証しとして心理ないし高次脳機能に関する専門資格を有することが求められるのである．なお，検査用具や記録用紙，検査結果の管理については検査実施者個人ではなく，専門機関として責任ある管理体制を構築する必要がある．　　　　　　　　　　　　　　　　　　　　　　　　　　　　［大六一志］

📖 **参考文献**

[1] 日本テスト学会編『テスト・スタンダード─日本のテストの将来に向けて』金子書房，2007
[2] 黒田美保編著『これからの発達障害のアセスメント─支援の一歩となるために』金子書房，2015

研究倫理

●社会における研究行為の責務　科学研究は，日本学術振興会によれば「科学者同士がお互いの研究に対して信頼できるということが前提で成り立っています．このため，科学者には誠実さをもって研究の立案・計画・申請・実施・報告にあたることが求められています」[1]とある．また，このように「科学研究の不正行為はあってはならないものであり，科学者は，責任ある研究を実施し，不正行為を防止できるような，公正を尊ぶ環境の確立と維持に向けて貢献することも自分の重要な責務の1つであることを自覚し，科学者コミュニティ，所属組織，自らの研究室などにおいて，誠実な研究活動のための研究環境の質的向上と教育啓発に積極的に取り組むことが求められる」のである．そして，「日本の科学が国内外からの信頼を確保して世界に貢献していくためには，何よりも研究における誠実さを確実なものにしなければなりません．そのためには，各研究機関において，研究倫理に関する研修や教育を行い，あらためて誠実な科学研究についての理解を深めることが求められます」[1]と，研究者が自律的に研究倫理の確立に取り組んでいくことが大切であることを述べている．

さらに，我々の研究には，多くの場合，研究対象者，研究参加者という人を対象とした研究が多い．そのため，「すべての人の基本的人権と尊厳に対して適切な敬意を払い，障害のある人々や障害のない人々の自由と幸福の追求を尊重する．そのために，研究協力者に対しては，健康・福祉・安全に十分留意し，プライバシーを守り，自己決定および自律性という個人の権利を尊重することに最大限の配慮を払わなければならない」[2]うえに，また，「得られた知識・情報を伝達する自由と権利を保有しているが，それにともなう責任を自覚し，発言の公正と客観性に努めるとともに，社会に対する影響についても十分な配慮を払わなければならない」[2]のである．

●研究活動　研究活動には以下の八つのことが必要になってくると，日本LD学会の倫理綱領[2]では謳っている．すなわち，

1. 研究参加の決定にあたっては，研究の対象児者および研究協力者の意思が尊重されること．参加に対する過度の勧誘や強制があってはならない．

2. 研究対象児者や研究協力者が自らの意志で研究への参加を拒否，あるいは中断できることを事前に説明すること．これは協力者の発達や理解の水準に相応した形で伝えられる配慮をしなければならない．

3. プライバシーに関わる研究の場合には，研究対象児者および研究協力者に文書または口頭で同意を得ること．ただし，対象児者に同意の判断ができない場

合には，対象児者を保護する立場にある者（保護者）の判断と同意を得る必要がある．

 4. 上記の同意を得る際には研究実施に関わる情報を開示し，十分な説明を行うことを原則とする．ただし，事前開示が不可能な研究においては，それが個人に何らかの不利益を与えないことを確認した上で研究を実施し，事後に研究対象児者および研究協力者ないし保護者にその理由を説明しなければならない．

 5. 研究対象児者および研究協力者に対して，身体的・心理的な苦痛や危険，および継続的な被害を与えないこと．研究進行中に研究対象児者および研究協力者の心身を脅かしていることに研究者が気付いた際には，研究を直ちに停止し，事態の改善を図ること．

 6. 研究によって得られた研究対象児者および研究協力者に関する情報（個人情報・検査記録・指導記録等）は厳重に管理し，実施時に同意を得た目的以外に使用してはならない．

 7. 研究目的の指導や支援であっても，言葉の適切性，「罰」の使い方，支援内容の適切性，支援環境，支援形態，公平性について十分配慮する．

 8. 研究対象児者および研究参加者に対してハラスメントを行わない．

●**研究・著作の公表**　学会の研究発表会や学会誌などで研究・著作を公表していくときにも以下のような五つのことが必要である[2]．

 1. 研究・著作の公表に際しては，研究のもたらす社会的，人道的，政治的意義に十分配慮し，専門家としての責任を自覚して行う．

 2. 個人のプライバシーを侵害してはならない．研究協力者の個人的な資料については厳重に保管し，秘密保護の責任をもつこと．また，プライバシーに関わる個人的な資料について公表する必要がある場合には，研究対象者または保護者の同意を得ること．

 3. 研究のために用いた資料等については出典を明記すること．

 4. 共同研究においては，公表に際し共同研究者の権利と責任に配慮すること．

 5. 研究結果を社会に向けて公表する際には，科学的根拠に基づき，虚偽や誇張，歪曲，扇動のないようにすること．

 このような内容を十分考慮したうえで研究を進め，公明正大な研究結果を出さなければ，研究の協力者に多大な迷惑をかけるだけではなく，研究者本人の信用を失墜させ，さらに所属機関はもとより日本という国の信用までも失墜させることになりかねないのである．

［熊谷恵子］

📖 **参考文献**

[1] 日本学術振興会「科学の健全な発展のために」編集委員会編『科学の健全な発展のために―誠実な科学者の心得』丸善出版，2015

[2] 日本 LD 学会「倫理綱領」〈http://www.jald.or.jp/articles_of_incorporation/code_of_ethics_20150201.pdf〉

4. 医　療

　発達障害のある人々のために，医療は何ができるのかを考えながら，項目立てを編集者三人で進めた．医療ができることは，診断・病態解明・検査・治療（投薬を含む）などである．これらの中で，重要なことは，まず診断である．そして解明されていく病態を，医療以外の専門職や保護者に分かりやすく伝えることである．それは科学的な事実に基づいた指導・支援を可能にするからだ．発達障害の原因は先天的な脳の働き方の違いから起こると考えられており，医療で行う検査自体は多くの場合診断には役に立たないが，似た症状を示す他の疾患の鑑別にはとても大切である．投薬は医師の仕事であるが，発達障害の場合，中心となる治療は薬物ではなく家庭や学校での指導・支援である．

　このように考えてくると，医療ができることはほんのわずかかもしれないが，医療を抜きにして発達障害のある人々の指導・支援は考えられないことも事実である．医療の知識を，関連する専門職と共有し，支援チームの一員として連携する事が可能であれば，医療の貢献を最大限に活用できる．そのためにも，支援に関わる専門職や保護者が少しでも多くの医療的知識を持ち合わせることは大切であり，その点で本章が役に立つことを願っている．

［小野次朗・関あゆみ・若宮英司］

中枢神経系

　中枢神経系は，脳と脊髄からなる．脳は頭蓋骨の中に収められた構造で，脊髄は脊椎骨が作る脊髄管の中にある．脳は大脳・小脳・脳幹からなり，脳幹は中脳・橋・延髄に分かれる．大脳は左右一対の半球に分かれ，さらに前頭葉・頭頂葉・側頭葉・後頭葉と分けてよぶことが多い（図1）．大脳の中心には脳室とよばれる髄液が循環する部分がある．脳と脊髄は髄膜とよばれる膜で覆われており，髄膜の内側の脳表面と脳室は髄液で満たされている．脳を構成している細胞は神経細胞（ニューロン），グリア細胞，および脳室壁に存在する上衣細胞である．ニューロンは，細胞体，軸索および樹状突起からなる．ニューロンの細胞体と軸索の分布には偏りがあり，細胞体が多く集まる大脳表面や中心部の大脳基底核を灰白質，細胞体が少なく軸索が主体の部分を白質と呼ぶ．グリア細胞のうち，星状膠細胞（アストログリア）は，毛細血管とともに血液-脳関門を形成して，選択的にニューロンへの物質供給を行うとともに，有害物質の除去などニューロンの保護作用を有する．希突起膠細胞（オリゴデンドロサイト）は，軸索をミエリンという絶縁物質で被覆し（髄鞘形成），これにより軸索における跳躍伝導が可能となる．マイクログリアは，脳内の免疫担当細胞で，炎症などで活性化され，多様な機能を担うことが分かってきた．ニューロン同士，ニューロンと標的細胞は，直接接触するのではなくシナプスとよばれる構造を形成する（「神経伝達物質」参照）．1個のニューロンには平均数万のシナプスが存在するといわれる．複数のニューロンがシナプスを介して機能単位を形成し，それらが集まってより高次の神経回路（モジュール）が作られることで，特定の機能が発現される．これらの機能は，脳内の特定の箇所にある程度局在してみられる（機能局在）．モジュール間はさらに多くのシナプス結合によって，より高次の機能へと階層的に統合される．

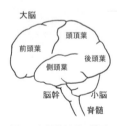

図1　中枢神経系の構造

●**脳機能の階層性**　脳は大きく四段階の機能系に分かれる．第一段階：意識や覚醒レベルを調節する系で，脳幹の上行性網様賦活系が担当する．第二段階：情動，自律神経機能，運動の微調整など意識下の心的現象に関わる系で，辺縁系，基底核，視床，小脳が関与する．第三段階：感覚情報の処理，すなわち認知に関わる系で，大脳皮質後方領域である後頭葉，側頭葉，頭頂葉が関与し，一次感覚野→単一感覚連合野→異種感覚間連合野の順に階層的に処理される．第四段階：判断，計画，制御，遂行に関わる系で，前頭葉が関与し，運動野，ブローカ野，前頭前野に大

別される。これらは、下位の系が上位の系を包含する入れ子構造をしており、第四段階の意思決定は、認知、情動、記憶、覚醒・意識レベルなどの影響を受ける。

● 主要な構造とその機能

1) **辺縁系**：記憶と情動の座である。海馬を介する閉鎖回路はパペッツの回路とよばれ、短期的なエピソード記憶の保持に関係する。扁桃体は、情動の座であり、側坐核を中心とする報酬系回路とも密に連絡する。形成された情動は、自律神経機能、注意や意識レベル、運動の制御、記憶などを介し、刺激に対する個体の反応を左右する。

2) **大脳基底核**：運動や行動の制御系であり、脳室を取り囲むように存在する。線条体は広汎な大脳皮質からの入力を受け、出力系としては、淡蒼球および黒質の一部から視床を経由して前頭葉に戻る閉鎖回路（CSTC回路）と、脳幹に投射して歩行や眼球運動を調節する回路とがある。CSTC回路として、注意欠如・多動症とも関連する実行系回路や報酬系回路、さらに随意運動の制御に関わる回路などが知られている（図2）。

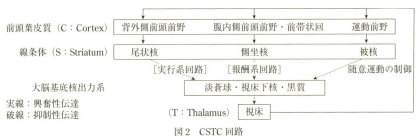

図2　CSTC回路

3) **小脳**：運動や認知の微調整に関わる。前庭神経と連絡して身体の平衡や眼球運動に関係する部位、主に脊髄から入力を受け、姿勢や運動の制御を行う部位、大脳からの入力を受け、随意運動の微調整、運動企画、認知・行動のスピードやタイミングの調整、注意のシフトに関わる部位とに分けられる。

4) **大脳皮質後方領域**：後頭葉は視覚の中枢であり、空間的性質や動きの認知は頭頂葉との連合、形態や色の認知は側頭葉との連合のもとに行われる。側頭葉は聴覚や嗅覚の中枢であり、優位半球には言語の意味理解に関する中枢（ウェルニッケ野）が存在する。頭頂葉は体性感覚の中枢であるとともに、異種感覚間の統合を行う高次の連合野（角回、縁上回）が存在し、ここで自身の体性感覚情報と、外界の情報の統合を行う。左側は読字、書字の機能に関与している。

5) **大脳皮質前方領域**：運動野は、さまざまな部位から入力を受け随意運動を制御する。下前頭回の三角部と弁蓋部は、優位半球ではブローカ野とよばれ、運動性言語中枢として発語機能を司る。前頭前野は、高次の精神機能の中枢で、主として実行機能や、心の理論、共感性などの社会的機能に関与する。　　［平林伸一］

末梢神経と筋肉

　末梢神経は，中枢神経系（脳，脊髄）以外の神経の総称である．脳から出る末梢神経を脳神経（12対あり，Ⅰ～Ⅻで表す）とよび，脊髄から出る末梢神経は脊髄神経という．末梢神経の軸索はシュワン細胞によって被覆（髄消化）されているが，髄鞘をもたない無髄繊維も存在する．末梢神経を機能で分類すると感覚神経，運動神経，自律神経に分けることができる．

●**感覚神経系**　体性感覚系（触覚，圧覚，固有覚，温痛覚）および特殊感覚系（視覚，聴覚，前庭覚，嗅覚，味覚）に大別され，感覚受容器により電気信号に変換された感覚情報は，基本的に視床でシナプス結合して大脳一次感覚野に投射する．

　①**体性感覚系**：皮膚，関節，筋の感覚受容器からの末梢感覚神経は，脊髄に入って後索を上行し，後索核にてシナプス結合し，脳幹で交叉し視床を経て，対側頭頂葉の一次体性感覚野に到達する．顔面では，第Ⅴ脳神経（三叉神経）が末梢感覚神経となる．

　②**視覚**：網膜の光受容体（杆状体，錐体）で変換された信号が神経節細胞から眼球を出て第Ⅱ脳神経（視神経）となり，下垂体直上で交叉後，視床でシナプス結合し，網膜上の配列を保ったまま後頭葉一次視覚野に投射する．網膜から直接，視床下部の視交叉上核に投射し，概日リズムの形成に関与する経路もある．

　③**聴覚**：内耳の蝸牛から，延髄の第Ⅷ脳神経の蝸牛神経核に信号が伝わった後，複数のシナプス結合を経て両側側頭葉一次聴覚野に投射する．

　④**前庭覚**：平衡，姿勢反射，眼球運動に関与し，内耳の迷路（三半規管，耳石器）が頭部の動きを感知し，第Ⅷ脳神経の前庭神経核，視床でのシナプス結合を経て一次体性感覚野，頭頂葉連合野に投射する．前庭神経核からは，小脳，眼球運動を支配する脳神経，対側の前庭神経にも投射する．

　⑤**嗅覚**：鼻の嗅覚受容体から第Ⅰ脳神経（嗅神経）を介して前頭葉底面にある嗅球とシナプス結合し，嗅球からの嗅索は主に側頭葉，辺縁系，視床下部に投射する．

　⑥**味覚**：舌の味覚受容体により，塩味，酸味，甘味，苦味の4種類として感知され，舌の前2/3は第Ⅶ脳神経（顔面神経鼓索），後ろ1/3は第Ⅸ脳神経（舌咽神経）を介して，視床を経て一次体性感覚野，島皮質に投射する．

●**運動神経系**　大脳運動野のニューロンからの軸索は，延髄錐体部で交差して反対側脊髄の皮質脊髄路（＝錐体路）を下降して脊髄前角のα運動ニューロンとシナプス結合する．ここでの神経伝達物質はグルタミン酸である．α運動ニューロンは脊髄を出て末梢運動神経となり，神経筋接合部で骨格筋とシナプス結合して

随意運動を生じさせる．一本の末梢神経軸索によって支配される筋線維のグループを運動単位とよぶ．運動野のニューロンを上位運動ニューロン，脊髄前角および以下に記す脳幹にある脳神経核のニューロンを下位運動ニューロンともいう．第III脳神経（動眼神経），第IV脳神経（滑車神経），第VI脳神経（外転神経）は眼球運動を，第VII脳神経（顔面神経）は表情筋の運動を，第XI脳神経（副神経）は肩や首の筋の運動を，第XII脳神経（舌下神経）は舌の運動を支配する運動性脳神経である．

●**反射** ある刺激に対して無意識に生じる応答のことで，刺激の受容器，求心系（中枢に向かう）神経，反射中枢，遠心系（末梢に向かう）神経，応答する効果器から構成される．例えば逃避反射では，温痛覚など侵害受容器からの刺激が，末梢感覚神経を伝わり，脊髄内にて介在神経を経て，同側肢の屈筋を支配する運動神経核を興奮させ，伸筋を支配する運動神経核を抑制し，末梢運動神経によって肢の屈筋を収縮させ，その結果危険から身を守る反射運動が起こる（図1）．

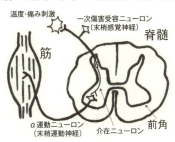

図1 脊髄レベルのシェーマ

●**自律神経系** 循環，呼吸，消化，発汗・体温調節，内分泌機能，生殖機能，代謝などの不随意的機能を制御する．交感神経と副交感神経に分かれ，双方が一つの臓器に対し拮抗的に働くことが多い．交感神経系は，身体活動や侵害刺激，恐怖といったストレス下で優位となり，副交感神経系は夜間睡眠中や休息時に優位となる．遠心性伝導路は，脳幹，脊髄に神経細胞をもつ節前線維と，それと諸臓器をつなぐ節後線維（交感神経では傍脊椎の交感神経幹）からなる．第X脳神経（迷走神経）など脳神経の一部は副交感神経の節前線維として機能する．節前線維の神経伝達物質はともにアセチルコリンであるが，節後線維では，交感神経はノルアドレナリン，副交感神経はアセチルコリンである．自律神経の中枢は視床下部にあるが，脳幹や辺縁系とも線維連絡をもち，複雑に制御されている．

●**筋肉** 骨格筋と内臓筋に大別される．骨格筋はすべて随意筋で，長い多核の筋線維からなり，内に2種類のフィラメント（アクチンとミオシンとよばれる糸状のタンパク質）からなる筋原線維を含み，このフィラメントの重なりが横紋様に見えることから横紋筋ともよばれる．骨格筋の収縮は，神経筋接合部で末梢運動神経末端からのアセチルコリンの放出によって起こる．ヒト骨格筋は，赤筋（タイプ1線維）と白筋（タイプ2線維）のモザイクであり，前者は，収縮時間が遅く，持続力を必要とする有酸素性運動や筋緊張の維持に関与し，後者は，収縮時間が速く，瞬発力を要する無酸素性運動に関与する．内臓筋は，ほとんどが不随意筋で，血管，心筋以外の内臓の筋は横紋をもたない平滑筋であるが，心筋のみは横紋筋の一種で特殊な刺激伝達系を有する．

［平林伸一］

神経系機能の発達

　中枢神経系では，複雑な神経情報処理を瞬時に行っており，神経細胞の配列と細胞同士のつながりがいかに効率的に働くかが重要である．つまり，神経系の機能発達は胎生期早期の神経系の形成から始まり，その成熟によって進んでいく．

　精子と卵子が接合した単一細胞である受精卵が次々と分裂し，各々の細胞が機能分化して，数兆個もの細胞からなるヒトの身体が構成される．発生のごく初期である受精後第3週には身体の基本構造ができ，受精後第4週には脳や脊髄である中枢神経系のもとになる神経管が形成される．そして神経管の頭端は膨隆・屈曲しながら脳を形成し，尾端は脊髄となるのである．

●**神経細胞の構造と機能の分化**　このようなマクロ形態の発達と同時に，神経管を構成する神経上皮細胞はさかんに細胞分裂しながら，神経細胞（ニューロン）やグリア細胞，上衣細胞などに機能分化する．中枢神経系の主な構成成分となる神経細胞は，大脳には数百億個，小脳には千億個もあるとされる．発生段階では脳表方向へ突起を伸ばしながら進み，層構造と柱状構造（コラム構造）をなす．これを神経細胞遊走とよぶ．先に遊走してきた神経細胞層を足がかりにしてさらに脳表方向へ移動するインサイド・アウトパターンをとり，後からきた神経細胞が脳表側に並ぶ．遺伝子異常や代謝疾患，先天感染（胎内感染）などによりこの遊走が阻害されると滑脳症，異所性灰白質などの脳奇形を生じる．これらの神経細胞遊走異常症では先天多発奇形や併発疾患がみられることが多く，症状や重症度はさまざまであるが，多くはてんかんを呈する．

　神経細胞は電気信号を発して情報を送るという特殊な機能分化をとげた細胞である．情報を送り出す1本の長い軸索と，情報を受け取る複雑に枝分かれした短い樹状突起をもち，これらによって他の神経細胞とつながり神経回路網を形成する．全長100万kmに及ぶネットワークを電気信号が伝わることで認知や記憶など，脳の高度な活動が機能する．神経細胞同士のつながり部分をシナプスとよぶ．多

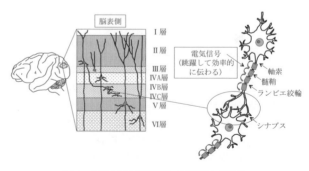

図1　大脳皮質の神経細胞の層構造と髄鞘化

くのシナプス部分では電気信号ではなく神経伝達物質によって情報伝達が行われる（「神経伝達物質」参照）．ある神経細胞の軸索と他の神経細胞の樹状突起が相互認識することでシナプス形成が起こり，つながり構造ができる．この相互認識の複雑な仕組みのうちの一要素であるニューロリジン（Neuroligin）シナプス誘導接着分子については，これをコードする遺伝子と自閉症状との関与が示唆されている．

●**神経回路網の成熟**　シナプス形成では初め過剰にシナプスを形成する．生後の発達過程において情報の受け取りが少ない結合は除去されて，情報の多い方向に樹状突起の枝分かれを増やすことで，より効率的に情報をやりとりできる神経回路網に組み替えていく．この不要な結合の除去をシナプスの刈り込みという．

　また，情報を出力している軸索は胎生5〜6か月頃から髄鞘（ミエリン鞘）という絶縁体で断続的に覆われるようになる（髄鞘化）．髄鞘には軸索がむき出しになっているわずかな隙間部分があり，この隙間—ランビエ絞輪から次のランビエ絞輪へ，電気信号はジャンプしながら伝わっていく（跳躍伝導）．髄鞘化が進むと，脳の白質の水分が減少し，髄鞘の膜構成成分である糖脂質，タンパク質，コレステロールが増加し，これをMRI画像によってとらえることができる（T2WIで白質の低信号化）．代謝異常や感染症，脳奇形など，先天的に髄鞘化が阻害・遅延する疾患や，後天的にミエリン消失・再ミエリン化障害をきたす脱髄疾患などがあり，これらの疾患では神経伝達速度が遅くなりさまざまな神経症状が引き起こされる．病初期に発達障害と誤認されることもある．

　シナプスでの情報の伝わりやすさをシナプス伝達効率とよぶ．これは必ずしも一定ではなく，入力の強度によって変化する．短期・中期的に持続する記憶や学習ではシナプスの分子機能的な変化が，長期に持続するものではシナプスの数や形態などの構造的変化が起きることで伝達効率が変えられると考えられ，これをシナプス可塑性とよぶ．

　大脳は運動・視覚・聴覚・触覚・言語・記憶などさまざまな機能を担っているが，主な機能は限定した領域に局在し（機能局在），その部分が障害されると機能欠損が起こる．一方，言語や空間認知などの一部の高次機能については，左右の大脳半球がそれぞれ役割分担を担う側性化がみられる．同時に，左右大脳半球はその間をつなぐ神経繊維の束である脳梁を通じて，常に情報伝達を行っている．

●**中枢神経系のマクロ・ミクロ発達と病態**　以上に述べた中枢神経系の発生・神経回路網の形成・神経伝達効率の有効化など，胎生早期から神経学的発達がみられる．これらの一部や全体が阻害されることで，知的発達症やてんかん，発達障害，失読症などが発症することがある．近年の遺伝学的研究の進歩によって数々の疾患関連遺伝子が発見されつつあるが，病態との直接的な解明にはまだ至っておらず，今後の研究に期待される．

［宇野里砂］

神経伝達物質

　中枢神経系の主役である神経細胞は，5〜100μmほどの大きさの細胞体をもつが，情報出力するための軸索は数mmから1cmほどある．情報入力があると，神経細胞内では活動電位とよばれる電気信号が伝播し，シナプスを介して次の神経細胞へ，また次の神経細胞へと情報伝達し，認知や記憶，行動などが遂行される．

　多くの神経細胞と神経細胞は完全に密着しているのではなくシナプスというつなぎ目構造をなしており，20〜30 nmの隙間，シナプス間隙をもつ．伝わってきた電気信号はここを飛び越えることができないため，シナプスでは電気信号を化学物質信号に変換して伝達する．つまり前シナプス終末の小胞から神経伝達物質が分泌・放出されて，シナプス後膜表面の特定の受容体タンパク質と結合することで，次の神経細胞に情報を伝えるのである．

　神経伝達物質は神経情報伝達のための重要な物質であり，少なくとも50〜60種類以上確認されている．神経伝達物質によって異なった情報伝達が起きる．中枢神経系のシナプスで働く神経伝達物質は主に興奮性あるいは抑制性の性質をもつ．興奮性神経伝達物質がシナプス後膜の受容体に結合すると陽イオンが流入し，脱分極して興奮性シナプス後電位（EPSP）が発

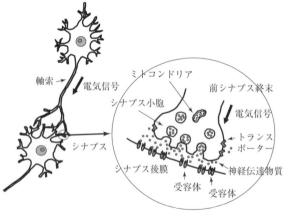

図1　シナプスにおける情報伝達

生し，活動電位の発声を促す．抑制性神経伝達物質が結合すると陰イオンが流入し，過分極して抑制性シナプス後電位（IPSP）が発生し，活動電位の発生を抑える．シナプス後細胞の膜電位が閾値を超えると活動電位が発生するが，抑制性シナプスはシナプス後細胞の発火を抑えるように働く．神経伝達物質と受容体は特異的に結合し，かつ迅速に終了して繰り返される必要があるため，神経伝達物質は受容体結合後，速やかに再取り込みや除去を受ける．トランスポーターから前シナプス終末に再取り込み後，シナプス小胞に取り込まれ再利用される．

●おもな神経伝達物質
・グルタミン酸は中枢神経系において最も主要な興奮性神経伝達物質であり，特に記憶に関与する．低酸素状態や低血糖症，外傷，代謝疾患などにより細胞外のグルタミン酸が増えすぎるとグルタミン酸受容体を過剰に活性化し，グルタミン酸興奮毒性神経細胞壊死を引き起こす．このメカニズムが統合失調症や自閉スペクトラム症（ASD）発症に関与するとされている．
・γアミノ酪酸（GABA）は中枢神経系に広く分布する抑制性神経伝達物質であり，グルタミン酸から生成される．興奮性シナプスの活動電位に拮抗する以外に，強化すべきシナプスの選別作用をもつ．GABA濃度の低下は痙攣を惹き起こす．
・アセチルコリンは中枢神経系では基底核や運動皮質などでの主な神経伝達物質で，注意や集中，覚醒，睡眠などに関与している．
・ドパミンは快感や覚醒，気力の維持などの作用をもつ．
・ノルアドレナリンは興奮性の神経伝達物質で，覚醒や気分高揚の作用がある．ノルアドレナリンが低下すると睡眠障害が生じる．ほかに交感神経刺激作用として心拍数増加や発汗抑制などの作用ももつ．
・セロトニンは脳内の神経活動のバランス維持に働き，これが低下すると攻撃性や衝動性が高まり社会性の低下や気分障害などを引き起こす．セロトニンが十分であればノンレム睡眠が増え深い眠りになり，少ないとレム睡眠が多くよく夢をみる浅い睡眠となる．

　ほかに，生活リズムを整えるホルモンであるメラトニンや，エンケファリンなどの脳内麻薬物質．また，BDNF（脳由来神経栄養因子）などの神経成長因子も神経伝達物質として知られている．

●神経伝達物質の作用と治療薬　神経情報は伝達物質によって興奮性あるいは抑制性に伝えられるが，てんかんや統合失調症，ASD，うつ病などの病態では，細胞外の特定の神経伝達物質の増加あるいは低下が認められており，発症に興奮と抑制のアンバランスが関与するとされる．薬物治療への応用として，例えば，注意欠如・多動症（ADHD）では，ドパミンやノルアドレナリンのトランスポーターの機能不全が示唆されており，メチルフェニデート（コンサータ®）を投与することにより，トランスポーターによる再取り込みを阻害し，日中の覚醒レベルが上がり多動や集中力の改善を期待できる．ほかに，リスペリドン（リスパダール®）は，ドパミン受容体を遮断して興奮性・衝動性・易怒性などを抑えるセロトニン－ドパミン拮抗薬である．うつ病ではセロトニンとノルアドレナリンが非常に減少しており，これらの再取り込みを遮断して量を増やし，神経伝達を促進させるのが抗うつ薬である．

［宇野里砂］

微細神経学徴候

　微細神経学徴候（soft neurological sittns：SNS）は腱反射などの診察では見出せない神経学的逸脱のことである．学習の課題，多動衝動性や不注意，社会性や対人関係の困難，不器用などの問題をもつ子どもの診察では，中枢神経系の成熟の偏りや微細な異常に注目する必要がある．SNS の診察によって，特定の診断に至るわけではないが，脳の統合性の一部を見極めることができ，診断への足掛かりとなる．

　SNS は二つに分かれる．①発達に応じた所見（developmental signs）：神経系の発達の未熟性が関与しており，評価には年齢が考慮される．例えば，3歳児では手先の不器用さの徴候があっても SNS は陽性ではないが，8歳以降では徴候があれば陽性である．②神経学的所見の軽症型：評価には年齢が考慮されず，徴候があれば陽性である．腱反射の左右差，舞踏様ジスキネジーなどである．

　子どもの神経システムは成人とは質的に異なるため，神経学的な機能がわずかに逸脱する子どもの診察は，一般診察では不十分である．診察は，多種多様な神経メカニズムを明らかにするために詳細で包括的な発達に応じたアプローチが必要である．SNS の診察は正常・異常という表現ではなく，陰性・陽性の評価判定をし，所見を具体的に記載する．一項目のみ SNS が陽性の場合，臨床的意義は少ない．

●**SNS の実際**　実際の SNS の診察項目は多岐にわたる．運動に関するものだけではなく，利き手などの優位側の検査，触知覚（左右弁別，手指失認，二点弁別），空間認知（身体図式）なども含めることもある．また，言語や視覚認知等の神経心理学的検査所見を SNS に含めるかは意見が分かれる．

　運動発達に関する SNS の診察は，1970 年に B. C. L. タウエンと M. F. R. プレヒテルにより系統化され評価基準が提唱された[2]．この評価基準を含めた SNS の診察は，①粗大運動（歩行運動，平衡機能など），②協調運動（微細運動，回内回外など），③連合運動・鏡像運動（associated movements：AM），④動作保持能力（motor impersistance：MI）に分けられる[1]．これらの SNS 診察の問題点は，基準が「わずか」「著明」「頻回」など具体性に欠けるものが多く，評価も 3～4 段階あり簡便ではない．

　現在は，その流れをくむ軽微な神経機能障害（minor neurological dysfunction：MND）の評価[3]が参考となる．MND の評価は，神経学的最適性スコア（neurological optimality score：NOS）を用いる．NOS は，①姿勢と筋緊張，②反射，③不随意運動，④協調運動とバランス，⑤微細操作，⑥連合運動，⑦感覚機能，⑧脳神

表1 微細神経学的徴候の検査方法および評価方法

項　目	検査方法	評価方法
閉眼片足立ち	閉眼で片足立ちをして秒数を計測する.	－　両足とも10秒以上立てる. ＋　少なくともどちらかの足で10秒以上立てない.
回内回外	肘は90度屈曲位で回内回外運動し，反対側上肢はリラックスする．1秒間に4回の速さで15秒間施行．	－　少なくとも片側は回内回外が円滑(肘の動きが5cm以内)で正確． ＋　両側とも回内回外が円滑でない(肘の動きが5cm以上)または下手．
回内回外時のAM	回内回外時，反対側に認められるAM(上肢)の有無を見る．	－　少なくとも片側は連合運動・鏡像運動や肘の屈曲は見られない． ＋　両側とも連合運動・鏡像運動，または肘の軽い屈曲を認める．
指対立	第Ⅰ指とそれ以外の指を順に対立させ触れさせていく．第Ⅱ指より，1往復3〜4秒の速さで，Ⅲ，Ⅳ，Ⅴ，Ⅳ，Ⅲ，Ⅱと5往復．	－　少なくとも片側は円滑に行える． ＋　両側とも指を間違えたり，同じ指にふれたりする(3回以上)．
側方注視	正面を向き，45度側方の検者の指を注視．左右方向で20秒ずつ実施．目が動いた回数を数える．	－　目が動く合計回数が3回未満． ＋　目が動く合計回数が3回以上．

［出典：文献［1］，p.344より一部改変］

経機能の八つから算出される．問題点は，評価項目が多いこと，評価は4歳から可能だが，基準に年齢相応であるかの判定が必要で習熟を要することである．

簡便なSNSの評価の一つとして子どもの年齢にもよるがNOSに含まれる「閉眼片足立ち（④バランス）」「指対立（⑤微細操作）」「回内回外（④協調運動）」「回内回外時のAM（⑥連合運動）」の4項目と，NOSに含まれない「側方注視（MI）」の合計5項目を行う．評価方法には具体的な数字（秒数や回数）が設定され，陰性・陽性を判定する（表1）．合計の陽性数で評価し，9歳〜13歳未満で3項目以上陽性の場合，不器用である可能性が高くなる[1]．

DSM-5では，発達性協調運動症の診断を支持する関連特徴として，神経発達の未成熟／神経学的微細徴候（neurodevelopmental immaturities/neurological soft signs）の記載がある．近年，SNSは成人でも統合失調症や双極性障害などとの関連も示唆されている．診断上の役割は明らかではない．また，SNSの神経学的基盤は特定されておらず，それらを明らかにすることも今後の課題である．

［柏木　充］

参考文献

[1] 柏木　充・鈴木周平「問診と微細神経学的徴候による不器用さの簡易判定法について（9歳以上13歳未満での検討）—発達性協調運動障害診断の指標として」脳と発達，41；343-348，2009
[2] B. C. L. Touwen and M. F. R. Prechtl *The neurological examination of the child with minor nervous dysfunction*, Lippincott, 1970
[3] M. Hadders-Algra, 間川博之・大戸達之監訳『発達障害が疑われる子どもの神経学的診察法—軽微な神経機能障害の評価』医歯薬出版，2013

遺 伝

　発達障害に関わる遺伝子そのものは現在同定されていない．その理由として，発達障害を含む精神症状を定量的に測定可能な形で定義することが困難であり，症状の程度と遺伝子の関連性が証明しがたいことがあげられる．また，精神障害の臨床像には元来個体間に相当な差異が存在し，それが遺伝要因によるものなのか明らかでないことも，関連遺伝子の証明を困難なものにしている．

●**優性遺伝，劣性遺伝**　ヒトの細胞の遺伝子はすべて対になって存在しており，対になる2つの遺伝子のそれぞれをアレル（対立遺伝子）とよぶ．ある遺伝型において2種類のアレルが存在する場合，一方を白（○），もう一方を黒（●）とすると，その組合せ（遺伝型）は「○○」「●●」「○●」の3種類となる．これらの遺伝型のうち「○○」と「●●」をホモ接合体，「○●」のように異なるアレルで構成されるものをヘテロ接合体とよぶ．遺伝子がヘテロ接合体のときに現れる形質を優性遺伝形質，現れない形質を劣性遺伝形質とよぶ．仮に正常なアレルを「○」，ある遺伝疾患のアレルを「●」としたとき，ヘテロ接合体のときにその疾患を発症するのであれば，その疾患の遺伝形式は「優性」遺伝となる．ヘテロ接合体のときに発症しない場合，言い換えれば正常形質の方が勝っている場合，「劣性」遺伝となる（表1）．

表1　優性遺伝と劣性遺伝

	○○	○●	●●
劣性遺伝	正常	正常	病気
優性遺伝	正常	病気	病気

○：正常遺伝子，●：異常遺伝子

●**多因子遺伝**　一つの遺伝子に変化があればほぼ完全にその発症の有無がわかる疾患を単一遺伝子疾患という．一方，糖尿病，高血圧，心筋梗塞，がんなど，個人がもともともって生まれた複数の遺伝要因と，食事や運動などの育ってきた環境との相互作用で発症する疾患を多因子疾患とよび，その遺伝現象を多因子遺伝という（図1）．また身長，血圧値，知能なども，遺伝要因と環境要因の両方によって決定されるものであり，これらを多因子性遺伝形質という．

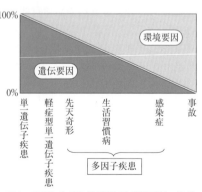

図1　疾患における遺伝要因と環境要因の関係

●**エピジェネティクス**　エピジェネティクスは「遺伝より後のことを扱う学問

分野」である．遺伝子が子孫へ正確に受け継がれる事実はすでに証明されているが，遺伝子以外にも遺伝する情報があることが最近明らかになった．それが子孫へ遺伝子が受け継がれた後に影響を与える，エピジェネティックな情報であり，実態はDNAやDNAに結合しているタンパク質のメチル化，リン酸化などの化学修飾である．これらの化学修飾は発生や病気の過程でさまざまに変化することが知られており，遺伝情報の発現に変化をもたらし，発生・分化・がん化に大きく関わっている．

●**発達障害の遺伝的素因**　発達障害の家族内発生率は一般集団よりも高いことが知られている．一卵性双生児における一致率は，自閉症で36〜96%（70%以上の報告が多い），注意欠陥多動性障害（ADHD）で50〜80%と報告されている．同胞出現率は自閉症で3〜7%，ADHDで30%である．親子出現率については子どもが自閉スペクトラム症（ASD）の場合，父親の31%，母親の8%に同じ傾向があり，子どもがADHDの場合は父親の25〜30%，母親の10〜20%に同じ傾向が認められるという報告がある．これらのことから，発達障害の成因には，何らかの遺伝素因が関与していると考えられる．

●**発達障害の遺伝形式**　発達障害の症状は，生活に支障をきたすほどの強い症状から，あくまで特性・個性とされるものまで，その程度は多様であり連続して量的に変化する．これらの事実は発達障害の症状の発現に，複数の遺伝要因やエピジェネティックな要因を含めた環境要因が関係していることを示しており，その形質は多因子性遺伝形質ととらえることができる．またこのことから，発達障害の子どもがいた場合，その家系に同様に発達障害特性の一部を示す人がいることも説明可能であり，問診における家族歴の聴取は子どもの発達障害の成因を理解するうえでも重要である．

●**遺伝カウンセリングと発達障害**　遺伝カウンセリングとは，遺伝性疾患の患者や家族に対して，臨床遺伝学的診断を行い，遺伝医学的判断に基づき遺伝予後などの適切な情報を提供し支援する医療行為である．疾病の将来予測性に対してどうすべきか，本人や家族が大きな不安をもつ場合も多いため，心理的・精神的援助が併せて行われることが特徴である．将来，発達障害に関する遺伝子が判明した場合，他の遺伝疾患と同様に遺伝カウンセリングが求められる可能性があるが，わが国におけるその適応基準などについては慎重に議論を重ねる必要がある．

[仁田原康利・立花良之]

📖 **参考文献**
[1] 福嶋義光監修『遺伝医学やさしい系統講義18講』メディカル・サイエンス・インターナショナル，2013
[2] D. J. Pritchard・B. R. Korf，古関明彦監訳『一目でわかる臨床遺伝学 第2版』メディカル・サイエンス・インターナショナル，2014

脳波検査 / 聴性脳幹反応

　大脳皮質を構成する神経細胞は活動に伴って微弱な電流を発生する．頭部表面に置いた電極間の電気的変化を電位差として連続的に記録する．このようなわずかな変化を増幅し波形として可視化するのが脳波検査（EEG）である．頭部表面から距離のある大脳深部の神経細胞の活動を直接記録することはできないが，これらの電気的変化は大脳皮質の神経細胞の活動に一部反映されるので，大脳の機能を包括的に評価できる．

● **EEGの歴史**　ドイツの精神科医，H. バーガーが発表した論文「人の脳波について」（1929）から脳波研究が始まった．当時の神経生理学者は細胞一つひとつの活動を電気的変化として記録していたが，頭部表面から得られる波形が果たして「脳波（脳細胞の電気的変化の集合体）」なのかの疑問が示されたという．その後英国のE. エイドリアンら（1933）などの追試・確認がなされて，脳波研究が一気に広まった．バーガーの最大の業績として，覚醒時に記録されるアルファ波の発見があげられる．第二次世界大戦を挟んで，米国ボストン市立病院に所属したギブス夫妻の臨床脳波学の研究と実践によって，今日のEEGの基礎，特にてんかん臨床への応用が確立した．脳波計の規格，電極の配置，標準的な検査手技，脳波判読法とその記録，脳波に関わる用語の統一などが行われて，現在は世界中どこで記録された脳波であっても判読可能である．

● **EEGで何がわかるか**　①脳全体の活動を電気的変化として記録しているので，覚醒・睡眠の区別や意識（脳活動）の有無は明確に判断できる．脳波記録によって睡眠の深さの段階付けが行われている．また，脳波所見が脳死判定の根拠の一つとなる．②てんかん性異常波の有無が判断できる．ただし，てんかん性異常波イコールてんかん診断とはならない．小児てんかんの場合，脳波所見とてんかん診断の一致率は80％程度である．③脳波所見でもおおよその発達段階が判断できる．例えば，覚醒閉眼時後頭部に出現するアルファ波の周波数（7〜12 Hz）は年齢とともに高値を示すことがわかっている．定型発達の10歳児ならば10 Hzのアルファ波が記録される．

● **EEGの限界**　①判読と判定は熟練した技術者によらざるを得ない．さまざまな機械判定が研究されているが，「人の目」（判読）にまさる機具はいまだない．したがって，判読者による判断の差は避けられない．②てんかんを除いて，疾患特異性はない．さまざまな精神障害の脳波研究が行われたが，疾患や障害に特有な脳波所見は発見されなかった．③思考内容や性別は判断できない．つまり，何を考えているのか，男性なのか女性なのかはわからない．

● **EEGの実際** 電極装着に15～20分を要する．その後安静臥位で覚醒，次に睡眠と合計30分程度の記録を行うのが標準的検査法であるが，検査協力が得られない幼児や学童の場合，睡眠導入薬を服用させて睡眠状態とし，その記録のみとなる．入眠するまで何時間も待つこともしばしばである．なお，服薬させなければ，被検査者への身体的負担はない．その点は心電図検査と同様である．

● **EEGの適用** 発達障害の診断があるから，あるいは発達に遅れがあるからといって即検査を勧められることはない．併存状態として，てんかん発作様のエピソードがある場合に，検査の意味がでてくるかもしれない．発達の遅れが明らかでも，陽性所見が得られる確率は，脳画像検査（CTあるいはMRI検査）と比較して，低いとみなされている．一方で，EEGは原則被検査者に身体的負担を与えないので，脳機能異常の有無のスクリーニング検査として推奨する立場もある．

● **自閉症とEEG** 当初の心因説が言語機能障害説に移行する1960年代に脳機能評価法としてEEGが繁用された．てんかん性，非てんかん性にかかわらず，異常所見率が50%前後と報告され，自閉症は脳機能障害に基づく症候群という考え方が確立する一助となった．その後，知的障害を伴う自閉症にはてんかん合併（思春期に発症するてんかん）が多いこと（25～40%）が指摘されて今日にいたっている．自閉症と診断され，かつ知的障害が併存するならば，EEGがてんかん発症のリスクの有無を判定する手段といえる．なお，知能段階が重度側であればよりてんかん発症のリスクが高いことがわかっている．

● **注意欠陥多動性障害（ADHD）とEEG** ADHD児にEEGを実施すると異常（てんかん性異常波）検出率が高いという報告があるが，多くは対象児の5～6%前後である．逆に，てんかんあるいは熱性けいれんはADHD発症のハイリスク要因という指摘がある．ADHDの治療に繁用される中枢神経刺激薬（メチルフェニデート）には，けいれん発生リスクを高める薬理作用があるため，治療開始前にEEGを行うべきとの主張がある．一方，けいれんを引き起こす確率は低いので臨床的には無視できるという報告もある．

● **聴性脳幹反応（ABR）** 音刺激（多くはクリック音）によって発生する聴覚神経系の興奮状態（脳幹部の電位変化）をEEGと同様に頭皮上で記録して得られる所見を聴性脳幹反応（ABR）という．1回のクリック音での電位変化はきわめて微弱なので，クリック音に対応する反応を500回以上コンピュータで加算して，同時に記録される脳波の影響を排除し，得られた波形を診て判定する．意識レベルに依存しない客観的所見が得られる．通常，音刺激から10 msec内に七つの電位変化（Ⅰ～Ⅶ波）が記録される．クリック音の音量と電位変化の有無は関連するので難聴の程度の判定ができる．ABRは新生児聴力検査（難聴の早期スクリーニング法）や脳死判定に応用されている．

［原　仁］

脳画像検査

　脳を構成する物質を非侵襲的に計測し，二次元座標上に輝度や色の違いをもって描写することにより脳の構造を可視化する技術を用いた検査法である．最近では，三次元に構成して立体として再描写されることが多い．さらに，その結果として得られた脳画像の解析から，脳の形態や構造，それぞれの部位の容積を算出することも可能である．
　計測技術や画像データにおける空間解像度の向上，解析時間の短縮など，近年40年における脳画像検査技術の発展は目覚ましい．以下に，医療の場でしばしば利用されるおもな脳画像検査法の概要を述べる．

●**コンピュータ断層撮影法（CT）**　X線を物体に照射すると物体の性質に応じて吸収され減衰するため，それを突き抜けてきた放射量は通過した物体によって異なる．この現象を利用し，脳や身体のさまざまな方向から照射して反対側で検出された放射量から，その通過地点における吸収率を算出して内部物質の構成を明らかにする技術がCTである．1970年代にG. N. ハウンズフィールドによって開発された．金属やカルシウムなどの金属元素を多く含む組織はX線の吸収率が高いため他の組織と明瞭に区別して描写されることから，CTは金属製の異物混入や骨，石灰化病変，出血の検査に特に有用とされる．なお，他の臓器はX線の吸収率は低く，特に脂肪で低い．

●**磁気共鳴撮影法（MRI）**　物質を構成する最小の粒子である原子は，正の電荷を帯びた原子核（陽子と中性子）と，負の電荷を帯びた電子から構成される．原子核スピンによって生じる磁気の向きは通常バラバラであるが，強い静磁場の作用で一方向へそろうようになる．そこへ電磁波（ラジオ波）を照射すると歳差運動が生じ（磁気共鳴現象），照射を止めた後には元の状態へ戻ろうとするがこのときの，その緩和速度は原子の種類によって異なる．この現象を利用し，生体組織のほとんどに含まれる水素原子へのラジオ波照射による磁気共鳴現象と緩和現象の解析から，その通過地点における内部物質の構成を明らかにする技術がMRIである．1970年代にP. C. ラウターバーらによって開発が進んだ．現在，ヒトに適用されているMRI機器の磁場強度には0.15テスラから7.0テスラまである．
　MRIによって得られる生体の信号強度は，陽子密度と緩和速度から算出され，二次元あるいは三次元で画像化される．磁気ベクトル方向（縦方向）や回転方向（横方向）のそれぞれの検出に長けた撮影法を用いることによって，前者によるT1強調画像では，高信号を示す白質が白，灰白質は灰色，脳脊髄液は黒色で描写さ

れる．解剖学的な構造がわかりやすいコントラストで描写されることから，脳形態や脳容積の観察や解析に適している．後者によるT2強調画像では，白質が濃い灰色，灰白質は薄い灰色に，水を含む脳脊髄液や出血，腫瘍は白色に描写されることから，病変を観察しやすい．また，T2強調画像に似ているものの脳脊髄液は黒く描写されるFLAIR画像は，脳室周辺の病変の観察に有用である．

さらに，拡散係数の低い水分子を検出する拡散強調画像（DWI）は，数分から数時間以内の梗塞によって生じる浮腫などの診断に有用である．水分子の拡散運動の異方性を検出する拡散テンソル画像（DTI）は，軸索や白質の方向を可視化するため繊維の区別に適している．また，組織に流入する水の時間情報や傾斜磁場による変化を描写する磁気共鳴血管画像（MRA）では，血管の形状や灌流の状態を知ることができるため，脳動脈の閉塞や奇形などの発見に役立つ．

●**造影剤の使用** 生体に造影剤を投与してからCTやMRIによる計測を行うと，各造影剤に特有の組織の違いを検出して画像上のコントラストを明瞭にするため，腫瘍などの画像診断に有用である．しかし，造影剤によるアレルギー反応が出現することもあるため，使用にあたっては既往歴の確認が必要である．

●**臨床応用** 脳画像検査の結果は，解剖によって得られた脳座標（タライラッハアトラス）や標準化された脳画像と比較して，医学的根拠に基づき，疾患や事故による脳の変性や損傷，形成異常の状態の診断に利用される．また，脳形態に顕著な所見がない場合であっても，脳全体における各脳領域の占める割合や局所的な縮小あるいは増大，発達の様子などを解析することによって，引き起こされる行動の理解や予測につながることもある．

脳形態の異常や病変検査は発達障害を診るうえで必要十分条件とはいえない．なぜなら，器質的ではなく脳の機能的な異常を原因とする発達障害もあるからである．一方で，器質的異常が発達障害様行動を引き起こしたり増悪させたりすることは多々あるため，鑑別診断の点で脳画像検査の適用ニーズは高い．また，自閉スペクトラム症にみられる大脳や小脳，扁桃体の増大[2]や，注意欠如・多動症における大脳の右前頭眼窩野や側頭葉前部の縮小[3]も指摘されつつあることから，脳容積計測による発達障害の病態解明への貢献も注目されている．

［軍司敦子］

参考文献
[1] M. W. Parsons et al., "Structural and Functional Brain Imaging for the Neuropsychologist", M. W. Parsons and T. A. Hammeke eds, *Clinical Neuropsychology : A Pocket Handbook for Assessment*, 3rd ed., American Psychological Association, pp.74-89, 2014
[2] B. F. Sparks et al., "Brain structural abnormalities in young children with autism spectrum disorder", *Neurology*, 59(2): 184-192, 2002
[3] A. Fernández-Jaén et al., "Cortical thinning of temporal pole and orbitofrontal cortex in medication-naïve children and adolescents with ADHD", *Psychiatry Res*, 224(1): 8-13, 2014

脳機能画像検査

　脳画像検査のうち，血流や代謝を利用して機能を計測する方法を脳機能画像検査という．

　神経活動と各測定方法の関係を図1に示した．ある課題を実施しているときには，その課題に関連する脳部位の神経活動が高まる．脳の神経活動は電気的活動であり，これにより電流が生じ磁場が発生する．この磁場変化を直接測定したものが脳磁図（MEG）である．一方，神経活動が高まった部位では，代謝が高まり血流の増加が生じる．この代謝変化や血流分布の変化を測定したものがSPECT（単光子放射線コンピュータ撮影）やPET（陽電子放射断層撮影）である．SPECTは主に血流分布をみるが，PETでは使用する核種により血流，糖代謝などをみることができる．神経活動によって生じた酸素消費とその後の血流増加によって生じる酸化ヘモグロビンの増加（脱酸化ヘモグロビンの相対的減少）による磁場変化（BOLD効果→後述）を画像化したものが機能的MRI（fMRI）である．近赤外分光法（NIRS）では，酸化ヘモグロビンと脱酸化ヘモグロビンの濃度を光の吸収スペクトルの違いを用いてそれぞれ測定する．各検査法にはそれぞれ特徴や限界があるので，それを理解したうえで適した方法を選ぶ（表1）．

　脳機能画像検査では一般に，ある課題・条件と別の課題・条件における脳活動の違いを検討する．一つの課題・条件に関する測定を数回〜数十回行い，統計的手法を用いて差を検出する．関心のある活動を適切にとらえる課題設計になっているかどうかが重要である．検査結果には個人差や実施時の状況・心理状態によ

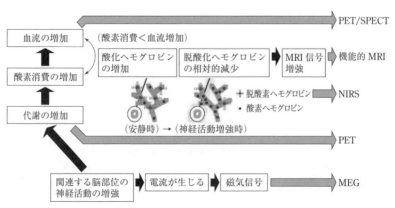

図1　神経活動による変化と各測定法の関係

表1 主な脳機能画像法の特徴

	fMRI	NIRS	PET	SPECT	MEG
測定するもの	血流増加に伴う脱酸化ヘモグロビン減少による磁場変化	血流増加に伴う酸化/脱酸化ヘモグロビン濃度変化	放射性同位体（血流，糖代謝，神経受容体など）	放射性同位体（主として血流）	神経活動による磁場変化
空間分解能	高（1-5 mm）	低（数 cm）	中（3-5mm）	低（数 cm）	中（5-10 mm）
時間分解能	中（数秒）	高（数十 ms）	やや低（数秒）	低（数分）	高（ms）
脳深部の測定	可能	困難	可能	可能	困難
侵襲性・安全性	ラジオ波による発熱，体内金属・金属持ち込みによる事故	近赤外線を当てる（低侵襲）	放射性同位体を血管内に投与	放射性同位体を血管内に投与	非侵襲
運動制限	必要（仰臥位）	やや緩い	必要（仰臥位）	必要（仰臥位）	必要

る違いも影響するため，通常は10〜数十人に同じ検査を行い，統計的に検討する．

● **機能的 MRI（fMRI）** 脳機能画像法として最もよく用いられている．空間分解能は高いが，時間分解能はそれほど高くない．課題設定のしかたにより，一定時間同じ課題を行うブロックデザインと，施行ごとの脳活動の変化を観測する事象関連（event-related）デザインがある．近年では，課題に関連しない状態で同期している脳活動（機能的関連の強さを反映）を検討する安静時 fMRI（resting-state fMRI）による研究も行われている．

● **近赤外分光法（NIRS）** 他の脳機能画像法に比べて小型の安価な装置で行えること，体動の影響を比較的受けにくいことから，日常に近い状態での検査や小児での検査として用いられるが，空間分解能が低く深部の測定ができない．

● **PET/SPECT** 時間分解能の低さ，放射性同位体による微量被曝，実施できる施設が限られることなどから，脳機能画像検査としては実施されなくなっている．SPECTはPETに比べると実施できる施設が多いが，時間分解能・空間分解能とも低く脳機能画像検査としての有用性は低い．

● **脳磁図（MEG）** 空間分解脳はPETやfMRIに劣るが，時間分解能が優れており，ある課題の処理における脳部位ごとの時系列変化を探ることができる．外部磁場から遮断する堅牢なシールドルームが必要であり実施できる施設が少ない．

● **BOLD 効果（blood oxygenation level dependent effect）** 1990年に小川誠二によって確立されたfMRIの測定原理．脱酸化ヘモグロビンは磁性体であり，MRIの磁場をわずかに乱す性質があるため，その周囲のMRI信号が減弱する．神経活動後には酸素消費量を上回る血液の流入があるため，局所の酸化ヘモグロビン濃度が上昇し，脱酸化ヘモグロビン濃度が減少する．この結果，局所のMRI信号が増強する．

［関 あゆみ］

染色体検査

　化学物質であるDNA（デオキシリボ核酸）が数千，数万集まると，一つの遺伝形質を決定する機能をもつようになり，これを遺伝子とよぶ．DNAはタンパク質との複合体である染色体として細胞中に存在しているが，細胞が分裂し増殖する際，染色体は折りたたまれ棍棒状となり，顕微鏡で観察可能となる．

●**染色体異常**　ヒトの体細胞は2セットの染色体を有し，一方は父方に，一方は母方に由来する．精子と卵子は1セットだけの染色体を有し，受精し融合することによって，受精卵の染色体は再び2セットに戻る．精子や卵子が形成されるとき，父方由来と母方由来の染色体の組み換え（交差）が起こり，遺伝情報は各世代で再編成される．この再編成の過程で，しばしば間違いが生じるため，転座（染色体の一部が切れて他の染色体へ付着）や異数性（染色体の数の異常）といった染色体異常が生じる．各染色体には平均すると1000程度の遺伝子が存在しているため，染色体の数が増えたり減ったりすることで大きな異常が生じる．胎生期に染色体異常が起こった場合，生存が困難となることが多く，妊娠16週未満（妊娠第1期）における胎児死亡の50%以上は染色体異常によるものである．

●**Gバンド分染法**　染色体異常について検査を行う際，染色体同士を区別したり，構造を解析するために，Gバンド分染法が一般的に用いられている．DNAはアデニン，チミン，グアニン，シトシンの4種類の核酸塩基を含むヌクレオチドが連なって構成されている．DNAをDNA結合性化学染料ギムザで染色すると，アデニンとチミンに富んだ領域が選択的に染まり，染色体にバンド状の濃く染まった部分が観察される．一方，淡く染まった部分はグアニンやシトシンに富んだ部位である．染色により生じたバンド状の濃淡をGバンドとよび，染色体ごとに決まった染色パターンから，染色体の番号の同定や構造の解析が可能となる（図1）．

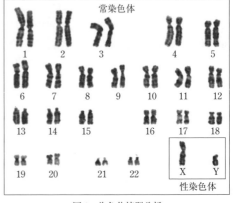

図1　染色体核型分析

●**FISH法**　FISH（fluorescence in situ hybridization）法はGバンド法では確認できない染色体の微細な欠失や，由来が不明の染色体を同定する検査である．原

理としては，DNAの断片がそれと相補的なDNAと反応し，二本鎖を形成する性質を利用している．蛍光色素を結合させた正常なDNA（プローブ）を変性させ一本鎖へほどいたものと，同様の処理を行った標的のDNAを反応させる．すると，相補的な部位と再び二本鎖を形成して結合し，標的の部位だけが蛍光色素により発光する．このとき標的の部位にDNAの異常がある場合は発光がみられず，欠損などの存在が確認される．Gバンド分染法がコルヒチン処理を行い，細胞分裂を停止させた分裂中期の細胞を用いるのに対して，FISH法は細胞分裂の間期の核でも検査可能であることも特徴の一つである．

●**発達障害と出生前診断** 出生前診断は診断を伴う検査であり，染色体異常，遺伝性疾患，奇形，形態異常などが対象疾患である．今日，発達障害に関連する遺伝子は同定されておらず，出生前診断で発達障害の有無を確認することは不可能である．一方で染色体異常を原因とする疾患のうち，ダウン症やプラダ・ウィリー症候群といった発達障害をその症状の一つとして呈する疾患については出生前診断が可能である．検査検体としては着床前の受精卵，胎児を取り囲む絨毛細胞，羊水細胞，胎児組織などがある．日本では22週未満で法令上妊娠中絶が可能であるため，出生前診断の施行については倫理的に十分に配慮された慎重な判断が求められる．日本産科婦人科学会が2007年に提言した「出生前に行われる検査および診断に関する見解」（2013年改訂）は遺伝検査に関わるさまざまなガイドラインの根幹となっている（表1）．出生前診断は，その結果により両親が胎児の将来についての強い不安や，中絶を含めた非常に判断が難しい問題に直面する可能性がある．両親の「知らないでいる権利」も重要であり，検査を行うか否かという検査前の段階から遺伝カウンセリングが行われることが望ましい． ［仁田原康利・立花良之］

表1 出生前に行われる検査および診断に関する見解（日本産科婦人科学会2013年改訂）

絨毛採取や羊水穿刺など侵襲的な検査（胎児検体を用いた検査を含む）については，下記の各号のいずれかに該当する場合の妊娠について，夫婦ないしカップル（以下，夫婦と表記）からの希望があった場合に，検査前によく説明し適切な遺伝カウンセリングを行った上で，インフォームドコンセントを得て実施する．

1. 夫婦のいずれかが，染色体異常の保因者である場合
2. 染色体異常症に罹患した児を妊娠，分娩した既往を有する場合
3. 高齢妊娠の場合
4. 妊婦が新生児期もしくは小児期に発症する重篤なX連鎖遺伝病のヘテロ接合体の場合
5. 夫婦の両者が，新生児期もしくは小児期に発症する重篤な常染色体劣性遺伝病のヘテロ接合体の場合
6. 夫婦の一方もしくは両者が，新生児期もしくは小児期に発症する重篤な常染色体優性遺伝病のヘテロ接合体の場合
7. その他，胎児が重篤な疾患に罹患する可能性のある場合

参考文献
[1] 福嶋義光監修『遺伝医学やさしい系統講義18講』メディカル・サイエンス・インターナショナル，2013
[2] D. J. Pritchard, B. R. Korf, 古関明彦監訳『一目でわかる臨床遺伝学（第2版）』メディカル・サイエンス・インターナショナル，2014

ICD/DSM

ICD（疾病及び関連保健問題の国際統計分類，International Statistical Classification of Diseases and Related Health Problems）とは，WHO（世界保健機関，World Health Organization）が刊行しているあらゆる疾病・傷害・死因の統計分類である．ICDは，世界42言語で作成されている．ICDは，1900年に提唱され，以後，ほぼ10年ごとに改訂されてきた．その第10版（ICD-10）は，1990年のWHO総会で採択され，1992年から1994年にかけて出版されたものである．第11版（ICD-11）は，2017年の発表予定となっている．ICDの分類は大分類と中分類が基本であり，各分類はアルファベットと数字でコード化されている．大分類のコードはアルファベット1文字で障害カテゴリーを表し，中分類のコードは大分類のアルファベット1文字に数字2桁（疾病のカテゴリー）を付けたもので疾病カテゴリーを表している．なお，疾病の詳細な状態は小数点以下で示される．例えば，F70.0は，行動障害のない軽度知的障害を意味するなどである．

DSM（精神疾患の診断・統計マニュアル，Diagnostic and Statistical Manual of Mental Disorders）は，米国精神医学会が，定期的に改訂して発行している精神疾患の分類と診断基準である．1952年，ICD-6（1948）に対応させて米国内で使用される精神障害の分類として第1版が発行された．その後，1980年に出されたDSM-Ⅲで操作的で記述的な診断基準と多軸診断という新しい考え方が打ち出された．2013年に第5版（DSM-5）が発表された．DSMでも各疾患にICDコードが付けられ，DSM-5では2014年10月からICD-10と同じコードが使われている．

一般的には，ICDは疾病の国際比較のための分類と診断基準として，DSMは精神科臨床の分類と診断基準として，それぞれ用いられている．

表1　ICD-10における主な発達障害の分類

F7 知的障害（精神遅滞）
F8 心理的発達の障害
F80 会話及び言語の特異的発達障害
F81 学習能力の障害
F82 運動機能の特異的発達障害
F84 広汎性発達障害
F9 小児（児童）期及び青年期に通常発症する行動及び情緒の障害
F90 多動性障害

● **ICD-10における発達障害**（表1）　ICD-10は，21章で構成されており，発

達障害は，第5章「精神および行動の障害」（Fでコード化されている）の中に位置付けられている．ICD-10では，発達障害という診断カテゴリーはなく，発達障害は，「精神遅滞」，「心理的発達の障害」（知的障害とADHD以外の発達障害が含まれている），「小児期および青年期に通常発症する行動および情緒の障害」（ADHDが含まれている）の三つのカテゴリーに散在して位置付けられている．

● **DSM-5における発達障害** DSM-5では，発達障害の分類や診断基準にいくつかの変更（「神経発達症群/神経発達障害群」の項目参照）が行われている．列挙すると，①神経発達症群という発達障害に関する診断カテゴリーの新設，②名称の変更（精神遅滞が知的発達症へ，広汎性発達障害が自閉スペクトラム症（ASD）へなど），③診断基準の変更（知的発達症における知能指数の削除，ASDの基準の厳密化，ADHDの症状出現年齢の引き上げなど），④下位分類の廃止や統合（言語障害や学習障害），⑤ASDを除外診断から削除（ADHDと発達性協調運動症），⑥ADHDを神経発達症群に位置付け，⑦社会的コミュニケーション症の新設，⑧多軸診断の廃止，⑨個々の発達障害ごとに重症度を設定，などである．重症度判定も，知的発達症以外の多くの発達障害に設定され，その判定は支援の必要度が重視された基準となっている．機能障害についてはWHO（ICF）の考え方がこれまで以上に意識されており，その方針の反映と考えられる．これらの変更は，発達障害診療に次のような影響を与えることが推測される．それらは，a）知的障害の診断が総合判断とされたことからIQ値が70以上の状態に対する知的障害診断の出現，b）ASDの診断基準が厳密化されたことからASD診断の減少，c）ADHDとASDとの併存が認められたことからADHD診断の増加，d）除外診断から外された発達障害が多かったことから複数の発達障害の併存診断の増加，e）知能障害がなくても行動障害の程度から重症と判定される場合の増加，などである．

なお，DSMにおける英語の疾患名の「disorder」は，これまで「障害」と訳されてきたが，日本精神神経学会は，「障害」の表現は子どもや親に衝撃を与えることなどを考慮し，児童青年期の疾患と不安関連の疾患について，原則として「症」と訳することに決定した．ただし，「障害」の訳語の普及に考慮し併記している．

● **ICD-11の動向** ICD-10の今後の改訂版であるICD-11のベータドラフト版がwebで公開されている（http://apps.who.int/classifications/icd11/browse/l-m/en）．発達障害に関しては，DSM-5と同様の神経発達症群のカテゴリーが新設され，その下位分類もDSM-5とほぼ同様であるが，個々の発達障害の下位分類がDSM-5よりも細かく設定されている．最も顕著なのはASDで，知的発達症と言語障害の有無と程度により八つの下位分類が設定されている．[宮本信也]

参考文献
[1] 融道男他監訳『ICD-10 精神および行動の障害』医学書院，2005．
[2] アメリカ精神医学会『DSM-5 精神疾患の診断・統計マニュアル』医学書院，2014．

神経発達症群 / 神経発達障害群

　「神経発達症群 / 神経発達障害群」とは，DSM-5（「ICD/DSM」参照）において新設された，いわゆる発達障害を包括する診断名である．一つ前のバージョンであるDSM-Ⅳ-TRでは，発達障害は「通常，幼児期，小児期，または青年期に初めて診断される障害 Disorders Usually First Diagnosed in Infancy, Childhood, or Adolescence」に含まれるものが多かったが，ここに含まれていたいくつかの障害が除外や移動が行われたことで，新しい章「神経発達症群 / 神経発達障害群」は，一般的な発達障害の概念とかなり一致するものとなった．

　DSM-5で神経発達症群 / 神経発達障害群に組み入れられなかったのは，①行為障害・反抗挑戦性障害・特定不能の破壊的行動障害，②異食症・反芻性障害・幼児期または小児期の哺育障害，③遺糞症・遺尿症，④分離不安症・選択性緘黙・幼児期または小児期早期の反応性愛着障害，である．①の行為障害・反抗挑戦性障害・特定不能の破壊的行動障害は，反社会性パーソナリティ障害などとともに，秩序破壊的・衝動抑制・素行症群に，②の異食症・反芻性障害・幼児期または小児の哺育障害は，神経性やせ症 / 神経性無食欲症などとともに，食行動障害および摂食障害群に，③の遺糞症・遺尿症は排泄症群に，④の分離不安・選択性緘黙は不安症群 / 不安障害群に，幼児期または小児期早期の反応性愛着障害は，心的障害およびストレス因関連障害群に，それぞれ新設，既存の章に移行した．

●**神経発達症群/神経発達障害群に含まれる下位カテゴリー（表1）**　詳細な内容は各項目を参照してもらいたい．ここでは，新しい枠組みの注目点を述べるにとどめる．コミュニケーション症群/コミュニケーション障害群では，これまで表出性言語障害と受容－表出混合性言語障害に区別していたものを言語症/言語障害に統合した．また，従来は広汎性発達障害と判断されていたものの一部が社会的（語用論的）コミュニケーション症/社会的（語用論的）コミュニケーション障害という新設項目としてこの項に入った．自閉スペクトラム症/自閉症スペクトラム障害と限局性学習症/限局性学習障害は名称が変わり，下位分類がなくなり単数形 disorder として表記し，大綱化・単一化された．ただしこれらの診断名は単一の均質な病態を意味しない．自閉スペクトラム症/自閉症スペクトラム障害は自閉性障害やアスペルガー障害にあたる状態を含み，さらに広汎性発達障害に含まれていたレット障害と小児期崩壊性障害も自閉スペクトラム症に含むと明記されている．限局性学習症/限局性学習障害は，状態像の解説にデコーディング障害，読解障害，書字障害，文章の綴り方障害，計算障害，算数的推論障害と，以前より明確に六つの障害分野が明示されている．ちなみに，文部科学省の学習障害の定義と比較

表1 DSM-5で新設された神経発達症群／神経発達障害群

知的能力障害群
 知的能力障害
 全般的発達遅延
 特定不能の知的発達障害
コミュニケーション症群／コミュニケーション障害群
 言語症／言語障害
 語音症／語音障害
 小児期発症流暢症(吃音)／小児期発症流暢障害(吃音)
 社会的(語用論的)コミュニケーション症／社会的(語用論的)コミュニケーション障害
 特定不能のコミュニケーション症／特定不能のコミュニケーション障害
自閉スペクトラム症／自閉症スペクトラム障害
 自閉スペクトラム症／自閉症スペクトラム障害
注意欠如・多動症／注意欠如・多動性障害
 注意欠如・多動症／注意欠如・多動性障害
 他の特定される注意欠如・多動症／他の特定される注意欠如・多動性障害
 特定不能の注意欠如・多動症／特定不能の注意欠如・多動障害
限局性学習症／限局性学習障害
 限局性学習症／限局性学習障害
運動症群／運動障害群
 発達性協調運動症／発達性協調運動障害
 常同運動症／常同運動障害
 チック症群／チック障害群
 他の特定されるチック症／他の特定されるチック障害
 特定不能のチック症／特定不能のチック障害
他の神経発達症群／他の神経発達障害群
 他の特定される神経発達症／他の特定される神経発達障害
 特定不能の神経発達症／特定不能の神経発達障害

［出典：日本精神神経学会(日本語版用語監修)，髙橋三郎・大野　裕監訳『DSM-5　精神疾患の診断・統計マニュアル』pp.19-20，医学書院，2014 より作成］

すると，「聞く」「話す」はコミュニケーション症群／コミュニケーション障害群に，「読む」「書く」「計算する」「推論する」は限局性学習症／限局性学習障害にあたり，「読む」「書く」は各々二つに分類されている．常同運動，チックが発達性協調運動障害とともにまとめられ運動症群／運動障害群となった．

●発達障害という用語　発達障害 developmental disorders という用語は日本だけでなく一般的に使われている．神経発達症群／神経発達障害群は，ほぼ同義と捉えることができるが，通常チックなどは発達障害に含まず，また，発達障害者支援法など法律用語では知的能力障害を含まないなど，どの範疇を意図した用語か注意を要する．今後，発達障害のより適切な診断概念として国際的な専門用語として定着する可能性は高いが，DSM-5のintroductionに指摘されているとおり，現時点の知見が十分病態を把握している訳ではなく，今後も改訂を重ねるという前提がある以上，この分類方法が絶対のものではないことを常に念頭に置く必要があるだろう．

              ［若宮英司］

知的能力障害

　米国精神医学会の DSM-5 において，DSM-IV まで精神遅滞と称された疾患名を知的能力障害（知的発達症／知的発達障害）と改めた．従来，医学領域では「精神遅滞」，教育や心理学領域では「知的障害」という用語が使用されてきた．今後，改定の予定されている WHO の定める ICD 分類でも知的発達障害という診断用語が提唱されており，各領域で統一された用語になる可能性が高い．本項では DSM-5 の知的能力障害を中心に述べる．

●概念・定義　DSM-5 における知的能力障害の基本的な特徴は，全般的知能の欠陥と個人の年齢，性別，および社会文化的背景が同等の仲間たちと比べて，日常の適応機能が障害されることである．発症は発達期の間である．また知的能力障害の診断は臨床的評価,知的機能および適応機能の標準化された検査に基づく．DSM-5 では診断の操作性を排した実際的な診断基準となった．特に重要な変更点としては，DSM-IV までの診断は知能指数（IQ）が 70 以下の場合に一律に診断されていたのに対し，DSM-5 では IQ の値は参考にとどまる．DSM-5 では，IQ が 70 以上の人が，社会的な判断，社会的な理解，および適応機能の他の領域において非常に重度の適応行動の問題をもつことがあるので，その人の実際の機能は IQ 得点のより低い人と同等であるかも知れない．したがって IQ 検査の結果の解釈においては臨床的な判断が必要である．さらに知的機能の重症度の定義を概念的領域，社会的領域，実用的領域の三分野の具体的な適応状態から定めることになった．これらの変更により知的能力障害の程度は IQ や操作的診断に依存しない，臨床における実際的な重症度に基づくものとなった．

　知的能力障害の発生頻度は約 1 ％とされる．これまでの診断基準 DSM-IV によれば軽度が 80 ％以上を占める．これまで知能指数 70〜80 は境界域知能とされ，精神遅滞とは診断されなかったが，今後 DSM-5 の診断が浸透するに従って，こうした例の一部が知的能力障害の診断へと変更される可能性がある．

●原因・症状　知的能力障害の原因としては，出生前要因，特に遺伝要因が多くを占める．ダウン症などの染色体異常，代謝変性疾患，神経皮膚症候群，脳形成異常症などがあげられる．また環境要因としては周産期感染症や中毒などがあり，周産期の要因で最も多いのは子宮内発育遅延，新生児仮死によるものである．実際には原因を特定できない，多因子遺伝に伴うと考えられる知的能力障害が最も多い．

　症状はより年少のときに発現するほど，重症である．最重症例では，目が合わない，笑わない，首が座らないなど知的発達，運動発達に顕著な遅れを示し，乳

幼児検診で発見されることが多い．また中等度の場合でも3歳児健診などで言葉の遅れにて発見されることがほとんどである．軽症例は小学校に行き始めて学習面や対人関係に困難を生じて発見，診断されることがある．小学生以降に見つかる場合には，対人社会的な問題が生じやすい．

　合併症は重症度に応じてさまざまである．特に最重症で知的発達障害に重度の運動障害を合併する重症心身障害児（者）では致死率が高率である．中等度から重度の場合には，てんかんの合併率が20～30％と高く，医学的な対応を要する．また軽度であっても一般の人に比べると，精神心理学的問題や行動の問題を生じやすい．本人が周囲の環境になじめない，あるいは周囲の関わり方が不適切であることも一因となり得る．周囲への疾患教育，環境整備や当人への精神心理療法，時に薬物療法を要することがある．

●治療・支援　治療法としては原因疾患が明らかな場合には，原因疾患に対する直接的な治療を試みる．これらは一部の代謝変性疾患や甲状腺機能低下症などには必須である．しかしながら大部分の疾患は直接的な医学的治療が行えないことが多い．こうした場合には患者ならびに家族への疾患教育を起点として，療育，特別支援教育を行い，支援していくことが望まれる．乳幼児期であれば児童発達支援センターの利用，医学的には言語聴覚療法（ST），作業療法（OT），理学療法（PT）などによって発達支援を行う．特にこの時期には家族の戸惑いや不安を受け止めつつ，育児指導，生活指導を行うことが重要である．医師だけでなく地域の保健師，看護師，助産師，ソーシャルワーカー，保育士などの多職種による支援が，家族の支えとなり得る．就学時には教育相談を行い，子どものもつ能力に合わせた環境（特別支援学級や特別支援学校）を準備することも必要になってくる．通常学級での教育を受ける場合であっても，合理的な配慮に基づいた支援体制を整えていく．学校教育を終えたあとには就労の支援（一般就労または福祉的就労）も必要である．また社会福祉制度（特別児童扶養手当，障害者年金，療育手帳）の活用も求められる．

　治療のゴール設定はそれぞれの能力に合わせて行う．社会の中で必要な援助を受けつつも適応スキルを身につけていくことは予後を改善させる．こうしたスキルを伸ばすためには，少しの支援を受けつつも何かを成し遂げた，達成したという成功体験が欠かせない．知的能力障害がある児の「強み」を見出し支援していくことも求められる．社会の中で何らかの役割をもち，他者から認められる，頼られることは一つのゴールといえる．

［柳生一自］

📖 参考文献
[1] 日本精神神経学会（日本語版用語監修）『DSM-5 精神疾患の診断・統計マニュアル』医学書院，pp. 33-39, 2014
[2] 加賀佳美・有馬正高監修，加我牧子・稲垣真澄編『小児神経学』診断と治療社，pp. 425-432, 2008

語音障害

　「語音障害」はDSM-5ではコミュニケーション障害群に類型されている発達期初期に生じる構音（言語音を産生するまでの一連の過程＝いわゆる「発音」の過程）の問題であり，以前のDSM-Ⅳでは「音韻障害」が該当する．一般的に臨床場面では「機能性構音障害」の名称が用いられることが多い．

　「機能性構音障害」とは，発声発語器官に器質的な異常（形態面や機能面）を伴わないにもかかわらず構音面に異常を認める状態を指している．構音障害は，この「機能性構音障害」と，口蓋裂など発声発語器官の要因によって生じる「器質性構音障害」，発声発語に運動に関連する脳神経系の要因によって生じる「運動障害性構音障害」の三つに大別される．また，コミュニケーション障害群には語音障害以外に小児期発症流暢障害（吃音）も該当している．

●**機能性構音障害の背景要因**　器質性構音障害が小児期であれば口蓋裂などに起因することが明らかとなっているが，機能性構音障害の背景要因は明らかになっていない．機能性構音障害はいわば構音発達の完成期以降にも残存する特定の音素，構音運動パターンに誤った構音運動パターンが定着した状態といわれているが，近年，音韻処理能力との関連，関与も示唆されており，機能性構音障害の様相を示した児童の就学後の読み書き能力についても注目が集まっている．いわゆる発達過程に生じる一過性の「幼児構音」は含まれない．

●**構音の発達と誤り傾向**　構音は母音，半母音，両唇音（/p//b//m/）から，3～4歳にかけて/t//d/，4歳で/k//g/，5歳で/ʃ/（シャ行：シを含む）→/s/（サ行），5～6歳で/r/の一定の順序で獲得され，おおむね5歳後半で一応の完成となる．6歳以降の段階で残存する構音の誤りは一過性のものではなく，構音指導の対象となる．それぞれの音素は，その産出過程から構音点（どの部分で）と調音方法（どのように）の違いで説明できる．さらに前提として「音素」としての認識が必要であり，構音の発達に音韻認識や弁別といった音韻処理能力の発達とも密接に関連する．構音だけでなく，対象となる児童の言語発達全般の状態を把握する必要がある．

　臨床場面で最も多く遭遇する機能性構音障害における構音の誤りは/s/（サ・ス・セ・ソ）であり，誤り傾向は/s/が/t/や，/ts/へ（/t/の付加）置換といったものが多い．いわゆる誤り構音をみる（聞く）うえでは，①誤り（構音）の「一貫性」が高いか，「浮動的」か（常に一定の傾向に誤るか否か），②被刺激性があるかどうか（繰り返し復唱を促した際に正しい構音に修正されるか否か），③短音節，単語，単文といった発話の長さや語頭，語中，語尾といった当該音の出現

位置による誤り頻度や傾向の違い，などに注目する．一般的に誤り構音の一貫性が高い場合は定着化しており介入の必要性が高く，誤りが浮動的な場合には，場合によって獲得すべき構音や全般的な発達段階との関連を含めた検討が必要である．誤り構音についても出現位置（語頭・語中・語尾）や前後の子音によっても誤り傾向や頻度が異なる．

●**構音障害ごとの誤り構音の傾向**　機能性構音障害では，音素の置換・歪み・省略・不可が（特定あるいは複数の音素で）認められる．指導の前段階では誤りに一貫性が高いことが多い．一方，幼児期の発達過程の中で構音動作全般の発達の未熟さによりうまく発話に至っていない「幼児構音」の場合は構音点が口蓋中央寄りとなり，口蓋化構音に類するような歪み（いわゆる「舌足らず」な状態）や，連続する子音が相互に影響を受けて歪みや置換を認めることがある．特定の音の誤りよりも単語長と比例してモーラが崩れるような場合には知的発達全般の未熟さをもつ場合がある．器質性構音障害では口唇口蓋裂（出現頻度は日本人で約1/500とされる）に起因するもの，運動障害性構音障害では脳性まひに起因するものが発達期では最も多い．形態的や神経学的要因によって発声において必要な呼気のコントロールに不全を呈した状況（例：鼻咽腔閉鎖機能不全）を代償するなかで定着・獲得され声門破裂音や咽頭破裂音といった誤り構音の傾向が典型的である．器質性構音障害では知的や言語面の発達に十分留意する必要がある．鼻咽腔閉鎖機能不全は口蓋裂だけで説明されるものではないため，同様の傾向を認めた場合には機能的・形態的に課題がないか検討しておくことも必要である．

●**構音障害の評価**　構音障害では，①発声発語器官の運動，②発話（実際の構音），③音声の3つの評価が必要であり，機能性構音障害に比べて器質性構音障害や運動障害性構音障害では①③に詳細な評価を必要とする．機能性構音障害の評価では②を中心に①を補完した新版構音検査が用いられることが多い．あわせて知的発達あるいは言語発達についても現状を確認しておくことが肝要である．

●**構音指導について**　一般的に機能性構音障害であれば適切な構音指導によって構音の状態は改善する．前提としては本人に「誤り構音の気付きがあること」が重要であり，音の弁別，構音点漸近法を用いた構音の再構築，語内位置や音声環境によるスモールステップ（単音，単音節，単語，短文），日常会話への般化の順を経ることが一般的である．難治性の場合には言語発達や関連する認知機能障害なども視野に入れて検討する必要がある．　　　　　　　　　　　　　[川崎聡大]

📖 **参考文献**
[1]　深浦順一他『図解言語聴覚療法技術ガイド』文光堂，2014
[2]　今井智子他『新版構音検査』千葉テストセンター，2010
[3]　日本精神神経学会（日本語版用語監修）『DSM-5 精神疾患の診断・統計マニュアル』医学書院，2014

言語症 / 言語障害

　私たちは，聞き手とのコミュニケーションのなかで音声を使い，相手のことばを聞き取って理解し，それに対していろいろなことを考え，考えた内容を話して相手に伝える．このようなやりとりにおける音声言語は，外からの刺激の入力を「受容する（聞いて理解する）」ことと，考えを外部に出力すること，すなわち「表出する（話す）」の二つを分けて考えるとわかりやすい．DSM-5では言語の受容と表出のどちらか，あるいは両方の遅れが認められる場合を言語症 / 言語障害（language disorder）とよび，コミュニケーションの障害を引き起こす下位分類の一つとされている．

●**受容性の能力の発達とその障害**　赤ちゃんは，前言語期といわれる生後1年の間に，母語の聞き取りの能力がめざましく発達する．生まれた直後に母親の声を聞き分け，6か月頃には母語の母音，10か月頃には母語の子音の違いを聞き分けられる．自閉症スペクトラム障害（autism spectrum disorder：ASD）は，言語音に対する指向性が弱いため，名前を呼ばれても振り向かないなど，早期の段階から受容性の能力の発達につまずきをもつと考えられる．また，語彙獲得期の子どもは共同注意の枠組みの中で事物の名称などを覚えていくとされ，大人が指さした先を見ることや視線の共有が難しいASD児は，語彙の獲得にも遅れが生じる．幼児前期・後期にあたる2歳代後半以降の長い文や複雑な構文の理解には，ワーキングメモリや統語の知識が必要とされるが，特異的言語発達障害（specific language impairment：SLI）や限局性学習症（specific learing disorder：SLD）の子どもは，この点の弱さが聞き取りの苦手さにつながっていく．一般的に聴覚情報は視覚情報に比べて情報が残りにくいため，注意の集中や持続が難しいADHDの子どもたちは，聞き誤りが多かったり忘れやすかったりすることが指摘されている．

●**表出性の能力の発達とその障害**　定型発達では，初語（初めての有意味なことば）は1歳前後に出現し，1歳半で急激に語彙が増える「語彙爆発」の時期があり，2歳前後に2語文，2歳半以降に助詞が出現して3歳では3語文以上のつながりが出現する．しかしその時期が遅れたり，ことばの数が増えなかったり，なかなか文につながらなかったりする場合は表出性の問題があることが疑われる．その中でも，言語発達を阻害する要因が認められないのに2歳代でことばの表出が遅れている場合は「レイトトーカー」とよばれる．レイトトーカーは2歳児の13％に出現し，その85％は5歳頃に定型発達の範囲内に入ると報告されている．この子どもたちの予後は，言語指導を必要とするほどではないが，その後も言語

の成績が低く,先天的に言語習得に関する資質が少ない一群と考えられている.

レイトトーカーにみられる初語や2語文の出現の遅れは,SLIの早期サインと考えることもできる.SLIの症状は,音韻,意味,統語,語用のすべての面に現れ,5歳になると統語面の問題が顕著に現れるとされている.欧米では5歳児の約7～8％がSLIの基準に当てはまり,文法的形態素の誤り(例:動詞の過去形の-edを省略する)が特徴的であるといわれる[1].しかし,日本語では主語や助詞の省略は成人でも一般的であり,欧米の研究結果をそのまま当てはめることは適当ではない.そのほかにも音韻意識やワーキングメモリの問題などが指摘されており,これらは音韻削除課題や無意味語の復唱・逆唱課題を施行することでその特徴がとらえられる.

●**学童期(6歳～12歳)の言語とその障害**　学童期には,抽象的な語彙の獲得,文構造の複雑化,脱自己中心化による会話スキルの上達,談話やナラティブ(語り)の発達など,音声言語能力はさらに高度化していく.談話の理解という受容面では,ASD児は独特の語彙構造をもつことや相手の心情を想像することの苦手さから字義通りの解釈をしたり(例:プレゼントをもらって欲しいものではなかったのに「ありがとう」と言うときの,真の気持ちが理解できない),比喩の理解が難しかったりする(例:「固い顔をしている」を「四角い顔」と思う)[2].表出面では,ナラティブは一連の筋書きを相手にわかるように伝えるという活動であり,日常会話のやり取りでは気づかれないレベルの言語障害を浮き彫りにする課題として,近年注目されている.ASD児は発話量は多いのに含まれるべき語彙が少なかったり,話題から逸脱するなど,「たくさん話すが伝わらない」発話になるといわれている.

●**言語障害と併存症**　SLIと読み障害(発達性ディスレクシア)は高率で併存することが知られているが,それは音韻意識が文字学習の基盤であることと,SLIでは音韻意識の発達の遅れが指摘されていることから説明できる.また,発達障害と構音障害(発音の障害)の併存も稀なことではなく,ASDの41％に構音障害が認められたという研究もある[3].その背景には,言語音の知覚や弁別の苦手さがあると推測される.そのほか,発達障害と吃音・クラタリング(早口症)などの併存(原,2006)や低出生体重児(特に出生体重1000g以下の超低出生体重児)の言語発達の遅れにも注目が集まっている.

[石坂郁代]

📖 **参考文献**
[1] 田中裕美子「特異的言語発達障害(SLI)」大石敬子・田中裕美子編『言語聴覚士のための事例で学ぶことばの発達障害』医歯薬出版, pp.83-93, 2014
[2] 飯塚直美「心を理解することの障害」笹沼澄子編『発達期言語コミュニケーション障害の新しい視点と介入理論』医学書院, pp.14-36, 2007
[3] 今井智子「構音障害を伴う自閉症スペクトラム障害」大石敬子・田中裕美子編著『言語聴覚士のための事例で学ぶことばの発達障害』医歯薬出版, pp.83-93, 2014

発達性協調運動症／発達性協調運動障害

　「協調（運動）」とは，視知覚・触覚・固有覚・位置覚などさまざまな感覚入力をまとめあげ，運動意図に基づき運動計画を生成，運動として出力し，その結果のフィードバックに基づき修正を行っていくという一連の脳機能である．協調はいわゆる運動やスポーツにとどまらず，構音・発話，嚥下・咀嚼から，食事，着衣などの日常生活，描画・書字，道具の使用，姿勢保持，細かい手作業，料理，整容，自動車運転など，子どもから成人まで，さまざまな日常・学校生活・職業に必要な重要な脳機能の一つである．

　この「協調」という脳機能の発達の問題が発達性協調運動症／発達性協調運動障害（DCD）に該当する．DCDの頻度は5〜6％と高く，また，50〜70％と高い頻度で青年期・成人になっても残存する．協調の問題は子どもの学習，認知，社会性，情緒の発達，自尊感情とも深く関わり，成人ではうつ病・不安障害など精神障害，肥満や糖尿病など生活習慣病から心血管障害につながることが明らかとなっている．

● **DCDの診断について**　診断には，①発達障害・精神疾患などの家族歴，②妊娠中や早産，仮死など周産期の異常，③乳幼児期の発達歴，④現病歴など詳細な問診に加え，⑤DCDのアセスメント，⑥一般的な身体疾患や神経・筋疾患の除外，⑦発達神経学的診察により，いわゆるSoft Neurological Signs（SNS：微細神経学徴候）を評価する[1]．

　DCDのアセスメントについては，日本では長く国際的ツールが存在しなかったが，国際ガイドラインでも推奨されているDevelopmental Coordination Disorder Questionnaire 2007（DCDQ）日本語版の開発が中井らにより行われた[2]．DCDQ日本語版の対象は5歳から15歳，「動作における身体統制（6項目）」「微細運動・書字（4項目）」「全般的適応性（5項目）」の3因子を，5件法で回答し，得点が高いほど，協調運動機能が高いと判断される．そのほか，保育士・教師用のMotor Observation Questionnaire for Teachers（MOQ-T），3, 4歳を対象とするLittle Developmental Coordination Disorder Questionnaire（Little DCDQ），青年・成人を対象とするAdult Developmental Coordination Disorders/Dyspraxia Checklist（ADC）の日本語版の開発が進められている[1]．

　SNSの評価手技としては，閉眼片足起立，継ぎ足歩行，回内・回外など変換運動，指鼻試験，指対立試験，閉眼持続，舌挺出，側方注視，2点間同時触覚刺激などがある．近年，SNSは成人でも統合失調症，双極性障害，認知症との関連が示唆されている．現時点では複数のSNSを組み合わせて総合的に判断して

いるが，ICD-10 や DSM-5 における記載のように，わが国でも協調を客観的に評価する国際的標準検査が必要であり，現在，Movement Assessment Battery for Children 第2版（M-ABC2）の日本語版の開発が中井らにより進行中である．さらに，視知覚，手と目の協応なども評価する．知的レベルの評価の際，田中・ビネーや WISC のいくつかの項目は協調の要素が含まれていることに留意すべきである．

● **DCD と他の神経発達障害との関係について**　注意欠如・多動症（ADHD）と DCD との関連について Gillberg は，注意欠陥障害（attention deficit disorder）と運動知覚障害（motor perception dysfunction）をあわせもつ DAMP 症候群（deficit in attention, motor control and perception）という概念を提唱しており，スウェーデンで約1.7％存在する重症 DAMP 症候群とよばれる状態は広汎性発達障害（PDD）の診断基準を満たしたとしている．中井ら日本人での検討でも，協調は実行機能，報酬系，時間処理と関連することが示唆された[2]．また，自閉スペクトラム症（ASD）と DCD との関係についても，DSM-IV-TR までは PDD と DCD の併存は認められていなかったが，日本人高機能 PDD 男児における検討では，約40％に重篤な協調の問題があり，さらに，コミュニケーションと協調に相関を認めた．また，別の検討でも協調，特に手の巧緻性と ASD の重症度がよく相関し，協調と社会コミュニケーションとの密接な関連が示唆された（中井，2016）．ちなみに，DSM-5 では ASD と DCD の併存が認められた．

● **DCD への治療・介入について**　それぞれのライフステージにおける課題に合わせ，理学療法，作業療法，感覚統合療法，言語療法などを組み合わせて行う．国際ガイドラインでは，DCD と診断された子ども全員に介入すること，また課題指向型（task-oriented）アプローチの有効性が謳われている．ADHD 併存例では薬物療法が可能であり，メチルフェニデートについては協調に対する有効性が報告されている．また例えば，ワープロやタブレット，音声入力やデジタルカメラの使用，各種調理器具，小銭の代わりに IC カードの使用などさまざまな支援技術の活用，合理的配慮も重要である．

［中井昭夫］

📖 **参考文献**

[1] 中井昭夫『発達障害児者支援とアセスメントのガイドライン』金子書房，pp. 257-264, 290-296, 2014
[2] A. Nakai et al., "Evaluation of the Japanese version of the Developmental Coordination Disorder Questionnaire as a screening tool for clumsiness of Japanese children", *Research in Developmental Disabilities*. 32, 1615-1622. 2011
[3] 中井昭夫他『発達障害のリハビリテーション　多職種アプローチの実際』医学書院（印刷中）

チック症

　チックは不随意運動の一種で，突然出現し，不規則な間隔で繰り返す，持続時間の短い（瞬間〜数秒），急速な運動または発声である．チック症は，チックが，あきらかな原因（薬物や他の身体疾患）なしに出現する疾患である．

●チックの種類と特性　チックは，運動チックと音声チックに分けられ，また，チックの持続時間と複雑さにより，持続時間が短く（瞬間的）単純な運動や音声である単純性チックと，持続時間が比較的長く（数秒）意図的な運動や発話に類似する複雑性チックに分けられる．

　チックは，注意を適度に集中しているとき（学習，スポーツ，ゲームなど）に出にくく，興奮，不安，疲労やぼんやりしているときに出やすい．また，短い時間であれば抑制することができる．チック出現前にむずむずする前駆衝動を自覚することがあるが，この自覚は10歳以下で少なく，年齢が上がるほど多くなる．

●チック症の定義と分類（表2）　DSM-5では，チック症は，18歳未満の年齢で，薬物や他の身体疾患を原因としないチックが出現したものをいう．チック症の分類は，チックの種類と出現後の持続期間により，トゥレット症，慢性運動（または音声）チック症，暫定的チック症に分けられる．多くのチック症は，自然に軽快するが，一部に難治なものがある．

●トゥレット症　発症からの持続期間が1年以上で，2種類以上の運動チックと1種類以上の音声チックが出現したチック症がトゥレット症である．トゥレット症の有病率は，学童期で0.3〜0.8%である．男女比は2〜4:1で，男性に多い．トゥレット症の一卵性双生児での一致率は50〜70%，二卵性双生児での一致率は8%

表1　チックの種類

	運動チック	音声チック
単純性チック	まばたき 目・口・鼻・顔面・首・肩・上肢，下肢・体幹の瞬間的な動き	単純な発声（「あっ」，「うっ」など） 咳払い 舌鳴らし，鼻鳴らし
複雑性チック	特定の表情 首・肩の回転，拳突き，ジャンプ，ステップなどの動作 反響動作* 汚行*	単語の発声 同語反復* 反響言語* 汚言*

＊）反響動作とは人の動作に反応して同じ動作をすること，汚行とは卑猥な動作やまたは人を侮辱する動作をさす，同語反復とは同じ言葉を繰り返し言うこと，反響言語とは相手の言葉に反応して同じ言葉を言うこと，汚言とは卑猥な言葉や侮辱する言葉を言うことである

表2 チック症の分類

チック症		運動チック	音声チック	持続期間
トゥレット症		あり（2種類以上）	あり	1年以上
慢性	運動	あり	なし	
	音声	なし	あり	
暫定的		あり（一方または両方）		1年未満

［出典：日本精神神経学会（日本語版用語監修），髙橋三郎・大野 裕監訳『DSM-5 精神疾患の診断・統計マニュアル』pp.79-80，医学書院，2014 より作成］

であることから，遺伝の関与がある．典型的な経過は，4〜6歳に単純性運動チックが出現し，1〜2年後に単純性音声チックが加わり，症状が改善と悪化を繰り返しながら10〜12歳頃ピークに達し，その後は軽快していく．経過中，複雑性チックが加わることがある．また，成人まで症状を持ちこす例がある．

トゥレット症には，他の精神疾患がしばしば併存する．特に注意欠如・多動症や強迫症の併存が多く，専門施設の報告ではどちらも約半数の患者に併存する．

●**対応** 対応は，チックの重症度，チックの本人の自己評価や周囲の本人評価への影響，併発症の重症度などを総合的に判断して行う．チック症には生物的基盤があり本人の性格や親の育て方によるものではないこと，慢性のチック症にも長期的に軽快傾向があること，心理ストレスが症状が悪化させることがあること，チックを医療的に完全に消失させることは難しいことなどの知識をもとに，本人，家族，関係者（教師など）にチックの理解し症状と上手に付き合うことを求め，必要に応じ医療的対応を行う．具体的には以下のとおりである．

1）本人，家族，関係者に，チックは自分の意志で止められない不随意運動であり，本人の責任でないことを説明する．

2）本人，家族，関係者に，チックを医療的に完全に消失させることは難しいが，長期的には軽快していくので，その間折り合いをつけて付き合うことを勧める．

3）家族や関係者は，穏やかに見守ることを原則とする．

4）教室でチックが目立つ場合，本人，家族の同意のもとに同級生に説明する．

5）チックが重度のとき，医療的対応で症状を軽減する．主な治療法は，薬物療法と認知行動療法である．薬物療法としては，主にドパミン受容体拮抗薬が用いられる．認知行動療法としては，チックの前兆に気づき，それに対抗する動きを意志的に行うハビット・リハーサル法が用いられる． ［小林繁一］

📖 **参考文献**

[1] アメリカ精神医学協会，日本精神神経学会（日本語版用語監修），髙橋三郎・大野 裕監訳『DSM-5 精神疾患の診断・統計マニュアル』医学書院，2014

統合失調症

　1899年にE. クレペリンが『精神医学概論』(第6版)で「早発性痴呆」という，今日の統合失調症に相当する疾患概念を提唱した．その後，1911年，E. ブロイラーが精神機能の分裂を基本障害と考え，「シゾフレニー (Schizophrenie)」という病名を提案した．日本では，「精神分裂病」という訳語が使用されてきたが，2002年からは「統合失調症」という訳語が使われている．

●**統合失調症の診断と治療**　統合失調症はDSM-5では，基準Aで①妄想，②幻覚，③まとまりのない発語，④ひどくまとまりのない，または緊張病性の行動，⑤陰性症状(すなわち情動表出の減少，意欲欠如)の5項目が基本症状として示されている．統合失調症はこれらの症状が1か月以上持続し，仕事，対人関係，自己管理などの面で著しい機能低下が認められる場合，診断される．妄想は思考内容の歪みであり，知覚や体験を誤って解釈して，事実と矛盾していても容易に修正されないものである．統合失調症では被害妄想や関係妄想が多い．幻覚は実際には存在しない知覚が自覚される状態である．統合失調症では幻聴が多いが，幻聴とあわせて生じる幻視が低年齢の場合には少なくない．統合失調症は生涯発症率が約1%とされるが，その多くは10代後半から30代半ばまでに発症し，発症年齢の下限は7〜8歳であり，10歳以下はきわめてまれと考えられている．また，言語化能力の未熟な小児の場合，妄想や幻覚といった病的体験の対象や内容が不明確であることも多く，統合失調症の診断が困難な場合もある．統合失調症の治療では薬物療法が重要な位置を占めている．統合失調症の病因は完全には解明されていないが，脳内の神経伝達系の異常が強く示唆され，神経伝達系に作用する薬物が治療で使用されている．このような薬物は抗精神病薬とよばれ，定型抗精神病薬と非定型抗精神病薬とに分類されている．治療では薬物療法に加えて，精神療法や作業療法などが用いられる．

●**自閉スペクトラム症 (ASD) と統合失調症の異同**　1943年にL. カナーが早期幼児自閉症を報告してから，自閉症と統合失調症の異同について議論が続いた．1960年代の後半になり，M. ラターが自閉症の言語認知障害説を唱え，自閉症と統合失調症とは異なる病態であると主張した．その後の研究の蓄積もあり，1980年に発表されたDSM-Ⅲでは，自閉症は発達障害に分類され，統合失調症とは明確に区別されることになった．そして，1981年のL. ウィングの報告がきっかけとなり，1994年発表のDSM-Ⅳでアスペルガー障害が登場して，カナー型の自閉症なども含んだ広汎性発達障害として概念が構成され，DSM-5では，広汎性発達障害が自閉スペクトラム症 (ASD) に再構成された．このASDの情緒的

接触の困難さや社会性の障害が統合失調症の病前性格や陰性症状と類似していることもあり，DSM-5 の ASD の鑑別診断の一つに統合失調症があげられる状況となっている．したがって，診断の際には，生育歴と精神症状の経過も含めて，詳細な把握を行い，適切な鑑別に結びつけることが重要である．

●自閉スペクトラム症（ASD）をベースとした幻覚・妄想　ASD をベースにした一過性の幻覚や妄想の発現は少なくないが，ASD をベースとした妄想と統合失調症による妄想とは区別を要する．ASD の妄想は，石井が指摘するように，①着想は発病という文脈でとらえるよりもむしろ，生育歴上のこだわり史ともいえる遍歴の延長線上にある，②相対的な価値判断の困難さや思考の柔軟さの不足による，③奇妙な着想と思い込みに基づく習慣をさしたる契機もなく唐突に放棄するという傾向がある[1]．【事例1：中学生女子．ASD の診断で小学時代から通院していた．元来異性への嫌悪感が強かったが，不潔な男子生徒と教室の席が近くなってから，男子生徒に毒を盛られるとの被毒妄想が生じ，洗浄強迫も出現した．この女子に対しては一時的に抗精神病薬を少量投与したところ，妄想は消失し，強迫症状も改善した】．飯田によれば，ASD の妄想では薬物療法への反応は少量で著効する場合と効果が感じられない場合とに分かれるという[2]．DSM-5 では，過去に ASD の診断があっても顕著な幻覚や妄想が1か月以上持続すれば，統合失調症の追加診断は可能である．しかしながら，ASD における統合失調症の追加診断には慎重さが必要である．

　さらに，トラウマ体験に起因するフラッシュバックとしての幻覚・妄想の問題もある．【事例2：20代男性．周囲にきつい態度をとられると，中学時代にいじめられた同級生の顔がくっきりと浮かび，罵倒する声も聴こえるとのことで受診した．その青年に対しては，EMDR（眼球運動による脱感作と再処理）を用いた精神療法を提供することで，症状の著明改善をみた】．杉山が指摘するように，発達障害とトラウマは複雑な絡み合いを示し，子ども虐待や集団教育でのいじめなど，トラウマ的な体験が掛け算になると，その転帰がにわかに悪化する．発達障害で，うつ病，あるいは統合失調症の併存といわれている症例の一部は，発達障害の基盤をもつ複雑性トラウマの症例であり，この視点から症例の見直しが必要である[3]．　　　　　　　　　　　　　　　　　　　　　　　　　　　　［山本　朗］

📖 **参考文献**
[1] 石井 卓「アスペルガー症候群―統合失調症との鑑別」精神科治療学，19，1069-1075，2004
[2] 飯田順三「統合失調症と発達障害」松本英夫・飯田順三編『子どもの心の診療シリーズ 8 子どもの精神病性障害―統合失調症と双極性障害を中心に』中山書店，pp. 41-51，2009
[3] 杉山登志郎「神経発達障害とは何か」こころの科学増刊（DSM-5対応 神経発達障害のすべて），日本評論社，14-19，2014

うつ病（大うつ病性障害）

　DSM-5 では気分の変動が主症状の障害は抑うつ障害群と双極性障害および関連障害群の二つのカテゴリーに分類された.

●**うつ病（大うつ病性障害）**　誰でも感じることのある「憂鬱」「落ち込む」「へこむ」などと表現される気分のことを「抑うつ気分」という．しかし，抑うつ気分があれば，うつ病と診断されるわけではない．うつ病とは単なる気分の落ち込みではなく，特定の症状がまとまって存在することで診断される精神疾患である．DSM-5 のうつ病（大うつ病性障害）には，厳密な基準を満たさなければならない．うつ病と診断されるためには，①抑うつ気分，または②興味または喜びの喪失のどちらかが存在しなければならない．具体的には 9 項目のうちの 5 つ以上の症状が，2 週間継続して存在し，それは病気になる前と比べて明白に存在することが必要である．

　その 9 項目の要点を列挙すると，(1) その人自身の言葉か他者の観察によって示される抑うつ気分．抑うつ気分は「悲しい」「むなしい」「絶望した」などで表現される．また，子どもや青年では抑うつ気分が怒りっぽさで表現されることもある．(2) すべて，またはほとんどすべての活動における興味または喜びの著しい減退，(3) 明らかな体重減少あるいは増加，食欲の減退または増加，(子どもの場合は期待される体重増加がない)，(4) 不眠または過眠，(5) イライラまたは制止（身体の動きが緩慢になったり，口数が少なくなったり，活動が低下する状態），(6) 疲労感，気力の減退，(7) 無価値感，自分に罪があると過剰にあるいは根拠なく思うこと，(8) 思考力や集中力の減退，決断できないこと，(9) 死について繰り返し考えること，自殺したいという気持ち，自殺企図である．体重減少と自殺企図以外の症状は「ほとんど毎日」存在し，抑うつ気分は毎日存在するだけでなく，ほとんど 1 日中存在しなければならない．

　つまり，うつ病と診断するためには，単にショックなことがあって 1〜2 日気分が沈むといった状態よりは，はるかに重度な状態であることに注意しなければならない．

●**重篤気分調節症（DMDD）**　DSM-5 で新たに重篤気分調節症（disruptive mood dysregulation disorder：DMDD）が抑うつ障害群に加えられた．これは暴言などの言語的暴力や人物や器物に対する物理的攻撃などのかんしゃく発作があり，その程度が状況にそぐわないほど強度であったり長期に継続すること，かんしゃく発作が週に 3 回以上起きること，かんしゃく発作がない時期でも，持続的な怒りや怒りっぽさがあり，それらが 12 か月以上継続していることや，二つ以上の場

面であることなどで特徴づけられる．このように本症は慢性かつ重篤な焦燥感が継続する子どもを対象にした診断概念である．当初は子どもの双極性障害と関連した概念であったが，予後調査から成人期にうつ病に移行する子どもが多いことが明らかになり抑うつ障害群に加えられた．新しい概念であり，どの程度，実際に臨床で使用されるかは未知である．このような事例はADHDやASDと診断されていた可能性があるが，気分調節の障害という視点でも評価する必要がある．

●**児童期のうつ病**　うつ病は成人だけでなく子どもにも存在するが，思春期以降に発症例が増えてくる．子どものうつ病では不安障害，ADHD，反抗挑発症などの併存率が高く，青年や成人と比較して発達障害との関係が深い．症状では焦燥感が目立つ．

●**ASDとうつ病**　うつ病は，不安障害と並んでASDの児童・成人が合併しやすい障害である．ASDでは対人交流，言語表現や感情表現がもともと乏しいことなど，症状を表面的にとらえると類似しており，見逃されることがある（表1）．うつ状態になると対人関係を（よりいっそう）避ける，こだわり行動が増悪する，こだわるテーマが悲観的な内容に変化する，焦燥感や攻撃的行動が目立つなどの変化が生じる．

表1　表面的な症状の類似

うつ状態	ASD
・発話の低下	・もともと対人交流が乏しい
・対人交流への意欲の低下	・興味の範囲が狭い
・興味・喜びの減退	・喜びの表現が乏しい
・焦燥感	・予定変更・感覚刺激などで不安・焦燥状態になりやすい
・制止	
・無価値感	・カタトニアが生じやすい
・集中力低下	・自己評価が低下しやすい
・死についての反復思考	・不注意の合併
・決断不能	・決断に際する不安感上昇
・自殺企図	・反復傾向

●**双極性障害**　双極性障害は躁状態とうつ状態を繰り返す障害である．躁状態では気分が持続的に高揚し，あけすけで怒りっぽくなる．さらに目標を達成するための活力や活動性が持続的に亢進する期間が少なくとも1週間，ほぼ毎日，1日の大半にわたって継続する．

　児童期にも双極性障害はあり，躁状態とうつ状態が急速に交代する．発達障害，特にADHDや反抗挑発症，素行症などを合併しやすい．ADHDの3分の1に双極性障害があるという報告もある．アメリカでは1990年代から子どもの双極性障害を積極的に診断する専門家が現れ，それに慎重な専門家との間で議論が続いている．

●**治療**　薬物療法，認知行動療法，支持的精神療法などが行われる．なお，小児や思春期の患者は抗うつ薬により自傷行為や情動不安定などの自殺関連事象のリスクが増加する可能性がある．

［内山登紀夫］

不安症 / 不安障害

　人や物事，状況といったはっきりした対象のない恐れを不安とよび，対象がはっきりしている場合を恐怖という．不安障害は，その恐怖や不安が過剰であり，不適切と思えるほど持続して存在し続ける場合に浮上する医学的名称である．
　ICD-10では恐怖の対象として，①開放空間や逃げ出すことが困難な広場（広場恐怖症），②社交場面（社会〔社交〕恐怖症），③動物や高所，暗闇や閉所などの特異的な状況（特異的〔個別的〕恐怖症）といった三つを中心に恐怖症性不安障害（ICD-10：F40）と包括した．一方，他の不安障害（ICD-10：F41）として，状況環境に限定せずに繰り返し発作的に突然予期せずに生じる不安発作（パニック障害），何にも限定されずに持続的に生じる不安感（全般性不安障害），それぞれ重症ではない不安症状と抑うつ症状が重なる混合性不安抑うつ障害を包括している．
　DSM-5[1]では，不安症群として，発達的段階に添って分類を構成している．以下はDSM-5の記載を参考にした．
●**分離不安症**　愛着をもっている人や家から離れるとき，年齢不相応に過剰な不安や恐怖，心配や苦痛，抵抗，拒否などを訴え，時には悪夢にうなされる．また状況に呼応するような嘔気・嘔吐，頭痛，腹痛，下痢といった身体症状が認められる．持続期間は18歳未満であれば少なくとも4週間以上，成人では6か月以上といわれる．子どもでは，1歳前後に強い人見知りを示すこともある．一般的には無気力や引きこもり，集中困難を示したり，事故や事件に巻き込まれるといった予期不安にさいなまれたり，家から離れられなくなり登園や登校が難しくなり学習不振に至ることもある．一方，自閉スペクトラム症では変化への抵抗があるために，新規場面を回避，拒否する傾向があり，年齢相応の社会的関係性や社会的コミュニケーションの能力の有無や程度から判別できる．
●**選択性緘黙**　話す能力がありながら，幼稚園や学校など話すべき状況で，一貫して話をしない．通常5歳未満に発症するといわれているが，自宅などでは会話するため家族は気づきにくい．持続期間はさまざまで，縦断的経過は不明である．他者との交流に強い不安があるため，学業に支障を来したり，社会的に孤立しやすい．
●**限局性恐怖症**　高所，暗闇，飛行といった特定の状況対象への恐怖や不安を示す．持続期間は6か月以上が典型的である．本症は，特定の状況対象を回避することで解決しやすく臨床場面で遭遇することは稀である．また，本症は，7～11歳に発症しやすく，特定の理由は見出せないが，時に心的外傷体験の後に恐怖症

状がみられるため心的外傷後ストレス障害との鑑別には注意を要する．

●**社交不安症**　他者から見られる，注目されるといった社交場面に生じる不安，恐怖である．特に社交場面で恥や中傷という否定的評価に過敏となる．持続期間は典型的には6か月以上である．

　控えめ，弱気に見える人柄で，謙遜であるとかでしゃばらないということで肯定的に評価されることもある．正常範囲の内気との鑑別には，生活するうえでの著しい影響の有無と診断基準に添った検討を要する．自閉スペクトラム症との鑑別では，社交不安症の人は，その多くが初対面や馴染みの薄い相手の間で社会的関係性や社会的コミュニケーションに問題があるように感じられるが，継続して観察する中で判別がつく場合も少なくない．

●**パニック症**　誘因なく突然激しい恐怖や不安感が生じ，数分間でピークに達し，動悸，発汗，息苦しさ，窒息感，めまい，寒気，胸痛，どうにかなってしまうのではないかという思いや死んでしまうのではないかという思いなどが認められ，予測することが困難で繰り返される場合に診断される．

●**広場恐怖症**　交通機関利用時，広い場所にいるとき，店など囲まれた場所にいるとき，群衆の中にいるとき，家に一人でいるときの二つ以上の空間で著しい不安や恐怖が，少なくとも6か月以上継続して認められるものである．

●**全般性不安症**　日々の出来事や活動全般で過剰な不安や心配をもちやすく，その思いを自己制御できない．さらに集中困難，疲れやすさ，過剰な緊張感，怒りっぽさ，睡眠障害などが伴いやすい．病的でない不安（いわゆる心配性）とは，心配の過剰さ，心配の範囲が広範で，持続性があり，身体症状が伴いやすいという点で鑑別する．

　治療としては，ベンゾジアゼピン系の抗不安薬やSSRIなどの抗うつ薬を中心とした薬物療法がある．また，個人精神療法，特に認知行動療法には反応しやすいといわれている．

　薬物療法の場合は，一般にベンゾジアゼピン系への依存・耐性の問題から長期投与に至らない配慮が求められる．抗うつ薬は不安や衝動性を賦活する場合もある．特に子どもの場合，自殺念慮や自殺企図のリスクが増加する可能性があると添付文書に記載されるようになっている．薬物療法は有効性が認められてはいるが，その使用には十分な配慮，検討が求められる．　　　　　　　［田中康雄］

📖 **参考文献**
[1]　日本精神神経学会（日本語版用語監修）『DSM-5 精神疾患の診断・統計マニュアル』医学書院，2014

選択性緘黙

　選択性緘黙とは，正常な言語能力があり，家で家族とは普通に話せるのに，幼稚園，保育園，学校などの社会的場面や，家に家族以外の人がいるような場面では話せなくなる状態をいい，場面緘黙や部分緘黙ともよばれる．なお，あらゆる場面で話ができない状態は全緘黙という．

●病態と経過　選択性緘黙は，意図的に話をしない状態ではなく，不安や緊張のために話ができない状態である．選択性緘黙が生じる要因には，本人の要因と環境の要因がある．本人の要因としては，まず人前に出ることや人とのコミュニケーションに不安や恥ずかしさを感じる性格がある．選択性緘黙患者の家族には緘黙，無口，内気な性格の人がいることが多く，遺伝性が推定される．また，本人に言語症，語音症，吃音などがあると，話すことへの不安はより強くなり，緘黙を生じやすくなる．次に，環境要因とは本人の緊張を高めるような環境であり，初めての人や場，入園，入学，引っ越しなどの環境変化，人からの注目，話すことの強要などがある．本人は人前で話そうとすると不安，緊張が高まるが，話さなければ不安，緊張を避けられるため，話さない状態が固定すると考えられる．

　選択性緘黙は，最初に社会的集団に入る4〜6歳の頃に始まることが多いが，その時期に気づかれず小学校入学後に気づかれることもある．本人にコミュニケーションの意欲がある例では，改善することが多い．

●疫学　選択性緘黙の有病率については，米国の幼稚園から小学2年までの児童で0.71%，スウェーデンの7〜15歳の小児で0.18%という報告がある．この違いは，年齢による改善を示している可能性がある．性差について明らかな違いは知られていない．

●併存症　緊張に伴い，硬い表情，硬直した身体，ぎこちない動作がしばしばみられる．通常，動作による意思表示（頷く，首を振るなど）はできることが多いが，体が硬直して動作もできない状態は緘動とよばれる．選択性緘黙は，小児期の不安症の一つと考えられており，他の不安症（分離不安，社交不安症など）を伴うことがある．

●鑑別診断　自閉スペクトラム症の中で対人緊張の強い例が緘黙になることがある．自閉スペクトラム症では，全般的な対人交流の困難，こだわり，感覚過敏などの症状があることが選択性緘黙とは異なるが，それらの症状の程度はさまざまであり，軽い場合は鑑別が困難なことがある．また，全緘黙の鑑別疾患としては，選択性緘黙の進行による全緘黙の他に，心的外傷による全緘黙，転換症による失声，失語症がある．

●**日常対応**　選択性緘黙は，幼稚園，保育園，小学校などの集団生活の中で疑いがもたれるが，家では話せるため家族があまり心配せず，集団のなかでもおとなしく問題を起こさないため，対応が遅れやすい．しかし，改善のために対応は早い方がよい．最初に場面毎にできている発話の程度と話すことへの不安の強さを評価し，次に話す話さないにあまり注目せず，安心して取り組める人との活動を増やしていくようにする．具体的な手順は下記の通りである．

　1）状態評価：本人の発話や活動の程度（できる，少しできる，できない）と不安の強さ（ない，弱い，強い）を，場所，相手，活動内容毎に把握する．

　2）活動の進め方：本人が安心してできる活動，場所，相手の組合せから始め，スモールステップで設定を変化させる．変化させる順序は，活動，場所，人の順がよい．活動は，言葉があまり必要でない遊び（運動，ダンス，積み木，お絵かきなど），言葉の必要な遊び（電車ごっこ，動物ごっこ，手遊び歌，読み聞かせなど），会話の順に進める．

　3）小学校入学前の準備：入学前に家族と一緒に学校内を見学する．できればあらかじめ親子で担任の先生に会う．担任の先生に，子どもが選択性緘黙であることを伝え，本人が話せなくても叱らないこと，話すことを強要しないこと，本人に話しかけること，クラスの活動に参加させることをお願いする．

　4）同級生への説明：親や先生が同級生から「なぜお話ししないの」と聞かれたら，「とても恥ずかしがり屋なので今はお話できないけど，話しかけられるとうれしいので，答えられないかもしれないけど話しかけてね」とお願いする．

　5）してはいけないこと：そのうち話すだろうと思って放置する，話さないことにがっかりした様子をみせる，叱ったりご褒美で無理に話させようとする，話をしたときおおげさにほめるなどである．話せたときの反応は控えめな方がよい．

●**治療**　上記の日常対応に加え，専門的治療を行う場合があり，その内容は以下のとおりである．

　子どもの不安軽減を治療の主眼として，安心できる場面で言語によらない表現を促す遊戯療法，箱庭療法が行われる．そのような治療で治療場面では比較的早期に話せるようになることが多いが，学校場面では話せないこともある．

　一方，話すこと自体に治療の主眼をおくのが認知行動療法である．最近，世界の専門施設から認知行動療法の有効性を示す結果が報告された．幼児期〜小学校低学年の選択性緘黙児に約半年から1年間の治療を行い，70〜80％の例で改善がみられ，とくに年少児で解消率が高いという結果が示されている．　［小林繁一］

参考文献
[1] 角田圭子編，かんもくネット『場面緘黙Q&A』学苑社，2008
[2] C. lang et al, "The outcome of children with selective mutism following cognitive behavioral intervention: a follow-up study", *Eur J Pediatr*, 2016;175:481-7

強迫症 / 強迫性障害

　強迫の代表的な行動特性は「反復」と「こだわり」である．強迫症状は強迫観念と強迫行為に分けられる．強迫観念とは何かをせざるを得ない衝動，湧き出してくるイメージや思考のことであり，そのような観念は本人の意思ではコントロールできず，本人の外側から侵入してくる何かで，長時間にわたって持続する．そのため本人にとって辛くて不愉快なこととして体験される．強迫行為は繰り返しの行動（実際の行動のこともあれば，声を出さずに言葉を繰り返すなどの心の中の行動のこともある）であって，その行動は不安や苦痛から逃れ，その程度を軽くすることを目的としている．

　強迫観念の代表例は不潔・清潔へのこだわりで，何かに触るたびに手が汚れると思ってしまい，長時間にわたって手を洗い続けるなどの症状である．暴力的な場面を想像して恐れる（例えば，友人を刺してしまうなど），忘れ物をしていないか気になり，そのことばかり考えてしまうなども多い．このような例からわかるように強迫観念は決して楽しいものではなく，考えたくないのに考えてしまうので苦悩しており，強い不安感をもつ．学校のトイレが不潔だと思うと，帰宅までトイレを我慢したり，トイレの後で何度も手を洗う，教師にトイレは清潔かどうかを何度も確認するなどの行動をとることもある．手洗いの繰り返し（強迫行為）が手が不潔だという思い込み（強迫観念）から生じるなど，強迫行為と強迫観念が対応して行われることも多い．教室で机が整然と配置されていないと不安になり，泣きながら「完全にぴったり」配置されるまで位置を修正し続けるとか，登校の前日に教科書を準備しているときに何度確認しても不完全と感じ，確認を繰り返すなどの行為をする．

●**自閉スペクトラム症と強迫症**　成人では患者は自分の強迫行為や強迫観念を自我違和的・侵入的で不合理なものとして認識していることが重視されていた．自我違和的とは自分自身の行動や思考とは違うという違和感の認識であり，患者は自分の行動や思考が自分でコントロールできないことで苦痛を感じる．子どもの場合や自閉スペクトラム症（ASD）のこだわりは自我違和感が乏しいことが指摘されてきた．本人は好きでやっているのであり，自我親和的（自分にとって違和感がない）から強迫とはいえないという論理である．典型的な ASD の反復行動はミニカーを一列に整然と並べるような行動であり，強迫性障害の反復行動とは異なり子どもは不安や不快を感じているようにはみえない．しかし，ASD の子どもや成人の示す反復行動やこだわりのあり方は多彩であり，明らかに不合理の自覚をもち自己侵入的な強迫観念や強迫行為に苦悩している ASD の子どもも少

なくない．知的能力障害のあるASDの子どもでも不安な状態になるとミニカーを並べる行動が増加することもある．思春期の正常知能のASDの子どもが不潔恐怖から手洗いを長時間反復することや，試験で不合格になる不安からトイレにいく時間も惜しんで泣きながら勉強するといったことも日常的に経験する事態である．このようにASDの「こだわり」と強迫性障害の症状を明確に分離することは難しい．

●**強迫症および関連症群（OCRD）**　2013年に改訂されたDSM-5で強迫性障害に加えて身体醜形障害，ためこみ症，抜毛症，皮膚むしり症などの新たな障害が追加され強迫症および関連症候群（obsessive-compulsive and related disorders：OCRD）と総称するようになった．身体醜形障害は自分の顔貌などを醜いと思い込み，繰り返し鏡を見て確認したり身繕いをする障害である．ためこみ症はものをためこみ捨てられない症状で，ASDや統合失調症の部分症状としても認められる．抜毛症は繰り返し体毛を抜き，その結果体毛を喪失する症状で，思春期以降の女児に多い．皮膚むしり症は自分の皮膚を繰り返しむしる症状で，本人はなんとか皮膚むしりを減らそうとするが，止められない．

●**神経発達症群**　ASD以外にも強迫症と関連する障害としてトゥレット症，チック症，常同運動症がある．強迫症とトゥレット症，チック症とは併存することが多い．常同運動症はDSM-5で新たに加わった診断カテゴリーであり，発達早期に発症し，身体を揺するなどの無目的な運動行動を反復する障害であり，自傷を起こすこともある．

　これらの障害は一人の子どもに併存して出現することもある．こだわりを示す代表的な障害は強迫症とASDであり，チック症や抜毛症もよくみられる（図1）．子どもでは症状を隠すことがあり，親も教師も気付かないこともある．また家族に自分で決めたことや手洗いなどを押しつけようとするなどの家族を巻き込んだこだわり行動もよくみられ，家族は疲弊

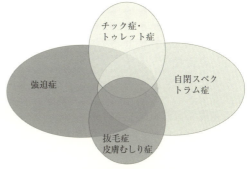

図1　子どもでよくみられる強迫症と関連障害

していることも多い．思春期の強迫症状では統合失調症の初期症状のこともあるので注意が必要である．原因としては遺伝と環境の両方が議論されている．小児期の虐待や外傷的な出来事，ストレス環境は，強迫症発症の危険性を高めることが知られている．治療は薬物療法，認知行動療法，環境調整，心理教育などを組み合わせて行う．　　　　　　　　　　　　　　　　　　　　　　［内山登紀夫］

反応性アタッチメント障害

　反応性アタッチメント障害は，極端に不十分な養育環境におかれた子どもが，苦痛を感じたときに，保護や安楽を求めようとして養育者をはじめとする大人に対してアタッチメント(愛着・近接)する努力をしない場合に診断される．この際，養育者が行う子どもを安心させようとする努力に対しても，最小限にしか反応しないため，養育者との日常的な交流の中でにこやかにすごし，安心するといった陽性の情動の表出は乏しく，一方で子どもの感情調節能力は損なわれており，恐怖，悲しみ，またはいらだちといった陰性の情動の表出が強い．また，全般的な発達の遅れ，特に認知や言語発達の遅れを伴うことが多い．

　診断の理論的背景には，J. ボウルビィが提唱したアタッチメント理論がある．子どもは，養育者の共感性に裏打ちされた適切な養育により，随時発生する不安が解消され，安心できる体験を繰り返しながら，身体機能の発達とともに，徐々に特定の養育者に対してみずから安心を求めて近接することができるようになる．このような行動をアタッチメント行動とよぶ．養育者との相互的なやり取りにより安心できれば，再び探索行動に移り，養育者と離れて活動を積み重ね，さらなる成長発達が促される．

　しかし養育環境が子どもにとって適切でない場合，子どもの不安は解決されない状態が続き，アタッチメント行動の様子に歪みが生ずる．特定の養育者に期待しながらも，アタッチメント行動が出現しにくいA型や，特定の養育者に対して過剰もしくは両価的なアタッチメントを示すC型などのパターンに分類されるが，反応性アタッチメント障害の診断はこれらの不安定なアタッチメントパターンすべてを内包するものではなく，養育者とみなされる特定の大人との間のアタッチメント行動の欠如，または著しく未発達なアタッチメント行動をとるという重度な状態に対して診断される．よって重度のネグレクトに暴露された小さい子どもでみられ，「不十分な養育による極端な様式」が診断基準に含まれる．

　子どもにとって特定の養育者が決定されるのは，およそ生後8~9か月とされており，それ以前に診断されることはない．

●**脱抑制型対人交流障害**　生後数か月から2歳以前に極端に不十分な養育環境におかれた子どもが，ほとんど初対面の人に対して，不適切な過度のなれなれしさを含む行動を認めるときに診断される．

　全般的な発達の遅れ，特に認知や言語発達の遅れを伴うことが多く，特定の養育者が決定される9か月以前に診断されることがないのは，反応性アタッチメント障害と同様である．

かつては反応性愛着障害脱抑制型と診断されたが，ネグレクトのない環境下に移行しても過度のなれなれしさなどの兆候が持続することもあり，反応性アタッチメント障害との違いの一つである．また，後に体験される良好な関係性によって，アタッチメント行動が良好なパターンを示しても脱抑制型対人交流障害の特徴が認められることがあるため，DSM-5では，反応性アタッチメント障害とは区別された．注意欠如・多動症（ADHD）は衝動性の高さが共通するため鑑別を要するが，ADHDには社会的脱抑制行動（不適切で過度のなれなれしさ）はみられない．

●自閉スペクトラム症との鑑別　年少の子どもにおける「うれしい」とか「楽しい」といって陽性の情動表現が乏しさ，認知と言語の遅れ，対人的相互反応の障害は，自閉スペクトラム症（ASD）の重要な特徴でもあり，しばしば両者の鑑別が問題となる．重要な鑑別点は，ネグレクトの病歴，限定された興味または儀式的行動の有無，社会的コミュニケーションの特異的欠陥，選択的アタッチメント行動の有無などがあげられる（表1）．

表1　反応性アタッチメント障害と自閉スペクトラム症の鑑別

	反応性アタッチメント障害	自閉スペクトラム症
ネグレクトの病歴	あり（ただし詳細は不明なことが多い）	原則なし
こだわり	なし（ただし，常同行動はしばしば認められる）	あり
社会的コミュニケーションの特異的欠陥	なし	意図的コミュニケーションの障害
選択的アタッチメント行動	欠如	発達レベルにふさわしいアタッチメント行動あり

［出典：日本精神神経学会（日本語版用語監修），髙橋三郎・大野　裕監訳『DSM-5　精神疾患の診断・統計マニュアル』pp.263-266，医学書院，2014 より作成］

初期評価において，ネグレクトの経過の正確な性状が明らかになることは困難ではあるが，ネグレクトとはいえない養育経過があれば，反応性アタッチメント障害と診断する根拠は乏しい．このことは，選択的アタッチメント行動の存在の有無にも関係しており，反応性アタッチメント障害では選択的アタッチメント行動が欠如している，もしくは非常に未熟であるのに対し，ASDでは，発達段階に応じた選択的アタッチメント行動が認められることが多い．

一方で，ASDを有する子どもは，意図的コミュニケーション（目標が明らかであり，かつ受け手の行動に影響を与えることを目的としたコミュニケーション）行動が困難である．一方で，反応性アタッチメント障害と診断される子どもは，知的機能の全体的レベルに応じた社会的コミュニケーション機能を示す．

ASDに特徴的な限定された興味や反復的な行動は，反応性アタッチメント障害の特徴ではないが，どちらの状態の子どもも揺らしたり叩いたりする等常同的行動を示すことがあるので，注意が必要である．　　　　　　　　　　　　　　　［星野崇啓］

心的外傷後ストレス障害

　心的外傷後ストレス障害（PTSD）は，一つまたはそれ以上の心的外傷となる出来事に暴露された後に生じた再体験症状，回避麻痺症状，過覚醒症状を主徴とする診断概念である．

●**心的外傷となる出来事の基準**　あくまで心的外傷となる出来事が事前に存在することが前提であり，「PTSDに特徴的な症状」が認められても，心的外傷となりうる出来事を体験していなければ，診断にはいたらない．DSM-5では，出来事基準を設け，明確に「死亡，重症を負うこと，性的被害」と限定し表1に示す具体的な出来事を列挙した．

表1　心的外傷とみなされる出来事

戦争体験	兵士・民間人問わず
身体的暴行またはその脅威	暴力，強奪，強盗，児童の身体的虐待など
性暴力またはその脅威	強制された性交，アルコールないし薬物で抵抗力を奪われた性交，虐待的性的接触，身体接触を伴わない性的虐待，性的人身売買など．子どもへの性的虐待は発達年齢にとってふさわしくない性的接触を含む
誘拐人質	
テロリストの襲撃	
拷問	
戦争捕虜としての監禁	
自然および人為災害	
重度の交通事故など	
突然の破局的な医学的体験	手術中の覚醒，アナフィラキシーショックなど

［出典：文献［1］をもとに作成］

　また，表1のような出来事を目撃することも，心的外傷体験となりうる．例えば，重度の負傷を目の当たりにすることや，自分の子どもの破局的な医学的疾病（致死的出血など）などである．

　伝聞したことは原則的に心的外傷体験とみなさないが，近親者もしくは親しい友人への暴力や事故の場合にのみ伝聞したことが心的外傷体験と認められている．

　メディア，画像を通じての心的外傷体験の暴露も原則的に除外されている．職務上暴露したものは出来事基準を満たすとされている．例えば，警察官が遺体収集にあたる場合などが含まれる．

●**再体験症状・回避麻痺症状・過覚醒症状**　PTSDは，①再体験症状，②回避麻痺症状，③過覚醒症状の三つの症状に特徴づけられる．

　①**再体験症**：意図的に思い出そうとしていないのにもかかわらず，外傷体験を受けたときの感覚，感情，生理的な状態など（例：においや触れられた感覚，恐ろしい感情，動悸や発汗）がよみがえり，その出来事があたかも起こっているか

のように振る舞うことであり，フラッシュバックと称される．これらのことがつらい夢として再現される場合もあるし，年少の子どもの場合，ごっこ遊びなどの中で心的外傷に関連した出来事を再演することもある．

しばしば，その人にとって心的外傷となった出来事の側面を象徴する出来事や身体感覚が，記憶を想起する引き金になることがある．

②**回避麻痺症状**：回避症状と麻痺症状に分けられる．回避症状とは，フラッシュバックを防ぐために，心的外傷に関連した刺激を持続的に回避する努力をすることである（例：交通事故にあった道を通れない，車に乗れないなど）．

麻痺症状とは，全般的に情動の反応が麻痺している状態で，心的外傷体験の大事な点が思い出せないこと，かつては楽しめていた活動に対する意欲が減退していること，他者との関わりが減少し疎遠になったという感覚，未来への期待がもてないなどがある．幸福感や愛情を抱くなどの陽性の情動が減少する．

一方で，恐怖，怒り，罪悪感，または恥などの陰性の気分状態に陥りやすくなる．また，外傷的出来事の原因についても，自分自身や他者への非難につながる持続的でゆがんだ認識をもちやすい（例：父が私を虐待したのはすべて私のせいであると感じるなど）．

③**過覚醒症状**：フラッシュバックなど潜在的な脅威に対して過剰に警戒し，周囲の刺激に対する感受性が亢進した状態をいう．特に予期しない刺激に反応しやすく，過剰な驚愕反応を示す（例：電話の音へ反応して大きく飛び上がる）．怒りっぽくなり，言葉や身体的な暴力行為を行いやすくなる．また，自傷や自殺行為のような無謀で自己破壊的な行動（例：危険な自動車運転など）をとりやすい．悪夢に対する懸念などにより，入眠と睡眠維持の問題も生じる．さらに，集中力を要する課題に取り組むことが困難になる（例：長時間の会話についていく）．

これらの症状が1か月以上持続する場合，PTSDと診断される．

●**解離症状との関連** 感覚，知覚，記憶，思考，意図などの個人の体験の要素が連続性を失った状態を解離とよぶ．再体験症状は解離の一つであり，過去の記憶が想起されて，現在の感覚や知覚，意図が切り離された状態と考える．記憶の想起を困難としている健忘も解離性健忘とみなされる．

自分の身体から遊離して自分を身体の外から眺めているような感覚（離人感）や，自分自身がまわりの世界から遊離して周囲の出来事を現実と感じることができない（現実感消失）といった持続的な解離症状を経験する人もいる．

年少の子どもにおいては，言語の喪失といった発達上の退行が生じる可能性があることも付記しておく．

[星野崇啓]

参考文献
[1] 神庭重信・三村 将『DSM-5を読み解く4』中山書店，2014

反抗挑発症・素行症

　基本的に暴力や破壊といった攻撃性は，生きるために必要な行為でもあり，その行為のために生きることが難しくなるという両面性をもつ．実際，反抗的態度，嘘や大切なものを壊してしまうことや乱暴な行為は，ほとんどの子どもの発達過程である程度は通常認められる．それでも一定の範疇を超えて，その言動が極端にかつ継続して行われ，臨床レベルの問題と判断されたときには，本人が社会生活を共同して営むうえで大きな支障となる．

　わが国では，20歳未満の青少年が罪を犯したとき（犯罪），14歳未満で刑罰法令に触れる行為をしたとき（触法），将来罪を犯し，または刑罰法令に触れる行為をするおそれのあるとき（虞犯），そうした少年の行為を総称し非行として少年法に明記している．これを，精神医学が障害概念としたのが，素行障害である．

　わが国では1990年前半から少年非行関係の文献が精神医学領域に登場し始め，1997年の神戸連続児童殺傷事件でにわかに注目を集めたが，アメリカでは児童精神科医療への紹介事例では最も多い診断の一つといわれ，素行障害の名称はDSM-Ⅲ（1980）から登場している．

●**診断基準**　ICD-10では，行為障害（F91）に，家庭限局性行為障害，個人行動型（非社会化型）行為障害，集団行動型（社会化型）行為障害と，主に10歳未満できわめて挑戦的で不従順，挑発的な言動を示す反抗挑戦性障害の4つを組み入れ，多動性障害（F90）の下位分類に多動性行為障害という名称で，多動性障害と行為障害の両方を満たすものを置いた．

　DSM-Ⅳ-TRでは，幼児期，小児期，または青年期に初めて診断される障害の中に，注意欠如および破壊的行動障害というカテゴリーを設定し，ここに注意欠如・多動性障害（ADHD）と，素行障害，反抗挑戦性障害の三つを置いた．

　子どもの成長過程において，ADHDのある子どもの一部が反抗挑戦性障害の診断基準を満たし，さらにその一部が思春期前後から素行障害を示し，その一部が成人期以降に反社会的な経過をたどるという一連の流れとして名付けられたのが，いわゆるDBDマーチ[1]である．これは，ADHDと素行障害，反抗挑戦性障害を一括りにした破壊的行動障害（Disruptive Behavior Disorders）という名称の頭文字から命名された．

　DSM-5[2]では，ADHDが神経発達症群に移動して，新たに秩序破壊的・衝動制御・素行症群というカテゴリーがつくられ，ここにDSM-5で和名が変更された反抗挑発症と素行症が組み込まれた．このカテゴリーには，ほかに間欠爆発症，反社会性パーソナリティ障害，放火症，窃視症が入っており，自己制御の不全が

その中心にある障害群となった．反抗挑発症は怒りっぽく／易怒的な気分，口論好き／挑発的行動，執念深さといった情緒・行動上の様式が，少なくとも6か月間は持続することで診断される．素行症は，他者の基本的人権または年齢相応の主要な社会的規範や規則などの侵害を，6か月以上反復・持続する行動様式である．人や動物に対する攻撃性や所有物への破壊，嘘や窃盗，重大な規則違反といった反社会性が6か月以上反復・持続することを基本的病像とする．

そして10歳を境にして小児期発症型と青年期発症型に分けている．反抗挑発症と素行症が成人期に初めて現れるのは非常に稀である．子どもの成長過程を考えると，素行症に先立って反抗挑発症が認められるが，反抗挑発症の子どもの多くは青年期になっても素行症を発症せず，不安症群や抑うつ障害群などを発症するリスクがあるという．すなわちDBDマーチの存在には疑義が生じる．

さらに不適切な養育がこの両方の発症の危険因子と考えられている．反社会性パーソナリティ障害は，小児期，青年期早期から認められ，成人後も継続して認められる他人の権利を無視し侵害する言動を示す．DSM-5ではこの診断をするには，対象となる人物が少なくとも18歳以上でないと診断できない．また15歳以前に素行症が認められている必要がある．さらに反社会性パーソナリティ障害の発症にも不適切な養育が関与している可能性が示唆されている．

●**不適切な養育とDBDマーチの関係**　DSM-5では反抗挑発症と素行症，間欠爆発症，反社会性パーソナリティ障害に，不適切な養育が危険要因とされている．杉山[3]は「虐待系の多動症状」と称する反応性愛着障害とADHDとの類似点と鑑別点を詳細に検討し，ADHDでは多動症状が1日中認められるのに対して，反応性愛着障害では夕方からハイテンションになりやすく，多動自体にムラがあることを指摘した．薬物療法においても，中枢神経刺激薬がADHDにおいて有効であるのに比べ，反応性愛着症では無効で，抗うつ薬と抗精神病薬が有効となるという．反抗挑発症や素行障害への移行においては，反応性愛着障害で著しく，ADHDでは非常に少ないと述べ，従来のDBDマーチに別な示唆を与える可能性を示している．

[田中康雄]

📖 **参考文献**
[1] 齋藤万比古・原田 謙「反抗挑戦性障害」精神科治療学，14，153-159，1999
[2] 日本精神神経学会（日本語版用語監修），髙橋三郎・大野 裕監訳『DSM-5 精神疾患の診断・統計マニュアル』医学書院，2014
[3] 杉山登志郎「発達障害としての子ども虐待」子どもの虐待とネグレクト，8，202-212，2006

睡眠障害

　睡眠障害とは，睡眠と覚醒に関するさまざまな障害で，睡眠障害国際分類第2版[1]では大きく八つのカテゴリーに分類されている．現在，子どもの3～4人に1人が睡眠の問題を抱えているといわれているが，小児期に多い睡眠障害として，概日リズム睡眠障害のほか，閉塞性睡眠時無呼吸症候群，ナルコレプシー，むずむず脚（レストレスレッグ）症候群などがある．

●概日リズム睡眠障害　概日時計（生物時計）はすべての細胞，臓器に存在するが，その中枢は視交叉上核に存在する．ヒトの生物時計24時間11分と約23時間56分という地球の自転時間のズレを，朝の強い光を浴びることで網膜から視交叉上核に達した情報により24時間に同調させている（光同調）．また，規則正しい食事や運動も非光同調として生体リズムを安定化させる．一方，現代社会では夜間も強い光に満ち溢れ，部活動・塾やICT，SNSの利用，不規則な食事や運動不足などにより睡眠不足症候群（BIISS）とよばれる慢性的睡眠不足状態，あるいは社会的慢性時差ぼけ状態となっている．

　このような準備段階から起床・睡眠時間とも遅く，睡眠相が後退したものを睡眠相後退障害（DSPD）とよぶ．そのほか，睡眠相前進障害（ASPD），非24時間型（自由継続型：free Running），不規則型などがある．さらに，ウィルス感染などを契機に，十分な休養によっても回復しがたい倦怠感，炎症所見や，免疫，内分泌，エネルギー代謝，自律神経機能，認知機能，実行機能など高次脳機能の異常が生じたものを三池らは小児慢性疲労症候群（CCFS）とよんでいる[2]．そのほか，特発性過眠症，クライネ・レビン症候群など反復性過眠症を含む過眠症も比較的多く小児に認められる．

　治療の際，睡眠薬は無効なばかりか，むしろ持ち越し効果により覚醒困難を増悪させる．睡眠衛生教育のほか，高照度光治療や低温サウナ，運動療法，メラトニンやその作動薬，その他の薬物療法，認知行動療法など包括的治療が重要である[2]．

●睡眠関連呼吸障害群　小児においても頻度が高く1～4％とされる．臨床的にも多い閉塞性睡眠時無呼吸症候群（OSAS）の原因として成人と同様に肥満があるが，そのほか，小児期特有の問題としてアデノイド・口蓋扁桃の腫大，頭蓋顔面骨形成不全，神経筋疾患などがある．主症状は日中の強い眠気であるが，小児では成長障害，学業成績不振，問題行動，発達障害様症状が重要である．また生活習慣病のリスク増大も報告されている．

●ナルコレプシー　耐え難い眠気と入眠発作に加え，大笑いや驚愕など強い感情

変動に伴う脱力や失立，呂律が回らないなどのカタプレキシー（情動脱力発作）を伴うタイプがある．また，悪夢など入眠時幻覚，金縛り体験（睡眠麻痺）を約80％に伴う．診断には睡眠ポリグラフィー（PSG）と反復睡眠潜時検査（MSLT）により，入眠潜時の短縮と入眠時レム睡眠期（SOREMP）が2回以上観察されること，髄液オレキシンA濃度の低値などがある．治療には，生活指導，環境調整，カフェインのほか，過眠症状にはモダフィニルやメチルフェニデート，カタプレキシーやレム関連症状にはクロミプラミンや選択的セロトニン再取り込み阻害薬（SSRI），セロトニン・ノルアドレナリン再取り込み阻害薬（SNRI）などが使用される．

●**むずむず脚（レストレスレッグ）症候群（RLS）**　下肢に不快で嫌な感覚が生じ，動かしたい強い衝動（Urge to move）を覚える．これらの症状は，日中より夕方や夜間に増悪し，横になったり座ったり，静かにしていると出現したり，悪化する．歩いたり，下肢を伸ばしたりすると改善する．上肢の症状を訴える場合もある．RLSの多くに（睡眠時）周期性四肢運動（PLM）を認め，1時間あたりの頻度（PLMS index）が5以上，あるいは下肢不静止検査が診断補助的に用いられる．家族集積性も高く一親等以内の家族歴も重要な情報である．鉄はドパミン合成経路におけるチロシンオキシラーゼの補因子であり，モノアミンオキシダーゼ，ドパミンD_2受容体，ドパミントランスポーターにも関与することから，RLSの病態における鉄やドパミンの強い関連が示唆されている．小児では特に鉄剤の投与の有効例が多い．鉄剤で効果不十分な場合は，クロナゼパム，ガバペンチン，エナカルビルなど抗てんかん薬，プラミペキソールやロチゴノンなどドパミン作動薬の有効性も報告されている．注意欠如・多動症（ADHD）においてRLSの併存は約4割，PLMは約6割に併存し，逆にRLSの3割がADHDと診断されたという報告がある．

●**発達障害と睡眠障害**　このように，発達障害と睡眠障害は密接に関連し，睡眠障害により発達障害様の状態を呈し，また，発達障害には睡眠障害をしばしば併存する．子どもの睡眠と発達医療センターを睡眠障害で受診し，入院までに至った小児の約6割が新生児・乳児期からすでに睡眠の問題を認め，さらに約6割が発達障害であった．発達障害診療の中で睡眠の評価を行うことは必須であり，睡眠障害の治療を行うことで，一見ADHDや自閉スペクトラム症などと見間違われた症状の改善のみならず，発達障害においてもその中核症状が改善されることに留意すべきである．

［中井昭夫］

📖 **参考文献**
[1] American Academy of Sleep Medicine，日本睡眠学会診断分類委員会訳『睡眠障害国際分類（第2版）―診断とコードの手引』医学書院，2010
[2] 三池輝久他編『今，小児科医に必要な実践臨床小児睡眠医学』診断と治療社，2015
[3] 谷池雅子編『日常診療における子どもの睡眠障害』診断と治療社，2015

摂食障害

　いつの時代も食べることは人々の関心事である．食べることは生きるために必要不可欠であり，子どもたちの体は食べることで成長する．しかし，ストレスの多い現代社会では，若い女性を中心に，「拒食症」「思春期やせ症」などとよばれる摂食障害を発症する人が少なくない．近年では小学生や男児，結婚後の女性にまで摂食障害がみられるようになり，摂食障害と発達障害の関連も指摘されている．

●**摂食障害とは**　摂食の異常には，極端な偏食，少食などの食行動障害と，体重や体型に対する認知の歪みなどの精神病理を中核にする摂食障害がある．DSM-5では両者をまとめて「食行動障害および摂食障害群」としている．摂食障害は，神経性やせ症/神経性無食欲症（AN），神経性過食症/神経性大食症（BN），過食性障害（BED）などに分類される．

　ANは，①必要なカロリー摂取を頑なに制限し，顕著な低体重（やせ）を生じているにもかかわらず，②少しでも食べたら太るのではないかという強い肥満恐怖を抱き，体重が増えないようにする行動（食事をとらない，繰り返し階段を昇り降りする，休まず歩き続ける，指を口に入れてみずから吐くなど）をとり続ける，③体重や体型についての認識もゆがんでいて，著しくやせた自分の姿を鏡で見ても全体的あるいは部分的に太っていると感じ（ボディイメージの障害），何度も体重を測定する．体重が減少したかどうか，やせているかどうかで自己評価が過度に影響され，深刻な低栄養状態に陥っているという認識が欠如している．家庭や学校でのストレス，ダイエットなどを契機にカロリー制限を始め，急速にやせが進行するとともに，低体温，低血圧，徐脈，便秘，浮腫，皮膚の乾燥，尿量減少，無月経，抑うつ，見捨てられ不安，家族への依存と攻撃などを生じる．低体重の基準はDSM-Ⅳでは標準体重の85％以下とされていたが，DSM-5では基準は削除され，ボディマス指数（BMI）$18.5\,\mathrm{kg/m^2}$以下を目安に重症度が示されている．下位分類として，摂食制限型（不食，過剰な運動による体重減少を呈するもの）と過食・排出型（自己誘発性嘔吐，下剤の乱用を繰り返すもの）がある．治療として，栄養の改善（食事指導，経管栄養など），疾病教育，栄養教育，心理療法，行動制限を食事量に応じて段階的に解除していく行動療法，薬物療法などが行われる．

　BNは，①抑制できない過食エピソード（隠れて夜中に冷蔵庫の中身をすべて食べてしまうなど）と，②体重増加を防ぐための不適切な代償行動（自己誘発性嘔吐，下剤乱用，絶食，過剰な運動など）を繰り返す．③AN同様，体重増加の

恐怖をもち，体型や体重により自己評価が過度に影響されるが，④ANと異なり，顕著な低体重は生じない．BEDは，BN同様に，①抑制できない過食エピソードを繰り返し，②過食を苦痛に感じるが，③不適切な代償行動はみられない．

　前思春期の小学生にもAN（特に制限型）が生じるが，肥満恐怖やボディイメージの障害が明瞭でないなど，非定型例も少なくない．子どもの体重の評価には，標準身長・体重曲線（成長曲線）や，性別・年齢別・身長別標準体重計算式を用いる．身長150 cmの11歳女児では42.2 kgが標準体重であり，この85%は35.9 kg，75% 31.7 kg，65% 27.4 kgとなる．65%を切るような場合は入院治療が必要となる．前思春期発症例では低身長や無月経などの後遺症を生じる可能性があり，早期発見・早期治療がより重要となる．

●**発達障害と摂食障害**　古くから自閉スペクトラム症（ASD）の子どもには，極端な偏食や拒食が生じやすいことが知られており，中には嚥下，嘔吐などに強い恐怖感をもち，食物摂取を過度に回避する場合もある．これらはAN，BNとは異なる摂食の異常としてタイプ分類（Great Ormond Street Criteria）が提唱され，DSM-5では回避・制限性食物摂取症としてまとめられた．近年，これとは別に，摂食障害の治療中にASDの合併に気づかれるケースが増えている．

　ASDと摂食障害の関連について，海外では1980年代から，わが国でも1990年代から報告があり，摂食障害患者の10〜20%程度で発達障害を合併するといわれている．ASDとANの合併の報告が多く，注意欠如・多動症とBNの関連を指摘するものもある．一般にANは母子関係をめぐる葛藤が発症要因として重視され，発症までは過剰適応していることが多い．しかし，ASD合併例では，発症前から対人関係の問題を生じており，食事や体重に対する奇妙で独特なこだわり（体重やカロリーを表す数字へのこだわりなど）を呈するなど，ASDの特性がANの症状を修飾する．ANでは低栄養が進行するとこだわりが強固になり，対人関係の取り方がASDに類似するとされており，ASDの合併の判断は慎重にする必要がある．合併例では，症状の根底にあるみずからの心の状態への気づきを促すような心理療法ではなく，ASDの特性を踏まえた環境調整，疾病教育，栄養教育，行動療法の柔軟な運用などが重要となる．強迫的な傾向はASDと摂食障害に共通しているが，ASDに合併精神疾患として摂食障害が発症しやすいかどうかは明らかでない．

〔小林潤一郎〕

📖 **参考文献**

[1] 日本小児心身医学会編『小児心身医学会ガイドライン集（改訂第2版）—日常診療に活かす5つのガイドライン』南江堂，pp. 117-214，2015
[2] 水田一郎「広汎性発達障害と摂食障害のcomorbidity」児童青年精神医学とその近接領域，52 (2)，162-177，2011
[3] 山下達久「自閉症スペクトラム障害を合併する摂食障害」臨床精神医学，42 (5)，573-577，2013

心身症

 日本小児心身医学会は「子どもの心身症」を「子どもの身体症状を示す病態のうち，その発症や経過に心理社会的因子が関与するすべてのものをいう．それには，発達・行動上の問題や精神症状を伴うこともある」(2014)と定義し，18歳未満の子どもでは，心理社会的因子が関与するすべての身体症状を心身症ととらえ，治療においては併存する発達・行動上の問題や精神症状に留意し，家庭や学校・地域社会にも目を向けた全人的医療が必要であると規定している．本項では子どもの心身症を中心に記述する．

 心身症は疾患名ではなく病態名であり「からだ」の治療において「こころ」への対応が必要なときに，その疾患を心身症ととらえる．例えば①身体治療のみで軽快していた気管支喘息患者において，②ある時期から登校前に発作が頻発するようになり，原因として学校での「いじめ」が判明した場合，①は気管支喘息，②は気管支喘息（心身症）と表記する．②では身体治療にあわせて患者の心のケアや学校環境の改善を考慮しなければ，症状の改善が難しいことが予想されるからだ．同じ病名の疾患であっても，心身症の病態を示す場合とそうでない場合がある．

●**心身相関** 心と身体が密接につながり，互いに影響を与えあうことを心身相関という．人は病気になり症状が続くと不安を感じ憂鬱になり，不安は身体症状に対する過敏さを増して症状出現の頻度を高める．また症状が続くことにより登校できないなど仲間と交われない状態が続くと，やがて登校することや交友関係に不安を感じるようになり，これがさらなるストレスとなって二次的な不登校を引き起こすという

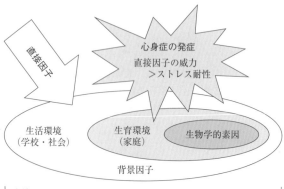

図1 子どもの心身症における心理社会的因子

悪循環を形成する．

　心理社会的因子とは心身症を引き起こす誘因となるもので，発症のきっかけになる「直接因子」と，患者の精神状態に影響を与える「背景因子」がある（図1）．同じストレスを受けても，心身症を発症する人とそうでない人があるのは「ストレス耐性」の違いによる．直接因子の威力がストレス耐性を超えると心身症を発症するが，ここに背景因子が影響する．受容的な環境で育ち，成功も失敗も含めた豊かな経験の中から，自己効力感（自分がいる集団の中で，自分は他者の役に立つ必要とされる大切な存在であると思える）や自尊感情（短所を含めありのままの自分が好き，尊い存在であると思える）を得られた人ほどストレス耐性が高いといえよう．

●**心身症の病態が考えられる疾患**　「乳・幼児期」には夜泣きや夜驚（入眠数時間後に突然目ざめ，おびえた表情で泣いたり，走り回る）などの睡眠の問題，頻尿や遺尿（尿もらし），遺糞などしつけ関連の症状，周期性嘔吐症や反復性腹痛といった消化器系心身症が多く，治療にあたっては保護者への説明や助言が重要になる．「学童期・思春期」には頭痛や腹痛などの繰り返す痛みや過敏性腸症候群，チックなどとともに，思春期発来に伴う自律神経失調が原因である起立性調節障害（OD，「起立性調節障害」参照）が多くなる．不登校につながることもあり，早期に治療を開始し，子どもと保護者をサポートする必要がある．

●**子どもの心身症の診断と治療**　心身症を疑うのは，①症状の程度や場所が移動しやすく，②症状が多彩で，③訴えのわりに重症感がないとき．④理学的所見や検査所見と症状が合わず，⑤曜日や時間によって症状が変動し，⑥学校を休むと症状が軽減するときである．しかし検査で異常がない＝身体の病気ではない＝心の病気＝身体治療は必要ない，と考えるのは短絡的である．実際に子どもは苦しんでいるため，心の病気という説明は「つらさを否定された」「心が弱い」と言われたと感じて不安になる．訴えを傾聴し，身体症状の軽減に努め，信頼関係を築くことにより，時には子ども自身が問題に気づき乗り越えようとする．心身症への対応を通じて子どもの成長をうながすという視点を忘れてはならない．

●**心身症と発達障害**　発達障害児の6～7割に心身症が合併するとの報告がある．原因として発達障害の脳機能障害に伴う認知および身体機能の異常（自律神経系の脆弱性）やストレスとなる心理社会的因子が多いことが考えられる．成人においても心身症や精神疾患の発症をきっかけに，発達障害の存在に気づかれるものが少なくない．多彩な身体症状が続く場合には，心身症だけでなく併存する発達・行動上の問題や精神症状に留意して診断と治療に当たる必要がある．　　［金　泰子］

📖 **参考文献**
[1] 日本小児心身医学会編『小児心身医学会ガイドライン集（改訂第2版）』南江堂，2015
[2] 久保千春編『心身医学標準テキスト（第3版）』医学書院，2009

てんかん

　国際てんかん連盟(ILAE)では「てんかん発作は、脳の過剰なもしくは同期した、異常神経活動に基づく一過性の徴候・症状である。てんかんは、てんかん発作をきたしうる状態が持続している脳疾患であり、神経生物学的、認知的、心理的、および社会的な影響をきたすことで特徴づけられる。てんかんの診断には少なくとも1回のてんかん発作が生じることを必要とする」と定義している。ただし、臨床的には「少なくとも2回以上のてんかん発作」をきたした場合に診断されるのが通例である。疫学的調査からは、人口1000人あたり4～8人の有病率と見込まれており、日本国内にはおよそ65万～90万人程度の患者がいると推定される。発症は乳幼児と高齢者に多い二峰性を示す。

●**小児期に発症するてんかん**　ILAEの分類(1989)では発症原因から特発性、症候性に、部位診断から全般性、部分・局在関連性に分けられる。特発性とは基礎疾患がなく、特定の年齢に発症し、典型的な脳波所見を示し予後良好な群である。症候性は何らかの基礎疾患をもち、知的障害、身体症状、精神症状などを合併することが多い。予後は特発性に比べるとよくないことが多い。好発年齢によって分類されたILAE分類(2006)を表1に示す。症候性てんかんは基礎疾患にもよるが、知能の低下などを合併することが多く、一方、特発性てんかんにおいては正常から軽度障害にとどまることが多い。一般に小児期に発症するてんかんは良性の経過をたどることが多い。最も多い小児期のてんかんで特発性局在関連(部

表1　発症年齢によるてんかん症候群と関連病態(ILAE, 2006)[出典：文献[1]より一部改変]

発症年齢	てんかん症候群と関連病態
新生児期	良性家族性新生児発作、早期ミオクロニー脳症、大田原症候群
乳児期	乳児焦点移動性部分発作、West症候群、乳児ミオクロニーてんかん、良性乳児発作、Dravet症候群、非進行性疾患のミオクロニー性脳症
小児期	早発良性小児後頭葉てんかん(Panayiotopoulos型)、ミオクロニー失立発作てんかん、中心側頭部棘波を伴う良性小児てんかん(Roland てんかん)、遅発小児後頭葉てんかん(Gastaut型)、ミオクロニー欠神てんかん、Lennox-Gastaut症候群、睡眠時持続性棘徐波(CSWS)を伴うてんかん性脳症(Landau-Kleffner症候群を含む)、小児欠神てんかん
青年期	若年欠神てんかん、若年ミオクロニーてんかん、進行性ミオクローヌスてんかん
年齢との関連が希薄な症候群	常染色体優性夜間前頭葉てんかん、家族性側頭葉てんかん、海馬硬化を伴う内側側頭葉てんかん、Rasmussen症候群、視床下部過誤腫を伴う笑い発作
特殊なてんかん病態	他に特定されない症候性焦点性てんかん、全般強直間代発作のみをもつてんかん、反射てんかん、熱性けいれんプラス、多様な焦点を示す家族性焦点性てんかん
非てんかん性の発作病態	良性新生児発作、熱性けいれん

分）てんかんとよばれる，中心・側頭部脳波焦点を伴う良性小児てんかん（Rolandてんかん）や早発良性小児後頭葉てんかんは9割以上が年齢とともに落ち着いていく．一方で難治な経過をたどるてんかんもある．特に基礎疾患をもつ症候性てんかんでは複数の抗てんかん薬が無効なこともある．

●**てんかん発作の症状**　てんかんを有する患者の発作形態は多種多様であり，焦点性発作，全般性発作に分類される．焦点性発作は運動を伴う発作や咀嚼，流涎や発語停止を伴う発作，視覚性の発作などさまざまである．全般性発作は，欠神発作，ミオクロニー発作，強直発作，間代発作などがある．例えば欠神発作では，意識が消失するが姿勢は保たれ，通常，倒れることはない．目は見開かれたままで瞬きをすることがあり，手や口の自動症を伴うことがある．発作の開始と終了は速やかであり，本人は発作に気付かないことが多い．発作症状は患者およびてんかんの種類によって多様ではあるが，一患者が示すてんかん発作は一定のパターンがあり，そのパターンを繰り返す．てんかん発作が疑われた場合には，脳波検査，脳画像検査（MRI検査，CT検査）などを行う．

●**てんかんの治療**　てんかん症候群分類に応じた抗てんかん薬の内服が選択される．第一選択薬が無効の場合には，第二，第三選択へと変更あるいは追加していく．多剤併用療法に関しては，一般に三剤以上の併用での改善は見込めないことが多いので変更が必要である．抗てんかん薬が特に複数，大量の場合，眠気などの副作用に伴い患者の認知機能に影響する可能性がある．長期間服用を行うため，副作用のチェック，また一部の薬物では薬物血中濃度管理のため，定期的な血液検査を行うことが必要である．複数の薬物療法に抵抗性の難治てんかんの一部ではてんかん外科手術や迷走神経刺激療法（VNS）で改善することもある．

●**てんかんと発達障害との関連**　中心側頭部棘波を伴う良性小児てんかん，早発良性小児後頭葉てんかんではおおむね正常知能であっても注意障害，学習障害をきたすことがある．睡眠時持続性棘徐波（CSWS）を伴うてんかん性脳症では時に神経学的な退行をきたし，Landau-Kleffner症候群では後天性の失語が生じる．また自閉症におけるてんかんの合併は7～46％と報告されており，かつ知的障害をもつものはよりてんかんの合併率が高い．てんかんを合併するADHD患者に対するメチルフェニデート投与は，けいれん閾値を低下させ，発作を誘発させる恐れがあり慎重にするべきである．　　　　　　　　　　　　　　　　　　［柳生一自］

📖 **参考文献**

[1] J. Engel, "Report of the ILAE classification core group", *Epilepsia*, 47(9)：1558-1568, 2006
[2] 中川栄二，有馬正高監修，加我牧子・稲垣真澄編『小児神経学』診断と治療社, pp.320-327, 2008
[3] A. T. Berg et al., "Revised terminology and concepts for organization of seizures and epilepsies: Report of the ILAE Commission on Classification and Terminology, 2005-2009", *Epilepsia*, 51(40), 676-685, 2010

脳性麻痺

　脳性麻痺とは，胎児が母体の中にいるときから出生後4週間までに起きた病変による運動と姿勢の異常をいう．年齢とともに進行する麻痺や一時的な麻痺，あるいは単に発達が遅れているだけのものは含まない．

●**脳性麻痺の原因**　脳病変の発生時期によって，胎生期・周産期・出生後に分けられる（表1）．原因が不明な場合も少なくない．

表1　脳性麻痺の主な原因

発生時期	原因となるもの
胎生期（胎児が母体の中にいるとき）	脳奇形，脳血管障害（脳出血・脳梗塞など）
周産期（妊娠5か月〜生後1週間未満）	中枢神経の感染症（妊娠中〜出産前のウイルス感染症） 仮死（分娩の時に呼吸や循環状態が悪くなる状態） 核黄疸（新生児黄疸が重症化して脳細胞にも悪影響が及んだ状態） 脳室周囲白質軟化症（何らかの病変で脳血流が悪化して神経細胞に障害が起きた状態）
出生後（生後1週間以降）	脳炎・脳症・髄膜炎，脳血管障害

●**脳性麻痺の症状の現れ方**　生まれた病院や定期的な乳幼児健康診査で「運動発達の異常」で発見される．主な症状は，①運動発達の遅れ，②異常な運動と姿勢，③関節が硬くなること（拘縮）などがある．乳児期には，首の座りが遅い，反り返りが強い，哺乳が極端に下手である，興奮・緊張時に異常な姿勢をとる，手足が動きにくく突っ張る，消えるべき原始反射が残存する，はいはい・つかまり立ちができないなどの症状がみられる．学童期には，二次的障害として脊柱の側弯（背骨が曲がる），関節拘縮が進行することがある．

　運動障害の特徴や障害部位の違いなどによって，いくつかの分類がある（表2，表3）．運動の障害が重いと，呼吸や血行の悪化，食べることや飲むことでの困難，便や尿の排泄困難，感染症が悪化しやすいなど，生活上の困難が出現する．

　脳性麻痺の約40％で，てんかんを合併する．低出生体重児の要因も重要である．

●**発達障害との関連**　脳障害の程度により，知的発達は正常〜重度知的障害までさまざまだが，自閉スペクトラム症（ASD）を合併する頻度が高く，視覚認知障害や聴力障害，学習障害を伴うこともある．脳性麻痺の15.1％に知的障害を伴ったASDがみられ，痙直性四肢麻痺に多いという報告や，逆にASDにおける脳性麻痺の頻度は約3％であるという報告がある．知的発達や対人スキルの評価も行うことが望ましい．

●**治療の方法**　現在の医学では完全に治す（まったく障害がない状態にする）こ

表2 脳性麻痺の障害部位による分類

四肢麻痺	両麻痺	片麻痺	三肢麻痺	対麻痺	単麻痺
両側の上肢・下肢	両側の下肢または両側上肢	片方の上肢・下肢	両側の上肢・下肢のうち三肢	両側の下肢のみ	上肢・下肢の一肢のみ

表3 脳性麻痺のタイプ別分類

	痙直型／強剛型／強直型	アテトーゼ型／舞踏型	失調型／弛緩型	無緊張型
頻度	70〜80%	10%くらい	5〜10%くらい	5%未満
自発運動・姿勢異常	上肢：手指を握り続け，両腕がつっぱった姿勢　下肢：両足のつっぱり，つま先立ち，股の開きが悪い	不随意運動（体のあちこちが同時に動いてしまう），手足をくねらすような動き，踊っているようにみえる	体の力が入りにくい（体がダラリとしている）　手足を的確な距離に出せない　うまくバランスが取れない	ほとんど動かない　座らせても体を折り込んでしまう　引き起こしても頭も垂れ下がったままのこともある
筋肉の緊張	固い	睡眠中は，リラックス	低い	とても低い
変形・拘縮	尖足（つま先立ちの姿勢）　股関節・膝が曲がる	斜頸，非対称性緊張性頸反射（片方の筋肉が縮んだ状態）	動かさないことによる拘縮（からだが固まってくる状態）	動かさないことによる拘縮（からだが固まってくる状態）
脳の機能	知的障害，視覚認知障害や斜視を伴うことが多い	知的障害がないことが多い　言語障害や難聴が多い	運動不安定	重度の知的障害を伴うことが多い

とはできない．治療は，姿勢・運動，食事，ことばの発達などの改善を目指した治療や訓練が中心となる．麻痺の程度や発達の様子，合併症の有無などを評価して，治療と訓練の目標を決める．

治療には，①筋肉の緊張を和らげる薬の内服，②足の変形を治し，筋肉の緊張を和らげるための手術などがある．訓練には，③筋肉の緊張を和らげ，歩く・握るなど基本的な運動を向上させるための理学療法，④手を使った日常動作やバランス感覚，目と手と足の連動を向上させるための作業療法，⑤噛む・飲み込むなどの機能を伸ばすための摂食指導などがある．

ここ10年，ボツリヌス療法が注目されている．食中毒の原因菌であるボツリヌス菌がつくり出す天然のタンパク質が主成分の薬剤を注射する方法である．筋肉を動かす神経に働いて，筋肉の緊張を和らげる作用がある．かかとが地面につかないような足の変形に対して有効といわれている．

［高木一江］

染色体異常症

　染色体異常症とは，遺伝性疾患のうち，染色体の数や構造の異常（欠失，転座，重複など）により，染色体量の過不足が生ずることに起因する疾患を指す．従来，染色体異常症と考えられてきた疾患の中には，原因遺伝子などが特定されたり，その可能性を含む疾患もあり，本項目ではそれらを含む．一方，病名として用いる「症候群」とは，臨床的な視点から一群のさまざまな症状で形成される病態を分類したものである．遺伝的背景は複数の可能性があり，それにより症状の現れ方が多少異なる場合もありうるが，多くの場合，症候群単位で症状の特性があり，その認知行動特性を理解したうえでの療育が重要である．ゆえに，本項目では症候群ごとに，その認知行動特性に着目する．ただし，同一症候群の中にも個人差がある場合があり，一人ひとりの個々の特性を見極め療育に生かす姿勢が望ましい．

●**ダウン症候群**　原因は 21 番染色体が 1 本過剰となることにより発症するトリソミー型が多い（95％）が，転座型，モザイク型もある．身体症状として，新生児，乳児期の筋緊張低下，特異な顔貌，小奇形などがあり，先天性心疾患，急性白血病，首の環軸関節不安定性，甲状腺機能低下などの合併がある．認知行動特性としては，個人差は大きいものの平均して中等度の知的障害をもつ．言語面特に表出言語の苦手さが目立ち，聴覚にかかわる短期記憶の弱さがその原因として想定される．加齢とともに IQ は低下の傾向を示すとされ，40 歳以降アルツハイマー病の発症がありうる．頑固なことが多いとされ，また時に ASD の合併がある．

●**プラダーウィリー症候群**　15 番染色体の 15q11-q13 領域の欠失など当該領域にある父親由来の遺伝子発現異常が原因とされる．身体症状として乳児期の筋緊張低下，嚥下吸啜反射低下，低身長，性腺機能低下，中枢性肥満があり，これらは後述の行動特性も含め間脳の機能異常によると考えられる．認知行動特性としては，軽度ないし中等度の知的障害に加え，聴覚的情報処理，継次処理能力が比較的劣り，多くの患者は計算，書字，視覚聴覚の短期記憶等を苦手とする．15q11-q13 領域の欠失をもつ群でジグソーパズルが得意であるなど視覚情報処理の一部についての得意さが観察され，これらの患者においては，視覚認知の腹側経路機能（物の形，色，顔の認知に関与）が背側経路機能（位置，3 次元知覚，運動視に関与）に比べて比較的得意であることがわかってきた．過食（食べ物への執着），癇癪や強迫症状，頑固さなどの行動上の問題，睡眠異常などがある場合が多い．

●**アンジェルマン症候群**　原因は母親由来 15 番染色体の 15q11-q13 領域の欠失など，母親由来の UBE3A 遺伝子の機能障害とされる．身体症状として，小頭症，失調性歩行，後頭部扁平，下顎突出などの特異な顔貌，流涎，てんかんなどがある．

重度の知的障害があり，言語理解に比べて表出言語の障害（発語はあっても3単語くらいが上限）が大きい．言語以外のコミュニケーション能力は言語に比べ比較的良好で，他者とのかかわりを求めることも多いとされる．一方，自閉症の診断基準に当てはまるものが多いとする報告もある．手を叩いたり羽ばたかせるような動作があり，「笑い」が誘発されやすい．多動，強迫性の行動があり，睡眠障害が問題となることが多い．

●ターナー症候群　女性で本来2本あるべきX染色体の一本の全体または部分的欠如，もしくは構造異常が原因とされる．身体症状として，低身長，翼状頸，外反肘，眼瞼下垂，第二次性徴発現不全がある．心奇形，腎奇形，糖尿病，甲状腺疾患の合併がありうるとされ，多彩な症状とともに，重症度もさまざまである．全般IQは正常範囲のことが多いが，特定の認知領域（視空間認知，実行機能，社会性の認知など）に苦手さを示すことが多い．不得意な認知領域が長期的に，学業成績（特に数学など）に影響する場合がある．また，ADHDの合併もありうる．多くの患者は一般社会の中で健康な生活を送るが，上記の認知行動特性に関しては支援が必要な場合がある．また，身体面や認知面の特徴から，社会生活に自信がもちにくい場合も認められる．

●クラインフェルター症候群　より広義の定義もあるが，ここでは男性において過剰なX染色体1本をもつ47XXYを原因とするものについて述べる．身体症状として高身長，細長い手足，思春期以降の小さい精巣と男性不妊が特徴である．糖尿病，骨格異常などの合併がある．まったく認知行動面に問題をもたないこともあり，個人差が大であるが，以下のような特性が指摘されている．IQは正常範囲に入る者も多いが個人差があり平均的にはやや低値である．言語能力特に，表出言語の障害が受容言語に比べてより大きいとされ，聴覚性の短期記憶の障害が基盤にあると考えられる．実行機能，社会性の認知処理の面でつまずきをもつことがあり，社会的困難さの症状として，不安，仲間関係の構築の難しさ，強迫症状，適応能力のなさなどがある．ASD，ADHD，学習障害の合併あり．

●ウィリアムズ症候群　原因は7q11.23部分の欠失とされ，身体症状として特異的顔貌，心血管系の異常（大動脈弁上狭窄など），聴覚過敏，乳児期の高カルシウム血症などがある．認知行動特性としては軽度～中等度の知的障害があり，言語，音楽など聴覚にかかわる機能が比較的得意な一方，視空間認知の障害が目立ち，背側経路の障害が腹側経路に比べて大きい．人懐っこさがあるが，対人面ではそれが逆に問題になることもある．ADHDの合併が多いとされる．

●脆弱X症候群　FMR1遺伝子の5′非翻訳領域にある3塩基繰り返し配列の伸長により発症する．身体症状として特徴的顔貌，大きな精巣，関節過伸展などがあるが診断の手掛かりになりにくい．正常IQから，学習障害，ASD，重度の知的障害を示す例など，認知行動特性は幅広い．

［中村みほ］

神経変性疾患

　神経変性疾患は，神経細胞の形態学的変化をともなって機能障害をきたす病態であり，臨床的には非可逆的な進行性の神経疾患である．障害される部位により大脳変性疾患，脊髄小脳変性症，末梢神経変性疾患に分類される．

　変性疾患は進行性ではあるが，緩徐な進行を示すものもまれではなく，初期に不器用，言語，社会性，こだわり，学習などの問題から始まる場合には発達障害として療育が行われることもある．学習障害，ADHDとして紹介されてきた児が，X連鎖副腎白質ジストロフィーや麻疹の持続感染である亜急性硬化性全脳炎（SSPE）であった事例も認められる．変性疾患を鑑別するためには，進行性である，定型的でないといった点から，発達障害ではない可能性に気づくことが大事である．近年では，変性疾患は遺伝子診断の進歩，治療法の進歩などにより，早期であれば，寛解が期待できることもあり，鑑別は重要である．

●**大脳変性疾患**　多くの遺伝性疾患，先天代謝異常症（リソゾーム病，ペルオキシゾーム病，金属代謝異常症，ミトコンドリア病，アミノ酸代謝異常症）を含む．コミュニケーション・言語・社会性における困難，こだわり，多動・衝動性などが初期症状として認められることがあり，発達障害としての治療・指導に反応しない場合や進行性である場合には，神経学的診察が必要となる．大脳変性疾患の中には治療可能な疾患もあるからである．

　1）白質変性症：病変の広がりと病態により，診断方法が異なる．特異的な画像による診断，病理診断，遺伝子診断などを行う．中枢性の運動障害より始まることが多く，病巣の広がりにより以下に大別される．①髄鞘形成不全（Pelizaeus-Merzebacher病，Cockayne症候群，Salla病など），②被蓋病変に加え広汎な白質病変（Alexander病），③側脳室周囲白質病変が主体（異染性白質ジストロフィー，X連鎖副腎白質ジストロフィーなどの白質ジストロフィー症，後述），④側脳室周囲と皮質下白質の中間の白質に主たる病変（急性散在性脳脊髄炎，多発性硬化症，先天性サイトメガロウイルス感染症），の四つである．

　異染性白質ジストロフィーは1～4歳で発症し，常染色体劣性遺伝である．スルファチドが脳に蓄積し，歩行障害，構音障害，知能低下を認める．X連鎖副腎白質ジストロフィーは，4～8歳で発症し伴性劣性遺伝である．血清の極長鎖脂肪酸が増加し，大脳白質と副腎の機能低下を認める．症状は皮膚色素沈着，行動異常，知能低下，四肢のこわばりと麻痺，視力低下，難聴，けいれん，呼吸不全などを認める．治療は極長鎖脂肪酸の制限食（ロレンツォのオイル）や副腎皮質ステロイド剤を使用する．

2) 灰白質変性症：白質病変に深部灰白質（基底核）病変を伴うことも多い．灰白質変性のみを示す疾患は多くはない．皮質障害の症状としては，知的能力障害，てんかん，視力障害，運動障害を示す．てんかん，運動障害は器質的であり，進行性である．神経セロイドリポフスチン症（乳児型，遅発性乳児型，若年型，成人型），Lafors 小体病，Alpers 病がある．

3) 基底核変性症：錐体外路系の症状が主体であり，ジストニア，ヒョレアなどに加え，知的能力障害をともなっている．Huntington 病，Hallervorden–Spatz 病，早期発症捻転ジストニア，瀬川病（日内変動を伴う遺伝性進行性ジストニア），若年性 Parkinson 病がある．

●**脊髄小脳変性症（SCD）** 運動失調を主症状とする原因不明の神経変性疾患の総称であり，病理学的には小脳，脳幹，脊髄あるいは大脳基底核，またはこれらを含む多系統に変性病変を示す．このような症状は自閉スペクトラム症，発達性協調運動症でみられる症状と同様に思えることがある．SCD では，進行性であること，失調があること，筋力低下，筋緊張低下，筋萎縮，末梢神経反射減弱などの神経症状を伴うことで鑑別される．

分類では，遺伝性 SCD と非遺伝性 SCD に大別され，わが国では前者が約 30％，後者が約 70％である．遺伝子診断が可能となった．

1) 遺伝性 SCD：優性遺伝性 SCD（SCA1, SCA2, SCA3, DRPLA）と，劣性遺伝性 SCD（Friedreich 失調症，眼球失行と低アルブミン血症を伴う早発性失調症）がある．

2) 非遺伝性 SCD：多系統萎縮症が最も頻度が高いが，従来独立していたオリーブ・橋・小脳萎縮症，線条体黒質変性症，Shy–Drager 症候群を包括する．

その他に，小児の小脳を主体とする変性疾患として，毛細血管拡張性運動失調症，Marinesco-Sjögren 症候群，Arima 症候群，Joubert 症候群，脊髄を主体とする変性疾患として家族性痙性対麻痺がある．

治療としては，薬物療法による根本的治療はないので対象療法が主体となる．リハビリテーションは，進行性の病態であるため，機能の維持が主体となる．

●**末梢神経変性疾患** 末梢神経固有の遺伝性疾患としては，障害される末梢神経の機能と症状，病理所見により遺伝性運動感覚性ニューロパチー，遺伝性感覚自律神経ニューロパチーなどがある．発達性協調運動症と誤診されることがある．進行性であること，筋力，筋緊張，筋萎縮，末梢神経反射などの神経症状を伴うことで鑑別される．診断は，NCV（神経伝導速度）と EMG（筋電図）を組み合わせ，脱髄か軸索障害かを区別する．末梢神経病理診断，遺伝子診断も用いられる．遺伝性運動感覚性ニューロパチーは運動障害を主とする末梢神経障害で，四肢遠位部から始まる緩徐進行性の筋力低下，筋萎縮，腱反射低下，感覚障害がある．感覚障害の中では，位置覚の障害による失調や自律神経症状を伴うことがある． ［宮尾益知］

虐　待

　児童虐待は，身体的，心理的，性的に子どもの身体や心を痛めつけることであり，そして養育放棄などのネグレクトによって子どもの基本的欲求を奪うことである．概念として「虐待と放棄」を構成する．英語では child abuse あるいは，不適切な養育という意味で maltreatment などと表される．『DSM-5 精神疾患の診断・統計マニュアル』（第5版）では，"Child Maltreatment and Neglect Problems" として，身体的虐待，性的虐待，ネグレクト，心理的虐待に分類されている．日本の「児童虐待の防止等に関する法律」（2000）においても，児童虐待とは，「児童（18歳未満）に対する保護者の身体的虐待，性的虐待，ネグレクト，心理的虐待に関わる行為」を指している．なお，2011年には，発達障害も対象となる「障害者虐待の防止，障害者の養護者に対する支援等に関する法律」が公布された．障害者虐待とは，養護者，障害者福祉施設従事者など，および使用者による障害者虐待をいう．その類型は，身体的虐待，放棄・放置，心理的虐待，性的虐待，経済的虐待である．

●**児童虐待のリスク要因**　加害者は実親が圧倒的に多い．虐待者に対する複数の調査からは，被虐待経験，家庭の不和などの生育歴・養育環境が示され，地縁血縁からの孤立，精神疾患ならびにそれに類する問題がみられた．2013年改定の厚生労働省「子ども虐待対応の手引き」では，リスク要因について，①親側には，被虐待経験者に対する適切なサポートのなさ，精神的問題，育児不安，望まぬ妊娠や子どもへの過度の要求など，②子ども側には，乳児，低出生体重児，障害児などの育てにくさ，③養育環境として，経済的困窮と社会的孤立（地縁血縁のなさ，情報アクセスの難しさ，DV，夫婦の不和など）をあげている．このように親個人や家族レベルの問題，また貧困や孤立などの社会的条件がリスクとして高い．子どもは虐待という行為だけではなく，その背景にある親の問題，家庭の問題，そして社会のあり方までも背負っていることになる．

●**児童虐待がもたらす深刻な影響**　虐待は，子どもの心身の健康を脅かす．喜びやうれしさを奪い，子どもの心身の発達を阻害する．食行動など日常生活上の行動問題，学力不振，不安，困惑，無力感などの情緒・心理面での問題，あるいは否定的感情や自尊感情の低下についても留意されてきた．

　小児期に虐待を受けた場合に，成長して，心的外傷後ストレス障害（PTSD），境界性パーソナリティ障害，うつ病，不安障害，またアルコール中毒や薬物依存，素行症などのリスクが高められることも報告されている．親に対する愛着形成が阻害されることによる精神・情緒面の問題の一つとして反応性アタッチメント障

害があげられる．日常の中で繰り返される虐待によるトラウマは脳の器質や機能に影響を及ぼし，健忘と解離的な状態などを示す解離性障害群はこのトラウマ性体験に起因するといわれている．また，虐待を受けた子どもに多動，関係性や感情の自己調整の障害が多く認められることから，発達性トラウマ障害という考え方も示されてきた[2]．虐待によって，自閉スペクトラム症や注意欠如・多動症などの発達障害と類似した症状が認められることも臨床例から報告されている．

●**脳への影響** 虐待が身体への損傷や発育不良などの目に見える影響だけではなく，脳の機能に作用し，子どもの未来にも深刻な影響をもたらすことが示されている．医学的な知見は，子どもを「危険な場」から保護するというだけでは解決せず，その後の適切な支援こそ重要であることを警告している．悲しみ，怒り，絶望，不安，心の痛みを慢性的に重ねることによるストレスは，子どもの海馬や前頭前野を萎縮させ，扁桃体を過剰に拡大させることがある．1990年代には，MRI画像解析から被虐待児の脳の形状についての研究がすすみ，虐待を受けた子どもは，思春期や大人になってからも脳に病変が残る場合があり，子どもの思考や行動に大きく影響を及ぼしているという事例が報告されてきた．脳の記憶や空間学習能力に関わる海馬，記憶の中でも情動成分に関係する部位である扁桃体，また感情・理性などをつかさどる前頭前野などに変化が及ぶことが示された[2]．

●**被虐待児への全人的支援** A.マズローの欲求5段階説も全人的支援を考える視点を与える．自己実現に向かって，人は五つの欲求段階を一段ずつ上がっていく．第一と第二は基本的な欲求であり，生きていくための基礎となる食事などの「生理的欲求」と「安心・安全の欲求」である．それを上がると，社会・心理的欲求の段階が始まる．「所属・愛情の欲求」段階，「承認・自尊の欲求」段階，そして「自己実現の欲求」である．この5段階それぞれは，子どもの生活や思考，感情，行動と関わり，親の言動にも大きく影響を受ける．マズローの提言は，子どもに対するサポートの在り方を考えるヒントとなる．

●**児童虐待予防と対応** 虐待の世代間連鎖は約30％（一般の6倍）といわれている．厚生労働省は，児童虐待対策として，育児不安や親の孤立の防止，虐待の早期発見早期対応，そして，子どもの安全を確保し，必要に応じて親子を分離し，再統合に向けた親子の包括的支援や社会養護体制の充実を企図している．子どもの心のケアや親への継続的支援を含めて，親子関係をどのように質的に担保するかは大きな課題である．

[小野尚香]

参考文献
[1] 小野尚香「児童虐待とストレス」丸山総一郎編『ストレス学ハンドブック』創元社，pp.332-341, 2015
[2] 友田明美『いやされない傷』診断と治療社，2012
[3] 杉山登志郎編『子ども虐待への新たなケア』学習研究社，2013

脳炎・髄膜炎

　中枢神経系感染症は急性細菌性髄膜炎，ウイルス性髄膜炎，脳炎，局所性感染症である脳膿瘍や硬膜下膿瘍および感染性血栓性静脈炎が含まれる．初期には発熱や頭痛などの症状のため，重症疾患と考えられないことが多い．ウイルス性髄膜炎を除けば急速に意識状態が変化し，局所性神経症状，痙攣発作が出現する．早急に診断し，病原体を同定し，適切で特異的な治療を開始しなければならない．感染部位が髄膜か，病変が脳組織全体に分布しているか，大脳半球・小脳・脳幹に限局しているのかを症状および髄液・脳波・画像検査などにより確認する．

●**髄膜炎**　髄膜炎とは髄膜に炎症が生じた状態である．炎症はウイルスや細菌，薬品などが原因となる．細菌性は髄膜炎菌，インフルエンザ菌b型，肺炎レンサ球菌，ウイルス性ではエンテロウイルス，単純ヘルペスウイルス2型，水痘・帯状疱疹ウイルス，流行性耳下腺炎ウイルス，ヒト免疫不全ウイルス（HIV），リンパ球性脈絡髄膜炎ウイルスなど，免疫抑制剤を使用している場合には真菌性髄膜炎がみられる．特異的症状は頭痛および安静仰臥位で首を挙げようとすると痛みのため首が曲げられない項部硬直であり，発熱，嘔吐，意識障害，羞明，音恐怖などの症状を伴う．小児例では不機嫌や軽眠などの症状に限られることもある．脳脊髄液を採取する腰椎穿刺により髄膜炎かどうかを診断する．原因が細菌であるかウイルスであるかによって治療が異なり，予後も異なってくる．合併症を予防するため抗炎症剤および副腎皮質ホルモン剤を投与する．難聴，てんかん，水頭症，認知障害，麻痺などの後遺症を残すことがある．一般的な予後として，ウイルス性髄膜炎ではほとんど後遺症なく改善する場合が多いが，それ以外の原因では，重度の場合には寝たきりの状態になったり，さらには死亡する例も存在するので，病初期の鑑別が大切になってくる．

●**脳炎**　急性脳炎は脳実質に生じた炎症から，発熱，頭痛，意識障害，痙攣発作，麻痺などの急性症状を呈した状態である．

　1）免疫介在性脳炎：急性散在性脳脊髄炎（ADEM）と傍感染性脳炎（麻疹脳炎や風疹脳炎など）がある．感染後脳炎や予防接種後脳炎などの多くはADEMに分類される．

　2）ウイルス性脳炎：ウイルスにより画像上の特徴的所見を示すことがあり，画像検査は早期から行う．画像所見によっては髄液検査の結果を待たずに治療を開始する．単純ヘルペス脳炎では，側頭葉に限局性病変を認め，精神症状を呈することも多い．夏季の特異的脳炎である日本脳炎（視床や基底核に病変がある），狂犬病，水痘帯状疱疹脳炎（小脳炎や小脳血管炎），ムンプス脳炎，エンテロウ

イルス脳炎，EBウイルス脳炎（両基底核炎），HHV-6脳炎（骨髄移植後の辺縁系脳炎），サイトメガロウイルス脳炎（AIDSに合併），進行性多巣性白質脳症（JCウイルスによる）などが知られている．

　3）**細菌性脳炎**：マイコプラズマ脳炎，猫ひっかき病，赤痢アメーバ，熱帯熱マラリア，結核，トキソプラズマなどの病原体でも脳炎が起こる．住宅環境，地域性などを考慮する．

　4）**慢性脳炎**：進行性多層性白質脳症（PML），亜急性硬化性全脳炎（後に詳述），進行性風疹全脳炎などが知られている．進行性多巣性白質脳症は中枢神経系全般に多数分布する大小の脱髄性病変を特徴とし，オリゴデンドロサイトなどに細胞学的変化が認められる．

●**亜急性硬化性脳炎（SSPE）**　まれな進行性脱髄疾患であり，麻疹ウイルスが潜在的に脳組織に慢性的に感染することによって引き起こされる．好発年齢は学童期で，全体の80％をしめる．初発症状として学校の成績低下，記憶力の低下，チック様運動症状，感情の不安定といった精神的な症状や，歩行が下手になった，字が下手になった，ミオクロニー発作などの運動性の症状で気づかれる．このような症状から，初期では心因反応，発達障害，精神病，てんかん，脳腫瘍などと診断されることが多い．

　発症後は四つのステージに分けられ，第1期は，軽度の知的能力障害，性格変化，脱力発作，歩行異常などの症状，第2期は，四肢が周期的にぴくぴくと動く不随意運動（ミオクローヌス）がみられる．知的能力障害も次第に進行し，第3期に入ると歩行は不可能となりミオクローヌスも頻発し，食事の摂取もできなくなる．診断は①血清の麻疹抗体価の上昇，②髄液麻疹抗体値の上昇，③髄液IgGの上昇，④脳波検査などによる．脳波では，特に第2期から第3期にかけての周期性の高圧徐波結合が認められることが特徴である．第4期に入ると，意識消失，全身の筋緊張は著明に亢進する一方でミオクローヌスは認められなくなり，自発運動も消失する．治療は，イノシンプラノベクス，インターフェロン，リバビリン脳室内投与療法が行われる．

●**発達障害との鑑別**　発達障害は進行性ではなく，二次障害以外で悪化することはない．明らかな神経症状，身体症状などを伴い進行性が疑われる場合は，中枢神経感染症，変性疾患，脳膿瘍などを念頭に入れる必要がある．そのため，医療機関への紹介の必要性を常に考えておく必要がある．

　発達障害と類似の症状を初発症状として示す疾患もあり，経過観察される場合も少なくないと考えられる．しかしながら，原疾患の脳炎や髄膜炎に対して早期に試すべき治療も存在することから，できるだけ早く医療につなぐことを必要とする病態である．今回，SSPEを例に挙げて詳しく述べたが，他の疾患でも注意を要する．

〔宮尾益知〕

脳外傷・高次脳機能障害

　高次脳機能障害（HBD）とは，事故や疾患によって脳が損傷され，高次脳機能に損傷を受けた状態を意味する．高次脳機能が損傷されると，記憶障害，集中や思考力の低下，行動異常，ことばの障害が生じることがある．子どもの場合は，発達障害と中途障害の両方が混在した症状になる．損傷を受けた年齢が早いほど，発達障害に類似した状態となる．厚生労働省は，子どものHBDは発達障害として支援するよう勧めており，障害福祉制度では「発達障害」に含まれている．

●主な症状

　①記憶障害：以前のことを思い出せなくなったり，新しく経験したことや新たな情報が覚えられなくなる．今日の日付や自分のいる場所がわからなくなる，物の置き場所を忘れる，何度も同じ質問を繰り返す，一日の予定が覚えられない，過去の出来事を忘れる，作業中に声をかけられると現在やっていることを忘れる，人の名前や作業の手順がわからなくなる．

　②注意障害：周囲の刺激に対して，必要なことに注意を向け続けることができない．気が散る，長時間集中できない，簡単なことでもミスをする，同時に二つ以上のことをできない，周囲の状況を判断せずに行動する，見落としやすい．

　③実行機能の障害：物事を論理的に考え，計画し，行動し，終了することに困難がある状態を指す．自分の行動を分析し評価できない．自分で計画が立てられない，指示がないと動けない，優先順位をつけられない，場当たり的に行動する，予定通りに仕上げられない，効率が悪い，間違いを繰り返してしまう．

　④社会的行動障害：感情や行動を周囲の状況に合わせて，適切にコントロールすることができない状態を指す．感情の起伏が激しい，食欲や浪費などの欲求が抑えられない，行動が子どもっぽい，多動，場に合わない行動や言動をする．

　⑤自己認識の低下：自分の状況などの把握が困難，人のせいにする，困っていることは何もないと言う，自分自身の障害を否定する，治療を拒否する．

　⑥失行症：道具がうまく使えない，動作がぎこちない，指示行動がとれない．

　⑦失認症：形や色，触っている物が何かわからない，人の顔が判別できない．

　⑧失語症：言葉が出ず，流暢に話せない，話の理解が困難，読み書きが困難．

　⑨身体障害：麻痺，運動失調などがある．

●高次脳機能障害の原因　脳血管障害（脳梗塞，脳出血，くも膜下出血など）が最も多く，外傷性脳障害が次に多い．交通事故や転落事故などで頭に強い衝撃が加わり，脳が傷ついたり（脳挫傷），脳の神経線維が傷ついたり（びまん性軸索損傷）する場合を指す．そのほか，脳炎，低酸素性脳症などがある．

●**診断基準**　脳障害の原因となる事故や病気の事実が確認され，日常生活に支障となる記憶・注意・遂行機能・社会的行動障害の症状がある．さらに MRI や CT，脳波検査などで脳病変が確認されるか，医師による診察書見で脳病変の存在を証明できる．

●**高次脳機能障害への治療・対応**　脳の損傷箇所，環境や接する相手によって，さまざまな種類や程度の症状がみられる．以下のように適切な環境や対応により，問題行動が軽減することもある．

①**周囲の人の高次脳機能障害への理解**：以前と人格や行動が変わってしまったように見えるため，まずは障害への理解が対応の第一歩となる．

②**みえにくい障害への想像**：問題となる症状がなぜ起こっているのか，障害に対する想像力を働かせることが大切である．

③**環境を整える**：周囲の状況理解が悪くなるため，環境をわかりやすく整える．対応する人が情報提供の仕方を工夫する．

④**失った機能に対する代替手段**：脳機能の変化に対応するため，他の方法（メモや手帳，カレンダー，携帯電話のスケジュール，時計やタイマー，アラーム，手順書など）に置き換える．

⑤**忍耐強く接し続ける**：すぐに結果が出なくても，生活の中で毎日根気よく繰り返して経験していくことで，できることが少しずつ増えていく．

●**びまん性軸索損傷について**　外傷直後から6時間以上にわたる意識障害がある場合をさす．脳細胞レベルの損傷が広範囲（びまん性という）に及んだことが原因と考えられる．

重症になると，脳の深部にある脳幹の機能が損なわれ，血圧や呼吸が維持できず急死することがある．効果的な治療法はなく，症状に合わせた治療（対症療法）を行うことになる．脳の血流や酸素の供給が維持されるように治療を続けて，脳の回復を待つ．脳幹の機能障害をきたした場合の死亡率は6割とされ，命が助かっても意識障害などの後遺症が残ることが多い．びまん性軸索損傷の意識障害から回復しても，高次脳機能障害の症状が残ることが多い．　　　　　　　［高木一江］

📖 **参考文献**
[1] 橋本圭司監修『高次脳機能障害のリハビリがわかる本（健康ライブラリーイラスト版）』講談社，2012
[2] 名古屋市総合リハビリテーションセンター編著『50シーンイラストでわかる 高次脳機能障害「解体新書」―こんなときどうしよう⁉ 家庭で，職場で，学校で"困った"を解決！』メディカ出版，2011
[3] 石合純夫『高次脳機能障害学（第2版）』医歯薬出版，2012

低出生体重児・周産期障害

　出生数は年々減少しているが，低出生体重児の出生数に減少はみられない．低出生体重児とは2500 g未満をさし，1500 g未満1000 g以上を極低出生体重児，1000 g未満を超低出生体重児とよぶ．最近も年間約10万人の低出生体重児が出生し，総出生数に占める割合は約10％で推移している[1]．過去20年間にわたる周産期医療の進歩により，早産児や低出生体重児の生命予後はきわめて改善したが，未熟性に伴う長期的な疾病や出生後の治療管理の中で生じた後遺症などのために，発達予後の改善にはいまだに多くの課題を残している．早産児が周産期に脳損傷を受けると，その部位と程度，出生週数，合併病などの影響により，さまざまな発達の異常を起こす．永続的な運動障害を脳性麻痺，知的発達の遅れを知的障害，行動や社会性に問題が起こる場合を発達障害と各々診断している．周産期障害に端を発する新生児疾患において，早産児では脳室周囲白質軟化症（PVL），成熟児では新生児仮死に伴う低酸素性虚血性脳症（HIE）が特に重要である．

●**脳室周囲白質軟化症（PVL）**　在胎32週未満の早産児の脳室周囲白質に起こる虚血性脳神経疾患である．中枢神経の発達は，深部から脳表へ，背側から腹側へと進むため，在胎週数によって障害を受けやすい部位が異なる．また，血管や神経細胞が未発達である未熟児脳は成熟児脳に比べて低酸素状態に強い反面，髄鞘化や脳溝の発達の違いから脳室周囲白質が皮質より虚血に陥りやすいという解剖学的特徴をもっている[2]．脳血管は脳室周囲（脳の深部）から皮質（脳の表面）に向かう前・中・後大脳動脈と，皮質から脳室に向かう穿通動脈の二つに分かれて伸長する．脳室周囲白質（脳室の前角，体部，三角部の周囲）はこの二つの脳血流の境界にあり，虚血になりやすい構造であるためにPVLを起こしやすいのである．この好発部位には運動神経を含む錐体路が通るため，両下肢の痙性麻痺が生じる．また，低酸素性虚血性脳症に比べると精神運動発達の遅れは軽度であるが，四肢麻痺例では中等度以上の知的障害を伴う自閉症スペクトラム（ASD）とてんかんの合併が多くなる．障害の範囲が視放線に及ぶときは視空間認知障害を呈することも多く，学習障害にも注意が必要となる．

●**低酸素性虚血性脳症（HIE）**　新生児仮死に合併する中枢神経障害である．新生児仮死とは分娩時に児の呼吸と血行が障害され，アプガースコア（分娩直後の新生児の状態を評価する方法）が低い値で生まれる状態である．仮死に伴う低酸素・虚血により神経細胞が損傷され，さらに蘇生後の血流の再開によって全身の臓器障害を引き起こす．そして臓器障害に続いて，脳のエネルギー代謝が回復しないままに脳機能の低下した病態がHIEである．脳障害により，意識レベル・

筋緊張・原始反射・脳幹反射の低下，けいれんなどの症状がみられる．これらの症状に基づいた重症度判定分類（Sarnat 分類）は低体温療法の適応を決定する際にも有用である．軽症では正常発達がほぼ全例で期待できる．しかし，中等症では脳性麻痺や知的障害などの後遺症を残す可能性があり，さらに重症では，死亡または高度の後障害を残しきわめて予後不良である．このため，中等症以上のHIEに対しては全身冷却/選択的頭部冷却法による低体温療法が行われる．この治療により生後18か月時の死亡率や神経学的後遺症の合併は減少したが，半数の新生児で依然として発達予後が不良（脳性麻痺，知的障害など）である．

●核黄疸（kernicterus） 淡蒼球，視床下核などの大脳基底核へのビリルビン沈着により脳性麻痺を主とする脳障害をきたす疾患である．最近では病理所見，臨床症状より診断される古典的な核黄疸と区別し，ビリルビン神経毒性による脳障害をビリルビン脳症と定義している．出生後，新生児赤血球の破壊とともに生理的に発生する間接ビリルビンは，脂溶性のため体内に蓄積する．これが生理的な範囲を超えると脳血液関門を容易に通過するため核黄疸のリスクが高まる．核黄疸を防ぐために管理基準にもとづいて光線療法や交換輸血が行われてきた．光線療法機器の進歩により，正期産児の核黄疸は稀有な疾患となったが，近年，早産児や極低出生体重児ではアテトーゼ型脳性麻痺の原因として注意が喚起されている．特に早産児核黄疸では高ビリルビン血症を認めない例が多く，低ビリルビン血性核黄疸の多いことが明らかになってきている．早産児核黄疸の発生を予防するために，生後2週以降の管理指針の作成が求められている．

●超低出生体重児と発達障害　超低出生体重児の神経発達予後の評価に関して，ASD，学習障害，注意欠陥多動症（ADHD）などの評価を加えた調査は極めて少ない．日本では，低出生体重児の発達予後を発達検査や知能検査だけで評価している調査が依然として多い．金澤らが超低出生体重児におけるASDを含む発達障害の発生率が一般の集団よりも高率であることを明らかにした[3]．超低出生体重児の神経発達予後の評価には，認知能力のみならず，ASD，学習障害，ADHDなどの発達障害や行動問題への評価尺度を加えていく必要があることを示唆している．　　　［岩井和之］

表1　超低出生体重児における発達障害の発生率

分類	人数（人）N＝43	出現率（％）	文部科学省調（2012）N＝53,882
学習障害	9名	20.9%	4.5%
ADHD	13名	30.2%	3.1%
知的発達障害のないASD	3名	7.0%	1.1%
軽度発達障害	18名	41.9%	6.5%

📖 参考文献
[1] 河野由美「周産期母子医療センターネットワークデータベース解析からみた極低出生体重児の予後」日児誌，118, 613-622, 2014
[2] 見松はるか他「脳室周囲白質軟化症」ネオネイタルケア，26(5), 476-481, 2013
[3] 金澤忠博他「超低出生体重児の精神発達予後と評価」周産期医学 37(4), 485-487, 2007

起立性調節障害

　起立性調節障害（OD）は朝起き不良・立ちくらみ・全身倦怠感などを主訴とする思春期に多い疾患である．症状は午前中に強く遅刻や欠席が増えるため，登校拒否児の心因性症状あるいはうつ病の症状と考えられた時期もあるが，現在は自律神経機能の異常による循環器系疾患として認知されている．患者には遺伝的素因があるとされ，女子にやや多い．また，ODの7～8割が発症や症状の経過に心理社会的ストレスが影響している心身症（「心身症」参照），つまり治療に際して心理社会的因子への対応が必要な病態ととらえられている．小児の心身症の中で最多であり，夜型社会による睡眠リズムの乱れ，社会の多様化によるストレスなどの影響により増加傾向にある．長期予後調査では成人期以降も症状を残す例が半数前後あり，思春期に限定した疾患ではない．

●**OD症状はなぜ起こるのか**　人が立ち上がると重力により血液は急激に下半身に移動し，心臓に戻る血液が不足して血圧が下がる．このとき健康な人では自律神経がすみやかに反応し，下半身の血管を収縮させて心臓に戻る血液を増やし，心拍数増加により全身に送り出す血液量を維持するよう働いて血圧低下を防いでいる．しかしOD患者では思春期の急激な身体発育の影響により自律神経のバランスがくずれ血圧が低下することにより脳や全身に酸素や栄養が行き渡らず，立ちくらみや全身倦怠感，思考力や集中力の低下などの症状が現れる．このとき横になると重力の影響が減り，脳や全身への血流が回復して症状が改善するため，患者は横になることが増え「怠けている」と誤解される．

　また自律神経の活動性には24時間周期の日内リズムがあり，朝に身体が活動し，夜は休息するよう働いている．ODではこれが午後にずれ込み，朝は身体が休息状態で起きられず，夜は活動性が高く眠れない．これがまた朝起きの悪さにつながる悪循環を形成し，「夜ふかし」や「学校嫌い」による生活の乱れと誤解される．

●**ODの診断と治療の流れ**（図1）

　診断：ODは身体症状から疑われる他の疾患を，診察と各種検査により除外したうえで，新起立試験により診断する．また日常生活への支障に応じて重症度を決定し，心理社会的因子の関与を判断したうえで治療方針をたてる．

　治療：①疾病教育：ODは身体の病気であり，治療には時間がかかることを患者と家族に説明する．②非薬物療法（生活指導，運動療法，食事療法）：あせらずに生活リズムの改善をはかり，不足しがちな水分（最低でも1日1.5l）と塩分（1日10～12g）摂取により循環血漿量を増やす．また軽い運動や，下半身の血液

図1 OD診断と治療の流れ

身体症状（三つ以上あればODを疑う）	診察と検査（他の疾患を除外）	新起立試験によるサブタイプの判定	「心身症としてのOD」診断チェックリスト	治療
①立ちくらみ・めまいを起こす ②立っていると気持ちが悪くなり，ときに倒れる ③入浴時あるいは嫌なことを見聞きすると気持ち悪くなる ④少し動くと動悸・息切れがする ⑤朝起きづらく，午前中調子が悪い ⑥顔色が青白い ⑦食欲不振 ⑧腹痛 ⑨疲れやすい ⑩頭痛 ⑪乗り物酔い	・診察 ・各種検査：検尿，便潜血，血液検査，心電図や胸部X線検査，心臓エコー検査 <除外診断>：甲状腺機能亢進症，副腎機能低下，脳腫瘍，鉄欠乏性貧血，心筋炎，原発性肺高血圧症など	・安静臥床10分後の血圧・脈拍と，起立後10分間の血圧・脈拍を時間ごとに測り，起立後の血圧回復時間を測定 ※午前中に実施 <血圧心拍反応によるサブタイプ> ①起立直後性低血圧 ②体位性頻脈症候群 ③血管迷走性失神 ④遷延性起立性低血圧	・4項目が週1〜2回以上＝心理社会的因子が関与 ①学校を休むと症状軽減 ②繰り返し再発・再燃 ③気になることを言われると症状増悪 ④1日のうちでも身体症状の程度が変化 ⑤身体症状が二つ以上 ⑥日によって症状が次々に変化	①疾病教育 ②非薬物療法 ③学校への指導・連携 ④薬物療法 ※心理社会的因子の関与が疑われる場合， ⑤環境調整（友達・学校・家庭） ⑥心理療法

貯留を防ぐ弾性ストッキングなどの利用を促す．③学校への指導と連携—病状を説明し対応の指導：長時間の起立や暑気を避けるなど．④薬物療法（昇圧剤や漢方薬）：非薬物療法の効果がなく日常生活への支障が大きい時に併用する．心理社会的因子の関与が疑われる場合には，身体症状の治療を優先しつつ，⑤環境調整（友達や学校，家庭など），⑥心理療法をあわせて行う．

　予後：治療には数年以上かかり，季節により再発することも多い．

●ODと不登校　ODの約半数に不登校を伴う．理由として，(1)OD：OD症状が強く登校できない，(2)OD（心身症）：ODの発症と経過に心理社会的因子が強く関与し，症状の改善が遅れて登校できない，(3)OD＋二次障害：治療によりOD症状は改善しても，長期欠席したことにより生じた学習の遅れや学校生活に対する不安により登校できない状況が続く，といったことがあげられる．

●ODと発達障害　発達障害児の6〜7割に心身症が合併し，中でもODが最多との報告がある．原因として脳機能障害に伴う認知および身体機能の異常（自律神経系の脆弱性）やストレスとなる心理社会的因子が多いことがあげられる．心身症や不登校をきっかけに発達障害に気づかれるものも多く，多彩な身体症状が続く場合には，心身症だけでなく併存する発達・行動上の問題や精神症状に留意して診断と治療に当たる必要がある．　　　　　　　　　　　　　　　　［金　泰子］

参考文献
[1] 日本小児心身医学会編『小児心身医学会ガイドライン集（改訂第2版）』南江堂，2015
[2] 田中英高編，五十嵐隆監修『子どもの不定愁訴―小児科学レクチャー4(1)』総合医学社，2014

後天性脳機能障害

　出生後の外傷や疾病によって脳損傷を来し，機能に障害が出現するものが後天性脳機能障害である．脳機能には感覚や運動といった低次の機能と，思考や記憶などの高次の機能がある．ここでは，高次の脳機能のうち病巣と症状の対応が比較的明確な単症状といわれる症状について概説する．

●**失認**　ある特定の感覚様式を介した場合に対象の認知ができなくなる症状である．ほかの感覚様式を介せば対象は認知できる．聴覚失認は，純音聴力検査ではほとんど問題はでないが，サイレンや犬の鳴き声などの音（環境音といわれる）の意味がわからなくなる．多くは両側の側頭葉損傷による．小児ではヘルペス脳炎後やランドウ・クレフナー症候群によるものが報告されている．広義には純粋語聾を含む．これは，聴こえた言語音が何の音か正しく認識できなくなる症状で，左側頭葉損傷で生じる．視覚失認は，視力には問題がなくても，見たものが何だかわからなくなる症状である．障害のされ方によって，形の認知もできない統覚型視覚失認，部分は認知できるがそれをまとまりとして認知することが困難になる統合型失認，形は認知できるがそれが何であるかわからない連合型視覚失認といった分類がなされている．

　認知対象による分類には，物体失認，画像失認，相貌失認，色彩失認などがある．いずれも脳の後方領域の損傷によって生じる．触覚失認という症状もある．視空間失認も重要である．このうち最も頻度の高い半側空間無視は，半側の視空間を認知できない症状だが，その状態に本人は気付いていない．左右大脳半球損傷で起きるが，右半球損傷による場合はより重度で持続することが多い．麻痺や盲などの，自身の病的な状態を認識できない病態失認という症状も知られている．

●**失語症**　聴いて理解する，読解，話す，書くという言語の基本的機能すべてが損傷される障害である．右利き者の98％以上，非右利き者の65％以上は言語の主要な機能が左半球に偏って存在するため，ほとんどの場合，左大脳半球の損傷によって生じる．小児では小児失語とよばれる．症状は重症度によって異なり，理解も表出もほとんどできない重度例から，日常会話は可能だが職業や学業で支障が出るといった比較的軽度の症例も存在する．

　具体的な症状として理解面では，聴いた言語音（列）あるいは文字（列）が，どの言語音（列）かあるいはどの文字（列）かわからないといったことが起きる．あるいは，音（列）や文字（列）はわかっても意味が理解できなくなったり，複雑な文法の理解が低下したりする．表出面では，言いたいことや書きたいことはあるのに，必要なことば（音列や文字列）が想起できなかったり，言い誤り（錯

語）や書き誤り（錯書）や時にはまったく日本語にないことば（新造語）が出現したりする．代表的なタイプとしては，理解は比較的良いがたどたどしい話し方になるブローカ失語，話し方は流暢だが言い誤り（錯語）が多く出現し，理解も低下するウェルニッケ失語が知られている．

　ほかにも，良好な復唱を特徴とする超皮質性失語，理解は比較的良好だが音の言い誤りが多く出現する伝導失語，ことばの想起障害を主症状とする失名辞失語，非常に重度の全失語などがある．多くの場合，言語聴覚療法によって症状は改善するが，元通りにはならない．小児では脳の可塑性が高く成人に比べて改善はよいが，教科学習には支障を来す例も多い．関連症状の一つに失読失書がある．文字言語だけに障害が出現する症状で，左側の頭頂葉損傷での報告が多い．また，側頭葉後下部の損傷ではほぼ漢字に限局した失読失書が出現する．

　失語症に関連する症状としてはほかに，運動能力に問題がないのに想起した言語音を正しく発音するためのプログラムの障害が推定されている発語失行（失構音，アナルトリーなどがほとんど同義），書くことだけが困難になる純粋失書，読むことだけが困難になる純粋失読などの症状がある．

●**失算**　いったん獲得された数の処理や計算能力が障害される症状である．数字の読み書き誤りや桁の処理などの数の処理の障害と，計算障害に区別される．後者は失演算ともいわれる．計算能力自体の障害と，視空間や注意，ワーキングメモリー，全般的な知的能力障害などに伴う二次的な計算障害がある．数の処理や計算能力自体の障害は左頭頂葉によると考えられている．左頭頂葉の角回近傍の損傷で，手指失認，左右障害，失書，失算の4徴候からなるゲルストマン症候群が出現することが知られている．

●**失行**　20世紀初頭，H. リープマンによって最初に系統的に記載された．麻痺や失調などの運動障害や感覚障害，精神障害などでは説明のつかない行為の障害である．肢節運動失行は拙劣症ともいわれ，ボタンをはめたり，本のページをめくるといった動作がスムーズに行えなくなる．中心前・後回の損傷で，反対側の上肢に出現する．口部顔面失行は，意図的に呼気を調節したり，舌や顔面の動きが行いにくくなる症状である．自然な状況下では実施できる．観念運動失行は，バイバイやジャンケン，櫛を使うまねなどが意図的にしにくくなる症状で，やはり自然な状況下では行うことができる．左半球の比較的広範な損傷で出現する．観念失行は，単一あるいは複数物品の使用が困難になる症状である．近年，使用失行という呼称も使われるようになってきている．左大脳半球損傷によって生じる．着衣失行は衣服の着脱が困難になる障害で，右の頭頂葉が重視されている．ほかに，歩行失行，発声失行，嚥下失行などがある．　　　　　　　　　　［春原則子］

視覚障害

　視覚障害は「現行の治療手段で改善が期待できない視機能の障害があるために，長期にわたり日常生活または社会生活に相当な制限を受ける状態，またはその障害をいう．一般には法令等によって規定される程度の障害をさす（日本ロービジョン学会，2004）」と定義され，視機能が低下し，全く見えなかったり，見えにくかったりする状態をいう．日本では身体障害者福祉法に視力と視野に分けてその障害の程度を規定し，1〜6等級を定めている．なお両方の障害の場合は合計指数で等級を算出する．教育分野の定義では屈折矯正しても視力が0.3未満の場合を特別支援学校の対象としている．よく使われる用語の盲と弱視（ロービジョン）の違いとして，盲は矯正視力0〜0.05未満で，主に視覚以外の感覚により日常・社会生活を送る者をいう．一方で弱視は矯正視力0.05〜0.3未満で，視覚障害があるものの日常・社会生活が可能である者をいう．なおここでいう弱視は社会的弱視であり，視覚臨界期に生じる医学的弱視とは区別して用いる．

●**眼球，視路の解剖と障害パターン**（図1）　視覚障害を考える際，角膜，水晶体，網膜と視神経乳頭が眼球解剖として重要である．また眼球の網膜内で処理された視覚情報は視神経→視交叉→視索→外側膝状体→視放線→後頭葉（視中枢）へ伝達される．この経路を視路とよぶ．なお腫瘍や脳内出血，あるいは虚血，頭部外傷などにより視路の任意の場所が障害された場合に視野異常が生じる．視野障害のパターンは視路の解剖学的構造で規定される．

●**視覚障害の原因**　文字が読みにくいなどの症状の場合，稀に器質的眼疾患や強度の遠視を有するような医学的弱視の場合があり，眼科受診をすすめる．

　1）器質的疾患　緑内障，糖尿病性網膜症，加齢黄斑変性，網膜色素変性（夜盲）が主な原因疾患であり，視覚障害認定者の中でも上位を占める．他に角膜疾患，先天白内障，未熟児網膜症，視神経萎縮の割合は近年減っているが，小児科的全身疾患ではこれらの眼疾患の合併は多い．また腫瘍や脳内出血，頭部外傷などにより視路の任意の場所が障害されると視野異常が生じる．

　2）機能的異常　等級による視覚障害の規定からは外れるが，機能的異常を伴う三つの視覚障害について説明する．

①**色覚異常**：眼鏡などの器具による矯正の手段がなく，重篤な場合は社会生活上の問題がしばしば生じる．2014年に学校で色覚検診の実施体制を整えるよう通達がなされた．今後は医療，教育関係者が連携の上，色覚異常者が自身の色覚特性を知り，進学や就労で不利益を受けることがないよう適切な対応が望まれている．

②**心因性視覚障害**：目の心身症の一つである．7〜12歳，女児に多く，主な症

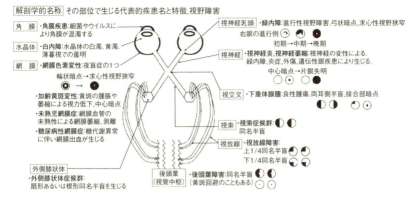

図1 眼球,視路の解剖と障害パターン

状は他覚的所見と一致しない自覚的な視力低下,視野異常(求心性視野狭窄,らせん状視野など)である.その他に色覚障害(色視症:外界がピンクに見える)や夜盲症状が見られることもある.

③**医学的弱視**:発達期に斜視や屈折異常,不同視,眼瞼下垂や角膜混濁,先天白内障などによる形態覚遮断など何らかの視覚的要因で正常な視覚発達が妨げられたことによって生じる弱視のこと.片眼視力は基本的に良好であるが,弱視眼視力の予後は発症要因によってさまざまである.社会的弱視とは区別する.

●**視覚障害者への対応と支援** 視能訓練士の検査と医師の評価により器質的疾患の診断・治療が行われる.小児の場合,視覚機能の臨界期を念頭においた治療が重要で,まず屈折矯正(眼鏡など)による適切な視環境を整える.本人には物の形や大きさなどをよく触って理解させ,他の感覚(においや音)なども手がかりとして周囲の様子を確かめ,予測する経験を積ませることが重要である.その他,本人や家族の主訴,ニーズに基づき,残存している視機能を最大限に活用する支援(ロービジョンケア)を実践する.具体的にはMNREADなどでの評価を行い,拡大鏡や単眼鏡,書見台や照明などの読書補助具の選定とその活用を目的とした訓練,DAISYやAccessReadingなどを活用したICTによる支援を行う.視覚障害者にとって印刷物はコントラストが強調されたものや白黒反転提示が見やすいことが多い.また屋外では羞明軽減のために遮光レンズが処方される.こうした対応と支援では学校教員,作業療法士,歩行訓練士,日常生活指導員,特別支援教育士,心理専門職などとも連携を図り,日常生活の困難が軽減するよう各専門職による医学的・心理的・教育的・社会的支援が包括的に行われるのが理想である. [内山仁志]

📖 **参考文献**
[1] 医療情報科学研究所編『病気が見える7 脳・神経』メディックメディア,2011
[2] 山本修一編著『ロービジョンケアの実際』中山書店,2015

視機能・視覚認知障害

　視覚に関する機能は，目の検査として通常測定される視力だけではなく，多くの能力から成り立っている．大きくは視機能，視覚認知，目と手の協応の三つに分けられる．視機能は，外界からの情報を取り入れる入力系の働きを担い，視力，視野，色覚，調節力，両眼視，眼球運動などが含まれる．視覚認知は，入力された情報を分析する働きを担い，視覚的注意，空間知覚・空間認知，形態知覚・形態認知などが含まれる．目と手の協応は，視覚情報を運動機能に伝える出力系の働きを担う（表1）．いずれの機能も生まれながらにして身についているものではなく，自分から意図的に視覚を使う活動や運動を通して発達していくものである．子どもによっては，発達がゆっくりであったり，バラつきがみられたりすることがあり，発達障害の子どもでは，定型発達の子どもに比

表1　視覚に関する機能の分類

- 視機能：外界からの情報を取り入れる
  視力，視野，色覚，調節力，両眼視（眼位，輻輳，立体視），眼球運動
- 視覚認知：入力された情報を分析する
  視覚的注意，空間知覚・空間認知，形態知覚・形態認知，視覚的記憶
- 目と手の協応：視覚情報を運動機能に伝える
  目と手の協応

べて，視覚に関する機能の弱さが高い頻度でみられることが報告されている．眼科的な検査に含まれない視覚認知や目と手の協応も含め，発達障害の子どもの視覚に関する機能をチェックすることは重要である．
　なお，ここでいう「視覚認知」という用語は，より低次の視覚の情報処理である「視知覚」を含む．「視知覚認知」「視空間認知」「視覚情報処理」などともよばれ，ほぼ同じ意味で使用されることが多い．

●視機能・視覚認知に障害があるときにみられる症状　視機能・視覚認知に障害がある場合でも，子ども本人は自分の見え方を他の子どもと比較することはできないため，症状を自覚したり訴えたりすることは少ない．そのため，教育現場や家庭において子どものようすから「視覚」の問題を疑うことが必要となる．
　視機能に弱さがある場合には，「読んでいるとき，行や列を読み飛ばしたり，繰り返し読んだりする」「長い時間，集中して読むことができない」「黒板を写すのが苦手または遅い」などの症状がみられることがある．視覚認知に弱さがある場合には，「数字，かな文字，漢字の習得にとても時間がかかる」「表やグラフを理解するのが苦手」「図形や絵を見て同じようにかき写すことが苦手」などの症状がみられることがある．目と手の協応に弱さがある場合には，「ラケットやバットでボールを打つのが苦手」「ハサミを使った作業が苦手」「定規，分度器，コン

パスを上手に使えない」などの症状がみられることがある．

　このような症状は，視覚に関する機能の弱さが要因となっていることもあるが，言語・聴覚，注意集中，全般的な知的能力などが要因となっていることもあり，適切な検査を実施し要因を特定することが大切である．

●**検査と機能低下への対応**　子どものようすから視覚に関するつまずきが予想される場合，まず眼科を受診して眼科的疾患の鑑別を行う．眼科的疾患があればその治療が優先される．眼科的疾患が否定されれば，オプトメトリストや専門知識がある特別支援教育士などにより，詳しい検査を受ける．

　視機能・視覚認知に関する検査は海外では多く開発され，利用されているが，日本で標準化され，利用されている検査は少ない．その中で，海外の標準値が活用できる検査，日本で標準化されている検査を表2にあげる．

　視機能・視覚認知に低下があると判断された場合，2方向からの対応が考えられる．まず，トップダウンの支援である．これは子どもの弱さに応じて合理的配慮を行ったり，ユニバーサルデザインを取り入れることである．例としてプリントや教科書を拡大したりスペースを広くとる，デジタル教科書を利用する，必要な情報のみを提示する，コントラストを強くする，操作しやすい文房具を利用するなどの方法が考えられる．

表2　視機能・視覚認知に関する検査

- NSUCO（Northeastern State University College of Optometry）
  眼球運動の検査
  適応年齢：5歳0か月〜14歳11か月
- DEM（Developmental Eye Movement Test）
  眼球運動の検査
  適応年齢：6歳0か月〜13歳11か月
- 近見・遠見数字視写検査
  主に眼球運動および目と手の協応の検査
  適応年齢：6歳0か月〜14歳11か月
- DTVP フロスティッグ視知覚発達検査
  視覚認知および目と手の協応の検査
  適応年齢：4歳0か月〜7歳11か月
- DTVP-3（Developmental Test of Visual Perception 3rd edition）
  視覚認知および目と手の協応の検査
  適応年齢：4歳0か月〜12歳11か月
- WAVES（Wide-range Assessment of Vision-related Essential Skills）
  視機能，視覚認知および目と手の協応の検査
  適応年齢：小学1年生〜6年生

　次に，ボトムアップの支援である．これは低下のみられる能力の改善を試みることで，ビジョントレーニングが主な支援の方法である．　　　　　［三浦朋子］

参考文献
[1] 玉井　浩監修，奥村智人・若宮英司編著『学習につまずく子どもの見る力―視力がよいのに見る力が弱い原因とその支援』明治図書，2010
[2] 奥村智人『教室・家庭でできる「見る力」サポート＆トレーニング―発達障害の子どもたちのために』中央法規出版，2011
[3] 竹田契一監修，奥村智人・三浦朋子『「見る力」を育てるビジョン・アセスメント「WAVES」』学研教育みらい，2014

聴覚障害

　人が生まれてから死に至るまでに聞こえの問題を抱える割合は10～16％と報告されている．聴覚障害はいわゆる聴覚伝導路のいずれかの障害によって聴力に障害を来した聴力の障害と，聴覚知覚の障害を包含している．
　中耳以前の障害で生じる伝音性難聴と内耳の障害で生じる内耳性難聴（いわゆる典型的な難聴）と蝸牛以降の聴覚伝導路の障害で生じる後迷路性難聴に分類される．さらに最近では，中枢性聴覚情報処理障害（CAPDあるいはAPD）といった聴覚知覚，情報処理過程と関係する症候概念も示されている．発達期では感覚器の障害である聴覚の問題（一次障害）が言語，学習，コミュニケーションに及ぼす影響（二次障害）について懸念されるが，それぞれの発症の時期や程度によって大きく異なる．

●**新生児聴覚スクリーニング**　わが国では1998年のモデル事業導入以降，現在では全国展開（参加は任意）されている．産科での初回スクリーニングで「refer」（2回実施される）となると生後3か月をめどとして地域指定の精査機関にて精密聴力検査を受け確定診断となり，6か月からの療育開始となる．

●**難聴の程度**　程度による分類では平均聴力レベル（聴力損失の程度）によって分類される（表1）．まったく聞こえない人は少ない．平均聴力レベルは低音域から高音域のいき値を平均（4分法や6分法など）して算出する．音の高さによって聞こえの程度が異なることから，低音障害型難聴や高音急墜型難聴が存在し，これらは一部の音域では音に対する反応がよいため，他の知的障害や発達障害を合併した場合には特に発見が遅れる場合もあった．日本語において会話音域とされるのは500～2000 Hzで特にこの音域が重要視される．難聴の程度が軽い場合でも知的障害や発達障害を合併する場合は言語やコミュニケーションに与える影響に対して注意を払う必要がある．

表1　難聴の程度分類

軽度難聴	25 dB以上40 dB未満
中等度難聴	40 dB以上70 dB未満
高度難聴	70 dB以上90 dB未満
重度難聴	90 dB以上

［出典：文献［2］より］

　聴覚障害の原因として発症ならびに症候の得た時期によって先天性・後天性（出生時点），言語発達の観点から言語習得期前・後，要因によって外因性・内因性，合併症の有無によって症候性か非症候性かに類型することができる．両側先天性高度感音難聴の出現率はおおむね1/1000（0.1％）弱，片側難聴もほぼ同程度である（学齢期には遅発性，進行性難聴などの要因で上昇する）．先天性難聴の原因は，遺伝性難聴を筆頭に，先天性風疹症候群やムンプス，サイトメガロウィルス感染症である．

●**難聴児の言語発達と教育・指導**　言語習得期前高度感音難聴の言語発達の特徴としては「やりもらい文」や抽象語の理解に課題を示す児童が多い．現在は特定のコミュニケーション手段に偏らず手話も音声言語も対象となる児童の特長や場面に合わせて利用する「トータルコミュニケーション」による指導が一般的である．療育場面では実際のやり取り場面を中心としたコミュニケーション指導が中心である．近年，言語発達遅滞児への言語訓練の枠組みを用いた語彙や統語面を標的とした集中的な指導法も提唱されているが，学習面の効果や社会コミュニケーション面への効果は検証されていない．

●**中枢性聴覚情報処理障害（APD）**　末梢聴力に問題はないが「しっかりと聞き取る」ことが困難になる症候であり，語音弁別能の低下を認める．日本語圏ではAPD単一で顕著な言語発達に問題を引き起こすといった報告はないが，音韻情報処理の基礎でありコミュニケーションや学習面には一定の影響をもち，学習障害の「きく」との関与が考えられている．APDは標準純音聴力検査で検出できないために，以前は「機能性難聴」と診断される場合が多かった．環境調整（S/N比改善）や聞き取りの際のトップダウン処理活用などによって改善を図ることができる．

●**人工内耳と補聴器**　双方に共通する問題であるが，一対一に比べて集団でのコミュニケーション場面（受聴場面）での困難さが顕著となる．両者の違いは，補聴器がマイクで拾った音声を増幅して中耳に出力する「音→音」の変換過程であるのに対して，人工内耳は拾った音をプロセッサで分析し信号に変換してインプラントに送り蝸牛に挿入された電極から聴神経を直接刺激する「音→電気刺激」の変換過程をへる（図1）．人工内耳はプロセッサで処理された信号を基に，蝸牛に挿入された電極を直接刺激することによって「聞こえ」を再現するシステムである．時間分解能や周波数分解能を完全に再現できているわけではない．十分な人工内耳装用効果を得るためには装用に先だって補聴器装用による聴覚活用が望まれる．

［川崎聡大］

参考文献
[1] 中川雅文『耳と脳―臨床視覚コミュニケーション学試論』医歯薬出版，2015
[2] 聴覚医学会難聴対策委員会「難聴対策委員会報告―難聴（聴覚障害）の程度分類について」Audiology Japan 57, 258-263, 2014
〈http://audiology-japan.jp/audi/wp-content/uploads/2014/12/a1360e77a580a13ce7e259a406858656.pdf〉
[3] 森尚彫「日本における人工内耳の現状」保健医療学雑誌，6(1), 15-23, 2015

認知障害を起こすその他の神経疾患など

　認知障害を伴うことがある神経疾患のうち，他項にないもの，および，内分泌疾患や，治療により認知障害が起きる可能性のあるものを本項で取り上げる．

　小児期，思春期，青年期では成人と比べ脳血管障害が少ないが，モヤモヤ病，片側けいれん-片麻痺-てんかん（HHE）症候群，脳腫瘍，ヘルペス脳炎，てんかん手術後などでは脳の局所的機能障害が生じ，巣症状に対して注意が必要となる．しかし多発性の病巣のこともあり，必ずしも巣症状が明確ではなく全般的な認知機能低下が前景に立つことも多い．

●**水頭症**　水頭症は頭蓋内に髄液が過剰に貯留する状態で，そのために脳実質が圧排される．シャント手術により髄液量の適正化が図られるが，その後の発達には幅がある．脳機能領域別では，運動，視知覚，視覚運動領域の問題が顕著である．水頭症の重症度が大きな因子であることは間違いないが，脳梁や白質の異常の影響が大きいとされる．脳室容量の増大と特に後頭葉脳実質容積の低下が認知障害に関連するといわれているが，まだ結論は出ていない．

●**二分脊椎/脊髄髄膜瘤**　通常，脊髄は脊椎の中に存在する（「中枢神経系」参照）．胎生期に神経板の埋没と神経管の形成（「神経系機能の発達」参照）の不全が生じることにより，脊髄や脊椎骨の形成が阻害される奇形を二分脊椎あるいは脊髄髄膜瘤とよぶ．仙椎，腰椎に起こることが多い．程度はさまざまで，軽い場合は神経症状がなく潜在的な脊椎骨の形成不全のみですむこともあり，重い場合は体表面に組織が露出していることもある．発生部位より下位の運動と知覚麻痺が生じ，下肢の麻痺や変形，膀胱直腸障害による排泄障害を認める．水頭症を合併することが多い．水頭症合併の有無にかかわらず運動，言語，読字，算数領域の発達の問題を呈することがあり，特に計算障害の合併の頻度が高い．

●**末梢神経疾患・筋疾患**　神経疾患や筋肉疾患により筋力低下が起こる．脊髄以下の神経の障害や筋肉の障害では基本的には知的障害など認知の問題は生じにくいが，筋力低下は運動だけでなく日常動作も阻害するので，学習など机上活動でも合理的配慮の対象である．筋力低下の原因となる神経疾患は脊髄性筋萎縮症など脊髄疾患，ギラン・バレー症候群，シャルコー・マリー・トゥース障害などの末梢神経疾患がある．筋肉疾患は進行性筋ジストロフィー，先天性筋ジストロフィー，先天性ミオパチーなどがある．日本では先天性筋ジストロフィーは福山型筋ジストロフィーが多く，脳回形成異常や髄鞘化の遅れなど中枢神経障害と知的障害が合併する．進行性筋ジストロフィーの重症型であるデュシェンヌ型筋ジストロフィーでは，知能低下を認めることがあり，特に言語領域の問題が多いと

される．最近の知見では，知的障害，自閉スペクトラム症，多動，注意集中障害がそれぞれ約2～4割に認められるとする報告がある．

●**モヤモヤ病**　脳底部にあるウィリス動脈輪の閉塞と，血流補償のために増殖する脳微小血管（モヤモヤ血管）が本態である．過呼吸などで血管収縮すると一過性に脳虚血が起こり，脱力，意識障害，けいれん，頭痛などの症状が出現する．てんかんや脳出血の原因にもなることもある．血流の回復が遅れると脳梗塞が起こり，不可逆性の脳機能障害を残す．運動，言語，視野障害など巣症状のほか，小児では知能障害が，成人では注意集中や遂行機能の低下が指摘されている．

●**脳腫瘍**　小児の原発性脳腫瘍は小脳や脳幹に発生することが多い．小脳は解剖学的には前頭葉，基底核とのつながりがあり，運動以外に遂行機能，注意集中力，記憶，言語などの認知や感情調節に関わっていると考えられる．脳腫瘍に伴ってこれらの認知機能の障害を認めること，また脳機能に対する影響が治療中や直後ではなく，年を経て明らかになり継続することが注目される．前頭葉や帯状回など小脳テントより上の灰白質，白質の微小構造に変化を認めるとする報告もある．脳腫瘍治療後の認知機能障害は，腫瘍，手術による組織損傷，薬剤・放射線治療，合併する水頭症の影響を複合的に考える必要がある．

●**悪性腫瘍の治療**　小児期の悪性腫瘍では白血病と脳腫瘍の頻度が高い．治療として抗がん剤投与と頭蓋放射線照射が行われるが，10年以上にわたって知的水準の低下が進行することは，治療の課題となっている（遅延性神経認知効果）．放射線照射が細胞増殖の抑制や可塑性に関与する細胞環境に影響を与えることが原因とみられ，また，成長ホルモンや甲状腺ホルモンの分泌低下も関与する可能性がある．脳腫瘍の場合，さらに局所の組織破壊が加わるので認知障害を起こす危険率が上がる．最近の治療プロトコールでは放射線照射量を制限する方向にある．

●**クレチン症（先天性甲状腺機能低下症）**　甲状腺ホルモンはエネルギー利用を促進する働きがあり，不足すると神経，消化器，循環器など全身の代謝が阻害される．橋本病など後天性に起こる甲状腺機能低下症は粘液水腫ともよばれ，精神活動が不活発となる．また甲状腺ホルモンは脳の成長にも不可欠で，先天的に甲状腺ホルモンが不足するクレチン症では低身長や知的能力障害が生じる．甲状腺機能低下症には甲状腺ホルモン投与が行われるが，知的能力の回復は甲状腺ホルモン不足期間の影響を受ける．そのため早期発見が重要であり，日本では新生児期にマススクリーニングが行われ，乳児期より治療が行われている．　　［若宮英司］

参考文献

[1] V. Ricotti, et al, "Neurodevelopmental, Emotional, and Behavioural Problems in Duchenne Muscular Dystrophy in Relation to Underlying Dystrophin Gene Mutations", *Dev Med Child Neurol*, Jan;58(1):77-84, 2016

物質依存

　脳に変化をもたらす物質を物質（substance）とよび，それに関連した障害を物質関連障害とよぶ．物質関連障害には物質乱用，物質依存，物質中毒などが含まれる．乱用とはルールに反した行為を示すが，物質乱用は社会規範から逸脱した目的や方法で，物質を自己摂取することを示す．

　物質依存は物質の乱用の繰り返しの結果として生じた慢性的な状態であり，その物質の使用を止めようと思っても，摂取したいという渇望に抗しきれず，自己コントロールできずに物質を乱用してしまう脳の異常状態のことを示す．DSM-5では物質関連障害群をアルコール；カフェイン；大麻；幻覚薬；吸入剤；オピオイド；鎮静薬，睡眠薬，および抗不安薬；精神刺激薬；タバコ；他の物質に依存を引き起こす物質の10の異なる分類の薬物に分けており，いずれもが病的な中毒症状をもたらす．一方で症状の出方は物質により大きく異なる．依存の定義は，行動的依存と身体的依存を含んでいる．身体的依存は薬物が生体内にある期間存在し続けることによって，その人の生体にある種の馴化を引き起こし，物質が生体内に存在するときには，身体的にも精神的にもさほどの問題を生じないが，物質が切れてくると，いろいろな症状を引き起こすことを指す．この症状を離脱症状という．具体的には不眠症，寝汗，発汗，動悸，吐き気といったさまざまな身体的作用があげられる．症状の出方は依存物質によって大きく異なる．物質依存の要因として主に図1にあげた要因が考えられる．身体的依存になってしまうと，離脱症状の苦痛を避けるために，何としてでも物質を入手しようと，法を犯してまでさまざまな行動に出るといった，入手のための行動を起こす．このような行動は行動的依存の一種で薬物探索行動という．行動的依存は物質を探索するための行動や病的な物質使用の行動様式を示す．

　物質依存には個人精神療法や集団精神療法のほかに，種々の匿名会，治療の共同体への参加などの関わりがあるが，たばこのように合法的に使用できる物質とそうでない物質では適用できる介入方法は異なってくる．

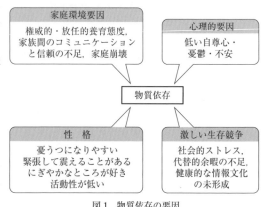

図1　物質依存の要因

特に違法薬物使用者への治療計画について一般化することは困難で，事例ごとに慎重に情報を集め患者の苦痛に共感し治療にあたる必要がある．重度の物質依存者でも医療を経由せずに治癒することはしばしば認められる．

●**物質依存臨床と発達障害**　物質依存臨床ではその背景に発達障害を有する症例が非常に多く，その中でも注意欠如・多動症（attention-deficit/ hyperactivity disorder：ADHD）が多い（自閉スペクトラム症者は物質に依存しやすいいくつかの要因を抱えているが，ルールを遵守する傾向にあることから特に覚せい剤など法的に認められていない物質への依存は少ないと考えられている）．

ADHDの病態の根底には実行機能とともに報酬系の異常が存在していると考えられる．ADHD者は，興味のあることには集中するが，ほかのことには注意が散りやすく，頻繁な転職や衝動的な買い物が多く，性的逸脱や事故が多いこともある．また，この報酬系が正常に機能しないことが物質使用障害に罹患しやすい一因となっている．さらに成人ADHDでは毎日のストレスが大きく，ストレスコーピングが苦手なことも物質使用障害の発症に拍車をかけているといえる（Biederman, 1998）．

●**ADHD患者の物質併存例における治療の注意点**　ADHD患者の治療にあたっては，アルコールや他の物質の乱用・依存がないか慎重に観察する．物質使用状況に関しては，本人から得られる情報は不正確かつ不十分であることが多く，併存する物質使用障害を早期に発見するためには，家族や同僚・上司など周囲からの情報を得ることも有用である．加えて，体重の変動，栄養状態，血液生化学的検査の実施など，身体状況の評価が必要である．治療にあたっては物質使用障害の治療と同様に，断酒あるいは他の物質使用の中止といった環境調整が基本となる．ADHDの症状がアルコールや他の物質の影響により修飾を受けている場合には，飲酒や物質使用を止めることにより病態把握が容易になったり，病状の改善をみることもある．ADHDの病状の改善に，Methylphenidate（MPH）やアトモキセチンの内服は事例によっては有用である可能性があるが，十分な管理のもとで医療目的のみに使用するように環境調整する必要がある．MPH徐放錠のように緩やかに吸収される薬剤では，乱用や依存のリスクが少ないと考えられている．MPH徐放錠は主観的にも効果の実感や多幸感が得られにくい剤型となっている．現在までに，多数の研究でMPH徐放錠を長期的に内服することで，物質使用障害のリスクを下げることができると報告されている（McCabe, 2016）．物質使用障害を合併したAD/HDの治療において大切なことは，安易に薬物療法を行うのではなく，それぞれの症状を鑑みて，心理療法を中心にした心理教育や環境調整を含めて幅広く適切な治療法を考えていくことである．　　　　［熊﨑博一］

行動の依存

　依存症は，のめり込む対象によって，大きく「物質依存症」と「行動嗜癖」の二つのタイプに分かれる．行動嗜癖とは，ある特定の行動のプロセスに執着して依存してしまうものである．主なものに「買い物依存症」「ギャンブル依存症」などがある．「ネット依存症」もこの行動嗜癖の一つである．「行動嗜癖」に関する研究はまだ不十分であり，アメリカ精神医学会が定めるDSM-5では非物質関連障害群としてギャンブル障害の診断基準のみ収載されている．ネット依存症については，「将来，医学的知見が蓄積された段階で追加されるべき診断名」として，「インターネットゲーム障害」があげられている．この基準案は「インターネットゲーム」に特化しているが，「インターネット」に置き換えるとネット依存症のすべてのタイプに利用できると考えられる．

　インターネットゲームへの依存症は，物質依存と同じような脳内メカニズムが関与しているのではないかと考えられている．ある状況に対してとった行動がうまくいった場合，脳内の報酬系が活性化され，側坐核という場所にドーパミンが放出される．これにより快感が生じ，うまくいく行動とセットで記憶される．脳はさらに快感を求めて，繰り返し同じ行動をとるようになり，その行動はよりいっそう強化されていく．本症においては，このような悪循環に陥り，自分の意志ではやめられなくなるのである．さらに，長時間電子映像メディアに接触すると大脳の前頭前野の機能が低下することが指摘されている．前頭前野は学習に重要なワーキングメモリーや感情や欲望をコントロールする機能をつかさどっている．ネット依存症においては，前頭前野の機能が低下し，自己制御がきかない状態に陥っていることが考えられる．

●**ネット依存症とは**　ネット依存症のスクリーニングテストとして，キンバリーヤングの8項目からなる診断質問票がよく用いられる．厚生労働省の研究班は2012年4月に，全国の中高生を対象に本スクリーニングテストを施行した．約10万人の回答を分析した結果，あてはまる項目が五つ以上ある「病的使用」と考えられる中高生は8.1％にものぼることがわかり，数にして約52万人がネット依存症である可能性が高いと報告した．ネット依存症とは，長時間インターネット上のサービスを利用することが原因で「仮想世界思考」「離脱症状」「耐性」「日常生活の支障」が起きている状態である．仮想世界思考：ゲームの仮想世界やネットの世界を，現実の世界よりも居心地よく感じ，優先するようになる．**離脱症状**：メディア機器の使用を制限されると強い不安や怒りを感じ，無気力になる・暴力的な行動をとるなど，不安定な状況になる．**耐性**：それまでの使い方では満足で

きず，より長時間使用，より強い刺激を求めるようになる．**日常生活の支障**：睡眠不足，遅刻・欠席の増加，成績低下，ひきこもり，攻撃性の亢進，家庭内暴力，体力低下，肥満，うつ状態，希死念慮など，生活や健康にさまざまな弊害が起こる．

ネット依存には，主に没頭するサービスの種類によってさまざまな依存のタイプがみられる．ネットゲームへの依存では，ゲームの魅力にはまると同時にネット上の仲間との一体感や称賛が快感となってやめられなくなってしまう．LINEなどのチャット依存は，女子中高生を中心にみられ，既読マークの存在の圧力に振り回され，24時間化のストレスに加え，仲間関係のトラブルが増幅され，グループはずしなどのいじめが続発している．ツイッター，ブログなどのコミュニティーサイト依存では，バーチャルな関係に「ぬくもり」を感じてのめり込み，「いいね」の快感を求めてやめられなくなる．

●**ネット依存症の治療**　依存症になった背景を探らなければ，その完治は難しい．ネット依存症の背景には，学校の授業や部活が楽しくないなどの学校環境の問題，親の権威的あるいは放任的養育態度などの家庭環境の問題，対人コミュニケーションや衝動のコントロールが苦手で自己肯定感が低いといった子ども自身の特徴がある．注意欠如・多動症や自閉スペクトラム症などの発達障害が併存するケースもみられる．学校への不満や友達からの孤立など背景的事情について傾聴すること，健康的な活動を増やして結果的にネットの時間を減らしていくことが大切である．ネット依存症について教育し，本人が自分の問題点に気づいてみずから改善しようと努力すること，子どもも納得したうえで，パソコンやスマートフォンの使い方のルールを設けることが必要である．医療機関で行われている主な治療法として，認知行動療法，運動・作業療法，ソーシャルスキルトレーニング（SST）などがある．家庭内暴力などが著しく，家族がコントロールできない場合，入院治療が必要なこともある．

ネット依存症が重症化してからの治療は困難で，本症においては予防的な対応がきわめて重要である．まず，保護者は子どもが使うスマートフォンなどの管理責任が自分にあることを自覚しなくてはならない．子どもとの間に貸与の前提となる約束事をしっかりと取り交わす必要がある．約束に不履行があれば，保護者は子どもに対して毅然とした態度でのぞまねばならない．さらに学校は，子どもや保護者に対する情報モラル教育を推進しなければならない．生徒たちをネットの危険から守り，教育を受ける権利を守るために，保護者と協力して適切な制度をつくり運用することは，学校がやるべき重要なことと考えられる．　　[森　健治]

📖 **参考文献**
[1] 樋口　進監修『ネット依存症から子どもを救う本』法研，2014
[2] 清川輝基編著『ネットに奪われる子どもたち』少年写真新聞社，2014

薬物使用の一般的な考え方

　精神科領域で薬物療法の対象となる疾患は発達障害のうちの自閉スペクトラム症（ASD），ADHD，チック症，そのほか双極性障害，うつ病，統合失調症，強迫性障害，不安障害，睡眠障害，てんかんなど多岐にわたるが，具体的な薬物療法についてはそれぞれの項目に譲る．本項では精神に作用する向精神薬（抗精神病薬，気分安定薬，抗うつ薬，抗不安薬，中枢刺激薬，抗てんかん薬）や漢方薬など症状に合わせて使用する薬の，一般的な考え方について述べる．

●**薬物療法の役割と必要になる場合**　発達障害は薬で治るのだろうか？　身体的な疾患とは異なり，精神科領域の，特に発達障害では，薬物の効果は第一義的なものではないと考えられており，随伴する症状を和らげ軽減するといった対症療法が中心となる．薬物療法が必要になる場合とは，本人がつらいと感じている，その症状により日常生活に著しい支障がある，その症状が発達の著しい妨げとなっている，深刻な二次障害がみられる，精神疾患の合併があるなどである．

●**薬物療法の標的症状と使用薬剤**　もとの疾患は異なるのに表面上観察される症状は同じにみえる場合，どの疾患のどの症状（標的症状という）にどの薬物を使用するかを考えながら処方する．ASDに対しては不安，過敏，フラッシュバック，興奮，パニック，自傷，他害など，ADHDでは易興奮性，易怒性などが標的症状である．ASD，ADHD，および発達障害に精神疾患（統合失調症様症状，気分障害など）を合併した場合に感情のコントロールが困難なことが不適応の大きな原因となるため，症状の緩和のために，症状に合わせて，抗精神病薬，抗うつ薬，抗不安薬，気分安定薬，漢方薬などを使用する．

表1　標的症状と主な使用薬剤

標的症状	使用薬剤
①感情のコントロールが困難	
・ASD：不安，過敏，フラッシュバック，興奮，パニック，自傷，他害	抗精神病薬，漢方薬
・ADHD：易興奮性，易怒性	ADHD治療薬，抗精神病薬，漢方薬
・統合失調症様症状，気分障害：攻撃性　易興奮性，不機嫌	抗精神病薬，抗うつ薬，抗不安薬，気分安定薬，漢方薬
②多動・衝動性・不注意	ADHD治療薬
③睡眠障害	睡眠薬，漢方薬，メラトニン
④発達障害で合併しやすい症状	
・強迫症状	SSRI，抗うつ薬，抗精神病薬
・チック症状	抗精神病薬，漢方薬，少量L-ドーパ
・解離性症状	抗不安薬，SSRI，抗精神病薬

●**他の治療との関連・選択・薬物中止のタイミング**　ADHDに対しては「ADHD

の治療薬」の項を参照されたい.

　ASDに対しては，薬物療法を開始する前に，標的症状を明確にして，まず適切な環境調整と行動面へのアプローチを行う．それでも不適応状態が改善されない場合は治療の一助として薬物による介入を試みる．副作用の少ない薬物を少量から使用する．抗精神病薬は一般的に適正量まで漸増し，通常，効果発現に7～10日ほどかかるが，興奮時に頓服で使用するタイプはその限りでない．症状が改善したら漸減していく．ADHDを併発した例ではADHD治療薬を使用することもあるがADHD単発例に比べ有効性が低く，興奮，こだわりが強くなるなどの副作用により中止する例もみられる．ASDの中核症状の治療薬は確立されたものはない．

●**副作用**　向精神薬の副作用は消化器，血液，腎臓，中枢神経，アレルギーなど多岐にわたる．また抗精神病薬は種々の副作用が出現する可能性があるため慎重に使用することが必要である．

●**保険外使用（適応外使用）**　小児に適応をもった精神科の薬はきわめて少なく，現在正式に許可されているものは，ADHD治療薬のメチルフェニデート（商品名コンサータ）とアトモキセチン（商品名ストラテラ）とASDではピモジド（商品名オーラップ）だけであったが，2016年2月リスペリドンが小児期（5歳以上18歳未満）のASDに伴う易刺激性について保険適応が認められた．アリピプラゾール（商品名エビリファイ）は申請中．しかし多くの薬剤が成人適応の薬剤の適応外使用（off-label use）である．小児の治験（厚生労働省から薬として承認を受けるための臨床試験）は困難であり，15歳未満についての知見はないため，どうしても処方が必要な場合はインフォームドコンセントを得たうえ，医師の責任のもとに使用している．アリピプラゾールとブロナンセリン（商品名ロナセン）については小児の統合失調症についての治験が行われている．

　睡眠障害に用いるラメテオン（商品名ロゼレム）は小児の安全性については慎重投与であるが処方されることも少なくない．メラトニンについては一部の医療機関で勧めている．

●**薬物乱用**　本来は病気の治療に使用する医薬品を医療目的以外で使用することをさす．習慣性があり乱用されるおそれがある薬物として向精神薬があげられる．睡眠薬なども乱用されるおそれがあるため，処方は30日が限度である．中枢刺激薬であるメチルフェニデートについては「ADHDの治療薬」の項を参照されたい．

［洲鎌倫子］

📖 **参考文献**
[1] 市川宏伸「子どもの薬物療法―医療現場での苦悩」日精診ジャーナル，41(2)，87-99，2014
[2] 精神科治療学 29巻増刊号　発達障害ベストプラクティス―子どもからおとなまで，2014
[3] 石崎朝世「小児心身症学会　講義録」2015.9.12

ADHD の治療薬

　ADHD の薬物療法の原則は，包括的な診断評価を行い，診断が確立してから始めること，ADHD が患者の社会生活に重大な支障となっている場合に薬物療法を考慮することである．薬物療法は，不注意，多動・衝動性症状の軽減が目的で，ADHD を治癒させるものではない．軽症の場合はまず学校や家庭での環境調整や行動療法を行い，薬物療法を必要としないことも多い．

　現在わが国で，ADHD に適応が認可されているのは 2 剤で，2008 年にメチルフェニデート徐放錠（OROS MPH，商品名コンサータ）が，2009 年アトモキセチン（ATX，商品名ストラテラ）が市販された．両者の使い分けに統一した見解はない．

●メチルフェニデート徐放錠（コンサータ）　他害行為の頻発，友達からの孤立，学習ができない，セルフエスティームが低下しているなど機能障害が中等度以上の場合など速効性を期待したいときは，コンサータ錠最少用量の 18 mg を分 1，朝食後内服からスタートする．コンサータは，過度の不安，重症のうつ病などいくつかの精神症状や緑内障，甲状腺機能亢進症，狭心症などの身体疾患やチック症/障害またはその既往歴，家族歴がある場合など禁忌とされている．最も多い副作用は，食欲不振，腹痛，初期不眠症，体重減少などである．昼食時の食欲不振を訴える場合が多い．その場合は，帰宅後のおやつや夕食を多めにとるなどする．体重や身長のフォローを要する．作用が服薬後 12 時間継続するので入眠困難を防ぐために午前の遅い時間や午後に服薬しないように指導する．1 日量は 54 mg を超えないようにする．メチルフェニデートの薬理作用は，ドパミンおよびノルアドレナリントランスポーターに結合し，再取り込みを抑制することにより，シナプス間隙に存在するドパミンおよびノルアドレナリンを増加させて神経系の機能を亢進すると考えられている．ADHD の病態と関連性が高い前頭皮質，尾状核・被殻，側坐核のいずれの部位においてもドパミン神経機能を賦活し，実行機能と報酬強化を直接的に改善することが示唆される．コンサータは，ADHD 患者に投与した場合の依存乱用リスクは少なく，徐放剤なので乱用は生じにくいといわれているが，投与は ADHD の診断，治療に精通し，薬物依存を含むリスクなどについても十分に管理できる医師，医療機関，管理調剤師のいる薬局のもとでのみ行う．本剤は適正流通管理が義務づけられており，流通管理委員会のリストに登録された医師/医療機関，薬剤師/薬局のみで取り扱いが可能である．

●アトモキセチン（ストラテラ）　緊急性はないが，起床時や夜間の問題行動で困るとき，1 日中効果を期待したいとき，てんかん，チックやうつ，不安が併存

する場合，コンサータで食欲不振が強くて服薬できない場合などにストラテラを用いる．0.5 mg/kg/日から開始し，1～2週間おきに 0.8 mg/kg/日，1.2 mg/kg/日と増量．1.5～1.8 mg/kg/日まで増量する．1日2回に分けて投与する．食欲不振や腹痛，頭痛，傾眠などが副作用として起こりうるが，コンサータより軽度のことが多い．徐々に増量し，効果の発現が4週から8週とやや時間がかかることを保護者にも伝えておく．カプセルが飲めない小児には，ストラテラ内用液（液剤）があるので飲ませやすい．1日量は 1.8 mg/kg または 120 mg のいずれか少ない量を超えないこと．起立性低血圧の報告があるため，起立性調節障害がある場合は慎重投与する．薬理作用は，シナプス前ノルアドレナリントランスポーターに結合し，選択的にノルアドレナリンの再取り込みを阻害する機序が考えられており，前頭前野のノルアドレナリンとドパミン濃度の上昇が本剤の主な作用と推察される．前頭前野のノルアドレナリンは増加させるものの，側坐核，線条体のドパミン濃度に影響を与えないことから，薬物依存リスクを考慮することなく使用が可能であり，反抗挑発症，不安障害，大うつ病，チック症などの併存障害を悪化させない点が利点である．ストラテラは資格申請なしで医師処方が可能である．

　薬剤の効果判定は，学校と家庭両方の行動評価によって行う．いずれの薬剤も，6歳以上成人までのADHD患者に適応を取得している．

●**薬物療法と他の治療法との併用**　薬物療法を始める場合も，心理教育，環境調整などを併行して行う．ただし，機能障害が大きい子どもの場合，薬が効いてこないと心理社会的治療法もうまくいかないことが多い．薬物療法は機能障害がはなはだしい子どもにとっては大きな手助けになることが多い．服薬によって行動をコントロールできるようになり，機能障害の改善，セルフエスティームの向上，最終的には薬物がなくてもやっていけるようになることが目標であることを保護者に伝える．行動コントロールが自分である程度できるようになり，併存症もみられなければ，薬物療法の終結を検討する．例えば，夏休みから休薬し，2学期の状況をモニターしながら止めた状態で家庭や学校での機能障害を評価するのは一つの方法である．

●**薬物乱用の可能性**　中枢刺激薬であるメチルフェニデートは速放錠（リタリン）が適応外処方されて依存・乱用が社会的問題となったため，2007年10月には適応はナルコレプシーのみとなった．同時に，メチルフェニデートの徐放錠（コンサータ）が日本における初めてのADHD治療薬として製造・販売を許可された．コンサータの依存・乱用例は少ないとはいえ，十分な注意が必要である．

　その他のADHD薬として，グアンファシン塩酸塩（α_2 ノルアドレナリン受容体作動薬），リスデキサンフェタミンメシル酸塩（中枢神経刺激薬で作用はMPHと類似）についてわが国で小児を対象とした臨床試験が進んでいる．　［山下裕史朗］

向精神薬

向精神薬とは，中枢神経系（脳）に作用し，人間の精神機能（心の働き）に影響を及ぼす薬物の総称である．向精神薬の種類と主な対象疾患を表1に示す．

これ以外にも，脳に作用する薬で，主に精神科で処方されるものには，抗てんかん薬，抗パーキンソン病薬，認知症治療薬，漢方薬などがある．表1にあげた薬物を特に向精神薬とよぶのは，脳に強力に作用する反面，乱用，依存，過量服薬などのリスクを伴うからである．したがって，向精神薬は，「麻薬及び向精神薬取締法」のもと，厳格な流通管理が行われている．

表1 向精神薬の種類と主な対象疾患

抗精神病薬	：統合失調症
抗うつ薬	：抑うつ障害，強迫症，不安症
気分安定薬	：双極性障害
中枢刺激薬	：注意欠如・多動症
抗不安薬	：不安症
睡眠薬	：不眠症
鎮痛剤	：疼痛症

発達障害を含め，さまざまな精神疾患は，身体疾患のようには，原因が明らかではないものが多く，薬物療法で根治するものは少ない．しかし，修練を積んだ専門医による適切な薬物療法により，情動や認知の安定，睡眠の改善，問題行動の減少，感覚過敏の軽減などの効果が期待できる．また，薬物療法を通じ，家族や周囲のストレスが低下し，負のスパイラルともいえる悪循環が断ち切られるという間接効果もある．「脳に効く薬は強力で恐ろしい」という先入観がつきまとうため，処方時には丁寧な説明をして，上手に使っていきたい．

●**薬物療法の留意点** 向精神薬の薬物療法に際して，留意点を表2に示す．

向精神薬は，対症療法であることがほとんどであり，子どもの置かれている状況のアセスメントなくして薬に飛びついてはいけない．虐待を受けている場合，不適切な教育環境におかれている場合，トラウマが強く残っている場合などは，薬の効果は限定的である．

小児の場合，ほとんどの向精神薬は「適応外使用」である．つまり，小児に対

表2 薬物療法に際しての留意点

(1) 困ったときに，状況のアセスメントもせず薬に飛びつかない
(2) 薬は原因を改善する根治療法にはならず，対症療法でしかない
(3) 悪循環を断ち切り，成長や発達をサポートする意義はある
(4) 薬物治療の目標と見通しをていねいに説明する
(5) 小児では，向精神薬のほとんどが適応外使用である
(6) 発達障害がある場合は，少量投与をこころがける
(7) 本人にも飲み心地や効き具合を問いながら，投与量や種類を調整する
(8) 標的症状が改善されたら漸減して中止を試みる
(9) 漢方薬や補完代替医療についても情報を集めておく

する有効性と安全性は，国内では確立されていない．エキスパートによる経験則や海外でのエビデンスを元に用いているのが実情である．また，発達障害の場合，薬物過敏性があり，少量投与の方が効果的である．通常量ではむしろ副作用が強く出る場合が多い．

客観的な効果確認はもちろん必要だが，本人にも，薬の飲み心地や効き具合などを聞きながら処方していくことが，薬物療法をささやかな精神療法にするコツである．

●**薬物ごとの留意点** それぞれの向精神薬についての留意点を簡単に述べる．

抗精神病薬は，自閉スペクトラム症の情動不安定，感覚過敏，多動・衝動性，不眠などに用いる．眠気，食欲亢進，不随意運動などの副作用に留意し，少量から用いる．近年はリスペリドンやアリピプラゾールが頻用される．

発達障害で抑うつ的になっている場合は，ほとんどが環境とのミスマッチもしくはトラウマの後遺症である．薬物の出番は「環境調整のあと」である．抗うつ薬も発達障害に過剰に作用しやすく，どうしても用いる場合は，十分に少量から用いる．選択的セロトニン再取り込み阻害薬（SSRI）やセロトニン・ノルアドレナリン再取り込み阻害薬（SNRI）が主流である．抗うつ薬は，強迫症状や不安にも効果を示すが，やはり環境調整が優先されるべきである．

注目されるべきは気分安定薬も処方されることが増えており，気分変調をより小さくする作用がある．炭酸リチウム，カルバマゼピン，バルプロ酸ナトリウム，クロナゼパム，ラモトリギンなどが代表薬である．

注意が必要なのは，ベンゾジアゼピン系を代表とする抗不安薬である．これらは，国内で非常に多く処方されているが，脳を麻痺させることで不安を減らす作用があり，精神的に脱抑制を起こし，薬物への過度な依存を引き起こす．そのため，まったく処方しない専門医もいるくらいである．発達障害に限らず，不安に対する第一選択薬は抗うつ薬少量投与である．睡眠薬のほとんどもベンゾジアゼピン系であり，同様のリスクがある．発達障害の睡眠障害には，抗精神病薬少量かラメルテオン（メラトニン受容体作動薬）を使うことが多い．

発達障害では，さまざまな身体的不定愁訴が心身症的に現れることがある．向精神薬には属さないが，漢方薬の処方に習熟しておくと，処方の幅が広がる．

表3 非医療者の支援者が薬物療法に関連してできること

(1) 薬物療法の概要を知る
(2) 薬物療法が効果を上げるケースを知る
(3) 家庭以外での効果と副作用を保護者や医師に伝える

非医療者が薬物療法に関連してできることを表3に示す．　　　　　　［広瀬宏之］

📖 **参考文献**
[1] 杉山登志郎『発達障害の薬物療法』岩崎学術出版社，2015
[2] 内海 聡『精神疾患・発達障害に効く漢方薬』シーニュ，2010

作業療法

　作業療法（OT）とは，「身体または精神に障害のある者，またはそれが予測される者に対して，その主体的な生活の獲得を図るため，諸機能の回復・維持および開発を促す作業活動を用いて行う治療・指導および援助を行うこと」と定義されている．この定義だけでは作業療法をイメージすることは難しいため，定義から作業療法を解説する．

●作業とは　朝起きてから夜眠るまで，人の生活はさまざまな作業の連続で成り立っている．例えば以下のような作業がある．「日常の身の回りの作業」として食事，着替え，入浴など，「家事などの生活を維持するための作業」として料理，洗濯，買い物，交通手段の利用など「仕事などの生産的作業」として就労に関するスキル，学習など，「趣味などの余暇的活動」としてゲーム，パソコン，スポーツなど，「地域活動」として友達との交流，地域の行事への参加，外出などがある．その人の年齢や役割，生活スタイルなどにより違いはあるが，このように，日々の生活の中で行われることを「作業」とよぶ．

●作業療法の対象　作業療法は病気やケガ，疲労やストレス，発達など，体や心に問題が生じたことにより日常生活に支障が起こっている人を対象にし，対象者が生まれてから生涯を閉じるまでにわたり，人生のさまざまなライフステージで関わっている．「身体に障害がある人」として脳卒中，脊髄損傷，パーキンソン病など，「こころに障害がある人」として統合失調症，躁うつ病，アルコール依存症など，「発達期に障害がある人」として脳性麻痺，知的障害，自閉スペクトラム症，学習障害など，「老年期に障害がある人」として脳卒中，認知症，骨折などを対象とし，また健康な人についても予防的な観点から作業療法の対象としている．

●作業療法の目標　体やこころにさまざまな問題が生じると，「うまく体が動かせずにやりにくい」「やってみたけどうまくできず自信がなくなった」「どうもやりたい気持ちが起こらない」ということがみられる．作業療法の定義には「その主体的な生活の獲得を図る」と記載されている．主体的とは自分の意志や判断に基づいて行われることである．作業療法は自分がやってみたい「作業」を実現することで「その人らしい」生活を送ることができることを目標にしている．そのためにさまざまな作業を治療に用いながら次の三つの能力の維持・改善を通して「その人らしい」生活の獲得を目指している．①「基本的動作能力の維持・改善」として運動機能や感覚機能，高次脳機能，精神機能，発達面などの心身機能に関すること，②「応用的動作能力の維持・改善」として食事やトイレ，着替え，家

事などの身のまわりのこと，読む・書く・計算するなどの学習に関すること，パソコンや車の運転など仕事に関すること，③「社会適応能力の維持・改善」として地域活動への参加や就学，就労などに関することである．

●**発達期に障害のある子どもたちへの作業療法**　子どもたちへの作業療法は，病院や療育施設，保健センター，特別支援学校などさまざまな場所で行われている．乳幼児期は遊びを通した発達支援や日常生活で参加できることを増やすこと，学童期は学校や生活場面で直面する困難さを解決するための支援，青年期以降は就労や地域社会への参加に向けての支援など，ライフステージに応じた支援を行っている．

　例えば，学童期になると学校生活の中で板書，本読み，定規やコンパス，掃除，縄跳び，友達と遊ぶなどさまざまな作業を行っている．発達障害のある子どもたちは感覚情報の処理や体の使い方，認知の問題などから，努力して作業を行うことや失敗が続きあきらめてしまうことがみられる．発達障害のある子どもたちに，作業療法では，①子どもが行っている作業を観察していき，どの工程で難しさがあるかを把握する．②作業を困難にしている原因を運動機能（姿勢や筋緊張，バランスなど），感覚機能（触覚，前庭覚，固有覚など），発達的側面（心理社会的側面やコミュニケーションなど），環境的側面（道具などの物理的環境と，人との関わり方の人的環境）などから評価・分析する．そして③子どもがやる必要がある作業，やってみたい作業が実現するように支援を行う．具体的には，子どもの状態に合わせて姿勢や運動，手の使い方を改善すること，子どもに合った課題を選択すること，使う道具の工夫（サポートツールの提案）や教室の環境調整などを行う．

●**具体的な困りごとから**　定規がうまく使えないという相談がよくある．定規を使うためには「安定した姿勢で座ること，両手で定規の固定と鉛筆操作という違う動きをすること，目で見ながら手を動かすことなど」が必要になる．発達障害のある子どもたちは「姿勢の不安定さ，筋緊張の低さから体や手に力が入りにくい，感覚入力が不十分，目と手の協調性が悪い」など運動面や感覚面の問題，「行っている課題が子どもの発達よりも高い」など発達的側面の問題，「使用している定規が細くて持ちにくい，椅子と机の高さが合っていない」など環境的側面の問題などが重なり合い，定規を使うことが難しくなっていると考える．具体的な支援として，①机と椅子の高さを調節し両手を使いやすい姿勢をつくる，②定規の裏に滑り止めシートを張り固定しやすいようにする，押さえやすいように定規の幅が広いものを使うなど，道具の工夫を行う，③短い線から引く練習をして課題を段階づけるなど，子どもに合った課題の選択を行う．

　このように作業療法では，今やる必要がある作業，やってみたい作業が実現し，自信をもって楽しんで取り組めるということを目指している．［丹葉寛之・尾藤祥子］

言語聴覚療法

　言語聴覚療法は，主訴を聞いたうえで言語発達障害の状態を的確に把握すること（評価）から開始する．行動観察を含めた直接的検査（知能検査，各種言語検査）や保護者との面接，必要があれば集団（幼稚園など）での様子の聞き取りなどから，各情報を統合して言語発達障害名を判断する．指導は，言語の受容（理解）・表出・コミュニケーションの各側面の発達段階に即して，根拠に基づいて（evidence-based）指導方針と指導内容を決め，予後予測をする．原則的にはやりとりを通じて定型発達をなぞるかたちで行う．
　医療における発達障害児に対する言語聴覚療法は，厚生労働大臣が定める施設基準に適合しているものとして地方厚生局長などに届け出た保険医療機関において，「言語障害，聴覚障害又は認知障害を伴う自閉症等の発達障害の患者」に対して，専従の言語聴覚士（speech-language hearing therapist：ST）が個別療法であるリハビリテーションを行う．

● 言語発達の遅れに対する発達段階別アプローチ
　①前言語期（0~1歳レベル）：適切な母子関係を育て，状況の理解を促しつつ，事物の機能的操作（例：歯ブラシを口に当てる），物と物の関係性の理解（例：幼稚園のかばんと帽子）など全般的な認知機能を育てることを中心に行う．表出については，場面を設定して自然な発声の機会を増やしたり，手遊び歌などで自然に音声模倣が出る場面を設定する．対人コミュニケーションの基盤となる共同注意が育つように，子どもが自発的な探索行動をしたところでそれにあわせた声かけをしたり，大人が子どもの行動を模倣する並行遊びなどの中から人への要求表現を育てていく．
　②語彙獲得期（1歳レベル）：日常使用する単語（名詞，動詞，形容詞）や2語連鎖（形容詞＋名詞：青い車，人称名詞＋名詞：パパのめがね）の理解を伸ばし，カテゴリー分類（動物，食べ物，乗り物などの上位概念を育てる），視覚的構成課題（2~4ピースのパズル）などを行う．定型発達においては受容（理解）と表出を比較すると理解が先行し，理解できる語彙が50語程度になると2語文の表出が始まるといわれているので，見立て遊びの中で興味・関心に沿った1~2語文を繰り返し聞かせるなど，理解を伸ばすことが指導の中心となる．
　③幼児前期（2~3歳レベル）：2語文（目的語＋動詞：りんごを食べる，動作主＋動詞：お母さんが寝る）や3語文（動作主＋目的語＋動詞：お兄さんがバナナを食べる）あるいは形容詞の理解を，「だれが？何を？どうした？」など現前事象の疑問文に答えること（目の前にある事柄のやりとり）を通じて，文の構成要

素に注目させる．表出については語彙を増やすだけではなく，その単語を中心に音韻・語彙・意味のネットワーク・統語・使用などを多面的に指導する．表出が思うように伸びない場合は，サインやジェスチャー，絵や写真などの拡大・代替コミュニケーション（AAC）の導入も検討する．

④幼児後期（4～5歳レベル）：可逆文や受動文の理解・表出とともに，柔軟なコミュニケーション行動の形成や，非現前事象（目の前にない事柄）の質問-応答，因果関係の理解と説明などを行う．子どもに対する直接的アプローチとともに，保護者や幼稚園などの帰属集団に対する環境調整も重要である．

⑤学童期以降（6歳以降レベル）：小学校の通級による指導が受けられるため，医療としての言語聴覚療法は必要に応じて行われる．読み書きスキルの獲得，抽象的な学習言語の習得と使用，文字言語の読解力・表現力の形成，談話や会話能力の形成，集団の中での意見発表，敬語の使用などの力を育てていく．特に，「メタ言語的活動」とよばれる，語の意味や文の構造などについてことばで考えることを通して言語を学習することは重要で，その後の言語による思考力につながっていく[1]．

●コミュニケーションの苦手さに対するアプローチ　自閉スペクトラム症（ASD）のコミュニケーション指導では，言語の評価に加えてコミュニケーションの質的側面の評価が重要である．新奇場面や子ども同士のやり取りにはコミュニケーションの困難が現れやすいので，日常生活場面で評価するとよい．指導は，構造化された環境で視覚的支援を多用し，「今ここで何をするのか」が理解できる状況で行う．基本的な言語指導を行う中で目標とするのは，困難の表明や援助要請，感情や気持ちの理解，会話や社会的ルールを学ぶ，自分と異なる考えや気持ちがあることの理解，相手の知識や反応を考慮した説明などである．本来苦手な「相手の気持ちを察する，みんなと仲良くする，雑談を楽しむ，臨機応変にやりとりする」などを目指すのではなく，指導者がASDの特性を理解し，子どもが自己肯定感をもって過ごせればよいとする．そのほか，感覚過敏や不注意などへの対策が必要であったり特別な興味を深めたりなど，子ども一人ひとりに合わせた指導が望まれる．

●医療・福祉・教育における多職種連携　言語発達障害の指導は言語を通した全人的発達の促しであり，最終的な目標は社会参加である．一人ひとり異なる症状や特徴とライフステージに合わせた指導を行うためには，医療・福祉・教育の枠を超えた領域間の多職種連携が必須である．教育現場でのSTの活用や，福祉におけるSTの巡回相談などによる言語・コミュニケーションの問題への早期発見・早期支援の広がりが，今後さらに期待される．

［石坂郁代］

📖 参考文献
[1] 大伴　潔「語彙を育てる支援」大伴　潔・大井　学編著『特別支援教育における　言語・コミュニケーション・読み書きに困難がある子どもの理解と支援』学苑社，pp. 76-83，2011

理学療法

　理学療法とは,運動機能が低下した状態にある患者に対して,日常の生活活動に必要な姿勢や運動機能の維持・改善を目的として,運動療法や物理療法を行う治療法である.その定義と業務は,「理学療法士及び作業療法士法」(1965年6月)に規定されている.運動療法では患者自身の力を利用して自動的・他動的な運動によって機能の回復を図り,物理療法では光線・水・電気・温熱・機械的力などの物理的因子を外部から人体に応用する.現在の理学療法においては運動療法が主で,物理療法は運動療法の補助的手段として用いられることが多い.

　今日,理学療法は発達支援の役割も担い,業務の場は医療機関のみにとどまらず,学校,地域活動,社会福祉施設など教育・保健・福祉にかかわる広い分野にわたる.医療の中での連携はもちろん多職種とも連携しながら治療が行われる.

●**姿勢と姿勢制御**　運動学において姿勢は,構えと体位に分けられる.構えは身体の各部が相互にどのような位置関係にあるかを示し,関節角度によって表すことができる.一方体位は,身体が重力に対してどのような位置関係にあるかを示す.発達経過の中で,月齢・年齢推移とともに構えは分化・複雑化・多様化し,体位も臥位から立位への一連の変化がみられる(図1).

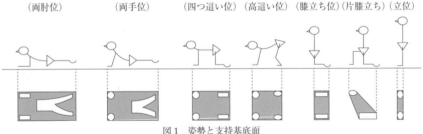

図1　姿勢と支持基底面
[出典:青木扶実他「運動障害の発達診断学」総合リハビリテーション,15, 693-698, 1987]

　姿勢の安定は日常生活活動にとって不可欠である.この安定性には,拮抗筋群の収縮と弛緩の張力のバランスを調整する姿勢制御の機構が働く.姿勢を制御するとき,視覚・前庭・体性感覚といった感覚系からの入力情報が中枢神経系で階層的に統合され,末梢神経,筋および骨・関節機能が対応して運動出力する.この際,重力の緩衝と分散を図る骨・関節アライメントの調整や,運動を維持するための呼吸・循環・代謝系の調節など複雑で統合的なシステムがかかわる.姿勢制御機構によって,一定の姿勢を持続する静的姿勢を維持し,また,随意的な運動を行うときの動的姿勢も安定化する.

●**支持基底面と重心**　姿勢の安定性に影響する因子として重心の高さと支持基底面の広さがある．支持基底面とは，身体が地面や座面などの支持面と接地している部分を結んだ範囲を示す（図1）．重心が低く，支持基底面が広いほど安定性は良い．また，ある姿勢を保つためには重心からの垂線（重心線）が支持基底面の中にある必要がある．重心線の落ちる点が支持基底面の中心に近いほど体位保持のための安定性は良く，辺縁に落ちるほど安定性は悪くなる．発達過程において重心が高く支持基底面が狭くなることは，重心線を支持基底面の外に移すこと，すなわち重心の移動が容易となり，移動運動をしやすくすることにつながる．

●**姿勢反応**　手をあげる，頭を動かすなどの動作や歩行などの移動運動において，姿勢は変化する．重心と支持基底面の状態に応じて姿勢反応のメカニズムが働き，構えを迅速に変化させ，姿勢の安定化を図る．突然の外力などでバランスを崩したとき，応答反応によって安定した状態を取り戻すのがバランス反応であり，上肢のパラシュート反応，下肢の足踏み反応やシーソー反応，頭部と体幹の傾斜反応などがある．

●**運動療法**　運動療法として，関節可動域訓練，筋力増強訓練，移動・移乗動作訓練，持久性や協調性の改善・向上などが行われる．また，補装具療法として補装具が処方された場合は，装具の適合・調整や装着訓練を行う．中枢神経麻痺に対するアプローチとして，原因に応じた種々の治療法が選択される．脳性麻痺の治療としては，わが国では，ボバースアプローチ，ボイタ法，およびわが国で開発された上田法が普及している．ボバースアプローチは，望ましい姿勢緊張と動きを促通させる治療法で，正しい動きの感覚を学習していくことで，中枢神経系が正常運動パターンをつくり出させるようになることを目指す．ボイタ法は，患者に特定の姿勢をとらせ，誘発帯とよばれる特定の部分に刺激を与えることで全身に運動反応（筋収縮）を繰り返し引き出すことを利用した治療法である．最近では，片麻痺の脳性麻痺児に対して，CI療法（constraint induced movement therapy）が有効な方法とされている．

　各種リハビリテーションと組み合わせて，手術療法や装具療法が行われる．痙縮に対しては薬物療法，ボツリヌス療法，選択的脊髄後根切断術，バクロフェン髄注療法（ITB療法）などが，筋・関節の拘縮や股関節脱臼などに対しては整形外科的手術が行われている．また，装具療法として，筋短縮や関節拘縮の予防に矯正ギプスや上下肢の夜間装具が，歩行や上肢の動きを改善する目的で動的な装具が使用される．

〔小倉加恵子〕

📖 **参考文献**

[1]　上田　敏監修『標準リハビリテーション医学（第3版）』2012
[2]　I. B. Reid et al., "Rehabilitation and neuroplasticity in children with universal cerebral palsy", *Nat Rev Neurol*, 11(7): 390–400, 2015

乳幼児健康診査

　乳幼児健康診査とは，母子保健法に従い市町村が行う健康診査であり，1歳6か月（1歳6か月～2歳），3歳（3～4歳）および必要に応じて実施する．上記に加えて3～4か月に実施する自治体が多く，その他に6～7か月，9～10か月など，自治体の実情にあわせて行われる．1歳6か月児健診，3歳児健診の健診項目は表1のとおりである．かつては疾病や障害の早期発見のためのスクリーニングの意義が大きかったが，核家族化の進展や子どもの健康に関する考え方の変化の中で子育て支援の意義が大きくなった．さらに最近では，急増する虐待の防止とその早期発見の場としての重要性が増している．また，発達障害者支援法（2004年，「発達障害者支援法」参照）では，市町村が母子保健法に規定する健康診査を行うにあたり発達障害の早期発見に留意することが明記されている．

●**実施体制と現状**　乳幼児健康診査の実施方法としては，市町村の保健センターなどで行う集団健診方式と，医療機関に委託して行う個別健診方式がある．個別健診方式は家族の都合のよいときにかかりつけ医のもとで受けられ，病気が発見された場合に治療につなげやすいため，疾病の発見に重点を置く乳児期の健診に適している．集団健診方式は，医師・保健師・歯科医師・栄養士・心理士などがチームで行える利点があり，精神発達や行動特性の評価や子育てに関する多面的な相談の重要性が増す1歳6か月児健診や3歳児健診に適している．

　わが国における乳幼児健康診査の受診率はきわめて高く，1歳6か月児健診や3歳児健診では9割，その他の健診でも8割を超えている．このことから子育てや健康に関する情報提供の場としても機能している．また，子どもの身体発育や発達，皮膚の状態や外傷，親子関係，保護者の精神状態や家族のストレス状況などを総合的に把握できることから，虐待やそのハイリスク児への発見の場としても重要である．一方で，最も深刻なケースは未受診者の中に含まれると考えられることから，未受診者の状況把握が重要課題となっている．

●**乳幼児健康診査における発達障害**　3歳児健診までの乳幼児健康診査では，主として，運動発達や言語発達における「遅れ」を評価する．中～重度の知的障害や知的障害を伴う自閉スペクトラム症（ASD）はこの時期までに発見が可能である．3歳児健診での軽度の言葉の遅れは軽～中度の知的障害のほか，注意・欠如多動症（ADHD），ASDなどに非特異的に認められ，診断の特定は難しい．運動発達・言語発達に加えて，行動制御能力や社会性の発達について評価する必要がある．

　ASDについては，社会的相互作用やコミュニケーションの質的異常，反復的・

表1　1歳6か月児健診・3歳児健診の健診項目（母子保健法施行規則）

1歳6か月児健診	3歳児健診
①身体発育状況 ②栄養状態 ③脊柱及び胸郭の疾病及び異常の有無 ④皮膚の疾病の有無 ⑤歯及び口腔の疾病及び異常の有無 ⑥四肢運動障害の有無 ⑦精神発達の状況 ⑧言語障害の有無 ⑨予防接種の実施状況 ⑩育児上問題となる事項 ⑪その他の疾病及び異常の有無	①身体発育状況 ②栄養状態 ③脊柱及び胸郭の疾病及び異常の有無 ④皮膚の疾病の有無 ⑤眼の疾病及び異常の有無 ⑥耳，鼻及び咽頭の疾病及び異常の有無 ⑦歯及び口腔の疾病及び異常の有無 ⑧四肢運動障害の有無 ⑨精神発達の状況 ⑩言語障害の有無 ⑪予防接種の実施状況 ⑫育児上問題となる事項 ⑬その他の疾病及び異常の有無

情動的行動，感覚の異常などに注目する．特に，定型発達児では9か月頃から認められる共同注意（「社会性の発達と起源」参照）や肯定的感情の共有（一緒に喜ぶなど）が乏しいことが知られており，乳幼児健診の診察におけるポイントとなる．しかし，健康診査の場面では十分な診察が行えないことも多く，短時間の診察で判断を急ぐべきではない．

　ADHDについては，のちに診断に該当する児では幼児期前半からよく動く，かんしゃくが激しい，といった傾向を認めることが多いが，年齢による変化や個人差が大きいため，この年代で評価を行うことは難しい．保護者に基本的な関わり方を助言したうえで経過をみることとなる．

　学習障害については，読み書きや計算能力の前提となる幼児期の認知能力については確立した評価基準はなく，この時期での発見は不可能である．

●「育てにくさ」への着目と診断前支援　　のちに発達障害と診断される子どもの保護者は，乳児～幼児早期に発達に関する不安や育てにくさを感じている場合が多く，不安や育てにくさの訴えは，発達障害の重要な手がかりとなる．このような保護者の多くは，子育てに対する助言や支援を必要としている一方で，診断がつくことに対する恐れや不安をもっており，このため専門療育機関や医療機関へつながりにくい．診断よりも，日常生活で生じている問題の整理とその時点で取り組むことのできる具体的な対処法の提示が必要であり，「診断前支援」の視点が重要となる．自治体などが運営する幼児教室や子育て教室などが，診断前支援の場となりうる．

　また，保護者の不安や子育ての困難感が特に強い場合には，子どもに発達上の問題があるかどうかにかかわらず保護者への支援が必要な状況である．虐待を予防するという観点からも迅速な対応が求められる（「虐待と発達障害」「虐待」参照）．

［関　あゆみ］

5歳児健診の試み

　発達障害のある幼児に早く気づき，早く支援したいという願いとともに5歳児健康診査が登場した．

●**5歳児健診登場の所以**　2005年4月に発達障害者支援法が施行された．その中で市町村は乳幼児の健康診査を行うに当たり，発達障害の早期発見に十分留意しなければならないと定められた．しかし，これまで「発達の遅れ」の発見を中心とした現行の乳幼児健康診査の実施方法では，発達の遅れはないが落ち着きがない，あるいは発達の遅れはないが集団行動ができないや対人関係に問題がある子どもたちの早期発見は困難であることも指摘された．さらに早期発見しても対処方法や支援をする地域資源が不十分なままでは，養育者に不安を与えるだけになることも危惧された．

　そこで発達障害の幼児への気づきに焦点を当てた5歳児健康診査あるいは5歳児発達相談（以下，5歳児健診等）の実施が提案されるようになった．5歳児健康診査は母子保健法の第13条に規定する健康診査に該当する．

　5歳児健診は1996年度より鳥取県の一町の試みから広がりをみせ，2007年度より鳥取県のすべての市町村において5歳児健診等が実施されるようになった．こうした活動は，厚生労働省研究報告書（子ども家庭総合研究事業「軽度発達障害児の発見と対応システムおよびそのマニュアル開発に関する研究」課題番号16111301）にまとめられており，5歳児健診等の意義，スクリーニングとしての感度と特異度，子育て支援としての有用性，さまざまな5歳児健診等の具体例，費用対効果などが記されている．本報告は厚生労働省のホームページでも参照できる（http://www.mhlw.go.jp/bunya/kodomo/boshi-hoken07/）．

●**5歳児健診の意義**　5歳児健診等の意義としては，発達障害のある幼児に就学前に気づき，その気づきを保護者，保育者が共有して，医療や療育につなげること，および家庭における子育てはもとより，保育所や幼稚園における保育を，よりその子に適したものにするための気づきの場とすることにある．さらにその気づきを就学時の相談に活かして，その子に適した教育の場と方法を提供するきっかけとすることにある．

　5歳児健診等は，健診後に行う事後相談とで一つのパッケージとして実施することが推奨されている．子育ての悩みに対応する子育て相談，子どもの発達評価を行い，アドバイスをする心理発達相談，地域の教育事情を勘案して行う教育相談の三つが提案されている．これらは健診後の受け皿として重要な意味をもつ．

　こうした取り組みにより，発達障害者支援法に沿った早期発見の一つの方策

として,5歳児健診等はさまざまな自治体で実施されるようになっている.人口の多い自治体では医師のマンパワー不足により,実施が困難であるとされるが,SDQ(strength and difficulties questionnaire)という行動などの質問票を用いて,一次スクリーニングをして,閾値以上の事例だけを医師が診察するという方式により,悉皆の健診に近い形で実施している自治体もある.

● **5歳児健診における気づき** 5歳児健診による発達障害のスクリーニング精度は,感度0.75,特異度0.87〜0.99になるという報告がある.また,5歳児健診を実施した自治体では小学校における不登校の割合が低下したと報告されている.

● **学校教育とのつながり** こうした健診システムは,文部科学省が行っている「共生社会の形成に向けたインクルーシブ教育システム構築のための特別支援教育の推進」とも密接に関係している.特に幼児期からの早期の教育相談を実施するためには,気づきの場が求められており,その一つが5歳児健診等なのであり,早期からの支援と丁寧な教育相談によって,学校不適応になる子どもを未然に防ぐことが期待される.

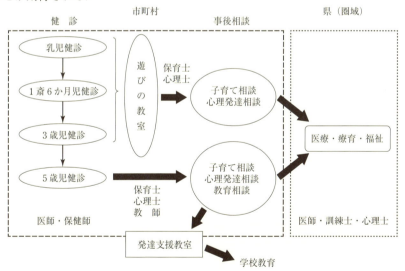

図1 発達障害のある小児に対する気づきのモデル

[小枝達也]

参考文献
[1] 沖 潤一他「医療機関および学校を対象として行った心身症,神経症等の実態調査のまとめ」日児誌, 105, 1317-1323, 2001
[2] 小枝達也「発達面から見た心身症および学校不適応の病態」日児誌, 105, 1332-1335, 2001
[3] 小枝達也『5歳児健診——発達障害の診療・指導エッセンス』診断と治療社, pp.5-11, 2008

医療間連携

　発達障害児やそれに類似する症状を呈する子どもたちの頻度は2012年に実施された文部科学省の調査では通常学級に在籍する小・中学生の6.5%と報告されており，プライマリケア医が対応する機会も稀ではない．地域医療においてその土台として底辺を支えるプライマリケア医が発達障害の地域連携で果たす役割は多種多様である．その具体的な役割としては，①診療所でのプライマリ診療，②保育・教育機関での学校医・園医としての役割，③5歳児健診を含む乳幼児健診事業での健診担当医，④地域の就学指導委員会における学校医・医師会の代表としての就学問題への取り組み，などが想定される．前述した文部科学省の調査結果を参考に人口100万人，1年間の出生数8000人程度の香川県を例にあげると，1学年あたり500名以上の発達障害児あるいはそれに類似する症状を呈する子どもが通常学級に在籍していると推測される（図1）．このような多くの子どもが対象となる発達障害の診療には児童精神科医や小児神経科医などの専門医だけで対応することは不可能であり，プライマリケア医も参加する地域ネットワーク，例えば重症度に応じた階層化が必要である．地域での医療連携の二大キーワードは，①発達障害の早期の気づき・早期介入，②重症度に応じた円滑な介入・治療，である．

```
┌─────────────────────────────────────┐
│ 香川県人口 約100万人　年間出生数 約8000人 │
└─────────────────────────────────────┘
┌─────────────────────────────────────┐
│ 発達障害三次：入院施設，児童相談所      │
│　　　　　　　　入院・保護               │
└─────────────────────────────────────┘
┌─────────────────────────────────────┐
│ 出生数の約？%　？人                    │
└─────────────────────────────────────┘
┌─────────────────────────────────────┐
│ 発達障害二次：専門医療機関，児童発達支援センター │
│　　　　　　通級指導学級，特別支援学級・学校   │
│　　　　　　　　療育・指導                │
└─────────────────────────────────────┘
┌─────────────────────────────────────┐
│ 出生数の約2.9%　232人                  │
└─────────────────────────────────────┘
┌─────────────────────────────────────┐
│ 発達障害一次：一般診療所，地域の保育所・幼稚園・ │
│　　　　　　　　学校，保健センター        │
│　　　　　　　　子育て支援                │
└─────────────────────────────────────┘
┌─────────────────────────────────────┐
│ 出生数の約6.5%　520人                  │
└─────────────────────────────────────┘
```

図1　発達障害の階層別の対応（香川版）

●**早期の気づきのための医療連携**　発達障害者支援法の理念に基づき各自治体では早期の気づきのための種々の取り組みを実施しているが，将来的にはプライマリケア医を巻き込んだネットワークの構築が必要である．各自治体が実施事業を選択する主要因子として，①自治体の人口規模，②発達障害に関与し，健診事業に参加可能な専門職集団のマンパワー，③後方支援する療育リハビリテーション施設などのハード面の充実度，があげられる．それらに基づく各自治体の選択肢としては，①市町村による発達相談事業（施設）の開設，②幼稚園・保育園・学校への専門家による視察・巡回相談事業，③既存の3歳児・就学時健診事業のさらなる充実，④5歳児健診事業の実施，などがある．この中で最も効果的な取り

組みと考えられる5歳児健診事業は全国的に拡大傾向を認めるが，実施可能な人口規模はおおむね5万人程度が上限と考えられる．その理由として医師以外に臨床心理士，言語聴覚士，作業療法士などのメディカル・スタッフで構成される健診チームの必要性があげられる．その意味で人口の多い自治体での実施には，幼稚園や保育園の嘱託医が各施設で健診を実施し，専門医を含む健診チームが医療連携の一環として後方支援するしくみが必要である．

●**重症度に応じた円滑な介入・治療のための医療連携**　5歳児健診を否定的にとらえた意見には「5歳児健診で発達の問題を指摘されても対応できる医療機関や療育機関が足りない」との主張が散見される．実際，多くの地域で5歳児健診のみならず保護者の訴えや保育・教育機関での指摘により発達障害が疑われても専門医療機関での診療は数か月待ちとの話をよく耳にする．その理由としては専門医の不足以外にプライマリケア医の発達障害の診療への無関与が推測される．保育・教育の場では地域の一般の保育園・幼稚園・認定こども園・学校でまず気になる子どもたちを受け入れながら必要な場合にのみ特別支援教育での配慮を考慮するが，医療の領域では初期対応から専門医療機関への受診形態を取っている．発達障害の診療を階層化して軽症のちょっと気になる子どもたちをプライマリケア医で診療する事が医療連携の基本である．まずはプライマリケア医が子育て支援を兼ねて対応し，重症度により専門的な心理社会的アプローチや薬物療法が必要な場合にのみ二次医療機関に紹介するシステムである．そのためにはプライマリケア医が発達障害に対応できる技能や知識を身につける必要があり，香川県では以下の二つの取り組み，すなわちプライマリケア医等・発達障害対応力向上研修会と小児科医会登録・発達障害診療医研修プログラムを2013年度より実施している．前者は県，県医師会，県小児科医会の三者協力のもとに県下のプライマリケア医およびメディカル・スタッフを対象とした研修会であるが，その内容は医師およびメディカル・スタッフ用に別々にカリキュラムを作成している．後者は上記向上研修会を基礎必須講座として発達障害に対する学びの場の継続を目的とした試みであり，その履修者を香川県小児科医会・発達障害診療医として登録している．

　発達障害者支援法の理念では，発達障害児は地域が連携しながら対応すること．また，其々の専門職がその専門性を活かして発達障害児に適切に対応する必要がある．現時点では医療分野の連携の点で，特にプライマリケア医の関与の乏しさが他分野に比較して顕著である．今後，プライマリケア医が地域連携の土台となれるような研修システムなどの構築が求められる．　　　　　　　　　　　　　　　　　［宮崎雅仁］

参考文献
[1] 宮崎雅仁『脳科学から学ぶ発達障害―小児プライマリケア／特別支援教育に携わる人のために』医学書院，2012
[2] 文部科学省初等中等教育局特別支援教育課「通常の学級に在籍する発達障害の可能性のある特別な教育的支援を必要とする児童生徒に関する調査結果について」2012

医療と教育の連携

　2012年12月文部科学省は，通常の学級に限局性学習症（SLD）・注意欠如・多動症（ADHD）・知的障害を伴わない自閉スペクトラム症（ASD）が疑われる，特別な教育的支援を必要とする児童生徒が約6.5％在籍することを報告した．近年，学校に通う子どもたちが抱える障害や疾病に関して，在籍者数の増加とともに，その多様性の増加には目を見張るものがある．言い換えると，教育の専門家だけで対応するには不十分な事例が増えていることは事実である．このような状況で，教育機関以外の専門機関として，医療機関が大きな役割を担っている．

●**教育形態の違いによる連携の在り方**　教育の場として，一般の小中学校（通常の学級，特別支援学級），特別支援学校，通級指導教室といった異なった形態があり，それぞれの場において必要とされる連携は異なる．

　特別支援学校には何らかの障害・疾病のある児童生徒が通うことから，すべての子どもたちに関する，医療的知識が必要となることはいうまでもない．肢体不自由児が主に通う学校では，医療的ケアなどに関する知識は不可欠であり，その際，障害・疾病に関する知識の獲得や医療的ケアの実地研修を受けるため，医療機関との連携は不可欠である．また，一般的な教科書には掲載されていない稀な疾患であれば，医療サイドからの情報提供が不可欠である．このような場合の情報伝達は医療機関からの一方通行であることが多い．他方で，てんかんを合併する子どもたちの場合，抗けいれん剤の投薬内容は医療機関から学校情報が伝えられるが，学校での様子（発作回数，流涎・嗜眠傾向など副作用症状）については学校から医療機関へ伝えられる必要があり，情報伝達は双方向となる．

　通常の学級の場合，初めに述べたように，SLD・ADHD・知的障害のないASDなどの児童生徒への気づきの増加とともに，教育現場から医療サイドにまず情報を伝達する形の連携が増えている．このように，医療と教育の連携を考慮するにあたり，これまで多く認められてきた医療から教育への一方的な連携ではなく，お互いを平等なパートナーとして，リスペクトし合う関係の構築が急がれる．

●**学校医による診断の意義**　近年，その割合は減少したと思われるが，診断がなければ支援に移れないと考える学校関係者も存在する．そのような場合，診断を受けるためにわざわざ遠くの専門病院を受診することは，本人および保護者にとって，時間的・経済的に負担を強いるものである．その意味では，学校における医療職として，学校医の存在は大きい．診断も行えるし，自身のクリニックで投薬を行うことも可能である．円滑な連携のためには日頃から，教員と学校医が緊密にやり取りをして，必要な場合，遅滞なく相談ができる体制を築いておくこ

とが望まれる.

　ASDを例にあげると,診断がついたとしても中核症状に有効な薬剤は現時点ではないとされており,学校や家庭における指導が中心となる.学校医による診断が可能であれば,教員と学校医の相談の中で診断し指導を開始することが可能となり,支援開始までのタイムラグが短縮される.また,ADHDの場合には不注意や多動・衝動性などの中核症状に有効な薬剤が開発されており,投薬を必要とする場合には学校医のクリニックにおいて投薬することも可能である.それによって遠方の専門医療機関を受診する必要がなくなり,子どもや保護者にとって,時間的・経済的負担が軽減される.

●**就学相談から始まる連携**　市町村の教育委員会では,学校保健安全法に基づいて小学校などへの就学予定者を対象として就学時の健康診断を行い,必要な場合には就学支援を行い特別支援学級への編入あるいは特別支援学校への就学を,就学支援委員会において検討し,指導することとなっている.就学支援委員会には医師も含まれており,多くの場合,学校医がその職責を果たしている.現在は,就学支援委員会において,対象児童が在籍するべき学級あるいは学校を決定することが中心であるが,通常の学級が適当と判断される場合でも,就学後の適切な支援・指導にまで言及されるようになることが望まれる.そのためには,就学前の幼稚園・保育所・認定こども園からの情報が,就学指導委員会に提供され,教育・医療を含む複数の専門職の間で議論が行われ,さらに小学校へ伝えられることが重要である.

●**包括的支援の中での連携**　5歳児健診が広がりをみせつつある.これは発達障害の子どもたちが,1歳6か月児・3歳6か月児健康診査ではうまくとらえきれない現状から生まれたものである.就学前に発達障害に気づき,就学前教育・保育あるいは小学校教育へとつなぐ装置であり,ここで得られた医学的知見を通して早期支援も可能となる.また,校内委員会とよばれる組織では,心理や教育などの専門職による巡回相談に加えて,教育学・発達障害・心理学の専門家や医師などによる専門家チームを結成し,障害の判断・診断や教育的対応に関わる専門的助言を多角的に提供している.さらに校内研修や教育委員会主催の研修において,講師として発達障害を専門とする医師を招き講義を聞くことで発達障害に関する正しい医療的知識を得たり,発達障害の事例検討を通して,医師の解説を聞くことで新しい支援方法を習得したりすることも,医療と教育の連携の一例であろう.

　発達障害を中心に述べたが,あらゆる障害・疾病のある子どもにとって,医療と教育の連携により適切な対応が提供されると考えている.　　　　　［小野次朗］

📖 **参考文献**
[1] 小野次朗「包括的な連携の在り方についての提言」LD & ADHD, 5 (1), 44-45, 2007

学校保健安全法

　学校保健安全法は学校保健法が 2009 年に改正されたもので，学校の教職員が学校保健を推進するための根拠法である．その目的は，「学校における児童生徒等及び職員の健康の保持増進を図るため，学校における保健管理に関し必要な事項を定めるとともに，学校における教育活動が安全な環境において実施され，児童生徒等の安全の確保が図られるよう，学校における安全管理に関し必要な事項を定め，もって学校教育の円滑な実施とその成果の確保に資すること」である．学校保健（管理運営，健康相談，健康診断，感染症の予防，学校保健技師ならびに学校医，学校歯科医および学校薬剤師，ほか）や，学校安全などについて規定しており，関連法に教育基本法，食育基本法，学校給食法，発達障害者支援法などがある．学校保健の領域は，児童生徒などや，教職員を対象とし，保健教育と保健管理そして教職員，保護者，学校保健委員会，地域の関係機関などの組織活動から構成される．発達障害のある子どもに対する学校保健の役割は大きい．

●**学校保健活動**　健康相談，保健指導，健康診断などの心身の管理，生活・環境管理などがある．健康相談は，第 8 条に「児童生徒等の心身の健康に関し，健康相談を行うもの」とあり，学校医など関係者が専門性をいかして行うものと，養護教諭によるカウンセリング的なものがある．保護者とラポールがとれた関係のうえでの連携も重要である．発達障害のある児童生徒の中には，不登校となり，教室に入れないが保健室登校であれば可能なこともある．保健室での障害特性を考慮した支援や環境整備が求められている．

　第 9 条の保健指導は，養護教諭その他の職員が連携して，「健康相談又は児童生徒等の健康状態の日常的な観察により，児童生徒等の心身の状況を把握し，健康上の問題があると認めるときは，遅滞なく，当該児童生徒等に対して必要な指導を行うとともに，必要に応じ，その保護者に必要な助言を行うものとする」と，児童生徒の心身の健康問題を解決することを目的とする．心身の健康状態や特性を把握して，個別と集団的な保健指導を関連づけて行う．

　第 11 条・第 12 条に就学時の健康診断が規定され，市区町村の教育委員会が実施し，その結果に基づき，治療をすすめ，保健上の助言や就学指導などにつなげていく．また発達障害者支援法第 5 条には，「学校保健安全法第 11 条に規定する健康診断を行うにあたり，発達障害の早期発見に十分留意しなければならない」とある．第 13 条には「児童生徒等の定期健康診断」について記され，その施行規則には，実施時期や検査項目（身長，体重，栄養状態，疾病の有無，視力，聴力など）について記されており，2014 年の施行規則一部改正では，健康診断項

目に「四肢の状態」を必須項目として加えるとともに，四肢の状態を検査する際の「四肢の形態及び発育並びに運動器の機能の状態に注意する」基準を示した．児童生徒の心身の健康状態を把握し，疾病や障害の早期発見などを主な目的とする．発達障害のある児童生徒の中には，健康診断を受けるための視覚的支援や具体的な指示などが必要な場合もある．第14条には，健康診断の結果に基づく事後指導について規定され，その結果を児童生徒およびその保護者に通知し，疾病の予防処置や医療への指示，特別支援学級編入について指導および助言，学習または運動・作業の軽減・停止，修学旅行などへの参加制限，学習環境の適正化など，発育，健康状態などに応じた保健指導や健康教育を行う旨が記されている．

●**関係職員**　校長はじめ，保健主事，養護教諭，教諭，非常勤職の学校医，学校歯科医，学校薬剤師などである．養護教諭は，学校保健に関して中心的役割をもつ．その職務は保健主事が学校保健計画および学校安全計画策定への積極的な参画，保健管理，保健教育，救急処置，健康相談，保健室経営，保健組織活動などである．学校保健安全法成立をふまえ，中央教育審議会答申（2008）では，①学校内および地域の医療機関などとの連携を推進するうえでのコーディネーターの役割，②教職員連携による組織的な健康相談，健康観察，保健指導の実施，③いじめや児童虐待など児童生徒の心身の健康問題の早期発見・早期対応，④学級活動における保健指導，⑤学校保健活動のセンター的役割を果たしている保健室経営の充実（保健室経営計画作成），⑥健康・安全に関わる危機管理への対応（心のケア，アレルギー疾患など），などと養護教諭の役割を示した．

学校医は，学校歯科医および学校薬剤師とともに，「学校における保健管理に関する専門的事項に関し，技術及び指導に従事する」と定められている．施行規則第22条による職務執行の準則の要点は，学校保健計画および学校安全計画の立案に参与，学校の環境衛生の維持および改善に関し必要な指導および助言，健康相談・保健指導・健康診断・疾病の予防処置に従事，感染症予防の指導助言ならびに学校における感染症および食中毒の予防処置に従事，校長の求めにより救急処置に従事，市町村の教育委員会または学校の設置者の求めにより健康診断に従事，必要に応じ，学校における保健管理に関する専門的事項に関する指導などである．専門的立場から保健指導，健康診断，健康相談，教職員への指導・助言に対する役割を担い，発達障害のある子どもに対しても，学校保健委員会への参加や地域の専門医との連携の中で専門的役割が求められている．　　　　　［小野尚香］

📖 **参考文献**
[1] 学校保健・安全実務研究会編『学校保健実務必携（第3次改訂版）』第一法規，2015
[2] 教員養成系大学保健協議会編『学校保健ハンドブック（第6次改訂）』ぎょうせい，2014
[3] 鎌塚優子他編『養護教諭のための　発達障害児の学校生活を支える教育・保健マニュアル』診断と治療社，2015

5. 福　祉

　発達障害という概念が，法・制度上に認められ社会の中に浸透してきている．しかしながら，他の障害に比べると発達障害に関する法・制度は十分に知られているとはいえない．児童福祉法等が一部改正され，それを拠り所とした発達障害児等に対するサービスが開始されており，徐々に新たな事業が始まる変化もあった．また，発達障害児者に対する支援を考えるにあたり，既存のサービスやシステムをどのように理解し，活用すればよいのかを知る手立ても必要となる．
　そこで，障害児者の福祉分野で実務に携わっている者がそれぞれの立場から，発達障害児者の自立支援のためのさまざまなサービスや法・制度がどのようにシステム化され，機能しているのかについて解説した．そして，各項目を関連づけながら読むことで，それぞれの有機的な関連性についても理解できるように，記述している．本章で書かれていることが，発達障害に関わる福祉に対する理解の一助となることを願う．

[熊谷恵子・松本恵美子]

児童相談所

　児童相談所は1歳から18歳未満の児童とその保護者などを対象とし，子どもの福祉に関わる問題について家庭や学校などからの相談を受けて，その解決に向けて相談・助言・指導などを行う専門行政機関である．児童とその家庭についての調査を行い，その結果をもとに医学・心理・行動・社会診断およびその他の診断を行い，児童とその家族にとって必要な支援を展開していく．また，一時保護の機能をもち，状況に応じて一時保護を行う．
　社会福祉法の制定以降，福祉サービスの利用が措置から契約へと転換される中，児童相談所には，児童虐待などを念頭に置いた児童の人権保護のための措置権が残された．近年の虐待などの処遇困難ケースの増加に伴い，家庭支援の重要性が認識されるようになり，その対応に児童家庭福祉の概念が根付いてきている．
　児童相談所は児童福祉法に基づいて，すべての都道府県・指定都市に設置され，2006年4月からは中核都市にも設置が可能となった．2016年3月時点で全国で208か所ある．
●相談の種類　児童相談所で行われる相談の種類は，次の5種類に大別される．①養護相談：両親の家出，疾病，離婚，服役，死亡などにより養育困難となった児や棄児，被虐待児に関する相談，②障害相談：肢体不自由，視聴覚障害，知的障害などの障害児，近年においては発達障害児などに関する相談，③非行相談：家出，喫煙，シンナー吸引，性的逸脱などの問題行動のある虞犯少年や触法少年に関する相談，④育成相談：性格行動，不登校，しつけなどに関する相談，⑤その他の相談：里親希望，夫婦関係などについての相談．これらに加え，①～⑤の相談の一環として，いじめ相談が増加している．
●援助の種類　児童相談所が児童とその保護者に対して行う援助は，①助言・指導，継続指導，児童福祉司指導（措置）など，継続的な面接や訪問により専門的な指導を行う．そのうち問題が家庭環境にあり，比較的問題が軽度のケースは児童福祉司に指導を委託することもある，②保健所，病院，教育相談所など他の機関へのあっせん・紹介．③非行少年に対し，注意と約束で再発を抑制する訓戒・誓約（措置）．④養護に欠ける児や専門的な療育が必要な児を児童福祉施設に入所させる（措置）．同様に重症心身障害児などを指定国立療養所に委託する．⑤養護に欠ける児を里親に委託する．⑥比較的問題の軽いケースを福祉事務所に指導を依頼し通知する．⑦非行相談ケース中，家庭裁判所の審理が妥当と思われる場合，逆送致（措置）する，などがある．
　近年，虐待対応などを中心に児童相談所の業務の内容がより深刻化しているこ

とから，比較的軽微なケースへの対応は市町村に，市町村対応への援助や助言と重篤なケースへの対応は児童相談所に，と役割分担が進行しつつある（市町村児童家庭相談援助指針による）．

●**相談・援助の流れ**　児童相談所における相談・援助の流れは図1に示されている通りである．児童相談所では，基本的にケース援助は各専門職種がチームとして決断を下し援助方針を立て，ケース対応をすること，および，児童福祉審議会という第三者機関を介入させることでケース対応の公正性を保つシステムが構築されている．

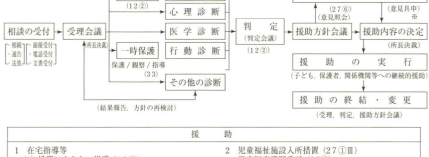

図1　児童相談所における相談援助活動の体系・展開
［出典：厚生労働省HP「児童相談所の運営指針について：図表」］

●**課題**　児童相談所には本来児童に関する専門的な学問を修め，専門的な対人援助知識・技術をもつ児童福祉司が配属されるべきところ，実際には一般行政職員が配置されることが多い．児童相談所全体としての専門性の確保と蓄積が困難という現状がある．特に虐待ケースの介入には，限られた時間と情報の中で的確なリスクアセスメントを行い，瞬時の判断と決断力，迅速な行動力，そしてどのような保護者とも適切な対人関係を構築する高度な専門性が必要とされる．発達障害への専門的対応も，深刻化する非行問題への対応もしかりであり，今後，児童福祉司の専門性の確保が強く求められるところである．　　　　　［松本恵美子］

家庭児童相談室

　家庭児童相談室は，1964年に厚生事務次官通告「家庭児童相談室の設置運営について」という通達で規定される．業務内容は，「福祉事務所が行う家庭児童福祉に関する業務のうち専門的技術を必要とする業務を行うものとする」とされ，資格要件は「家庭相談員として必要な学識経験を有する者」としている．
　子どもの福祉に関する専門的相談機関は，それまで児童相談所だけであったが，児童福祉法改正により2004年4月に市町村の業務として法律上明確にされ，住民に身近な市町村・役場に子どもの福祉に関する相談の積極的な取り組みを求めた．また，都道府県（児童相談所）の役割を，専門性の高い困難ケースへの対応や市町村の後方支援に重点化し，全体として地域における児童家庭相談体制の充実を図ることとした．家庭児童相談室はこの児童家庭相談体制の一翼を担い，児童相談所との役割分担や連携を図り，相談対応の充実を図っている．

●保健福祉センター（保健所）子育て支援室が行う関係する業務
・業務内容：①児童の性格，生活習慣，習癖に関すること，②児童の言語などの発達に関すること，③保育所，幼稚園，学校など児童の集団生活における生活行動上の問題に関すること，④障害のある児童の家庭における養育に関すること，⑤児童に関わる家庭の人間関係（親子関係など）に関すること，⑥学校におけるいじめ，暴力など，友人や教師に関すること，⑦不登校，怠学に関すること，⑧児童の養育についての経済的問題，養育に欠ける問題など児童をめぐる環境条件に関すること，⑨児童の非行に関することなど．その相談業務の内容は，多くが児童相談所と共通するが，その重篤度により両者の対応のすみ分けが行われている．ケースによっては児童相談所のフォローを受けながら対応をするケースもある．特に被虐待ケースへの対応などは，そのすみ分けと協働体制の専門性が求められる．
・受付経路：家族などからの直接相談が行われるほか，保健福祉センター，保育・教育関係機関，児童相談所，医療機関など関係機関から紹介されることが多い．
・相談援助：市町村の援助指針では助言指導，継続指導，他機関の紹介，児童相談所送致といった活動があげられ，具体的には個別面接，グループ指導，家庭訪問，電話相談，情報提供といった活動を実施する．
・関係機関との連携：家庭児童相談員が担当しているケースのうち，心理判定が必要な場合，児童相談所の心理判定担当に判定を依頼し，その結果をもとに相談所とケース対応について協議したり，サポートを受けたりする．また児童相談所から，家庭児童相談員による支援が妥当と判断され，その対応を依頼される

場合もある．不登校やいじめ相談についてはすみやかに児童相談所と学校とともに，専門的分野からその児童がかかえる問題を分析し，適確な判断と迅速な対応をとる．そして，保護者がその対応の意味が理解できるように説明し，保護者も支援のパートナーとする．医療・保健分野からも家庭児童相談員が必要とされるケースの依頼もあり，健診や発達相談後のフォローアップなど地域に根差した対応の強みを生かして療育に関わるケースもある．

18歳までの相談を受けることで児童の就労までの成長を見届ける勤続年数の長い家庭児童相談員も多数いる．しかし，その雇用形態は自治体によりさまざまであり，すべて正規雇用には至っているわけではない．今後，資質向上のため任用形態の安定と周知が求められる．

● **発達障害相談での家庭児童相談員の関わり** 1歳6か月児健康診査，3歳児健康診査からつながるケースや保育所などからの相談あるいは保護者からの相談など，発達障害の疑いのある児童の相談経路は多岐にわたる．継続的な支援が必要な場合は主に家庭児童相談員がその対応を担い，グループによる指導・助言を行うことが多い．特に発達障害児を抱え，子育てに悩む保護者への継続的な支援は重要であり，就学前・就学後ごとの保護者支援のための講座，研修会の開催，ペアレント・メンターなどの地域ごとの取り組みが，徐々に広がりつつある．そしてこれらは，保健師と学校の定期的かつ密な連携を背景により充実が図られている．

また，児童虐待の背景に発達障害が潜むケースが多々あり，虐待の理解と防止のために，家庭児童相談室の独自事業として発達障害理解のための講演会が催される動きも出てきている．大阪市の場合，発達障害支援センターによる地域サポートの強化を実施し，児童にかかわる専門機関とともに早期発見を専門療育へとつなげたり巡回相談を実施するなど自立支援に向けてライフステージに応じた相談・支援体制を目指し施策の充実を図っている．その背景としてここ数年虐待，親の養育・教育力不足，不登校につぎ，発達障害の相談が多くなり，その内容は多問題化し，より専門的かつ長期的に対応を求められるものが増加していることがあげられる．

以上，大阪市の例について述べたがいずれの自治体も抱える問題は多種多様であり，それぞれに独自の施策をもって児童問題に対応し，その中心となるのが家庭児童相談室である． ［水林依子］

📖 **参考文献**
[1]「家庭児童相談室制度発足50周年記念家庭相談員全国大会資料」, 全国家庭相談員連絡協議会事務局, 2016

知的障害者更生相談所

　更生相談所には，身体障害者と知的障害者の2種類がある．両者が併設される場合もある．知的障害者更生相談所は，知的障害者福祉法第12条に基づき，都道府県に設置が義務づけられている．政令指定都市には，法による義務はないが，地方自治法施行令第174条に基づき，条例により設置されている．

●相談所の役割と活動　①市町村の福祉事務所などの関係機関と連携しながら，知的障害者や家族からの相談に応じる．②医学的・心理学的・社会学的・職能的判定を行い，生活や就労に関する専門的な相談や支援・指導を行う．職能的判定については，地域障害者職業センターを中心とした活動の充実などの地域事情により，今後役割が変化していくであろう．③18歳以上の人について，療育手帳の判定を行う．④つちかってきた知識や技術により，市町村に対して，技術的支援や助言，情報提供，市町村職員への研修，市町村相互間の連絡調整を行う．⑤地域生活支援の推進に関する活動を行う．更生相談所は，障害者や家族が住む地域から遠距離にある場合がある．そのような場合，相談所職員が，市町村の福祉事務所に直接出向き，相談や判定を行う巡回相談・指導を行う．

●相談所の役割と活動の変化―福祉制度改革と課題　2003（平成15）年，支援費制度が導入され，福祉制度に大きな変化が起きた．行政が福祉サービスの内容を決定して提供する措置制度（全額公費負担）から，利用者がサービスを選び，契約に基づいてサービスを利用する制度（一部自己負担）に大転換した．2005（平成17）年，障害者自立支援法により，三障害（身体，知的，精神）を一元化した利用者本位の社会福祉サービス体系となり，発達障害者も利用しやすくなった．2013（平成25）年，障害者総合支援法により，知的障害者が，できるだけ自分の力で地域生活ができるよう支援する地域支援事業が追加された．成年後見制度利用の促進，意思疎通支援の制度（手話などのコミュニケーション支援員の養成と派遣）を支援することも役割となった．地域移行支援の対象に矯正施設から出所する知的障害者が加わり，これらも含め更生相談所に，知的障害者に関する専門機関としての役割への期待が大きくなっている．

●情報の選択と権利擁護　自立支援協議会の見直しがなされ，家族や障害者本人の意見が伝わりやすくなっている．地域生活支援事業などの福祉サービスが多様になり，実施事業者も多くなっている．知的障害者は，他のサービス利用者や福祉サービス提供者（事業者）に比べると，福祉情報を得にくく，情報を理解できないことが多いと思われる．質の高いサービスをみずから選び，判断し契約することは簡単ではない．契約に不利益があっても気づきにくい．2014（平成26）

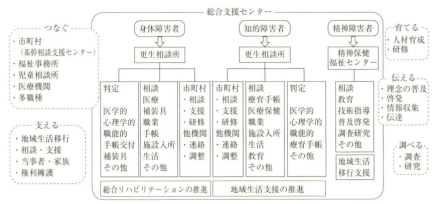

図1　総合支援センター構想と更生相談所
[出典：文献［1］, p.87]

　年の改正社会福祉法では，福祉サービス選択の質を確保するため，事業者に第三者評価を努力義務としているが十分機能していない．サービスを選択するときに，信頼性が高く利用しやすい（理解しやすい）情報が求められている．情報のユニバーサルデザインには，更生相談所がつちかってきた専門家としての知識や技術が役立つといえる．知的障害者福祉法では，知的障害者の福祉のために，自立と社会経済活動への参加を支援するとともに，必要な保護を行う（「更生援護」を図る）ことが求められている．障害者総合支援法の理念「個人の尊厳を支援する」を重んじ，障害者の意思を最大限尊重する視点が，更生援護に求められている．障害者が，みずから決定し，社会経済活動への参加を進められるように，障害者の権利擁護に注意を払い，相談や支援を行うことが大切である．

　都道府県の実情に応じて三障害（身体・知的・精神）を総合的に支援するための総合支援センター構想が進みつつある．和泉[1]は，総合支援センターを中心にした，更生相談所の役割と活動についてまとめている．現在，他の障害に比べて，発達障害の人たちを専門的に支援できる社会資源は少ない．総合支援センターが整備され，発達障害の特性に特化した相談・支援の場の充実，例えば，大人としての生活を意図的に学ぶ場などの充実が図られることが期待される．　［藪内道子］

参考文献
[1]　和泉とみ代「更生相談所の現状と障害者総合支援法」小澤　温編『よくわかる障害者福祉（第5版）』ミネルヴァ書房，pp.86-87，2013
[2]　井村圭壯・武藤大司編著『社会福祉の制度と課題』学文社，2015
[3]　遠山真世他『これならわかる〈スッキリ図解〉障害者総合支援法』翔泳社，2014

相談支援事業所

　相談支援事業所は「障害者の日常生活及び社会生活を総合的に支援するための法律」（以下，障害者総合支援法）において，市町村による必須事業として位置づけられる「相談支援事業」を行う事業所である．現在の相談支援体制は以下の形であり（図1），指定特定相談支援事業所（計画相談支援），指定一般相談支援事業所（地域相談支援），障害児相談支援事業所（障害児相談支援），市町村による相談支援事業所（委託可能）に分けられる．相談支援の種類により事業内容が定められており，市町村・都道府県の指定もしくは委託を受けて運営している．複数の相談支援事業を行うことも可能であり，一つの相談支援事業所が複数の役割を担っているところもある．

　障害者総合支援法の対象者は，障害者手帳所持，自立支援医療受給者証所持，難病指定などが定められており，相談支援事業所を利用する対象者も同じである．また，発達障害の疑いがある者の相談窓口は，発達障害者支援法に基づく「発達障害相談窓口」が設置されている．

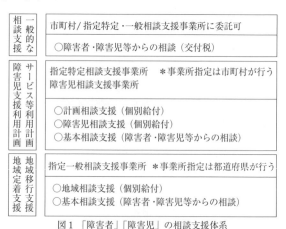

図1　「障害者」「障害児」の相談支援体系
［出典：（障害福祉課／地域移行障害児支援室）分割版資料2（平成23年6月30日実施）］

●相談支援専門員に求められるもの　相談支援事業所には，障害特性や障害者の生活実態に関する豊かな理解や知識，経験をもつ「相談支援専門員」という有資格者を配置しなければならない．相談支援専門員になるには，3～10年の実務経験と，5日間程度の研修を受ける必要があり，その後も定期的な研修が義務付けられている．支援は障害者ケアマネジメントの手法で行うこととされている．

相談支援は単に本人が希望したサービスを調整するだけではなく，日常の不安や悩みを受け止める心理的な支援を行うことも多いので，専門的な幅広い知識と技術が必要である．また，家族や介護者の支援を行うことも多く，家族システム理論の理解も必要不可欠の要素である．

●相談支援事業の背景と展開　2003年に支援費制度が導入され，障害者のサービス利用の形態が措置から利用契約へと大きく変容した．その後，障害者自立支援法の施行（2006年）に至り，それまでは障害種別に異なる法律に基づいて提供されてきた福祉サービスを一元的に提供し，地域生活や就労支援を推進することを目指した．障害者が適切にサービスを利用できるように，情報の提供や選択に資する相談支援が求められるようになるとともに，サービス利用に際して障害種別を超えた「障害程度区分」（同法改正後，「障害支援区分」）に基づく市町村のサービスの支給内容・量の決定システムが導入された．相談支援事業所は，その支給決定のためのアセスメントや，利用計画を柱とするケアマネジメントを担うことになった．なお，同法の2010年の改正で，市町村の相談支援体制強化のため，地域における相談支援の中核的役割を担う基幹相談支援センターが設置された．また，地域における障害福祉に関する地域連携および支援体制協議の場として「自立支援協議会」も法的に位置づけられた．障害者権利条約の批准に向けた国内法の整備の流れにより，「障害者自立支援法」は「障害者総合支援法」に改正され，その概要は引き継がれ，さらなる相談支援事業の強化が図られた．

このような相談支援が重視されるに至ったのは，2000年の社会福祉法の改正による．「相談支援事業」の第2種社会福祉事業としての法制化による．その背景としては，障害別に展開してきた「障害児（者）地域療育等支援事業」や「市町村生活支援事業」「精神障害者地域生活支援事業」による実践の積み重ねがあった．個別の相談支援のみならず，ネットワーク・地域づくりも含んだソーシャルワークの実践がバックボーンにあったことも重要である．

●相談支援事業所の現状と課題　相談支援を行う際には，「基本相談」を前提とした相談支援が求められており，権利擁護支援や地域づくりをめざした総合的な相談支援を担うことが期待されている．しかしその一方で，相談支援専門員の養成が進まない地域も多く，体制整備には課題が多い．本人の自立した地域生活を支えるためには，きめ細かく質の高い相談支援の確保が必要であり，その地域の相談支援体制をどう構築していくか，大きな課題である．　　　　　　　　［湯阪加奈子］

📖 参考文献
[1] 小澤　温編『よくわかる障害者福祉（第5版）』ミネルヴァ書房，2013
[2] 朝比奈ミカ他編著『障害者本人中心の相談支援とサービス等利用計画ハンドブック』ミネルヴァ書房，2013
[3] 木全和巳『私たちはソーシャルワーカーです─社会的な相談・支援の実践をつくる』きょうされん，2007

発達障害者支援センター

　発達障害者支援センターは，発達障害を対象とする相談支援の拠点としての「自閉症・発達障害支援センター運営事業」が創設された．2002年度に全国12か所，次年度に7か所と順次設置され，自閉症支援の中核的位置付けを担う役割が期待され，全国的に広がっていった．もともと地域の身近な相談機関としてスタートしたものであるが，2005年4月の発達障害者支援法施行により「発達障害者支援センター」として，各都道府県，政令指定都市（以下，都道府県など）における相談・支援の中心的役割を担うことになった．また，対象は自閉症スペクトラム（ASD）に加えて学習障害（LD）や注意欠陥多動性障害（ADHD）などに拡大された．

　その目的は，発達障害児（者）に対する支援を専門的，広域的に行う地域の拠点として，本人および家族からの相談に応じ，適切な指導または助言を行うとともに，関係機関との連携強化を図り，地域における総合的な支援体制の整備を推進し，福祉の向上を図ることとされている．

●**業務内容**　発達障害者支援センター（以下，センター）は，発達障害児（者）への支援を総合的に行うことを目的にしたもので，その業務内容としては，大きく分けて四つあげられる．①相談支援：発達障害児（者）とその家族，関係機関などからの日常生活におけるさまざまな相談，②発達支援：発達障害児（者）とその家族，周囲の人の発達支援に関する相談に応じる，主に家庭での療育方法についてのアドバイス，③就労支援：就労を希望する発達障害者に対して，就労に関する相談に応じるとともに，公共職業安定所，地域障害者職業センター，障害者就業・生活支援センターなどの労働関係機関との連携における情報提供，④普及啓発・研修：発達障害を支援する保健・医療・福祉・教育・労働などの関係機関の職員や都道府県および市町村の行政職員などを対象とした研修の実施である．

　各都道府県にあるセンターの役割は地域資源の状況に応じて異なっているが，市町村などで発達障害児（者）に対する適切な支援ができるよう，市町村などの関係機関のバックアップを行い，地域の支援体制づくりを行うことが主要な役割として望まれている．

●**運営**　職員は，相談支援，発達支援，就労支援を担当する者を配置しているが，地域によっては，さらに増員されているところやブランチを増設しているセンターがある．なお，運営は都道府県などみずから，または都道府県などが委託した社会福祉法人などが担っている．

●**支援の実際**　センターでは，幼児期，学齢期には診断前後や発達が気になると

いう段階での子どもの理解と関わり方について家族や支援者からの相談がある．思春期に多いのは「ひきこもり状態にある子どもが発達障害の特徴に似ている」という家族からの相談である．また，大学生活やその先の就労の相談もある．成人期は就労と暮らしの相談が多く，人間関係でうまくいかないという経験を通して自身に発達障害の可能性を感じての相談が多い．どのライフステージにおいても「わがまま」「本人の努力不足」「怠けている」といった周囲の無理解や叱責により本人の不安や自尊心の低下が見受けられる．

　全ライフステージにおける支援の方向としては，生育歴を聴き取り，発達障害の特性がみられるかどうかという点を確認しながら，家族や支援者に関わり方とその工夫や留意点を伝えている．特に，幼児期から自尊感情を低下させないこと，成功体験を積み重ねること，失敗してもやり直しができることが重要で，その基盤を後のライフステージにつないでいけるように日々取り組んでいる．そして，どの年齢の相談においても，その人の人生の応援としての相談を心がけている．

●**今後の課題**　センターには，専門性をもったスタッフが丁寧に相談支援を行うことが望まれている．しかし，増加する相談件数と現状の人員配置においては，すべてのニーズに応えていくことは困難である．また，相談内容は複雑化，多様化してきており，よりニーズに沿った対応が困難になってきている．

　そうした中で，より身近な地域で支援が受けられるように地域の支援体制づくりを行うことが大きな役割であり，そのためには，支援機関との連携体制の構築が不可欠である．

　発達障害への理解に基づいた支援ができる人材の確保と育成，また相談支援やサービスを提供できる場を増やしていくこと，発達障害児（者）への保健・医療・福祉・教育・労働・司法などの多分野の支援者や機関が連携の一翼を担うこと，早期からの支援をつなぐ一貫した継続的な支援が続くためのシステムづくりや人的環境づくりが課題である．

　あらゆるライフステージに携わるセンターの役割は多岐にわたり，非常に重要な役割を担っている．早期からの発見だけでなく，生涯にわたる長い道のりの中で，時に本人と家族の伴走者となり，時に応援団をつくり，希望のもてる未来に向かえる応援をすることが重要である．

［橋本美恵］

参考文献
[1] 発達障害者支援法ガイドブック編集委員会編『発達障害者支援法ガイドブック』河出書房新社，2005
[2] 一般社団法人日本発達障害ネットワーク「発達障害者支援センター等の相談・支援，機関連携及び人材の育成等の業務に関する調査について」厚生労働省平成24年度障害者総合福祉推進事業報告書（平成25年3月），2013

児童発達支援センター

　児童発達支援センター（以下，センター）は，児童福祉法で定められた児童福祉施設である．センターには「福祉型」と「医療型」があり，「福祉型」は，主に地域の障害児を対象に，日常生活における基本的な動作の指導，知識技能の付与，集団生活への適応のための訓練を供与する児童発達支援を行う．「医療型」は，児童発達支援および治療を行う．支援対象は，身体に障害がある児童，知的障害のある児童または精神に障害がある児童（発達障害児を含む）とし，「障害者手帳」の有無は問わず，児童相談所，市町村保健センター，医師などにより療育の必要性が認められた児童も対象となり，さまざまな障害児を受け入れ通所支援を提供する．実施主体は市町村．利用の手続きは市町村が窓口，利用料は保護者の収入に応じて変化する．また，センターは，通所支援だけでなく，地域の障害児家庭に対する「相談支援」も行う．保育所などを利用する障害児に対しては，集団生活維持のための専門的な支援である「保育所等訪問支援」を行う．センター職員の主な職種は，福祉型は児童指導員・保育士・児童発達支援管理責任者・機能訓練担当職員などで，医療型はこれに診療所従事者，看護師，理学療法士または作業療法士などが加わる．

●**障害児通園施設から児童発達支援センターへ**　当初障害児通園施設は，就学猶予・免除を受けた在宅障害児の日中活動の場所として設置されたが，1979年の「養護学校義務制」によって障害児の全員就学が可能となって以降，その支援対象は就学前幼児になり，早期療育の場となった．しかし，障害児通園施設は，知的障害児・難聴児・肢体不自由児・視覚障害児と障害種別に分かれていたため，障害が違えば身近な施設を利用しにくく，その他にも「支援が施設内に限定される」「地域で育つように支援できない」「利用には『障害確定』が必要で，グレーゾーンの支援ができない」「家庭支援のシステム化が遅れている」などの問題点があった．これらの問題点が検討されたのは，障害者自立支援法（2006年施行）の「三年後の見直し」の課題であった「障害児支援」について検討するため開かれた「障害児支援の見直しに関する検討会」（2008年）においてであった．この「見直し検討会」の報告を受け，2012年度に児童福祉法は改正され，これにより障害種別に分かれていた施設体系は通所・入所いずれかの利用形態別に一元化，障害児通園施設は児童発達支援に再編され，センターとなった．

　センターは，身体・知的・精神の三障害対応を目指し，障害児にとって身近な地域で支援を受けることが可能になった．また，「障害者手帳」の有無を問わず，障害の有無が明確ではない段階でも通所支援や相談支援が受けられるようになっ

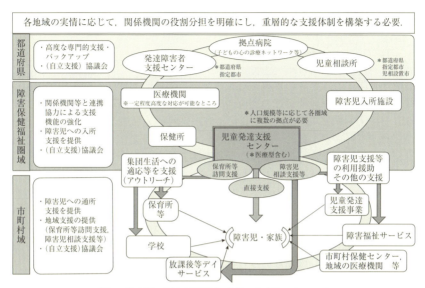

図1 障害児の地域支援体制の整備の方向性のイメージ

[出典:厚生労働省「障害児支援の在り方に関する検討会」今後の障害児支援の在り方について（報告書）」2014 〈http://www.mhlw.go.jp/stf/shingi/0000050945.html〉]

た．センターは障害児支援の拠点と位置付けられ，新たに地域で暮らす障害児とその家族，近隣の施設や事業所に対する支援（地域支援）を実施するよう求められることになった（図1）．

●**今後のセンターの役割**　障害児支援体系の再編・一元化後の状況や，子ども・子育て支援法の成立を踏まえ，厚生労働省は「障害児支援の在り方に関する検討会」（2014年）を開催し障害児支援の充実について具体的な検討を行った．その報告書では，センターには専門性に基づいて一般的な子育て支援施策の「後方支援」としての役割が求められる，とされている．その内容は，児童相談所と連携し地域で生活する障害児とその家族の相談対応，保育所などへの専門的支援，人材育成や地域住民に対する啓発活動など，インクルージョンの推進を図るものである．中でも，保育所等訪問支援は，専門職員の派遣により地域の中での子どもの育ちを支援し，保育所などの資質向上を図るなどその専門性を地域に還元する重要なものであるが，その実施数の少なさ，不十分な態勢など，今後改善施策の検討が必要，と考える．

　障害児が「子ども」として子ども・子育て施策で支援され，地域で安心・安全に暮らし育っていくために必要な支援が展開されるよう，児童発達支援センターのさらなる進展が求められる．　　　　　　　　　　　　　　　　　　[松浦智子]

地域活動支援センター

　地域で生活する障害者の支援を行う事業所である．創作的活動または生産活動の機会の提供及び地域社会との交流活動，余暇活動や相談機能などをもつ．障害者自立支援法（2005年10月成立）により市町村の地域生活支援事業として位置づけられ，市町村が柔軟に実施するとされている．ゆえに利用対象者の障害種別も事業所により異なる．近年では，発達障害者を対象とする事業所も増加し，障害特性に合わせたプログラムを実施しているところも増えつつある．運営する法人は，社会福祉法人や医療法人，NPO法人などさまざまであり，事業内容にも運営主体のもつ特徴が現れる．

　他の障害福祉サービスとの大きな違いは，利用に際し「障害支援区分」の認定は不要で，事業所を利用するのみの場合，利用料金は不要．利用にあたり，事業所との契約が必要で，参加型のプログラムに必要な実費などを別途定めているところが多い．

●**事業内容**　事業体系としては共通部分である「基礎的事業」と，応用部分である上位部分の「Ⅰ型」「Ⅱ型」「Ⅲ型」が用意されている（図1）．基礎的事業の内容としては，創作活動，スポーツや園芸活動，文化的活動など，多種多様なプログラムを準備し利用者が参加しやすい環境をつくっている．上位部分は地域のニーズに応じて市町村が実施事業を要綱に盛り込み，対象者や必要な事業内容を定めている．また，職員配置や1日あたりの実利用人数の想定が規定されており，それに基づき事業所が体制を整え独自のプログラムを準備する．

　利用者は複数の地域活動支援センターの利用が可能であり，その日のプログラ

	Ⅰ型	Ⅱ型	Ⅲ型
事業内容等	・相談支援事業 □専門職員（精神保健福祉士など）を配置 □3名以上（2名以上常勤）配置	・機能訓練 ・社会適応訓練 ・入浴サービス など □3名以上（1名以上常勤）配置	・Ⅱ型と同様 □2名以上（1名以上常勤）配置
実利用人数	おおむね20名以上/日	おおむね15名以上/日	おおむね10名以上/日

基礎的事業
創作的活動，生産活動の機会の提供など，地域の実情に応じた支援 2名以上（1名は専従者）の職員配置

図1　地域活動支援センターの類型

ムにより事業所を選択して，場合によっては複数箇所利用することができる．多くが開所時間内であれば出入りは自由であり，決められた枠で時間を過ごすことが負担な者にとっては，福祉サービスを利用するきっかけになりやすい．反面，自ら過ごし方を組み立てることが苦手な者にとっては，定着しにくい面も考えられる．

　また，地域活動支援センターを運営している法人が，他の種類の通所系事業所などを多機能で運営していることも多い．しかしこれらは連携を取りやすく，本人の状態の変化にも対応しやすい．しかし一方で，抱え込み型の支援に陥りやすいリスクも内包し，地域での有機的なサービス調整の必要性がある．

●**法的背景**　障害者自立支援法の施行により，三障害の法律を一元化し，共通のサービスを提供することになり，それまで別々の法律でその障害特性に考慮してきた部分には大きな影響があった．「精神障害者地域生活支援センター」もその一つである．現在の地域活動支援センター「Ⅰ型」は「精神障害者地域生活支援センター」を想定してつくられており，果たしてきた役割と実績がベースになり移行した形である．それは，利用者のニーズに応じた活用ができる「場」の提供とともに，「相談支援」を重要な機能として位置づけられた点に特徴があった．それゆえ，「Ⅰ型」では相談支援事業を実施することとなっており，個別の相談支援に加えて，集団の中で過ごすことから生ずるニーズを掘り起こし把握することも重要な機能として求められている．

●**現状と課題**　日々のプログラム活動に必要な人員体制と，相談支援を有機的に行う体制を両立させることが難しい実情がある．特に，ニーズをみずから表出しにくいあるいは意識化できない当事者に対しては，居場所提供と同時に，エンパワメントプログラムの提供が必要とされる．障害特性によりアプローチの方法も違い，その方法は今後の課題とされる．例えば発達障害のある人同士のピアサポートの力に着目したグループ支援に取り組む事業所もあるが，社会資源としてはまだ希少である．当事者が，みずからニーズを社会資源につなげる力の弱さをサポートし，「場」につながるまでの有機的な社会資源の連携も必要とされている．

［湯阪加奈子］

📖 **参考文献**
[1] 栄 セツコ「精神障害者の地域生活支援―障害者自立支援法施行に伴う精神障害者地域生活支援センターの移行に関する一考察」桃山学院大学総合研究所紀要，34 (1)，57-71，2008 〈https://www.andrew.ac.jp/soken/sokenk162-1.pdf〉
[2] 遠山真世他『これならわかる〈スッキリ図解〉障害者総合支援法』翔泳社，2014
[3] 松田光一郎「精神障害者地域生活支援センターにおける相談機能に関する一考察―グループ・アプローチを用いたプログラムを事例に」人間福祉学研究，6(1)，91-103，2013 〈http://www.kwansei.ac.jp/s_hws/attached/0000047940.pdf〉

計画相談支援・障害児相談支援

2012年4月の障害者自立支援法の一部改正により導入された，障害福祉サービスを利用する障害児者を対象にした相談支援事業の一部．障害児者が抱える課題の解決や適切なサービス利用に向けて，ケアマネジメント手法により展開される．特定相談支援事業所による「サービス等利用計画」「障害児支援利用計画」の作成を含めた一連のプロセスを指し，18歳以上については「サービス等利用計画」，17歳以下には「障害児支援利用計画」の作成が必要となる．なお，介護保険制度のサービスと併用して障害福祉サービスを利用する場合は，障害福祉サービス固有のサービス（行動援護や就労系サービスなど）を利用する場合で，市町村が必要と認めるときに限り対象とする．特定相談支援事業所が作成する計画に代えて，セルフプランを作成することも可能．特定相談支援事業所には，「相談支援専門員」という有資格者が配置されて，サービスを利用する障害児者一人に対し，一人の相談支援専門員が担当となる．

また障害者手帳や自立支援医療受給者証を所持し，障害福祉サービスの利用ができる者のみが対象となる．

●**支援のプロセスと内容** 利用者はサービス利用申請後，障害支援区分の認定を受ける（障害児に関しては必要ないが，市町村により聴き取り調査などがある）．障害支援区分が認定された後，サービスの利用が実際に可能な場合に，特定相談支援事業所と契約し，計画相談支援／障害児相談支援が開始．図1がプロセスの概要である．

計画作成にあたり，相談支援専門員が本人や家族の生活に対する意向を聴き取り，ニーズを把握し，その上で適切なサービスに結びつける．これらのプロセス

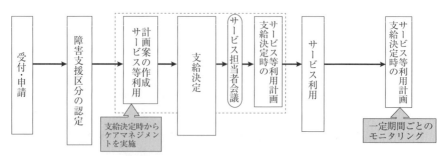

図1　支援決定プロセス

〔出典：「障害保健福祉関係主管会議資料」2011年6月30日〈http://www.mhlw.go.jp/seisakunitsuite/bunya/hukushi_kaigo/shougaishahukushi/kaigi_shiryou/dl/20110630-02-02.pdf〉〕

では本人の参加を基本として担当者会議が開催される．本人の意向や環境が変わるなど，計画の変更が必要なときには変更した利用計画を再度支援に携わるチームで確認する．そして本人を含めた関係機関が役割分担をし，本人の生活支援をチームで行い，本人のニーズの代弁機能を果たしているか等のチェックも必要とされる．

●障害児者の相談支援体制　相談支援事業は，「障害者の日常生活及び社会生活を総合的に支援するための法律」（以下，「障害者総合支援法」）において，市町村による必須事業として位置づけられている．現在の相談支援体制は，複数ある相談支援の種類により事業内容が定められている．どの相談支援事業所にも「基本相談支援」がベースの事業として位置づけられており，潜在的なニーズを抱えていてもみずからニーズの発信が難しい者が，実際のサービス利用につながるまでの相談支援が重要とされている．地域とのつながりを活用しアウトリーチを行い，地域で孤立しがちな者に相談支援を届けることも，各相談支援事業所に求められている．

●相談支援専門員とその役割　的確な支援のために障害特性や障害者児の生活実態に関する豊かな知識や経験が必要であるため，3～10年の実務経験と，5日間程度の相談支援従事者研修を受ける必要があり，その後も定期的な研修が義務付けられている．障害者の多様なニーズに応ずるために，信頼関係を形成する力，アセスメント力，幅広い知識と技術など，高度な専門性を求められる．また，障害児相談支援については，長期的な見通しのもと，障害児に関わる家族・地域を支え，特有の多業種多職種との協同を促進する力も求められる．

●現状と課題　障害児・者が障害福祉サービスを利用する際に，相談支援が必須になったことの意義は大きい．当事者の声から課題を拾い，作成された計画が必要と認められ，地域に働きかけるための起動力として期待されつつある．一方で，利用状況をみると地域格差は大きく，相談支援専門員の養成が進まず，利用できない市町村もある．体制整備には課題が多く，一つにはもっぱら計画相談支援・障害児相談支援を中心に事業を実施することにより事業所が成り立つ仕組みを考えていく必要がある．さらに，本人中心の支援の実現を進めるためには，各事業所においての相談力を底上げし，身近な場所で相談を受けられる体制づくりを目指す必要がある．
［湯阪加奈子］

📖 **参考文献**
[1]　小澤　温『よくわかる障害福祉（第5版）』ミネルヴァ書房，2013
[2]　日本相談支援専門員協会「障害児相談支援ガイドライン作成とその効果的な普及・活用方策の在り方検討事業」報告書，2011

特別児童扶養手当

　特別児童扶養手当は「特別児童扶養手当の支給に関する法律」（1964年7月2日法律第134号）をもとに身体または精神に重度の障害をもつ，20歳未満の児童の福祉の増進を図ることを目的に，障害児を家庭において監護する保護者（父もしくは母，または父母に代わってその児童を養育している者）に対して支給される国の手当をさす．したがって保護者は，手当が障害児の福祉の増進のために支給されることを理解し，これをこの趣旨に添って使用しなければならない．

●**受給資格**　表1に示す法に定められた「児童の障害等級表」（障害者手帳の障害等級とは別個）に該当する程度の障害がある児童を監護する保護者に受給資格が与えられる．しかし，①手当を受けようとする人や対象となる児童が日本に居住していない場合，②児童が通所施設を除く児童福祉施設に入所している場合，③児童が障害を事由とする年金（厚生年金など）を受けることができるときには，この手当は支給されない．

表1　児童の障害等級表

1級	2級
①両眼の視力の和が0.04以下のもの ②両耳の聴力レベルが100デシベル以上のもの ③両上肢の機能に著しい障害を有するもの ④両上肢のすべての指を欠くもの ⑤両上肢のすべての指の機能に著しい障害を有するもの ⑥両下肢の機能に著しい障害を有するもの ⑦両下肢を足関節以上で欠くもの ⑧体幹の機能に座っていることができない程度又は立ち上がることのできない程度の障害を有するもの ⑨前各号に掲げるもののほか，身体の機能の障害又は長期にわたる安静を必要とする病状が前各号と同程度以上と認められる状態であって日常生活の用を弁ずることを不能ならしめる程度のもの ⑩精神の障害であって，前各号と同程度以上と認められる程度のもの ⑪身体の機能の障害若しくは病状又は精神の障害が重複する場合であって，その状態が前各号と同程度以上と認められる程度のもの （備考） 視力の測定は，万国式試視力表等によるものとし，屈折異常があるものについては，矯正された視力によって判定する	①両眼の視力の和が0.08以下のもの ②両耳の聴力レベルが90デシベル以上のもの ③平衡機能に著しい障害を有するもの ④そしゃくの機能を欠くもの ⑤音声又は言語機能に著しい障害を有するもの ⑥両上肢のおや指及びひとさし指は中指を欠くもの ⑦両上肢のおや指及びひとさし指又は中指の機能に著しい障害を有するもの ⑧一上肢の機能に著しい障害を有するもの ⑨一上肢のすべての指を欠くもの ⑩一上肢のすべての指の機能に著しい障害を有するもの ⑪両下肢のすべての指を欠くもの ⑫一下肢の機能に著しい障害を有するもの ⑬一下肢を足関節以上で欠くもの ⑭体幹の機能に歩くことがきでない程度の障害を有するもの ⑮前各号に掲げるもののほか，身体の機能の障害又は長期にわたる安静を必要とする病状が前各号と同程度以上と認められる状態であって，日常生活が著しい制限を受けるか，又は日常生活に著しい制限を加えることを必要とする程度のもの ⑯精神の障害であって，前各号と同程度以上と認められる程度のもの ⑰身体の機能の障害若しくは病状又は精神の障害が重複する場合であって，その状態が前各号と同程度以上と認められる程度のもの

●**手当を受けるための手続き** 居住地の区町村窓口で請求手続きをする．対象となる児童と請求者との関係を証明することができる書類（戸籍謄本・住民票など）と各自治体所定の医師の診断書および必要書類を提出する．障害の状況・程度によっては所持する身体障害者手帳・療育手帳・精神障害者保健福祉手帳により診断書を省略できる場合がある．

●**支給について** 手当の額は「児童扶養手当法による児童扶養手当の額等の改定の特例に関する法律」（2005年3月30日法律第9号）により定められ，対象児童の等級と数に応じて支給される．総務省が作成する全国消費者物価指数の前年の指数が前前年の指数を下回った場合，その低下した比率を乗じてその手当の額を制定することとし，年度ごとに改定される．障害等級は1・2級に分かれ，1級のほうが障害程度は重く支給額が高い．

受給者本人や手当を受給する者と生計を同じくする父母兄弟姉妹などの前年の所得が限度額以上ある場合は，その額に応じて手当の一部あるいは全額の支給が停止される．認定されれば，請求した日の属する月の翌月分から支給され，年3回，4・8・12（自治体によっては11）月に支給される．

●**届出義務** 所得状況に応じて手当の一部あるいは全額の支給停止があるため，年に一度受給者全員に所得状況を届け出る義務がある．対象児童の数が増えたり障害の程度に変化が生じたときには，額改定の請求を行わなければならない．受給資格がなくなったとき，資格喪失届を提出しなければならない．原則として2年に1回，定められた時期に診断書などを提出し，手当受給継続の可否について再認定を受けなければならない．そのほか，住所氏名の変更，扶養義務者との同居・別居など，受給にかかる情報や要件に変更があった場合には，その旨を届け出なければならない．

●**資格喪失** 次のような状況が生じたときには，この手当の受給資格がなくなるため，必ず資格喪失の届けを出さなければならない．①児童が通所施設を除く児童福祉施設に入所したとき，②手当の受給者が，児童を監護しなくなったとき，③児童が死亡したとき，④児童が障害を事由とした公的年金を受給できるようになったとき，⑤児童が「児童の障害等級表」の状態に該当しなくなったとき，⑥このほか，障害認定時の支給要件に該当しなくなったときである．

●**障害児福祉手当・特別障害者手当** 「特別児童扶養手当等の支給に関する法律」により，「重度障害児」とは手当の対象児のうち，政令で定める程度の重度の障害のため常時介護が必要な者をいい，「障害児福祉手当」が併給されると定められている．また20歳以上であり，政令で定める程度の著しく重度の障害のため常時介護が必要な者を「特別障害者」といい，「特別障害者手当」が支給される．

［松本恵美子］

障害年金

　障害年金とは国民年金・厚生年金・共済年金のすべてに定められている年金の一つで，老齢年金・遺族年金に並ぶ．
　この年金は，その保険加入者が何らかの障害を負ったことで，働くことも含めて社会生活を送るために何らかの不利を被ることになったときに，その生活の維持を補償するために支払われる．

●**障害年金の受給要件**　障害年金の受給を受けるためには，次の四つの受給要件を満たす必要がある．

　①初診日要件：障害の原因となった傷病について，初めて医師の診断を受けた日（初診日）が特定されること．健康診断で障害となる疾病が発見された場合には，その健康診断の日が初診日となる．この初診日要件は，以下の②から④の受給要件のすべてに関わる重要な要件である．

　②加入要件：初診日にいずれかの公的年金制度に加入している必要がある．ただし，初診日が20歳未満であったとき，60歳以上65歳未満であったときにはその時点で年金加入していなくても，国民年金に加入していたのと同じ扱いとなり，加入要件を満たす扱いとする．ただし，住所が日本国内にあるときに限る．

　③保険料の納付要件：初診日の前に，法に決められている月数以上の保険料が納付されている（免除期間も含む）ことが必要．基本的には初診日の前々月までの年金加入月数の3分の2以上，保険料を納付済み（免除月数も含む）であること．または初診日の前々月までの12か月がすべて保険料納付済み（免除も含む）であることが必要となる．

　④障害要件：障害の程度と状態については1・2級は「国民年金法施行令別表」に，3級については「厚生年金保険法施行令別表第一・第二」によって定められている．障害の程度の重さは数字が小さいほど重度である．これらの障害等級に該当することで障害要件が満たされ年金が支給されることになる．

●**障害年金の請求**　障害年金の請求は20歳前や国民年金加入中に障害が発生した場合は，各自治体の国民年金係に申請する．それ以外は日本年金機構年金事務所に申請する．なお，障害年金の請求には以下の4種類がある．

　①障害認定日請求：初診日から1年6か月経過した時点，あるいは「治った」（障害固定を指す）日からおおむね3か月以内の障害の程度が障害等級に該当していれば請求手続きが可能である．請求時期が遅れても最大5年間遡及して支払われる．

　②事後重症請求：障害認定日の時点では障害の程度が軽く該当しなかったが，

その後重症化し該当するようになればその時点で請求できる．遡及はない．
　③初めての2級の請求：すでに障害がありさらに障害が加わり，複数障害併合の結果障害等級が2級に該当したときに請求できる．
　④20歳未満の初診による請求：初診日が20歳未満でどの年金にも未加入であっても，20歳に達したときに障害の程度が障害等級に該当していれば，国民障害基礎年金が支払われる．知的障害に関しては，医学的に18歳未満で発症するものとされているため，初診日の証明は不要である．

●**障害等級の認定**　障害等級1・2級の認定基準は「国民年金法施行令別表」による．1・2級は国民年金・厚生年金（共済年金もこれに準ずる．以下同様）に共通する．しかし3級の年金は厚生年金独自の制度であり，「厚生年金保険法施行令別表第一」に定められる．

●**年金の種類と等級**　国民年金の加入者は厚生年金や共済年金に加入していない20歳以上60歳未満の人．自営業者，パート，アルバイト，学生などが多い．厚生年金は民間企業勤務の人が加入．共済年金は公務員や私立学校職員が加入．
　例外的に，初診日から5年以内に障害の原因となった病気やけがが治り，障害厚生年金を受けるよりも軽い障害が残った場合には「障害手当金」（障害一時金）が支給される．

表1　障害等級と年金の種類との関係

障害等級	初診日に加入していた年金		
	国民年金	厚生年金	共済年金
1級	障害基礎1級	障害厚生1級	障害共済1級
		障害基礎1級	障害基礎1級
2級	障害基礎2級	障害厚生2級	障害共済2級
		障害基礎2級	障害基礎2級
3級		障害厚生3級	障害共済3級
3級相当で治癒		障害手当金	障害一時金

＊厚生年金保険と共済年金加入者の1・2級は国民年金の障害基礎年金との2階建て支給になる
＊65歳以上で厚生年金加入中で，既に老齢基礎年金受給権のある人は障害厚生年金の支給のみになる

●**加算**　障害基礎年金受給者に子どもがいれば，子の加算額が付与される．そしてこの子が1・2級の障害に該当する子であれば，20歳まで支給期間が延期される．なお，障害年金受給後に結婚した場合，配偶者も加算対象になる．障害厚生年金1・2級の受給者は，65歳未満の配偶者があるときに，障害基礎年金と2階建て支給されたうえに「配偶者加給年金」が加算される．　　　　　　　　　　［松本恵美子］

障害者手帳

　障害者手帳とは障害児者が公的機関の認定を受け発行される，障害をもつことを証明するための手帳で，身体障害者手帳・療育手帳・精神障害者保健福祉手帳の総称である．身体障害者手帳と精神障害者保健福祉手帳は法令に基づき発行されるが，療育手帳は根拠となる法令がなく，各自治体の制定する要項などにより発行される．

●**手帳の発行について**　いずれの手帳も手続きの窓口は福祉事務所である．発行主体は障害児者が居住する都道府県あるいは政令指定都市である．ただし中核都市においては身体障害者手帳のみ独自に発行でき，他の手帳は県の条例により市・都道府県のいずれかが発行主体になる．

●**手帳所持により受けられるサービス**　いずれかの手帳を所持することで，社会参加の一助となるようさまざまなサービスを受けることができる．しかし，その所持する手帳の種別，障害の種類と等級，自治体の違いにより，受給できるサービスに差がある．各手帳で共通して受けられるサービスは，一部の税の減免，医療費の助成，ホームヘルパーの派遣，移動支援・同行援護，公共料金の割引，一部公共交通機関の運賃割引，就労支援サービス，公共施設の利用料の減免などがあげられる．これらに加え身体障害者に対しては，日常生活用具の支給，補装具の購入・修理などのサービスの提供がなされる．これに対し精神障害者は医療面での支援が優先され，各種福祉サービスを十分に受けることができない時期が続いた．障害者自立支援法の施行後三障害の差はかなり是正されたが，各種公共交通機関の割引が精神障害者に対してはいまだに除外されているなど，他の障害との差異が残っている．

●**身体障害者手帳**　身体障害者福祉法に基づき発行される．身体障害の種類・状況に応じその等級が決められて1級から7級までに区分され，数字が小さいほどその障害の程度は重い．7級は肢体不自由にのみ認定され，手帳は公布されない．ほかに1種，2種の区別があるが，これは「JR旅客運賃割引制度」を前提としたものである．対象となる障害の種類は視覚障害，聴覚障害，音声・言語機能障害，咀嚼機能障害，肢体不自由，心臓機能障害，呼吸器機能障害，腎臓機能障害，膀胱または直腸機能障害，小腸機能障害，免疫機能障害，肝臓機能障害の計12種類である．これらはすべて「身体障害者福祉法施行規則」(1950年厚生省令第15号)の別表第5号に定められている．

　認定は指定医師による診断書を福祉事務所に提出．身体障害者更生相談所で判定が下される．身体障害者手帳には一部例外を除き更新義務はない．例外とは乳

幼児期に認定を受け，成長に応じて症状に変化が生ずる可能性がある場合を指し，おおむね6歳頃に再認定される．また医師の診断により今後の症状の軽度化が予測される場合も，その状態に応じ1・3・5年ごとに再認定手続きを求められる．

●療育手帳　療育手帳は知的障害児者に対して一貫した指導・相談を行い，さまざまなサービスを提供することを目的に発行される．他の二障害と違い，知的障害者福祉法にはその発行根拠が示されていない．1973年9月27日の厚生省通知「療育手帳制度について」，同年通知の「療育手帳制度の実施について」に基づき，各都道府県知事，政令指定都市の長が各自の判断基準，実施要項を定め，知的障害と判定した者に発行する．したがって障害の程度区分は各自治体によって異なるが，知能指数の上限値がIQ70から75と設定されているところが多い．手帳発行にかかる判定は18歳未満は児童相談所，18歳以上は知的障害者更生相談所において行う．手帳の名称については各自治体ごとに定められ，例えば「愛の手帳」「みどりの手帳」などの名称が使われている．

●精神障害者保健福祉手帳　この手帳は，1995年改正の「精神保健及び精神障害者福祉に関する法律」（精神保健福祉法）に基づき発行され，精神障害者の自立と社会参加の促進を図ることを目的につくられた．身体障害，知的障害に加え本手帳制度が施行されることで，「障害者基本法」第2条に規定される障害者すべてに対し手帳制度が整った．本手帳には期限があり，2年ごとの更新手続きを要する．手帳申請および更新申請に対し，医師の診断書を基に精神保健センター（地域によっては精神医療センター）が審査し判定を下す．本手帳の名称は「障害者手帳」とのみ記され，これは他の障害に比べ精神障害がいまだに社会的偏見や無理解の対象となっていることに対する配慮である．本手帳制度の施行当初は，このような社会的差別や偏見からのプライバシー保護のため本手帳のみ写真を貼付しなかったが，2006年10月1日申請分から他の手帳と同様に写真の貼付を求められるようになった．対象疾患は厚生省保健医療局長通知「精神障害者保健福祉手帳の障害等級の判定基準について」の「精神障害者保健福祉手帳等級判定基準の説明」に，統合失調症，躁うつ病，非定型精神病，てんかん，中毒精神病，器質精神病，その他の精神疾患（発達障害を含み，精神遅滞を伴うものを除く）が対象と規定されている．「精神保健及び精神障害者福祉に関する法律施行令」により，重い順に1級から3級まで定められている．

●発達障害児者の手帳について　厚生労働省は発達障害は精神障害の範疇として対応することとしており，精神障害者保健福祉手帳の対象としている．しかし自治体によっては発達障害児者の社会的活動の利便を考慮し，療育手帳の取得を可能としているところがある．日本では発達障害のための単独の障害者手帳はない．当事者およびその家族の発達障害児者のための独自の手帳制度の要望は強い．

［松本恵美子］

障害児保育

　母子保健法により，1963年に3歳児健診と精密健診，1977年に1歳半健診制度が始められた．乳幼児健診の普及に伴い，知的障害や自閉症の疑いのある子どもたちが早期に発見されるようになった．そして早期発見された子どもに対して，具体的相談や指導の場が求められ，児童相談所などによる相談や指導の取り組みが始まった．当時，障害をもつ子どもが通える教育・保育の場は，特殊教育の場（現在の特別支援学校）に設置された一部の幼稚部のみで，通えるのは都市部の限られた子どもであった．教育は統合教育ではなく，分離教育であった．そのため障害のある子どもの母親が働いている間，ごく一部の民間の保育所がその子どもも受け入れる例もあったが，多くの母親は仕事をやめるしかない状況にあった．また，たまたま入所してきた障害をもつ子どもの担任は「気になる子ども」と感じながらも何ら専門的な対策を行うことなく保育をしていた．

●**障害児保育制度**　1974年，「障害児保育事業実施要綱」が厚生省（現・厚生労働省）から出され，「障害の重い子どもは，心身障害児童通園施設で，軽い子どもは一般児童とともに保育を行うことが望ましい」とされた．1972年，「心身障害児通園事業実施要項」により，地域に障害児通園施設がつくられ，療育が重視され，その対象は中〜重度の心身障害児であった．一方で，保育所において保護者による保育が十分でない（保育に欠ける）3歳児以上の軽度の心身障害児が障害児保育の対象となる．クラスは「混合保育」で，原則として対象児4名につき専任保育士1名を加配し，入所児童の判定には，児童相談所など関係機関が協力する．最終的には「集団保育になじめるかどうか」で，対象児となる場合が多かった．当初は市町村に財政的な支援がなされ，指定されたモデル保育所で行った．母親は仕事をやめず，障害のある子どもは，他の子どもたちと同じ保育の場で育つという意味で，保育の大きな転換であった．4年後の改訂で，年齢制限がなくなり，中度の心身障害児も対象となり，どこの保育所でも受け入れ可能となった．

●**その後の展開と現在――地域格差**　1989年，障害児保育は，延長保育などの「特別保育事業」の一つとなった．現在，多様な保育ニーズに対する総合的な保育事業の中に位置づけられている．2015年，障害児保育事業への補助は，地方交付税などの一般財源に組み込まれたため，市町村の役割が大きくなり，地域財政事情による格差が生じてきている．市町村は「障害児保育円滑化事業」の中の実施要件に基づいて，要綱をつくり事業を進めている．

●**障害児保育と特別支援教育**　2006年，学校教育法が改正され，「特殊教育」が「特別支援教育」となった．そして，発達障害者支援法に定義される発達障害児

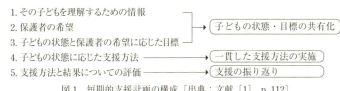

図 1　短期的支援計画の構成［出典：文献［1］, p. 112］

も，特別支援教育の対象となった．特別支援教育では，「特別なニーズをもつ子ども」という視点が強調され，医療・福祉・教育など関係機関が連携し，生涯発達を視野に入れた「個別の支援計画」をつくることが義務づけられている．しかし保育所・幼稚園では，個別の支援計画の作成は義務ではない．大切な幼児期をあずかる保育所・幼稚園であるからこそ，個別の支援計画をつくっていくべきである．個別の支援計画に基づき，職員全体で，1年間または学期ごとの短期的支援計画（図1）をつくる．例えば藤原[1]は多様な子どもたちのいるクラスの計画立案の中で，3種類の保育形態を組み合わせたクラス運営を提案している．

①個別保育：子どもの発達特性に特化した個別対応．1）大人と一対一，集団から離れて保育する取り出し保育（朝の場面など），2）集団の中での個別対応（場を共有して個別支援），②グループ保育：定型発達の子どもと支援が必要な子どもとの組み合わせ（給食の準備や体育遊び場面など）．③集団保育：10人以上の大きな集団での保育．短期計画の中のデイリー計画として，1日の保育の流れにそって，子どもと保育士（担任，専任）がどのように動くかについて計画表をつくる．担任と専任保育士がチームとして，保育形態を組み合わせたクラス運営を行い，障害のあるなしにかかわらず，すべての子どもに「個も大切にしながら」「集団も大事にする」保育を展開する．このような「特別なニーズをもつ子ども」への支援には，子どもの特性理解が必要であり，障害名がわかっていても，一人ひとりの子どもへの対応は極めて個別的といえる．子どもが感じている「困り感」にそった支援が中心となるべきである．そして，このような保育士の専門祭を確保するには研修が欠かせない．

●巡回指導　2012年の児童福祉法改正により，児童発達支援センター事業として「保育所等訪問支援」が導入され，障害児保育への巡回指導が制度化された．専門家が保育所を訪問し，保育を観察した結果をもとに保育所全体でケース会議をもち，保育支援を行う．長期的発達を視野に入れた，相談・支援を行うことが大切である．　　　　　　　　　　　　　　　　　　　　　　　　　　　　　　　　　　　［藪内道子］

📖参考文献
[1] 藤原里美『CD-ROM付き 多様な子どもたちの発達支援 園内研修ガイド―特性を理解して支援する環境づくり』学研教育みらい, pp.112-121, 2015
[2] 鯨岡峻編『最新保育講座15 障害児保育（第2版）』ミネルヴァ書房, 2013
[3] 平山諭編著『保育士養成テキスト12 障害児保育』ミネルヴァ書房, 2008

放課後等デイサービス

　放課後等児童デイサービスは2012年の児童福祉法の一部改正に伴い，障害児施設・事業の一元化を図る中で，障害児通所支援の一つとして創設されたものである（図1）．障害のある学齢期児童に対して，放課後や夏休みなどの学校の長期休暇中に，社会生活を送るのに必要な生活能力の向上のための訓練および社会的な交流促進のための支援などを継続的に提供し，学校と連携しながらその自立を促進するとともに，放課後などの居場所づくりを推進することを目的としている．

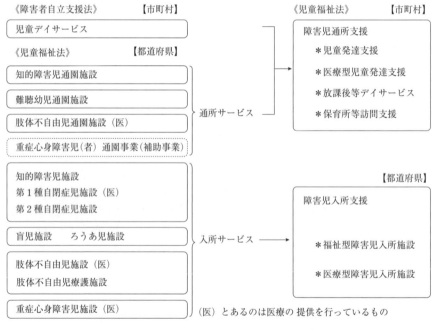

図1　障害児施設・事業の一元化
[出典：厚生労働省HP「児童福祉法の一部改正の概要について（平成24年1月13日）」より]

●組織形態　対象は主に6歳から18歳までの障害をもつ児童であり，引き続きこのサービスを受けなければその児童の福祉を著しく損なう恐れがある場合には，特例として20歳に達するまで利用可能としている．
　従来，障害者自立支援法に基づき実施されていた児童デイサービスからの移行

を考慮し，定員は10名以上とされ，地域の関係機関と連携しながら計画的かつ効果的な支援を提供するため，従来のサービス管理責任者を児童発達支援管理責任者に変更し，放課後等デイサービス計画書（個別支援計画）を作成させ，これに沿ってより適切な支援を実施する体制を整えた．

●役割　放課後等デイサービスが果たす基本的な役割として，①子どもの最善の利益の保障，②共生社会の実現に向けての後方支援，③保護者支援等が求められている．

　特に保護者支援においては，障害をもつ子どもを育てる保護者の相談・支援，ケアの一時代行などを実施する中で，身近な地域での子育て支援の機能として期待されるところは大きい．

●サービス　提供するサービスとしては多様なメニューを設け，利用する障害児本人と保護者の希望を踏まえたサービスを提供する．①自立した日常生活を営むために必要な訓練，②創作的活動・作業活動，③地域交流の機会の提供，④余暇の提供，があげられる．また学校との連携・協働による支援を行うことが求められているが，本人が混乱しないように，学校での教育と放課後等デイサービスで行われるサービスに整合性と一貫性が確保されることが必要となる．そのため児童福祉法の一部改正時に同時に新設された「保育所等訪問支援」による，障害児が集団生活を営む施設を訪問し，集団生活への適応の専門的な支援や情報交換・提供が行われることへの期待は大きい．

●課題　放課後等デイサービスは，そのサービス提供が始まってまだ間がなく，この制度を利用する子どもと保護者のニーズもさまざまならば，サービス提供者の支援内容も個々さまざまという状況であり，この制度の創設の意図に沿った利用が十分にできているか否かについてはまだ不明な点が多く残されている．現実には，提供されている支援はサービス提供者によって種々雑多であり，その質・量共に全国的に統一性がなく事業者間で大きな開きがあることが指摘されている．

　そこで，2014年7月に障害児支援の在り方に関する検討会報告書「今後の障害児支援の在り方について」において，障害児支援の質を一定担保するために全国共通の枠組みの設定が必要であること，そのために障害児支援に必要な基本的な事項や職員の専門性の確保などに関するガイドラインが必要と提言され，特に放課後等デイサービスについては早期の対応が必要と指摘されたところである．

　基本的には放課後等デイサービスの提供の意図の根幹には，児童の多様なニーズに細かく対応することが想定されており，サービスの全国的な画一化が逆にそのサービスの質を低下させることのないよう，個々の事業者の特色を生かしたうえでの専門性の多様性の確保とその質の向上が望まれるところである．

〔松本恵美子〕

6. 成人生活

　発達障害児もやがて大人になり，発達障害者となる．しかしながら，成人した発達障害者には教育や就労などの側面ではいまだ十分な支援がなされているとはいえない．

　しかしながら，適切な支援を行えば成人生活は充実したものになるものと考えられる．教育の分野では，大学入試においての試験時間延長や別室受験などはすでに実施されており，大学に入学した後も，学生相談室などで発達障害学生に特化した支援が実施されるようになり，授業における視覚的資料の提示やペーパー試験が苦手な学生に対する口頭試問への変更，卒業論文における他科目での代替など合理的配慮が実施されるようになってきている．

　また，就職する企業においても企業内ジョブコーチの配置や発達障害に特化した就労支援対策など成人時期の支援も徐々に充実してきている．

　本章では，成人生活の中で就労につながるキャリア教育，大学における発達障害学生支援，高齢になった発達障害者支援等を含め，発達障害者の成人生活の課題と支援内容について報告する．

　成人生活は子どものときからの延長である．よって，小さいときから成人生活を見据えた学校における教育支援や家庭での子育てを検討する上でも必要な内容だと考えている．

〔梅永雄二・高橋知音・二宮信一〕

大学における発達障害学生のキャリア教育

　キャリア教育とは,「社会的・職業的自立に向け,必要な基盤となる能力や態度を育てることを通して,キャリア発達を促す教育」と定義されている（中央教育審議会「今後の学校におけるキャリア教育・職業教育の在り方について（答申）2011年」2011）.

　大学におけるキャリア教育は,社会環境や雇用情勢の変化,大学入学への学生のモチベーションの多様化,大学から社会への移行（社会移行）をめぐる課題などを背景に初年次から教育活動の全般を通じて行われている.例えば,勤労観や職業観を育む授業やインターンシップを取り入れた授業,さらに資格取得や具体的な就職対策を行う特別講座などを開講している大学もある.

　こうしたキャリア教育で身につけようとしている力とはどのような力だろうか.経済産業省は社会人基礎力として「前に踏み出す力」「考え抜く力」「チームで働く力」をあげている.文部科学省では基礎的・汎用的能力の中で具体的に「キャリアプランニング能力」「課題対応能力」「自己理解・自己管理能力」「人間関係形成・社会形成能力」としている.

●発達障害学生のキャリア教育とは　大学に在籍する発達障害学生も他の学生同様に卒業を目指し,将来必要となる幅広い教養,知識や能力,技能といったものを学生生活の中で身につけていく.しかし,発達障害学生は,上述のキャリア教育において身につけようとする力に対して,その障害特性から身につけることが困難な場合が多い.例えば,見通すことに困難を抱える発達障害学生にとっての「キャリアプランニング能力」,大学生活上でもトラブルの多い「人間関係形成能力」,共感力や自他の理解能力に苦手さがある学生にとっての「自己理解」.こうした社会移行に必要とされ,身につけるべきとされる能力と発達障害学生の持つ特性との差をどのように埋めていけばよいのであろうか.

　その一つの有効な手段は,各大学で行われている「インターンシップ」であろう.インターンシップは,現在では大学の教育課程に組み込まれ,単位化されている場合も多い.インターンシップという「職場実習の体験」を通じて,発達障害学生たちは,社会移行に必要とされるさまざまな能力や技能を身につけることが可能となる.

　発達障害学生の社会移行が困難となる理由には,「自己理解を深めること」「自分の特性やスキルを整理すること」「就労に対するセルフイメージをもつこと」などの苦手さがあげられる.しかし,インターンシップという具体的な体験を重ね,適切なフィードバックを得ることで,発達障害学生は自分の向き不向きやみ

ずからの特性を理解し，より具体的な職業イメージを醸成することにより，前述の社会移行に必要な力を身につけ，進路を自己決定できる力を育むことができる．

●**発達障害学生に必要な支援のポイント**　発達障害学生がインターンシップを通じて，社会移行に必要な力を身につけていくには，学生の状況，能力に応じて必要な支援がある（図1）．

　支援者は学生のインターンシップ参加前にアセスメントを行い，学生の状況を把握しておくことが望ましい．専門的な心理検査だけでなく，学生生活を通じた授業の出席状況や成績，ゼミ活動や課外活動の参加状況なども重要な情報となる．こうした本人の現在の状況と将来希望する進路などを踏まえ，インターンシップ先の選定を行い，可能な範囲で企業担当者と情報共有し，あらかじめ想定される課題などを整理したうえで学生はインターンシップに臨む．インターンシップ参加後の企業担当者からのフィードバックは自己理解を助ける新たな視点となり，自己評価と他者評価のすりあわせをもとに課題や能力，スキルを整理していく．この作業は，学生のみならず，支援者の介入やフォローがあることによって，学生がみずからの特性やスキルを適切に整理し，より自己理解を深めることにつながる．このように，学生は体験を重ねること通じて，社会移行に必要な力を育み，具体的な進路決定の道しるべをみつけていく．

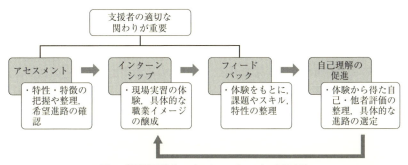

図1　発達障害学生のインターンシップの支援方法

　インターンシップへ複数回参加できれば，学生はより職業体験を通じて自己理解の促進と進路選定にあたって重要な「自己決定」の力を育むことが可能となる．

　発達障害学生の社会移行への力を育むうえでインターンシップは有効な手段であるものの，その体験の成否を決める一つの要素として，インターンシップの体験を支援者がどのように支え，見守るかが重要な鍵となる．さらに，企業側は発達障害学生を受け入れるための体制づくり，組織整備が急務であろう．発達障害学生のキャリア教育や社会移行にとって，こうした支援の充実，体制整備が今後ますます重要となってくる．

［村山光子］

大学におけるアスペルガー症候群学生の支援

　独立行政法人日本学生支援機構が2014年に実施した全国の大学，短大および高等専門学校を対象に障害のある学生の修学に関する実態調査の結果では，支援している発達障害学生数（診断書有）が1856人で，そのうち1362人が高機能自閉症などの診断がある学生であり，発達障害のある支援学生全体の73％であった．ここでいう高機能自閉症は，知的な遅れを伴わない自閉症スペクトラム障害の学生をいい，現時点ではアスペルガー症候群の診断名をもつことが多い．

●**アスペルガー症候群の学生が大学で困ること**　アスペルガー症候群の特性は，「他者との意思や情緒の疎通，適切な関係を築くことに問題を示す」といった社会的コミュニケーションと社会相互作用の困難さ，また，こだわりが強く柔軟な対応ができにくいといった特性や，特定の感覚刺激への過敏性であり，このような複合的な障害特性が大学生活を送るうえでの困難を生じさせていることが多い．具体的には，入学直後の新しい大学生活への適応，グループワークでのコミュニケーション，臨床実習での臨機応変な対応，卒業論文作成などの修学において，彼ら/彼女らの中核的な障害特性が顕著になる．また，教員や他の学生とのコミュニケーションの中で起きる問題もあり，大学での支援の中核は，①修学上の問題に関する合理的配慮の提供，②学生と関係者（教職員，学生，保護者）間のコミュニケーション支援となる．

●**特性の強みが発揮できる大学教育**　障害特性が大学生活上での問題につながることもあるが，一方で彼らの粘り強さやユニークな視点，優れた集中力が大学教育の中で発揮されることも多く，教員から良い評価を受ける学生も少なくない．また，あるテーマに対する徹底的なこだわりが良い成果をもたらし，ユニークな視点が評価される研究分野もある．支援者は，アスペルガー症候群の学生の障害特性を矯正しようとするのではなく，彼らの優れた能力が発揮できるような学びの場を整えていくという考え方に立つ必要がある．一人ひとりの能力のアンバランスさは個別的であるがゆえに支援内容は多岐にわたるが，支援者は学生のこれまでの人生を尊重し，一人ひとりのライフヒストリーに敬意を払いつつ，支援を行っていく姿勢が大切である．

●**コミュニケーション支援**　アスペルガー症候群学生は言語的表現に厳密で自分の思いを的確に表現しようとするため支援者との対話が滞るときもあるが，支援者が彼ら/彼女らのペースで表現することを尊重し，曖昧な点は周辺情報を集め一緒にまとめ上げていくことで，適切な意思の表明は可能である．

　コミュニケーション支援は学生対象にだけ行うのではなく，関係する教職員

も必要である．授業中の不適切と思われる言動であっても本人に他意はなく，単なる質問である場合がある．例えば，あるアスペルガー症候群学生は，入学時に支援依頼があり，授業担当教員との連携がとれていたのだが，授業中に小テストを行った教員に対して「この授業は抜き打ちテストをするのですか！」と立ち上がって訴えた．事前に支援者から本学生の障害特性を聞いていた教員は「これはテストではなく，確認のための授業の感想です」と静かに伝えると，学生は「わかりました」と言い静かに着席した．教員が冷静な対応をすることで，他の学生の混乱が避けられた．このように，コミュニケーション支援は対象学生のみならず，他の学生や教員も授業に専念するために必要な支援である．大学は発達障害学生を支援する中核的な部署であるコミュニケーション支援室を設置し，発達障害者支援の専門家を配置する必要がある．

●キャリア支援　発達障害のある学生に対する支援は，学びにつながる環境を保障するだけではなく，彼ら/彼女らが自分自身の特性を知り，社会に歩み出すための自信を育むプロセスが保障されなければならない．キャリア教育は体験を通じて自己と社会に関して多様な気づきや発見を得ることが重要ではあるが，仕事に直結する体験学習の場のみで行われるものではない．修学を通して，あるいは専門的な知識を有する支援者との面談を通して，自助会での仲間との関係性を通して，さらには，ボランティアで自分が誰かの役に立つという体験を通して，みずからの役割の価値，自分と社会との関係について認識していくものである．発達障害のある学生のキャリア教育の在り方，キャリア支援の方法について，今後も実践を重ね，探求していく必要がある．

●就職支援　「働く自分」を想像し，大卒にふさわしい「コミュニケーション能力」を期待され，「臨機応変」に対応する能力を前提に行われる就職活動は，アスペルガー症候群学生にとって苦手な能力を求められ続ける体験となる．通常の就職活動では，自己PRやエントリーシートを書く段階で自信を失い，チャレンジし続ける気力もなくなってしまうことがある．たとえそこをクリアできたとしても，採用面接で失敗し，恐怖を感じる学生も多い．ある学生は就職試験の面接でうろたえ不合格となり，それ以降，面接への恐怖心から「私は社会に出られないかもしれない」という不安が大きくなり，就職活動への意欲を失うこととなった．卒業後，障害者雇用を念頭においた就職活動を行い，就労移行支援事業所での訓練を経て，優れた事務能力を活かした仕事に就くことができた．人とのコミュニケーションはいまだ不安な面もあり，些細な失敗で動揺し，揺れ動く胸の内を吐露するときもあるが，「会社のために働き続けたい」とさらなるスキルアップに努め，現実的で未来志向的な自己像を確立していった．支援者は，学生があきらめないで就職活動にチャレンジすることそのものを支援することが重要な仕事となる．

［西村優紀美］

生活の質

　生活の質（quality of life：QOL）は，生きがいや幸福感などの面で豊かで充実した生活を保証するための概念であり，産業革命時に炭鉱労働者の生活水準を表す用語として登場し，学術的には1940年代末，悪性腫瘍患者における治療環境の改善研究として始まり，医療分野における健康関連QOLとして発展した．当初は治療効果をみるための疾病に即した効果測定（疾患特異的QOL尺度）の研究が主であったが，次第に生活全般をとらえ，いくつかの領域での機能などを包括的に評価する包括的QOL尺度としてとらえられるようになり，1960年代以降，ノーマライゼーションの理念の高まりとともに，包括的QOLは福祉，続いて教育分野においても考慮されるようになった．WHOではQOLを「個人が生活する文化や価値観の中で，目標や期待，基準及び関心に関わる自分自身の人生の状況についての認識」と定義している．

●研究の歴史的経緯　QOLの探究は70～80年代のさまざまな評価研究へとつながった．医療・看護領域に係る健康関連QOLに関しては，1985年にアメリカ食品医薬品局で薬剤効果とQOLの関係が討議され，その流れは1994年の第1回国際QOL会議へと発展し，日本でも2000年に日本QOL学会が設立されている．健康関連QOL尺度の例として，統合失調症の欠損症状とそれに基づく対人関係や仕事などの機能低下を半構造化面接で評価したQLSやホスピス患者の生活満足度に関する質問票であるLSIなどがある．

　一方，福祉・教育領域におけるQOL研究は，包括的QOLの観点で行われてきた．M. P. ロウトンはQOLを心理的満足度，行動的権限，物理的環境，認識された生活の質の四つのカテゴリーに分類し，J. C. フラナガンは物理的満足，人間関係，社会活動，個人的達成，余暇の五つの尺度による検証を行っている．これらは伝統的な健康関連QOLの概念を身体，心理，社会的領域に拡張したものである．包括的QOLの代表的な評価尺度として，WHOQOL26がある．同尺度は身体的・心理的・社会的関係・環境の4領域で構成され，26の質問に対する5段階評定で評価を行う．またWHOQOLを参考に，子どもを対象としたQOL評価を行うKINDL^{R}尺度もつくられている．

●障害児者とQOL——知的障害児者を中心に　障害児者関連のQOL研究は主に，施設からの地域移行に係る生活・適応状況の実態評価と関連して進められた（Pracher, et al., 1978；島田他，2002など）．QOLの評価内容はさまざまだが，客観的QOL（物理的環境や処遇など）と主観的QOL（個人の生活満足度など）に大別できる．特に主観的QOL評価はケアマネジメントにおけるPCP（本人主

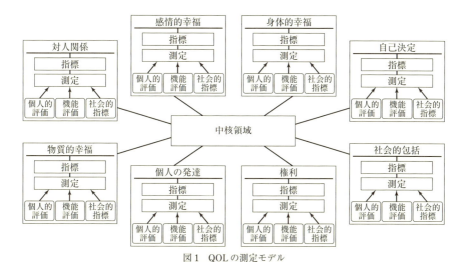

図1　QOLの測定モデル

[出典：R. L. Schalock「Quality of life: its conceptualization, measurement, and application クオリティ・オブ・ライフ（QOL）—その概念化，測定，適用」発達障害研究，24（2），87-105，2002]

体の計画）の点からも重要視される．R. L. シャロックは，知的障害者におけるQOLの包括的評価モデルを提起した．QOLを身体的幸福・感情的幸福・対人関係・物質的幸福・個人の発達・権利・社会的包括・自己決定といった8つの中核領域に分類し，各々に関し以下に示す三つの測定を行い評価指標とした（図1）．(1) 個人的評価：幸福，主観的快適さ，満足感など，個人の価値評価を測定するのに適した方法（例：個人面接や調査），(2) 機能評価：適応行動や役割状況に関連する個人のパフォーマンスを測定するのに適した方法（例：各種知能検査，適応行動尺度など），(3) 社会的指標：社会水準の条件や結果を測定するのに適した方法，一般には健康，社会福祉，友情，生活水準，教育，公共の安全，住居，近隣，余暇など環境に基づいた外部条件（例：知的障害のある人の支援尺度＝SISなど）．

(1) は主観的QOL，(2) は個人的能力，(3) は客観的QOLにほぼ相当し，各評価指標は相互に影響し合う．例えば劣悪な環境の施設居住者の場合，(3) 社会的指標スコアが低くなるとともに (1) 個人的評価も低くなり，それらに基づくストレスにより心身面の機能も低下するため，(2) 機能評価スコアも低下する．QOLを多面的概念構成体ととらえ，個人および環境・状況の因子による影響を受けることを想定したモデルであり，ICF（国際生活機能分類）の考え方とも共通する． ［島田博祐］

📖 参考文献
[1] Quality of Life 研究会編『QOL学を志す人のために』丸善プラネット，2011
[2] R. L. Schalock et al., *Quality of Life*, AAIDD, 2007

高齢になった発達障害者

　日本のみならず多くの先進諸国では，平均寿命の伸びとともに，高齢化対策が重要な政策課題になっている．知的障害についても，平均寿命の伸びとともに，高齢化対策の必要性が訴えられている．厚生労働省においても，2015年の社会保障審議会障害者部会から，知的障害者を含む高齢障害者の支援の在り方について議論を始めている．

●**知的障害者の高齢化の課題**　知的障害者の高齢化の課題は，現在，以下の三つに分けて考えられる．知的障害のある ASD のある人の高齢化も同様の課題を抱えている．

　①**変更が求められる障害福祉サービス**：知的障害に対する支援は，これまで「成長・自立に向けて」が大前提であり，昨日までできないことが「できるようになる」ことを目指してきた．ところが，心身の機能低下が顕著で，これまでできたことが「できなくなる」高齢期の生活を支えるには，支援者の意識改革が求められる．同時に，建物・設備の改修や高齢ゆえに発症する疾病への対応（医療との連携）も必要である．

　②**親亡き後の展望**：全国の知的障害児者の親の会などから「親亡き後」の対策を求める声が高まっている．子どもである知的障害者の高齢化以前に，親の高齢化は避けて通れない課題であり，親亡き後の権利擁護や支援体制の見通しがもてない現状への不安が大きい．また，終の棲家としての入所施設の定員が継続的に削減されている現状に対する危機感も背景にある．

　③**潜在的な高齢知的障害者の存在**：65歳以上で療育手帳をもつ人は5万人以上だと推計されている．しかし，地域で生活している高齢者のうち，その4倍以上の知的発達障害が疑われる人がいる．福祉サービスの不十分さやスティグマなどが理由で，古い世代は知的障害者としての支援を受けなかった可能性がある．また，半世紀前の日本の経済・社会環境では軽度知的障害者の多くは，特別な福祉的支援がなくても社会生活ができていた可能性もある．

●**知的障害のない発達障害者の高齢化**　一方，知的障害のない発達障害者の高齢化については，その問題の所在が不明瞭である．

　のぞみの園が2014年に全国の発達障害者支援センターを対象に調査を行った結果では，相談者のうち50歳以上の知的障害のない発達障害者が1センターあたり1.9人いることがわかった（診断を受けたあるいは疑いのある人含め）[1]．一部経済的な困窮状態にある人もいるものの，相談者の多くは配偶者や子どもがおり，中年期に至るまで一定の社会参加をしている人たちである．障害特性ゆ

えに生じる生活の不自由さを本人や周囲の人は感じているが，何らかの障害福祉サービスを必要としている人はごく稀であった．

それとは逆に，福祉的な支援の必要性が示唆される調査も存在する．ホームレス支援事業所を対象とした調査では，65 歳以上の者の中に発達障害者が 1.4% いることがわかった．さらに，このような人には，固執，感情制御，ワーキングメモリの弱さなどの制約が顕著で，生活支援上のトラブルが起きやすいと示唆されており，障害に応じた支援が求められている．

高齢期の発達障害者に必要な支援については，今後のさらなる調査が待たれるところであるが，二つの調査には共通した結果も存在する．それは，①診断を受けていないか最近診断を受けた人であり，②社会性・コミュニケーションの制限のある ASD がほとんどである．

●**障害福祉対象** ASD については，障害福祉サービスの対象であるかどうか生物学的あるいは症候学的方法だけでは決めにくいといわれている．図 1 は，筆者が「障害福祉サービスを必要とする ASD」から，症候学的方法で「診断を受けている ASD」，さらに診断を受けていないが「ASD の行動特徴をおおむね備えている人」まで連続体であることを表したものである．現在，発達障害者支援

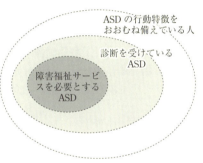

図 1　多様な ASD の状態像のイメージ

センターに相談に訪れる中年期・高齢期の発達障害者の多くは，図 1 の「診断を受けている ASD」と「ASD の特徴をおおむね備えている人」のグループである．

ただし，障害の範囲や概念は，社会・経済状況により大きく左右される．日本は，戦後急激な経済発展を遂げており，わずか 70 年の間に社会・経済状況が大きく変化してきた．例えば，就業の場が自営や家族経営が中心であった頃，高度経済成長期で製造業における大量生産が求められた頃に，軽度知的障害者の多くは一般雇用されており，障害者としての生活を送っていない．しかし，情報化が進み，就業の場がサービス業中心の現在では，療育手帳の交付を受け，障害者雇用の枠組みで働いている．同時に，若年期で知的障害のない高学歴の発達障害者（多くは ASD）も，精神障害者福祉手帳の交付を受けて，障害者雇用の枠組みで働き始めている．この世代が高齢期に差し掛かる頃と現在の高齢の知的障害のない ASD の支援の在り方は，当然異なるものと推測される． ［志賀利一］

📖 **参考文献**

[1] 国立重度知的障害者総合施設のぞみの園『高齢知的障害者支援のスタンダードをめざして』2014 〈http://www.nozomi.go.jp/publication/PDF/H26_kouroukaken_1.pdf〉

社会参加

「社会参加」とは，複数の人々が持続的に関係をもちながら組織化された集団に，能動的に加わる，あるいは何らかの影響を与える行為をいう．組織化された集団には，地域共同体，会社などが考えられるが，日本国内においては，中学校，高校，大学，特別支援学校などを卒業，修了の後，いわゆる社会人として就業した状態を説明する概念として，この用語が使われることがある．ただし，この見方は社会参加のほんの一部を説明しているにすぎない．結婚後の家庭における家事労働や，あるいは地域共同体における活動（祭りや集会など），ボランティア活動，スポーツ活動，アートを通じて，不特定多数にメッセージを発信する行為なども広義には，社会参加といえる．

一方，就学や就労，職業訓練も行っておらず，また家事労働なども行わない状態にある場合を，ニート（not in education, employment or training：NEET）とよぶ．また自宅以外での生活の場が，長期にわたって失われている状態を「ひきこもり」という．なお，障害当事者には，就労の意志はあっても，採用に至らず，度重なる失敗に挫折し，そのまま家庭内にとどまってしまう場合がある．このような状態に至ってしまう理由として，最低限の社会性を身につけていない，個人の特性に合わない職種の選択，障害当事者自身や，周囲の障害に対する無理解などがあげられる．

親や，きょうだいから独立して居住し，みずからの力で生活していくことを目指しながら，社会参加のきっかけを段階的に模索することがある．その場合，いきなりすべてのことを一人で始めるのではなく，世話人などの支援を得ながら，一人，あるいは数人での共同生活から始める場合がある．このような居住の場をグループホームという．

ほかにも，インターネットの仮想空間内には，疑似社会が構築されていることもあり，その世界に能動的に加わりながら，社会参加している場合もある．明らかな違法行為や，反社会的発言を増長する場合を除き，こうした仮想空間内に存在する社会参加を必ずしも否定すべきではない．また実際に事務所をもたずにインターネットの空間の中で仕事をするというスタイルも存在していることから，社会参加を常に，人と人とが直接顔を合わせるという一元的なイメージとしてとらえるべきではないであろう．

なお，積極的に社会参加を促進する要因としては，個人のパーソナリティーによる部分も大きいが，組織化された集団の側の要因も大きく作用する．障害ゆえに，本人の努力ではどうにもならないことも，周囲の障害への理解を得ることや，

障害となるさまざまな物理的障壁を除去すること，情報通信技術（information and communication technology：ICT）の活用をすることにより，社会参加が促進されるという事例は多くみられる．

●**結婚** 発達障害であるがゆえに，結婚生活が困難であるということはない．幸せな結婚生活を送ることは十分に可能である．ただし，パートナーに障害があることを知らない，あるいは気づかずに結婚に至り，生活をともに送る中で特異な行動や，通常とは何か違うという感覚が，引き金となって結婚生活にひずみを生むことがある．例えば，パートナーに自閉症スペクトラム障害がある場合，お互いのコミュニケーションがうまく取れないことから，障害をもたないパートナーは，結婚生活において強い孤独感にさいなまれることがある．これを「カサンドラ（cassandra）症候群」などとよぶ．なお自閉症スペクトラム障害の正しい理解と，その特性に応じた関わり方を知ることで関係の改善は可能である．

●**余暇** 余暇は，労働と並んで生活の質を高める活動である．余暇の時間を，積極的に趣味やレジャーの時間にあて，これを人生の目的の一つとして重視する傾向が近年，強くなっている．その背景には，労働と余暇のバランスを著しく欠き，過剰な労働の中で，肉体的，精神的な問題を引き起こす，いわゆるワーカーホリック（workaholic）の問題などがある．労働と余暇のバランスに留意し，生活の質を高めていく考え方として，ワークライフバランス（work–life balance）がいわれている．会社などでの余暇（休憩時間など）は，障害のない人々との交流の時間と考えられがちである．しかし，そのことが障害当事者にとって心理的な負担につながっていることもあるので注意が必要である．また障害当事者同士が，休日などに集まり，情報交換をしながら余暇を楽しむこともある．障害当事者ならではの悩みの共有などが図れることから，社会参加を支える重要な活動となっている．

●**居住とグループホーム** 「障害者の日常生活及び社会生活を総合的に支援するための法律」（障害者総合支援法）の施行により，「ケアホーム」は「グループホーム」に一元化された．これにより，家事援助や生活相談といった，基本サービスと，必要に応じて入浴，排せつ，食事などの介護の提供を受ける介護サービスの二階建ての構造になった．また，グループホームは数人による共同生活というイメージが強いが，本体住居との密接な連携を前提としながら，一人暮らしに近い形態のサテライト型住居の仕組みも新たに創設されている． ［有川宏幸］

参考文献
[1] K. ベントリー，室﨑育美訳『一緒にいてもひとり―アスペルガーの結婚がうまくいくために』東京書籍，2008
[2] 佐々木倫子編『マイノリティの社会参加―障害者と多様なリテラシー』くろしお出版，2014

成人期の自己理解

　未就労の若者たちの多くは高校や専門学校,大学を出ていても仕事に就けず「うまくいかない」と悩んでいる．社会的自立とは「社会の中で他者との関係性を構築しながら,社会の一員としての役割を担い生活すること」であり,役割の第一に「働く」ことがあげられる．未就労の状態が続けば「社会的自立」に至っていない自分に疎外感や不安を抱き「うまくいかない」と悩む．

　「働く」ことを通して社会参加することがメインストリートだとすると,そこからそれて見えなくなる若者の存在は大きな気がかりとなる．若者を社会的に孤立させてはならない．ある30代の青年は「私は,引きこもりではないし,多くの人との関わりも頑張ってきた．ボランティアもやったけれど,一度も働いてお金をもらった経験がない」とつぶやく．いつ頃からこのような思いを抱いていたのか．彼ら／彼女らには「働く」につながる大人からの働きかけが必要なのである．

●インターンシップ　1997年度当時,文部省は通産省,労働省と共同で「インターンシップの推進にあたっての基本的考え方」をまとめ,徐々に学校教育に浸透させていった．2013年度調査結果[1]によると高校インターンシップ実施率は全国で80.8％．学科別では普通科79.4％,専門学科94.8％となっている．また新規学卒進路指導の全国的課題は「ゼロ回受験」「無業卒業」の防止である．

　表1はA高校の進路実績である．2010年度まで約2割が「無業卒業」であった．低学力,不登校経験,経済的困窮家庭に育った生徒が多く,「働く」イメージは乏しい．身近にモデルとなる大人もいない彼ら・彼女らにとって,進路を決めることは大きな困難であった．

　2011年度から高等養護学校現場実習を参考に,A高校はそれまでの2日間を5日間に拡大し,個々の生徒の課題に沿った実習先の確保に努めた．実施1年目から明らかな成果として現れた．困難を抱えた生徒への徹底した個別指導支援は,具体的な「働く」イメージづくりに役立った．2013年度5日間以上のインターンシップを実施する高校普通科は全体の6％,専門学科では24.8％にとどまる．調整された個別の長期体験学習の実施と実施率の向上に期待したい．

●多様な経験がもたらすもの　発達障害やさまざまな困難を抱えた生徒の実習

表1　A高校過去7年間の進路実績の推移

卒業年度	進学	就職	その他	卒業数
2008	20	13	19	52
2009	10	31	14	55
2010	13	31	11	55
2011	17	21	0	38
2012	29	22	0	51
2013	18	30	0	48
2014	20	17	0	37

は，関係機関，専門家の協力もあって，インターンシップはみずからの進路と向き合う絶好の機会となった．「希望職種と職業適性は必ずしも一致しない」ことを学び，ミスマッチに気づき修正できた生徒もいた．一人ひとりの生徒の特性と希望にそった職場開拓を行うことや，職業適性と職場・職種とのマッチングを丁寧にコーディネートすることがより重要となる．

また成人期の自閉症者や知的障害者らにとっても，活動や生活の場が学校・家庭から一般社会へと拡大していく時期に「トップダウン・アプローチ（目的指向型指導）」が有効である．社会参加を目指す中で，実際の生活年齢を重視し，今必要とされる生活課題に対応した指導や，将来できるだけ制約の少ない環境での生活を目指すため，現在の能力と環境との相互作用の中で必要な課題の習得と一般社会で必要とされるスキルを身につけることが重要[2]である．学力以上に社会的スキルの習得やライフスタイルの確立で社会適応力を高めることが優先されることもある．これらは多様な経験が下支えするのである．

●**自己理解**　進路指導は「生き方」指導である．自分はどのように生きていくのか．今の自分を知り，これからの自分としっかり向きあう機会が必要となる．「やりたい」ことが「自分に向いている」とは限らない．世の中の8割以上は「人に雇われて働く」労働者である．ゆえに「こんな会社，この人たちと働きたい」という具体的かつ感情に突き動かされるような成功体験が背中を押すのである．「今の自分にできることは何か」「受け入れてくれる会社はあるのか」という客観的視点も必要である．だから多様な実体験を通して大人と一緒に考え，関係性の中で確認しあうことが重要で，そのためには信頼できる大人との出会いがどうしても必要となる．

自立した社会人になるためには自分にどんなリスク要因，保護要因があるのかを知らなければならない．自分を知ることを「自己理解」といい，自分自身に気づくことを「セルフ・モニタリング」，リスク要因を自分で管理することを「セルフ・コントロール」という．いずれも将来社会に出たときに不適応を起こさないために必要かつ大切なキーワードとなる[3]．　　　　　　　　　　　[菊地信二]

📖 **参考文献**
[1] 国立教育政策研究所生徒指導・進路指導研究センター「平成25年度職場体験・インターンシップ実施状況等調査結果（概要）」，2014
[2] 梅永雄二『親，教師，施設職員のための自閉症者の就労支援』エンパワメント研究所，1999
[3] 品川裕香『「働く」ために必要なこと―就労不安定にならないために』筑摩書房，2013

生活自立支援

　自立には経済的自立，生活自立，精神的自立の三つの自立があり，中でも生活自立はみずから生き抜くためにも不可欠な要素の一つである．ここでいう生活自立とは，衣食住，健康衛生，時間・計画など身辺自立も含めた基本的生活習慣をさす．本来，基本的生活習慣は幼児期・学齢期を通じて習得すべき事柄であるが，発達障害特有の特性から知的に遅れがみられなくとも，学齢期まで保護者が関与することもあり，習得しきれずに成人期を迎えるケースも少なくない．しかし，働きながら生活するためには，日常生活の安定は障害のある人のその後の就労を大きく左右することになる．図1は就労準備性ピラミッドといい，人が就業するうえで必要とされる項目を優先順位に並べたものである．仮に本人の適性にあった職業に就いたとしても，いかに作業能力が高くても，ピラミッドの基盤が崩れると上の部分も崩れ，働き続けることが難しいことを表している．本人の自立した豊かな生活や活動をするためにも，生活自立はすべての活動の基盤となることがこの図からも理解できる．ではどのような支援をすればよいのだろうか．

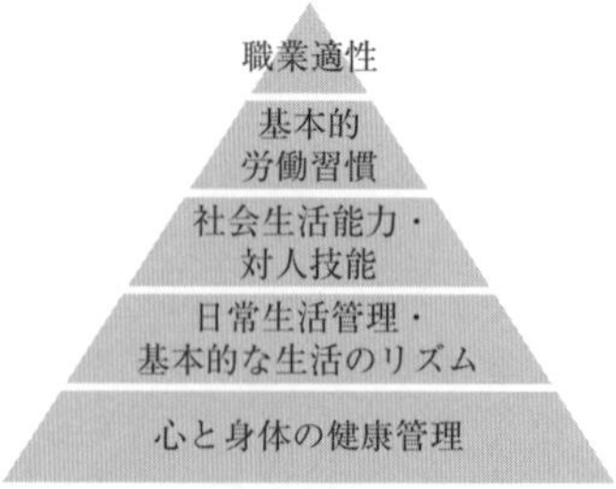

図1　就労準備性ピラミッド
[出典：相澤欽一『現場で使える精神障害者雇用支援ハンドブック』金剛出版，p. 198，2007より一部改変]

●**障害特性を正しく理解する**　発達障害のある青年たちの物事のとらえ方は独特で，それぞれの障害特性を理解し，一人ひとりにあった対応が求められる．また，家庭や学校・職場の環境に左右されやすく，問題行動の原因がまったく別のところにある場合も少なくない．特に心や身体の疲労を認識する力も弱く，本人が気づかぬうちにストレスを多く抱えている場合もある．問題行動そのものに気を取られず「なぜそうなったのか」情報を収集，分析し，自立した日常生活を営むために解決すべき課題を把握・整理するアセスメントが重要になる．問題行動の原因が明確でない中で対策を立てたとしても期待した結果を導くことは困難である．

●**解決すべき課題に優先順位をつける**　日常生活のさまざまな活動には目的があり，指示があり，段取りがある．発達障害のある人は指示理解や段取りをみずから立てることを苦手とするために活動できない，自立できない状況になるため，本人自身が見通しをもち行動できるような支援計画を立てることが求められる．まず初めに気になる行動一つひとつ紙に書き出し，客観的にとらえ，分析することが大切である．書くことで冷静になり，新たな気づきが生まれることもある．

次に課題の重要度にあわせて優先順位をつけるのだが，優先順位をつける視点として，①本人や保護者の要望が強いもの，②現在と将来の生活上に重要度の高いもの，③達成の可能性の高いものの三つである．先のアセスメントとあわせて優先順位や支援内容など本人・保護者が納得いく形で決定していくことが重要になる．

●**わかりやすく教える**　基本的な生活習慣などは普通ここまで言わなくてもわかるだろう，と思うような常識的なことでもわからない場合がある．例えば，「髭剃り」という作業さえどのようにすればよいかわからないことがある．自分では剃ったつもりであったり，剃るタイミングがわからなかったり，どの髭剃りを購入すればよいかわからなかったりと，理由はさまざまである．まずは具体的な手順を細かいステップに分けてイラストや写真，文字カードを利用し，言葉で説明せず目で見て理解しやすいものを作成し，一つひとつの動作を区切って教えていく．またボードなどを使用し，一連の行動や1日のスケジュールが目で見てわかるようにすると先の見通しをもつことができる．このボードは本人が主体的にかつ自主的に動けるよう，本人・家族が納得し，理解できるものにする．自分ではできないと思っていたことも自分でできるようになると，本人の自信の回復と生きる喜びを得ることにつながる．

●**時間の経過とともに見直しをする**　繰り返しの中で定着していくことを想定した対策だが，時間の経過とともに注意・効果が薄れていくことも十分考えられる．時折，アセスメントの修正や本人・家族と目的の確認・振り返り，貼り紙の色を変えるなど，意識の持続を図る取り組みを繰り返して行う必要がある．また，基本的生活習慣はいつの間にか身に付くものではなく，根気よく定着するまで取り組まなければならず，幼少期からの積み上げは重要なうえに家庭の役割は大きい．しかし，共働き世帯やひとり親家庭の増加，保護者の高齢化などにより年齢が上がるにつれニーズが変わり，今まであったサポートが同様に存在するとは限らず，家庭内のサポートの在り方も各家庭により工夫が必要である．ゆえにグループホームや支援機関，福祉サービスの利用やスマートフォンやタブレットのようなツールの活用なども視野に入れ，本人の実情や年齢にあった支援の形を繰り返し見直す必要がある．環境の影響を受けやすい発達障害のある青年たちにとっては，技能習得以外に基本的生活習慣を就労前にどれだけ身に付けておくことができるかにより，安定的な職業生活維持に向けた重要な鍵になることはいうまでもない．

［加納昌枝］

📖 **参考文献**
[1] 水野敦之『生活デザインとしての個別支援計画ガイドブック』エンパワメント研究所，2015
[2] 司馬理英子『アスペルガー・ADHD 発達障害シーン別解決ブック』主婦の友社，2013

自己決定支援

　これまで,障害のある人たちは,支援者を中心とする他者が決定した選択肢を受け入れるという構造の中に置かれていた.しかし,ノーマライゼーションの思想の深化や障害者の権利条約によって「自分の生活を決定する権利」や「自分の意思を日常の生活の中で活かす」ことの重要性が認識され,当事者が自己決定するための支援の在り方が問われるようになった.

●**オリジンとポーン**　R.ド＝シャルムは,チェスのゲームに例えて,指し手であるオリジンは,自分の意志で行動する人のことをいい,駒であるポーンは,他者に動かされる人のことであるといった.オリジンは,自分が決定権をもっていることを知っており,目標達成に対する意欲も高い.ポーンは,自分の意志を表明することがなく,他者に依存的である.発達障害のある子どもの中には,保護者,教師などの大人の指示で動かされてきており,もし,みずからの意志で行動しようとすると,それがまた周囲との軋轢を生み,生きづらさが増すという状況の中で育ってきたことから,みずからをポーンの位置においてしまうケースも少なくない.特に,学校教育の中では,教師の指示と集団の規律を重んじることから,みずから判断し決定する機会が奪われることがまだ多い.このような状況の中で育つことによって,当事者は,自己決定の主体としての自分を放棄してしまうのである.

●**自己決定・自己選択の主体**　これまでは,障害のある人の生活上のさまざまな決定は,代行決定されてきていた.その背景には,本人の判断能力が不十分であるという周囲のとらえが大きかったのであるが,適切な情報が提供されていない,選択肢が示されていないということの指摘もなされていた.しかし,現在では,周囲の理解が得られないゆえに自重してしまう,これまで周囲が代行決定してきた経緯からも自己決定する経験が積み上がっていないなど,環境や育ちのプロセスでの相互作用による多様な阻害要因があったものと考えられている.

　しかし,障害者の権利条約の中では,「生活のあらゆる側面において他の者との平等を基礎として法的能力を享有することを認める」(第12条)と明記しており,「自己決定・自己選択」は主体としての障害者の権利であるとしている.また,「その法的能力の行使に当たって必要とする支援を利用する機会を提供するための適当な措置」(同)についても触れており,「自己決定・自己選択」にあたって必要な支援の機会の提供の重要性が主張されており,この「支援を受けた意思決定」の尊重が謳われている.「自己決定への支援」は,支援者が本人との信頼関係を構築し,さまざまな阻害要因を排除し,適切な情報が提供され,本人が生活のあらゆる側面において意思決定できる環境を整えるプロセスであるということ

ができる．特に重要なのは，支援者との関係である．「善かれ」と思って行われる支援は「当事者の主体を奪うという構造」の中にある「誘惑」だからである．支援者には，信頼と尊敬をもった関係の構築が求められる．

● **PCP**　PCPとは person-centered planning の略であり，障害のある本人を中心にとらえた計画づくりのことである．アメリカで1960年代後半から始まった知的障害のある人の支援の中で発展した考え方であるPCPは，地域で実際に生活するうえで本人や家族の意向を尊重し，それを基に作成される支援計画である．その後，1997年の修正個別障害者教育法では，成人年齢（主に18歳）に達した障害者本人は，それまで個別教育計画への参加などの親の権利であったものが，本人に移されるという条項が加わっている．PCPは，「障害生徒本人を中心に，本人とその家族のもつ希望や可能性を，具体的な将来像にするために，できる限り近づける現実的な計画を作成するアプローチの総称」「本人の課題や短所の課題設定を行い到達目標とする考えではなく，本人の長所，興味などを中心に，できる限り本人の希望する将来像を設定する」「個別移行計画の長期目標を将来像に，短期目標を活動計画に反映させる」といった解釈で実施されている[1]．その底辺に流れている考え方は，「自己決定」であり，地域で生活や就労といった人生のさまざまな決定権が本人にあり，それが尊重されるという考え方である．特別支援教育においても本人の意向を聞き取り推進されることが今後，ますます求められることになる．

● **学校現場で考えられること**　教師の指示で動く子どもは，選択肢もない中で「やりたくないこと，嫌なこと」でもやってしまう．それに気付けない教師は，それを子どもの成長と考える．子どもを観察することによって，子どもの意思が表現される場面を捉えることができる．「自分がこうしたい」と思っていることを周囲が受け止め，それが実現できるように支援する．このような，「意思の表現とその実現」という経験なしにみずからが自分の生活を決定するという能力は開発されない．小さな積み上げの先にしか，将来は開かれないのであるから，学校教育において，子どもの意思を「わがまま」としてとらえるのではなく，「自己決定の主体」として受け止め，尊重する姿勢こそが重要であると思われる．このように考えると必要なのは支援者が変わることであることに気づかされる．青年・成人期の自己決定を支えるのは，周囲の理解と支援が前提であるが，幼少期からの自己決定の機会の提供とその経験の積み上げなのである．　　　　［二宮信一］

📖 **参考文献**
[1] 水谷由美他「アメリカ合衆国のITPプロセスにおけるPerson-centered planning—カリフォルニア州での作成方法に焦点を当てて」心身障害学研究27, 159-171, 筑波大学, 2003
[2] 木口恵美子『知的障害者の自己決定支援—支援を受けた意思決定の法制度と実践』筒井書房, 2014

自立の検討

　子どもたちにとって学校教育の先に待っているのが，自立と社会参加である．家庭や学校教育において大人は，子どもの発達，年齢，能力に応じて「自立」に向けた働きかけを行う．乳幼児期における身辺の自立から始まり，学校・地域での生活，社会の一員としての生活，就労，経済的自立などが目指されている．

●「自立」に関わる発想の転換　医療モデルを規定としていた発想の中では，子どもの抱えている問題は，障害があるために起きている問題であると考え，障害の克服が目指された．そのため，自立に向けたこれまでの指導の発想は，障害を克服し，他者の力を受けずにみずからの力で行うことであった．それゆえ「次の学校へ行ったら，大人になったら困るよ」と子どもたちを追い立てるような「訓練」という関わりになってしまっていたのである．

　しかし，「障害の克服」には限界があること，相互作用モデルの考え方が定着してくることなどによって，重要なことは「社会参加」することであり，「どのような支援があれば，社会参加できるか」という視点が生まれることによって，「自立」の考え方も変化してきた．自立は，他者からの支援を少なくしていくということではなく，みずからの力の発揮と他者からの支援で成り立っていると考え，支援を受けていても社会の中で障害のある人自身が主体的に行動し判断し，自己実現していくことこそが，自立であると考えられるようになった．

●主体的な行動　自立に向けて重要なことは，自分の生活に対して当事者自身が主体となり，自分の意志で生活を決定していくということである．主体的な行動とは，自分の前に置かれている課題に対し，自分の意志で向き合い，その課題解決のために，他者の支援を受けつつも，みずから考え行動することである．つまり，自分自身が自己決定の主体であり，セルフヘルプの主体であることを知ることである．自分で考え，自分で行動できる人になるためには，自分で考え，自分で行動する経験を積む機会が必要となる．それゆえ，課題と向き合う「意志」を育てることが重要となってくる．

●意志を育てる　滝川は，「しつけ」の精神発達上の大きな意義として，「意志の力を育むこと」としている[1]．つまり，「しつけ」とは，直接的には身のまわりを自力で処理するわざの習得であり，大人からみると「社会的存在」「文化的存在」へ育もうとするのが「しつけ」の本質であるとする．しかし，それは，本人からすると，「しつけ」を通して，社会的・文化的規範と出会い，社会的な規範に則って自分を能動的にコントロールするということになり，結果，本人は「意志の力」を育むことができるとする．力の入りすぎた強圧的な「しつけ」も意思の形成を

妨げる．「意志」とは，能動的なものである．

　幼少期からの「意志」の形成は，重要な自立へのカギを握ることになる．

●他者からの支援を要請する　そこでみえてくるのが，「他者からの支援を要請する」という自己決定の選択肢があることであり，「他者からの支援を要請する力」ということになる．困ったときに「お願いします．手伝ってください」と言える力，つまり，支援を要請することができる力こそが，自立に向かうために必要な力ということができるのである．幼少期から大人が先回りし，子どもが困らないようにしていれば，子どもにニーズは生まれず，要請する力は身につかない．

　また，他者に要請するための前提は，「人を信じる力」であり，困ったときに「上手に依存できる力」なのであるが，これまで他者との関わりでトラブルが多かったり，対人関係を上手に築けなかったりして，他者に対してネガティブな経験しか積み上がっていない場合や「みずからの力でやりきることが良いこと」として他者への支援の要請が「いけないこと」として育てられてきた子どもは，「お願いしたら，いいことがあった」という経験が少ないだけでなく，他者とつながることができずに孤立してしまっている場合が多い．

●ネットワークをつくること　これにより，当事者を取り巻く周囲の理解と支援が，本人の自立を支えるのであり，そのような構図をつくることが支援者の大きな役割であることが示された．つまり，周囲の人たちをいかに本人の理解者とし支援者とするかが大きな役割なのである．そこで必要なのは「障害理解」ではなく「その子理解」であろう．本人がどのような願いをもち，どうしたいのかという事柄は，「その子理解」の中にあるのであって，「障害理解」の中にはないからである．そのようなネットワークの中に本人や家族を置き，日常的に支えていくことが自立に向けた支援となる．しかし，つながっていることのみがネットワークではない．本人にそれなりの役割があり，必要とされる場でなければならない．「居場所の成立」は，「自己と他者との相互承認」であり，居場所とは，「個人が安心して自己を認められる空間であり，また他者とのつながりが保障される場」[2]だからである．つまり，居場所とは，時間，空間の共有と他者との関係の成立の中のことであり，「自立」は，そのような場の中の相互作用によってとらえなければならない事柄なのである．そのような意味で交流教育の見直しも必要と思われる．なぜなら時間と空間の共有があったとしても，果して関係が成立しているかどうかが問われなければならず，その関係の中で自分の役割を担っていくことこそ「自立」に向かう歩みだからである．

〔二宮信一〕

📖 参考文献
[1] 滝川一廣「愛着の障害とそのケア」そだちの科学，7，日本評論社，11-17，2006
[2] 田中治彦編著『子ども・若者の居場所の構想―「教育」から「関わりの場」へ』学陽書房，2001

余暇活動の充実

　辞書的にいえば，「余暇」は「労働」との対比でとらえられる．「労働」が一定の枠組みの中で何らかの生産活動に従事することに対し，「余暇」は労働の合間の休息・自由時間，余ったひまな時間のことをいう．
　一方，国の第12次国民生活審議会余暇・生活文化委員会は，報告書「豊かな時を創るために」（1990年11月）を発表し，その中で「余暇」を「人が自由に自らの活動を選択することのできる時間の枠組み」と定義した．これまでの「余暇」は，「労働だけが価値を生み出すと考える時代や社会においては，文字通り「余ったヒマ」という労働の従属物としてとらえられやすかった」が，「今日では，むしろ『余暇』を「余裕のトキ」として積極的に意義付けることができる」とした．
　その後，関係閣僚，経済界・労働界・地方公共団体の代表などからなる「官民トップ会議」において，「仕事と生活の調和（ワーク・ライフ・バランス）憲章」（2007年12月）が制定される．仕事一辺倒の生き方を改め，「多様な働き方・生き方が選択できる社会」「健康で豊かな生活のための時間が確保できる社会」を目指し，「働く人々の健康が保持され，家族・友人などとの充実した時間，自己啓発や地域活動への参加のための時間などを持てる豊かな生活ができる」ことが求められるようになり，今日に至っている．

　●**発達障害の人の余暇活動**　このような文脈の中で発達障害の人たちの余暇を考えれば，それが単に自由時間の過ごし方やレクリエーションの企画を取り上げるだけでは不十分だろう．個人の余暇活動を，一人ひとりが「多様な働き方・生き方が選択でき」「健康で豊かな生活」を実現するための方策として積極的に位置づける必要がある．
　実際に，発達障害の人の余暇にはどのような困難さや課題があるだろうか．筆者が個別の生活支援に携わってきた中でみえてきたものを整理すると，以下のようになる．
　①**自由時間の使い方のアンバランスさ**：実行機能の障害や興味関心の偏りから，自由時間をうまく使えていない人が多い．インターネットや携帯ゲームにはまって昼夜逆転の生活になっていたり，マニアックな活動やコレクションにお金をつぎ込んで金銭トラブルになっていたりする．その一方で，自由時間にやることが見出せず，時間を持て余して不適応行動が誘発される場合がある．施設入所をしている重度の知的障害を伴う発達障害の人の中には，一日中，施設の中で寝転がって過ごしていたり，破衣や放尿が常習化していたりする事例もある．
　②**余暇スキルの未確立**：幼児期・学齢期から，家庭でも学校でも，自由時間は

「自由に過ごす」ことがほとんどで，余暇活動を系統的に教わることがほとんどなかったという話はよく聞く．その結果，成人になっても感覚遊びやパターン化した遊び方から抜け出せず，多様な余暇スキルが身についていない．買い物や調理を独力で行えないとか，友人や仲間を誘って外出を楽しむことができないでいたりする．余暇スキルは自然に身に付くと思われがちだが，発達障害の人の場合は，本人の意向や能力を見極めて個別のプログラムが必要になる．

　③**余暇活動の支援スタッフの不在・不足**：発達障害の人の余暇活動を支援する専門スタッフは制度的にはない．2013年4月に施行された障害者総合支援法では，移動支援や行動援護のサービスが用意されているが，これらは外出支援や行動上の対応（いわゆる問題行動や行動障害）に限定されており，また各自治体・事業所によって対応はさまざまである．これらの公的制度は障害者手帳や障害福祉サービスの受給者証が必要となる．

●**余暇活動支援のための方策**　筆者が代表を務める特定非営利活動法人自閉症eサービスでは，毎年，会員家族・当事者対象の余暇支援事業を実施している（図1）．キャンプや旅行を企画し，発達障害の参加者（および支援スタッフ）を募集している．各地でこのような発達障害の人向けの余暇支援サービスが求められている．

　発達障害の人向けの余暇支援事業について，主催者として留意しているのは以下の点である．

図1　余暇支援事業の例
［出典：自閉症eサービス2014年度パンフレットより］

・**サポートブックの活用**：個々人が余暇活動に参加する際にどのような配慮・支援が必要かを，当事者・家族・支援スタッフ・主催者で共有できるようにする．サポートブックを引き継ぐことで支援のポイントも明確になっていく．

・**支援スタッフの募集・養成**：個別の余暇活動を支援するパーソナルアテンダントの役割を明らかにし，スタッフの募集，事前の研修，当事者・家族への個別の聞き取りや家庭訪問，個別プログラムの立案と実施，当日の個別対応，運営スタッフによるバックアップなどを組織化しておく．

・**持続的な支援体制の構築**：キャンプや旅行などは一過性のイベントになりやすいが，継続して実施できるための組織体制を整備しておく．その中には会費制や公的制度に基づく財源の確保，支援スタッフの募集・養成，コーディネートと事務局の機能などが含まれる．　　　　　　　　　　　　　　　　　　　［中山清司］

カミングアウト支援

　カミングアウトとは，社会やコミュニティ（家族・支援者・所属など多層であるが，本項ではまとめて「周囲」とする）に対してみずからのハンディについて意識的に公言することを意味する．そのような生き方の選択として表明されることもあるが，多くはそれによって何らかの支援を受けることを期待してなされる．その前提となるのは本人が自分のハンディについて自覚的であることと，受け止め手である「周囲」に発達障害について一定の見識が共有されていることである．

●「告知」と「公言」　本人が感じる生きにくさの理由をどう理解するかについては，本人と多層な「周囲」との間には，常に温度差が生じている．温度差は「周囲」を構成する層の間にも生じている．そしてさまざまな不都合がこの温度差から生ずる場合，これを埋める作業が必要となる．本人の側からみて遠い側から近い側にされる作業が「告知」であり，逆に近い側から遠い側にされる作業が「カミングアウト（公言）」であることになる．

　しかし，実はこの「告知」や「公言」の内容も多層構造をしている．障害名はその最も浅い層にあるにすぎず，層が深くなるにしたがって，一般的な症状内容・個人の発達特性・その障害とともに生きる様式（ライフスタイル）などが位置している（図1）．障害名を告知したり公言したりするだけでは，その人に即した特性や生き方は共有されないのである．つまり発達障害に関して個人と「周囲」との関係というのは，個人的に障害名を「告知」されたり「公言」したりするところから，社会全体が発達障害特性をもつ人たちとどのように共生するかに至るまで，かなり複雑な構造を形づくっていることになる．そして，そのどの段階においても理解の温度差が生じ，その落差は理解力だけでなく心理的な抵抗や文化（伝統・規範・関係性）なども背景にしているため，これを説明のみによって解消することは難しい．カミングアウトを支援することは，特

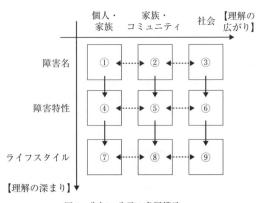

図1　告知・公言の多層構造

性理解をすすめ，温度差を解消する作業の一部として，この図式の中に位置づけられる必要がある．

個人と家族の関係を例に考えてみると，先に家族が何らかの違和感を感じて診断システムに乗せる場合が少なくない．診断システムからは本人の障害名といくつかの特性について「告知」されるが，その個人の生活のあらゆる課題を共有することはできない．

個人と家族はどの範囲の「周囲」に対して障害名を「公言」するかを決めていかなくてはならないが，その結果として「周囲」から受けられる支援は，「周囲」の理解の深まりに依存している（同様に，家族に対して「公言」が必要な場合には，家族の理解に依存している）．「公言」する側は，「周囲」の理解の深まりを見極めなければならず，理解されない場合には不利益を被るリスクを負わなくてはならない．また，「公言」によって周囲の理解を深めようとする場合には，それに先だって個人の理解が深まらなくてはならない．ここに支援のポイントがある．すなわち支援とは，個人と「周囲」の理解の深まり（①→④→⑦，②→⑤→⑧）とその共有（①-②，④-⑤，⑦-⑧）に向けられることになる．

●インクルーシブな社会に向けて　さらに，「周囲」を社会全体にまで広げると，制度的支援（例えば手帳の交付を受けて福祉就労をするなど）を受けることがこれに相当する．この図式の中で考えれば社会の特性理解がどこまで進み（③→⑥），インクルーシブな発想がどこまで浸透しているか（⑥→⑨）を見極めつつ制度を活用していくかの判断をする必要があり，ここにも専門性のある支援のポイントが存在する．

共有の失敗は事象の問題化を生む．特性理解が共有されなければ，（④-⑤，⑤-⑥の失敗）特性に由来する個人の行動は理解不能として問題視されることになる．障害名が共有されているからといって，特性理解が共有されているとは限らない．逆に，障害名は共有されていなくても，特性による行動は「その人らしさ」の一部として受容されているという事態も，現実には存在する．しかしこれは経験則のようなもので，障害名を抜きにして「周囲」や社会の理解を図ることは実際には難しく，支援としても成立しにくい．

特性に由来する行動が問題化するレベルでないとしても，ライフスタイルとして共有・受容されることには困難があることも稀ではなく，学校状況で「周囲」と異質であることが際立つと，排斥や時には「いじめ」の要因となりうる．いじめのない社会の実現は，周囲の子どもも含めた社会が（障害名の有無にかかわらず）異質な存在に対してどこまで受容的になれるかにかかっているのである．そして，ライフスタイルが受容された時，個人はそこに「居場所」を得た感覚をもつことができるのである．

〔田中　哲〕

二次的な問題 / ひきこもり / ニート

●**二次的な問題**　発達障害領域でいわゆる二次的な問題という用語は，障害のある人が成長していくなかで，本来の障害（一次障害）がつくり出す以上の情緒や行動の問題から，日常生活の営みに支障を来すことを意味するといってよいだろう．その出現過程には，一次障害が増悪した結果，さらに広範な問題に発展する場合もある．また，一次障害をもって成長し，社会生活を送るなかで徐々に社会的支援が手薄になり，あるいは，社会的支援が不適切になってしまい，情緒面や行動面に問題が生じる場合もある．誘因としては，養育状況や社会生活状況からの精神的負荷やダメージの蓄積が想定できよう．

　また，進級，進学，一人暮らしや就職といった生活環境の変化も影響を与えると思われる．さらに思春期を中心とした身体の変化，それに関連する交友関係の変化も影響する可能性もあるだろう．生活の負担や負荷により障害特性が際立ってしまう場合や，葛藤や悩みを自分自身に向けるときは，不安や抑うつ，あるいは強迫，時に解離といった諸症状を来たす場合もある．こうした思いを行動化として外的に表出した場合，ひきこもりや自傷行為や暴力，時に反社会的行動に至る場合もある．まれに，心的負荷が強い場合は，一過性の精神病状態を呈する場合もあるだろう．

　よく発達障害には二次的な問題が重なりやすい，あるいは発達障害に二次的な問題が出現しないよう対処すべきであるといわれるが，そもそも，発達障害の特性は，生活を送る上でなにかしらの心身負荷を作り出しやすい側面がある．

　生活場面で二次的な問題が認められたときは，その人の生活支援のチャンスと理解して丁寧な関わりを心がけるべきである．

●**ひきこもり**　2007年度から2009年度に行われた厚生労働科学研究の「思春期のひきこもりをもたらす精神科疾患の実態把握と精神医学的治療・援助システムの構築に関する研究」は「ひきこもりは子どもから成人までの広い年齢層に生じる社会現象の一つをあらわす用語」と位置づけ，「一つの疾患や障害にのみ現われる症状ととらえるべきではなく，様々な疾患の症状として，また様々な葛藤の徴候としてあらわれる」と称した．そのうえで，「様々な要因の結果として社会的参加（義務教育を含む就学，非常勤職を含む就労，家庭外での交遊など）を回避し，原則的には6ヵ月以上にわたって概ね家庭にとどまり続けている状態（他者と交わらない形での外出をしていてもよい）を指す現象概念である．なお，ひきこもりは原則として統合失調症の陽性あるいは陰性症状に基づくひきこもり状態とは一線を画した非精神病性の現象とするが，実際には確定診断がなされる前

の統合失調症が含まれている可能性は低くないことに留意すべきである」と定義された.

そもそも，家にひきこもる，あるいは家を出ない理由として，家だけが安全で平和的領域だからこそ「こもる」選択をし，それ以外の生活空間が危険な生活環境と感じられるだからではないだろうか，という仮説も成り立つ.「ひきこもり」という行動に一種の防衛的意味があるのかもしれない．彼らが身を守ろうとする理由として，外の世界は，対人関係や社会参加への戸惑いを生み，あるいは強い不安や恐怖が存在していると感じているからかもしれない．また，実際に受けた精神的ダメージ，あるいは失敗などからの自己否定や羞恥心が背景にあり，社会に出ることをためらっている可能性もある．そう考えるとひきこもりはさまざまな疾患の症状であり，そこにはさまざまな葛藤の存在がうかがえる.

●ニート　1999 年，イギリスの労働政策の調査報告書に記載された「not in education, employment or training」（教育，雇用，職業訓練に参加しない）の頭文字をとり NEET と表現された．日本では「働いていない人」の総称として日常用語として「ニート」と表される場合が多いが，当然，この未就労には，障害や慢性的な疾病や社会参加を困難にする身体的，精神的問題や，そもそも教育を受けたくても受けられなかった生活，経済的課題などが原因として存在する場合もある．それゆえ，個々にある事情を無視し，働きたくても働けない事態にある者までを含んでしまう用語でもある.

かつて，学校への登校に困難さを抱える子どもたちに対して，怠学，登校拒否という拒否感が，あたかも存在していたかのように強調された用語が使用されていた．その後，さまざまな事情，精神的葛藤など，きわめて個別的事情が背景にあることから，単に学校に登校していない現象として「不登校」という用語が一般的になった．ニートもその意味では，教育，雇用，職業訓練への不参加という現象だけの表現として表記され，実際には個別的にその背景を探り，対応するべきであろう.

二次的な問題も，ひきこもりも，それ自体が本人からの生活困難さを訴える救助信号と理解し，個々に応じた適切な対応が求められる．また，ひきこもり，ニートという言葉からは，困られている方たちで適切な支援が必要である，というイメージが想起されにくい．用語としては，周囲からの誤解や差別にもつながる可能性があり，適切な用語とは考えにくいと思われる．　　　　　　　　　　　　　　　　［田中康雄］

📖 参考文献
[1]「ひきこもりの評価・支援に関するガイドライン」厚生労働科学研究費補助金こころの健康科学研究事業「思春期のひきこもりをもたらす精神科疾患の実態把握と精神医学的治療・援助システムの構築に関する研究（H19–こころ–一般–010）」
〈http://www.pref.mie.lg.jp/common/content/000086118.pdf〉

社会生活を支える制度や相談機関

　発達障害のある人が安定した社会生活をおくっていくためには，経済面の安定の確保，各種のトラブルの発生防止，発生した場合の対処法，支援方策などを確認・準備しておくこと，各種の相談機関を活用していくことが大切である．また経済面・生活面で障害者を支える制度や仕組みとして障害基礎年金，生活保護，特定贈与信託などの制度がある．また，障害者手帳を保持している場合は税制面の優遇や各種の割引制度があり，経済面・生活面の安定に上手く活用することができる．そして，一人暮らしが難しいなどの場合は，入所施設，グループホームなどを利用することができる．

●**社会生活におけるトラブルと防止法や対処法**　消費者金融の保証人になり借金を背負ってしまった，キャッチ・セールスなどの悪徳商法にひっかかり高額の商品を買わされてしまったなど，発達障害のある人は消費生活，社会生活において，トラブルにあったり，被害にあったりするケースが多くみられる．これらの被害の拡大を防いだりするためには，家族や周囲の人の見守りと気づきが有効である．最近支払いが滞るようになった，思いつめているような様子がみられる，部屋に大きなダンボールが積んである，頻繁に電話が掛かってくるようになったなど，トラブルの徴候や現象を感知したら，極力早く本人や周囲の人に確認して何が起きているのかを把握し，解決にあたることが必要である．

　安易に契約をしたり，保証人になったりしないよう本人に理解させておくことが必要であるが，契約や保証人の意味を理解することは難しい場合もある．名前を書いたり印鑑を押したりする場合は，事前に必ず保護者や後見人などに確認することを習慣づけておくことが効果的である．場合によって保険証・パスポートのように身分証明書になるような書類や印鑑を保護者などが預かっておくことも必要である．

●**後見人制度**　障害などにより判断能力が十分でない人の法律面や生活面での権利を守る制度として後見人制度がある．特に障害のある子どもをもつ保護者が，親亡き後の本人の生活と権利を守るために利用できる制度として注目されている．具体的には，不動産や預貯金などの財産の管理，諸サービスの利用などに関する契約，遺産分割の協議などにおいて不利益を被らないように権利を守るために，成年後見人などが対象者の意志を尊重しつつ支援を行う．

　後見人制度には法定後見制度と任意後見制度の2種類がある．「法定後見制度」は，本人の判断能力に応じて，補助・保佐・後見の3種類があり，実情に応じて家庭裁判所が補助人・保佐人・成年後見人（援助者）を決定する．将来の能力低

下に備える「任意後見制度」は，将来サポートを依頼する内容とそれを担ってもらう任意後見人を決め，公正証書で契約する．

●**生活保護**　障害者を経済面で支える制度として障害基礎年金があるが，障害基礎年金の受給者が生活保護の対象に該当する場合であって，かつ障害基礎年金の受給者額が生活保護の「最低生活費」よりも少ない場合は，不足分について生活保護からの支給を受けられる．

　また，重度の障害者が生活保護を受給する場合，月額2万～3万円程度の保護費が加算される障害者加算がある．ただし，生活保護の場合は，資産や生活状況の調査があり，自動車や不動産物件の所有ができないなどいくつかの制限があるので留意が必要である．

●**特定贈与信託**　特定贈与信託は，障害者（条件あり）が生活の安定を図ることを目的に，その親族などが金銭などの財産を信託銀行などに信託し，信託銀行が信託された財産を管理・運用し，特定障害者の方の生活費や医療費として定期的に金銭を交付する制度である．

　この信託を利用すると，重度の障害者は6000万円，中軽度の障害者は3000万円を限度として贈与税が非課税となる．当該障害者の親族だけでなく篤志家などの個人も信託することが可能であるが，法人は信託することができない．信託できる財産は金銭，有価証券，金銭債権，賃貸用不動産，居住用不動産などとなっている．制度の詳細は各信託銀行に問い合わせるとよい．

●**各種の相談・支援機関**　発達障害のある人が地域において社会生活を送っていく場合，さまざまな困難やトラブルに巻き込まれる場合があり，地域において相談に乗ってくれる機関を確保しておくことが大切である．

　社会生活面を含め相談にのってくれる各種の相談・支援機関がある．また，当事者が実際に利用している機関や施設の職員や相談員などは身近な相談相手になったり，相談機関につないでくれたりする第一次的な相談者になることがある．以下にその例を示すが地域により相談・支援機関の設置状況，名称，仕組が異なっているので，住んでいる地域の相談・支援機関を把握して，利用可能な機関を一覧として整理しておくことが便利である．

・**相談機関（全般的な事項）**：発達障害者支援センター，障害者地域生活支援センター，障害者就業・生活支援センター，市町村福祉事務所，当事者団体・親の会など

・**身近な相談者（例）**：利用している通所・入所施設，グループホームなどの職員，民生委員，精神保健福祉士，障害者相談員など

・**消費生活に関するトラブルなどの相談**：消費生活センター，消費者ホットライン（電話＝188）

［山岡　修］

地域づくり

　一口に地域づくりといっても，地域の理解を得ること，保護者や当事者の活動を生み出すことなど，さまざまなことが考えられるが，いずれも地域それぞれの課題解決に向けた協働の取り組みととらえることができる．そこでは，共通の考えや目的をもつネットワークが土台になることから，地域づくりを「地域ネットワーク形成」ととらえ，そのネットワーク形成の道筋を「ソーシャル・キャピタル」「資源の再デザイン」「大人の学び」の三つから考えたい．

●ソーシャル・キャピタル

　地域ネットワーク形成を考えるうえで，まず重要なのは，地域を理解することであろう．地域を理解する際に参考となる概念の一つに，R.パットナムが提唱した「ソーシャル・キャピタル（社会関係資本）」がある．これは，「人々の協調行動を活発にすることによって，社会の効率性を高めることのできる，「信頼」「互酬性の規範」「ネットワーク」といった社会組織の特徴」と定義されている．「ソーシャル・キャピタル」は，社会的つながりや対象，その在り様，特徴から，いくつかのタイプに分類されている（表1）．この「ソーシャル・キャピタル」概念は，地域における関係性の傾向や既存のネットワークの性質（例えば，近所づきあいや保護者の集まりなど）を理解するうえで，一つの指針になるだろう．一般に，結合型は，結びつきが強く，仲間意識も強い反面，部外者には排他的な傾向となりやすい．反対に，橋渡し型は，結びつきは緩やかで，仲間意識も緩やかである反面，比較的オープンな性質をもつ．このように，地域や地域の中にある組織や団体がどのような結びつきで成立しているのかを理解することは，ネットワーク形成を展開する際の重要な点であろう．

表1　ソーシャル・キャピタルの分類

性質	結合型 （例：民族ネットワーク）	橋渡し型 （例：環境団体）
形態	フォーマル （例：PTA，労働組合）	インフォーマル （例：バスケットボールの試合）
程度	厚　い （例：家族の絆）	薄　い （例：知らない人に対する相槌）
志向	内部志向型 （例：商工組合）	外部志向型 （例：赤十字）

［出典：坂本治也「ソーシャル・キャピタル概念の意義と問題点」第3回ソーシャル・キャピタル研究会，2002］

●資源の再デザイン　地域ネットワーク形成は，新たにネットワークを立ち上げる場合と，すでにあるネットワークを活用する場合が考えられる．新たなネットワークを立ち上げる場合には，地域の現状に見合った目的とその共有，活動内容，メンバーを考える必要があるだろう．すでにあるネットワークの活用は，そのネットワークのメンバーが受容できる形で，新たな目的や意味を組み込む「資源の再

デザイン」である．例えば，発達障害の理解のために，学校のPTA活動に「子育てに関わる悩みの交流」のような，広く共通な関心事になり得るテーマを組み込むといったことが考えられる．どの地域にも，公的なものから近所づきあいや知り合い，同窓生といったレベルのものまで，すでに何らかのネットワークが存在している．このような，既存のネットワークを地域づくりに関わるものへと再デザインするためには，前述した「ソーシャル・キャピタル」の理解が重要となる．なぜなら，「ソーシャル・キャピタル」を理解することなく，新たな目的や意味を組み込むことは，葛藤や軋轢，排除が生じる可能性が高くなるからである．また，地域には，組織や団体などの見える資源と，仲間づきあい，顔見知りのような見えない資源がある．見える資源を再デザインしながら有効に活用し，さらには見えない資源を掘り起こし，見える資源にするという視点も必要だろう．

●**大人の学び**　地域それぞれの課題を解決するための具体的活動を生み出すためには，それを可能とするための学びが必要となる．E.ウェンガーらは，人々が学ぶための単位（集まり）があることを見出し，その単位を「実践共同体」と名付けた．「実践共同体」は，領域（ドメイン），コミュニティ，実践の3要素によって特徴付けられる．地域づくりを進める場合，この三つの要素を理解しながら活動することによって，そこに参画する者の学びが促進されるということであろう．当然，ある活動体が実践共同体としての機能をもつためには，活動体自身の発展プロセスが必要となる．保護者ネットワークなどでは，仲間の存在によって共感や安心を得る時期，個人的な不安や疑問，憤りを表出する時期，学びが深まる中で，より本質的な課題を共有する時期，その結果，みずからが具体的実践を生み出し，ネットワークを拡大する時期，そして，地域における他のネットワークと相互依存関係を結んでいく時期というようなプロセスが考えられる．いずれにせよ，「大人の学び」こそが，協働によって地域課題を浮かび上がらせ，同時に解決に向けた活動を促進し，新たな資源や価値を生み出すための重要な要素であるといえよう．

●**地域づくりの意味**　全国的には，発達障害に関わる社会資源が潤沢な地域，発達障害に対しての理解が進んでいる地域ばかりではないだろう．その現実に対して，決してないものねだりに陥ることなく，地域それぞれに必要な課題解決や資源の創出に向けて，地域が主体的に取り組むことに地域づくりの意味があると思われる．今後，発達障害を取り巻く環境整備も含めて，地域ごとの共生社会をどのように構築していくかが，大きな課題となってくるだろう．そのことからも，地域づくりは，ますます重要になってくると思われる．　　　　　　　　　　　　　　　　　　　　　　　　　　　　　　　　　　　[服部健治]

📖 **参考文献**
[1] R.パットナム，河田潤一訳『哲学する民主主義―伝統と改革の市民的構造』NTT出版，2001
[2] E.ウェンガー他，櫻井祐子他訳『コミュニティ・オブ・プラクティス―ナレッジ社会の新たな知識形態の実践』翔泳社，2002

地域に根ざしたリハビリテーション（CBR）

　一般的に「リハビリテーション」という語は，急性期の疾患や先天的な理由により起こる能力や機能の低下を改善するために行う医療活動であると理解されている．このため，地域に根ざしたリハビリテーション（community-based rehabilitation：CBR）と聞くと医療活動を展開していく方法の一つであろうと予測することが少なくない．しかし，CBRを医療サービスの展開の方法として理解することは，正しくない．「リハビリテーション」は，歴史的にはヨーロッパにおいて「身分・地位・資格の回復」「破門の取り消し」「犯罪者の更正，社会復帰」といった意味合いをもっており，社会的状況の回復の意味の側面を強くもつ言葉であったのである．

　CBRは，「すべての人々に健康を」としたアルマ・アタ宣言（1978）を受けて世界保健機関（WHO）によって開発途上国の障害者のリハビリテーション展開戦略として提唱された．そしてリハビリテーション専門家会議（1981），WHO・国際労働機関（ILO）・国連教育科学文化機関（UNESCO）の合同政策方針書（1994），およびその合同政策方針書の改定（2004）を経て現在のCBRの概念が形成されてきた．2004年の合同政策方針書は，CBRを「すべての障害のある人々のリハビリテーション，貧困の削減，機会均等化およびソーシャル・インクルージョン（社会的統合）のための総合的な地域社会開発戦略の一つ」と定義し，さらに「CBRは，障害のある人々自身とその家族，組織および地域社会，関連のある政府・非政府系の保健・教育・職業訓練・社会福祉およびその他のサービスが一体となった取り組みにより遂行される」ものとしている．

●**サービス展開の実際と近年の発展**　CBRは，障害者のリハビリテーション展開戦略として位置づけられてきたが，その特徴を理解するには，対概念である施設中心のリハビリテーション（institution based rehabilitation：IBR）との対比でとらえるとわかりやすい．CBRとIBRをサービス提供形態の連続体としてとらえたサービス内容や構成要素を図1に示す．IBRでは，専門のスタッフが施設において専門的サービスを提供していくが，CBRでは，障害者の家族や当事者やボランティアによって身近な場所でサービスを提供することが可能であるとしている．CBRは，専門家だけをサービス提供者と位置づけるのではなく，情報の提供や技術移転により非専門家を提供者として活用することが可能であるとの立場を取っている．なお，図1の巡回サービス（outreach）は，医療や教育などの現場において，地域や家庭における専門家によるサービスの展開をさすものであり，地域での生活の支援の重視の中で行われることが多くなってきたサービス展

開の方法である．この方法は基本的には，IBR に分類される方法であるが，IBR から CBR に移行するうえで重要な役割を果たすと考えられている．

　CBR の目的が，障害者に対するリハビリテーションサービスの提供から，地域に根ざしたインクルーシブ開発の戦略としての役割を担う中で，CBR の取り組むべき領域や内容が提示されるようになってきた．WHO が 2010 年に発行した CBR

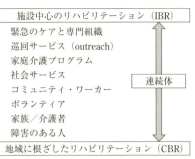

図 1　連続体としての CBR と IBR
［出典：文献［1］をもとに作成］

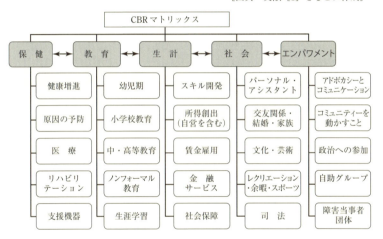

図 2　CBR マトリックス
［出典：文献［2］］

ガイドラインにおいてはそれらを CBR マトリックスとして整理している（図2）．マトリックスに明示された内容をすべて取り組みにおいて網羅されるべきとされているのではなく，地域の現状やニーズに合わせて選択していけるような枠組みとして提示されている．医療（保健）領域における項目だけではなく，教育，生計，社会，エンパワーメントといったこれまで，明確にされることが少なかった領域も明示されることにより戦略としての CBR の方向性がより明確に示されている．　　　　　　　　　　　　　　　　　　　　　　　　　　　　［肥後祥治］

📖 参考文献

[1] M. ピート，田口順子監修『CBR 地域に根ざしたリハビリテーション』明石書店，2008
[2] 公益財団法人日本障害者リハビリテーション協会訳「CBR ガイドライン日本語訳」2010，
　〈http://www.dinf.ne.jp/doc/japanese/intl/un/CBR_guide/cbr01_04.html〉

支援技術

　アシスティブ・テクノロジー（支援技術）という言葉が日本で初めて明記されたのは，2002年の「新・情報教育に関する手引」[2]においてである．そこには，「障害による物理的な操作上の不利や，障壁（バリア）を，機器を工夫することによって軽減しようとする考え方が，アクセシビリティあるいはアシスティブ・テクノロジーである．これは，障害のために実現できなかったこと（disability）をできるように（ability）支援するということであり，そのための支援技術を指している．そして，これらの技術的支援方策を豊かにすることによって，結果的にバリアフリーの状態を実現しようということでもある」と記述されている．アシスティブ・テクノロジーという言葉が使われてからの歴史は浅く，教育の世界にも十分に浸透していない言葉であるといえる．

　アシスティブ・テクノロジーという言葉は，アメリカでは，1988年のTechnology Related Assistance Act（技術関連支援法）の中ですでに用いられている．そこでは，支援機器（アシスティブ・テクノロジー・デバイス）と支援技術サービス（アシスティブ・テクノロジー・サービス）の二つがセットになって記載されている．デバイスは機器のことになるが，機器だけではなく，サービスまで含まれているという点に注目する必要がある．支援技術サービスには，機器の選定，導入，メンテナンス，研修，評価など支援機器を活用する際に必要な直接的なサービスも含まれている．また，アシスティブ・テクノロジーの定義は，1998年に上記の法律が改訂されてAssistive Technology Act（支援技術法）と名称が変わった際に定められている．そこでは，支援機器と支援技術サービスの二つを一緒にしたものとなっている．つまり，アシスティブ・テクノロジーとは，「障害のある人の生活の質を改善し高めるための機器やサービス」と考えることができるのである．言い換えるならば，「障害のある人の生活を支えるために用いられる技術のこと」と考えてよいであろう．

　支援技術によって障害そのものが消えてしまうということはない．しかし，障害によるマイナスの影響を軽減できる可能性をもっている．このように支援技術は，教育へのアクセスを可能にするだけでなく，余暇や仕事へのアクセスも可能にするものであると考えることができる．

　特別支援教育を考える際にも，上記の考え方は重要である．支援機器だけを考えるのではなく，サービスも同時に考えていくことが大切になるのである．以下，具体的に，どのような機器やサービスが支援技術と考えられるのか支援機器と支援技術サービスに分けて紹介する．

支援機器としてはローテクの機器もあれば，ハイテクの機器もある．ローテクの機器は，導入の際に訓練を必要としないもので，複雑な機能のないものである．例えば，虫眼鏡，拡大された印刷物，ペンに使うグリップ，傾斜版，耳栓などが考えられる．ハイテクの機器としては，パソコン，計算機，ICレコーダー，デジタルカメラ，携帯型情報端末，電動車イス，デジタル補聴器などが考えられる．

　これらの機器を単に導入しただけでは，効果をあげることは期待できない．機器があっても，それを活用できなければ意味がないからである．支援機器の活用方法を提案するとともに，機器導入のための支援も必要である．それらが支援技術サービスである．具体的には次のようなことが考えられる．障害のある児童生徒のニーズの評価，支援機器導入に関するさまざまな事項への対応（機器の選定，導入方法，活用方法の工夫，フィッティングなど），児童生徒への導入のための指導，保護者への情報提供，教職員の理解促進などである．

●**合理的配慮と支援技術**　教育における合理的配慮と支援技術との関係は非常に強いものであると考えられる．障害のある子ども個人に対する支援技術導入が，合理的配慮の実施そのものになる場合があると考えられるからである．もちろんイコールではない．支援技術の導入は教育だけのものではなく，生活全般において用いられるものだからである．しかしながら，特別支援教育において，その関係は，切っても切れないものであるといえる．

●**個別指導計画と支援技術**　今後，支援技術の導入は個別指導計画にも反映されるべきものになると考えられる．一貫した指導における配慮や入試の際の特別措置などにも支援技術の導入が必要とされる場合があるからである．支援技術の中でも支援機器については，一貫して導入される必要な支援の一つとして認識されるべきである．特別支援教育は対象となる子どもが抱えている生活上の困難や学習上の困難を改善克服することが目的であり，障害そのものを改善したり克服したりするものではない．このことを考えるならば，特別支援教育は，必要に応じて支援技術を導入し，自己実現を図ろうとする児童生徒を支える教育であるともいうことができるであろう．それゆえ，個別指導計画の項目の中に反映されるものとして位置付けられるべきものだと考えられるのである．

　障害者差別解消法が施行され，合理的配慮を行うことが明記された．これにより，今後ますます合理的配慮の一つとして，支援技術の導入が検討されることになるはずである．支援技術は，知っておかなければならない技術の一つなのである．

［坂井　聡］

📖 **参考文献**
[1] 国立特別支援教育総合研究所『障害の重度化と多様化に対応するアシスティブ・テクノロジーの活用と評価に関する研究』2011
[2] 文部科学省『情報教育の実践と学校の情報化』2002

国際生活機能分類（ICF）

　障害のとらえかたは近年大きく変化し，2001年のWHO総会で人間の生活機能と障害の分類法として「国際生活機能分類」(International Classification of Functioning, Disability and Health：ICF)[2]が採択された．それまでの「国際障害分類」(International Classification of Impairments, Disabilities and Handicaps：ICIDH）では，インペアメント（身体の機能損傷または機能不全で，医療の対象），ディスアビリティ（インペアメントによりもたらされた日常生活や学習上の困難で，教育などの対象），ハンディキャップ（社会生活上の不利）に焦点があてられていたのに対し，ICFの特徴は，生活機能に視点を転換し，さらに環境因子などの観点を加えたことにある．

　障害と生活機能の理解や説明に，これまで「医学モデル」や「社会モデル」が示されてきた．医学モデルは，障害を個人の問題としてとらえ，治癒や個人の適応改善と行動変容が目標となる．社会モデルでは，障害を主として社会によってつくられた問題とみなし，障害のある人の社会生活への完全参加に必要な環境の変更を社会全体の共同責任とする．ICFは，これら対立するモデルを統合し，生物学的，個人的，社会的など異なる観点の統合を可能にした．

　ICFでは，人間の生活機能は「心身機能・身体構造」「活動」「参加」の3要素で構成され，それらの生活機能に支障がある状態を「障害」ととらえている．そして，生活機能と障害の状態は，健康状態や環境因子などと相互に影響し合い，構成要素間の相互関係については，図1に示すとおりである．また，それぞれの用語の定義を表1に示す．

　ICFの活用は，①障害や疾病をもった人やその家族，保健・医療・福祉など幅広い分野に従事する人の障害や疾病の状態についての共通理解，②障害者に向けたサービスを提供する施設や機関などのサービスの計画や評価，記録などのための手段の提供，③障害者に関する調査や統計の標準的枠組みの提供を可能にする．

　日本では，「幼稚園，小学校，中学校，高等学校及び特別支援学校の学習指導要領等の改善について（答申）」[1]において，特別支援学校の教育課程改善のため，ICFの考え方をふまえ，自立と社会参加を目指した指導のいっそうの充実を図る観点から，子どもの的確な実態把握，関係機関との効果的な連携，環境への配慮を織り込むこととされた．

　徳永ら（2009）は，ICF/ICF-CY（児童版）[3]を，自立と社会参加に向けて児童生徒のニーズを把握し支援の方向性を定めるため重要と指摘している．

6. 成人生活　こくさいせいかつきのうぶんるい（ICF）

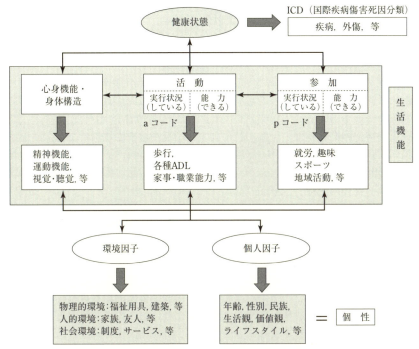

図1　構成要素間の相互作用（概念図：具体例が入ったもの）
［出典：厚生労働省大臣官房統計情報部編『生活機能分類の活用に向けて』
〈http://mhlw.go.jp/shingi/2007/03/dl/s0327-5l.pdf〉］

表1　ICFの用語の定義

心身機能（body functions）	身体系の生理的機能（心理的機能を含む）
身体構造（body structures）	器官・肢体とその構成部分などの，身体の解剖学的部分
活動（activity）	課題や行為の個人による遂行
参加（participation）	生活・人生場面への関わり
環境因子（environmental factors）	人々が生活し，人生を送っている
個人因子（personal factors）	個人の人生や生活の特別な背景

［出典：文部科学省HPより一部改変］

［納富恵子］

参考文献
[1] 中央教育審議会「幼稚園，小学校，中学校，高等学校及び特別支援学校の学習指導要領等の改善について（答申）」2008
[2] 厚生労働省社会・援護局障害保健福祉部企画課「国際生活機能分類―国際障害分類改訂版」（日本語版）〈http://www.mhlw.go.jp/houdou/2002/08/h0805-1.html〉
[3] ICF-CY Japan Network〈http://www.icfcy-jpn.org/wp/〉

成人の発達障害と虐待

わが国では，虐待と発達障害は，いずれも1990年代より注目されてきたが，初期には両者の関係は，必ずしも整理されていなかった．近年その関係が明らかになりつつある．

●**児童虐待の傾向と制度**　児童虐待に関する制度や法などについては，子どもの虹情報研修センターホームページに詳しく示されている（子どもの虹情報研修センター（http://www.crc-japan.net/contents/situation/）．児童虐待法の定義では，虐待には「身体的虐待」「心理的虐待」「性的虐待」「ネグレクト」の四つがある．2015年度に示された厚生労働省の資料によれば，わが国における全国児童相談所の児童虐待相談の対応件数は，2013年には7万件を超え，児童虐待防止法施行前の1999年に比較し6.3倍にも増加している．虐待による子どもの死亡数も年間100例前後である．そのなかで児童虐待による入所が増えている児童養護施設において，発達障害が疑われる子どもが多くみられることから，両者の関係が注目されるようになった．また，小児病院で，発達障害と児童虐待の両者の診療に携わっていた児童精神科医である杉山[3]により，第4の発達障害としての児童虐待が提言され注目されるようになった．

●**虐待と発達障害の関連**　虐待と発達障害との関係のとらえかたについては，いくつかの観点がある．

まず，子育てのストレスという要因である．発達の障害により，保護者は，発達面の心配や，診断告知への対応など多面的なストレスを感じ，「精神的なバランスを失い，虐待に走ったりすることもまれではない」との指摘がある[1]．つまり，保護者の障害特性への受け入れがたさや，子により引き起こされるさまざまなトラブルなどが誘発因子になり，通常の子育てや手段では改善できないことによるストレスが，児童虐待に結びつくという側面である．

また，子育ての人的環境である保護者の精神的健康についても発達障害が関連している．稲垣ら（2009）の発達障害の子どもを育てる保護者の精神医学的障害に関する調査からは，保護者には，うつ病や神経症などが多いこと，子どもと同じ発達障害の特性を家族がもっていることなどが明らかになった．このことは，保護者側にも，子育てを円滑に行ううえでのリスク要因があり，その一つに，発達障害も考慮する必要があることを示唆する．つまり，発達障害は，虐待を受ける側にも虐待をしてしまう側にも関連が大きい．

さらに，虐待と発達障害の関係を，複雑にしている要因として，虐待そのものが，子どもの心理だけでなく，脳の形態にも変化を与えるなど，生物学的に子ど

もの脳に永続的な影響を与えることがあげられる[1]．その脳への影響は，虐待のタイプにより，脳の傷害される部分が限定されることや，最も障害を受けやすい感受性期があることがわかっている．さらに，また，脳の形態だけでなく，虐待は，受ける子どもに，うつや PTSD などの精神医学的な症状も引き起こし，発達障害と重なるときに，見立てと介入は複雑になる．

●**児童虐待と発達障害の合併への対応**　対応については，子どもの発達障害を中心に置く立場であれば，障害の早期発見と診断後に続く，子育てへの助言や適切な教育的支援により，親子間の相互作用の悪循環を予防することが重要である．また，虐待の対応においても，早期発見と，子どもの安全を確保したうえで，子どもへの認知行動療法や心理療法や精神療法，子育てを担う親への教育が提案されている．

児童虐待と発達障害をあわせもつ子どもへの対応については，専門的な治療として，杉山[3]は，被虐待児への包括的ケアの重要性を指摘し，心理アセスメント，子ども自身へのケア，家族へのケアを紹介している．また，虐待を受け養育が困難になった子どもたちに，ソーシャルワークの観点から，ファミリーホームを運営し，発達障害児を含む打撃を受けた子どもたちの回復を図っている「治療的里親」である土井[2]は，多くの専門家と連携し，さまざまな社会資源を活用しつつ成果を上げている．彼は，二度と傷つかないという安心感と見通しのある「環境」の提供に始まり，「行動」「感情」「認知」という順に子どもの回復を目指している．虐待の予防と早期発見と迅速で適切な介入のうえに，子どもの回復への社会的養護の充実が望まれる．

●**成人期の課題**　ADHD のある成人の問題として，配偶者との関係と子どもの養育に関する問題が指摘されている（中根，2002）．衝動性や攻撃性があったり，不注意による仕事上の失敗が続き，その鬱憤を家族にぶつけたりするようなことがあると配偶者との共同生活は容易に機能不全に陥る．さらに，その子どもは，夫婦間のトラブルを常に目の当たりにして過ごすという心理的虐待を受けて成長することになる．子どもへの虐待をきっかけにして保護者が発達障害の診断を受けるに至る例もある．子どもの特性に合わせた対応ができず，体罰で子どもをコントロールするためである．適切な支援を受けずに成長した結果，自己理解が不全であり，衝動性や爆発性を自分でコントロールする術を習得しないまま成人になってしまったためである．

［納富恵子］

参考文献
[1] 友田明美「発達障害と虐待の脳科学」生理心理学と精神生理学，31(2)：55，2013
[2] 土井高徳『虐待・非行・発達障害 困難を抱える子どもへの理解と対応―土井ファミリーホームの実践の記録』福村出版，2010
[3] 杉山登志郎『子ども虐待という第四の発達障害（ヒューマンケアブックス）』学習研究社，2007

親の会

　1982年に愛知県の学習障害児・者親の会「かたつむり」が発足してから，1990年頃までに各地でLDの親の会がつくられていった．1990年に全国組織として全国LD親の会ができ，そのときには27会948名が参加している（図1）．

　各地の親の会の発足当時は，発達障害に対する理解がほとんどない状態だったので，どうしたら子どもへの支援ができるのか・できるようになるのか，各々，手探りで活動を進めていった．その中で，各会の間の情報交換の必要性や対外的な発言力の必要性から，全国組織が結成された．全国組織の結成はマスコミにも取り上げられ社会的な関心も集めたが，それだけで親の会の活動が認められたわけではなかった．関係団体との連携を行い，行政・立法機関との一定の距離を保ちながらの協力，当事者団体の立場でのモニタリング，具体的なデータの収集，理解啓発活動，要請活動などを地道に継続して行うことで，親の会の活動が少しずつ認められていったのである．

●**親の会の役割**　現在，全国LD親の会の行うべき事業としては，研究事業，理解啓発事業，本人および家族等の支援事業，支援・制度の充実に向けた事業をあげているが，これは全国LD親の会のセンター的機能のためであり，必ずしも一般的ではない．

　各地域の親の会の役割として，子ども（当事者）のための情報の共有，当事者の活動，理解啓発活動，行政への働きかけなどが考えられる．特に情報の共有に関しては，地域に密着した情報を共有できることに意義がある．

　それ以外に，親（保護者）の支援についても特記しておく必要がある．発達障害は障害であることが外見からわかりにくいことなどから，偏見をもってみられることが多い．他の人より手のかかる子育てに苦労しているのに，「親のしつけ方が悪い」「スキンシップをとっていない」などと的外れな非難をされることも多い．子どもが問題を起こしたりして悩んでいるときに周囲から非難され続けていると，親も自信がなくなり，前向きに行動する気持ちをもてなくなってくる．子どもにとって最も身近な支援者である親がこのような状態では子どもへの支援が進まない．そのときに「大変なのはあなたのせいではない．悩んでいるのはあなただけではない」と伝えることが親にとっての大きな支援となる．親の会の会員は，心理などの専門家ではないのが普通だが，基本的に同じ悩みをもっているので，周囲から非難されて悩んでいる親の話への共感が容易であり，「私一人ではない」という安心感を与えられる．このようにして，親の自信を取り戻し，親が前向きに活動できるようにすることは，親の会の最も大きな役割と考えること

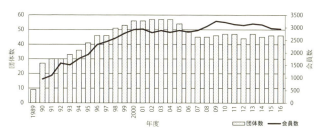

図1　全国 LD 親の会　加盟団体数・加盟団体の会員総数
［出典：全国 LD 親の会「発達障害者支援における NPO 等の役割に関する報告書」p.39, 2010 に加筆］

ができる．

●**親の会の課題**　残念ながら，最近は親の会の会員が減少している．また，活動を休止する会も見受けられる（図1）．会員の減少は全国 LD 親の会だけはない．

昔と違って，最近ではネットで情報を得ることができるので，入会しなくてもよいという考えの親も増えてきている．「障害」という言葉への抵抗が大きいので，親の会に参加することに抵抗がある人も依然として多い．また，よく聞くのは，「親の会に入ったら何をしてもらえるのか？」という問い合わせである．当然のことながら，親の会は「みんなで活動していく会」であって，「何かをしてもらえる集まり」ではないのだが，最近は「何かをしてもらえる」つもりの人が多く，そうでないことを伝えると入会しない人も多い．一方で，参加したくても参加できない親も多い．仕事をしていると親の会の行事に参加できないことも多く，きょうだいを含む子どもの塾や習い事・スポーツの送迎などで，ある年齢から行事に参加しにくくなることもある．また，子どもが大きくなる頃には親の介護で親の会の活動に参加できなくなる人も増えてきている．

活動する会員が減少すると活動の幅が狭くなり，そのため会員が増えないという悪循環に陥りやすい．長年活動している人と新しく会員になった人では，困っていることも知りたい情報も異なる．会員数が多ければ，階層別の活動を行うことができ，年齢層があまり違わない人から経験者の話を聞くことができるが，会員数が少ないと，興味のある活動が行われないと感じる割合が増え，経験者の話も現状にはあわない話となってしまったりして，活動に参加しなくなったり退会する人が増えてしまうのである．

それでは親の会活動の参加者を増やしていくにはどのようにすればよいのだろうか．「障害」を感じさせないように活動の名称を変え参加しやすいようにした会もある．イベントを行うことで，マスコミの力を使って活動を広報している会もある．そのような他の会の良いところを取り入れることも必要である．そのうえで，親や子どもが「活動していて楽しい・人の役に立っている」と思えるような活動を地道に継続的に行っていくことが大切だと思われる．

［東條裕志］

当事者の会

　ADHDの当事者と家族の支援団体として，世界的に有名な団体が「CHADD (children and adults with ADHD)」である．筆者は1990年代，アメリカ留学中に会員になり，年次大会に参加した（ちなみに筆者は，ADHDとLDの当事者である）．そのプログラムの一つに，当事者が参加する懇談会があった．そこで，西洋，東洋の文化を超え，ADHDの特性による悩みが万国共通であることに大変感動し，生まれて初めて自分の苦労を理解してくれる人がいるという安心感と絆を感じることができた．このような当事者が語り合う場が必要と痛感したことが，帰国後当事者や家族，支援者が集う場として，「NPO法人えじそんくらぶ」を設立したきっかけである．

●**存在意義**　当事者会の存在意義は，何といっても同じ悩みをもつ人たちと語り合え，"先輩たち"から体験に基づいたさまざまなアドバイスを受けられるということだ．今まで他の人に話せなかったり，理解されなかった思いを打ち明け，共感されることは，医学的な治療とは違う精神的な癒しを得られることだろう．そのためには守秘義務の徹底や傾聴する姿勢など，安心安全の場が求められる．ただし，体験談は時として独りよがりになりがちで，専門的な情報と客観的な視点も重要であると考える．また，特にADHDの団体の場合，その不注意・多動・衝動性から会の運営や継続にかかわる分野に課題をもちやすく，「NON ADHDのスタッフに協力を求める」ことが当事者会をうまく運営していくために必要であることにも注意したい．

　さて，CHADDなどの各種支援団体が発達しているアメリカでは，研究者とADHDのある当事者やその家族が連携し，国の施策に影響を与えたり，当事者の会や家族の会を提供している．筆者は留学中，CHADDに参加している人の多くが当事者（家族も含む）であり，かつ専門家であったことに驚いた．これは，大学や大学院に入学しやすく，最新の専門的な情報を入手しやすいアメリカの特徴といえる．

●**日本における事情**　それに対して，日本における当事者会は少々事情が異なる．日本では当事者会というより，厳密にいえば当事者の親が会を設立し，ロビー活動をしたり，懇談会の場をもつことが多い．その意味で，親の会自体が当事者の会を兼ねているケースが少なくない．日本の場合，真の意味での当事者の会の運営が活発でない理由は主に三つ考えられる．

　一つ目は，いわゆる「障害者権利条約」の批准が2014年と世界から遅れているように，当事者が公的な場で意見を述べるという機会があまり多くなかったこ

とである．「私たちのことを私たち抜きに決めないで」(Nothing about us without us)という有名な言葉・コンセプトがあるが，法的な整備が整っていなかったため，当事者が主張し，当事者の意見を公的サービスに反映する機会が残念ながらあまり得られていなかった．

二つ目は，日本の文化的な問題である．障害のイメージが重く，暗く，「違う＝異常・間違っている」という考え方が根強い．そのため，みずからが障害者であることや家族に障害者がいることをカミングアウトしにくい状況にある．

三つ目は，医療の問題である．筆者が帰国した90年代，発達障害の成人の診断ができるドクターがほとんどおらず，ADHDの保険適用薬もないなど，適切な治療を受けられる環境がほとんどなかった．そのため，正式な診断がなく，適切な治療も受けられない方や，「自称」当事者の方なども多く存在する．現在は改善されてきたとはいえ，発達障害の診断と治療の歴史が欧米に比べて浅いこともあり，十分な早期診断，適切な支援に至っていないのが現状である．日本での当事者中心の自助グループの運営が難しい最大の理由は，ここにあると考える．

筆者はアメリカから帰国後，すぐに当事者の自助グループをつくりたいと思ったが，上記のような理由でできなかった．そこで，当事者の前にまず当事者に影響を与える親と支援者に情報を提供し，支援者として育成するということを大切にしてきた．アメリカと違って，支援者自身に発達障害の情報がなかったからだ．その過程で，子どもに診断名がつき，子どものための支援を考えていくうちに，実は親である自分もその特性をもつ当事者であるということに気づくというケースが多かった．これは他の障害とは異なる高機能の発達障害の特徴といえる．親や支援者を支援することが，当事者支援にもなったというのが実感である．

今後は「障害者権利条約」の批准もあり，これまでのような子どもを中心とした支援のあり方とは違って，高校生や大学生，シングルなどの成人で構成する真の意味での当事者の自助グループが求められるだろう．当事者の自助グループの運営には，正確な診断と適切な治療を受けていることと，主治医や担当のサイコロジストやカウンセラーなど専門知識をもった人が会の運営にかかわっていることの2点が不可欠であると考える．理想は病院内やカウンセリングルーム内に当事者の会ができることだ．今後はこのような形での当事者の会が増え，多くの当事者の居場所ができることを期待している．そのためにも，発達障害の正しい知識と効果的な支援法の啓発活動が重要である．えじそんくらぶでも，HPから自由にダウンロードでき，コピーフリーの3冊の無料のリーフレットを提供している．多くの人に発達障害の理解と支援法を理解いただくことが，当事者の願いでもある．

［高山恵子］

📖 参考文献
[1] NPO法人えじそんくらぶHP〈http://www.e-club.jp/〉

ユニバーサルデザイン

　ユニバーサルデザイン（universal design：UD）の概念を提唱したアメリカのR. メイスは、「できるだけ多くの人が利用可能であるように製品、建物、空間をデザインすること」であると定義づけた．優秀な建築家、デザイナー、そして教育者でもあった彼は、幼少の頃にポリオを患い、酸素吸入をしながら電動車いすを使い生活していた自身の経験を UD につなげていったのである．

　彼は「すべての人が人生のある時点で何らかの障害をもつ」ということを、UD の発想の起点としており、「かわいそうな人に何かをほどこす」ということではない、と語っている．

　すなわち障害者や高齢者、子どもといった社会的弱者に対して、その自立を妨げずに公平かつ活用しやすいサービスを提供できるように、というのが彼の発想なのである．

　では、バリアフリーと UD は何が違うのか．バリアフリーは「障害者にとって使いやすいデザイン」を検討するのに対し、UD は「障害のあるなしにかかわらずできるだけ多くの人が使えるデザイン」をめざしているという点で異なるといえる（図1）．

図1　ユニバーサルデザインとバリアフリーの違い

● **UD の 7 原則**　UD には以下の七つの基本的な原則がある．
・公平性：誰にとっても使用可能であるようにデザインする．
・柔軟性：幅広い人たちの好みや能力に合わせやすいようにデザインする．
・利用しやすさ：使いやすくシンプルにデザインする．
・わかりやすさ：必要な情報が効果的に伝わるようデザインする．
・ミスの起こりにくさ：失敗が起こりにくいようデザインする．
・身体的負担の軽減：快適で、疲れにくいようデザインする．
・スペースの確保：利用者が安全に使用できる大きさと広さを提供する．

　この UD の原則は、発達障害者の就労支援にも有効なものである．それまでは「つくる人たちの考え」重視だったものが、UD の考え方では「使う人の立場に立って」デザインする、という発想に変わったのである．よって、UD 的な就労支援

にあたっては，支援を受ける側の立場に立ってその支援をデザインしていく必要がある．

●**バリアフリー・ユニバーサルデザイン推進要綱**　バリアフリー・ユニバーサルデザインの推進に関する政府の基本的な方針として，「バリアフリー・ユニバーサルデザイン推進要綱」(2008年3月28日）が，バリアフリーに関する関係閣僚会議において決定された．その中の「雇用・就業」について以下に示す．

　【基本方針】
　「働くことを希望する障害者が能力を最大限発揮し，就労を通じた社会参加を実現できるよう障害者雇用対策の充実・強化に取り組む」
　具体的施策としては，次のような障害者雇用対策の充実・強化があげられている．
- 障害者の雇用機会の拡大による職業的自立を図るため，障害者雇用率制度を中心とした障害者雇用の一層の促進．
- テレワーク等の在宅就業の推進，短時間労働による障害者雇用の促進，農業法人等への障害者雇用の推進を通じた障害者の能力や特性に応じた働き方の支援．
- ハローワークを中心に福祉・教育等関係機関と連携した「障害者就労支援チーム」による支援を行うことなどを通じた地域の就労支援力の強化．
- トライアル雇用の推進を通じた一般就労への移行を促進するための支援等の充実・強化．
- 公共職業能力開発施設における障害者職業訓練の推進や障害者の態様に応じた多様な委託訓練の拡充による障害者の職業能力開発の推進．

●**人的環境のUD**　発達障害者の支援においては，周囲でかかわる人々の理解が不可欠であり，当事者を変えようとするのではなく，周囲が特性を理解し，当事者のもっている力を引き出せるようにかかわっていくことが重要である．UDというと物理的環境がイメージされることが多いが，このようなナチュラルサポートのある環境は人的環境のUD化が進んでいるととらえることができる．ジョブコーチなどの支援において人的環境のUD化は大変重要な支援であるといえる．

●**インクルーシブデザイン**　ユニバーサルデザインの視点を重視した就労支援は大変重要である．しかし最初から完璧な支援体制をつくることは困難であり，発達障害のある人の支援ニーズに気づき，具体的な改善策について取り組みを行っていく過程が重要であると考えられる．今後は当事者とともにつくり上げていくインクルーシブデザイン（inclusive design）の発想も求められる．　　　　［阿部利彦］

📖 **参考文献**
[1] 柘植雅義『ユニバーサルデザインの視点を活かした指導と学級づくり』金子書房，2014

症状妥当性

　症状妥当性とは，狭義には，心理検査，特に神経心理学的検査に取り組む患者の姿勢の真摯さ（effort）のことを指す．認知面のさまざまな特徴を明らかにしようとする神経心理学的検査においては，患者が検査に協力的でまじめに熱意をもって取り組んでいる状況において，その結果は初めて妥当性をもつものとなる．症状妥当性に関する研究では，神経心理学的検査においては，検査に熱意なく取り組んでいたり，詐病を意図したりしている場合，実際の脳損傷がある患者よりも成績が悪いことが示されている．検査に取り組む熱意の程度は，神経心理学的検査の結果に53％影響するが，学歴は11％，年齢は4％しか影響しないとする報告もみられる（Green et al., 2001）．症状妥当性は，神経心理学的検査における最も重要な要素であるとされている．

　一方，広義では，患者の自己記入式の質問紙・チェックリストなどの回答内容，診察時の患者の訴えや問診に対する応答内容などの信憑性，さらには，身体診察に対する協力姿勢なども含めて論じられることもある．しかし，これらも，問診や質問紙に真摯に答えようとしているかという問題であるとするならば，結局は，診察や検査に対する患者の協力姿勢のこととみなすことができ，その意味では，狭義の視点と大きく異なるものではないといえるであろう．

●**症状妥当性評価**　症状妥当性は，それを評価するための方法がいろいろ開発されている．検査，指標，観察などを用いて被験者の行動や記入内容，検査結果の信憑性を確かめようとするもので，症状妥当性評価（symptom validity assessment）とよばれている．最もよく用いられているのは，症状妥当性をチェックする検査（症状妥当性検査，symptom validity test：SVT）である．それらには，単語記憶テスト（word memory test）や数字記憶テスト（digit memory test），強制選択テスト（forced-choice test）などがあるが，最近ではコンピューターを用いた検査も開発されている．これらの検査では，重症の脳損傷患者でも偶然に正答する確率が定まっており，そうしたチャンスレベルの正答率よりも低い正答率の場合，正答を知っていながら意図的に間違えていると判断され，症状妥当性が疑われることとなる．

●**症状妥当性の必要性**　認知能力の程度や特徴が，患者の状態や診断の判断に大きな影響を与える可能性のある疾患，神経疾患や精神疾患，頭部外傷のある患者の評価において，心理検査時の症状妥当性を確認することは重要である．発達障害も，知的能力や認知特性が問題にされることが多いことから，その評価において症状妥当性に留意することが必要となる．神経学的診察結果や検査所見を適切

に判断するためには，診察・検査への患者の協力的姿勢の程度，被暗示性や迎合性などの反応バイアス，詐病的要素などを評価できなければならない．

症状妥当性の検討は，通常の医療における評価・診断において必要とされるだけでなく，交通事故による頭部外傷など保障問題が関係する場合にも重要となる．特に，何らかの二次的利得が関与している場合には，患者が意図していない場合には変換症（転換性障害）や解離症として，意図している場合には詐病として，症状や検査結果が変動することがあるので，症状妥当性を適切に評価することが必須となる．また，法医学の分野でも，犯罪の裁判などで容疑者の判断力や認知能力と法的責任性の関連性が問われる場合，容疑者の検査における症状妥当性の評価はきわめて重要なものとなる．

症状妥当性の評価は，診察・検査結果の正確な評価と変換症や詐病の鑑別に不可欠なものであるが，それは，単に，患者を疑い，精神的な要素や詐病をみつけるために行われるのではなく，変換症や詐病が否定されれば，それだけより適切な対応方法や治療方法を検討することができるという意味で，患者に資するところも大きいものといえるのである．

●発達障害と症状妥当性　症状妥当性の問題は，発達障害においても報告されている．欧米で報告が一番多いのはADHDで，次いで，学習障害（LD）となっている．ADHDでは，詐病に関する検討が多い．大学生を対象としたADHDに関する調査では，症状を意図的に過大に記入する学生が少なくない（調査対象学生の25～48％が過剰評価をしていたとする報告もみられる）とされている．大学生がADHDの診断を受けたがる理由としては，学習に関する支援を受けられることと中枢神経刺激薬を処方してもらえることの二つが大きいとされている．刺激薬を欲しがるのは，薬物乱用のためではなく，刺激薬は学習能力を高めると大学生たちが思い込んでいるためと説明されている．

LDに関しては，ADHDと同様，学習面に関する支援を期待してLDを装おうとする場合と，LD判定のための学習課題への嫌悪や回避心から検査に熱心に取り組まず学習能力検査の結果が低くなってしまっている場合がある．前者は，大学生が多く，後者は中学生・高校生が多いという．中学生・高校生を対象とした調査で，読字障害と判断された子どもたちの80％が，検査に対して適切に動機づけられると学年相当の読み能力を示したことが報告されている．この結果は，症状妥当性の評価のないまま読字能力検査の結果を診断に用いることの危険性を示している．

発達障害の場合，①二次的利得と②学習など多くの子どもが好まない課題の二つが検査に取り組む姿勢に大きな影響を与えることがうかがわれる．そのような状況が考えられる場合には，症状妥当性の評価を検討することが望ましい．

［宮本信也］

TEACCHプログラム

　TEACCHとは，Treatment and Education of Autistic and related Communication handicapped CHildren の略で，わが国では「自閉症と関連するコミュニケーション障害児の治療と教育」と訳されている．
　1966年に米国のE. ショプラーらが自閉症児を中心とする発達障害児のための「子どもの研究プロジェクト」を立ち上げた．その成果が認められ，1972年ノースカロライナ州の自閉症児者支援の一つとしてノースカロライナ大学医学部精神科に設立されたプログラムである．
　1960年代の米国では，フロイトの精神分析の考えが主流であり，自閉症も心の病と思われていた．とりわけ，ショプラーの師であったB. ベッテルハイムは冷蔵庫のように冷たい母親が原因で自閉症になるという考えのもと，自閉症児を情緒障害児と考えていた．しかしながら，自閉症児のきょうだいはほとんどがノーマルであり，親が冷たいなら一人だけが自閉症児になるのはおかしいと考え，当時の臨床心理学者のB. リムランドやイギリスの精神科医L. ウィング，M. ラターらも同様に情緒障害児説に疑問を感じていた．ショプラーは，母親が原因なのではなく，おそらく原因は神経心理学，つまり脳の障害ではないかと考えるようになった．
　当時，数多くの自閉症の臨床に関わっていたショプラーは，多くの自閉症児が言葉の理解が弱く，異なった状況からの情報を統合することができない．また，定型発達の子どもと比べ感覚が異なっていると考えた．しかし，一方では視覚的な刺激に強いこともわかっていたので，自閉症児の学習スタイルをオーガナイズする方法として，視覚的な強さを利用するべきではないかと考えるようになった．
　よって，ショプラーは自閉症児を治すという発想ではなく，自閉症児のスキルを向上させることへと方法を転換し，それらを補うためには，自閉症児に活動しやすいような環境を設定する，いわゆる「構造化」による支援を考えるに至った．
　まずは自閉症であるかどうかの適切な診断と発達評価を重視し，自閉症の子どもを最も知っているのは保護者であるため，親を協働治療者あるいは専門家の仲間として関わることが有効であると考えた．そのため，自閉症の子どもだけではなく，親のスキルの向上にも焦点をおくようになった（ペアレントトレーニング）．
●**TEACCHの原則**　TEACCHプログラムには，次に示す七つの原則がある．1. 自閉症児者の適応力を向上させる．2. 親を協働治療者とする．3. 診断と評価に基づいて個別的指導を行う．4. 構造化された指導・教育を行う．5. 自閉症児者の障害をそのまま受け入れる．6. 認知理論と行動理論を組み合わせて使う．7.

専門家はジェネラリストでなければならない．

　2015年現在，ノースカロライナ州に7か所の地域TEACCHセンターが設置されており，これらのほかに居住と就労をあわせもつCLLC（カロライナ・リビング・ラーニング・センター）が存在する．

　具体的な支援内容は，自閉症であるかどうかの診断，療育や教育のためのアセスメント，家庭・学校におけるコンサルテーション，援助つき就労における就労支援，余暇支援，トレーニングセミナーやワークショップ研修会，その他自閉症の人およびその家族が望むニーズに合わせた支援が実施されている．

● **TEACCHのアセスメント**　自閉症診断のための検査としては，CARS (Childhood Autism Rating Scale：自閉症児評定尺度) が使用されており，IQ 80以上の高機能自閉症，アスペルガー症候群の診断の診断検査としてCARS-HF (High Function) という検査も開発された．療育や学校教育において実施されるIEP（個別教育計画）のための検査には，PEP (Psycho-Educational Profile：心理教育プロフィール) があり，学校から成人生活への移行のためのアセスメントとして，TTAP (TEACCH Transition Assessment Profile) が開発されている．

● **TEACCHの哲学**　TEACCHの基本的考え方は，自閉症を治すのではなく自立を促進することであり，そのためには言語発達にこだわらず，広い意味での機能的コミュニケーションスキルを高め，不適切な行動を減少させて社会的スキルを高めることを目的としている．

　また，定型発達の子どもと異なることが悪いことではなく，文化が違うといったとらえ方をしているため，教師や専門家は異なる文化の通訳者と考えている．よって，最終目標は自閉症児者を変えるのではなく，尊敬の念をもって地域でともに暮らしていくことである．

　最新のTEACCHのサービスでは，次のような中核的価値観をもって支援を推進していくようになっている．Teaching：自閉症の人に対して教育を行うこと．Expanding：自閉症の人の支援を拡大していくこと．Appreciating：自閉症の人を正しく認識していくこと．Collaborating：自閉症の人たちの支援を共同で行うこと．Cooperating：自閉症の人の支援を協力し合うこと．and being Holistic：自閉症の人に対して包括的サポートを行うことのアクロニウムを使用している．

　最後の包括的サポートに関しては，早期の診断から老人期の居住や生活支援まで，重度の知的障害や強度行動障害を伴う自閉症から，知的に高いアスペルガー症候群まで広範囲に行われており，T-STEP (TEACCH School Transition to Employment Program) といわれる知的障害を伴わない通常高校に在学する自閉症生徒に対して，12週間の職業訓練プログラムが実施されている．また，2011年からディレクターとなったL. クリンガーは大学に在籍する自閉症学生のキャリア移行支援などの研究を行っている．

〔梅永雄二〕

成人生活における余暇

　成人期の余暇活動支援のポイントは以下の三つに集約される（「余暇活動の充実」参照）．本項では，具体的な支援・介入方法について取り上げる．

●**自由時間の使い方のバランス**　偏った趣味に没頭していたり昼夜逆転の生活になっていたりする場合は，バランスのある生活を組み立てることが支援の基本となる．生活実態を把握するには，生活記録が有効だ（図1）．当事者・家族が意識的に時間管理ができるようになるためにも，ふだんから生活記録を付けることを薦める．当事者の生活スタイルを客観的に把握（見える化）することで，バラン

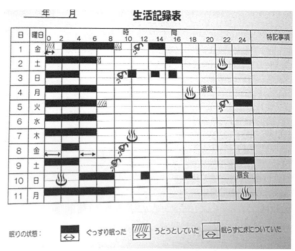

図1　生活記録の例［出典：文献［1］］

表1　余暇の活動領域［出典：文献［1］］

活動の領域	活動内容とそれに必要な材料・道具(例)
おもちゃ	音や光の出るおもちゃ類，パチンコ，ミニカー，人形，積木
卓上ゲーム	パズル，双六，トランプ，将棋，各種市販の卓上ゲーム
本，雑誌	絵本，マンガ，辞典，動物図鑑，各種カタログ，雑誌
クラフト	ビーズ，塗り絵，刺繍，工作道具，折り紙，粘土，プラモデル
粗大運動	各種ボール，縄跳び，バスケットゴール，マット運動，体操
音楽，PC	楽器演奏，ビデオ鑑賞，カラオケ，パソコンゲーム，ネット検索
家事活動	掃除，洗濯，調理，部屋の片づけ，お遣いの買い物
社会的活動	ショッピング，映画鑑賞，スポーツ観戦，ソーシャルクラブ

表2 余暇活動のアンケート例 [出典：文献 [1]]

本人向け	□ あなたの好きな活動を3つ教えてください． □ あなたが一番やってみたい活動を1つ教えてください． □ あなたがお母さんやお父さん，きょうだいとやってみたい活動を1つ教えてください． □ あなたが家で楽しめる活動を1つ教えてください． □ あなたが体育のときに好きな活動を1つ教えてください． □ あなたがこれから習ってみたい活動を1つ教えてください．
家族・支援者向け	□ お子さんは，家や学校，地域で，自由時間は何をして過ごしていますか？ □ お子さんが特に興味をもっている事柄は何ですか？ □ お子さんの好きな活動を具体的に説明してください． □ どれくらいの頻度，どれくらいの時間，その好きな活動をしていますか？ □ ふだんは，どこで，その好きな活動をおこなっていますか？ □ ふだんは，誰と，その好きな活動をおこなっていますか？ □ 新しい活動として，お子さんにどういう活動がいいと思いますか？ □ 過去に，お子さんが取り組んでいた余暇活動はありますか？ □ 休日の過ごし方，放課後の過ごし方を教えてください．

スの取れた過ごし方を当事者・家族と一緒に考えることが容易になる．生活記録に基づいて，具体的に，どの時間帯にどのような余暇活動を行うのがいいかを計画する．入浴や食事といった基本的な活動と，仕事や学業，個人的な趣味の活動や社会的な活動をバランス良く配置し，無理のない生活スタイルの確立を目指す．

●**余暇スキルの確立**　一人ひとりにあった余暇活動を提供するために，個別プログラムを作成する段階で個別の評価を行うのがいいだろう．表1のような余暇の活動領域について，検査者と一対一で評価セッションを行ってみることで，本人の向き不向きや好き嫌いが具体的に確認できる．また，表2のようなアンケートで，本人・家族から余暇活動の実態や意向を聞き取るのもいいだろう．

本人の好きなこと，できそうなことを中心に余暇活動を具体的に取り上げ，適度な時間帯や場面を設定して，余暇活動への参加を促す．活動を構造化し，本人が無理なく取り組めるようにする．支援のゴールは日常生活に余暇活動が定着していくことであり，一過性のイベントで終わらないよう継続して取り組む．

●**余暇活動の支援スタッフの存在**　発達障害のある人の余暇活動を支援する人的リソースの確保は，喫緊の課題である．現状のガイドヘルプや行動援護の位置づけや役割を見直し，就労支援におけるジョブコーチと同じようなポジションで，発達障害の人の余暇活動支援を担っていけることを期待する．また，既存のスポーツインストラクターや音楽療法・芸術療法のスタッフ，NPOや社会福祉協議会が主催する余暇支援事業などが公的にサポートされることで，発達障害の人たちの余暇活動支援は飛躍的に拡充するものと期待する．

[中山清司]

📖 **参考文献**
[1] 自閉症eサービス編『自閉症支援のスタンダード2―余暇支援の展開』2013

成人生活におけるマナーとルール

　マナーとは，その場であるいは社会全体で，居合わせた者あるいは構成員がそれに従って行動すれば，不必要な競争や無駄な不快感を引き起こさない所作や振る舞いを指す．一方，ルールとは，人の従うべき準則で，主に文章によって規定されたものを指す．ルールは明文化される場合が多いので，比較的わかりやすいが，マナーは暗黙の社会常識や共通理解にあたるもので，発達障害，特に自閉スペクトラム症の人にとって，わかりにくい面が多い．

●**社会性の発達と社会的スキル**　マナーやルールを習得する背景に社会性の発達がある．社会性とは他者との出会いの中で，社会に適した行動や価値態度を獲得していくことであり，個人の独自性が明確になり自律していく「個性化」のプロセスと他人と共存し社会に適応していく「社会化」のプロセスからなるとされる[3]．

　発達障害においてマナーとルールの学習・習得を考慮する場合，特に後者の「社会化」に関する困難が多く，社会的スキルの未学習，誤習得，運用困難という形で表れる．社会的スキルとは，毎日の生活でお互いの立場や権利を侵さずに人間関係を結び，かつ自分の目標を達成するためのスキルであり，成人への入り口である青年期に必要な社会的スキルに関し，A. P. ゴールドスタインらが6領域50項目にわたるリストを作成している（表1）[1]．表中でマナーやルールに関係する項目を下線で示した．改めてマナーとルールが社会生活の基本であることがわかる．

●**知的障害，発達障害児者におけるマナー・ルール学習について**　マナーはビジネス・テーブル・性・接客など多岐にわたり，複雑で容易に学習し難い内容もあるが，一方で基本パターン学習として比較的取り組みやすいものもある．例えば職場におけるマナーは，しばしば5S活動（整理・整頓・清掃・清潔・習慣）としてとらえられるが，そこでは社会的スキル以上に「身だしなみを整える」などの日常生活・労働生活習慣が重要視されている．梅永らは職場で必要な六つのスキルに関し，ビデオ教材を作成し訓練を行った[2]．これらには「お礼を言う」「質問をする」など，ゴールドスタインのリスト項目も多く含まれ，日常生活にも十分に般化する内容といえる．基本パターンをモデリング学習後，実際に現場で用いながら，状況に応じバリエーションを増やしていくことが有効である．日常生活面に関しては，特に思春期以降，異性に対する適切な距離感対応や性的処理など，性に関連した基本的マナーを身に付ける必要がある．

●**個人能力モデルからストレングスモデルへ**　前述のようにマナーやルールの習得は「個性化」の側面から考えた場合，障害児者自身の適応学習のみに期待する

表1　青年期の社会的スキルとルール・マナーの関係［出典：文献［1］によるリストを参考に改変］

Ⅰ．初歩的なスキル	Ⅴ．ストレスを処理するスキル
<u>1.聞く</u>・<u>2.会話を始める</u>・<u>3.会話を続ける</u> <u>4.質問をする</u>・<u>5.お礼を言う</u>・<u>6.自己紹介する</u> <u>7.他人を紹介する</u>・<u>8.敬意を表す</u>	31.不平を言う・32.苦情にこたえる <u>33.ゲーム後のスポーツマンシップ</u> 34.当惑を処理する 35.無視されたことの処理 36.友人のための主張 37.説得に対応する・38.失敗を処理する 39.矛盾したメッセージを処理する 40.非難を処理する・41.難しい会話に応じる 42.集団圧力に対応する
Ⅱ．高度のスキル	
<u>9.助けを求める</u>・10.参加する・<u>11.指示を与える</u> <u>12.指示に従う</u>・<u>13.謝る</u>・14.納得させる	
Ⅲ．感情処理のスキル	Ⅵ．計画のスキル
15.自分の感情を知る・16.感情を表現する 17.他人の感情を理解する 18.他人の怒りを処理する <u>19.愛情を表現する</u>・20.恐れを処理する 21.自分をほめる	43.何をするか決める 44.問題がどこにあるか決める 45.目標を設定する・46.自分の能力を知る 47.情報を集める 48.問題を重要な順に並べる・49.決定を下す <u>50.仕事に集中する</u>
Ⅳ．攻撃に代わるスキル	
<u>22.許可を求める</u>・<u>23.分け合う</u> <u>24.他人を助ける</u>・<u>25.和解する</u>・<u>26.自己を統制する</u> <u>27.権利を主張する</u>・<u>28.いじめを処理する</u> 29.他人とのトラブルを処理する 30.ファイトを保つ	(注)下線は「ルールとマナー」に関係が深いと考えられる項目

のでなく，周囲の適切な理解による支援をあわせていく必要がある．スキル学習の点からいえば，発達障害者における社会的スキルの習得を，社会生活を営むうえで必要最小限のライフスキル（「成人生活におけるライフスキル」参照）に焦点化していくべきであり，マナー学習に関しても同様と考える．また，個人能力（Ability）モデルからストレングスモデル（環境との相互作用を重視し，本人の強みを生かした支援モデル）への転換が必要である．個人では達成困難なことも，周囲の理解によるナチュラルサポートを付加したストレングスモデルでは可能となるからである．一例として「休み時間の過ごし方」がある．休み時間は個人の裁量に任されており，自閉スペクトラム症にとって，何をすべきかイメージしにくく，不適切な行動につながることも多い．本人が休み時間に安らげる内容（例：鉄道図鑑・パズルなど）を周囲が把握し，可能な範囲で気兼ねなく行えるようにすることが，適切なマナー習得につながると考える．　　　　　　　　　　　　　［島田博祐］

参考文献
[1] A. P. Goldstein et al., *Skill Training Approach to Prosocial Skills*. Pergamon Press, 1980
[2] 梅永雄二他「知的障害者のための職業情報提供システムに関する研究」障害者職業総合センター調査研究報告書，15，1996
[3] 渡辺弥生他編『原著で学ぶ社会性の発達』ナカニシヤ出版，2008

成人生活におけるライフスキル

　国連の世界保健機関（WHO）が定義しているライフスキルの目的は，「個人の人権を擁護し，健康問題と社会問題を積極的に予防することによって幸福な生活を営む点にある」（WHO，1998））とされており，具体的なライフスキルの項目は，1. 自己認識スキル，2. 共感性のスキル，3. 効果的コミュニケーションスキル，4. 対人関係スキル，5. 意志決定スキル，6. 問題解決スキル，7. 創造的思考ができるスキル，8. 批判的思考スキル，9. 感情対処スキル，10. ストレス対処スキルの10項目が示されている．しかしながら，これらのWHOが示したライフスキルは発達障害を伴う子どもや大人にとっては獲得するのに困難な項目も多い．
　WHOの定義以外にライフスキルに関連する用語として，ソーシャルスキルやサバイバルスキル，社会生活能力，日常生活能力などがあり，それぞれS-M社会生活能力検査やADL，ヴァインランド適応行動尺度Ⅱなどの調査票においてライフスキルに関連する項目が示されている．
　しかしながら，いずれの検査も成人の発達障害者に特化したライフスキルというものではない．成人期におけるライフスキルを考えていくうえで，実際に大人になって生活する地域には違いがあり，また本人の能力や性格特性，家庭環境，福祉環境などによってライフスキルも異なる場合がある．例えば，大人になって就職し，職場までの移動スキルを考えると，首都圏や関西圏では主に電車や地下鉄の乗り方を学習する必要がある．一方，地方ではバスでの通勤が中心であることもあり，また自動車での運転ができるスキルが必要となることもある．そのためには自動車運転スキルもライフスキルの一部となる．このように，成人期のライフスキルは個別に環境との相互作用で検討していかなければならない．
　よって，発達障害者の成人期においては，彼らが「大人になって日常的に行う活動」をライフスキルとして考えていくことが必要であろう．
　具体的には，親元を離れ就職し，一人暮らしをすることになった場合，日々のライフスキルとして，表1のようなスキルが必要と考えられる（職場で必要とされる職業能力スキルは省く）．
　このようなスキルはすべてできることを目標とするのではなく，このようなスキルを獲得しておく必要があるだろうということである．よって，このようなスキルを獲得している場合は問題ない．また，まだ十分ではないが学校や家庭で指導することにより獲得できるスキルは，個別の教育支援計画などにおける指導目標とすることができる．しかし，獲得できていないスキルは，場合によっては他者の援助を受けてもいいものと考えるべきである．例えば上司や同僚に「おはよ

表1　平日1日のライフスキル

1. 朝決まった時間に自分で起きることができる
2. 顔を洗うことができる
3. 朝食を(つくり)とることができる
4. 歯を磨くことができる
5. (男性の場合)髭を剃ることができる
6. (女性の場合)化粧をすることができる
7. 髪をセットすることができる
8. 適切な服に着替えることができる(靴,靴下も含む)
9. 家に鍵をかけることができる
10. 乗り物を利用することができる(自家用車の場合は運転ができる)
11. 遅刻をせずに適切に職場に行くことができる
12. (会社によっては)タイムカードを押すことができる
13. (場合によっては)適切な職場の衣服に着替えることができる(制服,作業着などの場合)
14. 上司,同僚に「おはようございます」の挨拶ができる
15. 昼食をとることができる
16. お昼休みに適切な休息を取ることができる
　(コーヒーを飲む,本や雑誌を読む,テレビを見る,ゲームを行うなど)
17. 仕事が終わった後にタイムカードを押すことができる
18. 時に応じて残業をすることができる
19. 私服に着替えることができる(制服,作業着などの場合)
20. 仕事が終わった後に「失礼します」の挨拶をすることができる
21. スーパーやコンビニで買い物をすることができる
22. ATMの利用,あるいはクレジットカードや電子マネーの利用ができる
23. 帰宅すると手を洗うことができる
24. 夕食をとることができる(自炊の場合は食器を洗うことができる)
25. 入浴ができる(洗髪も含む)
26. パジャマなどの部屋着に着替えることができる
27. テレビを見たりCDを聞いたり(ゲームや読書)余暇を楽しむことができる
28. 寝る前に歯を磨くことができる
29. 適切な時間に就寝することができる

うございます」「失礼します」などの挨拶をすることが困難な場合,そのようなスキルの獲得が難しいということを上司や同僚に伝え,音声出力装置などを使用して挨拶をすることで理解してもらうことも一つの方法であろう.また誰に挨拶をしたらいいのかわからない場合は,職場全員に聞こえるように職場の壁の「非常口」の標識に向かって「おはようございます」の挨拶を行うといった方法も考えられる.

　毎日のスキルだけではなく,1週間のライフスキルでは土,日の余暇の過ごし方や,炊事・洗濯・掃除・ゴミ出し・爪切り・買い物などのライフスキルが考えられる.1月のライフスキルでは散髪,公共料金の支払いなど,1年間のライフスキルでは歯科検診や治療,健康診断,自家用車の点検など,その他必要に応じたライフスキルを個別に検討する「個別ライフスキルチェックリスト」などを作成し,対応することが望まれる.

[梅永雄二]

7. 労　働

　発達障害者の成人生活において多くの時間を占めるのが労働の側面である．しかしながら，多くの発達障害者は就労に困難を示しており，就労しても職場定着ができず，離職している者が多い．その理由として，発達障害者の適職マッチングがなされていないこと，職場で合理的配慮がなされていないこと，そして，企業で働く労働者の多くが発達障害に対して理解が進んでいないため，対人関係やコミュニケーションでトラブルを生じる可能性が多いことがあげられる．
　発達障害者の職業的自立に対する支援は従来の身体障害者，知的障害者，精神障害者とは異なる点が多く，発達障害者に特化した就労支援が必要となっている．
　そのような中，発達障害者に対する職業リハビリテーションサービスが実施されるようになってきた．
　本書では，その職業リハビリテーションサービスの中から職業相談（カウンセリング），職業評価（アセスメント），ジョブコーチという支援者が付いた就労形態（援助つき就労），就労後の職場定着指導（フォローアップ）について解説し，それぞれどのような機関で行われているかについてまとめ，最新の発達障害者の就労支援の課題と支援について解説を行う．　　　［梅永雄二・高橋知音・二宮信一］

定時制・通信制高校における課題と支援

　さまざまな高校が多数ある中で，定時制・通信制高校を選択する生徒には，家庭環境に困難な状況があるなど発達障害以外にも複合的な課題があるケースが多い．社会参加に向けて，外部人材と連携した支援が必要となっている．

●**定時制・通信制の状況と課題**　定時制・通信制の課程には，多くの発達障害のある生徒たちが学んでいる．2009年3月に文部科学省が発表した進路状況調査をもとにした推計によると，発達障害のある生徒の高校での在籍率は2.2％である．課程別での在籍率は，全日制の課程の1.8％に対して，定時制の課程が14.1％，通信制の課程が15.7％となっている．大阪府立高校の場合，高校が配慮を要する生徒として学校が把握している発達障害のある生徒，またはその特性がある生徒の在籍率は年々増加しているが，2014年度で0.45％である．このことは，高校に在籍している発達障害のある生徒に対する支援がまだ十分でないことを示している．その理由として，高校入学時に中学校などからの引き継ぎがうまくできていないことがある．とりわけ，定時制・通信制の場合は広範囲からの通学になっており，これが引き継ぎが困難になっている原因の一つである．

　定時制の課程で学ぶ生徒の状況は，以前は中学校を卒業したのちに正社員として働きながら学ぶ生徒が主であったが，近年ではアルバイトをする生徒が大部分で正社員として雇用されている生徒はほとんどいない．また，中学校を卒業したばかりの生徒たちだけでなく，10代から80代の幅広い年齢層の生徒，外国籍の生徒，他の高校を中途退学した生徒，キャリアアップのために高校卒業の資格が必要となり働きながら通学する生徒など多様である．

　定時制・通信制の課程を進学先として選択する生徒の課題は，複合的になっている．例えば，障害や病気等生徒本人の状況による課題，家庭的，経済的な困難な状況等の環境的な課題，虐待やいじめの被害者となったことがある，不登校経験等の体験的な課題等である．発達障害のある生徒に対する支援についても，障害による困難さだけでなく，他の困難さに対する支援が重要となっている．

●**進路状況について**　大阪府立高校の進路状況は，近年では例年卒業した生徒の約50％が大学などに進学，約25％が専門学校などに進学，約15％が就職している．残りの約10％の生徒は，パート，アルバイトや進路が定まらないまま卒業する生徒たちである．この中には，モデルやミュージシャン，またはプロスポーツ選手などをめざす生徒のほかに，就職を希望していても就職先が決まらなかったり，さまざまな要因により進路が定まらなかった生徒が含まれている．そのような生徒の中には，卒業後，何らかの困難に陥ったときに，だれにも相談するこ

とができないまま，社会的に孤立し深刻な状況に至るケースもある．全日制の課程と定時制・通信制の課程の就職状況を就職内定率で比較するとそれほど大差はないが，進路未定者の観点で比較するとその差は歴然としており，特に通信制の課程では過半数の生徒が卒業後の進路が未定のまま卒業していく実態がある．この中に，発達障害の特性がある生徒が多数含まれている．

●**取り組み，方向性** 定時制・通信制の課程では，異年齢集団や違いを認め合う集団，将来のロールモデルが身近に存在することなどから，同年齢集団での学びと比較して，学びの環境が多様化しており，発達障害のある生徒にとって学びやすい環境となっている．

また，定時制・通信制の課程では小中学校と比べて，より社会に近い位置で学んでいる．そのために，生徒たちはこれまでとは異なった課題，例えば金銭面や将来に対する不安など，より実社会に近い課題つまり将来に対する課題と直面することになる．高校を卒業するまでの期間で，生徒たちは学校や家庭での学びや経験，人との関わりやつながりを通して，みずから課題の解決に向けて取り組んでいく主体性と環境を調整する力（居場所を確保する力）を身に付け，将来の社会参加や自立に向けて準備を進める必要がある．

そのための支援を行っていくには，入学後の早い段階でのニーズと状況の把握，複合的な課題に対する多角的な支援，卒業後の社会参加を踏まえた長期的な観点での支援が必要となる．

大阪府教育委員会では，2014年度からすべての府立高校の入学生を対象に，生徒と保護者のニーズと状況を把握する「高校生活支援カード」を実施した．

また，就職希望者や進路未定者が多い高校を対象にキャリアコンサルタント，スクールソーシャルワーカー（SSW）を配置し，すでに配置しているスクールカウンセラーと連携することで，就職内定率や進路未定者に課題を抱える学校を支援する取り組みを始めた．

この取り組みでは，多様な課題により将来の生き方について考えたり，行動することが困難な生徒が対象である．多角的な支援とは，教員（特別支援教育コーディネーターなど），スクールカウンセラー，キャリアコンサルタント，SSWのそれぞれの観点からの支援をさしている．

複合的な課題のある生徒への早期からの対応のためには，本人，保護者の学校に対する期待や想い，ニーズを入学時に把握し，それぞれの専門家が広い意味でのキャリアの概念（個人の人生・生き方とその表現法）の切り口で関わることで，生徒の将来の社会参加つまり今後の人生の生き方に焦点をあてた支援を行う必要がある．そのためには，スクールカウンセラーやSSWのように，学校組織や生徒の状況を理解しているキャリアコンサルタントの育成とその活用がキーポイントとなる．

［松野良彦］

職業リハビリテーション

　「リハビリテーション」というと，病院などで行われている身体の機能訓練を思い浮かべ，病気や事故により身体に障害を受けた際の機能回復訓練と理解されることが多い．リハビリテーションの語源は「再び適したものにすること」であり，もともと障害によって傷ついた人間としての権利，資格，尊厳などが回復することを意味している．

●**リハビリテーションとは**　「医学的，社会的，教育的，職業的手段を組み合わせ，かつ相互に調整して，訓練あるいは再訓練することによって，障害者の機能的能力を可能な最高レベルに達せしめること」（WHO：世界保健機関，1969）であり，「社会の中での統合を援助する過程である」（国際障害者リハビリテーション協会，1981）と定義されている．このように，リハビリテーションは，身体的な機能回復のための訓練だけにとどまらず，障害のある人がその機能，能力を最大限発揮できるように，そして社会の中にインテグレート（統合）されるように，医学的，社会的，教育的，職業的な各手段を組み合わせて障害者を援助する過程である．リハビリテーションには，主に医学，教育，社会および職業の4分野があるが，リハビリテーションの目標である障害者の社会参加を促進する観点からすると，人は主に働くことを通じて，社会の一員として役割をもち，自己実現を図るものであり，その意味で職業リハビリテーションは重要な過程であるといえる．

●**職業リハビリテーションとは**　ILO（国際労働機関）では，「継続的かつ総合的リハビリテーション過程のうち，障害者が適当な職業につき，かつそれを継続することができるようにするための職業的サービス，例えば，職業指導，職業訓練，および選択的職業紹介を提供する部分をいう」（1955）と定義されている．わが国では，障害者の雇用の促進等に関する法律において，「障害者に対して職業指導，職業訓練，職業紹介，その他この法律に定める措置を講じ，その職業生活における自立を図ることをいう」と規定されている．このように，職業リハビリテーションは，障害のある人が職業につき，職業の安定と職業生活における自立を図るために実施するさまざまな専門的援助である．

●**職業リハビリテーションサービス**　具体的な職業リハビリテーションサービスとしては，①職業指導（職業相談），②職業評価（アセスメント），③職業準備訓練（職業に必要な基礎的な能力や態度を習得するための支援），④職業訓練（職業技能を習得するための訓練），⑤職業紹介（就職のあっせん），⑥ジョブコーチによる職場適応支援，⑦職場定着指導（フォローアップ）などがあり，障害者の

ニーズに応じて総合的かつ継続的に提供される．また，障害者の雇用の促進と職業の安定を図るために必要な事業主に対する助言・援助についても，職業リハビリテーションサービスとして位置づけられている．

●**職業リハビリテーションの対象**　「障害者の雇用の促進等に関する法律」に規定する障害者であり，発達障害者を含むすべての障害者がその対象となる．障害者雇用率制度（雇用義務制度）の対象は障害者手帳（身体障害者手帳，療育手帳または精神障害者保健福祉手帳）の交付を受けている障害者であるが，職業リハビリテーションでは，障害者手帳をもたない者も対象となっている．

●**サービスの種類と実施機関**（表1）　ニーズに対応した職業リハビリテーションサービスの種類と実施機関を表1に示す．代表的な相談窓口としては，ハローワーク，障害者就業・生活支援センターおよび障害者職業センターがあり，どの相談窓口を利用してもこれらの実施機関が連携して必要なサービスを提供することができる．

表1　サービスの種類と実施機関

サービスニーズ（例）	サービスの種類	サービス実施機関
・働きたいがどこに相談してよいかわからない ・就職活動の相談がしたい ・支援制度を知りたい	職業指導 （職業相談）	・ハローワーク ・障害者職業センター ・障害者就業・生活支援センター
・就職に向けての課題や自分の職業能力，必要な支援などを知りたい	職業評価 （アセスメント）	・障害者職業センター
・就職に向けての課題を改善したい ・職場適応力を高めたい	職業準備訓練 （職業準備支援）	・障害者職業センター
・特定の職業技能を身につけたい ・技能を習得して就職したい	職業訓練	・障害者職業能力開発校 ・職業能力開発校 ・委託訓練実施機関（企業，社会福祉法人，NPOなど）
・就職先を紹介してほしい	職業紹介	・ハローワーク
・職場で仕事やコミュニケーションの専門的な支援を受けたい	ジョブコーチによる 職場適応支援	・障害者職業センター ・ジョブコーチ支援実施機関（社会福祉法人など）
・職場での悩みを相談したい ・職場や仕事に適応できず困っている	職場定着指導 （フォローアップ）	・ハローワーク ・障害者職業センター ・障害者就業・生活支援センター

［井口修一］

📖 **参考文献**

[1] 松為信雄・菊池恵美子編『職業リハビリテーション学（改訂第2版）―キャリア発達と社会参加に向けた就労支援体系』協同医書出版社，2006
[2] 安井秀作『職業リハビリテーション―障害者の職業的自立を目指して』中央法規出版，1989

職業カウンセリング

　職業カウンセリングは，働く人のキャリア形成をふまえた人生全体の生き方を支援する．その概念が登場したのは，F. パーソンズがボストンでの職業紹介の体験を通じて1909年にまとめた『職業の選択』の中で，後に特性因子論とよばれる見解を示したことが最初である．その後，米国では1930年代に『職業辞典』が編纂されたり，心理学的アプローチが導入されたりするなどの職業に関する研究が蓄積されてきた．1960年代末ころから，職業指導の再定義やカウンセリング心理学の確立などによって職業からキャリアへと，従来の職業指導と職業カウンセリングの転換が進んだ．

●**定義と理論**　こうしたことを踏まえて，1982年に全米職業指導協会（NCDA）は「職業及びキャリア・カウンセリングは，職業，キャリア，生涯にわたるキャリア，キャリアの意志決定，キャリア計画その他のキャリア開発に関する諸問題やコンフリクトについて，資格を持つ専門家が個人または集団に対して働きかけ，援助する諸活動である」と定義した．個人のキャリア形成を支援するカウンセリングは，実質的にキャリア・ガイダンスであるとしたのである．

　キャリアの形成とカウンセリングに関わる理論は，一般的には，①適切な職業選択は，個人の特性や能力と仕事に関する充分な情報に基づいた合理的な推論が必要であるとする特性因子論，②職業の選択過程は，豊富な情報をもとに実行可能な行動の選択肢を明らかにしたうえでの意志決定の過程であるとする意思決定論，③個人と環境との相互作用の過程において，社会的な構造や背景の影響を強調する状況的・社会的文脈アプローチ，④職業の選択は，自己の内発的な欲求を満足させながら自分の人格特性に適合する方向に向かうとする心理学的アプローチ，⑤発達的アプローチの五つに分類される．

●**発達的アプローチ**　このうち，発達的アプローチは，職業選択や適応を生涯にわたる連続的な過程としてとらえる．その代表である D. E. スーパーは，1951年に職業指導を「個人が自分自身と職業の世界における自分の役割について，統合され，かつ妥当な映像を発展させ，また受容すること，この概念を現実に照らして吟味すること，および自分自身にとっても満足であり，社会にとっても利益があるように，自己概念を現実に転ずることを援助する過程である」と再定義することで，職業からキャリアモデルへの転換を促した．職業的な発達は，自己の概念を職業的な進路選択として現実化してゆく過程であり，職業や職場への適応は，獲得した職業上の役割が自己の概念と適合するかどうかを現実的に吟味してゆく過程であるとした．

キャリアの形成は，こうした，個人が環境とのかかわりの中で果たすさまざまな役割の結合と連鎖によって生じる．そうした，人生全体におけるさまざまな役割の特徴を表したのが，「ライフ・キャリアの虹」（図1）である．これは，生涯を通して担う子ども・学生・余暇人・市民・労働者・家庭人などのさまざまな役割が，成長・確立・維持・衰退などの人生における発達的な段階の軸の上に，どのように布置されるかを示す．また，これらの役割のどれに価値を置いて同時並行して生活するかでライフ・スタイルが決まり，どの役割に価値を置きながらつないでゆくかで人生全体のライフ・サイクルが構成されるとした．さらに，この双方をどのように組み合わせて生きるかによってキャリア・パターンが形作られるとした．

職業（キャリア）カウンセリングは，現代の子どもや若者に，学校から社会への移行をめぐる課題が出現していること，身体的な早熟傾向に比して精神的・社会的側面の発達が遅れがちなこと，高学歴社会での進路の未決定傾向などの生活や意識の変容があることなどから，今後ますます必要となろう．

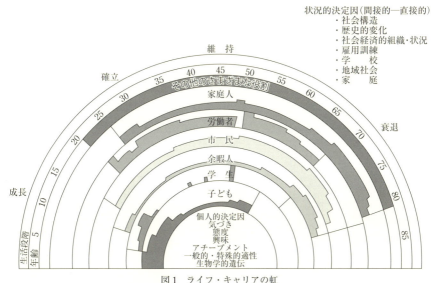

図1 ライフ・キャリアの虹
[出典：文部科学省「高等学校キャリア教育の手引き」第1章コラム]

[松為信雄]

参考文献
[1] 日本進路指導学会編『キャリア・カウンセリング—その基礎と技法，実際』実務教育出版，1996
[2] 渡辺三枝子編『キャリアカウンセリング再考—実践に役立つQ&A』ナカニシヤ出版，2013

職業アセスメント

　職業アセスメントは，職業を通じた社会参加をより円滑に進めていくために，①個人の身体的諸機能や精神的特性，社会生活能力などの個人の基本的特性を多面的に把握するとともに，②職業適性や職業興味など特に職業的視点に基づく特性を把握，さらには③労働市場の状況や職場環境，生活環境といった個人を取り巻く環境要因までも視野に広範な情報を収集，整理，統合し，その結果に基づき④支援計画を策定する，その一連の過程をさす．就労支援の現場においては，ケースマネジメント方式によるプロセス管理を行うことが通常であるが，その際，支援計画は提供するサービスの根拠となる．適切かつ効果的な就労支援のためには，丁寧な職業アセスメントに基づく支援計画の作成が大切な役割を果たすことになる．

●**職業アセスメントに必要な情報の範囲**　松為[1]は職業アセスメントで把握すべき情報の範囲を図1のとおり整理している．「職業的役割の遂行と維持」はある個人が特定の職業領域において，その役割を果たし維持することに関連する情報領域である．下位カテゴリーは「個人特性」と「職場環境」に分かれ，「個人特性」はさらに「社会生活の遂行」と「職務の遂行」とに分類される．「個人特性」を構成する要素の詳細については，別項「職業準備性のピラミッド」を参照されたい．もう一つは「生活環境や職業環境」の領域である．これは「地域生活の環境」と「職業生活の環境」に分類されるが，具体的には居住する地域の社会資源の状況や支援体制，産業構造など広く職業生活を営むうえで基礎（前提）となるその個人を取り巻く環境要因を指す．

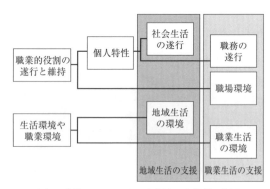

図1　職業アセスメントで把握すべき情報の範囲

　職業アセスメントを行う際には，上に記した収集すべき情報の全体的枠組みを常に頭に描きつつ，一方で個人の状況に応じて必要となる情報の取捨選択，重み付けを行い，対象者の全体像を把握していくことになる．

●**職業アセスメントの方法**　職業アセスメントはさまざまな方法や検査などを用

いて実施される．その対象は個人からその個人を取り巻く環境にまで及ぶ．以下では特に，個人に焦点を当てて職業アセスメントの具体的な方法について概観する．

・**面接・調査**：対象者本人および家族，支援機関などから，主にヒアリングを中心にこれまでの生活歴や教育・訓練歴あるいは職業に対する基本的考え方を把握する．

・**ワークサンプル法**：実際の職業場面でみられる各種作業（職務）を標本（ワークサンプル）として抽出し，その作業課題の遂行状況を通じて対象者の能力的な側面および作業に対する意欲，態度，工夫，興味などの質的な側面を同時に把握することを目的とする．作業の遂行に困難がみられる場合には，どのような作業改善，支援ツール，作業環境の調整などが必要とされるのか，より具体的な情報を収集することができる．

・**場面設定法**：職業場面と類似した環境を設定し，そこでの作業活動全般の観察を通じて対象者の職業的諸特性を多面的に把握する方法である．この方法では，ワークサンプル法と同様に，できるだけ現実の職業場面を想定した職務（作業課題）を設定し，その遂行状況を把握するとともに，その環境下での対人関係，作業耐性や持続性，作業態度などの労働習慣を時間的経過に伴う変化とともに観察する．

・**職場実習**：実際の職場をアセスメントの場として活用し，そこでの職務に従事することにより対象者の職業的諸特性を直接評価する方法である．より直接的に職務・職場環境への適合性，労働習慣の獲得状況などを把握することができ，あわせて職業体験を通じた自己理解，職業の理解，職業への動機付けといった側面からも効果的な方法である．

・**各種生理学的・心理学的検査**：職業的諸特性の把握に当たっては，より具体的，現実的な環境下での行動観察を中心とする場面設定法や職場実習が評価の主体となりつつあるが，効率性や客観性，妥当性，信頼性という点からは課題が残る．こうした点を補うために標準化された心理的・生理的検査を用いることも多い．厚生労働省編一般職業適性検査（GATB），職業レディネステスト，VPI職業興味検査，ウェクスラー系知能検査，各種性格検査などがその例としてあげられる．

他に，主に知的障害を伴う自閉症を対象に上記各種方法を組み入れたTTAP（TEACCH Transition Assessment Profile）とよばれる職業アセスメントも発達障害者支援の現場で活用されている． ［鈴木瑞哉］

参考文献
[1] 松為信雄・菊池恵美子編『職業リハビリテーション入門―キャリア発達と社会参加への包括的支援体系』協同医書出版社，p.77, 2001

援助つき就労

　援助つき就労（supported employment）とは，1986年に米国においてリハビリテーション法が改正され，「福祉施設における工賃ではなく，賃金法に従って給料が支給される就労であること」「障害者ばかりが集められたところではなく，健常者とともに働く統合された労働環境であること」，また「車いすの人や全盲の人が重度障害であるといった医学的な見方のみではなく，障害のため働いたことがなかった人や，就労してもすぐに離職してしまうため，長期にわたる職場での支援を必要とする人が対象」と明記されて始まった障害者就労支援の形態である。

　この援助つき就労は，「仕事に障害者を合わせるのではなく，障害のある人にあった仕事を探す」といった利用者主体のプログラムであり，従来の「訓練してから就労へ」から「就職した場所でサポートを」の発想の転換が図られたことが大きな特徴である。

●**援助つき就労の概要**　援助つき就労においての職業評価は従来の知能検査や手先の器用さを見るだけではなく，過去の職歴や本人のニーズなどの利用者に対するさまざまな情報を集め，また実際の職場実習においてアセスメントが行われる。

　援助つき就労のモデルには，大きく分けて中心となる個別就労支援（スタンダード）モデルと，グループ就労モデルとしてエンクレイブ（分散型就労支援）とモービルクルー（作業移動班）といわれるものがある。

　個別就労支援モデルは，一人のジョブコーチが一人の障害者に対して支援するモデルであり，最も多く利用されているモデルである。このモデルでは，ジョブコーチの援助は徐々に減少していき，最後には一人で仕事ができるように支援していく。アメリカではこのモデルが全体の7割を占めるといわれており，またわが国の高齢・障害・求職者雇用支援機構が全国に設置している地域障害者職業センターで実施されている。

　グループ就労支援モデルの一つであるエンクレイブは，ある職場の場所を借り，一人のジョブコーチが数人の利用者に支援を行うモデルである。

　もう一つのグループ就労支援モデルのモービルクルーでは，一人のジョブコーチが数人の利用者を引率し，車で移動しながら教会，公民館，学校，法人や個人の家などの清掃を行うモデルである。グループ就労モデルは個別就労支援モデルに比べ，障害の程度が重い者が多く，ジョブコーチの支援も減少することなく継続される。

　就労支援機関によっては，就労先の事業所で仕事そのものを指導するだけでは

なく，職業能力評価，職場開拓，職場適応指導などの援助を行っているジョブコーチもいる．なぜなら近年知的に高いアスペルガー症候群のある人などの就労支援においてはITや設計など職務レベルが高く，仕事そのものの指導が困難となりつつあるため，ジョブコーチというよりはジョブコーディネーターのような役割へ変化してきているからである．そのために最も重要な職務は，職場の同僚・上司に利用者の特性を説明し，企業と利用者との間をうまく取り次ぐリエゾンの役割を果たすことである．この役割はジョブコーチの支援が終了し，ナチュラルサポートとよばれる職場の同僚・上司からの支援に移行するためにはきわめて重要な役割となる．

●**TEACCHにおける援助つき就労**　米国ノースカロライナ州で実施されているTEACCHプログラムの援助つき就労では個別就労支援モデル，エンクレイブモデル，モービルクルーモデルのほかに一対一モデルというモデルを設けている．

　個別就労支援モデルに比べグループ就労モデルは重い障害のある利用者が対象であるが，一対一モデルは強度行動障害のある最重度の利用者に対するモデルである．ジョブコーチと自閉症者が一対一で成り立っているモデルで，ジョブコーチは常に一緒におり，支援も継続的に提供される．そしてこのモデルでさえ，彼らは最低賃金以上の収入を得ている．

　学校や事業所から企業への移行アセスメントである．TTAPはフォーマルアセスメントとインフォーマルアセスメントに分かれており，フォーマルアセスメントでは検査道具を用いて行う直接観察尺度と家庭での状況をチェックする家庭尺度，学校や事業所での状況チェックを行う学校／事業所尺度から構成されており，各々六つの領域でアセスメントを実施する．六つの領域の最初は職業スキルであり，ボルトとナットの分類や旅行キットのパッケージングなど主に作業遂行能力をみていく領域である．この職業能力以外に職業行動や自立機能，余暇活動，機能的コミュニケーション，対人関係といった仕事そのものではないが間接的に仕事に影響を与える能力のアセスメントが行われる．なぜなら自閉症者の離職要因の9割が仕事そのものの課題ではなく，ソフトスキルといわれる対人関係やコミュニケーション，自立機能などのライフスキルだからである．

　フォーマルアセスメントの結果をベースにミーティングを行い，どのような職種での実習が適切か，また実際に行う職務ではどのような構造化が必要かを検討し，実際の職場で行うアセスメントがインフォーマルアセスメントである．インフォーマルアセスメントでは移動スキルや環境要因などのアセスメントを行い，就労へ結び付けていく．

［梅永雄二］

職場定着指導

　職場定着とは，就職した職場において職務や環境に適応して安定した勤務が継続している状態をさす．職場定着指導（フォローアップ）は，就職した障害者が職場定着の状態に移行しその状態が継続できるよう，職務や職場環境への適応状況を把握し，その適応に問題が生じている場合は，職場適応を阻害する原因を分析し，問題を解決・改善するための助言・援助を言う．職場適応指導ともいう．職場定着指導は，障害者に対する就職後の助言・援助であるが，障害者の職場適応には障害特性等に対する職場での合理的配慮が必要になることから，雇用する事業主に対する助言・援助と一体的に行うことが効果的である．

●**職場定着指導の実施方法**　職場定着指導は，対象者が在職者であり，職場の担当者からも状況を聴取する必要があることから，職場定着指導計画を立て，あらかじめ事業所に連絡したうえで，通常は対象者が働いている職場を訪問して実施する．

①**職場適応状況の把握**：対象者および職場の担当者から，次のような事項を聴取する．
・勤務に関すること（勤務態度，遅刻や無断欠勤の有無，規則の遵守など）
・職務遂行に関すること（仕事の正確さ，能率，取り組み姿勢など）
・職場のコミュニケーションに関すること（挨拶，報告，相談，連絡など）
・職場の人間関係に関すること（相談相手の有無，上司同僚との信頼関係など）
・その他（職場で困っていること，生活面で困っていることなど）

②**職場適応を阻害する原因の分析**：職場適応状況を把握した結果，職場適応に問題が生じている場合は，その原因を分析する．原因分析にあたっては，対象者の行動や態度だけに原因を求めるのではなく，対象者と環境との相互関係の視点，言い換えれば対象者の能力を発揮させるためにはどのような環境調整が必要かという視点から原因を検討することが必要である．例えば仕事のミスが多い場合は，ミスの原因が対象者の理解不足にあるのか，集中力・注意力の不足にあるのかだけでなく，周囲からの指示の内容や方法は適切か，対象者の障害特性に配慮した援助が必要かという視点から分析し，指示方法の見直しや作業改善につなげることになる．

③**職場適応から職場定着に移行するための助言・援助の実施**：職場適応を阻害する原因を分析した結果に基づいて，その問題を解決・改善するための効果的かつ現実的な方法を検討し，対象者に助言や提案を行うとともに，職場の担当者にもその内容を説明し，必要な配慮や協力を依頼する．問題の改善状況は定期的に確

認し，必要に応じて職場定着指導を継続する．
　なお，問題を解決・改善するための方法として，ジョブコーチによる職場適応支援が必要と判断する場合は，上記①から③までの内容に基づく支援計画を策定し，ジョブコーチによる支援を実施する．

●**発達障害者の職場適応チェックポイント**　発達障害者の障害特性を考慮した具体的なチェックポイントを表1に示す．対象となる発達障害者個々の障害特性を理解したうえで，勤務状況のほか表1のようなチェックポイントを参考にして職場適応状況を把握し，職場定着指導を実施する．発達障害者の場合，上司・同僚の異動や職場環境の変化がすぐに職場不適応状態につながってしまう傾向があることから，実際に不適応状態になっていない場合でも，職場環境の変化と不適応の予兆がないかということに注意することで適応を阻害するリスクを低減させ，職場不適応を予防することが必要である．

表1　職場適応チェックポイント

視　点	チェックポイント（例）
職務遂行	☑ 指示を理解して指示どおり遂行しているか ☑ 苦手な作業がないか ☑ 集中力・注意力の不足や疲れやすさはないか ☑ こだわりや勝手なやり方を優先していないか
コミュニケーション 人間関係	☑ 挨拶や意思表示が適切にできているか ☑ 報告・連絡・相談が適切にできているか ☑ 場面に応じた会話ができているか ☑ 会話において相手の意図や感情を理解できているか
ルール マナー	☑ 就業時間や安全衛生などのルールが遵守できているか ☑ 物品管理のルールが遵守できているか ☑ 対人マナーや言動は適切か ☑ 身だしなみは適切か
適応行動	☑ 変化への対応や時間の管理ができているか ☑ 行動特性や感覚特性による課題がないか ☑ 生活管理や健康管理が適切にできているか ☑ 昼休みの過ごし方は適切か
自己理解	☑ 自己評価と現実に大きな乖離はないか ☑ 上司からの指導を受け入れているか ☑ 仕事への意欲が保たれているか ☑ ストレスや不安による特異な反応はないか

［井口修一］

📖 **参考文献**
[1] 高齢・障害・求職者雇用支援機構障害者職業総合センター『発達障害者の職業生活上の課題とその対応に関する研究』2015

就労支援機関

　障害者の就労による自立・生活の向上を支援する機関を総称して「就労支援機関」とよぶ．しかし，一口に就労支援機関といっても，その支援内容は多岐に及ぶ．サービス提供時期という視点からみると，就労前の支援に軸足を置く機関から入職時あるいはその後の職場適応支援に主軸を置く機関，支援対象という側面からは障害当事者に対する支援に重きを置く機関がある一方で，障害者雇用に取り組む事業所に対する雇用管理に関する相談・助言に力を入れる機関，さらには職業生活の基礎となる日常生活支援までを支援の対象とする機関など機関ごとに特色は異なる．表1に主な就労支援機関の一覧を示す．

　支援を提供する事業主体は「福祉から雇用へ」という潮流のもと，障害者総合支援法，障害者雇用促進法，発達障害者支援法などその設立根拠は異にするものの，従来の福祉領域，雇用領域といった垣根を低くし福祉と雇用両面が一体となってシームレスにサービスを提供している．また，就労支援は従来，社会福祉法人や公的機関が主流を占めていたが，法改正による障害福祉サービスの多様化に伴い，民間企業などもこの分野に参入してきており，その中には特定の障害に特化した支援を特徴とする事業所や，民間企業のノウハウを活かした支援プログラムを提供する事業者等特色ある取り組みが進められている．

●ネットワークによる協働支援　支援内容に応じてさまざまな就労支援機関が存在するものの，就労・職業生活という多面的かつ長期的な時間軸の中で展開される活動を支援していく際に，単独の支援機関でカバーできる領域は限られているのが実状である．そこで，それぞれがもつ強みをつなぎ合わせる支援機関同士のネットワークによる協働支援が現在主流となっている．就職前の職業準備性の習得支援に力を入れている支援機関は，制度的また人員的制約もあり就職後の支援までを引き続き主体的に担っていくことには限界がある．その一方で，就職時の支援から就職後の職場適応までを見通して障害当事者のみならず，事業主に対しても雇用管理上の助言を行うことに強みをもつ支援機関が存在する．両者の強みを活かし，就職に移行するタイミングで各機関同士が連携し，利用者情報を共有することにより，一貫性のある連続した支援が可能となる．また，職業生活の基盤となる日常生活に支援が必要な場合には，各保健福祉圏域に設置されている障害者就業・生活支援センターなどの日常生活支援をもカバーする支援機関と連携することにより，より一体的な隙間のない支援が可能となり，長期的な職業生活の安定に寄与することができる．

7. 労 働　しゅうろうしえんきかん

表1　主な就労支援機関一覧

主な就労支援機関 ※根拠法	主な支援対象者	主なサービス内容
ハローワーク （公共職業安定所） ※職業安定法	・就職を希望する障害者 ・障害者雇用に取り組む事業主	・障害の態様や適性，希望職種などに応じたケースワーク方式による職業相談，職業紹介，職場適応指導 ・障害者雇用に取り組む事業主に対する雇用管理上の配慮などに関する助言
障害者職業センター ※障害者雇用促進法	・就職や職場復帰を目指す障害者 ・障害者雇用に取り組む事業主	・障害者一人ひとりのニーズに応じた職業評価，職業指導，職業準備訓練および職場適応援助などの職業リハビリテーションサービス ・事業主に対する雇用管理に関する専門的な助言など
職業能力開発校 障害者職業能力開発校 ※職業能力開発促進法	職業技能・知識の習得により就職を目指す障害者	産業構造に応じた各種職業訓練，職業指導
障害者就業・生活支援センター ※障害者雇用促進法	・就職や職場適応，日常生活に支援を要する障害者 ・障害者雇用に取り組む事業主	・就業に関する各種相談支援，障害特性を踏まえた雇用管理についての事業所に対する助言 ・日常生活の自己管理に関する助言，地域生活，生活設計に関する助言
就労移行支援事業所 ※障害者総合支援法	一般企業に雇用されることが見込まれる障害者	・企業就労に必要な知識，能力向上のための訓練・求職活動支援・職場定着支援（※訓練期間2年以内）
就労継続支援A型事業所 （雇用型） ※障害者総合支援法	一般企業に就労することは困難であるものの雇用契約に基づき継続的に就労することが可能な障害者	・生産活動などの機会の提供 ・就労に必要な知識，能力向上のための訓練など
就労継続支援B型事業所 （非雇用型） ※障害者総合支援法	一般企業などの雇用に結びつかない障害者などであって，就労の機会を通じ生産活動にかかる知識および能力の向上や維持が期待される障害者	・生産活動などの機会の提供 ・就労に必要な知識，能力向上のための訓練など
発達障害者支援センター ※発達障害者支援法	発達障害児（者）	・就労に関する相談支援．必要に応じ，障害特性や就業適性に関する助言を行うほか，作業工程や環境の調整など． ・その他幅広く相談支援，発達支援に対応
若者サポートステーション ※職業能力開発促進法	就労の意思はあるものの働くことにさまざまな悩みを抱えている15～39歳までの若者	キャリア・コンサルタントなどによる職業的自立に向けた専門的な相談，コミュニケーション訓練などによるステップアップ，職場見学・職場体験

［出典：厚生労働省 HP http://www.mhlw.go.jp/］

　　　　　　　　　　　　　　　　　　　　　　　　　　　　　　　　［鈴木瑞哉］

発達障害者の就労支援

　発達障害者の就労支援といっても，LD，ADHD，ASDそれぞれの特性によって課題が異なる．LD者の場合，確かに文字を読んだり書いたり，あるいは計算したりすることには困難性を抱えてはいるが，そのようなスキルが必要とされていない職務での就労は可能となるため職種の選択が重要となる．

　また，ADHD者の場合，不注意といった課題は事務的な仕事では困難性を生じたとしても，その多動性が活動的だととらえられ，営業職などで活躍する人もいる．発達障害者の就労支援で最も問題となるのはASD（自閉症スペクトラム障害）者である．わが国では仕事を行ううえで対人関係やコミュニケーションの能力を要求されることが多く，そのような能力に困難性を示すのがASD者だからである．

● ASD者の就労上の課題　ASDの一種であるアスペルガー症候群の中には，ITや数学，芸術などに特異な才能を示す者も多く，適切なジョブマッチングがなされれば素晴らしい業績を残すことも報告されている[3]．そのような能力を所持しているにもかかわらず，就労で困難を示しているにはいくつかの理由がある．その理由を表1に述べる．

表1　就労場面に生じるASD者の課題

・環境が変化したりいつものパターンを覆されたりした場合に，たやすく混乱を生じる
・儀式的な行動に集中したり，強迫的な行動をするASD者もいる
・原因と結果をうまく結びつけることができない
・細かいところに集中したり，適切と不適切の区別，抽象的なことと具体的なことの区別がつかない
・般化（応用）ができない
・思いこみが激しく，どれを選んだらいいかわからない
・どこから始めていいのか，また次に何をしたらいいのかわからない
・視覚，聴覚，触覚，味覚，嗅覚，痛覚，温覚，冷覚などの感覚刺激に敏感だったり，逆に鈍感だったりする
・注意が散漫になったり，たやすく刺激に反応することもある

［出典：文献[2]をもとに作成］

　このような問題を解決するためには，視覚的構造化が有効といわれている．
　また，企業における同僚・上司のASDに対する理解啓発を促すことも必要である．とりわけ，学歴の高いアスペルガー症候群のある人に対しては，「人付き合いが悪い，ちょっと変わった人」のようなとらえ方をされていることが多く，彼らの特性が理解されているとは言い難いからである．

● ASD者に対する就労上の合理的配慮　高齢・障害・求職者雇用支援機構が

2011年に実施した『発達障害者のための職場改善好事例集』によると，75社の企業が応募し，優秀賞，奨励賞にそれぞれ6社，最優秀賞に1社が選ばれた．これらの企業は発達障害者に特化したさまざまな合理的配慮を行い，就職後の職場定着においても素晴らしい実績を残している[1]．

職場改善のためにはまず，適切なジョブマッチングを行うこと，そして発達障害とはどのような障害かを上司や同僚が理解していることが必要である．この適切なジョブマッチングと職場の理解を促進するためには，雇用契約を行う前に実際に企業で働いてみる職場実習が有効である．実習中に本人の適性を考えた職場配置を検討し，本人のニーズに合った合理的配慮を行うことができる．

また，ジョブコーチなどの就労支援者は実習中に生じた問題や具体的な支援方法について，企業の同僚や上司にどのような支援が必要かを伝えることもできる．最も必要な支援は，発達障害者を定型発達者に変えようとするのではなく，発達障害者が働きやすいように環境の「構造化」といったアプローチを行うことである．構造化とはASDの人を定型発達者に近づけようと訓練や教育を行うのではなく，ASD者に活動しやすいように環境を整備することである[2]．

●**構造化の種類** 「構造化」には場所の構造化，時間の構造化，活動の構造化があり，場所の構造化としては，できるだけ気の散らない刺激が少ない場所で仕事を行うこと．場合によってはパーテーションなどで視覚的刺激を遮断することで仕事に集中することができる．時間の構造化とは，1日，1週間，1月といったスケジュールの見通しをもたせることである．ASDのある人の中には急な変更に混乱を示す者も多いため，あらかじめルーティン化したスケジュールに従って仕事を行うことで混乱せず，安心して仕事に取り組むことができる．最後の活動の構造化とは，仕事そのものを視覚的にわかりやすくマニュアル化することなどが考えられる．

具体的には口頭による指示ではなく，文字や文章による指示，場合によっては絵や写真などを用いて指示を与えることも有効である．また視覚的組織化といって，仕事の流れを左から右といった一定のかたちで行うルーティン化もASDのある人には理解しやすい．さらに，やらなければならない課題が書かれた箇所をカラーマーカーなど塗りつぶす，文字を太字にデフォルメすることなどによって強調する視覚的明瞭化も彼らに有効な支援の一つである． ［梅永雄二］

参考文献
[1] 高齢・障害・求職者雇用支援機構『発達障害者のための職場改善好事例集』2011
[2] 梅永雄二『自閉症の人の自立をめざして—ノースカロライナにおけるTEACCHプログラムに学ぶ』北樹出版，2007
[3] 梅永雄二『大人のアスペルガーがわかる—他人の気持ちを想像できない人たち』朝日新書，2015

職業準備性のピラミッド

　青年期，成人期を迎え社会経済活動への参加が要請される年齢になると，職業（仕事）の問題がいよいよ現実味を帯びてくる．この時期に就労という目標を達成するためには，その土台となる職業人，社会人としての最低限の基礎的素養，態度，心構え，生活習慣などを身につけておくことが周囲から求められる．これらは職業準備性とよばれ，その具体的な内容を階層構造で整理したものが職業準備性のピラミッドである．

●**職業準備性の階層構造**　松為[1]は，職業準備性の全体像を，①疾病・障害の管理，②日常生活の遂行，③職業生活の遂行，④職務の遂行の4層からなる階層構造ととらえ各層を構成する要素とともに整理している（図1）．最下層の「疾病・障害の管理」は自分自身で健康管理を行う力といえる．障害との関連で比較的長期に，あるいは永続的に医療的なケアや生活面での自己管理を求められることは珍しくない．例えば，心臓に障害を負った場合の運動制限，腎臓に障害を負った場合の食事制限や透析治療，あるいは精神疾患に対する継続的な服薬などがこれに当たる．これらを適切に自己管理できない場合，障害や健康状態の悪化につながり，職業生活以前に日常生活そのものの維持に大きな支障となる．次の層は「日常生活の遂行」である．これは日常生活を適応的に送るうえで必要とされる基本的な力といえる．私たちはさまざまな経験や学習の機会を通じて，日常生活を送るうえで必要とされる知識や技能，行動様式を身に付けていく．その習得，つまりは学習が成立するには，その年齢相応の基礎的な理解力やコミュニケーション

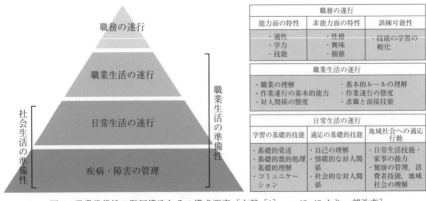

図1　職業準備性の階層構造とその構成要素［文献［1］，pp.42-43より一部改変］

能力が必要とされる．それらが「学習の基礎的技能」である．また，年齢を重ねるにつれ社会生活への参加の度合いが増し，家族を越えて自身の属する集団，地域社会との接点が増加する．「適応の基礎的技能」はこうした地域社会を構成する他者と適応的な人間関係を営んでいくために必要な技能である．自分自身に対する正しい理解に加え，他者との情緒的な交流や一定の社会秩序を保った関係性を構築する力がそれに当たる．さらに，地域社会の中で適応的な生活を送るうえで必要となる技能として「地域社会への適応行動」に示す各種技能・能力をあげることができる．こうした下位2層（「疾病・障害の管理」「日常生活の遂行」）は社会生活へ向けた準備性として整理される．

次に職業生活に密接に関連する層として「職業生活の遂行」「職務の遂行」があげられる．前者は職業そのものに対する一般的理解，職業人として働くうえで守るべき職場の基本的ルールやビジネスマナー，職種を問わず仕事をするうえで共通して求められる基礎的な力（就業に耐えうる体力，基本的な身体機能，基礎的教養・知識など），さらに仕事に取り組む基本的な態度や周囲の上司・同僚・部下と良好な人間関係を築く力も適応的な職業生活を送るためには必要となってくる．最上位層は特定の職業・職務に就くために必要とされる各種知識・技能・能力といえる．職業上の各種資格・免許の取得に必要な知識や技能の多くはここに含まれる．

●発達障害の課題　一般に下位2層については，幼少期からの家庭生活や学校教育を経て習得していくことが期待され，「職業生活の遂行」に整理されている各種要素についても，通常は学校教育やアルバイトなどの就業体験により職業生活への参入以前にすでに身に付けていることが前提とされる．したがって，職業選択を迎える時期には最上位層の「職務の遂行」の部分に焦点が当たり，個々人の適性を考慮しながら具体的な職業選択を進めていくことになる．しかし，障害がある場合には，障害に起因したより低層の部分で準備性の不足がみられる場合がある．発達障害，特にASDであれば，①社会性の障害，②コミュニケーションの障害，③想像性の障害といった三つ組の特性に由来し，自己理解，社会的な対人関係の形成，職場における基本的ルールやマナーの理解が課題になることが多く，そこに適切な支援や周囲の理解・配慮が得られない場合に，職業生活への不適応につながりやすい．また，二次障害としてうつ病などの精神疾患を伴っている場合には，基底層の「疾病・障害の管理」面での対応も求められることになり，こうした側面へのアプローチも必要となってくる．　　　　　　　　　　［鈴木瑞哉］

📖 参考文献
[1] 松為信雄・菊池恵美子編『職業リハビリテーション学（改訂第2版）—キャリア発達と社会参加に向けた就労支援体系』協同医書出版社，2006

8. 司　法

　社会の耳目をひいた事件で発達障害のある少年が関係したと報道されると，発達障害が触法行為と関連するのではないかと心配する保護者もいると思われる．発達障害のある子どもや成人に関係する家族・保護者，および支援者や学校の教員，カウンセラーにとって悩ましい事態は，子どもの発達上の特性を把握できないうちに，トラブルに関わることであろう．

　そこで本章では，司法領域の知見を得られるように，少年法，少年鑑別所・少年院，保護観察などの少年司法の枠組みや，ASD，ADHD，LDなどの非行の類型・頻度・発生機序に関する国内外の研究成果を踏まえ概説する．さらに，予防プログラムや，矯正機関出所後の地域生活への定着，障害をもつ人の財産や権利を擁護するための後見制度についても解説する．発達障害のある人に関わるすべての人が，こうした司法領域の知見も念頭において指導や支援を行うことを願う．

［熊谷恵子・熊上　崇］

少年法

　現行少年法は1948（昭和23）年に公布され，翌年施行された．少年法の理念は，応報刑罰ではなく「保護主義」であり，罪を犯した少年に対して教育を優先している．これは少年法の発祥地である米国の少年司法が「国親思想」により，少年に対して刑罰よりも保護を優先していたことによる．

　旧少年法は1922（大正11）年に公布されている．旧少年法では「少年裁判所」と行政機関である「少年審判所」が設立され，現在の家庭裁判所調査官の前身である「少年保護司」が，少年の家庭環境や生活状況などの調査を行い，処遇を決定する現在の少年法に近いスタイルが導入されている．

　現行少年法は，14歳以上20歳未満の触法事例はすべて少年事件として家庭裁判所に送致され，これを全件送致主義とよんでいる（少年法第3条）．成人の場合は，検察官が起訴すべき事件を適宜選択している（起訴便宜主義）が，少年法は，少年の健全育成が目的なので，すべての事件で家庭裁判所での審理や教育的働きかけを行うこととされているのである．

●**家庭裁判所での調査と審判**　家庭裁判所での処分を決めるプロセスは少年法第8条および第9条に定められている．わが国の少年法の特徴は，家庭裁判所に心理学や教育学の専門家である家庭裁判所調査官が配置されていることである．家庭裁判所調査官の調査は医学や心理学，教育学などの専門的知見を活用しなければならないと規定されているが，この理由は，少年の触法行為は，事件だけではなく，家庭環境や学校・地域など取り巻く環境を精査したうえで，その処分や指導をするという保護主義から生まれたものである．

　家庭裁判所調査官は，少年および保護者に面接を行い，学校や職場などに必要に応じて照会や連絡を行い，あわせて少年・保護者に対する指導や助言を行っている．また家庭裁判所調査官は，面接の補助手段として各種心理発達検査を実施したり，学校や福祉，医療機関との連携も行っている．そして最終的には少年にどのような処分が相当か裁判官に意見を提出し，裁判官はそれをもとに少年に処分を言い渡す．

　この手続きは図1のとおりで，処分の内容は，「審判不開始」「不処分」「保護観察」「少年院送致」「検察官送致」に大別される．

　審判不開始とは，家庭裁判所調査官の調査の結果，非行性が比較的軽微で一過性であり，再非行のおそれが少ない場合，調査官からの指導助言で事件を終了させるもので，家庭裁判所のケースの約6割がこれに相当する．

　不処分とは，調査のあと，裁判官から注意，訓戒を受けるが処分はなされない

ものである.

保護観察とは，非行性が一定程度進んでおり，法務省所管の保護観察所の指導下に置かれ，定期的に保護観察官や保護司の面接を受けて日常生活について報告を行い，監督に従うもので全体の約17％がこれに相当する.

法務省の犯罪白書（2015）によると少年院に送致されるのは，さ

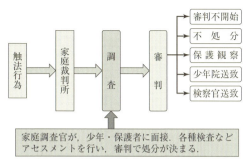

図1 少年法における調査・審判の手続き

らに非行性が進んでおり，少年院内で矯正教育を受ける者で全体の約3％である.

検察官送致は，成人と同じ刑罰を受けるのが相当と判断された場合で，成人間近の少年による道路交通法違反事件（速度超過など）や自動車運転過失傷害（いわゆる人身事故）が大半である.

●**少年法の改正** 1993（平成5）年のいわゆる「山形マット死」事件で少年審判が転機を迎えた．この事件では，少年が非行事実を否認する中で，物的証拠が乏しく，関係者の証言も不安定であった．そこで，非行事実の存否そのものが争われる事案については，成人の刑事裁判同様に，必要があれば弁護士と検察官の主張を聞く対審性を一部導入し，刑事裁判同様に合議制（複数の裁判官による審理）を導入した.

2000（平成12）年の少年法改正では，①16歳以上の故意に死に至らしめた事件（殺人や傷害致死など）について，原則的に検察官送致として，刑事裁判に付すこと，②非行事実の存否が争われる事案について，家庭裁判所の裁量により合議制を導入し，検察官の関与を行うこと，③非行事実の存否について争いがあるときは，観護措置期間（鑑別所での収容期間）を最大8週間に延長すること，④被害者への配慮制度（記録の閲覧や謄写，意見の陳述，処分結果の通知）などが盛り込まれた.

さらに，2008（平成20）年の少年法改正では，被害者の審判参加手続きを前進させ，被害者および遺族による少年審判傍聴などの規定が盛り込まれた.

時代の要請もあり，合議制による非行事実の認定や，被害者の意見聴取，故意に死亡させた事案について原則的に刑事裁判手続きへの送致などの改訂が行われているる．しかし基本的には，少年の健全育成や保護・教育の立場を堅持して，触法行為をした少年を罰するのではなく，法学だけでなく心理学・教育学の見地から指導するのがわが国の少年法である.

[熊上 崇]

📖 **参考文献**

[1] 田宮 裕・廣瀬健二編『注釈少年法（第3版）』有斐閣，2009

少年鑑別所・少年院

　発達上の問題を抱えているからといって，必ずしも非行に走るとは限らない．発達上の問題を抱え，なおかつ図1のような少年事件の手続きを経て少年鑑別所や少年院に入所・入院する少年は，資質のみならず環境面の問題を抱えている場合が少なくないことから，少年鑑別所では，そうした少年の改善更生や円滑な社会復帰を図れるように，個々の特性やニーズを見極め，少年院においては，それらに応じた処遇や矯正教育を行っている．

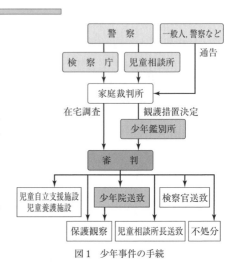

図1　少年事件の手続

●**少年鑑別所**　少年鑑別所とは，全国52か所（分所1か所を含む）に設置されている法務省管轄の施設であり，①家庭裁判所の求めに応じて鑑別対象者の鑑別を行うこと，②被収容少年に対し，健全な育成のための支援を含む観護処遇を行うこと，③地域社会における非行および犯罪の防止に関する援助を行うことを業務としている．

　家庭裁判所において観護の措置が執られるなどして鑑別の対象となった少年は，審判の期日までの通常4週間程度を少年鑑別所で過ごし，その間に心身の鑑別が実施される．具体的には，少年鑑別所に入所後，約1週間以内にインテイク面接と集団方式の心理検査（自閉症スペクトラム障害および注意欠如・多動性障害のスクリーニング検査を含む）が行われる．その結果，発達障害またはその他の障害が疑われた場合は，医師の診察を受けるとともに，WISC-IVやKABC-IIなどの個別式知能検査や投映法，描画法といった心理検査が必要に応じて実施される．また，少年鑑別所在所中の少年の行動の観察記録や，日記・作文などにおける記述も，鑑別および医師の診断の資料として活用される．これらの重層的・多角的なアセスメントの結果は，少年の能力や人格などの特徴，問題点の分析，改善更生を図るための処遇指針を含む鑑別結果通知書としてまとめられ，家庭裁判所に提出される．審判で少年院送致決定がなされた少年については，さらに特性に見合った少年院を決めるための指定鑑別が実施され，その結果に基づいて作成された処遇指針は送致先の少年院に引き継がれて，在院中の処遇に活用される．

また，2015年6月に施行された少年鑑別所法において地域援助や一般相談が本来業務に定められたことによって，地域社会の中で非行や発達上の問題などを抱える者に対するアセスメントや助言などが，これまで以上に積極的に行われるようになっている．

●少年院　少年院は，家庭裁判所において少年院送致決定が下された少年に対し，その特性に応じた適切な矯正教育，その他の在院者の健全な育成に資する処遇を行うことにより，改善更生および円滑な社会復帰を図ることを目的とする法務省管轄の施設であり，全国に全国52か所ある．家庭裁判所の決定によって，第1種（旧法下では初等少年院・中等少年院），第2種（旧法下では特別少年院），第3種（旧法下では医療少年院）のいずれかの少年院に送致された少年は，そこからさらに，教育上の重点事項が異なるさまざまな矯正教育課程のうち，個々の特性に最も適した課程に編入することとなる．また，少年院に入院後は，矯正教育の目標，内容，実施方法，期間などを定めた個人別矯正教育計画（旧法下における個別的処遇計画）が策定され，これに従って矯正教育や社会復帰に向けた支援などが行われる．

　上述したような全在院者を対象とする個々の特性に応じた処遇体制に加えて，少年院では，発達上の問題を抱えた在院者に対する教育と支援の拡充が進められている．知的障害や発達障害などを有していたり，情緒的に未成熟だったりする在院者に対して専門的な教育を行うことを目的として，1977年に特殊教育課程が設けられた．そして，特殊教育課程は，2015年6月から，少年院法の改正に合わせて，知的能力の制約や情緒的な未熟さなどを背景に処遇上の配慮を要する者を対象とした複数の支援教育課程となり，在院者の多様なニーズに合わせた矯正教育をいっそう行いやすい体制になっている．

　発達上の問題がある少年にとって，規則正しく，ルールが明確な少年院の生活は過ごしやすく，落ち着いて自己改善に取り組むことができる．また，個別指導を受けながら，集団生活の中で対人スキルや社会性を実践的に身に付けられるため，対人面や社会適応上の問題がある少年の立ち直りに有効だと考える．加えて，発達障害のある者を含め，自立した生活を営むうえで困難のある在院者に対して，適切な場所に帰住し，医療および療養を受け，就学・就労ができるよう支援することを目的として，医療措置課程や支援教育課程を付設した少年院を中心に社会福祉士や精神保健福祉士が2009年から配置されている．

　以上のような少年院独自の取組みに加えて，2015年4月13日付け法務省矯正局少年矯正課，文部科学省初等中等教育局特別支援教育課，厚生労働省社会・擁護局生涯保健福祉部障害福祉課の連名事務連絡「少年院法の制定による在院する障害児等に対する連携の一層の推進について」を根拠に，障害を抱えた少年院在院者に対して矯正，教育，福祉が連携し，入院時から出院後まで継続的に情報を共有し，支援することが推進されるようになっている．　　　　　　　　　　［大江由香］

保護観察

　更生保護法は，その目的を第1条において「犯罪をした者又は非行のある少年を社会の中で適切に処遇することにより，その再犯を防ぎ非行をなくし，これらの者が善良な社会の一員として自立し，改善更生することを助けることで，社会を保護し，個人と公共の福祉を増進することを目指す」と掲げている．その手段の一つである保護観察は，その対象者が実社会において通常の生活を営みながら，遵守事項という一定の条件を課したうえで，継続的かつ個別的な指導監督および補導援護を行い，その再犯防止と改善更生を図ろうとするもので，処分を受けてから社会復帰を果たすまでの一連の刑事司法手続きの最終段階であり，更生保護の中核的な位置にある．

●保護観察の対象者と決定　保護観察の対象者は，①保護観察処分少年，②少年院仮退院者，③仮釈放者，④保護観察付執行猶予者，⑤婦人補導院仮退院者である．これらのうち②③⑤は矯正施設からの収容期間満了前の仮釈放・仮退院であり，原則的には，法の規定に基づいて矯正施設の長から申し出を受け，法務省地方支分部局に組織されている地方更生保護委員会がその許否を審理し決定する．①は少年にする家庭裁判所の審判であり，④は地方裁判所の刑確定をもって保護観察に付される．保護観察の期間は①は「20歳まで又は2年間」，②は「原則として20歳に達するまで」，③「残刑期間」，④は「執行猶予の期間」，⑤は「補導処分の残期間」となっているが，保護観察を継続しなくとも健全な生活態度を保持し，善良な社会の一員として自立し，確実な改善更生の可能性が認められるときには，保護観察満了期間前に終了することもできる．しかし一方で，遵守事項を守らず，その程度が重いと判断されるときには，施設への送致申請（①の場合），戻し収容（②の場合），仮釈放の取り消し（③の場合），刑の執行猶予取り消し（④の場合）などにより，厳しい対応がなされることもある．

●保護観察の担い手と役割　保護観察の実施機関は保護観察所であり，地方更生保護委員会と同じく法務省の地方支分部局として全国50か所に設置され，保護観察官が配置されている．保護観察官は，面接などの方法により対象者と定期的に話す機会を持ち，生活行動指針に即して行動するよう必要な指示を行い，犯罪的傾向が特定されるときには改善のために専門的な「指導監督」を行う．また，自立した生活を営むために，必要に応じて就職や教育訓練の援助や生活指導をするなどの「補導援護」も行う．これらの実践において，保護観察官は自らが直接担当することもあるが，多くは担当保護司との協働態勢を基本としている．保護司は，都道府県の区域を分けて定められた保護区に配属され，法務大臣の委嘱を

受けた非常勤の国家公務員であるが，実質的には民間ボランティアとして無報酬で指導監督や補導援護，犯罪予防活動等に従事する．

●**生活環境の調整**　保護観察の開始にあたっては，対象者を取り巻く住居，家族，学校，職場，地域などの状況を考慮し，計画に基づいた「生活環境の調整」が行われる．具体的には，保護観察官または保護司が，ともに暮らすことになる家族や改善更生の協力者である引受人と連携する，就業先や通学先を確保する，改善更生を妨げるおそれのある状況を遠ざけて適切な環境が維持されるよう，官公署，学校，病院，公共衛生福祉に関する機関などに対し必要な援助や協力を求める，といった活動を行う．帰住先がみつからない少年や，高齢や障害などにより就労が難しいなどの特別な調整を要する場合には，一定期間，宿泊場所や食事の提供を行う更生保護施設や自立準備ホームを利用しながら要介護認定や障害者手帳，生活保護等の申請などの必要な制度利用をサポートし，各種サービスの利用調整をすることもある．近年，更生保護施設の職員や保護観察官の採用においては，より適切な支援を図ることができるよう，対人援助技術と福祉諸制度を熟知した社会福祉士の国家資格を有した人材の配置が増えている．

●**発達障害者の保護観察**　犯罪をした者が発達障害者である場合，専門知識がある人ならば，その行為は「障害に対する適切な対応がなされなかったために発生した二次障害」と認識し，「発達障害だから犯罪に至った」とは解さないだろう．世間一般の理解は得づらくとも，本人なりに触法行為をした理由があると思われる．保護観察官の山口裕司はその実践において，本人が経験してきた不安や悲しみ，それらによって形成されたこだわりや固定観念が存在していることに気づき，半年間で16回におよぶ面接において，理解を示し，傾聴し，人格を尊重する姿勢を心がけながら対応をしたところ，徐々に攻撃的な行動は消失し，やがては自ら頼れる人を選んで言葉に表し援助を求め信頼関係を築けるようになり，遂には就労を得て，自立した生活を送るようになった過程を紹介している[1]．つまり，発達障害が疑われる人の保護観察においては，早い段階で本人の独自の認知や価値観等の特性に気づき，触法行為に至った経緯を知り，どうすることが本人にとってわかりやすい支援なのかを考え，丁寧に関わることが重要なのだ．発達障害があっても適切な対応が実践されれば成長も更生も可能なのである．だからこそ関わる者には，その実現が自分たちの対応しだいであることを強い使命感で受けとめ，専門知識と経験に基づいた支援を展開することを期待したい．　　　［岡野範子］

📖 **参考文献**

[1] 浜井浩一・村井敏邦編著『発達障害と司法—非行少年の処遇を中心に』現代人文社，pp. 187-199，2013
[2] 長崎新聞社「累犯障害者問題取材班」『居場所を探して—累犯障害者たち』2013

発達障害と触法行為（治療と指導）

　発達障害の人は，定型発達の人と比べて触法行為を起こしやすいわけではない（「ASDと触法行為」「LDと触法行為」参照）．しかし，自閉スペクトラム症（ASD）や注意欠陥多動性障害（ADHD），学習障害（LD）などの発達障害が幼少期から思春期に，見過ごされて適切な手当がなされなかったときに，社会的・対人的な困難に直面したときに触法行為に至ることがある[1]．そこで必要なのは，発達障害の人が触法行為を「予防」することと，触法行為がなされたときに「治療」を行うことである．

●「予防」について　本項では，G. カプラン（1964）の予防理論を紹介する．予防には，一次予防「まだ発症していない人を健康に保つ」，二次予防「発症しそうな人や発症初期の人を見つけて効果的な治療につなぐ」，三次予防「すでに発症した人への治療．リハビリテーション」の三つがある．これを発達障害と触法事例に当てはめてみると，下記の表1のようになる．

表1　発達障害の人の触法行為への予防と配慮（カプランの予防理論の応用）

	対象となる人	教育的な配慮
一次予防	逸脱や不適切な行動のない発達障害の人への予防的教育	発達障害の人が直面しやすい困難やその対処方法について学ぶ
二次予防	逸脱や不適切な行動の傾向が見られる発達障害の人への指導を開始	ソーシャルスキルトレーニングなどで逸脱行為をせずに生活できるスキルを身につける
三次予防	逸脱や不適切な行動が起きている発達障害の人への療育	ソーシャルスキルトレーニングや行動療法的支援とともに，ソーシャルワーク，環境調整を行う

　思春期以降のASDの人が直面しやすい課題としては，「異性との接し方」「性的関心の取り扱い」「限局した興味関心が収集癖につながる」などがある．ADHDやLDの場合は，障害そのものよりも，学習不振や仕事上での不振に起因する二次的障害が契機となる．そのため，予防は，まず発達障害の有無に周囲が気づき，そのうえで，思春期以降の発達障害の人が直面しやすい課題について理解し，あらかじめ対人関係，コミュニケーションの取り方，学校や会社などの社会的場面での振る舞いなどを学習して不適応や逸脱行為を予防する姿勢が求められる．

●「治療」について　不幸にも発達障害の人が触法行為をしたときには，治療的な指導が求められるが，特効薬があるわけではない．通常の発達障害への対応と同様に応用行動分析による行動療法や環境調整などを地道に積み重ねていくのと基本的には変わらない．しかし，いくつか触法行為にフォーカスした技法もある．

基盤となる考え方はBPSモデル（Bio-Psycho-Social Model, 生物-心理-社会モデル, Engel, 1977）であり，治療に際して生物学的基盤，心理学的基盤，社会・環境面の三つの側面からバランス良くアプローチすることが必要である．例えば，Bioについては，発達障害に起因するうつ状態や多動・衝動性を抑制するための薬物療法，Psychoについては，社会的・対人的な困難への情緒的サポートや個別的なカウンセリング，ソーシャルスキルトレーニングなどの具体的生活場面での対処法を学ぶ．Socialでは，学校や職場で発達障害の人が学びやすい・働きやすい，過ごしやすい環境づくりを行ったり，各種の行政・社会的サービスに円滑につなげるソーシャルワークである．近年は少年院でも社会福祉士が配置されてソーシャルワークを行いつつ，院外ではBioやPsychoにも焦点化したソーシャルスキルトレーニングや医療的措置も行われている．

　その際に大切なのは，「できないところをトレーニングして直す」という短所改善型の視点だけではなく，「その人の得意なこと，得意なやり方を活かす」というストレングスモデル（長所活用モデル）であるが，誰しも苦手なことを矯正されるよりも，得意なことを活用すれば，良い人生になる（good live model）長期的に見て社会適応や心理面の改善に役立つであろう．例えば視覚的な情報処理が得意で，細部までこだわりのある人であれば，それを活かした仕事についたうえで，職場での人間関係を円滑するためのソーシャルスキルを学んだり，困ったときに相談するスキルなども身につけておけば予防となるが，逆に，対人関係などで困ったときに相談できないと，より一層興味関心に没入して結果的に触法行為などになるという経緯も報告されている[1]．

　また，LDやADHD，ASD等の発達障害のある人は，認知能力に著しいアンバランスがあることが多い．このような認知特性はWAIS-Ⅳ，WAIS-Ⅲなどの知能検査や，DN-CAS認知評価システムやKABC-Ⅱ（Kaufman Assessment Battery for Children-Ⅱ）等で測定し，各人の得意な認知方略に合わせた指導法（例えば，熊谷他，2016）を用い，異性への対処法や限局された興味関心への没入，生活リズムの改善等に介入する必要がある．

　いずれにしても，発達障害と触法行為を安易に結びつけるのではなく，カプランの予防の観点や，BPSモデル，ストレングスモデルによる支援を視野に入れてサポートを行うことが望まれる．

［熊上　崇・横山　勝］

参考文献
[1] 熊上崇『発達障害のある触法少年の心理・発達アセスメント』明石書店，2015
[2] 藤田和弘監修，熊谷恵子他編著『思春期・青年期用長所活用型指導で子どもが変わる part5 KABC-Ⅱを利用した社会的生活の支援』図書文化社，2016

児童自立支援施設

●**児童自立支援施設の目的と概要**　児童自立支援施設（以下，施設）は，不良行為をなし，またはなすおそれのある児童および家庭環境その他の環境上の理由により生活指導等を要する児童を入所または通所させて，個々の児童の状況やニーズに応じて必要な指導を行い，その自立を支援し，あわせて退所者への相談等の援助を行うことを目的とする施設である（児童福祉法第44条）．また，施設は，地域の住民に対して，児童の養育に関する相談に応じ，助言を行うよう努める役割も担っている（児童福祉法第48条の2）．施設は全国に58施設（国立2，公立54，私立2）設置されている．

　施設における自立支援は，安定した生活環境を整備するとともに，個々の児童の適性・能力やその家庭の状況などを勘案して，自立支援計画を策定し，児童の主体性を尊重して，生活指導，学習指導，職業指導および家庭環境の調整を行いつつ，児童への養育や総合的な心理的ケアなどにより，児童の心身の健やかな成長とその自立を支援することを目的として行われている．

●**児童の特徴と背景**　施設の対象の児童は，不良行為またはなすおそれのある児童および生活指導などを要する18歳未満の児童である．しかしながら，入所児童の中には，①虐待など不適切な養育を行った家庭や多くの問題を抱える養育環境で育った児童，②基本的信頼関係など達成すべき発達課題が未達成のままの児童，③トラウマを抱えている児童，④知的障害や注意欠如多動性障害（ADHD），自閉症スペクトラム（広汎性発達障害）などの発達障害のある児童，⑤抑うつ・不安といった問題を抱えている児童などが少なくない．入所児童の多くは，12～15歳の中学生年齢の児童であるが，小学生や中学校を卒業した児童もいる．

●**支援の特徴**　主な特徴として，以下の七つがあげられる．

　①**開放的支援**：施設での支援の特徴の一つは開放的な支援である．少年院では，特修短期のように一部開放的処遇もあるが，基本的には閉鎖的な処遇であるのに対して，施設は，基本的には開放的な支援である．

　②**家庭的な支援形態による支援**：二つ目の特徴は家庭的な支援形態による支援である．支援形態としては小舎夫婦制と小舎交替制などがある．この形態による継続的な一貫した家庭的養育・支援もこの施設の特徴の一つである．小舎夫婦制とは，夫婦のスタッフと家族が小舎の中に住み込み，入所児童と一緒に家庭的な生活を送りながら養育・支援する形態である．この形態によって，親密な人間的なコミュニケーションをとり，関係性の再構築を図っている．また小舎交替制は5～7名程度のスタッフが交替してケアや支援をする形態である．

③「育ち・育てなおし」のための支援：施設の役割は，要保護性の高い行動上の問題を表出している児童を受け入れ，個々の児童のニーズにマッチした支援を提供し，自立を促進することである．中途からの養育・支援においても，前述した個々の児童の特徴や背景に十分に配慮しつつ，その児童の発達状況などに応じて育ち・育てなおしを行い，発達課題などを順次達成していくことが必要になる．乳幼児期から虐待を受けて育ち，課題達成ができていない児童には，乳幼児期の発達課題から取り組んでいくことになる．いわゆる「育ち・育てなおし」のための支援である．これが施設に求められている役割の一つである．

④総合的な心理治療的ケア：虐待を受けトラウマを抱えている児童などに対する総合的な心理治療的ケアを行っている．

⑤グループによる学び合い：寮内における児童間の関係においても，他の児童とは約1～2年間にわたり日課をともにしているため，その関係は当然深いものになっていくし，他の児童のモデルとして機能することにもなる．例えば児童集団の中でトラブルが起きたり，喧嘩したりすることがある．それをどのように解決して，調整して，仲直りしていくか，そういう過程をくりかえし児童自身が経験すること，見て学ぶこと，あるいは調整役をやることなど児童集団での人間関係における問題解決は児童の成長にとってとても大切な経験になる．施設では，受容的機能，相互支援機能，問題解決機能が備わったグループづくりということに重点をおいた支援をしている．すなわち，対人関係に問題を抱えている児童にとって，児童同士の交流が人間関係の再訓練の機会になるように，児童相互の影響力や包容力などを活用し，児童間で問題を解決していく中で児童自身が成長，発達できるような取り組みに重点を置いて支援しているのである．

⑥家庭環境調整：施設は，入所児童のみを支援するだけではなく，その保護者や家族に対しても，その状況に応じて，家庭復帰や家族関係の修復・再構築などを目指して，面会，通信，一時帰宅などの方法を活用して，児童と保護者・家族との関係調整を図っている．

⑦地域のサポートシステムを活用したアフターケア：退所後においても，児童はスモールステップで螺旋階段を上るように社会の中に緩やかに適応していくことが大切であり，施設は，スモールステップによる適切な支援が継続して提供できるように，児童相談所はもとより，市町村や要保護児童対策地域協議会，学校，主任児童委員，自立援助ホームなどと連携を図りながら，退所後にアフターケアを行っている．

●**施設の課題**　虐待を受けた経験や発達障害・素行障害などの障害をもつ児童など，特別な保護・支援が必要なケースが増加しており，個別支援や心理治療的なケアなど，より高度で専門的なケアを提供する機能強化が施設の課題である．

[相澤　仁]

後見・保佐・補助

　後見・保佐・補助の制度は，2000（平成12）年の民法改正で創設された．この制度は，認知症や知的障害，精神障害のために判断能力や理解能力など法律上の「行為能力」が十分でない人を権利擁護（advocacy）するためのものである．
　例えば，認知症や知的障害の人が，いわれるままに自宅などの不動産を売ってしまった場合，後見人（または保佐人・補助人）がいれば，その契約を取り消して，その人の財産を保護することができる．また，両親が死亡するなど親権者が不在の未成年に対しても後見が開始する．これを未成年後見という．

●**後見制度の理念**　法改正以前は，「禁治産宣告」という制度で，重い認知症の人など判断能力を欠く人の権利や契約を制限していた．しかし，成年後見制度では，「自己決定権の尊重」「ノーマライゼーション」「残存能力の活用」の三つの理念から，どのような障害があっても，権利や自主性を尊重し，できるところは活用し，できない部分は補助するという，人への尊厳の主旨から変更された．

●**後見の類型**　物事を判断する能力（これを「事理弁識能力」という）の障害が重い順に，「後見」「保佐」「補助」という類型になる．例えば重い認知症で判断が困難であれば「後見」，それよりもやや障害の程度が軽いが不動産の売買などは困難がある場合は「保佐」，知的障害などがあり日常の買い物や就労はできるが，契約や金銭の管理などに手助けが必要な場合は「補助」となる．後見などをする人は「後見人」「保佐人」「補助人」といい，後見などを受ける人を「被後見人」「被保佐人」「被補助人」という（表1）．

表1　成年後見の三類型

	後　見	保　佐	補　助
本人の判断能力	欠く常況にある（例：重い認知症，植物状態など）	著しく不十分（例：知的障害や認知障害など）	不十分（例：知的障害や発達障害などの人）
本人ができること	日用品の購入	重要でない法律行為	特定の法律行為以外
本人の権利を擁護する人	後見人	保佐人	補助人（申立てにあたって，本人同意が必要）
家庭裁判所の許可が必要な行為	不動産の処分や賃貸，抵当権の設定	不動産の処分や賃貸，抵当権の設定	同意権付与，代理権付与の審判を同時に行う

●**後見人の仕事**　「身上監護」と「財産管理」である．「身上監護」とは，実際の介護や世話を意味するのではなく，被後見人が介護を受けられるように，高齢者

施設への入所の手続きをしたり，様子を見守ることなどである．「財産管理」とは，預金や不動産などを管理し，被後見人の財産を保護することである．後見人が被後見人の財産を着服したり，投資したりすることは許されないが，現実には後見人が被後見人の財産を使い込んで刑事告発されるケースも問題となっている．

●**法定後見と任意後見**　家庭裁判所に後見などの申立てがなされ，家庭裁判所が後見人を選任した場合を「法定後見」という．この例として，市町村の福祉担当者が一人暮らしの認知症の方を発見し，その人の財産管理や高齢者施設などの入所手続きのために，家庭裁判所に後見の申立てをするケースなどである．他には，認知症の人が高齢者施設に入った後に，親族（配偶者や子ども，甥，姪など）が施設入所費用を捻出するために，その認知症の人の自宅を売却したり，賃貸するために申し立てるケースも多い．ただし，不動産の売買などに関しては，たとえ後見人でも自由にすることはできず，家庭裁判所の許可が必要である（表1）．

「任意後見」とは，家庭裁判所の審理によらず，後見を受けたい人（被後見人）と後見人になる人が，たがいに任意で公正証書などで後見の契約をすることである．例えば，高齢の人や知的障害のある人が，今は元気で日常生活を送っているが，将来の身上監護や財産管理について委ねたい場合に，あらかじめ信用できる人に依頼しておくような場合である．

●**市民後見人の活用**　後見人になるのは，弁護士，司法書士，社会福祉士などの専門職か，親族がなる場合が多かった．たしかに，多額の財産を有している場合などは，専門職の後見人がきちんと財産管理をすることも重要であろう．しかし，専門職の数には限りがあることや，地域の人は地域で見守るというコミュニティ福祉の観点から，市民が後見人となる動きがあらわれはじめている．

この分野で先駆的な取り組みをしている東京都の品川区社会福祉協議会では，「個人の困りごとは地域の困りごと」として「品川成年後見センター」を設立し，区内20か所の地域包括支援センターや300人の民生委員を通じて，身寄りがなく判断能力が不十分な人を見つけ，月2回のケース会議で後見申立てにつなげ，社会福祉協議会で育成した市民後見人が活躍している．市民後見人は，その地域の実情や援助資源を持っていることが強みである．

2011（平成23）年の老人福祉法の改正で市民後見人の育成・活用が区市町村の努力義務になったことから，財産管理の困難があるケースは専門職を活用し，地域で見守るケースでは市民後見人を活用するなどが，今後の高齢化社会での流れになろう．

その際に，市民後見人は被後見人とまめに会って信頼関係を築くとともに，財産管理については「後見信託」を利用して金融機関の支援をうけることも重要である．

［熊上　崇］

自閉症スペクトラム障害（ASD）と触法行為

　2015年7月，長崎家庭裁判所は，佐世保市で起きた女子高校生（当時15歳）による級友の殺人事件について，精神鑑定の結果自閉症スペクトラム障害（autism spectrum disorders：ASD）と認定したが，ASDが非行に直結したわけではなく環境的要因も影響したと述べ，刑罰ではなく治療教育が必要として，第三種少年院（医療少年院）への送致を決定した．この女子高校生は，以前から死体や人体解剖に限局された興味関心を示し，家庭環境要因も重なって本件に至ったとされている．

　社会の耳目をひく少年事件にASDの診断が時折なされるが，ASDの触法行為を理解し支援するために，本項では，ASDの触法行為の発生率や類型，発生基盤，予防について解説する．

●**ASDの触法行為の発生率**　海外ではASDの青少年と定型発達の青少年を十数年間にわたって追跡し，触法行為の発生率を比較している．デンマークのモーリドセン（2008）らによると，定型発達の触法行為発生率18%に比してASD群は9%であり，ASD群が有意に低かった．一方オーストリアの研究（Hippler, 2010）やスウェーデン（Cederlund, 2008）の研究では，ASDと定型発達群に触法行為の発生率の統計的な有意差はなく，ASDが触法行為を起こしやすいという結果にはなっていない．

●**ASDの触法行為の類型と発生基盤**　では，ASDの青少年が触法行為を起こした場合，冒頭に述べたような凄惨な事件が多いのであろうか？それとも，他の様相を呈しているのであろうか？

　熊上（2006）はある家庭裁判所においてASD（当時はDSM-IVの広汎性発達障害）の少年事件48事例を分析した．その結果は図1のとおりで，非行類型で最も多いのは「性非行」で全体の39%であった．ついで財産犯（窃盗など）20%，粗暴犯（傷害や暴行など）が16%であった．決して殺人などの重大事件が多いとはいえないが，一方で放火犯が6%と定型発達の少年よりも高い割合を示していた．

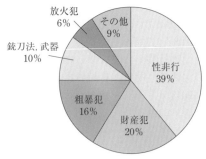

図1　ASDの非行類型
[出典：文献［1］をもとに作成]

　次にこれらの触法行為の発生基盤（背景）を示したのが図2である．発生基盤

の分類は十一（2004）によるが，最も多いのは「対人接近時の過誤」の54％であり，他に「興味関心の追求」が23％，「実験確認」8％である．

つまりASDの青少年が最も陥りやすい触法行為は，ASDの特性である対人相互性の障害から思春期以降に気になる異性などを見たときに，唐突に触れたり声かけをして抵抗されたときにパニックを起こすなど，結果的に「対人相互性の障害」が「性非行」という形で現れやすいことが明らかになっている．

また，限局された興味関心の追求が窃盗行為などで現れることもあるが，その興味関心が人体解剖や薬物投与など危険なものになったときに冒頭に示したような殺人事件のような形で現れることも，まれではあるが念頭に置いておく必要がある．

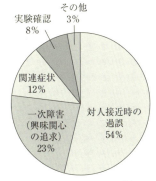

図2　ASDの触法行為の発生基盤
［出典：文献［1］をもとに作成］

● **ASDの触法行為の予防**　ASDの人が起こしやすい逸脱行動について，どのような予防をすれば良いであろうか．

大久保（2008）は，自閉症者に対する性教育のニーズについて親への質問紙調査を行った．性教育の必要性は8割以上が感じており，性教育の望ましい開始時期は「小学校高学年」が52.4％，「小学校低学年」が27.4％であった．また性教育の内容については，「男女交際のマナー，エチケット」「性的被害，加害の防止」「マスターベーションの仕方」などであった．これらの結果から，ASDの人に対して小学校時点から異性との対人場面や性的欲求の適切な処理について教えることが予防につながるであろう．

川上ら（2008，2009）は，ASDの当事者団体である「アスペ・エルデの会」において，保護者66名への調査をしたところ，保護者らは心配な点として，「気になる女の子に近づきすぎたり，キスするまねをする」などをあげ，性教育プログラムへの保護者の要望として「異性との関わり方」「情報（性に関するものも含む）の扱い方」のニーズが高いと報告し，高機能PDDの青少年に対する性的教育プログラムを実施している．

さらに，精神保健福祉士の菊池ら（2011）は，茨城県内の民間の医療機関で，知的障害を有する重度のPDDの子どもを対象に，適切な性的行動のプログラムを実施していると報告している．こうしたASDの青少年に対して，性や対人関係の指導プログラムを実施することが，触法行為の予防になるであろう．　　　［熊上　崇］

📖 **参考文献**
［1］熊上　崇『発達障害のある触法少年の心理・発達アセスメント』明石書店，2015

LDと触法行為

　LDの青少年は，定型発達の青少年と比べて触法行為を起こしやすいのであろうか．また，触法行為をしたときはどのような特徴があるのだろうか．

　海外ではLDの青少年と定型発達の青少年を十数年間追跡した研究が多く実施されている．その結果は表1のとおりである[1]．

表1　LDと定型発達少年の転帰

著者	対象	追跡期間	結果
McNamara, et al. (2008)	カナダのLD 230名	13-18歳	煙草，アルコール，麻薬などの「弱い非行」で有意差あり．
Seo & Hawkins (2008)	米国のLD 60名	10-21または 10-24歳	犯罪や非行，高卒学歴の有無で有意差なし．公的扶助の受給は有意差あり．

[出典：文献[1]，p.135]

● **LDと触法行為の関係**　マクナマラら (2008) によると，LDの青少年は定型発達少年と比較すると重大な触法行為の発生率は統計的有意差はないが，煙草やアルコール，麻薬などの「弱い非行」ではLDの青少年の方が多いとしている．一方で，シーオら (2008) によると，触法行為の発生率はLDと定型発達の青少年の間に統計的有意差はないとされている．したがってLDが触法行為を起こしやすいとはいえない．

　しかし，LDの青少年が学校で不適応を起こし，家庭環境の問題も重なって逸脱行動が起きることは中学校などの現場ではよくみられることである．

　熊上[1]によると，ある家庭裁判所での触法行為をした青少年103例のうちLDの傾向を有する事例は18例 (17.1％) であり，下位分類では「書く」「計算する」に困難がある例が多かった．一方で，家庭環境を見ると，虐待等の経験が定型発達の対照群よりも有意に多いことから，LDの触法事例については，LDそのものというよりも，環境や学業不適応の影響が強いといえる．そこでLDの青少年が非行に至った場合，どのような指導・支援で回復させるのかを考えておく必要がある．

　表2は，LDで触法行為をした青少年に対して学習面の支援や職業・心理プログラムによって，再犯率が減少するかどうかを示したものである．米国でのプログラムは24か月の学習や心理的援助により，プログラムを受講しない対照群と比較して再犯率が低下している．また，わが国の少年院は，発達障害を視野に入れた教育を取り入れており，少年院に入院したときと比較して出院するときでは，攻撃性が低下し自尊心が高まるなどの成果も報告されている[2]．

表2 介入研究

著者	対象	方法	結果
Bachara & Zaba (1978)	米国，非行群 79名	24か月の学習セラピー	再犯率の減少(6.5%)，セラピーなし群の再犯率は41.6%
Brier (1994)	米国，非行群 192名	24か月，教育，心理，職業プログラム	再犯率の減少(12%)，プログラムなし群の再犯率は40%
松浦，橋本，十一(2007)	日本，少年院群 83名	約1年，発達障害を視野に入れた処遇プログラム	攻撃性得点の低下，自尊心，自己肯定感の得点の向上

[出典：文献[1]，p.136]

● **LDの青少年へのアセスメントと支援** 中学校などの現場では，LDの青少年にどのような指導や助言が有効であろうか？ その具体例として熊上[1]は，心理発達アセスメントであるKABC-Ⅱを用いて，窃盗などで捕まったLD傾向の少年に対する指導の在り方を報告している．

アセスメントの中に検査者が数字を何個か話してそれを復唱させる「数唱」という課題がある．ある生徒が三つの数字しか復唱できないことがわかれば，その生徒に教諭が指導助言する際には，文章を三つ以上にせず一問一答に短く分けることで，その生徒も指導を聞き入れやすくなる．実際にその生徒が学校内での暴力行為に及ぶときの特徴は，長々と説諭されているうちに理解できなくなりパニックになってしまっていたという事情があった．そこで検査結果をもとに教諭らと指導の在り方を見直し，声かけを短くすることで改善につながった例もある．

また，ある生徒は視覚的な情報の処理が得意な「同時処理」が優位であるので，その生徒に指導する際には，文章よりも図表などを用いることで理解がしやすくなり，落ちついて教諭の指導や支援を受け入れられたという例もある．

まとめると，LDが触法行為を起こしやすいわけではないが，現実にLD傾向のある生徒が触法行為や逸脱行為をした場合は，家庭環境にも目を向けつつ，その生徒がどのような認知や学習面の特徴をもっているのかを明らかにするために心理発達アセスメントを実施し，その生徒の特徴に即した声かけや支援をすることが有効であろう．やみくもに説諭や規制をするのではなく，支援者が生徒の特徴を把握することが指導・支援の第一歩である．そこで，LDやその傾向のある生徒や子どもの指導にあたり，KABC-Ⅱで認知特性と学習習得度をアセスメントとして，その生徒の「長所を活用」した支援を行うのが有効である[3]．　　　［熊上　崇］

📖 **参考文献**
[1] 熊上崇『発達障害のある触法少年の心理・発達アセスメント』明石書店，2015
[2] 熊上崇・熊谷恵子「学習障害（LD）を有する少年非行に関する研究動向—日本と米国における知能検査，学習習得度，転帰，介入の調査結果を中心に」LD研究，20(2)，218-229，2011
[3] 藤田和弘監修，熊谷恵子他編著「思春期・青年期用長所活用型指導で子どもが変わるpart5 KABC-Ⅱを活用した社会生活の支援」図書文化社，2016

発達障害と触法行為：海外における縦断的研究

　発達障害と触法行為の関連の研究については，大きく四つの障害（知的障害，ADHD，ASD，学習障害）と反社会的行動との関連の知見に分類される．1980年代以降，世界的に大規模な縦断的発達追跡研究が展開されるようになり，実証的知見が蓄積され，個人の発達的リスク因子と思春期以降の反社会的行為との関連が明らかにされるようになった．

●ダニーディン子どもの発達に関する学際的研究　研究の正式名称は「ダニーディン健康と発達に関する学際的研究」（The Dunedin Multidisciplinary Health and Development：DMHDS）である．対象者は，1972年4月1日〜1973年3月31日の1年間に，ニュージーランド南島のダニーディン市のクィーン・メアリー病院で生まれた1037名である．約40年にもわたって，2014年時点で95％以上と高い捕捉率で追跡調査している．この縦断的研究の目的は，「青少年の健康と発達について検討する」「乳幼児期の行動や情緒問題がその後の人生にどのような影響を与えるかを明らかにする」ことなどである（Clarkson et al., 1975）．この研究では非行や犯罪行為に関連する要因についても膨大な項目が調査されている．DMHDSの研究目的は，「将来の非行・犯罪行為を予測できるような因子は存在するのか」「存在するとすればどのくらい早期までさかのぼることができるのか」を解明することである．

●幼児期の多動性や不注意特性と，将来の非行との関連　DMHDSで中心的役割を果たした心理学者のT. E. モフィットは，将来の非行化を予測する重要な因子として，多動性や衝動性，および不注意傾向に注目した．これらの特徴を児童期までに顕著に示す場合は，現在は注意欠如多動症（attention deficit hyperactivity disorder：ADHD）と診断されるが，当時は注意欠如障害（attention deficit disorder：ADD）と定義されていた．

　モフィットはダニーディンの対象者を13歳時点で四つ（ADD＋非行群，ADDのみ群，非行のみ群，ADDも非行もない群）に分けた．ADDはすでに3歳児時点の診断されていた．また児童期から，反社会的行動の問題・言語性IQ・読み書き困難性・家族の逆境性なども評価された．彼らを15歳時点まで追跡した結果，ADD＋非行群はあらゆる負の要因が累積しており，児童期早期から非行行動をエスカレートさせていった．一方，ADDのみ群はごく普通の環境では非行化しなかったし，非行のみ群も非行行動は長続きしなかった．これらの結果から，モフィットはADDという発達の問題と思春期の非行行動が，最も予後を不良させると結論付けた（Moffitt, 1990）．すなわち，「幼児期のADHDの診断」や「児

童期の読み書きの困難性」，さらに「家族環境の逆境性」は，将来の非行を予測する予知因子になり得ると主張したのである（McGee et al., 1989）．ADHD 特性と思春期以降の破壊的行動との関連は，世界中で追試され，ADHD は非行化の予知因子であるという，モフィットらの仮説をおおむね裏付ける結果となった．DSM-IV まで ADHD は，破壊的行動障害の一つに位置づけられていたのは，このような背景があったからである．

1990 年に報告されたモフィットの論文は犯罪学者のみならず，発達心理学者や児童精神医学者にも強い衝撃を与えた．児童精神医学では ADHD は最もよく研究されている発達障害の一つであるが，この研究で非行と ADHD との強力な関連についてのエビデンスが示されたことで，いっそう ADHD の原因や診断法・治療法についての研究が発展したといえよう．

● 環境リスクスタディ：縦断的双生児研究　研究対象者は 1994〜1995 年にイギリスで生誕した 1000 組以上の双生児ペアとその家族である．環境リスク（E-risk）スタディの研究目的は，①どんな特殊な環境要因が，後の破壊的行動に寄与するか，②どのようにして環境要因と遺伝要因が相互作用して破壊的行動に発展するか，③同一家庭に育った双生児において，子ども独自の経験は後の破壊的行動にどのように影響を与えるか，などである．

双子は分子遺伝的および多様な環境要因について，5，7，12 歳児に評価されており，遺伝要因や環境要因が子どもの言語，認知，学力や行動の問題に影響するかについて，最先端の多変量解析技術によって解明されている．例えば，1 卵性・2 卵性双生児を対象とすることで，遺伝率や環境要因の説明率を計算している．

さらにこの研究では，遺伝−環境交互作用の影響も分析している．子どもの遺伝的特性（例えば他動衝動性など）が，環境のネガティブな要因（親の虐待や学校でのいじめ）と交絡し，行動の問題に発展していくことが，複数回の評価によって明らかにされている．これらの結果は直接的な介入結果を示唆している．

● 読み書き障害と ADHD，反社会的行動との関連　読み書きの障害と ADHD が合併しやすいことは以前からよく知られていた．また司法領域では，反社会的行動を示す子どもの多くに，読み書き障害や ADHD が合併していることが報告されていた．解析の結果，1 卵性双生児の読み書き達成度および ADHD 得点の相関係数はきわめて高かった（それぞれ 0.88 と 0.75）．

少年における読み書き達成度と反社会的行動の合併は，主に家庭環境（双子が共有する環境）によって約 70％が説明された．すなわち両者の合併には家庭環境への介入が効果的ではないかとの知見が得られた．ただ一方，その反対のことを示唆する論文もある．　　　　　　　　　　　　　　　　　　　　　［松浦直己］

📖 **参考文献**
[1] 松浦直己『非行・犯罪心理学―学際的視座からの犯罪理解』明石書店，2015

発達障害と触法行為：海外における予防，教育プログラム研究

　米国司法省管轄下にある，少年司法および非行防止対策局（The Office of Juvenile Justice and Delinquency Prevention：OJJDP）は，少年に対する非行防止や矯正教育のプログラムに関する調査研究において，主導的役割を担っている．また暴力やネグレクトなど，虐待から少年を保護することについても積極的な取り組みを行っている．全米各州や地域の取り組みを支援し，総合的観点から政策設定を担う行政機関でもある．この OJJDP は厳密なプログラム評価を実施しており，住んでいる地域や人種特性，重点に置くのは予防か治療かにより，さまざまなプログラムを紹介している．この中の Model Program Guide（推奨プログラム案内）のサイトには，プログラムごとの効果に応じてランキング化されている．

●**予防について——マルチシステミックセラピー（MST）**　マルチシステミックセラピー（MST）は米国サウスカロライナ医科大学の S. ヘンゲラーらが開発した青少年の暴力，破壊，非行，犯罪行動に対する心理学的介入技法である[2]．欧米諸国における児童・思春期，青年期の反社会的行動へのエビデンスのある予防・介入技法としては最も知られた技法の一つである．MST は従来の個別・集団的心理療法とは一線を画し，集中的で具体的，かつ構造化された介入を重視する．MST は，反社会的行為の多様なリスク因子に介入する個人・家族・学校・仲間・地域レベルの療法であり，複数のレベルに働きかけるという，複合的でパッケージ化されている点が特徴的である．

　実際には民間会社である MST 社が自治体とサービス提供契約を締結し，週7日の24時間態勢で平均して4か月にわたって MST を実施する．対象となる児童本人や家族・学校における長所や短所を詳細に調査し，目標設定を行う（例えば本人に対しては喫煙・飲酒をやめる，2時間の学習を継続するなど）．専門的なトレーニングを受けたセラピストらは，チームを組み，児童本人のみならず，家族や学校に対しても厳密な目標設定を課し，それらに到達できるようにきめ細かに支援していく．例えばハイリスクな児童の家庭に介入し，保護者に対して養育についての助言をしたり，適切な養育のトレーニングを行ったりする．

●**深刻化した非行少年への介入について——メンドータ少年治療プログラム**　メンドータ少年治療プログラムは，米国ウィスコンシン州メンドータの少年院で実施されている，矯正施設入所型のプログラムである．対象は精神疾患歴があり，最も深刻で暴力犯罪に関与し，アルコールや薬物依存歴のある男性青年（16〜18歳）である．この施設に送致される青年のほとんどは，従来の少年院のプログラムや医療的ケアではほとんど効果が認められず，最も矯正効果が乏しいとされる

矯正困難群，いわば難治群であり，サイコパス特性がきわめて高く，相当程度深刻化した未成年の男性犯罪者である．

この少年院で実施されるプログラムは減圧処理療法とよばれ，攻撃性を他に代替させたり，認知行動療法を組み合わせたりしたものである．スタッフに対する反抗的行動の罰や制裁は，それ自体がより重篤な反抗を生み出し，さらに罰が増加するという悪循環を生み出す．制裁は彼らの現実的な目標やこれまでの価値観を崩壊させるだけで，反抗や敵意を圧縮させる効果しかもたず，結果的には長期的施設収容となる．そこで矯正施設内では罰や制裁に頼らず，スタッフが彼らの攻撃的・反抗的態度にどのように対応すればよいのかを研修したうえで，集中的な対人的・実務的スキルトレーニングを継続する．これが減圧処理療法である．

具体的には，怒りのコントロールに焦点化し，教育サービスやグループ活動療法を提供し，社会的スキル，問題解決スキルを高めるトレーニングを集中的に実施する．それにより薬物乱用や性犯罪の問題を改善させることを重視する．個別のカウンセリングでは，心理学者や精神科医，ソーシャルワーカーなどの専門家がそれぞれの立場で目標達成を支援していく．対象となる収容されている青年たちは長期的視野をもちにくいため，今日から明日にかけての具体的目標達成を主眼としている．M. F. カルドウェルらは，伝統的な矯正教育を受けた群と比較して，顕著な再犯防止効果をもたらしていると報告している（特に暴力犯罪においては，伝統的矯正教育群の再犯率が37％に対し，メンドータ少年治療プログラム治療群は18％であった（図1）(Caldwell, Van Rybroek, 2005)．

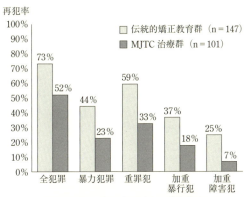

図1　深刻な非行少年に対する治療効果

［出典：M. F. Caldwell et al., "Reducing violence in serious juvenile offenders using intensive treatment", *International Journal of Law and Psychiatry*, 28, 622-636, 2005］

米国では効果的プログラムを構築し実施することが，提供する民間企業の利益につながるという特殊な要因はあるにせよ，治療を行う群と行わない群を設定する，無作為抽出実験が広く行われている．質の高いエビデンスを抽出し，特別なニーズのある対象者に，費用対効果の高い治療を提供するという考え方が徹底しているといえよう．　　［松浦直己］

📖 参考文献
[1]　松浦直己『非行・犯罪心理学——学際的視座からの犯罪理解』明石書店，2015

地域生活定着支援センター

　地域生活定着支援センター（以下，センター）とは，厚生労働省の地域生活定着促進事業（以下，本事業）により各都道府県に設置されるものである．
　本事業は，懲役・禁錮の刑の執行のために刑務所・拘置所に収容されている人，保護処分のため少年院に収容されている人，またはその状態から釈放された人のうち，高齢または障害のため福祉的支援を必要とする人に，矯正施設収容中から支援を実施することで，本事業の対象となる人（以下，対象者）の社会復帰と地域生活への定着を支援することと，その結果として再犯防止に資することを目的としている．なお，「障害」には，いわゆる発達障害も含まれる．
　本事業の実施主体は都道府県であり（自治事務），2011年度中に全都道府県にセンターが設置された（本事業は，社会福祉法人などの民間団体に委託でき，2015年4月現在，自治体直営1か所，他は委託された民間団体が運営）．
●業務の概要　センターは，主に①コーディネート業務，②フォローアップ業務，③相談支援業務を行う．①コーディネート業務とは，保護観察所からの協力依頼に基づき，対象者のニーズを確認し，受入れ先施設などのあっせんや各種サービスの申請の支援などを行うものである．②フォローアップ業務とは，対象者が矯正施設から釈放され，施設などの利用を開始した場合に，受入れ施設などの職員等に必要な助言を行うものである．③相談支援業務とは，対象者が矯正施設から釈放された後に，その人またはその人の家族など関係者からの福祉サービスなどの利用に関する相談に応じるものである．
　これら①～③の業務を円滑に行うには，矯正施設や保護観察所はもちろん，福祉の各種関係者との連携を要する．センターはみずから対象者を受け入れる施設などである必要はない．そこで，センターは，対象者の支援に向けたネットワーク構築を図る必要があり，④そのための会議や研修会を開催する．
●業務の流れ　本事業の主たる業務であるコーディネート業務のモデル的な流れを述べる（図1）．
　ある人が矯正施設に収容された場合，矯正施設が詳細な調査を行い，その結果を受け，保護観察所が「生活環境の調整」を行う．ただ，生活環境の調整を経ても釈放後の居所がない人はおり，その中に高齢または障害のために釈放後何らかの福祉的支援を要する人が含まれる．このような人は，釈放された後に安定した居所がないので，必要な福祉的支援を受けづらい．
　①矯正施設は，コーディネート業務の候補者が出たら，その所在地を管轄する保護観察所に連絡する．保護観察所は，正式に対象者とすべきと判断したとき，

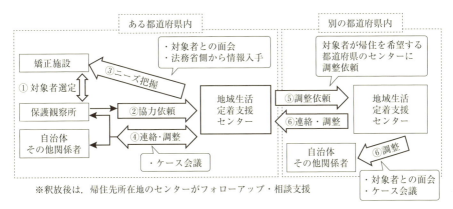

図1 業務のモデル的な流れ
[出典：社会・援護局関係主管課長会議資料内の資料をもとに加筆]

②その所在する都道府県のセンターに協力を依頼する．
　センターは，③矯正施設にて対象者と面会して希望を聴取し，法務省側から情報を入手して，その人のニーズを把握し，ニーズに沿って釈放された後の居所や福祉的支援が得られるよう調整する．その際には，④法務省側や自治体その他の関係者とケース会議を開くなどし，連携して対応を協議する．
　なお，⑤例えば，千葉刑務所にいる対象者が，大阪府で生活することを希望するなど，その人が，「矯正施設のある都道府県の外で生活すること」を希望するときは，希望する都道府県のセンター（この例では大阪のセンター）に調整が依頼され，⑥そのセンターは，地元の関係者などと連携して調整を進める．

●**今後の課題**　実際の業務では「釈放された人の対応やその再犯防止は，国の仕事だ」「接し方がわからない」などの声が地域の関係者からあがり，必要な支援が得られないことがある．今後，地域の関係者などに，"犯歴の有無を問わず，障害の種類を問わず，ニーズのある人が真に支援を求めるなら，地域社会は必要な支援を行うのが理想"という雰囲気が拡がることが期待される．
　また，"本事業は再犯防止を直接の目的としていないこと"に留意が必要である．対象者にニーズがあっても，その再犯防止を強調するあまり，その意向に沿わない「支援」をしたら，その人は釈放後不安定な生活に陥ろう．司法関係者も含め，いかに，対象者の真意をくみ取り，真意に沿った支援をするかが問われている．
　さらには，本事業の結果，再犯をせず生活をしている人は一定数いるが，中長期的には，支援を受けても問題行動をする人への支援のあり方が問われよう．司法側との適切な役割分担のもと，地域支援ネットワークの構築が重要である．

［田中健太郎］

付　　録

1. 法令・条約
2. 国　　際

　本事典の本編の項目としては扱わないものの，発達障害事典として収録しておいた方がよいであろう，「関係法令」の紹介と，「諸外国での特別支援教育の現状」を付録として掲載した．

　「関係法令」としては，国内法から，「発達障害者支援法」「学校教育法」「障害者総合支援法」「障害者雇用促進法」「障害者差別解消法」，そして国連の条約から，「障害者権利条約」を収録した．

　続いて，「諸外国での特別支援教育の現状」としては，「アメリカ」「イギリス」「韓国」「オーストラリア」「スウェーデン・フィンランド・ノルウェー」「シンガポール」の諸地域を収録した．

　いずれも，本事典を利用して発達障害の理解を深めていく際に，関係する周辺事項として活用してほしい．

［柘植雅義・緒方明子］

発達障害者支援法

　発達障害者支援法（支援法）は，2002年12月に成立し，03年4月から施行された．支援法は，発達障害を早期に発見し，発達支援を行うことに関する国および地方公共団体の責務を明らかにするとともに，学校教育における発達障害者への支援，発達障害者の就労の支援，発達障害者支援センターの指定などについて定め，発達障害者の自立および社会参加に資するよう，その生活全般にわたる支援を図ることなどをめざしている．

　この支援法が制定される背景には，当時，学習障害（LD）や注意欠陥多動性障害（ADHD），アスペルガー症候群・高機能自閉症など知的障害を伴わない自閉症などの発達障害の人たちが，障害者施策の中で十分な支援を受けることができていなかったことがあげられる．

●**発達障害者支援法における発達障害とは**　この支援法における「発達障害」とは，「自閉症，アスペルガー症候群その他の広汎性発達障害，学習障害，注意欠陥多動性障害その他これに類する脳機能の障害であってその症状が通常低年齢において発現するものとして政令で定めるもの」とされ，「発達障害者とは，発達障害を有するために日常生活又は社会生活に制限を受ける者」と定義された．

　「その他これに類する脳機能の障害」として，発達障害者支援法施行令において「言語の障害，協調運動の障害」を加え，さらに発達障害者支援法施行規則によって，発達障害者支援法と施行令に定めた以外にも「心理的発達の障害並びに行動及び情緒の障害」が発達障害であると定めている．

　つまり，支援法が制定される以前に発達障害の概念に含まれていた「知的障害」や「脳性麻痺」などの発達期における障害は，従来の法律で支援の仕組みが整えられていることから，この支援法でいう発達障害には含まれない．

　その結果，支援法の対象となる障害は，脳機能の障害であってその症状が通常低年齢において発現するもののうち，WHO（世界保健機関）が定める国際疾病分類ICD-10に規定されている「F80-F89（心理的発達の障害）」および「F90-F98（小児〈児童〉期及び青年期に通常発症する行動及び情緒の障害）」とされた．

　また，支援法施行の際に出された文部科学省と厚生労働省事務次官の連名通知（「発達障害者支援法の施行について」2003年4月1日）では，「てんかんなどの中枢神経系の疾患，脳外傷や脳血管障害の後遺症が，上記（筆者注：支援法第2条における発達障害の範囲）の障害を伴うものである場合においても，法の対象とする．」と明記されている．

　「発達障害のある児童生徒等への支援について」（2003年4月1日通知）では，

発達障害の早期発見や発達障害のある児童生徒への支援などについて示されている．例えば，校内の体制整備や個別の指導計画および個別の教育支援計画の作成，就労の支援，関係部局との連携，発達障害に関する専門性の向上など，教育面において留意すべき事項について周知している．

●**教育分野における取り組み**　教育に関することは，支援法第8条に，「国及び地方公共団体は，発達障害児（18歳以上の発達障害者であって高等学校，中等教育学校，盲学校，聾ろう学校及び養護特別支援学校に在学する者を含む）が，その障害の状態に応じ十分な教育を受けられるようにするため，適切な教育的支援，支援体制の整備その他必要な措置を講じる」ことや「大学及び高等専門学校は，発達障害者の障害の状態に応じ，適切な教育上の配慮をする」と定められている．

また，それら以外にも，市町村の教育委員会は，学校保健法に規定する健康診断を行うにあたり，発達障害の早期発見に十分留意しなければならないことなど，国および地方公共団体の責務のみならず，国民は，発達障害者の福祉について理解を深めるとともに，社会連帯の理念に基づき，発達障害者が社会経済活動に参加しようとする努力に対し，協力するように努めなければならないなど，国民の協力の重要性についても盛り込まれている．

教育分野における支援法施行による大きな変更の一つは，通級による指導の対象の拡大である．ADHDおよびLDが，2003年度から新たに通級指導の対象として学校教育法施行規則に規定されたことである．あわせて，2002年度以前には主に情緒障害の通級指導教室において対応されてきた自閉症も，2003年度から対象として明示されることとなった．ただし，2006年3月31日に出された局長通知では，通級による指導の対象とするかどうかの判断は，医学的な診断の有無のみにとらわれることなく，総合的な見地から判断することと示されている．

支援法は，施行後3年を経過した場合において，この法律の施行状況を検討し，その結果に基づいて必要な見直しを行うことが明記されており，2015年4月に施行10年を迎え，見直しの機運が高まっており，2016年の通常国会にて改正案が可決された．また，DSM（アメリカ精神医学会『精神疾患の診断・統計マニュアル』）が第5版に改訂され，2014年には日本語版が出版された．そこでは，発達障害を含む障害の名称や区分について見直しがされており，現在はICD-11（国際疾病分類第11版）に向けての検討作業が行われている．その結果によっては，定義などの見直しが必要になってくると思われる．

支援法の制定により，これまで公的な支援の対象からはずれることもあったLD・ADHD・高機能自閉症などの発達障害者児にも支援が拡大し，対応が進んできてはいるものの，今後いっそう推進されることが望まれる．　　　　［田中裕一］

学校教育法

　学校教育法は，日本国憲法の精神に基づき，また教育基本法の制定を受けて，1947年に制定された学校教育全体の具体的な内容を定めた法律である．幼稚園，小学校，中学校，義務教育学校，高等学校，中等教育学校，特別支援学校，大学及び高等専門学校について定められている．

　2007年に改正学校教育法が施行され（公布は2006年6月），「特殊教育」から「特別支援教育」と変更，特別支援教育が法的に位置づけられた．その第8章において特別支援教育の記述があり，大きく3点の改正がなされた．

　改正の大きなポイントの一つ目は，特別支援教育を行う場所，対象となる障害の種別が大きく広がったことである．第81条は，小学校や中学校，義務教育学校のみならず，幼稚園や高等学校等も特別支援教育の対象となり，すべての学校園において行われることとなった．また，障害として学校教育法第72条に規定された障害の他，教育上特別の支援を必要とする児童，生徒および幼児に対して，障害による学習上又は生活上の困難を克服するための教育を行うものとされた．このことにより，知的障害のない発達障害（学習障害，注意欠陥多動性障害，高機能自閉症，アスペルガー症候群など）が対象となり，通常の学級においても特別支援教育を行うことになっている．ちなみに，文部科学省が規定する発達障害の範囲は，発達障害者支援法の定義による（2007年3月に通知された「「発達障害」の用語の使用について」より）．

　二つ目は，第72条に規定されたように，盲・聾・養護学校を障害種別を超えた特別支援学校に一本化したことである．また，「特殊学級」を「特別支援学級」に改めた．

　最後は，特別支援学校が，幼稚園，小学校，中学校，義務教育学校，高等学校，中等教育学校の要請に応じて，教育上特別の支援を必要とする幼児児童生徒の教育に関して必要な助言又は援助を行うよう努めることが，第74条に規定されたことである．センター的機能とよばれることが多く，その機能については，次のような六つの例があげられている（2005年12月中央教育審議会「特別支援教育を推進するための制度の在り方について（答申）」より）．

　①小・中学校等の教員への支援機能
　②特別支援教育等に関する相談・情報提供機能
　③障害のある幼児児童生徒への指導・支援機能
　④福祉，医療，労働などの関係機関等との連絡・調整機能
　⑤小・中学校等の教員に対する研修協力機能

⑥障害のある幼児・児童・生徒への施設設備等の提供機能

　特別支援教育を推進するに当たり，特別支援教育の理念や校長の責務，留意事項などをまとめて示した通知「特別支援教育の推進について」が2007年4月1日に出されている．この通知に基づいて，特別支援教育の体制整備などが行われており，学校教育や自治体の関係者は必読である（項目については図1）．

```
1. 特別支援教育の理念
    特別支援教育は，障害のある幼児児童生徒の
  自立や社会参加に向けた主体的な取組を支援す
  るという視点に立ち，幼児児童生徒一人一人の
  教育的ニーズを把握し，その持てる力を高め，
  生活や学習上の困難を改善又は克服するため，
  適切な指導及び必要な支援を行うものである．
    また，特別支援教育は，これまでの特殊教育
  の対象の障害だけでなく，知的な遅れのない発
  達障害も含めて，特別な支援を必要とする幼児
  児童生徒が在籍する全ての学校において実施さ
  れるものである．
    さらに，特別支援教育は，障害のある幼児児
  童生徒への教育にとどまらず，障害の有無や
  その他の個々の違いを認識しつつさまざまな
  人々が生き生きと活躍できる共生社会の形成の
  基礎となるものであり，我が国の現在及び障害
  の社会にとって重要な意味を持っている．
2. 校長の責務（リーダーシップの発揮）
3. 特別支援教育を行うための体制の整備及び必
    要な取組
  (1) 特別支援教育に関する校内委員会の設置
  (2) 実態把握
  (3) 特別支援教育コーディネーターの指名
  (4) 関係機関との連携を図った「個別の教育
      支援計画」の策定と活用
  (5) 「個別の指導計画」の作成
  (6) 教員の専門性の向上
4. 特別支援学校における取組
  (1) 特別支援教育のさらなる推進
  (2) 地域における特別支援教育のセンター的
      機能
  (3) 特別支援学校教員の専門性の向上
5. 教育委員会等における支援
6. 保護者からの相談への対応や早期からの連携
7. 教育活動等を行う際の留意事項等
  (1) 障害種別と指導上の留意事項
  (2) 学習上・生活上の配慮及び試験などの評
      価上の配慮
  (3) 生徒指導上の留意事項
  (4) 交流及び共同学習，障害者理解等
  (5) 進路指導の充実と就労の支援
  (6) 支援員等の活用
  (7) 学校間の連絡
8. 厚生労働省関係機関等との連携
```

図1　特別支援教育の推進について（2007年4月1日初等中等教育局長通知）
［出典：文部科学省「特別支援教育の推進について」〈http://www.mext.go.jp/b_menu/hakusho/nc/07050101.htm〉］

　障害のある児童生徒等の教育については，学校教育法だけでなく，さまざまな法令等に実施する根拠規定が明確に書かれている．例えば，通常の学級に在籍し，大半の教育を通常の学級で受け，その障害に応じて特別の指導を受ける「通級による指導」は，学校教育法施行規則第140条および第141条に基づいている．

　近年，これらの法令等が制定，一部改正されたりしている．学校教育や自治体の関係者は，法律の目的を理解し，その制定・改正の意図等を踏まえた上で対応すること，さらにはコンプライアンス（法令遵守）の姿勢で，特別支援教育を適切に推進することが求められていることはいうまでもない．　　　　　　［田中裕一］

障害者総合支援法

　障害者総合支援法は，正しくは「障害者の日常生活及び社会生活を総合的に支援するための法律」という．その目的は「基本的人権を享有する個人としての尊厳にふさわしい日常生活または社会生活が営むことができるよう」障害福祉サービスを提供するものである．

●**法の対象者**　障害者総合支援は，身体障害者，知的障害者，精神障害者（発達障害者を含む）に加えて難病者などが対象である．なお障害児については，児童福祉法に定義されている．

●**支給決定**　障害福祉サービスを利用することを希望する者は市区町村に申請を行い，市区町村は申請者の心身の状況（障害支援区分）を訪問による認定調査，学識経験者などによって構成する審査会での審査によって確認したうえで，介護者の状況やサービス利用に関する本人の意向，回数や期間などの利用計画を勘案して支給決定を行う．なお，障害支援区分の認定調査の項目に，2014年4月より「読み書き」など発達障害に関する支援の必要性を確認する項目が新しく位置づけられた．

●**利用者負担**　利用した障害福祉サービスを利用する場合は，その費用の一部を利用者が負担する．その際，「家計の負担能力その他の事情を斟酌して政令で定める額」が負担上限額となり，利用者は利用したサービスの総額が負担上限額を上回っても，負担は上限額までとなる．負担上限額よりも利用したサービスの費用の1割相当額の方が低い場合は，利用者は1割相当額を負担する．なお月額負担上限額は，生活保護受給世帯と市町村民税非課税世帯（低所得）の場合は0円，それ以外は段階的に上限が設けられ最高でも月額37200円となっている．

●**障害福祉サービスの内容**　障害者総合支援法に基づくサービスは，大きく分けると，全国どこでも一定水準のサービスが提供されるように国の基準に沿ってサービスを行う「自立支援（個別）給付」と，実態に応じてサービスの内容や利用手続き，利用者負担や事業実施の重点化を市町村・都道府県の裁量で定められる「地域生活支援事業」の二つに分けられる．

・**自立支援給付**：自立支援給付の下には，「介護給付」「訓練等給付」「自立支援医療」「補装具」「相談支援」という分類があり，さらにその下に実際に利用する具体的なサービス名が位置づけられている．

　例えば「介護給付」には，居宅介護，重度訪問介護，同行援護（視覚障害のみ），行動援護，療養介護，生活介護，短期入所，施設入所支援がある．「訓練等給付」には，自立訓練（機能訓練，生活訓練），就労移行支援，就労継続支援，共同生

活援助がある．

　なお，「介護給付」のサービスを受ける場合は，障害支援区分によって利用者の制限があること，「訓練等給付」のうち自立訓練と就労移行支援については標準的期間内でサービス利用を設定することとされているなど，一定の制限がある．

・**地域生活支援事業**：地域生活支援事業の下には，「市町村地域生活支援事業」「都道府県地域生活支援事業」があり，さらにその下に具体的な事業名が位置づけられている．

　例えば，市町村地域生活支援事業の必須事業には，相談支援事業，成年後見制度利用支援事業，コミュニケーション支援事業，日常生活用具給付等事業，移動支援事業，地域活動支援センターなどがある．任意事業には20を超える多様な事業があり，その中から特に発達障害に関するものをあげると，保育所などを訪問して家族の相談や職員への助言などを行う人材を確保するための巡回支援専門員整備がある．なお日常生活用具とは，①日常生活上の便宜を図るための用具であり，安全かつ容易に使用できるもので実用性が認められるもの，②日常生活上の困難を改善し，自立を支援し，社会参加を促進するもの，③製作や改良，開発にあたって障害に関する専門的な知識や技術を要するもので，日常生活品として一般的に普及していないもの3要素を満たすものである．

　都道府県地域生活支援事業の「専門性の高い相談支援事業」には発達障害者支援センター運営員等事業，「サービス・相談支援者，指導者育成事業」には障害支援区分認定調査咽頭研修事業，相談支援従事者研修事業，サービス管理責任者研修事業，強度行動障害支援者養成研修事業などがある．任意事業も40近い多様な事業があり，例えば，発達障害に関するアセスメントやペアレント・トレーニングの普及，ペアレント・メンターの育成や活動支援，実態調査を踏まえた市町村サポートなどを行うための発達障害支援体制整備や，矯正施設などを退所した障害者の地域生活への移行促進，障害者ITサポートセンター運営，障害者虐待防止支援，障害者就労・生活支援センター体制強化などがある．

●**障害福祉計画**　上記で触れた障害福祉サービス等を着実に提供するため，現在は第4期障害福祉計画（2015〜17）に沿って，市町村や都道府県の自治体はサービス基盤の整備，確保を推進している．

　具体的には，①障害者などの自己決定の尊重と意思決定の支援，②市町村を基本とした身近な実施主体と障害種別によらない一元的な障害福祉サービスの実施など，③入所などから地域生活への移行，地域生活の継続の支援，就労支援などの課題に対応したサービス提供体制の整備という基本理念に沿って，「訪問系サービスや日中活動系サービスの保証」「グループホーム等の充実及び地域生活支援拠点等の整備」「福祉施設から一般就労への移行等の推進」が体制整備の重点となっている．

〔日詰正文〕

障害者の雇用の促進等に関する法律

　障害者の雇用の促進等に関する法律（1960年，以下，障害者雇用促進法）は，障害者の雇用の促進と安定を目的として，①障害者に対する職業生活における自立を図るための職業リハビリテーション，②身体障害者または知的障害者の雇用を法的義務とした障害者雇用率制度，③身体障害者，知的障害者または精神障害者の雇用を経済的側面から支える障害者雇用納付金制度，などの施策を講ずることとしている．

●**障害者雇用促進法について**　職業リハビリテーションについては，障害者雇用促進法第8条により，「障害者各人の障害の種類及び程度並びに希望，適性，職業経験等の条件に応じ，総合的かつ効果的に実施されなければならない」と規定されている．これを受け，障害者一人ひとりの特性に配慮した職業指導，職業紹介などの職業リハビリテーションが，医療，保健福祉，教育などの関係機関の連携のもとに実施されている．まず，全国に設置されている公共職業安定所は，就職を希望する障害者の求職登録を行い，専門職員や職業相談員がケースワーク方式により障害の種類・程度に応じたきめ細かな職業相談および紹介，職場定着指導などを実施している．また，（独）高齢・障害・求職者雇用支援機構が運営している地域障害者職業センターは，職業評価，職業指導，職業準備訓練および職場適応援助などの専門的な職業リハビリテーションや事業主に対する雇用管理に関する助言などを実施している（2015年度利用者数3万1954人，52センター）．さらに，都道府県知事が指定した社会福祉法人，NPO法人などが運営する障害者就業・生活支援センターは，障害者の身近な地域において，雇用，保健福祉，教育などの関係機関の連携拠点として，就業面および生活面における一体的な相談支援を実施している（2014年度利用者数14万838人，2016年7月1日現在329センター）．

　②障害者雇用率制度とは，障害者雇用促進法第43条などに基づき，身体障害者および知的障害者について，一般労働者と同じ水準において常用労働者となり得る機会を与えることとし，常用労働者の数に対する割合を基準として障害者雇用率（いわゆる法定雇用率．民間事業主においては2015年現在で2.0%）を設定し，事業主などに法定雇用率達成義務を課すものである．実雇用率の算定にあたっては，雇用している身体障害者，知的障害者数に加え，同法第71条に定める特例として，精神障害者も雇用している障害者数に算入することができる．なお，2013年に成立した障害者の雇用の促進等に関する法律の一部を改正する法律により，2018年から精神障害者を法定雇用率の算定基礎に加えることとされ

た．ただし，施行後5年間に限り，激変緩和措置として，労働者の総数に対する対象障害者である労働者の総数の割合に基づき，対象障害者の雇用の状況その他の事情を勘案して法定雇用率を定めることとしている．

③障害者雇用納付金制度においては，障害者雇用促進法第49条などに基づき，障害者の雇用に伴う事業主の経済的負担の調整を図るため，その雇用している障害者数が法定雇用障害者数未満である事業主から障害者雇用納付金（2015年現在，障害者数一人につき月5万円）を徴収し，法定雇用障害者数以上の障害者を雇用している事業主に対しては障害者雇用調整金（2015年現在，障害者数一人につき月2万7000円）を支給している．また，障害者の雇用の促進および継続を図るため，障害者を雇い入れるための施設の設置や，職場介助者の配置などの措置を行い，必要な要件を満たした者に対して各種助成金を支給している．

●**障害者差別禁止と合理的配慮**　2013年に成立した障害者の雇用の促進等に関する法律の一部を改正する法律により，雇用分野における障害者差別の禁止および合理的配慮の提供義務ならびに紛争解決援助制度が新たに規定された（2016年4月施行）．障害者に対する差別の禁止および合理的配慮の提供義務は，2014年1月に日本が批准した「障害者の権利に関する条約」に，①あらゆる形態の雇用に係るすべての事項に関する差別の禁止，②職場において合理的配慮が提供されることの確保のために適当な措置をとるべきことなどが規定されていることに対応するものである．改正後の障害者雇用促進法第34条および第35条に基づき，事業主は，雇用分野における障害者差別の禁止として，労働者の募集および採用について，障害者と障害者でない者と均等な機会を与えなければならず，賃金の決定などの待遇において，労働者が障害者であることを理由に，障害者でない者との間に不当な差別的取扱いをしてはならない．また，同法第36条の2および第36条の3に基づき，合理的配慮の提供義務として，事業主は，労働者の募集および採用にあたり，障害者と障害者でない者との均等な機会の確保の支障となっている事情を改善するための措置を講じなければならず，採用後は，障害者である労働者と，障害者でない労働者との間に均等な待遇の確保または障害者である労働者がもつ能力を有効に発揮する際に支障となっている事情を改善するための措置を講じなければならない．ただし，それらが事業主に対して過重な負担を及ぼす場合は，合理的配慮の提供義務はない．また，これら改正障害者雇用促進法の雇用分野における障害者差別の禁止および合理的配慮の提供義務については，2015年3月に障害者差別禁止指針および合理的配慮指針を策定し，2016年4月より施行されている．　　　　　［厚生労働省職業安定局雇用開発部障害者雇用対策課］

障害者差別解消法

　障害者差別解消法（障害を理由とする差別の解消の推進に関する法律）が制定された背景には，国連の「障害者の権利に関する条約」の署名（2007）から批准（2013），またその間に，国内法制度の整備の一環として2011年に障害者基本法の改正が行われ，この内容を具現化するために，2013年6月，障害者差別解消法が制定された．すべての国民が，障害の有無によって分け隔てられることなく，相互に人格と個性を尊重し合いながら共生する社会の実現に向け，障害を理由とする差別の解消を推進することを目的としている．障害者差別解消法は，障害があるという理由で障害者を差別することを禁止している．また，その人に合った工夫，やり方を配慮することで，障害者が困ることをなくしていくことなどを決めている．障害者への差別をなくすことで，障害のある人もない人もともに生きる社会をつくることをめざしている．法律の施行日は2016年4月1日であり，施行後3年を目途に必要な見直しを検討することになっている．

●**法令の内容**　障害者差別解消法は，障害者基本法第4条（差別の禁止）で示されている三つの事項を具現化する法令である．障害者基本法の三つの事項は，①「障害を理由とする差別等の権利侵害の行為の禁止」，つまり，何人も障害者に対して，障害を理由として，差別することその他の権利利益を侵害する行為をしてはならないということ，②「社会的障壁の除去を怠ることによる権利侵害の防止」として，社会的障壁の除去は，それを必要としている障害者が現に存し，かつ，その実施に伴う負担が過重でないときは，それを怠ることによって前項の規定に違反することとならないよう，その実施について必要かつ合理的な配慮がなされなければならないということ，③国は，規定に違反する行為の防止に関する啓発および知識の普及を図るため，当該行為の防止を図るために必要となる情報の収集，整理および提供を行うものとすること．以上の①～③の基本法の規定を具体的に実現するために，障害者差別解消法では，差別を解消するための措置として，次のことが定められている．

　(1) 国の行政機関や地方公共団体等および民間事業者による「障害を理由とする差別」を禁止すること．(2) 差別を解消するための取り組みについて政府全体の方針を示す「基本方針」を作成すること．(3) 行政機関等ごと，分野ごとの障害理由とする差別の具体的内容などを示す「対応要領」・「対応指針」を作成すること．

●**障害者差別を解消するための措置**　国・地方公共団体等，民間事業者は差別的取扱いの禁止が法的義務となっている．そして，国・地方公共団体等は合理的配

慮の不提供の禁止も法的義務となっている．民間事業者は努力義務である．行政機関などにおいては，その事務・事業の公共性に鑑み，障害者差別の解消に率先して取り組む主体として，対応要領を定めることとされている．

図1　差別を解消するための措置

●**障害者差別解消法での差別とは**　障害者差別解消法では，「不当な差別的取扱い」と「合理的配慮の不提供」が差別となる．「不当な差別的取扱い」として，例えば「障害がある」という理由で，正当な理由なく，障害者に対する商品やサービスを拒否するような場合をいい，実際の場面においてある行為が不当な差別的取扱いに該当するかは，状況に応じて個々に判断されることになる．当該取扱いについて，正当な理由が存在する場合には，本法により禁止される不当な差別的取扱いには該当しない．例えば「障害があると」という理由だけでスポーツクラブに入れないこと，アパートを貸してもらえないこと，車いすだからといってお店に入れないことなどは，障害がない人と違う扱いを受けているので「不当な差別的取扱い」と考えられる．ただし，他に方法がない場合などは，「不当な差別的取扱い」にならないこともある．

「合理的配慮の不提供」では，障害のある人から何らかの配慮を求める意思の表明があった場合には，負担になりすぎない範囲で，社会的障壁を取り除くための必要で合理的な配慮を行うことが求められる．こうした配慮を行わないことで，障害のある人の権利利益が侵害される場合も，差別に当たる．視覚障害のある人に書類を渡すだけで読み上げない．聴覚障害のある人に声だけで話す．知的障害のある人にわかりやすく説明をしない．障害のない人にはきちんと情報を伝えているのに，障害のある人には情報を伝えない．このような「合理的配慮の不提供」は差別になる．

●**差別解消のための支援措置**　差別を解消するための支援措置として，「相談・紛争解決の体制整備」「障害者差別解消支援地域協議会」「啓発活動」「情報収集等」などの内容が定められており，具体的な対応が行われる．　　　　　　　　　　［藤本裕人］

📖 **参考文献**
［1］　内閣府HP「障害を理由とする差別の解消の推進に関する法律」〈http://www8.cao.go.jp/shougai/suishin/sabekai.html〉
［2］　内閣府HP「障害を理由とする差別の解消の推進に関する基本方針」〈http://www8.cao.go.jp/shougai/suishin/sabekai/kihonhoushin/honbun.html〉

国連障害者権利条約

　2006年12月に，国連総会で「障害者権利条約」（障害者の権利に関する条約）が採択された．本条約は，障害者に関する初めての国際条約である．障害者の人権や基本的自由の享有を確保し，障害者の固有の尊厳を促進することを目的として，障害者の権利を実現するための措置等について規定しており，その内容は，無差別，平等，社会への包容などの条約の原則，政治的権利，教育・健康・労働・雇用に関する権利，社会的な保障，文化的な生活・スポーツへの参加，国際協力，締約国による報告など，幅広いものとなっている．また，「合理的配慮の否定」を障害に基づく差別に含めたことは条約の一つの特徴である．

●締結前の国内法の整備　日本は，国連で障害者権利条約が採決された翌年の2007年9月28日に署名を行った．条約の締結（批准）については，国内の障害当事者などから条約の締結に先立ち，国内法整備と障害者に関する制度改革を進めるべきとの意見が寄せられ2009年に「障がい者制度改革推進本部」が設置され，障害者に関する制度改革が進められた．これを受けて，障害者基本法の改正（2011年8月），障害者総合支援法の成立（2012年6月），障害者差別解消法の成立と障害者雇用促進法の改正（2013年6月）など，制度改革が行われた．2013年6月の障害者差別解消法の成立をもって一通りの障害者制度の充実がなされたことから，国会において障害者権利条約の承認を受けて，2014年1月20日，日本は条約の批准書を国連に寄託し，世界で141番目の締約国となった．締結とは，国が条約の内容を守ることを約束することを意味する．

●障害者権利条約における障害のとらえ方　従来の障害のとらえ方は，障害は病気や外傷などから生じる個人の問題であり，医療を必要とするものであるという，「医療モデル」の考え方を反映したものであったが，障害者権利条約では，障害は主に社会によってつくられた障害者の社会への統合の問題であるという，「社会モデル」の考え方が随所に反映されている．障害は障害者ではなく社会がつくり出しているという考え方である．

●条約の目的　この条約の目的は「全ての障害者によるあらゆる人権及び基本的自由の完全かつ平等な享有を促進し，保護し，確保すること並びに障害者の固有の尊厳を促進すること」である．この条約では，障害者には「長期的な身体的，精神的，知的又は感覚的な障害があって，様々な障壁との相互作用により他の者との平等を基礎として社会に完全かつ効果的に参加することを妨げ得るものを有する者も含む」とされている．

●平等・無差別と合理的配慮　条約の第2条（定義）では，障害者の人権と基本

的自由を確保するための「必要かつ適当な変更及び調整」であって「均衡を失した又は過度の負担を課さないもの」を「合理的配慮」と定義している．そして障害に基づく差別には「合理的配慮の否定」が含まれている．第4条（一般義務）では，締約国の障害に対する差別となる既存の法律などを修正・廃棄することを求めているほか，第5条（平等及び無差別）では，障害に基づくあらゆる差別を禁止することや，合理的配慮の提供が確保されるための適当な措置を求めている．

●**教育** 条約の第24条（教育）では，締約国は教育についての障害者の権利を認めることを定めている．障害者が精神的・身体的な能力などを可能な最大限度まで発達させ，自由な社会に効果的に参加することを可能とすることなどを目的として，締約国は障害者を包容するあらゆる段階の教育制度や生涯学習を確保するとされている．また，その権利の実現にあたり，障害に基づいて一般的な教育制度から排除されないこと，個々の障害者にとって必要な「合理的配慮」が提供されることなどが定められている．

●**条約に関する日本の取り組み** 条約の第24条（教育）に関して，障害者を包容する教育制度（いわゆるインクルーシブ教育システム）とは，障害のある児童がその潜在能力を最大限に発達させ，自由な社会に効果的に参加できるようにとの教育理念のもと，障害のある児童と障害のない児童とが可能な限り一緒に教育を受けられるよう配慮することと考えられている．日本では，同条約の内容を踏まえ，2011年に障害者基本法が改正され，「国及び地方公共団体は，障害者がその年齢及び能力に応じ，かつ，その特性を踏まえた十分な教育が受けられるようにするため，可能な限り障害者である児童及び生徒が障害者でない児童及び生徒と共に教育を受けられるよう配慮しつつ，教育の内容及び方法の改善及び充実を図る」などが規定された．さらに2012年には中央教育審議会初等中等教育分科会「共生社会の形成に向けたインクルーシブ教育システム構築のための特別支援教育の推進（報告）」では，3観点11項目の合理的配慮と8項目の基礎的環境整備が示された．2013年には，学校教育法施行令が改正され，従来，一定程度以上の障害のある児童生徒は特別支援学校への就学が原則とされ，小中学校への就学は認定就学であったが，この認定就学の制度は廃止され，障害の状態などを踏まえ，総合的な観点から就学先を決めるようになった．また，2014年11月より国立特別支援教育総合研究所に，合理的配慮実践事例データベースが開設された． ［藤本裕人］

📖 **参考文献**
[1] 外務省 HP「障害者の権利に関する条約」（略称：障害者権利条約）〈http://www.mofa.go.jp/mofaj/gaiko/jinken/index_shogaisha.html〉
[2] 中央教育審議会初等中等教育分科会「共生社会の計背に向けたインクルーシブ教育システム構築のための特別支援教育の推進（報告）」2012

アメリカにおける発達障害

「発達障害」にあたる用語である Developmental Disabilities は，アメリカにおいては日本の定義と異なり，21歳までの発達過程で症状が顕著になり生活の中の複数の側面で支障をきたす障害全般を意味する．LD，ASD に限らず，知的障害，身体障害，視覚障害，聴覚障害も含んでいる．IDEA（全障害者教育法）によってその教育における権利が保障され，社会での機会均等は ADA（障害を持つアメリカ人法）によって保障されている．

IDEA では，①無償で，②適切な公教育を，③制約が最小限の環境で提供することが謳われている．指導介入が「適切に」行われるためには，当然子どもの正確なアセスメントが必要であり，すなわち適切なアセスメントも学校が提供することを意味する．「制約が最小限」というのは，「限りなく通常の状態（特別なことが何もない状態）に近づける」ことを意味する．支援について考えるとき，親切心から「あれもこれもあるといい」と考えがちであるが，この法律で保障しているのは「ニーズに応える」ことであって「有益ならすべて提供する」わけではない．つまり，「支援サービス」を理由に子どもが必要以上に隔離されてしまうことをこの制約の条件によって防いでいる．

●**障害認定（支援サービス受給資格認定）** IDEA のもと，特別支援教育を受けるには受給資格の認定が必要である．アセスメントを実施し，その結果に基づき，保護者も含むチーム会議で「障害認定できるかどうか」「認定できるとすれば 13 種類のカテゴリー（自閉症，聴覚障害，全盲＋聴覚障害，情緒障害，難聴，特異的学習障害（SLD），知的障害，重複障害，肢体不自由，その他の健康上の障害，言語障害，外傷性脳障害，全盲も含む視覚障害）のどれが最も適しているか」を決定する．このカテゴリーは必ずしも医学的診断というわけではなく，子どもの学習や学校適応がうまくいっていない主な理由となるものを選ぶが，のちの成長や変化によって変更されることもある．ADHD は「その他の健康上の障害」に分類される．

障害認定がされると支援サービスの種類や頻度・時間数，支援サービスを受けるクラスのタイプ，必要な環境調整（試験時の時間延長などの合理的配慮）などを先述のチームで決める．保護者には不服申し立ての法的手続きの権利も保障されている．

その後，それぞれの子どもに IEP（Individualized Educational Program，個別の教育プログラム）が作成され，その子の現在の状態，障害カテゴリーとともに上記の詳細が記載される．これは法的文書となり，記載事項について学校には実

行しなければならない義務が生じる．IEP会議は最低年に1回は開催し，IEPの内容を見直す．必要がなくなればサービスは停止される．この法律は連邦法なので，どこの州でもほぼ同様のケアが受けられることになっている．

●**支援の実際**　IEPができたら支援サービスが始まる．「特別支援教育を受ける」＝「必ず特別の学校やクラスに行く」というわけではなく，実際には通常のクラスにいて特別支援教育のサービスを受けている児童生徒の数が最も多い．サービスは資格をもった特別支援教育専門教師や専門職から受ける．

アメリカの特別支援教育の対象はSLDが最も多い．SLDの子どもたちは通常の学級の中にいて，毎日1時間ほど通級指導を受けたり，特別支援教育の専門教師が教室に入ってきて指導（入り込み支援）をするのが一般的である．入り込み支援はたいてい同一教室に数名の対象児童生徒がいるため専門教師が入ってきたからといって，その子どもの横にぴったり貼りついて教えるという形態にはならない．言語障害（構音の問題だけではなく，言語を使って表現や理解をすることに苦手さがある）の場合も同様に通級して言語療法を受けたり，スピーチセラピストが教室に入り込み支援をする．

ニューヨーク州を含む一部の州では，定型発達の子どもと発達障害の子どもたちを一緒のクラスにして，通常教育の教師と特別支援教育の専門教師が二人で教える統合ティーム・ティーチング（ICT）の形態が導入されている．複数の教師がいること，子どもの1日が分断されてしまうことを防ぐことが大きなメリットとなっている．

そのようなTT学級のない学校では，主要科目でより集中的な指導介入が必要な子どもは少人数制のクラスに入って指導を受け，体育やアートなどは通常のクラスで受けることもある．主要科目でも得意な科目なら通常クラスで受ける．「制約が最小限」の原則はこういうところに出ている．

指導支援は，弱いスキルを強化するトレーニングと自立学習のための方略のトレーニング（整理やまとめの仕方，記憶の仕方，困ったときにどう対処するかなどをステップを踏んで指導）を中心に行っていく．

●**幼児の場合**　乳幼児ではアセスメントで発達につまずきが確認できれば，カテゴリー分類せず早期介入が始まる．特別支援教育の専門教師，スピーチセラピスト，作業療法士などが家庭や幼稚園に派遣され支援サービスを行い，保護者に効果的な対応法も教える．特別支援教育専門の幼稚園や逆統合幼稚園（担任が特別支援の幼児教育専門教師で健常児との統合クラス）への通園を勧められることもあるが，この場合，幼稚園の授業料は無償になる．

［バーンズ亀山静子］

イギリスにおける発達障害

　イギリスでは障害のある子どもへの教育は，「特別な教育的ニーズのある子ども」への対応制度として位置づけられている．他国とは異なり公式には特別ニーズ教育との表現は使用していない．彼らを対象にした教育制度は，特別な教育的ニーズ及び障害法（Special Educational Needs and Disability Act, 2001：SENDA）とその施行規則（SEND Regulations, 2014），そしてコード・オブ・プラクティス（SEND code of practice, 2015）によって具体的な枠組みが提供されている．

●**イギリス固有の表現**　イギリスにおける固有の用語は，SpLD（Specific Learning Difficulties）である．SpLDには，日本でもよく知られるようになったディスレキシア（Dyslexia）のほか，ディスグラフィア（Dysgraphia），ディスカルキュリア（Dyscalculia），ディスプラキシア（Dyspraxia）もしくは発達性協調障害（Developmental Coordination Disorder），そしてADHDも含んで用いられるのが通例である．大まかな表現でいえば，日本でいう学習障害とADHDの双方を含んだ語ということである．また，イギリスでは学習障害（Learning Disabilities）に類似した表現として学習困難（Learning Difficulties）の語も使用されているが，これはさまざまな原因で生じている学習上の困難がある状態を表す包括的な用語である．ただし，同国では重度知的障害をSLD（Severe Learning Difficulties），その他の知的障害をMLD（Moderate Learning Difficulties）と表現しており，この点も他の国とは異なるので留意が必要である．ちなみに重度重複障害はPMLD（Profound and Multiple Learning Difficulties）と表記している．

　こうした子どもたちを対象にする学校（Schools for Specific Learning Difficulties）は特別学校の一種であるが，そこには上記に加えて，スピーチ／言語／コミュニケーションの障害，自閉症／アスペルガー症候群（イギリスでは両者を並記することも多い），知的障害，視覚障害，聴覚障害などあらゆる障害種の子どもに加えて，英才児にいたるまで，実にさまざまな子どもが通っている．学校が提供する教育サービスの形態も多様であり，全寮制，一部寄宿制，通学制のコースがあるほか，週単位での利用や一時（短期）利用など教育的ニーズに応じて柔軟に学校を利用することができるのが特徴である．学校の運営母体は，地方当局が運営する公立学校もあれば，自閉症協会が運営する私立学校もある．

　SpLDの子どもを対象にした教育課程は，他の子どもと同様にナショナル・カリキュラムに従うのが基本であるが，教科によって代替教科が用意されることも少なくない．また，授業は少人数制や個別指導としている学校が多い．SpLDの子どもを対象にする学校では，学業以外の活動にも力を入れているのが一般的で，

サッカーや水泳，マウンテンバイクなどの身体を十分に動かす活動から，編み物や写真，音楽といった活動まで多様である．とりわけ，演劇（drama）はイギリスのほぼすべての学校で取り入れられているといっても過言ではない伝統的な活動である．こうした活動を通してSpLDのある子どもの自己効力感の向上や他者とのポジティブな人間関係形成の機会となるよう努められている．特に寄宿制の学校の場合には日常生活の場も同時に提供することから，学校での学習活動とは意図的に異なる雰囲気を醸造するよう環境を工夫するなど，子どもたちの精神状態に十分な配慮が行われている．

さて，イギリスの学校教育制度におけるインクルージョンは，一貫して通常学校の責任と役割の範囲を拡大するとともに，特別学校を効果的かつ選択的に利用しながら，子どもに必要な教育的対応を提供しようとする点に特徴がある．特に，SpLDの子どもたちの場合には，学齢期間中に複数の学校を利用する形態が多くみられる．例えば，半年間から2年間程度の期間，集中的にSpLDの子どもを対象とする学校に転校し，再び元の学校に戻ってくることや，毎週3日間は通常学校に，2日間は特別学校に通うということも可能である．ごく短期間のみSpLDの学校を一時利用することもできるのである．

●近年の動向　こうした学校の利用を決定するのを支えてきたのが，判定書（Statement）制度であった．判定書制度は，より総合的なEHCプラン（Education, Health, and Care Plan）制度に変更されることとなり，2016年現在，制度移行中である．これらには，子どもの特別な教育的ニーズの内容とそれに対する教育的対応が具体的に記載され，地方当局にはその内容の実施に必要な予算や人材を提供する義務がある．その内容の作成には，各学校の特別な教育的ニーズ・コーディネーター（Special Educational Needs Coordinator：SENCO）が決定的に重要な役割と責任を担っている．SENCOの具体的な役割についてはコード・オブ・プラクティス（2015）に規定されているが，現在のイギリスの特別な教育的ニーズへの対応制度においてはSENCOがいなければ成り立たない仕組みが構築されている．このためSENCOには大学院修士課程レベルの資質が要求されるほか，学校理事会のメンバーにも位置づけることが規定されており，各学校における特別な教育的ニーズへの対応のための実質的な役割と権限が与えられている．

各々の子どもの判定書やEHCプランに関しては，各学校において年次レビューとよばれる会議の開催が義務づけられている．これもSENCOがその運営の中心になるが，担任教師，ティーチング・アシスタント，心理士，スピーチ・セラピストなどとともに保護者と本人も参加して，教育内容についての話し合いが行われる．子どもの課題に関する内容を話し合う際には，本人は退席するなどの配慮もなされながら，子ども自身の学習に対する希望も最大限に考慮できるよう工夫されている．

［真城知己］

韓国における発達障害の現状

　障害別の国際比較をするとき，日本と対象国との障害カテゴリーの違いと教育体制との関係の違いにとまどうことがある．最も近い国の一つである韓国も例外ではない．日本でいう特別支援教育は韓国では漢字表記では特殊教育となる．1994年に大幅改定された特殊教育振興法では，その対象として，1. 視覚障害，2. 聴覚障害，3. 精神遅滞，4. 肢体不自由，5. 情緒障害（自閉症を含む），6. 言語障害，7. 学習障害，8. その他の教育部令が定める障害とされており，学習障害が特殊教育の対象となっている．2007年に制定された「障害者などに対する特殊教育法」の第3章第15条（特殊教育対象者の選定）では対象者の障害を 1. 視覚障害，2. 聴覚障害，3. 精神遅滞，4. 肢体不自由，5. 情緒・行動障害，6. 自閉性障害，7. 意思疎通障害，8. 学習障害，9. 健康障害，10. 発達遅滞（0〜7歳の障害のある幼児）に分けられており，支援対象障害のカテゴリーの増加がみられる．

●**発達障害のある児童・生徒について**　2011年度の学習障害のある児童生徒の就学先をみると，特殊学校に20人，特殊学級に4188人，通常の学級で1398人就学している．発達遅滞のある児童生徒は，特殊学校で255人，特殊学級で818人，通常の学級で607人が支援を受けている．また第17条（特殊教育対象者の配置および教育）では，第1項：教育長または教育監は，第15条により特殊教育対象者に選定された者を当該特殊教育運営委員会の審査を経て次の各号のいずれかに配置し，教育しなければならない．1. 一般学校の一般学級．2. 一般学校の特殊学級．3. 特殊学校．第2項：教育長または教育監は，第1項により特殊教育対象者を配置する際には，特殊教育対象者の障害程度・能力・保護者の意見などを総合的に判断し，居住地で最も近いところに配置しなければならない．第3項：教育監が管轄区域内に居住する特殊教育対象者を他の市・町の学校等に配置する際には，当該市・道教育監（国立学校の場合には当該学校の長をいう）と協議しなければならない．第4項：第3項により特殊教育対象者の配置の求要を受けた教育監または，国立学校の長は，大統領令で定める特別な事由がない限りこれに応じなければならない．第5項：第1項から第4項までの規定による，特殊教育対象者の配置などに関して必要な事項は大統領令で定めるとしている．

　発達障害者権利保障および支援に関する法律（2014年5月制定，2015年11月施行）第1章第2条において発達障害の定義は次のように定められている．発達障害者とは，「障害者福祉法」第2条第1項に定められている障害者であり，次のような障害者とされている．「ア．知的障害者：知的能力の発達が全般的に遅

れた水準に止まっており，知的能力の発達が不充分または不完全で，日常生活と社会生活の適応が著しく困難な者．イ．自閉症障害者：小児期自閉症，非典型的自閉症に伴う言語，身体表現，自己コントロール，社会適応機能および能力の障害によって，日常生活や社会生活に著しい制限を受けており，何らかの支援が必要な者．ウ．その他，通常の発達がおおむね遅れており，日常生活や社会生活に著しい制限を受けている者として，大統領令として定められる者．」とされている．

さらに，この法律では以下の効果が期待されている．**1．地域社会への参加および活動の支援**：地域社会で他の人々とともに仕事をし，生活を営み，多様な活動に参加できる要件を備えること．このため，障害者年金制度の改正，地域社会参加のためのリハビリサービスの供給，日常活動支援，余暇文化活動支援，自己決定権の保障，自助団体の結成・運営のための支援，重症発達障害者のための作業訓練施設の設置・運営を目指す．**2．人権保護および権利保障について**：人権侵害事件への対応および予防システムの構築，自己権利主張およびコミュニケーション支援体制の構築を目指す．具体的にはコミュニケーションツールの補完および入力支援，発達障害者のための情報支援体制の構築，人権侵害に対応するための申告の受付，現場出動および調査，保護措置などのシステムの構築をめざす．**3．個別のサービス支援体系の運営について**：具体的には，多様なサービスを個人が申請し，決定された予算内で弾力的に変更できる裁量を与える．適切なサービス支援を体系的に運営するために中央および地域に発達障害者支援センターを設置し運営すること．発達障害者の自己意思決定権の保障，成人後見人制度の利用支援，コミュニケーションツールの開発，自助団体の構成および支援，発達障害者専門担当員による調査制，犯罪申告義務などがあげられている．発達障害者のニーズに合う支援のための個別の支援計画作成の規定，発達障害者の地域社会活動への参加を促進するための発達障害者支援センターの運営および支援（生涯教育，文化余暇体育活動，見守り支援など）の実施が明記されている．さらに，当事者以外の養育・支援する家族の負担を緩和し休息への支援を行うなどが述べられている．日本の発達障害の定義に含まれる注意欠如多動症は行政上，行動障害の範疇に入り，高機能自閉症は教育法第15の6で自閉症スペクトラム症候群として位置づけられている．

［落合俊郎，執筆協力：崔明福］

📖 **参考文献**

[1] 金참燮，翻訳崔明福「韓国の特殊教育の概略」特別支援教育実践センター紀要，11，23-33，広島大学大学院教育学研究科附属特別支援教育実践センター，2013
[2] 韓国保健福祉部「発達障害者権利及び支援に関する法律」2014，同HP〈http://www.mw.go.kr/front_new/al/sal0301vw.jsp?PAR_MENU_ID=04&MENU_ID=0403&CONT_SEQ=322428&page=1〉

オーストラリアにおける発達障害

　オーストラリア（豪州）は，6州と準州，特別区（以下，州）からなり，国全体で大枠となる法律を制定したうえで（連邦レベル），各州が具体的な教育制度を定めている．本項では，LDに対して他州に先駆けて取り組んできたクィーンズランド州（QLD州）を主に取り上げ概説する．

●**用語の使用と教育サービスの考え方**　豪州における発達障害支援，なかでもLDとADHDは，高出現率（high incidence）として通常の学級内で支援されてきた．用語や対応法などは，イギリスやアメリカの影響を受けつつも独自の発展を遂げており，その象徴がLDの用語の使い分けである．それは，学習障害（learning disabilities）と学習困難（learning difficulties）として表される．前者は，生物学的要因を背景にもつ場合であり，後者は，環境要因を含めて，学習上困難を示している状態を包括的に示す用語である．こうした用語の使い分けについては，1970年代を中心に議論され発展し，判断しにくい病因論から対応するより，目の前の子どもが抱えている教育的ニーズをもとに支援提供を行うべきとする考え方として，教育現場においては，学習困難への対応を中心に発展してきた（詳細は文献[1]参照）．さらに，インクルージョンへの流れの中で，「特別なニーズ」の考え方が発展し，QLD州では障害のある子ども（低出現率），学習困難・情緒障害または行動障害（高出現率），学校を中退する可能性がある子ども，低所得階層出身の子ども，先住民の子ども，英語を母語としない子ども，遠隔地に住む子どもを「特別なニーズを要し優先的に支援すべき対象」として教育施策を講じている[1]．一方，ADHDについては，この用語が研究やマスコミで用いられることはあっても，教育現場では，行動面で「challenged」であるとし，診断名を教育用語として用いず，学習面同様に広く教育的対応が受けられるようにしている．なお，高機能自閉症については，低出現率の障害の一つである自閉スペクトラム症（ASD）としてとらえ，巡回指導など専門的支援が受けられる．

●**支援の歴史的経緯**　学習困難への支援については，1930年代のショネル夫妻の功績が大きい．彼らは，読み障害診断テストや到達テストの開発に加え，1950年代以降，治療教師やリソース教師の養成をQLD大学で始めた．これが，1970年代までに全土に広がり，後の学習困難支援教師（support teacher for learning difficulties：STLD）となる．1990年代以降は，構造化された支援を提供するようになり，障害種ごとに，ニーズを6段階に分けて判定し，それに応じた支援を提供してきた（Ascertainment：アサテイメント）．当初，学習障害もこの対象であったが，通常の学級での支援を基本として1998年に切り離し，学習困難と

ともに次の対応となった．まず，小学2年時診断網（The Year 2 Diagnostic Net）として低学年を中心としたスクリーニングを学級担任が行い，早期介入をしていく．次に，4年生以降は，STLDが中心になってアセスメントを行い，抽出指導を含めた少人数または個別的対応がとられる（Appraisement：アプレイズメント）．こうした早期発見と介入システムは，他州でもFirst Stepなどにより整備されており，ほかにもReading Recoveryや，THRUSSなどのプログラムでも支援されている．しかしながら，多くの支援は，言語領域に偏っており，算数困難への取り組みは，2000年代後半から活発化していった．

●現在提供されている支援と課題　豪州は，2009年，障害者の権利条約に批准した．そもそも豪州には，障害者差別禁止法（1992年制定，2009年修正）があり，教育における障害基準（2005年）を定めるなどして教育への権利と特別な支援を提供してきた．こうした連邦レベルでの施策を受け，各州でも政策を打ち出している．例えばQLD州では，「2005年インクルーシブ教育声明」によって推進方針が明示され，学校における実態把握や教育支援計画の作成，学習への参加やカリキュラムの調整，支援技術を含む教員研修，保護者や地域への多様性理解の啓発などに関する5項目に対して具体的に示している．さらに「障害のある児童生徒のためのガイドライン」により，子どもたちの教育的ニーズに応えるための種々の「調整」を例示することで，具体的手続きを示している．こうした調整は，学習面や行動面で支援を要する子どもたちに適応されるため，アプレイズメントなどの各種プログラムの提供から「調整の検討」へと転換してきている．さらに，ASDを含める低出現率の6障害種に該当した場合には，2005年にアサテインメントに変わって導入された「教育調整プログラム（Education Adjustment Program：EAP）」が適用され，通常の支援に加え，各々のニーズに対応した「調整」を行い，手厚い支援が提供される（詳細は文献[2]を参照）．

現在，豪州では，特別学校を残しているものの，通常学校での支援を基本とし，障害や，文化的背景なども含めた多様なニーズに対して合理的調整（reasonable adjustment）を行い，インクルーシブ教育を進めている．また2008年に導入された全国統一テスト（National Assessment Program – Literacy and Numeracy：NAPLAN）では，特別なニーズがある場合に個別に調整がなされ，テストへの平等な参加を保障している．しかし，テストの結果による自己肯定感の低下や，低成績群へのラベリングの懸念が示されるなど[2]，新たな課題も生じている．

[片岡美華]

参考文献
[1] 玉村公二彦・片岡美華『オーストラリアにおける「学習困難」への教育的アプローチ』文理閣，2006
[2] 渡部昭男編著『日本型インクルーシブ教育システムへの道―中教審報告のインパクト』三学出版，pp.116-130，2012

スウェーデン・フィンランド・ノルウェーの特別教育

●**スウェーデン** スウェーデン王国（スウェーデン）の人口は約979万，面積は約44.9万km^2（日本の約1.2倍）である．義務教育は9年間で，任意の0学年として就学前学級がある．スウェーデンの特別教育の特徴は，第一に特別学校として地域立聴覚障害学校および基礎自治体立知的障害学校が維持されていること，第二に「場の統合」や「個の統合」を背景に通常学校には特別学級はなく，必要に応じて学習集団を編成する「支援指導」が行われることである．

特別学校は手話を第一言語とする地域立聴覚障害学校が5校あり，国立として盲聾重複障害学校1校と視覚障害と言語障害のリソースセンターがある．この他八つの教育機関と教材センターなどが，助言や研修機能を有するリソースネットワークSPSMとして，全国を5地域に分割した支援体制を構築している．これらの特別学校には全就学児の0.05％が就学している．基礎自治体立知的障害学校は維持されており，軽度知的障害を対象とした知的障害基礎学校（全就学児の0.63％）と，訓練学校（全就学児の0.39％）の二つの教育課程がある．近年，知的障害学校就学児数増加が懸念されていたが，適正修学と通常学校で知的障害教育カリキュラムを履修する「個の統合」を推進して対象児数を減少させた．

特別学級はない．知的障害学校の多くが通常学校と同じ敷地内にある場の統合の状態にあること，通常学級が従来の学級枠を取り払い活動によって学習集団を編成する「活動単位」制を導入していることからである．

通常学校では，放課後の加力や補習などの修学支援や特別な学習集団編成，個別対応を考慮する支援指導を各学年10〜15％の子どもを対象に行う．ほかにも会話支援教員や特別教育家／特別教員などによる支援もある．すべての子どもに「個別発達計画」が作成されており，より付加的支援が必要な場合には「対策プログラム」が作成される．

●**フィンランド** フィンランド共和国（フィンランド）の人口は約547万，面積は約33.8万km^{2}である．義務教育は9年間で，任意の10学年がある．フィンランドの特別教育の特徴は，第一に国立特別学校が複数の障害に対応する学校機能とリソースセンター機能を有すること，第二に通常学校から特別学校までを「段階的支援」と位置づけたりパートタイム特別ニーズ教育を活用したりすることである．

特別学校は聴覚障害，視覚障害，言語障害，自閉症，肢体不自由・重複障害など，各校が複数の障害に対応する国立5校の他，フィンランドに住むスウェーデン語話者である視覚障害者の学校，スウェーデン語話者のための特別教育リソースセ

ンターがある．フィンランドではフィンランド語とスウェーデン語が公用語であり，約 5.4％のスウェーデン語話者にスウェーデン語での教育が保障される．七つの教育機関はリソースネットワーク Valteri として学校機能と訪問相談や評価，研修などのリソースセンター機能を有する．基礎自治体立知的障害学校が維持されているがインクルージョン推進の結果，その対象児割合は 2000～14 年の間で全就学児の 2.6％から 0.9％に減少した．

通常学校では段階的支援として特別学級も活用する．具体的には三段階支援として，すべての子どもを対象にした一般の教育支援（第一段階），第一段階支援が十分ではないと教育的評定を受けたときの強化支援（第二段階），第二段階でも支援が十分ではないと教育的判断を受けた場合の特別学級や特別学校を含めた特別ニーズ教育（第三段階）へ移行する．第一段階支援では通常学校において，特別教員も参画するチームティーチングやリソースルームでの短時間の抽出指導などの早期対応を重視する．全就学児の約 7.5％を対象とした第二段階および全就学児の約 7.3％を対象とした第三段階でも統合的環境での特別教育を試行する．個別の計画は第二段階から作成される．特別教育形態もまずはパートタイム特別ニーズ教育が検討され，次にフルタイムの特別ニーズ教育を考慮する．直近でも全就学児の 23％がパートタイム特別ニーズ教育を受けていた．

●ノルウェー　ノルウェー王国（ノルウェー）の人口は約 516 万，面積は約 38.5 万 km^2 である．義務教育は 10 年間である．ノルウェーの特別教育の特徴は，第一に特別学校を原則廃止してコンピテンスセンターや基礎自治体立教育心理相談サービス（PPT）による通常学校支援体制を整備したこと，第二に通常学校を主体とした「適応教育」が推進されていることである．

特別学校は原則廃止していたため知的障害や重度重複障害の学校はないが，2014 年に盲聾児教育や手話教育のために国立特別学校が 2 校設置された．1992 年に特別学校が廃止された際には，特別学校の一部はコンピテンスセンターになり，通常学校における適応教育が推進された．具体的には，盲聾・視覚聴覚重複障害，脳損傷，聴覚障害，知的障害や発達障害を含む複合的学習障害，ディスレキシアや多言語を含む言語障害，視覚障害の 6 障害を対象としたリソースネットワークおよびサーメ族のための特別教育支援を Statped として組織確立し，助言や研修，12 週間のパートタイム特別教育など，全国を 4 地域に分割した支援体制を構築している．

適応教育推進のため，PPT を整備したり，通常学校に特別教員を配置したりするなど，重度重複障害児も通常学級や特別学級で教育できる体制を構築している．その結果，通常学校で特別な支援を受ける子どもは全就学児の 8％であるが，特別学校などの分離的教育形態で教育を受ける子どもは全就学児の 0.5％にとどまっている．個別計画は特別な支援を受ける子どもを対象に作成する．　　［是永かな子］

シンガポールにおける発達障害

　シンガポールは1819年にイギリス領になり，1965年に独立している多民族国家であり，人口約547万人のうちシンガポール人・永住者は約387万人．そのうちの74%が中華系，13%がマレー系，9%がインド系，3%がそれ以外である．国語はマレー語であり，公用語として英語，中国語，マレー語，タミール語が使われており，英語を行政語としている．1966年から二言語主義が導入され，英語をベースとする教育を開始し，かつ，それぞれ民族の母語も学ぶという政策をとっている．識字率は96.1%と高く（2011年），厳しい能力主義を取り入れた教育が基本となっており，義務教育は2003年より導入され，小学校の6年間のみである．中学校進学率は98.1%と高く，そしてそれに続く高校への進学率は27.7%，ポリテクニックという高等技術専門学校への進学率が43.4%，技能専門学校が21.0%である．国内の大学への進学率は26.0%であり，主に欧米系の外国大学に留学する者が多い．

　シンガポールには日本のような地方自治体は存在せず，教育省が教育行政全般を行うが，その教育省が1988年に障害者諮問協議会の報告書（The Advisory Council on the Disabled）を発令して以来，シンガポールの特別支援教育はめざましい発展を遂げてきている．それ以前のシンガポールでは，七つの自主的運営による福祉組織（Voluntary Welfare Organizations：VWOs）によって，11の特別支援学校が運営されていた．運営資金も1988年までは Singapore Council of Social Service（後に National Council of Social Service：NCSS）という社会福祉的な機関が出資源であったが，1988年のこの報告書により，スペシャル・エデュケーションが教育省の管轄であるべきという認識が確立された．1998年以降はシンガポール政府により多くの予算がスペシャル・エデュケーションに組まれるようになり，公立学校の運営に投入される資金の最大4倍もの資金がスペシャル・エデュケーション・スクールの運営に投入されるようになった．前述の報告書はスペシャル・エデュケーションにおける教師一人あたりの児童の割合が1:8と推奨している．さらに，より重度な障害をもつ児童である場合は1:2とも推奨され，これは現在のシンガポールでも適応されている．

● **School Psychological Service の重要性**　誕生から6歳までの検査そして早期療育は政府と民間による病院などの機関によって行われる．就学時の6歳になったとき，通常の公立学校に進むかスペシャル・エデュケーションに特化した学校に進むか，最終的には保護者の意向で決定される．1988年の報告書では，統合教育を掲げていたが，実際には，スペシャル・エデュケーション・サービス

は公立学校外の約21のスペシャル・エデュケーションに特化した学校で供給されることが多い．軽度のスペシャル・ニーズをもつ児童の通常学級における統合教育を推進するために，NCSSは調査を行い，その結果から，1991年には教育省は，すべての公立学校にSchool Psychological Service（SPS）を設置した．SPSには，主任教育サイコロジスト，ソーシャル・ワーカー，リーディング・スペシャリスト，カウンセラー，Learning Support Coordinator（LSC）が含まれる．LSCの役割は特に重要で，スペシャル・ニーズをもつ児童の発見，SPSの推薦に基づく取り出し授業，通常学級担任との交渉による通常学級内でのサポート，SPSと協力して適切なカリキュラムと教材の作成，通常学級担任の教育，などが含まれる．また，1992年より，児童それぞれのLearning Support Programme（LSP）を作成することになった．LSPを効果的に運用するために，1993年から教育省はLSCの専門性を高めるためトレーニング体制に着手する．LCSの養成課程は徐々に整い，2001年には，修得までに2年もかかる高度な学位（Advanced Diploma）にまで発展した．以前のスペシャル・エデュケーションは海外で専門のトレーニングを受けてきた教員や，仕事を通して経験を積んだスタッフにより供給されたが，1984年以降，現在National Institute of Education（NIE）とよばれるシンガポールで唯一教員を養成する機関が，すでにスペシャル・エデュケーションの学校に勤務する教員に向け3年ほど修得にかかるCertificate in Special Educationのプログラムを運営している．

　1980年代には英語が苦手であるために学業不振に陥っている児童のニーズに教育省は乗り出す．1989年には，このような児童を発見し，指導をする教員向けのトレーニング・コースが開始された．また，このような児童に英語と算数を小グループで指導するプロジェクトも開始され，これは現在Encouraging Achievement and Better Programmeというものに発展している．

●今後の課題　シンガポールはこのように，スペシャル・ニーズをもつ児童へより専門性が高い教員が指導できるよう，トレーニング・コースの開発，改良に取り組んできているが，スペシャル・エデュケーションに従事する教員の離職率の高さが問題となっている．また，現在も，スペシャル・エデュケーション・サービスが通常学級または公立学校の外で供給されることが多いことが今後の課題となっている．

[小林マヤ]

参考文献
[1] 自治体国際化協会シンガポール事務所「シンガポールの英語教育について」Clair Report, 416, 2015
[2] Ministry of Education Republic of Singapore, *Choosing the Right School for Children with Special Education Needs*, 2012
[3] K. B. Tam et al., "Primary school teachers' concerns about the integration of students with special needs in Singapore", *TEACHING Exceptional Children Plus*, 3, 2006

事 項 索 引

※太字は見出し用語を表す

■アルファベット■

ABAB デザイン　ABAB design　311
ABC 機能分析/ABC 分析　ABC（Antecedent Behavior Consequence）analysis, ABC functional analysis　62, 288
ABC 記録法　ABC（Antecedent Behavior Consequence）recording　201
ACT　**306**
ADA　Americans with Disabilities Act　580
ADHD　attention deficit/hyperactivity disorder　**6**, 15, 18, 83, 120, 273, 361, 367, 391, 420, 436, 508, 513
ADHD の治療薬　**420**
ADHD への通級による指導の実際　**154**
ASD　autism spectrum disorder　14, 209, 274, 364, 367
ASD と触法行為　**556**
ASD の弱い中枢性統合　**68**
AWMA-Ⅱ　Alloway Working Memory Assessment, Second Edition　231

BOLD 効果　blood oxygenation level dependent effect　346

CAI　computer aided instruction　118
CAST　Center for Applied Special Technology　126
CBR　community-based rehabilitation　**498**
CD　conduct disorder　15
CHADD　Children and Adults with ADHD　508
CHC（Cattell-Horn-Carroll）理論　CHC（Cattell-Horn-Carroll）theory　29, 219
CHC 理論と知能　**24**
CSTC 回路　cortico-striato-thalamo-cortical circuit　331
CT　computerized tomography　344

DAMP 症候群　deficits in attention, motor control and perception　361

DCDQ　developmental coordination disorder questionnaire　360
DMDD　developmental coordination disorder questionnaire　366
DN-CAS　Das-Naglieri Cognitive Assessment System　27, 29
DSM　Diagnostic and Statistical Manual of Mental Disorders　8, **350**, 352, 569
DSM-5　12, 350, 378

EEG　electroencephalography　342
e-Learning　118

fMRI　functional MRI　346

GATB　general aptitude test battery　531

HUCRoW　Hiroshima University Computer-based Rating of Working Memory　231

ICD　International Statistical Classification of Diseases and Related Health Problems　8, **350**, 568
ICD/DSM　**350**
ICD-10　35, 350, 378
ICD-11　350
ICF　International Classification Functioning, Disability and Health　206, **502**
ICIDH　International Classification of Functioning of Impairments, Disabilities and Handicaps　502
ICT　information and communication technology　**118**, 173, **220**
IDEA　Individuals with Disabilities Education Act　4, 23, 96, 176, 580
IEP　individualized educational program / individualized educational plan　580

KABC-Ⅱ　Kaufman Assessment Battery for Children Ⅱ　29, 291, 542, 559

KINDL 尺度　474

LCSA　Language and Communication scale for School-Age children　249
LD　learning disabilities / learning disorders　2, **4**, 18, 20, 34, 76, 83, 170, 174, 513, 584
LD/ADHD 心的疑似体験プログラム　**18**
LD 教育士　LD Specialist　78
LD と触法行為　**558**
LD への通級による指導の実際　**152**
LMS　learning management system　118

MAS　Motivational Assessment Scale　298
MEG　magnetoencephalography　346
MRA　magnetic resonance angiography　345
MRI　magnetic resonance imaging　344

NCLB　No Child Left Behind Act　176
NDD　neurodevelopmental disorders　14
NIRS　near infrared spectroscopy　346

ODD　oppositional defiant disorder　15

PASS 理論　PASS (planning, attention, simultaneous, successive) theory　**26**, 219
PET　positoron emission tomography　346
P-F スタディ (絵画欲求不満検査)　P-F study (picture-frustration study)　269
PISA　Programme for International Student Assessment　169

RAN　rapid automatized naming　38, 42
RCT　randomized controlled trial　310
RTI　response to intervention/instruction　23, 171, 173, **176**

SKAIP　screening kit for academic intervention program　20, 174
SOUL　silence observation understanding and listening　256
SPECT　single photon emission computed tomography　346
STRAW　screening test of reading and writing for Japanese primary school children　53

TEACCH プログラム　treatment and education of autistic and related communication handicapped children　139, **514**
TIMSS　Trends in International Mathematics and Science Study　169
TTAP　TEACCH transition assessment profile　531, 533

URAWSS　understanding reading and writing skills of school children　53

VOCA　voice output communication aids　120

WHO　world health organization　8, 350
WHOQOL26　WHO Quality of Life 26　474
WISC-Ⅳ　Wechsler Intelligence Scale for Children-Fourth Edition　23, 39, 291, 542
WMTB-C　Working Memory Test Battery for Children　231

■あ行

愛着 (アタッチメント)　attachment　64, 247
アイデンティティ　identity　261, 276
アクセシビリティ　accessibility　500
アクセプタンス・コミットメント・セラピー　acceptance and commitment therapy：ACT　307
アクティブ・ラーニング　active learning　119, 128
アサーション　assertion　197
アシスティブ・テクノロジー　assistive technology　500
アスペルガー症候群学生の支援 (大学)　**472**
アセスメント　assessment　20, 174, **290**, 542, 559
アセスメント (言語発達)　**248**
アセスメント (認知機能)　**218**
アセスメント (読み書き)　**220**
アセチルコリン　acetylcholine　333, 337
アタッチメント行動 (愛着行動)　attachment behavior　374
アトモキセチン　atomoxetine　420
アメリカ知的・発達障害協会　American Association on Intellectual and Developmental Disabilities：AAIDD　12
アメリカにおける発達障害　**580**
アンガーマネジメント　204

事項索引

暗算　mental calculation　56, 192
アンジェルマン症候群　Angelman syndrome　390
アンダーアチーバー（学業不振）　underachievement　170
アンダーマイニング　undermining　271

怒り　anger　204
イギリスにおける発達障害　**582**
育児効力感　self-efficacy as a parent　284
維持　maintenance　**238**
意思決定　decision-making　146
いじめ　bullying　**282**
異食症　pica　14
異所性灰白質　gray matter heterotopia　334
維持リハーサル　maintenance rehearsal　228
一時保護　temporary aid service　442
一事例の実験デザイン　single case experimental design　310
1歳6か月児健診　health examination at one and half years old　430
逸脱行動　deviant behavior　14
一般職業適性検査　general aptitude test battery：GATB　531
遺伝　heredity　340
遺伝的素因　genetic predisposition　341
意図　intention　72, 258
居場所　487
居場所づくり　the making of place to stay　466
意味・音・形態　meaning・sound・morphology　47
意味理解　semantic understanding　33
意味論　semantics　70, 72
医療間連携　coordination among medical organizations　434
医療的ケア　medical care　436
医療と教育の連携　**436**
医療モデル　medical model　578
因果関係　causal relationship　310
インクルーシブ教育　inclusive education　82, 128, 165, 170
インクルーシブ教育システム　inclusive education system　110, 112
インクルーシブデザイン　inclusive design　511
印刷物障害　print disability　120
インターネットゲーム障害　internet gaming disorder　416
インターバル記録法　interval recording　201
インタビュー（法）　interview method　298, **318**
インターンシップ　internship　470, 480
イントラバーバル　intraverbal　250
インリアル　inter reactive learning and communication：INREAL　191
インリアル・アプローチ　INREAL（inter reactive learning and communication）approach　139, 256
インリアル・アプローチによるコミュニケーション指導　**256**

ウィスコンシンカード分類検査　Wisconsin card sorting test　30
ウィリアムズ症候群　Williams syndrome　391
ウェルニッケ野　Wernicke area　331
ウェルビーイング　well-being　100
うつ病（大うつ病性障害）　depression　**366**
埋込み図形テスト　Embedded Figures Tests　69
運動機能　motor function　424
運動障害　motor disturbance　388
運動障害性構音障害　dysarthria　252
運動神経　motor nerve　332
運動単位　motor unit　333
運動知覚障害　motor perception dysfunction：MPD　361
運動野　motor area　331

英語の読み書きの指導　**186**
エピソード・バッファ　episodic buffer　230
エンクレイブ（分散型就労支援）　enclave　532
エンコーディング　encoding　39
遠視　hyperopia　54
援助つき就労　**532**

応用行動分析　applied behavior analysis　7, 62, 284, 296
応用行動分析学の基礎理論　**62**
応用行動分析の諸技法　**234**
オーストラリアにおける発達障害　**586**
落ちこぼれ防止法（どの子も置き去りにしない法）　No child Left Behind Act：NCLB　176
オプトメトリスト　optometrist　409
オペラント条件付け　operant conditioning　306
親子関係　parent-child relationship　284

親の会　506
オルタナティブスクール　alternative school　166
音韻意識/音韻認識　phonological awareness　38, **40**, 44, 51, 178, 180, 190, 221, 359
音韻処理　phonological processing　178
音韻表象　phonological representation　40
音韻ループ　phonological loop　47, 182
音韻論　phonology　70, 72
音声読み上げ機能　text-to-speech：TTS　119, 120
音節　syllable　46, 178
音素　phoneme　46, 190
音素認識　phoneme awareness　40
音読　reading aloud　225, 248

■か行

下位運動ニューロン　lower motor neuron　333
絵画語い発達検査　Picture Vocabulary Test revised：PVT-R　248
外傷性脳障害　traumatic brain injury　396
外側前頭前野　lateral prefrontal area　30
回転ドア認定モデル　revolving door identification model　172
解読　decoding　36
概念地図　concept mapping　227
海馬　hippocampus　331
外発的動機づけ　extrinsic motivation　270
回避・制限性食物摂取症　avoidant/restrictive food intake disorder　383
回避麻痺症状　377
解離　dissociation　377
解離性障害群　dissociative disorders　401
会話の原則　principles of conversation　72, 191
カウンセリング　counseling　528
過覚醒症状　377
書き表現の障害　disorder of written expression / dysgraphia　5
核黄疸　nuclear jaundice　399
学業不振（アンダーアチーバー）underachievement　170
書くこと　writing　38, 125, 153
拡散強調画像　diffusion weighted imaging：DWI　345
拡散テンソル画像　diffusion tensor imaging：DTI　345

書くしくみ　mechanism of writing　38
学習（視機能・視覚認知）　**54**
学習（セルフエフィカシー）　**264**
学習活動　learning activity　125
学習環境　learning environment　124
学習困難　learning difficulties　**170**, 582, 586
学習困難支援教師　support teacher for learning difficulties：STLD　586
学習指導要領　curriculum guideline　102, 130
学習者用デジタル教科書　digital textbooks for students　119
学習障害　learning disabilities / learning disorders：LD　2, **4**, 34, 83, 120, 170, 174, 388, 450, 584
学習性無力感　learned helplessness　242
学習性無力感に至る課題　**242**
学習判断　learning judgment　233
学習容易性判断　ease-of-learning judgment　233
拡大・代替コミュニケーション　augmentative and alternative communication：AAC　120, 427
確立操作　establishing operation　63
学力検査　achievement test　168
学力調査　assessment of academic ability　168
学齢版言語・コミュニケーション発達スケール　Language and Communication scale for School-Age children：LCSA　249
過食性障害　binge-eating disorder：BED　382
数概念と計算の発達　**222**
仮想的有能感　assumed competence　205
家族支援　family support　278
課題分析　task analysis　241
語り　narrative　248
学校医　school doctor　436, 439
学校間交流　exchange activities between schools　134
学校教育法　**570**
学校教育法施行令　enforcement regulation for the school education act　13
学校での気づき　**174**
学校保健　school health　438
学校保健安全法　**438**
滑脳症　lissencephaly　334
家庭裁判所　family court　544
家庭児童相談室　**444**
仮名と漢字の特性　**46**

事項索引

カミングアウト（公言） coming out 490
カミングアウト支援 **490**
カリキュラム依拠ダイナミックアセスメント curriculum-based dynamic assessment 295
感覚機能 sensory function 424
間隔尺度 interval scale 323
感覚神経 sensory nerve 332
眼窩前頭皮質 orbitofrontal cortex 30
環境アセスメント environmental assessment **298**
環境因子 environmental factors 502
環境リスク environmental risk 561
環境リスクスタディ environmental risk study 561
韓国における発達障害の現状 **584**
喚語困難 word finding difficulty 33
観察 observation 290, 324
観察学習の活用法 **240**
観察法 **316**
漢字の書字指導 **184**
漢字の特性 **46**
漢字の読み困難 difficulty of kanji-reading 47
漢字の読み指導 **182**
感情コントロール emotion regulation 205
感情表現 emotional expression 205
感情理解・表情認知 **274**
間接交流 indirect exchange activities 135
間接的アセスメント indirect assessment 200
観念運動失行 ideomotor apraxia 405
観念失行 ideational apraxia 405
漢方 Kampo 423
γアミノ酪酸 gamma-aminobutyric acid：GABA 337

記憶検査 memory test 324
記憶障害 memory impairment 396
記憶の促進要因 **228**
記憶方略 memory strategy 229, 231, 233
記憶容量 memory capacity 230
機械的記憶 rote memory 69
聞くしくみ listening mechanism **32**
聞く，話すしくみ **32**
器質性構音障害 organic articulation disorder 252
基礎的環境整備 basic environment development 112, 126

既知感判断 feeling-of-knowledge judgment 233
吃音 stuttering 10, 148, 158, 254, 359
吃音緩和法 stuttering modification treatment 255
吃音の生起要因と指導 **254**
基底核 basal ganglia 330
気になる子 children with special care needs 138
機能局在 functional localization 330, 335
機能性構音障害 functional articulation disorder 252, 356
機能的 MRI functional MRI：fMRI 346
機能的アセスメント functional assessment 63, **200**, 250, 296, 298, 302, 304
機能的アセスメントと環境アセスメント **298**
機能的コミュニケーション訓練 functional communication training 305
機能的等価性 functional equivalence 305
機能と言語行動 **250**
気分安定薬 mood stabilizer 423
基本的生活習慣 basic lifestyle（daily）habits 482
帰無仮説 null hypothesis 322
虐待 abuse／maltreatment 100, 280, **400**, 504
虐待と発達障害［心理］ **280**
客観的 QOL objective QOL 475
キャリア教育 career education 147, **470**
キャリア支援 career support 473
教育課程 curriculum 130, 163
教育支援委員会 support committee for school admission and educational program 132
教育支援計画（個別） **106**
教育調整プログラム education adjustment program：EAP 587
教育における ICT 利用 **118**
教育のユニバーサルデザイン **126**
教員免許状 teacher's license／teaching certificate 86
教員養成 teacher training 86
強化（強化法） reinforcement 62, 234, **236**
境界域知能（境界知能） borderline intellectual functioning 171, 354
教科書バリアフリー法 Barrier-Free Act of School Textbooks 122
強化スケジュール schedule of reinforcement 63

強化と弱化　236
共感（共感性）　empathy　331, 506
競合行動バイパスモデル　competing behavior paths model　304
教材・教具　124
矯正教育　correctional education　546, 562
矯正施設　correctional institution　564
矯正施設入所型　institutional treatment　562
きょうだいへの支援　210
協調運動　coordination　360
共同学習　134
協同学習 / 協同活動　cooperative activity　**128**, 233
共同性眼球運動　conjugate eye movement　54
共同注意　joint attention　64, 67, 247, 259, 426
強度行動障害　severe behavior disorder　15
強迫観念　obsession　372
強迫行為　compulsive behavior　372
強迫症　obsessive-compulsive disorder　14
強迫症 / 強迫性障害　372
居住地校交流　134
起立性調節障害　402
キーワード法　keyword method　181
筋原線維　myofibril　333
近視　myopia　54
近赤外分光法　near infrared spectroscopy : NIRS　346
筋線維　muscle fiber　333

クーイング　cooing　258
空間認知　spatial cognition　55
屈折異常　refractive error　54
クラインフェルター症候群　Klinefelter syndrome　391
グラウンデッド・セオリー・アプローチ　grounded theory approach : GTA　320
クラスタリング　clustering　359
クラスワイド SST　class wide social skill training　206
クラスワイドな支援　**206**
グリア細胞　glia cell　330
グルタミン酸　glutamic acid, glutamate　332, 337
グループインタビュー　group interview　319
グループホーム　group home　478
クロスバッテリー・アプローチ　cross-battery assessment approach　24

計画相談支援・障害児相談支援　456
計算障害（算数の障害）　impairment in mathematics / dyscalculia　5, 34, 121
計算・図形の指導　192
「計算する」における困難　56
計算の発達　**222**
継次処理　successive processing　28
計数　counting　222
形態素文字　morphemes　46
形態認知　form cognition　55
系統的構音指導　systematic articulation treatment　253
ゲシュタルト　gestalt　68
結果予期　outcome expectancy　264
結晶性能力　crystallized ability　24
原因帰属　causal attribution　243
研究倫理　**326**
限局性学習症 / 限局性学習障害　specific learning disorder : SLD　5, 34, 358, 436
健康関連 QOL　health related QOL　474
健康教育　health education　439
言語学的四側面　**70**
言語機能　language function　159
言語行動（機能）　250
言語コミュニケーションの指導　190
言語症 / 言語障害　language disorder　10, **158**, 358
言語障害への通級による指導の実際　158
言語心理学的技法　psycholinguistics techniques.　256
言語聴覚士　speech-language-hearing therapist　148, 426
言語聴覚療法　426
言語発達（模倣）　258
言語発達遅滞　language developmental delay　148
言語発達とアセスメント　**248**
言語発達と読み書き　**50**
嫌子　negative reinforcer　62
権利擁護　advocacy　447

語彙（語彙力）　vocabulary　41, 159, 190, 248
語彙習得の加速化 / 語彙爆発　vocabulary spurt　248
語彙年齢　vocabulary age : VA　248
語彙爆発 / 語彙習得の加速化　vocabulary spurt

事項索引

248, 358
語音障害（構音障害）　dysarthria / articulation disorder / speech sound disorder　10, 33, 148, 158, **356**
構音器官位置づけ法　positioning of the articulation organs　253
構音障害（語音障害）　dysarthria / articulation disorder / speech sound disorder　10, 33, 148, 158, **356**
構音の発達と指導　**252**
交感神経　sympathetic nerve　333
公言　coming out　490
後見・保佐・補助　**554**
後見人制度　guardianship system　494, 554
高校生・大学生とメンタルヘルス　**276**
好子　positive reinforcer　62
高次脳機能障害　**396**
更生援護　rehabilitation assistance　447
抗精神病薬　antipsychotic　423
向精神薬　**422**
更生保護施設　relief and rehabilitation facility　549
構造化　structure　539
構造化インタビュー　structured interview　318
公的年金制度　Public Pension Plan　460
抗てんかん薬　antiepileptic drugs　387
後天性脳機能障害　**404**
高等学校での支援　**144**
行動観察　behavior observation　284
行動コンサルテーション　behavioral consultation　288
行動嗜癖　behavioral addictions　416
行動障害　**14**
行動随伴性　behavior contingency　62
高等特別支援学校　**164**
行動の依存　**416**
行動分析学　behavior analysis　62, 250
校内委員会（特別支援教育に関する）　**88**, **90**, 150, 437
広汎性発達障害　pervasive developmental disorders：PDD　361, 556
抗不安薬　anxiolytic　423
口部顔面失行　buccofacial apraxia　405
合理的調整　reasonable adjustment　587
合理的配慮　reasonable accommodation　82, 103, 107, 110, **112**, 120, 126, 131, 144, 146, 173, 409, 501, 539, 578

合理的配慮指針　guidelines on reasonable accommodation　575
合理的配慮と基礎的環境整備　**112**
交流および共同学習　**134**
効力予期　efficacy expectancy　264
高齢になった発達障害者　**476**
5S活動　5S activity　518
語音症　speech sound disorder　10
国際学習到達度調査　Programme for International Student Assessment：PISA　169
国際障害分類　International Classification of Functioning of Impairments, Disabilities and Handicaps：ICIDH　502
国際数学・理科教育動向調査　Trends in International Mathematics and Science Study　169
国際生活機能分類　International Classification of Functioning, Disability and Health：ICF　206, 475, **502**
告知　notification　490
国連障害者権利条約（障害者権利条約）　83, **578**
心の理解　understanding of mind　66
心の理論　theory of mind　31, 65, **66**, 69, 331
5歳児健診　5-year-old health examination　138, **432**, 434
5歳児健診の試み　**432**
呼称速度　naming speed　41, 42
個人因子　personal factors　503
個人間差　inter-individual difference　**22**
個人内差　intra-individual difference / within-subject variability　**22**, 248
誤信念課題　false belief task　65, 66
個人別矯正教育計画　individual education plan　547
ことばの遅れ　speech delay　158
ことばの鎖　speech chain　32
子どもの睡眠と発達医療センター　Medical Center for Child Sleep and Development　381
子どもの貧困　child poverty　101
個に応じた指導　individualized instruction　104
個別就労支援　Individual placement and support program　532
個別の教育支援計画　individual educational support plan　89, 90, **106**, 133, 139, 287

個別の支援計画（個別支援計画） individualized support plan 94, 465, 467
個別の指導計画 individualized educational program / education plan 104, 287
コミュニケーション・アプローチ communication approach 256
コミュニケーションにおける語用論障害 72
コミュニケーション・エイド communication aid 119
コミュニケーション障害群／コミュニケーション症群 communication disorders 10
コミュニケーションの発達 246
語用論 pragmatics 71, 72, 256
語用論障害 72
語用論の障害 pragmatic disorder 73
コラム構造 columnar structure 334
コンサルテーション consultation 98, 288
コンピュータ断層撮影法 computerized tomography：CT 344

■さ行

サイコパス特性 psychopathy traits 563
再体験症状（フラッシュバック） flashback 376
再取り込み reuptake 337
才能 giftedness/talent 172
才能教育 172
再犯率 recidivism 563
サヴァン症候群 savant syndrome 172
作業検査法 performance test 268
作業療法 424
作文 composition 35, 74
作文過程 writing process 226
詐病 factitious disorder 513
サポートマップ support map 108
三項関係 triadic relation 64
3歳児健診 3-year-old health examination 430
産出欠如 production deficiency 232
算数の障害 impairment in mathematics / dyscalculia 5

支援技術 assistive technology 119, 120, 500
支援体制 support system 212, 286
視覚 - 運動協応 visual-motor coordination 39
視覚記憶 visual memory 184
視覚失認 visual agnosia 404
視覚障害 visual impairment 406

視覚情報処理 visual information processing 55
視覚性記憶 visual memory 55
視覚的語彙 sight word/sight vocabulary 179
視覚的注意スパン visual attention span 55
視覚的ワーキングメモリー visual working memory 39
視覚認知 visual cognition 43, 54, 180, 182, 221, 408
視覚認知記憶 visual cognition and memory 53
視覚認知障害 visual cognitive disorder 388
時間見本法 time sampling method 316
色覚 color vision 54
磁気共鳴血管画像 magnetic resonance angiography：MRA 345
磁気共鳴撮影法 magnetic resonance imaging：MRI 344
視機能 visual function 54, 408
視機能・視覚認知障害 408
視機能・視覚認知と学習 54
視空間処理 visuo-spatial processing 182
視空間認識能力（視空間認知） visual-spatial cognition / visuo-spatial cognition 35, 39, 55
軸索 axon 330, 334
刺激等価性 stimulus equivalence 244
刺激般化 stimulus generalization 238
試験時間の延長 extended time in examination 117
自己意思決定権 585
自己概念 self-concept 262
自己監視 self-monitoring 300
自己強化 self-reinforcement 300
自己教示 self-instruction 300
自己決定支援 484
自己肯定感 self-affirmation 158
自己効力感（セルフエフィカシー） self-efficacy 233, 243, 264
自己調整学習 self-regulated learning 231
自己評価 self-evaluation 262
自己有用感 self-usefulness 140
自己理解 self-awareness / self-understanding 157, 260, 276, 470, 480
視床下部 hypothalamus 332
自傷行為（自傷行動） self-injury 14
事象見本法 event sampling method 317
システマティック・インストラクション systematic instruction 241

事項索引

姿勢制御　postural control　428
姿勢反応　postural response　429
肢節運動失行　limb-kinetic apraxia　405
自然観察法　natural observation method　316
自尊感情　self-esteem　262
視知覚　visual perception　55
疾患特異的 QOL 尺度　disease-specific QOL measures　474
実験計画法　experimental design　**314**
実験的観察法　experimental observation method　316
失行　apraxia　405
実行機能　executive function：EF　30, **60**, 67, 273, 331
実行機能障害　executive dysfunction　60, 145
実行機能障害仮説　executive dysfunction theory　69
失語症　aphasia　404
失算　acalculia　405
失書　agraphia　405
実態把握　assessment　104, 174, 190
質的研究の分析法　**320**
失読　alexia　36, 405
失認　anosmia　404
質問紙調査（法）　questionnaire method　298, **312**
質問紙法　questionnaire method　268
自動化　automatization　41, 43
児童虐待　child abuse / maltreatment　400, 504
児童虐待防止法（児童虐待の防止等に関する法律）Act on the Prevention, etc. of Child Abuse　281
指導計画（個別）　**104**
指導者用デジタル教科書　digital textbooks for teachers　119
児童自立支援施設　support facilities for development of self-sustaining　**552**
児童相談所　child guidance center　442, 464
児童発達支援管理責任者　child development support manager　467
児童発達支援センター　child development support center　452, 465
児童福祉法　Child Welfare Act　281, 452
シナプス　synapse　330, 335
シナプス可塑性　synaptic plasticity　335
シナプス間隙　synaptic cleft　336

シナプス形成　synaptogenesis　335
シナプス伝達効率　synaptic transmission efficiency　335
シナプスの刈り込み　synaptic prunning　335
自閉症 / 自閉スペクトラム症 / 自閉症スペクトラム障害　autism spectrum disorder：ASD　2, **8**, 14, 66, 68, 83, 121, 162, 256, 274, 364, 370, 372, 383, 418, 430, 436, 450,546, 556, 585
自閉症・情緒障害特別支援学級　autism and emotional disturbance special support class　**162**
自閉症スペクトラム障害（ASD）と触法行為　**556**
自閉症への通級による指導の実際　**156**
シミュレーション説（シミュレーション仮説）simulation theory　31, 66
視野　field of view　54
社会移行　social transition　470
社会参加　**478**
社会性　sociality　156, 518
社会生活を支える制度や相談機関　**494**
社会性の発達と起源　**64**
社会適応力　social adaptability　481
社会的学習理論　social learning theory　240
社会的行動障害　social behavior disorder　396
社会的（語用論的）コミュニケーション症　social (pragmatic) communication disorder：SCD　10
社会的障壁　social barrier　119, 576
社会的自立　social independence　480
社会的スキル　social skill　518
社会的スキル訓練　social skills training　240
社会脳　social brain　275
社会福祉士　certified social workers　549
社会モデル　social model　578
弱視　strabismus　406
斜視　amblyopia　54
弱化　punishment / disinforcement　62, **236**
就学支援　support at admission to schools　**132**
就学時健康診断　health examination for school admission　132
就学支援委員会　committee for school attendance　437
就学相談　guidance at admission to schools　132
周期性四肢運動　periodic limb movements：PLMS　381

就職支援　employment support　473
従属変数　dependent variable　310, 323
集団指導　group guidance　142
集団随伴性　group-oriented contingencies　207, 266
重篤気分調節症　disruptive mood dysregulation disorder：DMDD　366
就労移行支援事業所　work transition support providers　537
就労継続支援A型事業所　type-A support program providers　537
就労継続支援B型事業所　type-B support program providers　537
就労支援　**538**
就労支援機関　**536**
就労準備性ピラミッド　work readiness pyramid　482
就労スキル　job skills　198
主観的QOL　subjective QOL　474
主効果　main effect　315
樹状突起　dendrite　330, 334
出現率　incidence　2
出生前診断　prenatal diagnosis　349
受容体　receptor　336
巡回相談（巡回指導）　itinerant consultation　92, 139, 151, 213
順序尺度　ordinal scale　323
上位運動ニューロン　upper motor neuron　333
障害支援区分　recognition of classification of disability levels　449, 572
障害児相談支援　**456**
障害児保育　**464**
障害者虐待防止法（障害者虐待の防止，障害者の養護者に対する支援等に関する法律）　Act on the Prevention of Disabled Abuse（Act on the Prevention of Disabled Abuse, Support for Caregivers of Persons with Disabilities and Other Related Matters）　281
障害者教育法　Individuals with Disabilities Education Act：IDEA　4, 96, 176
障害者権利条約（障害者の権利に関する条約）　Convention on the Rights of Persons with Disabilities　83, 578
障害者雇用　employment system for persons with disabilities　477
障害者雇用納付金制度　Employment Levy System for Persons with Disabilities　575
障害者雇用率制度　employment rate system for persons with disabilities　574
障害者差別解消法　83, 107, 213, **576**
障害者差別禁止指針　Guidelines on Prohibition of Discrimination against Persons with Disabilities　575
障害者就業・生活支援センター　employment and life support center for persons with disabilities　527, 536
障害者職業センター　vocational center for persons with disabilities　527, 537
障害者職業能力開発校　Vocational Ablity Development Centers for Persons with Disabilities　537
障害者自立支援法　Services and Supports for Persons with Disabilities Act　449, 462
障害者総合支援法　448, 489, **572**
障害者手帳　**462**
障害者の権利に関する条約（障害者権利条約）　Convention on the Rights of Persons with Disabilities　83, 103, 112, 126, 578
障害者の雇用の促進等に関する法律　**574**
障害受容　acceptance of disabilities　279
障害受容過程（保護者）　278
障害受容と自己理解　260
障害年金　460
障害福祉計画　government welfare program for persons with disabilities　573
障害福祉サービス　disability welfare service　476
障害理解教育　136
障害を理由とする差別の解消の推進に関する法律（障害者差別解消法）　83
小学生の読み書きスクリーニング検査　screening test of reading and writing for Japanese primary school children：STRAW　53
小学生の読み書きの理解　understanding reading and writing skills of schoolchildren：URAWSS　53
小学校での支援　**140**
消去　extinction　235, 236, 303
状況モデル　situation model　224
象形文字　hieroglyph, pictograph　182
条件交替デザイン　alternating treatment design　311

事項索引

上行性網様賦活系　ascending reticular activating system　330
小集団指導　small group instruction　266
症状妥当性　**512**
情動　emotion　272
衝動的行動　impulsive behavior　273
情動の処理過程　**272**
小児期発症流暢症／吃音　childhood-onset fluency disorder/stuttering　10
小児慢性疲労症候群　childhood chronic fatigue syndrome：CCFS　380
少年鑑別所・少年院　**546**
少年法　**544**
小脳　cerebellum　330
情報処理スタイル　information processing strategy　68
情報通信技術　information and communication technology：ICT　118
書記素　grapheme　40
職業アセスメント　**530**
職業カウンセリング　**528**
職業興味　vocational interest　530
職業準備　work preparation　540
職業準備性のピラミッド　**540**
職業生活　working life　540
職業適性　vocational aptitudes　530
職業リハビリテーション　vocational rehabilitation　**526**, 574
職場定着指導　follow-up　534
職場適応　adjustment to the working life　260
職場適応指導　workplace adaptation guidance　534
触法行為　criminal behavior　550, 556, 558, 560, 562
書字指導（漢字）　**184**
書字指導（ひらがな）　**180**
書字障害（ディスグラフィア）　dysgraphia／impairment in written expression　34, **52**, 121
書字表出障害　disorder of written expression　34
ジョブコーチ　job coach　535, 539
自立活動　activities to promote independence　130, 151, 158, 163, 165, 173
自立支援計画　independence support plan　552
自立支援（個別）給付　individual benefit　572
自立準備ホーム　549
自律神経　autonomic nerve　332

自立の検討　**486**
視力　visual acuity　54
事例研究　case study　310
視路　visual pathway　406
心因性視覚障害　psychogenic visual disturbance／functional visual disturbance　407
侵害受容器　nociceptor / nocireceptor　333
シンガポールにおける発達障害　590
神経回路／神経回路網　neural network/neuronal pathway　330, 334
神経管　neural tube　334
神経筋接合部　neuromuscular junction　332
神経系機能の発達　**334**
神経細胞　neuron　334
神経細胞遊走　neuronal migration　334
神経心理学的検査　neuropsychological test　324, 512
神経性過食症／神経性大食症　bulimia nervosa：BN　382
神経性やせ症／神経性無食欲症　anorexia nervosa：AN　382
神経伝達物質　336
神経発達症群／神経発達障害群　neurodevelopmental disorders　2, 14, 352
神経変性疾患　392
心身症　psychosomatic disorder　**384**, 402
心身相関　mind-body correlation　384
身体障害者手帳　physical disability certificate　462
身体的虐待　physical abuse　504
診断基準　diagnostic criteria　350
心的外傷後ストレス障害　posttraumatic stress disorder：PTSD　376, 400
シンボル　symbol　259
信頼関係（ラポール）　rapport　309
信頼性　reliability　313
心理教育的支援　psychoeducational support　276
心理検査　psychological test（s）　290, 292, **324**
心理社会的因子　psychosocial factor　385, 402
心理的虐待　psychological abuse　504
進路指導　career guidance　261

推移律　transitivity　244
髄鞘（ミエリン鞘）　myelin sheath　335
髄鞘化　myelination　335

錐体路　pyramidal tract　332
髄膜炎　**394**
睡眠時無呼吸症候群　sleep apnea syndrome　380
睡眠障害　**380**
睡眠不足症候群　behaviorally induced insufficient sleep syndrome：BIISS　380
睡眠ポリグラフィー　polysomnography：PSG　381
睡眠薬　hypnotic　423
「推論する」における困難　58
スウェーデン・フィンランド・ノルウェーの特別教育　**588**
数学的思考　mathematical thinking　222
数学的推論　mathematical reasoning　58
数感覚　number sense　222
数唱　number counting　222
数的事実　arithmetic fact　56
スクールカウンセラー　school counselor　98, 525
スクールソーシャルワーカーの活用　**100**
スクールソーシャルワーク　school social work　100
スクールワイド SST　school wide social skill training　206
スクールワイド PBS　school wide positive behavior support　206
スクールワイド/クラスワイドな支援　school wide・class wide support　**206**
スタティックアセスメントとダイナミックアセスメント　static assessment and dynamic assessment　**294**
ストループ課題　stroop task　30
ストレングスモデル　strength model　519, 551
スローラーナー　slow learner　171

正確性　accuracy　45, 48, 52, 178
生活環境の調整　coordination of the social circumstances　564
生活自立　self-reliance　482
生活自立支援　**482**
生活の質　quality of life：QOL　296, 474
生活保護　public assistance　494
成功体験　successful experience　140
精神間機能　interpsychic function　246
成人期の自己理解　**480**
精神障害者地域生活支援センター　independent living support center for mentally handicapped persons　455
精神障害者保健福祉手帳　mental disability certificate　462
成人生活におけるマナーやルール　**518**
成人生活における余暇　**516**
成人生活におけるライフスキル　**520**
精神遅滞　mental retardation　354
精神内機能　intrapsychic function　246
成人の発達障害と虐待　**504**
精緻化リハーサル　elaborative rehearsal　228
性的虐待　sexual abuse　504
生徒指導　student guidance　143
青年期のアイデンティティ　adolescence identity　261, 276
正の強化　positive reinforcement　236, 284
正の弱化　positive punishment　236
性非行　sexual offence　556
世界保健機関　World Health Organization：WHO　8
積極的行動支援　positive behavior support：PBS　206, 296
摂食障害　**382**
セルフエフィカシー（自己効力感）　self-efficacy　233, 243, 264
セルフエフィカシーと学習の関連　**264**
セルフマネジメント　**300**
セロトニン　serotonin　337
セロトニン・ノルアドレナリン再取り込阻害薬　serotonin and noradrenaline reuptake inhibitors：SNRI　381
先行事象の操作　operation of the antecedent events　300
染色体異常　348
染色体異常症　**390**
染色体検査　chromosomal test　348
選択性緘黙　368, **370**
選択的セロトニン再取り込阻害薬　selective serotonin reuptake inhibitors：SSRI　381
前頭前野　prefrontal cortex　30, 331
前頭葉　frontal lobe　30, 331
前頭葉機能　frontal lobe function　30, 68, 273
専門家チーム　professional team　89, 92, 103
専門家チーム会議と巡回相談　**92**

双極性障害　bipolar disorder　367

層構造　laminar structure　334
早修　acceleration　172
創造性　creativity　172
相談支援事業所　**448**
相談支援専門員　consultation support specialist　448
相談支援ファイル　**108**
層別化　stratified　323
促音　double consonant　39
側音化構音　lateralized articulation　252
側坐核　accumbent nucleus　331
側性化　lateralization　335
測定　measurement　322
側頭葉　temporal lobe　330
素行症　conduct disorder：CD　15, 378
ソーシャルスキル　social skills　198
ソーシャルスキル教育　social skills education：SSE　197
ソーシャルスキル生起過程モデル　process model of social skill　196
ソーシャルスキルトレーニング　social skills training：SST　139, **196**
ソマティック・マーカー　somatic marker　31

■た行

大うつ病性障害（うつ病）　366
大学での支援　**146**
大学におけるアスペルガー症候群学生の支援　**472**
大学における発達障害学生のキャリア教育　470
大学入試センター　National Center for University Entrance Examinations　116
大学入試における配慮　**116**
大規模オープンオンライン講座　massive open online course：MOOC　118
対称律　symmetry　244
対処可能性　controllability　242
対処不可能性　uncontrollability　243
代替行動　competing behavior　304
代替行動分化強化法　differential reinforcement of alternative behavior　289
ダイナミックアセスメント　**294**
タイムアウト　time out　235
対立仮説　alternative hypothesis　322
ダウン症候群／ダウン症　Down syndrome／Down's syndrome　390

タクト　tact　250
他者理解　understanding of others　67
多層指導モデル（MIM）　multilayer instruction model：MIM　177
多層ベースラインデザイン　multiple baseline design　311
達成動機　achievement motivation　270
脱抑制型対人交流障害　disinhibited social engagement disorder　374
妥当性　validity　313
ターナー症候群　Turner syndrome　391
ダニーディン子どもの発達に関する学際的研究　the Dunedin multidisciplinary health and developmental study　560
多面的・包括的アプローチ　multidimensional and comprehensive approach　255
単一事例研究法　**310**
単光子放射線コンピュータ撮影　single photon emission computed tomography：SPECT　346
断片化　fragmentation　69
談話（ディスコース）　discourse　74
談話能力と要約　**74**
地域活動支援センター　**454**
地域生活支援事業　community life support services　572
地域生活定着支援センター　**564**
地域生活定着促進事業　564
地域づくり　**496**
地域に根ざしたインクルーシブ開発　community-based inclusive development　499
地域に根ざしたリハビリテーション　community-based rehabilitation：CBR　**498**
逐次読み　letter by letter reading　35, 37, 179
逐次読みの原因　cause of sequential reading　44
知識語り方略　knowledge-telling strategy　227
知識構成方略　knowledge-transforming strategy　227
チック症　tic disorders　362, 373
知的機能　intellectual function　12
知的障害　12
知的障害者更生相談所　446
知的能力障害　intellectual disability　12, **354**
知能　intelligence　24, 172
知能検査　intelligence test　172, 218, 324

知能指数　intelligence quotient：IQ　354
チームアプローチ　286
チームティーチング　team teaching：TT　287
着衣失行　dressing apraxia　405
注意　attention　26
注意欠陥障害　attention deficit disorder：ADD　361
注意欠陥多動性障害　attention deficit/hyperactivity disorder：ADHD　2, **6**, 83, 450
注意欠如・多動症　attention deficit/hyperactivity disorder：ADHD　15, 361, 436, 560
注意欠如・多動性障害　attention deficit/hyperactivity disorder：ADHD　120, 273, 430, 546
中1ギャップ　142
中央値　median　314
中学校での支援　**142**
柱状構造　columnar structure　334
中枢神経系　**330**
中枢性統合　central coherence　68
長音　long sound　39
聴覚記憶　auditory memory　182, 184
聴覚失認　auditory agnosia　404
聴覚障害　**410**
聴覚処理障害　auditory processing disorder　121
聴覚的ワーキングメモリー　auditory working memory　38
長期記憶　long-term memory　226, 230
長所活用　strength oriented　559
長所活用型指導　strengths-based teaching　173
聴性脳幹反応　auditory brainstem response：ABR　342
調節　accommodation　246, 259
調節力　accommodation　54
直接観察　direct observation　201
直接交流　direct exchange activities　135
貯蔵　storage　228

通級による指導　resource room instruction　83, 87, 130, 148, **150**, 152, 155, 158, 172
綴り　spelling　48
綴字障害（綴り障害）　spelling disorder　35

低酸素性虚血性脳症　hypoxic ischemic encephalopathy：HIE　398
デイジー　digital accessible information system：DAISY　122
定時制・通信制高校における課題と支援　**524**
低出生体重児・周産期障害　398
ディスグラフィア（書字障害）　dysgraphia　121
ディスレクシア　developmental dyslexia　44
ディスレクシア（読字障害）　dyslexia/impairment in reading/reading disorder　34, 120
ディスレクシア（難読症）　dyslexia　34
ディスレクシア（日本語・英語）　**48**
ディスレクシア（読み書き障害）　dyslexia　42, 48, 120, 561
ディスレクシア（読みの障害）　reading difficulties　5
適応機能　adaptive function　12
適応行動　adaptive behavior　354
適応スキル　adaptive skills　355
テキストベース　textbase　224
デコーディング　decoding　38, 44, 178
デジタル教科書　**122**
テスト・アコモデーション　**114**
テストバッテリー　test battery　231, **292**
テストバッテリーの組み方　conposition of test hattery　292
転移　transfer　238
てんかん　epilepsy　386, 436
てんかん発作　epileptic seizures　386
天才　genius　172

2E教育　twice-exceptional education　172
投影法　projection method　268
同化　assimilation　246, 259
等価律　equivalence　244
動機づけ　motivation　270
動機づけの向上　**270**
統語/統語論　syntax　71, 72, 191
統合過程　integration process　58
統合教育　integrated education　464
統合失調症　**364**
統合ティーム・ティーチング　integrated co-teaching：ICT　581
統合保育　integrated childcare　138
当事者の会　**508**
同時処理　simultaneous process　28
統制群　control group　310
頭頂葉　parietal robe　331

事項索引　607

透明性　transparency　43
トゥレット症　Tourette disorder　363, 373
特異的言語発達障害　specific language impairment：SLI　256, 358
特異的書字障害　specific writing disorder　35
読字障害（ディスレクシア）　dyslexia/impairment in reading/reading disorder　34, 120
特殊音節　special syllable　39
特殊学級　special class (before 2007)　160
特殊教育　special education　82
特定贈与信託　specific donation trust　494
特別教育　special education　172
特別支援学級　special needs class　83, 87, 130, 148, 160, 162
特別支援学校　special needs school/school for special needs education　83, 86, 102, 464
特別支援学校のセンター的機能　**102**
特別支援教育　special needs education　**82**, 84, 94, 110, 464, 570
特別支援教育コーディネーター　90
特別支援教育士　78
特別支援教育支援員　teacher assistant of special needs education　96
特別支援教育支援員の活用　**96**
特別支援教育士資格認定協会　Japan Association of the Special Educational Needs Specialist　77, 78
特別支援教育士スーパーバイザー　Special Education Needs Specialist Supervisor：SENS-SV　78
特別支援教育推進体制モデル事業　84
特別支援教育体制整備状況調査　85, 92
特別支援教育におけるICTの活用　**120**
特別支援教室　resource rooms　160
特別支援連携協議会　94
特別児童扶養手当　**458**
特別障害者手当　special welfare allowance for the persons with disabilities　459
特別な教育的ニーズ　special educational needs　170
独立変数　independent variable　310, 323
トークン　token　202
トークンエコノミー　token economy/token economy system　7, **202**, 234
読解　reading comprehension　**188**

トップダウン・アプローチ（目的指向型指導）　top-down approach　481
トップダウン処理　top-down process　224
どの子も置き去りにしない法（落ちこぼれ防止法）　No child Left Behind Act：NCLB　176
ドパミン　dopamine　61, 337
トライアングルモデル　triangle model　221

■な行

内言　inner speech　217
内側前頭前野　medial prefrontal area　30
内発的動機づけ　intrinsic motivation　270
仲間媒介法／仲間媒介介入法　peer mediated instruction/peer mediated intervention　207, **266**
ナチュラルサポート　natural support　519
ナラティブ　narrative　74, 321, 359
ナルコレプシー　narcolepsy　380
難治てんかん　intractable epilepsy　387
難聴　hearing impairment　33, 410
難読症（ディスレクシア）　dyslexia　34, 35

二次障害　secondary disability　14, 98, 144, 157
二次的な問題　secondary problems　**492**
二次的な表象　representation of mental state　66
二次的利得　secondary gain　513
二重回路モデル　dual route model　52, 221
二重障害仮説　**42**
日常生活（活動）　activity of daily living / daily living activities　424, 540
日常生活スキル　daily life skills　199
ニート　not in education, employment or training：NEET　478, **492**
日本LD学会　Japan Academy of Learning Disabilities　20, **76**, 78, 326
日本学術振興会　Japan Society for The Promotion of Science　326
日本語と英語におけるディスレクシアの違い　**48**
日本心理学諸学会連合　Japanese Union of Psychological Associations　77
入眠時レム睡眠期　sleep onset REM period：SOREMP　381
乳幼児健診（乳幼児健康診査）　health examination for infants and toddlers　430, 464

ニューロン　neuron　330, 334
認知機能　cognitive function　20
認知機能のアセスメント　**218**
認知機能の発達　**216**
認知検査　cognitive test　324
認知行動療法　cognitive-behavioral therapy　204, **306**
認知障害を起こすその他の神経疾患など　**412**
認知処理過程　cognitive processing　29
認知的柔軟性　cognitive flexibility　67
認定こども園　center for early childhood education and care　138
認定こども園での支援　**138**

ネグレクト　neglect　375, 400, 504
ネット依存症　internet addiction disorder　416

脳炎・髄膜炎　**394**
脳外傷・高次脳機能障害　**396**
脳画像検査　**344**
脳機能画像検査　**346**
脳局在　**36**
脳血管障害　cerebrovascular disease　396
脳磁図　magnetoencephalography：MEG　346
脳室周囲白質軟化症　periventricular leukomalasia：PVL　398
脳性麻痺　cerebral palsy　388, 429
脳波検査　electroencephalography：EEG　342
脳由来神経栄養因子　brain derived neurotropic factor：BDNF　337
脳容積計測　brain volume measurement　345
ノーマライゼーション　normalization　474
ノルアドレナリン　noradrenaline　333, 337
ノルウェーの特別教育　**588**

■は行

パーソナリティーテストの活用　**268**
媒介学習体験　mediated learning experience　294
バウムテスト　baum test　269
破壊的行為障害　disruptive behavior disorders　378
パーソナリティ　personality　268
パーソナリティーテスト　personality test　268
バックアップ強化子　backup reinforcer　202
発語器官　organ of speech　158

発達検査　developmental test　324
発達障害　developmental disabilities/developmental disorders　2, 18, 71, 82, 174, 209, 352, 403, 425, 546, 560
発達障害者支援センター　support center for person with developmental disabilities　450, 476, 585
発達障害者支援法　Law for Supporting Persons with Developmental Disabilities　3, 464, **568**
発達障害者の就労支援　**538**
発達障害と触法行為（治療と指導）　550, 560, 562
発達障害と不登校・いじめ　**282**
発達障害へのパーソナリティーテストの活用　**268**
発達性協調運動症 / 発達性協調運動障害　developmental coordination disorder/dyspraxia　121, 208, 339, **360**
発達段階　developmental stages　136, 216
発達遅滞　developmental retardation　584
発達の最近接領域　zone of proximal development：ZPD　259, 295
発話行為理論　speech act theory　72
場独立　field independence　68
話し言葉（ことば）　speech　51, 188
話すしくみ　speaking mechanism　**32**
パニック　panic　302, 369
ハノイの塔　tower of Hanoi　30
パペッツの回路　Papez circuit　331
パラシュート反応（反射）　parachute response/reflex　429
バリアフリー　barrier free　510
ハローワーク（公共職業安定所）　public employment security office　527
バーンアウト　burnout　286
般化　generalization　238
半構造化インタビュー　semi-structured interview　319
反抗挑発症　oppositional defiant disorder / oppositional defiant disease：ODD　15, **378**
反社会性パーソナリティ障害　antisocial personality disorder　15
反社会的行動　antisocial behavior　560
反射律　reflexivity　245
半側空間無視　unilateral spatial neglect　404
反応型　topography　250

反応性愛着障害 / 反応性アタッチメント障害
　　reactive attachment disorder　280, **374**, 400
反応般化　response generalization　238

ピアサポート　peer support　279
ひきこもり　hikikomori/social withdrawal　**492**
非語　nonword　40
非行　delinquency　546
非構造化インタビュー　unstructured interview
　　318
非行防止対策局　The Office of Juvenile Justice
　　and delinquency Prevention：OFFDP　562
微細神経学的徴候　soft neurological signs：SNS
　　338, 360
非指示的遊戯療法　non-directive play therapy
　　309
ビジョントレーニング　vision therapy / training
　　409
筆算　calculation by writing　57, 153, 192
びまん性軸索損傷　diffuse axonal injury　396
表音文字　phonogram　46
表語文字　logogram　46
標準化　standardization　324
標準学力検査　standardized achievement test
　　168
表情認知（感情理解）　**274**
病態失認　anosognosia　404
費用対効果　cost-effectiveness　559, 563
標本（サンプル）　sample　312
標本抽出（サンプリング）　sampling　312
ひらがなの書字指導　180
ひらがなの読み指導　178
比率尺度　ratio scale　323

不安症 / 不安障害　anxiety disorder　**368**
フィッシャーの3原則　Fisher's three principles
　　314
フィンランドの特別教育　**588**
フォニックス　phonics　186
不器用　clumsiness　35, 208
不器用さの指導　**208**
副交感神経　parasympathetic nerve　333
負担上限額　maximum monthly co-payment
　　amount　572
物質依存　substance dependence　**414**
不登校　school refusal / non-attendance at school
　　166, **282**, 384, 403
不同視　anisometropia　54
負の強化　negative reinforcement　236
負の弱化　negative punishment　236
プライマリケア医　primary care doctor　434
プラダー・ウィリー症候群　Prader-Willi
　　syndrome　14, 390
フラッシュバック　flashback　377
プランニング　planning　26, 194
プランニング過程　planning process　58
ふり遊び　pretended play　67
フリースクール　free school　166
ブローカ野　Broca area　331
プログレス・モニタリング　progress monitoring
　　177
プロンプト　prompt　234
分散型就労支援（エンクレイブ）　enclave　532
分散分析　analysis of variance：ANOVA　315
文章産出と指導　**226**
文章題　arithmetic word problem / mathematical
　　reasoning　58, 194
文章題の指導　**194**
文章理解と指導　**224**
文法　grammar/syntax　248
文脈　context　69, 183
文脈適合性　contextual fit　297

ペアレントトレーニング　parent training　7,
　　284
平均値　mean　315
閉塞性睡眠時無呼吸症候群　obstructive sleep
　　apnea syndrome：OSAS　380
辺縁系　limbic system　330
扁桃体　amygdala　331
弁別　discrimination　238

保育所　nursery school / day-care center　138
保育所等訪問支援　outreach for the nursery
　　centers　452, 467
ボイタ法　Vojta's technique　429
放課後等デイサービス　day services after school
　　466
包括的 QOL 尺度　generic QOL measures　474
報酬系　reward system　60, 331, 416
保護観察　probation　548
保護観察官　probation officer　548

保護観察所　probation office　564
保護司　volunteer probation officer　548
保護者支援　support for parents and guardians　90, **212**, 278, 281
保護者の障害受容過程　acceptance and adaptation processes of parents to their children's disabilities　**278**
保佐　curatorship　**554**
補助（司法）　assistance　**554**
補助代替ツール　augmentative and alternative tools　53
ボツリヌス療法　botulinum therapy　389
ボディイメージ　body image　382
ボトムアップ処理　bottom-up processing　224
ボバースアプローチ　Bobath approach　429
本人主体の計画　person centered planning：PCP　474
本人中心　person-centered　296

■ま行

マザリーズ　motherese　258
末梢神経と筋肉　**332**
マルチシステミックセラピー　multisystemic therapy：MST　562
マルチセンソリー　multisensory　188
マルチモーダル　multimodal　122
マンド　mand　250

ミエリン鞘（髄鞘）　myelin sheath　335
見本合わせ課題　match-to-sample task　244
ミラーニューロン／ミラーニューロン・システム　mirror neuron／mirror neuron system　31, 67, 259

無作為抽出　random sampling　312
むずむず脚症候群（レストレスレッグ症候群）　restless legs syndrome：RLS　380

名義尺度　nominal scale　323
メタ言語的活動　metalinguistic activity　427
メタ認知　metacognition　188, **232**
メチルフェニデート徐放錠　OROS-methylphenidate　420
目と手の協応　eye-hand coordination　408
メンタルヘルス　mental health　**276**
メンドータ少年治療プログラム　Mendota juvenile treatment program　562

黙読　silent reading　224
文字素　grapheme　40
文字と音の対応関係　letter-sound correspondence　47, 178
文字の音声化　decoding　48
モニタリング　monitoring　226
物語文法　story grammar　74
モービルクルー（作業移動班）　mobile crew　532
模倣と言語発達　**258**
モーラ　mora　38, 44, 46, 48, 51, 179
モーラ認識　mora awareness　40
問題行動への対応　intervention for problem behavior　302
文部科学省による発達障害に対する施策の変遷　**84**

■や行

薬物使用の一般的な考え方　**418**
薬物療法　pharmacological treatment　61, 418, 420

遊戯療法　play therapy　308
ユニバーサルデザイン　universal design　**126**, 173, 409, **510**

拗音　contracted sound　39
養護教諭　nursing teacher　439
幼児ことばの教室　**148**
幼稚園・保育園・認定こども園での支援　**138**
陽電子放射断層撮影　positoron emission tomography：PET　346
要約　74
余暇　leisure　479, **516**
余暇活動の充実　**488**
余暇スキル　leisure skills　198, 517
予期不安　anticipatory anxiety　254
抑制制御　inhibitory control　67
読み書き　reading and writing　38, **50**, 184, 186
読み書き障害（ディスレクシア）　dyslexia　42, 48, 561
読み書き障害にかかわる用語の整理　terms related to reading and writing disorders　34
読み書きと脳局在　**36**

読み書きのアセスメント **220**
読み書きの指導（英語）**186**
読み指導（漢字）**182**
読み指導（ひらがな）**178**
読みと音韻認識 **40**
読みの障害（ディスレクシア） reading difficulties 5
読む，書くしくみ **38**
読むこと reading 38, 125, 152
読むしくみ mechanism of reading 38
弱い中枢性統合仮説 weak central coherence theory 68

■ら行

来談者中心療法 client centered therapy 308
ライフキャリアの虹 life career's rainbow 529
ライフスキル life skill 519, **520**
ライフスキル教育 life skills education 198
ライフスキルトレーニング **198**
ライフステージ life stage 108
ライフヒストリー life history 321
ラポール rapport 309
乱視 astigmatism 54
ランビエ絞輪 node of Ranvier 335

理学療法 **428**
リテラシー literacy 249
リハーサル rehearsal 183
リハビリテーション rehabilitation **498**, 526
流暢性 fluency 35, 45, 48, 52, 178
流暢性形成法 fluency shaping treatment 255
療育手帳 intellectual disability certificate 462
両眼視 binocularity 54
利用欠如 utilization deficiency 232
量的研究 quantitative research **322**
量的研究の分析法 **322**

ルリアの脳機能モデル Luria's brain function model 27
ルリア理論 Luria's theory 29

レイトトーカー late talker 358
レストレスレッグ症候群（むずむず脚症候群） restless legs syndrome：RLS 381
レスポンスコスト response cost 203, 235
レスポンデント条件付け respondent conditioning 306
レット症候群 Rett syndrome 14

ロービジョン low vision 406
ロールプレイ／ロールプレイング role playing 197, 285

■わ行

ワーキングメモリー working memory 30, 33, 38, 44, 67, 182, 190, 225, 226, 228, 230, 273
ワーキングメモリーと学業 **230**
ワーク・ライフ・バランス work-life balance 488

人名索引

■あ行

アクスライン, V. M.　Axline, V. M.　308
アスペルガー, H.　Asperger, H.　8
アトウッド, T.　Attwood, T.　205
アロウェイ, T. P.　Alloway, T. P.　44

ヴィゴツキー, L. S.　Vygotsky, L. S.　217, 246, 295
ヴィマー, H.　Wimmer, H.　66
ウィング, L.　Wing, L.　8, 364, 514
ウェンガー, E.　Wenger, E.　497
ウッドラフ, G.　Woodraff, G.　66

エクマン, P.　Ekman, P　274

オースティン, J. L.　Austin, J. L.　72

■か行

カーク, S　Kirk, S　4
カナー, L.　Kanner, L.　8, 364
カービー, J. R.　Kirby, J. R.　26, 28
カプラン, G.　Caplan, G.　550
ガリステル, C. R.　Gallistel, C. R.　222

キャッテル, R. B.　Cattell, R. B.　24
キャロル, J. B.　Carroll, J. B.　24
キンチュ, W.　Kintsch, W.　224

グライス, H. P.　Grice, H. P.　72
クライン, M.　Klein, M.　308
クリンガー, L.　Klinger, L.　515
クレペリン, E.　Kraepelin, E.　364

ゲルマン, R.　Gelman, R.　222

ゴウ, D. S.　Goh, D. S.　114
ゴスワミ, U.　Goswami, U.　41

■さ行

シェイウィッツ, B. A.　Shaywitz, B. A.　44
シェイウィッツ, S. E.　Shaywitz, S. E.　36, 38
シドマン, M.　Sidman, M.　244
シャロック, R. L.　Schalock, R. L.　475
ショプラー, E.　Schopler, E.　514
ジョンソン, D. W.　Johnson, D. W.　128
ジルマン, D.　Zillman, D.　204

スキナー, B. F.　Skinner, B. F.　62, 250, 306
スノーリング, M. J.　Snowling, M. J　40
スピールバーガー, C. D.　Spielberger, C. D.　204
スプリンガー, S. P.　Springer, S. P.　29

■た行

ダス, J. P.　Das, J. P.　26, 28
ダーネマン, M　Daneman, M.　230
ダマシオ, A. R.　Damasio, A. R.　31
タラル, P.　Tallal, P.　41

デウチェ, G.　Deutsch, G.　29

ドゥアンヌ, S.　Dehaene, S.　223
ド＝シャルム, R.　de Charms, R.　484

■な行

ナグリエリ, J. A.　Naglieri, J. A.　26, 28

■は行

バーガー, H.（ベルガー, H.）　Berger, H.　342
バターワース, B.　Butterworth, B.　47
パットナム, R.　Putnam, R.　496
バドリー, A. D.　Baddeley, A.　230
パーナー, J.　Perner, J.　66
パブロフ, I.　Pavlov, I.　306
バロン＝コーエン, S.　Baron-Cohen, S.　66
バンデューラ, A.　Bandura, A.　240, 264

ピアジェ, J.　Piaget, J.　216, 246

フォイヤーシュタイン, R.　Feuerstein, R.　294

フラナガン，J. C.　Flanagan, J. C.　474
フリス，U.　Frith, U.　68
プルチック，R.　Plutchik, R　274
プレマック，D.　Premack, D.　65, 66
フロイト，A.　Freud, A.　308
ブロイラー，E.　Bleuler, E.　364
ブローカ，P. P.　Broca. P. P.　31

ベック，A. T.　Beck, A. T.　306
ベッテルハイム，B.　Bettelheim, B.　514
ベルガー，H.(バーガー，H.)　Berger, H.　342

ボウルビィ，J.　Bowlby, J.　64, 374
ホーン，J. L.　Horn, J. L.　24

■ま行

マズロー，A.　Maslow, A.　401

モフィット，T. E.　Moffitt, T. E.　560

■ら行

ラター，M.　Rutter, M.　364, 514
ラマチャンドラン，V. S.　Ramachandran, V. S.　31

リゾラッティ，G.　Rizzolatti, G.　31
リッツ，C. S.　Lidz, C. S.　295
リープマン，H.　Liepmann, H.　405
リムランド，B.　Rimland, B.　514

ルリア，A. R.　Luria, A. R.　27, 29, 217

レンズーリ，J. S.　Renzulli, J. S.　172

ロウトン，M. P.　Lawton, M. P.　474

■わ行

ワイズ，R.　Weiss, R.　256
ワイデル，T. N.　Wydell, T. N.　47

発達障害事典

平成28年10月25日　発　　行
平成30年 2月25日　第3刷発行

編　者　一般社団法人
　　　　日本LD学会

発行者　池　田　和　博

発行所　丸善出版株式会社
〒101-0051　東京都千代田区神田神保町二丁目17番
編集：電話(03)3512-3264／FAX(03)3512-3272
営業：電話(03)3512-3256／FAX(03)3512-3270
http://pub.maruzen.co.jp/

Ⓒ Japan Academy of Learning Disabilities, 2016
組版印刷・株式会社 日本制作センター／製本・株式会社 星共社
ISBN 978-4-621-30046-6 C 3537　　　Printed in Japan

JCOPY 〈(社)出版者著作権管理機構委託出版物〉
本書の無断複写は著作権法上での例外を除き禁じられています．複写される場合は，そのつど事前に，(社)出版者著作権管理機構（電話03-3513-6969, FAX03-3513-6979, e-mail：info@jcopy.or.jp）の許諾を得てください．